线 装 经 典

白话史记

地圭出版社

李莉 ◎ 编

图书在版编目（CIP）数据

白话史记 / 李莉编. -- 北京：地震出版社，2024.
6. -- ISBN 978-7-5028-5668-7

Ⅰ. K204.2-49

中国国家版本馆CIP数据核字第2024RJ3996号

地震版 XM5816/K（6499）

白话史记

李　莉　编

责任编辑：卢小石
责任校对：凌　樱

出版发行：地震出版社
　　　　　北京市海淀区民族大学南路9号　邮编：100081
　　　　　发行部：68423031　68467993　传真：68467991
　　　　　总编办：68462709　68423029
　　　　　http://www.seismologicalpress.com
　　　　　E-mail:dz_press@163.com

经销：全国各地新华书店
印刷：三河市中晟雅豪印务有限公司

版（印）次：2024年6月第一版　2024年6月第一次印刷
开本：715×975　1/16
字数：490千字
印张：22
书号：ISBN 978-7-5028-5668-7
定价：68.00元

版权所有　翻印必究

（图书出现印装问题，本社负责调换）

前　言

《史记》原名《太史公书》，是我国第一部纪传体通史。全书一百三十篇，包括十二本纪、八书、十表、三十世家、七十列传，共五十二万字，记载了从传说中的黄帝到汉武帝太初年间三千多年的政治、经济和文化的历史，全面而深刻地反映了我国古代的社会面貌。

《史记》的作者是西汉史学家司马迁。司马迁（公元前145—？）字子长，西汉夏阳（今陕西韩城，一说山西河津）人，其父司马谈曾为太史令，因此可以认为他在史学方面具有一定的家学渊源。司马迁幼时曾师从孔安国学《尚书》，师从董仲舒学《春秋》，这段经历为其后来从事史学研究打下了坚实的基础。太初元年（公元前104年），当时已经继承父业、担任太史令的司马迁正式动笔写《史记》。天汉二年（公元前99年），李陵投降匈奴，他因上书为其求情而触怒了汉武帝，遭受宫刑。这段屈辱的经历使司马迁一度十分消沉，但是他后来又重新振作起来，继续进行《史记》的编写工作，并最终于征和二年（公元前91年）完成全稿。

《史记》是一部优秀的史学巨著，书中对社会各阶层人物的活动都有广泛而生动的描写：《陈涉世家》专门为农民起义领袖陈涉立传，高度评价了他在推翻秦王朝统治中的"首难"之功；《刺客列传》歌颂荆轲、聂政等刺客的侠义精神；《魏公子列传》赞扬了侯嬴、朱亥这些市井之民的才智和侠义；《货殖列传》则通过对商贾活动的描写，保存了极为珍贵的古代经济史料。书中，政治家、军事家、学者、文人、游侠、优伶、医者、卜者等各类人物都留下了栩栩如生的剪影，共同构成了波澜壮阔的巨幅社会生活画卷。作者撰写时，采取"实录"的态度，对所记述的人和事"不虚美，不隐恶"，使得《史记》的思想价值高出后来的一切官修史书。

《史记》又是一部优秀的文学作品，被鲁迅先生誉为"史家之绝唱，无韵之《离骚》"。司马迁记述了一系列性格鲜明的人物，如项羽、刘邦、樊哙、李广、荆轲、蔺相如、信陵君等，给人留下了深刻的印象。

他还善于通过尖锐的矛盾冲突和典型的细节描写来表现人物的性格特征；在叙事技巧上，则剪裁有致，繁简得当，使文字极富故事性和戏剧性。此外，《史记》还将书中人物的言语写得口吻毕肖、确切传神。这些成就使得《史记》成为我国古代文学史上的一座丰碑，给后人以无穷的启示。

《史记》写完后，并没有立即公之于世，而是在司马迁死后多年，由他的外孙杨恽拿出来让人传抄的。此后，《史记》就成为后世史家修史的重要资料，也成为历代史学爱好者和文学爱好者的必读书目。

今天，《史记》中记载的许多故事仍然为中国老百姓所津津乐道。遗憾的是，由于《史记》的成书年代较早，其语言和行文风格对于今天的读者来说显得比较晦涩。因此许多人对于《史记》的了解，仅仅是通过电视、戏剧等形式获得的，无法体会到它原汁原味的魅力。为此，我们特地编撰了这部《白话史记》，节选了其中较经典的内容，在保留原文的基础上，为读者提供了简洁易懂的翻译，使读者能够消除阅读上的障碍，加深对原著的理解。建议读者在阅读本书时，先通读原文，然后再对照翻译。相信通过这种方式，你一定能更好地感受到《史记》独有的魅力。

目录

本纪

五帝本纪 .... 二

秦本纪 .... 一三

项羽本纪 .... 三七

高祖本纪 .... 六一

世家

齐太公世家 .... 九二

楚世家 .... 一一三

越王句践世家 .... 一四四

陈涉世家 .... 一五五

外戚世家 .... 一六四

萧相国世家 .... 一七六

留侯世家 .... 一八二

列传

老子韩非列传 .... 一九四

孙子列传 .... 二〇一

伍子胥列传 .... 二〇五

商君列传 .... 二一四

孟尝君列传 .... 二二一

平原君列传 .... 二三一

魏公子列传 .... 二三六

春申君列传 .... 二四四

乐毅列传 .... 二五三

廉颇蔺相如列传 .... 二六〇

屈原贾生列传 .... 二七一

刺客列传 .... 二八一

淮阴侯列传 .... 二九七

扁鹊列传 .... 三一四

魏其武安侯列传 .... 三一九

李将军列传 .... 三三一

游侠列传 .... 三三九

本纪

五帝本纪

【原文】

　　黄帝者，少典之子，姓公孙，名曰轩辕。生而神灵，弱而能言，幼而徇齐，长而敦敏，成而聪明。

　　轩辕之时，神农氏世衰。诸侯相侵伐，暴虐百姓，而神农氏弗能征。于是轩辕乃习用干戈，以征不享，诸侯咸来宾从。而蚩尤最为暴，莫能伐。炎帝欲侵陵诸侯，诸侯咸归轩辕。轩辕乃修德振兵，治五气，蓺五种，抚万民，度四方，教熊罴貔貅䝙虎，以与炎帝战于阪泉之野。三战，然后得其志。蚩尤作乱，不用帝命。于是黄帝乃征师诸侯，与蚩尤战于涿鹿之野，遂禽杀蚩尤。而诸侯咸尊轩辕为天子，代神农氏，是为黄帝。天下有不顺者，黄帝从而征之，平者去之，披山通道，未尝宁居。

　　东至于海，登丸山，及岱宗。西至于空桐，登鸡头。南至于江，登熊、湘。北逐荤粥，合符釜山，而邑于涿鹿之阿。迁徙往来无常处，以师兵为营卫。官名皆以云命，为云师。置左右大监，监于万国。万国和，而鬼神山川封禅与为多焉。获宝鼎，迎日推策。举风后、力牧、常先、大鸿以治民。顺天地之纪，幽明之占，死生之说，存亡之难。时播百谷草木，淳化鸟兽虫蛾，旁罗日月星辰水波土石金玉，劳勤心力耳目，节用水火材物。有土德之瑞，故号黄帝。

【译文】

　　黄帝，是少典部族的子孙，姓公孙，名叫轩辕。他刚出生就很有灵性，出生不久就会说话，幼年时聪明机敏，长大后忠厚勤奋，成年以后见闻广博，对一切事物都看得很清楚。

　　轩辕时代，神农氏后代衰落。于是诸侯彼此攻战，残害百姓，而神农氏已经没有力量征讨他们。于是轩辕就练武，去征讨那些不来朝贡的诸侯，诸侯这才来归顺。而蚩尤在诸侯中最凶，没有人能击败他。炎帝想进攻欺压诸侯，诸侯都归从轩辕。轩辕修行德业，整顿军旅，研究五气，种植五谷，安抚民众，丈量四方的土地，训练熊、罴、貔、貅、䝙、虎等猛兽，跟炎帝在阪泉之野交战。先后战斗了很多次，轩辕才征服炎帝。后来蚩尤又发动叛乱，不服从黄帝的管制。于是黄帝征调诸侯的军队，在涿鹿之野与蚩尤作战，终于擒获并杀死了他。从此，诸侯都尊奉轩辕做天子，取代了神农氏，这就是黄帝。天下有不归顺的，黄帝就前去征讨，平定一个地方之后就离去，一路上劈山开道，从来没有在哪儿安宁地居住过。

　　黄帝往东到过海边，登上了丸山与泰山。往西到过空桐，登上了鸡头山。往南到过长江，登上了熊山、湘山。去北方驱逐了荤粥部族，来到釜山与诸侯合验了符契，就在涿鹿山下建起了都城。黄帝到处迁徙，没有固定住处，带兵走到哪，就在哪设置营寨守卫。黄帝所封官职都用云来命名，军队号称云师。他设置了左右大监，由他们监督各诸侯国。各诸侯国这时都安定太平，因此，自古以来，祭祀鬼神山川的次数黄帝时最多。黄帝获得上天赐给的宝鼎，观测太阳的运行，用占卜的蓍草推算历法，预知节气时辰。他任用风后、力牧、常先、大鸿等治理民众。黄帝顺应天地四时规律，推测阴阳变化，讲解生死道理，论述存亡原因。按照季节播种百谷草木，驯养鸟兽蚕虫，测定日月星辰以定历法，收取土石金玉以供民用，教导人民辛勤劳动，有节制地使用水、火、木材及各种物品。他做天子时有土这种属性的祥瑞征兆，土是黄色的，所以号称黄帝。

【原文】

　　黄帝二十五子，其得姓者十四人。黄帝居轩辕之丘，而娶于西陵之女，是为嫘祖。嫘祖为黄帝正妃，生二子，其后皆有天下：其一曰玄嚣，是为青阳，青阳降居江水；其二曰昌意，降居若水。昌意娶蜀山氏女，曰昌仆，生高阳，高阳有圣德焉。黄帝崩，葬桥山。其孙昌意之子高阳立，是为帝颛顼也。

　　帝颛顼高阳者，黄帝子孙而昌意之子也。静渊以有谋，疏通而知事；养材以任地，载时以象天，依鬼神以制义，治气以教化，絜诚以祭祀。北至于幽陵，南至于交阯，西至于流沙，东至于蟠木。动静之物，大小之神，日月所照，莫不砥属。

　　帝颛顼生子曰穷蝉。颛顼崩，而玄嚣之孙高辛立，是为帝喾。帝喾高辛者，黄帝之曾孙也。高辛父曰蟜极，蟜极父曰玄嚣，玄嚣父曰黄帝。自玄嚣与蟜极皆不得在位，至高辛即帝位。高辛于颛顼为族子。

　　高辛生而神灵，自言其名。普施利物，不于其身。聪以知远，明以察微。顺天之义，知民之急。仁而威，惠而信，修身而天下服。取地之财而节用之，抚教万民而利诲之，历日月而迎送之，明鬼神而敬事之。其色郁郁，其德嶷嶷。其动也时，其服也士。帝喾溉执中而遍天下，日月所照，风雨所至，莫不从服。帝喾娶陈锋氏女，生放勋。娶娵訾氏女，生挚。帝喾崩，而挚代立。帝挚立，不善，而弟放勋立，是为帝尧。

【译文】

　　黄帝有二十五个儿子，其中建立自己姓氏的有十四人。黄帝居住在轩辕山，娶西陵国王的女儿为妻，这就是嫘祖。嫘祖是黄帝的正妃，生有两个儿子，他们的后代都统治过天下：一个叫玄嚣，也就是青阳，青阳被封为诸侯，居住在江水；另一个叫昌意，也被封为诸侯，居住在若水。昌意娶蜀山氏的女儿为妻，名叫昌仆，生了高阳，高阳有圣人般的德行。黄帝死后，埋葬在桥山。黄帝的孙子，也就是昌意的儿子高阳继承帝位，这就是颛顼帝。

　　颛顼帝高阳，是黄帝的孙子、昌意的儿子。他沉静稳重而有谋略，懂得道理，说话做事合情合理；他种植庄稼、养殖牲畜以充分利用地力，推算四时节令以顺应自然，依顺鬼神以制定礼义，理顺四时五行之气以教化万民，洁净身心以祭祀鬼神。他往北到过幽陵，往南到过交阯，往西到过流沙，往东到过蟠木。各种动物、植物、大神、小神，凡是日月能照临的地方，没有抗拒他的，全都臣服于他。

　　颛顼帝的儿子叫穷蝉。颛顼死后，玄嚣的孙子高辛即位，这就是帝喾。帝喾高辛，是黄帝的曾孙。高辛的父亲叫蟜极，蟜极的父亲叫玄嚣，玄嚣的父亲就是黄帝。玄嚣和蟜极都没有登上帝位，到高辛时才登上帝位。高辛是颛顼的同族兄弟之子。

高辛一出生便很有灵性，叫出了自己的名字。他普遍施予恩泽于众人，而不顾自身。他耳聪心慧，能够知晓远方的事情，可以洞察细微的事理。他顺应上天的旨意，体察百姓的难处。他仁德而且威严，温和而且守信，因品德修养较高而使天下顺服。他收取土地上的物产并节俭地使用，他安抚教化天下百姓并把各种有益的事情和道理教给他们，他推算日月的运行以定时令节气并恭敬地迎送日月，他了解认识鬼神并慎重地加以供奉。他仪表堂堂，道德高尚。他行动合乎时宜，穿得如同士人。帝喾治国，像雨水浇灌农田一样不偏不倚，遍及天下，凡是日月能照到之地，风雨能到达之地，无人不顺服于他。帝喾娶陈锋氏的女儿为妻，生下放勋。娶娵訾氏的女儿，生下挚。帝喾死后，挚继承帝位。帝挚登位后，治国无功，于是弟弟放勋即位，这就是帝尧。

【原文】

帝尧者，放勋。其仁如天，其知如神。就之如日，望之如云。富而不骄，贵而不舒。黄收纯衣，彤车乘白马。能明驯德，以亲九族。九族既睦，便章百姓。百姓昭明，合和万国。乃命羲、和，敬顺昊天，数法日月星辰，敬授民时。分命羲仲，居郁夷，曰旸谷。敬道日出，便程东作。日中，星鸟，以殷中春。其民析，鸟兽字微。申命羲叔，居南交。便程南为，敬致。日永，星火，以正中夏。其民因，鸟兽希革。申命和仲，居西土，曰昧谷。敬道日入，便程西成。夜中，星虚，以正中秋。其民夷易，鸟兽毛毨。申命和叔，居北方，曰幽都。便在伏物。日短，星昴，以正中冬。其民燠，鸟兽氄毛。岁三百六十六日，以闰月正四时。信饬百官，众功皆兴。

尧曰："谁可顺此事？"放齐曰："嗣子丹朱开明。"尧曰："吁！顽凶，不用。"尧又曰："谁可者？"谨兜曰："共工旁聚布功，可用。"尧曰："共工善言，其用僻，似恭漫天，不可。"尧又曰："嗟，四岳，汤汤洪水滔天，浩浩怀山襄陵，下民其忧，有能使治者？"皆曰鲧可。尧曰："鲧负命毁族，不可。"岳曰："异哉，试不可用而已。"尧于是听岳用鲧。九岁，功用不成。尧曰："嗟！四岳：朕在位七十载，汝能庸命，践朕位？"岳应曰："鄙德忝帝位。"尧曰："悉举贵戚及疏远隐匿者。"众皆言于尧曰："有矜在民间，曰虞舜。"尧曰："然，朕闻之。其何如？"岳曰："盲者子。父顽，母嚚，弟傲，能和以孝，烝烝治，不至奸。"尧曰："吾其试哉。"于是尧妻之二女，观其德于二女。舜饬下二女于妫汭，如妇礼。尧善之，乃使舜慎和五典，五典能从。乃遍入百官，百官时序。宾于四门，四门穆穆，诸侯远方宾客皆敬。尧使舜入山林川泽，暴风雷雨，舜行不迷。尧以为圣，召舜曰："女谋事至而言可绩，三年矣。女登帝位。"舜让于德不怿。正月上日，舜受终于文祖。文祖者，尧大祖也。

于是帝尧老，命舜摄行天子之政，以观天命。舜乃在璇玑玉衡，以齐七政。遂类于上帝，禋于六宗，望于山川，辩于群神。揖五瑞，择吉月日，见四岳诸牧，班瑞。岁二月，东巡狩，至于岱宗，柴，望秩于山川。遂见东方君长，合时月正日，同律度量衡，修五礼五玉三帛二生一死为挚，如五器，卒乃复。五月，南巡狩；八月，西巡狩；十一月，北巡狩：皆如初。归，至于祖祢庙，用特牛礼。五岁一巡狩，群后四朝。遍告以言，明试以功，车服以庸。肇十有二州，决川。象以典刑，流宥五刑，鞭作官刑，扑作教刑，金作赎刑。眚灾过，赦；怙终贼，刑。钦哉，钦哉，惟刑之静哉！

【译文】

帝尧，就是放勋。他的仁义像天，智慧如神。接近他，就像太阳一样温暖；仰望他，就像云彩一般滋润。他富有却不骄傲，尊贵却不放纵。他戴的是黄色的帽子，穿的是黑色衣裳，坐的是红色的车，驾的是白马。他能尊敬有善德的人，使族人相亲相爱。同族的人既已和睦，又去考察百官。百官政绩卓著，各诸侯邦国都能和睦相处。尧帝找来羲氏、和氏，让他们遵循上天的旨意，根据日月的出没、星辰的位次制定历法，谨慎地教导民众依节令从事生产。另外命令羲仲，住在郁夷叫旸谷的地方，恭敬地迎接日出，按步骤安排春季的耕作。春分日，白昼与黑夜一样长，朱雀七宿中的星宿初昏时出现在正南方，据此来确定仲春之时。这时候，民众分散劳作，鸟兽生育交尾。尧帝又命令羲叔，住在南交。按步骤安排夏季的农活儿，谨慎地干好。夏至日，白昼最长，苍龙七宿中的心宿初昏时出现在正南方，据此来确定仲夏之时。这时候，民众就在田里劳作，鸟兽毛羽稀疏。他又命令和仲居住在西土叫作昧谷的地方，恭敬地送太阳落下，有步骤地安排秋天的收获。秋分日，黑夜与白昼一样长，玄武七宿中的虚宿初昏时出现在正南方，据此来确定仲秋之时。这时候，民众移居平地，鸟兽再生新毛。他又命令和叔住在北方叫幽都的地方，认真安排好冬季的收藏。冬至日，白昼最短，白虎七宿中的昴宿初昏时出现在正南方，据此来确定仲冬之时。这时候，民众进屋取暖，鸟兽长满细毛。一年有三百六十六天，用设置闰月的办法来校正春夏秋冬四季。帝尧真诚地告诫百官各守其职，于是各种事情都兴盛起来了。

尧说："谁能够继承我的事业？"放齐说："你的儿子丹朱通达事理。"尧说："哼！丹朱愚顽又喜欢争论，不行。"尧又问众人："还有谁行？"讙兜说："共工广泛地聚集民众，有一定功绩，可以用。"尧说："共工好讲漂亮话，但心术不正，貌似恭敬，实则欺骗上天，他不行。"尧又问："唉，四岳啊，如今洪水滔天，浩浩荡荡，包围了高山，漫上了丘陵，民众万分愁苦，谁可去治理？"大家都说鲧可以。尧说："鲧违抗命令，毁败同族，不可以。"四岳都说："就任用他吧，先试试，不行再撤掉。"因此尧听从建议，任用了鲧。鲧治水九年，没有取得成效。

尧说："唉！四岳：我当政已经七十多年，你们谁能顺应天意，履行我的职责？"四岳回答说："我们的德行过于鄙陋，不敢玷污帝位。"尧说："那就从所有同姓、异姓、远近大臣及隐居者当中推选吧。"大家都对尧说："民间有一个没有妻子的人，叫虞舜。"尧说："对，我听说过，这个人怎样？"四岳回答："他是个盲人的儿子。他的父亲愚昧，母亲顽固，弟弟傲慢，而舜却能与他们和睦相处，尽孝悌之道，把家治理好，使他们不至于走向邪恶之途。"尧说："那我就试试他吧。"于是尧把两个女儿嫁给他，从两个女儿身上观察他的德行。舜让她们放下尊贵的身份到妫河边的家中去住，遵守妇人之道。尧认为舜做得很对，就让舜试任司徒之职，谨慎地理顺"五典"，人民都遵从不违。尧又让他参与百官的事，百官的事因此变得有条不紊。让他在明堂四门接待宾客，四门处处和睦，从远方来的诸侯宾客都恭恭敬敬。尧又派舜进入山野、丛林、大川、草泽，遇上暴风雷雨，舜也没有迷路。尧更认为他十分聪明，很有道德，把他叫来说道："三年来，你做事周密，说过的话就能做到。现在你就登临天子位吧。"舜推让说自己的德行还不够，不愿接受帝位。正月初一，舜最终在文祖庙接受了尧的禅让。文祖就是尧的太祖。

这时，尧年纪已经很大，于是就让舜代理天子之事，观察他做天子是否合天意。舜通过观测璇玑、玉衡，来考察日、月和金、木、水、火、土五星的运行是否有异常，接着举行临时仪式祭告上帝，炙祭品以祭祀六宗，用遥祭的仪式祭祀名山大川，又广泛祭祀其他神祇。他收集起公侯伯子男五等侯爵所持桓圭、信圭、躬圭、谷璧、蒲璧五种玉制符信，选择良月吉日，召见四岳和各州州牧，又颁发给他们。二月，舜去东方巡视，到泰山时，用烧柴的仪式祭祀东岳，用遥祭的仪式祭祀各地的名山大川。接着，他就召见东方各诸侯，协调校正四时节气、月之大小、日之甲乙，统一音律和长度、容量、重量的标准，修明吉、凶、宾、军、嘉五种礼仪，规定诸侯用五种圭璧、三种彩缯，卿大夫用羊羔、大雁两种活物，士用死雉作为朝见时的礼物，而五种圭璧，朝见典礼完毕以后仍还给诸侯。五月，到南方巡视；八月，到西方巡视；十一月，到北方巡视：都像起初到东方巡视时一样。回来后，告祭祖庙和父庙，用一头牛作祭品。以后每五年巡视一次，在其间的四年中，各诸侯国君按时来京师朝见。舜向诸侯普遍地陈述治国之道，根据业绩明白地进行考察，根据功劳赐给车马衣服。舜开始把天下划分为十二个州，疏浚河川。规定根据正常的刑罚来执法，用流放的方法宽减刺字、割鼻、断足、阉割、杀头五种刑罚，官府里治事用鞭子施刑，学府教育用戒尺惩罚，一些罪行可用黄金赎罪。因过失而犯错的，予以赦免；怙恶不悛、坚持作恶的要施以刑罚。谨慎啊，谨慎，使用刑罚一定审慎。

【原文】

谨兜进言共工，尧曰不可而试之工师，共工果淫辟。四岳举鲧治鸿水，尧以为不可，岳强请试之，试之而无功，故百姓不便。三苗在江淮、荆州数为乱。于是舜归而言于帝，请流共工于幽陵，以变北狄；放谨兜于崇山，以变南蛮；迁三苗于三危，以变西戎；殛鲧于羽山，以变东夷：四罪而天下咸服。

尧立七十年得舜，二十年而老，令舜摄行天子之政，荐之于天。尧辟位凡二十八年而崩。百姓悲哀，如丧父母。三年，四方莫举乐，以思尧。尧知子丹朱之不肖，不足授天下，于是乃权授舜。授舜，则天下得其利而丹朱病；授丹朱，则天下病而丹朱得其利。尧曰"终不以天下之病而利一人"，而卒授舜以天下。尧崩，三年之丧毕，舜让辟丹朱于南河之南。诸侯朝觐者不之丹朱而之舜，狱讼者不之丹朱而之舜，讴歌者不讴歌丹朱而讴歌舜。舜曰"天也"，夫而后之中国践天子位焉，是为帝舜。

虞舜者，名曰重华。重华父曰瞽叟，瞽叟父曰桥牛，桥牛父曰句望，句望父曰敬康，敬康父曰穷蝉，穷蝉父曰帝颛顼，颛顼父曰昌意：以至舜七世矣。自从穷蝉以至帝舜，皆微为庶人。

舜父瞽叟盲，而舜母死，瞽叟更娶妻而生象，象傲。瞽叟爱后妻子，常欲杀舜，舜避逃；及有小过，则受罪。顺事父及后母与弟，日以笃谨，匪有解。

舜，冀州之人也。舜耕历山，渔雷泽，陶河滨，作什器于寿丘，就时于负夏。舜父瞽叟顽，母嚚，弟象傲，皆欲杀舜。舜顺适不失子道，兄弟孝慈。欲杀，不可得；即求，尝在侧。

舜年二十以孝闻。三十而帝尧问可用者，四岳咸荐虞舜，曰可。于是尧乃以二女妻舜以观其内，使九男与处以观其外。舜居妫汭，内行弥谨。尧二女不敢以贵骄事舜亲戚，甚有妇道。尧九男皆益笃。舜耕历山，历山之人皆让畔；渔雷泽，雷泽上人皆让居；陶河滨，河滨器皆不苦窳。一年而所居成聚，二年成邑，三年成都。尧乃赐舜絺衣，与琴，为筑仓廪，予牛羊。瞽叟尚复欲杀之，使舜上涂廪，瞽叟从下纵火焚廪。舜乃以两笠自扞而下，去，得不死。后瞽叟又使舜穿井，舜穿井为匿空旁出。舜既入深，瞽叟与象共下土实井，舜从匿空出，去。瞽叟、象喜，以舜为已死。象曰："本谋者象。"象与其父母分，于是曰："舜妻尧二女，与琴，象取之。牛羊仓廪予父母。"象乃止舜宫居，鼓其琴。舜往见之。象鄂不怪，曰："我思舜正郁陶！"舜曰："然，尔其庶矣！"舜复事瞽叟爱弟弥谨。于是尧乃试舜五典百官，皆治。

【译文】

谨兜曾向尧推荐过共工，尧说"不行"，但共工还是被试用做了一段时间的工师，果然如尧所言的那样放纵邪僻。四岳曾推举鲧去治理洪水，尧说"不行"，而四岳硬说要试试看，结果没有成效，所以百姓仍受洪水之害。三苗在江、淮及荆州一带多次作乱。这时舜巡视回来向尧帝报告，请求把共工流放到幽陵，以便改变北狄的风俗；把谨兜流放到崇山，以便改变南蛮的风俗；把三苗迁徙到三危山，以便改变西戎的风俗；把鲧流放到羽山，以便改变东夷的风俗：惩办了这四个罪人，天下人都敬服了。

尧在位七十年后选定了舜，又过二十年因年纪太大而退位，让舜代行天子事务，并将其向上天推荐。尧让出帝位二十八年后逝世。百姓悲伤哀痛，如同死了父母一般。三年之内，四方各地没有人奏乐，为的是悼念帝尧。尧了解自己的儿子丹朱不贤，不配传给他天下，因此才禅让给舜。让给舜，天下人就都得到利益，而只对丹朱一人不利；传给丹朱，天下人就会遭殃，而只有丹朱一人得到好处。尧说："我毕竟不能使天下人受害而只让一人得利"，所以最终还是把帝位传给了舜。尧逝世后，三年服丧完毕，舜把帝位让给丹朱，自己躲到了南河的南岸。前来朝觐的诸侯不到丹朱那里去却到舜这里来，打官司的也不去找丹朱却来找舜，歌颂功德的也不去歌颂丹朱却来歌颂舜。舜说"这是天意呀"，然后才又来到了国都，登上天子之位，这就是舜帝。

虞舜，名叫重华。重华的父亲叫瞽叟，瞽叟的父亲叫桥牛，桥牛的父亲叫句望，句望的父亲叫敬康，敬康的父亲叫穷蝉，穷蝉的父亲是颛顼帝，颛顼的父亲是昌意：从昌意至舜已经是七代了。自穷蝉一直到舜即帝位，中间几代都是地位低微的平民。

舜的父亲瞽叟是个盲人，舜的生母死后，瞽叟又娶了一个妻子生下了象，象骄纵不法。瞽叟喜欢后妻的儿子，常常想把舜杀掉，每次舜都平安地躲了过去；碰到有时出点小错儿，就会遭到重罚。舜很恭顺地侍奉父亲、后母及弟弟，日复一日地谨慎，没有一点懈怠。

舜是冀州人。舜在历山耕过田，在雷泽打过渔，在黄河岸边烧过陶器，在寿丘做过各种日常的家用器物，在负夏做过商人。舜的父亲瞽叟愚蠢，母亲奸诈，弟弟象骄纵，他们都想杀掉舜。舜却恭顺恰当地行事，从不违背为子之道，孝顺父母，友爱兄弟。他们想杀掉他，却总也无法实现；而有事要找他的时候，他又总是在身旁侍候着。

舜二十岁时，就因为孝顺而声名远扬。当他三十岁时，尧帝问谁能治理天下，四岳都推荐他，说这个人可以。于是尧把两个女儿嫁给舜，以此来观察他内在的德行；让九个儿子与他相处，来观察他外在的为人处世。舜居住在妫河汇流处的岸边，他做事更加谨小慎微。尧的两个女儿不敢因为自己出身高贵就傲慢地对待舜的亲属，并且很懂得妇道。尧的九个儿子也更加纯朴厚道。舜在历山耕作，历山人在划分田界时，都懂得互相谦让；在雷泽捕鱼，雷泽的人都能推让方便捕鱼的位置；在黄河岸边制作陶器，那里就完全没有劣质品。一年的时间，他住的地方就成为一个村落，二年又成为一个小城镇，三年那里就变成大都市了。尧很满意，于是就赐给舜一套细葛布衣服，送给他一张琴，为他建造粮仓，还赐给他牛、羊等牲畜。瞽叟还想杀他，让舜登高去用泥土修补谷仓，瞽叟却从下面放火焚烧。舜用两个斗笠保护着自己，像长了翅膀一样跳下来，逃开了，才得以不死。后来瞽叟又让舜挖井，舜挖井的时候，在侧壁凿出一条暗道通向外边。舜挖到深处，瞽叟和象一起往下倒土填埋水井，舜从旁边的暗道出去，又逃开了。瞽叟和象很高兴，以为舜已经死了。象说："最初出这个主意的是我。"象跟他的父母一起瓜分舜的财产，说："舜娶过来尧的两个女儿，还有尧赐给他的琴，我都要了。牛羊和谷仓都归父母吧。"象于是住在舜的屋里，弹着舜的琴。舜去见象。象非常惊愕，继而又摆出闷闷不乐的样子，说："我思念你，正难过伤心呢！"舜说："是啊，你可真够兄弟呀！"舜还是侍奉瞽叟，爱护弟弟，更加恭谨。于是，尧试着让舜掌管五种礼教，参与百官的事，舜都干得很好。

【原文】

昔高阳氏有才子八人，世得其利，谓之"八恺"。高辛氏有才子八人，世谓之"八元"。此十六族者，世济其美，不陨其名。至于尧，尧未能举。舜举八恺，使主后土，以揆百事，莫不时序。举八元，使布五教于四方，父义，母慈，兄友，弟恭，子孝，内平外成。

昔帝鸿氏有不才子，掩义隐贼，好行凶慝，天下谓之混沌。少暤氏有不才子，毁信恶忠，崇饰恶言，天下谓之穷奇。颛顼氏有不才子，不可教训，不知话言，天下谓之梼杌。此三族世忧之。至于尧，尧未能去。缙云氏有不才子，贪于饮食，冒于货贿，天下谓之饕餮。天下恶之，比之三凶。舜宾于四门，乃流四凶族，迁于四裔，以御螭魅，于是四门辟，言毋凶人也。

舜入于大麓，烈风雷雨不迷，尧乃知舜之足授天下。尧老，使舜摄行天子政，巡狩。舜得举用事二十年，而尧使摄政。摄政八年而尧崩。三年丧毕，让丹朱，天下归舜。而禹、皋陶、契、后稷、伯夷、夔、龙、倕、益、彭祖自尧时而皆举用，未有分职。于是舜乃至于文祖，谋于四岳，辟四门，明通四方耳目，命十二牧论帝德，行厚德，远佞人，则蛮夷率服。舜谓四岳曰："有能奋庸美尧之事者，使居官相事？"皆曰："伯禹为司空，可美帝功。"舜曰："嗟，然！禹，汝平水土，维是勉哉。"禹拜稽首，让于稷、契与皋陶。舜曰："然，往矣。"舜曰："弃，黎民始饥，汝后稷播时百谷。"舜曰："契，百姓不亲，五品不驯，汝为司徒，而敬敷五教，在宽。"舜曰："皋陶，蛮夷猾夏，寇贼奸轨，汝作士，五刑有服，五服三就；五流有度，五度三居：维明能信。"舜曰："谁能驯予工？"皆曰垂可。于是以垂为共工。舜曰："谁能驯予上下草木鸟兽？"皆曰益可。于是以益为朕虞。益拜稽首，让于诸臣朱虎、熊罴。舜曰："往矣，汝谐。"遂以朱虎、熊罴为佐。舜曰："嗟！四岳，有能典朕三礼？"皆曰伯夷可。舜曰："嗟！伯夷，以汝为秩宗，夙夜维敬，直哉维静絜。"伯夷让夔、龙。舜曰："然。以夔为典乐，教稚子，直而温，宽而栗，刚而毋虐，简而毋傲；诗言意，歌长言，声依永，律和声，八音能谐，毋相夺伦，神人以和。"夔曰："于！予击石拊石，百兽率舞。"舜曰："龙，朕畏忌谗说殄伪，振惊朕众，命汝为纳言，夙夜出入朕命，惟信。"舜曰："嗟！汝二十有二人，敬哉，惟时相天事。"三岁一考功，三考绌陟，远近众功咸兴。分北三苗。

此二十二人咸成厥功：皋陶为大理，平，民各伏得其实；伯夷主礼，上下咸让；垂主工师，百工致功；益主虞，山泽辟；弃主稷，百谷时茂；契主司徒，百姓亲和；龙主宾客，远人至；十二牧行而九州莫敢辟违。唯禹之功为大，披九山，通九泽，决九河，定九州，各以其职来贡，不失厥宜。方五千里。至于荒服。南抚交阯、北发，西戎、析枝、渠廋、氐、羌，北山戎、发、息慎，东长、鸟夷，四海之内咸戴帝舜之功。于是禹乃兴《九招》之乐，致异物，凤皇来翔。天下明德皆自虞帝始。

【译文】

　　从前高阳氏有八个德高才全的子孙，世人都得到了他们的好处，称赞他们为"八恺"。高辛氏也有八个德艺双馨的子孙，世人称赞他们为"八元"。这十六个人的家族后裔，世世代代保持着他们先人的美德，没有败坏他们先人的名声。到尧的时候，尧没有举用他们。舜举用了八恺的后代，让他们做掌管土地的官职，以处理各种事务，都办得有条有理。舜又举用了八元的后代，让他们向四方传布五教，使得做父亲的有道义，做母亲的慈爱，做兄长的友善，做弟弟的恭谨，做儿子的孝顺，家庭和睦，邻里真诚。

　　从前帝鸿氏有个不成器的后代，丢弃仁义道德，包藏害人之心，喜欢行凶，世人称他为"浑沌"。少暤氏也有个不中用的后代，弃信义恶忠诚，喜欢粉饰邪恶的言语，天下人称他为"穷奇"。颛顼氏有个不成材的后代，不可调教，不知好歹，人们都叫他为"梼杌"。这三个人的族裔，世人都害怕。到尧时，尧没有把他们除掉。缙云氏有个不成材的后代，喜欢暴饮暴食，贪图珠宝财物，世人称其为"饕餮"。天下人都很憎恶他，把他与浑沌、穷奇、梼杌这三个恶人一起称为四凶。舜在国都四门接待宾客，流放了这四个凶恶的家族，把他们赶到了四方最边远的地方，去抵御害人的妖魔，从此国都四门大开，排除邪秽，都说没有恶人了。

　　舜单独进入深山老林的时候，即使遇到暴风雷雨也不会迷路，于是尧才知道凭着舜的才能是可以把天下传授给他掌控的。尧年事已高，便让舜代理掌管天子的政要事务，到四方去巡视察看。舜被推举掌管政事二十年后，尧让他代理行使天子的职责政务。舜代理行使天子的职责政务八年之后，尧逝世了。服丧三年完毕，舜让位给尧的儿子丹朱，可是天下人都来归服舜。禹、皋陶、契、后稷、伯夷、夔、龙、倕、益、彭祖，从尧的时候就都得到举用，却一直没有适当的官职。于是舜就来到文祖庙，与四岳商量计议，开放四面国门，畅通言路，让十二州牧讨论称帝应具备的功德，他们都说要办有大德的事，疏远巧言谄媚的小人，这样，远方的外族就会归服。舜对四岳说："有谁能奋发努力，建立功业，光大帝尧的事业，授给他官职辅佐我办事呢？"四岳都说："伯禹为司空，可以光大帝尧的事业。"舜说："嗯，好！禹，你去负责平治水土，一定要努力办好啊！"禹跪地叩头拜谢，谦让说自己不如稷、契和皋陶。舜说："不要推让了，快去吧！"舜说："弃，黎民百姓正在忍饥挨饿，你负责农业，去教他们播种百谷吧。"舜说："契，官宦民众不相亲相敬，三纲五常的伦理不顺，你担任司徒，去谨慎地施行五伦教育，做好五伦教育，在于要宽厚。"舜又说："皋陶，蛮夷外族侵扰中原，抢劫杀人，在我们的境内兴风作乱，你担任司法官，五刑要使用得当，根据罪行轻重，大罪在原野上执行，次罪在市、朝内执行，同族人犯罪送交甸师氏处理；五刑宽减为流放的，流放的远近要有个规定，按罪行轻重分别流放到四境之外、九州之外和国都之外：只有公正严明，才能使人信服。"舜问："那么谁能管理我的各种工匠？"大家都说垂可以。于是任命垂为共工，统领各种工匠。舜又问："谁能管理天地间的草木鸟兽？"大家都说益行。于是任命益为朕虞，主管山泽。益叩头下拜，推让给朱虎、熊罴。舜说："去吧，你行。"就让朱虎、熊罴做他的助手。舜说："唉，四岳，有谁能替我主持天事、地事、人事三种祭祀？"大家都说伯夷可以。舜说："唉，伯夷，我任命你担任秩宗，主管祭祀，要早晚虔敬，要正直，还要肃穆洁净。"伯夷推让给夔、龙，舜说："那好，就任命夔为典乐，掌管音乐，教育贵族子弟，让他们正直而温和，宽厚而严厉，刚正却不暴虐，简捷却不傲慢；诗是表达内心情感的，歌是用延长音节来咏唱诗的，乐声的高低要与歌的内容相配合，还要用标准的音律来使乐声和谐。八种乐器的声音谐调一致，不要互相错乱侵扰，这样，就能通过音乐达到人与神相和的境界了。"夔说："嗯，我轻重有度地敲起石磬，各种禽兽都会跟着跳起舞来的。"舜又说："龙，我最憎恶谗言和暴行惊扰我的臣民，我任命你担任纳言，早晚传达我的旨命，一定要诚实。"舜说："唉，你们二十二个人，要谨守职责，时时辅佐我做好上天交付的治国大事。"此后，每三年考核一次功绩，经过三次考核，按照成绩升迁或贬黜，所以，不论远处近处，各种事情都振兴起来了。还根据是否归顺臣服，分解了三苗部族。

这二十二人个个成就功业：皋陶担任法官，断案公正，百姓都佩服他能据实以断；伯夷主持礼仪，从上到下都能谦逊礼让；垂担任工师，主管各种工匠，各种工匠都能做好自己的本职工作；益主管山泽，山林河湖都得到有效开发；弃主管农业，各种谷物都按季节茂盛成长；契担任司徒，百官民众都友善和睦；龙主管接待宾客，远方的诸侯都来朝贡；舜所设置的十二州牧管理各地，百姓没有谁违抗。其中禹的功劳最大，开凿山岭，治理湖泽，疏浚河流，界定了九州的范围，各地都按照应缴纳的贡物前来进贡，没有不恰当的。纵横五千里的领域，都受到安抚，直到离京师最远的边荒地区。那时，南方安抚到交阯、北发，西方安抚到戎、析枝、渠廋、氐、羌，北方安抚到山戎、发、息慎，东方安抚到长、鸟夷，四海之内，共同称颂帝舜的功德。于是禹创制《九招》乐曲歌颂舜的功德，招来了祥瑞之物，凤凰也飞来，随乐声盘旋起舞。天下清正廉明的仁德之政都是从虞舜帝开始的。

【原文】

舜年二十以孝闻，年三十尧举之，年五十摄行天子事，年五十八尧崩，年六十一代尧践帝位。践帝位三十九年，南巡狩，崩于苍梧之野。葬于江南九疑，是为零陵。舜之践帝位，载天子旗，往朝父瞽叟，夔夔唯谨，如子道。封弟象为诸侯。舜子商均亦不肖，舜乃豫荐禹于天。十七年而崩。三年丧毕，禹亦乃让舜子，如舜让尧子。诸侯归之，然后禹践天子位。尧子丹朱，舜子商均，皆有疆土，以奉先祀。服其服，礼乐如之。以客见天子，天子弗臣，示不敢专也。

自黄帝至舜、禹，皆同姓而异其国号，以章明德。故黄帝为有熊，帝颛顼为高阳，帝喾为高辛，帝尧为陶唐，帝舜为有虞。帝禹为夏后而别氏，姓姒氏。契为商，姓子氏。弃为周，姓姬氏。

太史公曰：学者多称五帝，尚矣。然《尚书》独载尧以来；而百家言黄帝，其文不雅驯，荐绅先生难言之。孔子所传《宰予问五帝德》及《帝系姓》，儒者或不传。余尝西至空桐，北过涿鹿，东渐于海，南浮江、淮矣，至长老皆各往往称黄帝、尧、舜之处，风教固殊焉，总之不离古文者近是。予观《春秋》、《国语》，其发明《五帝德》、《帝系姓》章矣，顾弟弗深考，其所表见皆不虚。《书》缺有间矣，其轶乃时时见于他说。非好学深思，心知其意，固难为浅见寡闻道也。余并论次，择其言尤雅者，故著为本纪书首。

【译文】

　　舜二十岁时因为孝顺而闻名于世，三十岁时被尧帝选定接班，五十岁时代理天子政务，五十八岁时尧帝逝世，六十一岁时接替尧登临天子之位。登基三十九年后，舜到南方巡视，在苍梧的郊野逝世。被埋葬在长江南岸的九嶷山，这就是零陵。舜登临帝位之后，乘着竖立着天子旗帜的车子去给父亲瞽叟请安，和悦恭敬，遵循做儿子的规矩。封弟弟象为诸侯。舜的儿子商均不成材，舜就事先把禹推荐给上天。十七年后舜逝世。服丧三年完毕，禹也把帝位让给舜的儿子，就跟舜当年让位给尧的儿子时的情形一样。诸侯归服禹，这样，禹才登临天子之位。尧的儿子丹朱，舜的儿子商均都得到了各自的封地，来供奉祭祀祖先。禹还让他们穿自己家族的服饰，用自己家族的礼乐仪式。他们以客人的身份拜见天子，天子也不把他们当臣下对待，以表示不敢专擅帝位。

　　从黄帝到舜、禹，都是同姓，但他们的国号并不相同，为的是彰显各自光明的仁德之业。所以，黄帝号为有熊，帝颛顼号为高阳，帝喾号为高辛，帝尧号为陶唐，帝舜号为有虞。帝禹号为夏后，并且另外又分出氏族，姓姒氏。契为商始祖，姓子氏。弃为周始祖，姓姬氏。

　　太史公说：很多学者都赞扬五帝，五帝时代已经过去很久了。《尚书》只记载着尧以后的历史；而有些人叙写论说黄帝，文字都粗疏而不规范，士大夫们也很难说得清楚。孔子传下来的《宰予问五帝德》及《帝系姓》，读书人有的也不传习。我曾经往西到过空桐，往北路过涿鹿，往东到过大海，往南渡过长江、淮水。所到过的地方，那里的老前辈们往往都能谈到他们各自听说过的黄帝、尧、舜的事迹，这些地方风俗教化都有不同。总的来说，我认为那些与古文经籍记载相符的说法，应该算是正确的。我研读了《春秋》、《国语》，这些书对《五帝德》、《帝系姓》的阐述都很明了，只是人们不曾深入考察研究，其实这些记述都不是虚妄之说。《尚书》残缺已经有好长时间了，但散轶的记载却常常可以从其他书中找到。如果不是好学深思，真正在心里领会了它们的意思，想要向那些学识浅薄、见闻不广的人说明白，肯定是困难的。我把这些材料加以评议编次，选择了那些言辞典雅的内容，写成这篇本纪，并放在全书开头的位置。

秦本纪

【原文】

秦之先，帝颛顼之苗裔孙曰女修。女修织，玄鸟陨卵，女修吞之，生子大业。大业取少典之子，曰女华。女华生大费，与禹平水土。已成，帝锡玄圭。禹受曰："非予能成，亦大费为辅。"帝舜曰："咨尔费，赞禹功，其赐尔皂游。尔后嗣将大出。"乃妻之姚姓之玉女。大费拜受，佐舜调驯鸟兽，鸟兽多驯服，是为柏翳。舜赐姓嬴氏。

大费生子二人：一曰大廉，实鸟俗氏；二曰若木，实费氏。其玄孙曰费昌，子孙或在中国，或在夷狄。费昌当夏桀之时，去夏归商，为汤御。以败桀于鸣条。大廉玄孙曰孟戏、中衍，鸟身人言。帝太戊闻而卜之使御，吉，遂致使御而妻之。自太戊以下，中衍之后，遂世有功，以佐殷国，故嬴姓多显，遂为诸侯。

其玄孙曰中潏，在西戎，保西垂。生蜚廉。蜚廉生恶来。恶来有力，蜚廉善走，父子俱以材力事殷纣。周武王之伐纣，并杀恶来。是时蜚廉为纣石北方，还，无所报，为坛霍太山而报，得石棺，铭曰"帝令处父不与殷乱，赐尔石棺以华氏"。死，遂葬于霍太山。蜚廉复有子曰季胜。季胜生孟增。孟增幸于周成王，是为宅皋狼。皋狼生衡父，衡父生造父。造父以善御幸于周缪王，得骥、温骊、骅骝、騄耳之驷，西巡狩，乐而忘归。徐偃王作乱，造父为缪王御，长驱归周，一日千里以救乱。缪王以赵城封造父，造父族由此为赵氏。自蜚廉生季胜已下五世至造父，别居赵。赵衰其后也。恶来革者，蜚廉子也，蚤死。有子曰女防。女防生旁皋，旁皋生太几，太几生大骆，大骆生非子。以造父之宠，皆蒙赵城，姓赵氏。

【译文】

秦的祖先，是颛顼帝的一个女性后代，名叫女修。女修织布时，一只燕子掉下卵，女修吞了，生下儿子大业。大业娶了少典部族的女儿，名叫女华。女华生了儿子大费，他帮助大禹治理水土。治水成功后，舜帝赐给禹黑色的玉圭。禹接受了赏赐，说："治水不是我一个人就能够完成的，也多亏有大费帮助我。"舜帝说："费呀，你帮助禹治水成功！我赐你一副黑色的旌旗飘带。你的后代将会兴旺昌盛。"于是把一个姓姚的美女嫁给他。大费行拜礼接受了赏赐，并为舜帝调教驯养禽兽，鸟兽大多驯服。这就是柏翳，舜帝赐他姓嬴。

大费有两个儿子：一个是大廉，也就是鸟俗氏；另一个为若木，也就是费氏。费氏的玄孙叫费昌，费昌的后裔有的住在中国，有的住在夷狄。夏桀的时候，费昌离开夏国，归附了商汤，给商汤驾车，并在鸣条打败了夏桀。大廉有两个玄孙分别是孟戏、中衍，身体长得很像鸟，但说人话。太戊帝听说了，想让他们给自己驾车，就去占卜，卦相显示这样很吉利，于是把他们请来驾车，并且为他们娶了妻子。自太戊帝以后，中衍的后代族裔，代代都有赫赫功劳，辅佐殷国，所以嬴姓子孙大多功名显贵，最后都被封为诸侯。

中衍的玄孙叫中潏，住在西部戎族地区，守卫着西部边疆。中潏生了儿子蜚廉。蜚廉又生了儿子恶来。恶来力气非常大，蜚廉则跑得非常快。父子俩都依靠不同寻常的才能侍奉殷纣王。周武王攻打纣的时候，把恶来也一起杀掉了。当时，蜚廉为纣在北方采石，回来后，因纣已死，没有地方禀报，就在霍太山筑起祭坛报祭纣王，结果获得一幅石棺，石棺上刻的字说："天帝使你幸免于殷朝的祸乱，赐给你石棺以光耀氏族。"死后便埋葬在霍太山。蜚廉还有另外一个儿子叫季胜。季胜又生了儿子孟增。孟增受到周成王的重视，他就是宅皋狼。皋狼生了衡父，衡父生了造父。造父因善于驾车得到周缪王的宠幸。周缪王获得名叫骥、温骊、骅骝、騄耳的四匹骏马，驾车到西方巡视，乐而忘返。等到徐偃王作乱时，造父给缪王驾车，兼程驱赶回周朝，日行千里，平定了叛乱。缪王把赵城封给造父，造父族人从此姓赵。自蜚廉生季胜以来经过五代，直到造父时，才另外分出来居住在赵城。春秋晋国大夫赵衰就是他的后代。恶来革，是蜚廉的儿子，死得早。但他留有一个儿子叫女防。女防生了旁皋，旁皋生了太几，太几生了大骆，大骆生了非子。因为造父受到周王的恩宠，所以他们都承蒙其恩荫住在赵城，姓赵。

【原文】

　　非子居犬丘，好马及畜，善养息之。犬丘人言之周孝王，孝王召使主马于汧渭之间，马大蕃息。孝王欲以为大骆嫡嗣。申侯之女为大骆妻，生子成为适。申侯乃言孝王曰："昔我先骊山之女，为戎胥轩妻，生中潏，以亲故归周，保西垂，西垂以其故和睦。今我复与大骆妻，生嫡子成。申骆重婚，西戎皆服，所以为王。王其图之。"于是孝王曰："昔伯翳为舜主畜，畜多息，故有土，赐姓嬴。今其后世亦为朕息马，朕其分土为附庸。"邑之秦，使复续嬴氏祀，号曰秦嬴。亦不废申侯之女子为骆嫡者，以和西戎。

　　秦嬴生秦侯。秦侯立十年，卒。生公伯。公伯立三年，卒。生秦仲。

　　秦仲立三年，周厉王无道，诸侯或叛之。西戎反王室，灭犬丘大骆之族。周宣王即位，乃以秦仲为大夫，诛西戎。西戎杀秦仲。秦仲立二十三年，死于戎。有子五人，其长者曰庄公。周宣王乃召庄公昆弟五人，与兵七千人，使伐西戎，破之。于是复予秦仲后，及其先大骆地犬丘并有之，为西垂大夫。

【译文】

　　非子住在犬丘这个地方，他很喜爱马和其他牲口，并善于养殖这些牲口。犬丘的人把这事告诉了周孝王，孝王召见了非子并让他在汧河、渭河之间管理马匹，于是马匹大量地繁殖。孝王想让非子做大骆的继承人。申侯的女儿是大骆的妻子，生了儿子成，成做了继承人。申侯就对孝王说："从前我的祖先是骊山之地的子女，她做了西戎族仲衍的曾孙、胥轩的妻子，生了中潏，因为与周相亲而归附周朝，守卫西部边境，西部边境因此和睦太平。现在我又把女儿嫁给大骆为妻，生下成做继承人。申侯与大骆再次联姻，西戎族就都能归顺，这样，您才得以称王。希望您再好好考虑一下吧。"于是孝王说："从前伯翳为舜帝掌管牲畜，牲畜繁殖很多，所以获得土地的封赐，受赐姓嬴。现在他的后代也给我驯养繁殖马匹，我也分给他土地做附属国吧。"赐给非子秦地作为封邑，让他接管嬴氏的祭祀，号称秦嬴。继续用申侯女儿生的儿子做大骆的继承人，以此来与西戎和好。

秦嬴生了秦侯。秦侯继承父位十年之后死了。秦侯有儿子公伯。公伯在位三年也死了。公伯生了秦仲。

秦仲袭位三年的时候，周厉王昏庸无道，有的诸侯国开始造反。西戎族反叛攻打周王朝，灭了犬丘大骆的全族。周宣王登上王位之后，任用秦仲当大夫，让他去讨伐西戎。西戎杀掉了秦仲。秦仲即位为侯王二十三年，死在西戎。秦仲生有五个儿子，大儿子叫庄公。周宣王召见庄公兄弟五人，交给他们七千兵卒，命令他们征伐西戎，最后把西戎打败了。于是周宣王再次赏赐秦仲的子孙，包括之前大骆的封地犬丘在内，全部归他们所有，任命他们为西垂大夫。

【原文】

庄公居其故西犬丘，生子三人，其长男世父。世父曰："戎杀我大父仲，我非杀戎王则不敢入邑。"遂将击戎。让其弟襄公。襄公为太子。庄公立四十四年，卒，太子襄公代立。襄公元年，以女弟缪嬴为丰王妻。襄公二年，戎围犬丘，世父击之，为戎人所虏。岁余，复归世父。七年春，周幽王用褒姒废太子，立褒姒子为适，数欺诸侯，诸侯叛之。西戎犬戎与申侯伐周，杀幽王骊山下。而秦襄公将兵救周，战甚力，有功。周避犬戎难，东徙雒邑，襄公以兵送周平王。平王封襄公为诸侯，赐之岐以西之地。曰："戎无道，侵夺我岐、丰之地，秦能攻逐戎，即有其地。"与誓，封爵之。襄公于是始国，与诸侯通使聘享之礼，乃用骝驹、黄牛、羝羊各三，祠上帝西畤。十二年，伐戎而至岐，卒。生文公。

文公元年，居西垂宫。三年，文公以兵七百人东猎。四年，至汧渭之会。曰："昔周邑我先秦嬴于此，后卒获为诸侯。"乃卜居之，占曰吉，即营邑之。十年，初为鄜畤，用三牢。十三年，初有史以纪事，民多化者。十六年，文公以兵伐戎，戎败走。于是文公遂收周余民有之，地至岐，岐以东献之周。十九年，得陈宝。二十年，法初有三族之罪。二十七年，伐南山大梓，丰大特。四十八年，文公太子卒，赐谥为竫公。竫公之长子为太子，是文公孙也。五十年，文公卒，葬西山。竫公子立，是为宁公。

【译文】

庄公住在原来的西犬丘那个地方，他生有三个子嗣，长子名叫世父。世父说："西戎杀了我祖父秦仲，我不杀掉戎王决不回来。"于是世父率兵征讨西戎，把继承人的位置让给弟弟襄公。襄公做了太子。庄公在位四十四年去世，太子襄公继承父位。襄公元年（前777），襄公把他妹妹缪嬴嫁给戎族的丰王做妻子。襄公二年，西戎包围犬丘，世父带兵抗战，最后被西戎俘虏。过了一年多，西戎把世父放回来了。襄公七年春，周幽王因宠爱褒姒而废除继承人宜臼，改立褒姒之子伯服为太子，并多次失信于诸侯，因此诸侯们背叛了他。西戎中的犬戎和申侯伐周，在骊山下杀掉了幽王。秦襄公率兵救援周王室，作战有力，立了战功。周平王为躲避犬戎的骚扰，把都城向东迁到洛邑，襄公带兵护送了周平王。周平王封襄公为诸侯，赐给他岐山以西的土地。平王说："西戎不讲道义，侵夺我岐山、丰水的土地，秦国如果能赶走戎人，即可拥有这块土地。"平王与他立下誓约，赐给他封地，授给他爵位。襄公从此正式建立国家，跟其他诸侯国互通使节，互致聘问献纳之礼，并且用赤色幼马、黄牛、公羊各三匹，在西畤祭祀天帝。十二年（前766），襄公讨伐西戎，在岐山去世。他生了文公。

文公元年（前765），文公在西垂宫居住。三年，文公带着七百名随从兵士到东边去打猎。四年，他们来到汧、渭两河交界处。文公说："从前，周朝把这里赐给我祖先秦嬴做封邑，后来我们终于成了诸侯。"于是占卜这里是否适宜居住，结果表明吉利，就在这里营造起城邑。十年，文公开始建造祭天地的鄜畤时，用牛羊猪三种牲畜举行祭祀。十三年，文公开始设置史官记载大事，百姓大多受到教化。十六年，文公派兵讨伐西戎，西戎败而逃走。于是文公集周朝的遗民归为己有，地盘扩展到岐山，他把岐山以东的土地献给周天子。十九年，文公得到一块名叫"陈宝"的异石。二十年，文公开始设立诛灭三族的刑罚。二十七年，文公派人砍伐南山的大梓树，梓树中蹿出一头大青牛逃进了丰水。四十八年，文公的太子去世，赐其谥号为竫公。文公将竫公的长子立为太子，也就是文公的孙子。五十年，文公去世，埋葬在西山。竫公的儿子继位，这就是宁公。

【原文】

宁公二年，公徙居平阳。遣兵伐荡社。三年，与亳战，亳王奔戎，遂灭荡社。四年，鲁公子翚弑其君隐公。十二年，伐荡氏，取之。宁公生十岁立，立十二年卒，葬西山。生子三人，长男武公为太子。武公弟德公，同母鲁姬子。生出子。宁公卒，大庶长弗忌、威垒、三父废太子而立出子为君。出子六年，三父等复共令人贼杀出子。出子生五岁立，立六年卒。三父等乃复立故太子武公。

武公元年，伐彭戏氏，至于华山下，居平阳封宫。三年，诛三父等而夷三族，以其杀出子也。郑高渠眯杀其君昭公。十年，伐邦、冀戎，初县之。十一年，初县杜、郑。灭小虢。十三年，齐人管至父、连称等杀其君襄公而立公孙无知。晋灭霍、魏、耿。齐雍廪杀无知、管至父等而立齐桓公。齐、晋为强国。十九年，晋曲沃始为晋侯。齐桓公伯于鄄。二十年，武公卒，葬雍平阳。初以人从死，从死者六十六人。有子一人，名曰白。白不立，封平阳。立其弟德公。

【译文】

宁公二年（前714），宁公迁到平阳居住。后来他派遣军队去征伐荡社。三年，他们与西戎的亳部落作战，亳王战败逃往西戎，于是灭了荡社。四年，鲁公子翚杀死了他的国君隐公。十二年，宁公攻打荡氏，并且最终取胜。宁公十岁即位，在位十二年去世，葬在西山。他生了三个儿子：长子武公为太子；武公的弟弟是德公，他们的母亲都是鲁姬子。三子为出子。宁公去世后，大庶长弗忌、威垒和三父废掉太子而拥立出子为君主。出子六年（前698），三父等人又一起派人杀害了出子。出子五岁即位，在位六年就死了。三父等人又拥立了原太子武公。

武公元年（前697），武公去攻打彭戏氏，到了华山下，住在平阳的封宫里。三年，他杀了三父等人，并且杀尽了他们的三族，因为他们杀了出子。郑国的高渠眯谋杀了自己的国君昭公。十年，武公攻打邽、冀两地的戎族，开始设邽、冀为县。十一年，开始在杜、郑两地设县。还灭亡了小虢。十三年，齐国人管至父、连称等杀了自己的国君襄公，拥立公孙无知为君。晋国灭了霍、魏、耿三国。齐国雍廪杀死无知、管至父等人，拥立齐桓公。齐、晋成为强国。十九年，晋国的曲沃武公灭掉晋侯缗，做了晋侯。齐桓公在鄄地称霸。二十年，秦武公去世，葬在雍邑平阳。这时开始用人殉葬，给武公殉葬的有六十六人。武公有个儿子，名叫白。白未能即位，被封在平阳。立了武公的弟弟德公为君。

【原文】

德公元年，初居雍城大郑宫。以牺三百牢祠鄜畤。卜居雍。后子孙饮马于河。梁伯、芮伯来朝。二年，初伏，以狗御蛊。德公生三十三岁而立，立二年卒。生子三人：长子宣公，中子成公，少子穆公。长子宣公立。

宣公元年，卫、燕伐周，出惠王，立王子穨。三年，郑伯、虢叔杀子穨而入惠王。四年，作密畤。与晋战河阳，胜之。十二年，宣公卒。生子九人，莫立，立其弟成公。

成公元年，梁伯、芮伯来朝。齐桓公伐山戎，次于孤竹。

成公立四年卒。子七人，莫立，立其弟穆公。

穆公任好元年，自将伐茅津，胜之。四年，迎妇于晋，晋太子申生姊也。其岁，齐桓公伐楚，至邵陵。

五年，晋献公灭虞、虢，虏虞君与其大夫百里傒，以璧马赂于虞故也。既虏百里傒，以为秦穆公夫人媵于秦。百里傒亡秦走宛，楚鄙人执之。穆公闻百里傒贤，欲重赎之，恐楚人不与，乃使人谓楚曰："吾媵臣百里傒在焉，请以五羖羊皮赎之。"楚人遂许与之。当是时，百里傒年已七十余。穆公释其囚，与语国事。谢曰："臣亡国之臣，何足问！"穆公曰："虞君不用子，故亡，非子罪也。"固问，语三日，穆公大说，授之国政，号曰五羖大夫。百里傒让曰："臣不及臣友蹇叔，蹇叔贤而世莫知。臣常游困于齐而乞食铚人，蹇叔收臣。臣因而欲事齐君无知，蹇叔止臣，臣得脱齐难，遂之周。周王子穨好牛，臣以养牛干之。及穨欲用臣，蹇叔止臣，臣去，得不诛。事虞君，蹇叔止臣。臣知虞君不用臣，臣诚私利禄爵，且留。再用其言，得脱；一不用，及虞君难：是以知其贤。"于是穆公使人厚币迎蹇叔，以为上大夫。

【译文】

德公元年（前677），德公开始在雍城的大郑宫居住。用牛羊猪各三百头在鄜畤祭祀天地。经过占卜，定居于雍。其后子孙饮马于黄河。梁伯、芮伯来朝见。二年，开始设伏祭，杀狗祭祀以祛除热毒邪气。德公在三十三岁即位，在位两年去世。他生了三个儿子：长子宣公，次子成公，少子穆公。长子宣公继承父位。

宣公元年（前675），卫国、燕国攻打周王室，赶走惠王，立王子颓为王。三年，郑伯、虢叔杀王子颓，迎回惠王。四年，秦国修建密畤。秦与晋国在河阳作战，战胜了晋军。十二年，宣公去世。宣公有九个儿子，都未能即位，立了宣公的弟弟成公。

成公元年（前663），梁伯、芮伯都来朝见。这年，齐桓公攻打山戎，驻扎在孤竹。成公在位四年去世。他有七个儿子，都未能即位，立了成公的弟弟穆公。

穆公任好元年（前659），穆公亲自领兵征讨茅津，取得胜利。四年，穆公从晋国娶了一个妻子，就是晋太子申生的姐姐。同年，齐桓公攻打楚国，一直打到邵陵。

五年，晋献公灭掉虞、虢两国，俘虏了虞君和他的大夫百里傒，这是由于事先晋献公送给虞君白玉和良马以借道伐虢而虞君答应了的缘故。俘获了百里傒之后，把他当做秦穆公夫人出嫁时陪嫁的奴隶送到秦国。百里傒逃离秦国跑到宛，后来楚国边境的人抓住了他。穆公听说百里傒有才能，想用重金赎买他，但又担心楚国不给，就派人对楚王说："我家的陪嫁奴隶拿百里傒逃到这里，请允许我用五张黑色公羊皮赎回他。"楚国最后答应了，交出百里傒。此时，百里傒已经七十多岁。穆公松开他的枷锁，跟他讨论国家大事。百里傒推辞说："我是亡国之臣，哪里值得您来询问？"穆公说："虞君不听您的劝告，所以亡国了，这不是您的罪过。"再三向他请教，谈了三天，穆公非常高兴，把国家政务交给他来管，号称五羖大夫。百里傒谦让说："我比不上我的朋友蹇叔，蹇叔有才能，可是世人没有人知道。我曾外出游学求官，被困在齐国，向铚地的人讨饭吃，蹇叔收留了我。我因而想侍奉齐国国君无知，蹇叔阻止了我，我得以躲过了齐国发生的那场灾难，于是到了周。周王子颓喜爱牛，我凭着养牛的本领求取禄位，颓想重用我时，蹇叔劝阻我，我离开了颓，才没有跟颓一起被杀。侍奉虞君时，蹇叔也劝阻过我。我虽知道虞君不能重用我，但实在是贪图利禄和爵位，就暂时留下了。我两次听了蹇叔的话，都得以逃脱险境；一次没听，就遇上了这次因虞君亡国而遭擒的灾难：因此我知道蹇叔有才能。"于是穆公派人带着重金去迎请蹇叔，封他为上大夫。

【原文】

秋，穆公自将伐晋，战于河曲。晋骊姬作乱，太子申生死新城，重耳、夷吾出奔。

九年，齐桓公会诸侯于葵丘。

晋献公卒。立骊姬子奚齐，其臣里克杀奚齐。荀息立卓子，克又杀卓子及荀息。夷吾使人请秦，求入晋。于是穆公许之，使百里傒将兵送夷吾。夷吾谓曰："诚得立，请割晋之河西八城与秦。"及至，已立，而使丕郑谢秦，背约不与河西城，而杀里克。丕郑闻之，恐，因与穆公谋曰："晋人不欲夷吾，实欲重耳。今背秦约而杀里克，皆吕甥、郤芮之计也。愿君以利急召吕、郤，吕、郤至，则更入重耳便。"穆公许之，使人与丕郑归，召吕、郤。吕、郤等疑丕郑有间，乃言夷吾杀丕郑。丕郑子丕豹奔秦，说穆公曰："晋君无道，百姓不亲，可伐也。"穆公曰："百姓苟不便，何故能诛其大臣？能诛其大臣，此其调也。"不听，而阴用豹。

【译文】

秋天，穆公亲自率兵攻打晋国，两军在河曲交战。晋国骊姬在国内叛乱，太子申生被骊姬害死在新城，公子重耳、夷吾侥幸逃了出来。

九年（前651），齐桓公在葵丘与诸侯会盟。

晋献公去世。立骊姬的儿子奚齐做国君，晋献公的臣子里克杀了奚齐。荀息立卓子为国君，里克又杀掉卓子和荀息。夷吾派人请求秦国帮他回晋国。穆公答应了夷吾的请求，派百里傒率兵护送夷吾回国。夷吾对秦国人说："我如果真能登位，愿意割让晋国河西地区的八座城池给秦国。"等他回到晋国，做了国君，却派丕郑去向秦国推脱，违背了诺言，不肯送给秦国河西地区的八座城池，并且杀了里克。丕郑听说此事，十分害怕，就跟秦穆公商议说："晋国人不想立夷吾为君，实际上想立重耳。现在夷吾违背诺言而且杀了里克，都是吕甥、郤芮的主意。希望您以重金利禄赶快把吕甥、郤芮叫到秦国来，如果吕、郤两人来了，那么再送重耳回国就方便了。"穆公答应了他，就派人跟丕郑一起回晋国去叫吕甥、郤芮。吕、郤等人怀疑丕郑有诈谋，就建议夷吾杀死了丕郑。丕郑的儿子丕豹逃到了秦国，劝穆公说："晋国国君无道，百姓不亲附，可以讨伐他了。"穆公说："百姓如果认为不合适，不拥护他，他为什么能杀掉他的大臣呢？既然能杀掉他的大臣，这正是由于晋国上下还是协调的。"穆公表面上不听丕豹的计谋，却在暗中重用他。

【原文】

十二年，齐管仲、隰朋死。

晋旱，来请粟。丕豹说穆公勿与，因其饥而伐之。穆公问公孙支，支曰："饥穰更事耳，不可不与。"问百里傒，傒曰："夷吾得罪于君，其百姓何罪？"于是用百里傒、公孙支言，卒与之粟。以船漕车转，自雍相望至绛。

十四年，秦饥，请粟于晋。晋君谋之群臣。虢射曰："因其饥伐之，可有大功。"晋君从之。十五年，兴兵将攻秦。穆公发兵，使丕豹将，自往击之。九月壬戌，与晋惠公夷吾合战于韩地。晋君弃其军，与秦争利，还而马骛。穆公与麾下驰追之，不能得晋君，反为晋军所围。晋击穆公，穆公伤。于是岐下食善马者三百人驰冒晋军，晋军解围，遂脱穆公而反生得晋君。初，穆公亡善马，岐下野人共得而食之者三百余人，吏逐得，欲法之。穆公曰："君子不以畜产害人。吾闻食善马肉不饮酒，伤人。"乃皆赐酒而赦之。三百人者闻秦击晋，皆求从，从而见穆公窘，亦皆推锋争死，以报食马之德。于是穆公虏晋君以归，令于国，"齐宿，吾将以晋君祠上帝"。周天子闻之，曰"晋我同姓"，为请晋君。夷吾姊亦为穆公夫人，夫人闻之，乃衰绖跣，曰："妾兄弟不能相救，以辱君命。"穆公曰："我得晋君以为功，今天子为请，夫人是忧。"乃与晋君盟，许归之，更舍上舍，而馈之七牢。十一月，归晋君夷吾，夷吾献其河西地，使太子圉为质于秦。秦妻子圉以宗女。是时秦地东至河。

【译文】

十二年（前648），齐国管仲、隰朋去世。

晋国大旱，派人到秦国求借粮食。丕豹劝说穆公不要借给他们，而要趁着饥荒去攻打晋国。穆公问公孙支，公孙支说："荒歉与丰收是更替出现的事，不能不给。"又问百里傒，百里傒说："夷吾得罪了您，他的百姓有什么罪过？"穆公采纳百里傒、公孙支的意见，最后还是借给晋国粮食了。用船和车给晋国运去粮食，从雍到绛络绎不绝。

十四年，秦国发生饥荒，到晋国求借粮食。晋君就此事征求群臣的意见。虢射说："趁着秦国闹饥荒去攻打，肯定大获成功。"晋君听从了他的意见。十五年，晋国将要起兵攻打秦国。穆公发兵，让丕豹率兵，亲自去迎击。九日壬戌，在韩地与晋惠公夷吾会战。晋君甩下自己的主力部队，跟秦军争夺战势之便，回来的时候，驾车的战马陷到深泥里。穆公与部下驱车追赶，没能抓到晋君，反而被晋军包围了。晋军攻击穆公，穆公受了伤。这时，曾在岐山下偷吃穆公良马的三百多个乡下人驱马冲入晋军，晋军的包围被冲破，这样才使穆公脱险，反而活捉了晋君。当初，穆公丢失了骏马，岐山下的三百多个乡下人一块儿把它抓来吃掉了，官吏捕捉到他们，要加以法办。穆公说："君子不能因为牲畜的缘故而伤害人。我听说，吃了骏马肉，如果不喝酒，会伤人。"于是全部赐酒，赦免了他们。这三百人听说秦军要去迎击晋军，都要求跟着去。在作战时，他们发现穆公被敌包围，都手持兵器，拼死作战，以报答吃马肉被赦免的恩德。于是穆公俘虏了晋君回到秦国，向全国发布命令："大家斋戒，我将用晋君祭祀上帝。"周天子听说此事，说"晋君是我的同姓"，于是替晋君求情。夷吾的姐姐是秦穆公的夫人，她听到这件事，就穿上丧服，光着脚，说："我竟然不能挽救自己的兄弟，唯恐有辱于您的命令。"穆公说："我俘获了晋君，以为是成就了一件大事，可是现在天子来求情，夫人也为此事而忧愁。"于是跟晋君订立盟约，答应让他回国，并给他换了上等的房舍居住，并用七牢的规格来宴飨他。十一月，送晋君夷吾回国，夷吾献出晋国河西的土地，派太子圉到秦国做人质。秦国把同宗的女儿嫁给子圉。这时候，秦国的地盘已经向东扩展到黄河。

【原文】

十八年，齐桓公卒。二十年，秦灭梁、芮。

二十二年，晋公子圉闻晋君病，曰："梁，我母家也，而秦灭之。我兄弟多，即君百岁后，秦必留我，而晋轻，亦更立他子。"子圉乃亡归晋。二十三年，晋惠公卒，子圉立为君。秦怨圉亡去，乃迎晋公子重耳于楚，而妻以故子圉妻。重耳初谢，后乃受。穆公益礼厚遇之。二十四年春，秦使人告晋大臣，欲入重耳。晋许之，于是使人送重耳。二月，重耳立为晋君，是为文公。文公使人杀子圉。子圉是为怀公。

其秋，周襄王弟带以翟伐王，王出居郑。二十五年，周王使人告难于晋、秦。秦穆公将兵助晋文公入襄王，杀王弟带。二十八年，晋文公败楚于城濮。三十年，穆公助晋文公围郑。郑使人言穆公曰："亡郑厚晋，于晋而得矣，而秦未有利。晋之强，秦之忧也。"穆公乃罢兵归。晋亦罢。三十二年冬，晋文公卒。

【译文】

十八年（前642），齐桓公去世。二十年，秦国灭掉梁、芮。

二十二年，晋公子圉听说晋君病重，说："梁国是我母亲的家乡，秦国却灭了它。我有很多兄弟，如果晋君去世，秦国必定留住我，晋国看不起我，也会改立其他公子。"于是子圉逃回晋国。二十三年，晋惠公去世，子圉即位为君。秦君怨恨子圉私自逃归，就从楚国迎来晋公子重耳，并把原来子圉的妻子嫁给重耳。重耳开始推辞不肯，后来就接受了。穆公对重耳更加以厚礼相待。二十四年春天，秦国派人告诉晋国大臣，要送重耳回国。晋国答应了，于是秦君派人护送重耳。二月，重耳被立为晋君，就是晋文公。文公派人杀了子圉。子圉就是晋怀公。

这年秋天，周襄王的弟弟带借助翟（通"狄"）人的军队攻打襄王，襄王逃到郑国暂住。二十五年，周襄王派人向晋国、秦国告急求救。秦穆公率兵帮助晋文公护送周襄王回朝，杀死襄王的弟弟带。二十八年，晋文公在城濮打败楚军。三十年，穆公帮助晋文公包围了郑国。郑国派人对穆公说："灭掉郑国而增强晋国的实力，这对晋国是有利的，但对秦国却没有什么好处。晋国强大了，就会成为秦国的忧患。"于是穆公撤兵返回秦国。晋国也只好不再攻打郑国。三十二年冬，晋文公去世。

【原文】

郑人有卖郑于秦曰："我主其城门，郑可袭也。"穆公问蹇叔、百里傒，对曰："径数国千里而袭人，希有得利者。且人卖郑，庸知我国人不有以我情告郑者乎？不可。"穆公曰："子不知也，吾已决矣。"遂发兵，使百里傒子孟明视，蹇叔子西乞术及白乙丙将兵。行日，百里傒、蹇叔二人哭之。穆公闻，怒曰："孤发兵而子沮哭吾军，何也？"二老曰："臣非敢沮君军。军行，臣子与往；臣老，迟还恐不相见，故哭耳。"二老退，谓其子曰："汝军即败，必于殽阨矣。"三十三年春，秦兵遂东，更晋地，过周北门。周王孙满曰："秦师无礼，不败何待！"兵至滑，郑贩卖贾人弦高，持十二牛将卖之周，见秦兵，恐死虏，因献其牛，曰："闻大国将诛郑，郑君谨修守御备，使臣以牛十二劳军士。"秦三将军相谓曰："将袭郑，郑今已觉之，往无及已。"灭滑。滑，晋之边邑也。

当是时，晋文公丧尚未葬。太子襄公怒曰："秦侮我孤，因丧破我滑。"遂墨衰绖，发兵遮秦兵于殽，击之，大破秦军，无一人得脱者。虏秦三将以归。文公夫人，秦女也，为秦三囚将请曰："穆公之怨此三人入于骨髓，愿令此三人归，令我君得自快烹之。"晋君许之，归秦三将。三将至，穆公素服郊迎，向三人哭曰："孤以不用百里傒、蹇叔言以辱三子，三子何罪乎？子其悉心雪耻，毋怠。"遂复三人官秩如故，愈益厚之。

三十四年，楚太子商臣弑其父成王代立。

穆公于是复使孟明视等将兵伐晋，战于彭衙。秦不利，引兵归。

【译文】

郑国有个人向秦国出卖郑国说："我掌管郑国的城门，你们可以来偷袭郑国。"

穆公去征求蹇叔、百里傒的意见，两个人回答说："跨过数国地界而到千里之外去袭击别人，很少有能占到什么便宜的。再说，既然有人出卖郑国，怎么知道我国就没有人把我们的实情告诉郑国呢？不能袭击郑国。"穆公说："你们不明智，我已经决定了。"于是出兵，派百里傒的儿子孟明视、蹇叔的儿子西乞术和白乙丙率领军队。军队出发的那天，百里傒、蹇叔二人对着军队大哭。穆公听说了，生气地说："我发兵，你们却哭哭啼啼沮丧我的军队，这是为什么？"二位老人说："我们不敢沮丧您的军队。军队要走了，我俩的儿子将随军前往；如今我们年岁已大，他们如果回来晚了，恐怕就见不着了，所以才哭。"二位老人回来对他们的儿子说："你们的军队如果失败，一定是在殽山的险要处。"三十三年（前627）春天，秦国军队向东进发，经晋，过周北门。周王孙满说："秦军无礼，不打败仗才怪呢！"军队开进到滑，郑国商人弦高带着十二头牛准备去周贩卖，碰见了秦军，害怕被秦军杀掉或俘虏，就献上他的牛，说："听说贵国要去讨伐郑国，郑君正谨慎地加强守备，还派我带了十二头牛来慰劳贵国士兵。"秦国的三位将军一起商量说："我们要去袭击郑国，郑国现在已经觉察，去也来不及了。"便灭掉滑。滑是晋国的边邑。

此时，晋文公刚去世还没来得及安葬。太子襄公大怒说："秦国欺侮我刚刚丧父，趁我办丧事的时候攻破我的滑邑。"于是把丧服染成黑色，率领军队在殽山阻截秦军。晋军发起攻击，把秦军打得大败，没有一个人能够逃脱。晋军俘获了秦军三位将军返回。晋文公的夫人是秦国女子，替秦国三位被俘的将军求情说："穆公对这三个人恨之入骨，希望您放他们回国，好让我国国君能亲自痛快地烹掉他们。"晋君答应了这一请求，释放了三位秦将。三位将军返回后，穆公穿着白色丧服到郊外迎接他们，哭着向三人说："寡人因为没有听从百里傒、蹇叔的话，让你们三位受了屈辱，你们三位有什么罪呢？你们要尽心尽力洗掉这个耻辱，不要松懈。"于是恢复了三个人原来的官职俸禄，更加厚待他们。

三十四年（前626），楚国太子商臣杀了父亲楚成王自己做了君主。

秦穆公这时候再次派孟明视等率兵攻打晋国，在彭衙交战。秦军作战不利，撤军返回。

【原文】

戎王使由余于秦。由余，其先晋人也，亡入戎，能晋言。闻穆公贤，故使由余观秦。秦穆公示以宫室、积聚。由余曰："使鬼为之，则劳神矣。使人为之，亦苦民矣。"穆公怪之，问曰："中国以诗书礼乐法度为政，然尚时乱，今戎夷无此，何以为治，不亦难乎？"由余笑曰："此乃中国所以乱也。夫自上圣黄帝作为礼乐法度，身以先之，仅以小治。及其后世，日以骄淫。阻法度之威，以责督于下，下罢极则以仁义怨望于上，上下交争怨而相篡弑，至于灭宗，皆以此类也。夫戎夷不然。上含淳德以遇其下，下怀忠信以事其上，一国之政犹一身之治，不知所以治，此真圣人之治也。"于是穆公退而问内史廖曰："孤闻邻国有圣人，敌国之忧也。今由余贤，寡人之害，将奈之何？"内史廖曰："戎王处辟匿，未闻中国之声。君试遗其女乐，以夺其志；为由余请，以疏其间；留而莫遣，以失其期。戎王怪之，必疑由余。君臣有间，乃可虏也。且戎王好乐，必怠于政。"穆公曰："善。"因与由余曲席而坐，传器而食，问其地形与其兵势尽察，而后令内史廖以女乐二八遗戎王。戎王受而说之，终年不还。于是秦乃归由余。由余数谏不听，穆公又数使人间要由余，由余遂去降秦。穆公以客礼礼之，问伐戎之形。

【译文】

戎王派遣由余出使秦国。由余，他的祖先是晋国人，逃亡来到戎地，他现在还能说晋国方言。戎王听说穆公贤明，就派由余去观察秦国。秦穆公向他炫耀了豪华的宫室和积聚的财宝。由余说："这些宫室积蓄，如果是让鬼神营造的，那么也就使鬼神劳累了；如果是让百姓营造的，那么也使百姓受苦了。"穆公觉得他的话奇怪，问道："中原各国借助诗书礼乐和法度来治理，还不时出乱子呢。现在戎夷没有这些，用什么来治理呢，岂不太困难了吗！"由余笑着说："这些正是中原各国发生祸乱的根源所在。自上古圣人黄帝创造了礼乐法度，并亲自带头贯彻执行，也只是实现了小治。到了后代，君主一天比一天骄奢淫逸。依仗着法度的威严来要求和监督民众，民众疲惫到极点就会怨恨君上不仁不义。上下互相怨恨，篡夺屠杀，甚至灭绝家族，都是由于这些原因啊。而戎夷却不是这样。在上位者怀着淳厚的仁爱之心对待臣下，臣下满怀忠信来侍奉君上，整个国家的治理就像一个人支配自己的身体一样，无须了解什么治理的方法，这才是真正的圣人之治啊。"于是穆公回来问内史廖说："我听说邻国有圣人，就是敌国的忧患。现在由余有才能，这是我的祸害，该拿他怎么办呢？"内史廖说："戎王地处偏僻，不曾听过中国的乐曲。您不妨试试送他歌伎舞女，以削弱他的心志；为由余说话，以疏远他们的关系；同时留住由余不让他回去，以延误他的归期。戎王感到奇怪，一定怀疑由余。他们君臣之间有了隔阂，就可以俘获戎王。再说戎王喜欢上音乐，就一定没有心思处理国事了。"穆公说："好。"于是与由余连席而坐，互递杯盏一块儿吃喝，向由余询问戎地的地形和兵力，把情况了解得一清二楚，然后命令内史廖送给戎王八人一列的两列歌伎舞女。戎王接受之后非常迷恋，整整一年也没有送还。这时候，秦国才让由余回国。由余多次向戎王进谏，戎王都不听。穆公又屡次派人秘密邀请由余，由余终于离开戎王而投降了秦国。穆公以宾客之礼相待，向他请教如何伐戎。

【原文】

三十六年，穆公复益厚孟明等，使将兵伐晋，渡河焚船，大败晋人，取王官及鄗，以报殽之役。晋人皆城守不敢出。于是穆公乃自茅津渡河，封殽中尸，为发丧，哭之三日。乃誓于军曰："嗟士卒！听无哗，余誓告汝。古之人谋黄发番番，则无所过。"以申思不用蹇叔、百里傒之谋，故作此誓，令后世以记余过。君子闻之，皆为垂涕，曰："嗟乎！秦穆公之与人周也，卒得孟明之庆。"

【译文】

三十六年（前624），穆公更加厚待孟明视等人，派他们率兵进攻晋国，渡过黄河就把船烧掉以全力决战，结果大败晋国，夺取了王官和鄗，来报复殽山之战。晋人都守在城里，不敢出战。于是穆公就从茅津渡过黄河，为殽山战役牺牲的将士筑坟，给他们发丧，哭了三天。向秦军发布誓词说："喂，将士们！你们听着，不要吵嚷，我向你们宣告誓词。古时候的人们向白发苍苍的老人请教，所以不会有什么过错。"穆公反复思考自己不采纳蹇叔、百里傒的计谋而造成的损失，因此发出这样的誓言，让后代记住自己的过失。君子们听说这件事，都为之落泪，说："唉！秦穆公待人真周到，终于得到了孟明视等人胜利的喜庆。"

【原文】

三十七年，秦用由余谋伐戎王，益国十二，开地千里，遂霸西戎。天子使召公过贺穆公以金鼓。三十九年，穆公卒，葬雍。从死者百七十七人，秦之良臣子舆氏三人名曰奄息、仲行、针虎，亦在从死之中。秦人哀之，为作歌《黄鸟》之诗。君子曰："秦穆公广地益国，东服强晋，西霸戎夷，然不为诸侯盟主，亦宜哉。死而弃民，收其良臣而从死。且先王崩，尚犹遗德垂法，况夺之善人良臣百姓所哀者乎？是以知秦不能复东征也。"穆公子四十人，其太子罃代立，是为康公。

【译文】

三十七年（前623），秦国采纳由余的谋略攻打戎王，兼并了十二个国家，开拓了千里疆土，终于称霸于西戎地区。周天子派召公过赐给穆公金鼓表示祝贺。三十九年，秦穆公去世，安葬在雍。陪葬的人达一百七十七人，秦国有良臣三人属于子舆氏，名叫奄息、仲行、针虎，也属陪葬者之列。秦国人为他们悲痛，并为此作了一首题为《黄鸟》的诗。君子说："秦穆公扩展疆土，吞并他国，东面打败强晋，西面称霸戎夷，但是他没有成为诸侯的盟主，这也是应该的！死了就置百姓于不顾，还用良臣为自己殉葬。先王逝世尚且要遗留下好的道德和制度，更何况还夺走百姓哀痛的好人和良臣呢？由此可以断定秦国不可能再东征了。"穆公有儿子四十人，太子罃继承君位，这就是康公。

【原文】

康公元年，往岁穆公之卒，晋襄公亦卒。襄公之弟名雍，秦出也，在秦。晋赵盾欲立之，使随会来迎雍，秦以兵送至令狐。晋立襄公子而反击秦师，秦师败，随会来奔。二年，秦伐晋，取武城，报令狐之役。四年，晋伐秦，取少梁。六年，秦伐晋，取羁马。战于河曲，大败晋军。晋人患随会在秦为乱，乃使魏雠余详反，合谋会，诈而得会，会遂归晋。康公立十二年卒，子共公立。

共公二年，晋赵穿弑其君灵公。三年，楚庄王强，北兵至雒，问周鼎。共公立五年卒，子桓公立。

【译文】

康公元年（前620），就在前一年穆公死的时候，晋襄公也去世了。晋襄公的弟弟叫雍，是秦国之女所生，现在住在秦国。晋卿赵盾想拥立他为君，派随会来接他，秦国派兵把雍护送到令狐。而晋国此时已立了襄公的儿子,反来攻打秦军,秦军战败,随会逃到秦国。二年,秦攻打晋国,占领了武城,来报复令狐之战。四年,晋国攻打秦国,攻占了少梁。六年,秦国攻打晋国,攻占了羁马。两军在河曲交战,大败晋军。晋国人担心随会在秦国会给晋国造成祸患,就派魏雠余诈称叛晋降秦,与随会合谋,用诈谋得到随会,于是随会回到晋国。康公在位十二年去世,儿子共公即位。

共公二年(前607),晋国的赵穿杀了自己的国君灵公。三年,楚庄王强大起来,向北进兵,一直深入到洛邑,询问周朝传国之宝九鼎的大小轻重(图谋夺取周朝的政权)。共公在位五年去世,儿子桓公即位。

【原文】

桓公三年,晋败我一将。十年,楚庄王服郑,北败晋兵于河上,当是之时,楚霸,为会盟合诸侯。二十四年,晋厉公初立,与秦桓公夹河而盟。归而秦倍盟,与翟合谋击晋。二十六年,晋率诸侯伐秦,秦军败走,追至泾而还。桓公立二十七年卒,子景公立。

景公四年,晋栾书弑其君厉公。十五年,救郑,败晋兵于栎。是时晋悼公为盟主。十八年,晋悼公强,数会诸侯,率以伐秦,败秦军。秦军走,晋兵追之,遂渡泾,至棫林而还。二十七年,景公如晋,与平公盟,已而背之。三十六年,楚公子围弑其君而自立,是为灵王。景公母弟后子鍼有宠,景公母弟富,或谮之,恐诛,乃奔晋,车重千乘。晋平公曰:"后子富如此,何以自亡?"对曰:"秦公无道,畏诛,欲待其后世乃归。"三十九年,楚灵王强,会诸侯于申,为盟主,杀齐庆封。景公立四十年卒,子哀公立。后子复来归秦。

【译文】

桓公三年(前601),晋军把秦军打败了。十年,楚庄王先征服了郑国,又向北在黄河岸边打败了晋军。就在这个时候,楚国称霸,召集各诸侯举行盟会。二十四年,晋厉公刚刚即位,与秦桓公隔着黄河会盟。桓公回国后就背弃了盟约,与狄人合谋一起攻打晋国。二十六年,晋国率领诸侯攻打秦国,秦军败逃,晋军一直追赶到泾水边上才返回。桓公在位二十七年去世,儿子景公即位。

景公四年(前573),晋国的栾书杀了他的国君厉公。十五年,秦军救郑国,在栎邑打败晋军。这时候,晋悼公成为盟主。十八年,晋悼公强大起来,多次召集诸侯会盟,率领诸侯攻打秦国,打败了秦军。秦军败逃,晋兵在后面追赶,一直渡过泾水,追到棫林才返回。二十七年,秦景公到了晋国,与晋平公订立盟约,不久就背叛了盟约。三十六年,楚国公子围杀了他的君主自立为王,这就是楚灵王。秦景公的同母兄弟后子鍼得宠,而且富有,有人说坏话诬陷他,他害怕被杀,就逃到晋国,带着辎重车上千辆。晋平公说:"您这样富有,为什么还要逃亡呢?"后子鍼回答说:"秦君无道,我害怕被杀害,想等到他的继承人登位再回去。"三十九年,楚灵王强大起来,在申地与诸侯会盟,做了盟主,杀了齐国的庆封。景公在位四十年去世,儿子哀公即位。后子鍼又回到秦国。

【原文】

哀公八年，楚公子弃疾弑灵王而自立，是为平王。十一年，楚平王来求秦女为太子建妻。至国，女好而自娶之。十五年，楚平王欲诛建，建亡；伍子胥奔吴。晋公室卑而六卿强，欲内相攻，是以久秦晋不相攻。三十一年，吴王阖闾与伍子胥伐楚，楚王亡奔随，吴遂入郢。楚大夫申包胥来告急，七日不食，日夜哭泣。于是秦乃发五百乘救楚，败吴师。吴师归，楚昭王乃得复入郢。哀公立三十六年卒。太子夷公，夷公蚤死，不得立，立夷公子，是为惠公。

惠公元年，孔子行鲁相事。五年，晋卿中行、范氏反晋，晋使智氏、赵简子攻之，范、中行氏亡奔齐。惠公立十年卒，子悼公立。

【译文】

哀公八年（前529），楚国公子弃疾杀了楚灵王而自立为王，这就是楚平王。十一年，楚平王派人来为太子建迎娶秦女。到了楚国，平王见女子漂亮，就自己娶了她。十五年，楚平王想杀死太子建，建逃跑了；伍子胥逃到吴国。晋国国君家族的权力削弱，范氏、中行氏、智氏、赵氏、韩氏、魏氏六个家族世代为晋卿，势力强大，想策动内战，相互攻击，因此好长时间秦、晋两国没有打仗。三十一年，吴王阖闾与伍子胥攻打楚国，楚王逃奔随，吴军于是进入郢都。楚国大夫申包胥来秦国求援，一连七天不吃饭，日夜哭泣。于是秦国就派兵车五百辆去援救楚国，打败了吴军。吴军撤走了，楚昭王才得以重回郢都。哀公在位三十六年去世。太子为夷公，夷公早死，没能即位，立夷公的儿子，这就是惠公。

惠公元年（前500），孔子代理鲁国国相的职务。五年，晋卿中行氏、范氏叛国，晋君派智氏和赵简子讨伐他们，范氏、中行氏逃到齐国。惠公在位十年去世，儿子悼公即位。

【原文】

悼公二年，齐臣田乞弑其君孺子，立其兄阳生，是为悼公。六年，吴败齐师。齐人弑悼公，立其子简公。九年，晋定公与吴王夫差盟，争长于黄池，卒先吴。吴强，陵中国。十二年，齐田常弑简公，立其弟平公，常相之。十三年，楚灭陈。秦悼公立十四年卒，子厉共公立。孔子以悼公十二年卒。

厉共公二年，蜀人来赂。十六年，堑河旁。以兵二万伐大荔，取其王城。二十一年，初县频阳。晋取武成。二十四年，晋乱，杀智伯，分其国与赵、韩、魏。二十五年，智开与邑人来奔。三十三年，伐义渠，虏其王。三十四年，日食。厉共公卒，子躁公立。

【译文】

悼公二年（前489），齐国大臣田乞杀了自己的国君孺子，拥立孺子的哥哥阳生，这就是齐悼公。六年，吴军打败齐军。齐国人杀了齐悼公，立他的儿子简公为君。九年，晋定公与吴王夫差在黄池会盟，争做盟主，最终吴王占了上风。吴国强盛，欺凌中原各国。十二年，齐国田常杀了齐简公，立简公的弟弟平公为君，田常当了国相。

十三年，楚国灭掉陈国。秦悼公在位十四年去世，儿子厉共公即位。孔子在悼公十二年去世。

厉共公二年（前475），蜀人前来赠送财物。十六年，厉共公在黄河旁挖掘壕沟。派兵两万去攻打大荔国，攻占了大荔王城邑。二十一年，厉共公开始设置频阳县。此时，晋国攻占了武城。二十四年，晋国发生内乱，智伯被杀，把智伯的领地分给赵氏、韩氏、魏氏。二十五年，智开带领邑人投奔秦国。三十三年，厉共公攻打义渠戎族，俘虏了戎王。三十四年，发生日食。厉共公去世，他的儿子躁公即位。

【原文】

躁公二年，南郑反。十三年，义渠来伐，至渭南。十四年，躁公卒，立其弟怀公。

怀公四年，庶长晁与大臣围怀公，怀公自杀。怀公太子曰昭子，蚤死，大臣乃立太子昭子之子，是为灵公。灵公，怀公孙也。

灵公六年，晋城少梁，秦击之。十三年，城籍姑。灵公卒，子献公不得立，立灵公季父悼子，是为简公。简公，昭子之弟而怀公子也。

简公六年，令吏初带剑。堑洛。城重泉。十六年卒，子惠公立。

【译文】

躁公二年（前441），南郑谋反。十三年，义渠也来攻打秦国，一直打到渭南。十四年，躁公去世，他的弟弟怀公即位。

怀公四年（前425），庶长晁和其他大臣一起围攻怀公，怀公自杀身亡。怀公太子名叫昭子，死得早，大臣们就拥立太子昭子的儿子为君主，这就是灵公。灵公，是怀公的孙子。

灵公六年（前419），晋国在少梁修筑城邑，秦军攻打晋国。十三年，秦国在籍姑修筑城邑。灵公去世，儿子献公没能即位，而是立了灵公的叔父悼子，这就是简公。简公是昭子的弟弟，怀公的儿子。

简公六年（前409），开始让官吏佩剑。在洛水边挖了壕沟。在重泉修筑城邑。十六年，简公去世，儿子惠公即位。

【原文】

惠公十二年，子出子生。十三年，伐蜀，取南郑。惠公卒，出子立。

出子二年，庶长改迎灵公之子献公于河西而立之。杀出子及其母，沈之渊旁。秦以往者数易君，君臣乖乱，故晋复强，夺秦河西地。

献公元年，止从死。二年，城栎阳。四年正月庚寅，孝公生。十一年，周太史儋见献公曰："周故与秦国合而别，别五百岁复合，合（七）十七岁而霸王出。"十六年，桃冬花。十八年，雨金栎阳。二十一年，与晋战于石门，斩首六万，天子贺以黼黻。二十三年，与魏晋战少梁，虏其将公孙痤。二十四年，献公卒，子孝公立，年已二十一岁矣。

【译文】

惠公十二年（前388），他的儿子出子出生。十三年，惠公兴兵攻打蜀国，攻占了南郑。惠公去世后，出子即位。

出子二年（前385），庶长改从河西迎接灵公的儿子献公回国，拥立他为君主。庶长改杀了出子和他的母亲，把他们的尸体沉入深水中。秦国在这以前频繁更换君主，君臣之间关系不协调不和睦，所以晋国的力量又强大起来，夺回了河西的土地。

献公元年（前384），废除了殉葬制度。二年，在栎阳修筑城邑。四年正月庚寅日，孝公出生。十一年，周朝太史儋拜见献公说："周与秦原本是合在一起的，后来又分开了，分开五百年后又合在一起，合在一起十七年后，将会有称霸统一天下的人出现。"十六年，桃树冬天开了花。十八年，栎阳上空下了黄金雨。二十一年，献公在石门与晋国交战，杀了六万人，天子送来绣有花纹的礼服祝贺。二十三年，献公在少梁与魏国交战，俘虏了魏国大将公孙痤。二十四年，献公去世，儿子孝公即位，此时孝公已经二十一岁了。

【原文】

孝公元年，河山以东强国六，与齐威、楚宣、魏惠、燕悼、韩哀、赵成侯并。淮泗之间小国十余。楚、魏与秦接界。魏筑长城，自郑滨洛以北，有上郡。楚自汉中，南有巴、黔中。周室微，诸侯力政，争相并。秦僻在雍州，不与中国诸侯之会盟，夷翟遇之。孝公于是布惠，振孤寡，招战士，明功赏。下令国中曰："昔我穆公自岐雍之间，修德行武，东平晋乱，以河为界，西霸戎翟，广地千里，天子致伯，诸侯毕贺，为后世开业，甚光美。会往者厉、躁、简公、出子之不宁，国家内忧，未遑外事，三晋攻夺我先君河西地，诸侯卑秦，丑莫大焉。献公即位，镇抚边境，徙治栎阳，且欲东伐，复穆公之故地，修穆公之政令。寡人思念先君之意，常痛于心。宾客群臣有能出奇计强秦者，吾且尊官，与之分土。"于是乃出兵东围陕城，西斩戎之獂王。

卫鞅闻是令下，西入秦，因景监求见孝公。

【译文】

孝公元年（前361），黄河和崤山以东有六个强盛的诸侯国，与齐威王、楚宣王、魏惠王、燕悼侯、韩哀侯、赵成侯并立。淮河、泗水之间还有十多个小国。楚国、魏国与秦国边界相连。魏国修筑长城，从郑县开始修起，沿洛河北上，北边据有上郡之地。楚国的土地从汉中往南，占有巴郡、黔中。周王室衰微，诸侯用武力相征伐，彼此争杀吞并。秦国地处偏僻的雍州，不参加中原各国诸侯的盟会，诸侯们像对待夷狄外邦一样对待秦国。孝公于是广施恩德，救济孤寡，招募战士，明确了论功行赏的法令，并向全国发布命令说："从前，我们穆公在岐山、雍邑之间，实行德政、振兴武力，在东边平定了晋国的内乱，疆土达到黄河边上；在西边称霸于戎狄，拓展疆土达千里。天子赐号封赏，诸侯各国都来祝贺，给后世开创了基业，盛大辉煌。但是就在以前厉公、躁公、简公、出子的时候，接连几世不安宁，国家内有忧患，没有空暇顾及本国以外的事，结果晋国攻夺了我们先王河西的土地，诸侯也都看不起秦国，没有比这更大的耻辱了。献公即位，安定边境，迁都栎阳，并且想要东征，收复穆公时原有的疆土，重修穆公时的政令。我缅怀先君的遗志，心中常常感到悲痛。宾客和群臣中有谁能献出高明的计策，使秦国强盛起来，我将让他做高官，分封给他土地。"于是便向东发兵围攻陕城，又向西进杀掉了戎族的獂王。

卫鞅听说颁布了这个命令，就来到西方的秦国，通过景监求见孝公。

【原文】

二年，天子致胙。

三年，卫鞅说孝公变法修刑，内务耕稼，外劝战死之赏罚，孝公善之。甘龙、杜挚等弗然，相与争之。卒用鞅法，百姓苦之；居三年，百姓便之。乃拜鞅为左庶长。其事在《商君》语中。

七年，与魏惠王会杜平。八年，与魏战元里，有功。十年，卫鞅为大良造，将兵围魏安邑，降之。十二年，作为咸阳，筑冀阙，秦徙都之。并诸小乡聚，集为大县，县一令，四十一县。为田开阡陌。东地渡洛。十四年，初为赋。十九年，天子致伯。二十年，诸侯毕贺。秦使公子少官率师会诸侯逢泽，朝天子。

【译文】

二年（前360），周天子派人给秦送来祭肉。

三年，卫鞅说服孝公大力实行变法，制定刑罚，对内致力农务耕作，对外鼓励战斗以成败进行奖罚，孝公认为这样的变法非常好。但甘龙、杜挚等人不同意，双方为此而争辩起来。最后孝公采用卫鞅的新法，百姓开始对此抱怨不休；过了三年，百姓反而觉得适应了。于是孝公任命卫鞅担任左庶长。这件事记载在《商君列传》里。

七年，孝公与魏惠王在杜平进行会盟。八年，秦国与魏国在元里交战，取得胜利。十年，卫鞅任大良造，率兵包围了魏国安邑，使安邑归顺臣服了。十二年，秦修建咸阳城邑，筑起了公布法令的门阙，于是秦国迁都到咸阳。把各个小乡小村合并为大县，每县设县令一人，全国共有四十一个县。开辟田地，废除了井田制下的纵横交错的田埂。这时秦国东边的地界已经越过了洛水。十四年，秦开始制定新的赋税制度。十九年，天子赐号封赏。二十年，各诸侯都前来祝贺。秦国派公子少官率领军队与诸侯在逢泽会盟，朝见天子。

【原文】

二十一年，齐败魏马陵。

二十二年，卫鞅击魏，虏魏公子卬。封鞅为列侯，号商君。

二十四年，与晋战雁门，虏其将魏错。

孝公卒，子惠文君立。是岁，诛卫鞅。鞅之初为秦施法，法不行，太子犯禁。鞅曰："法之不行，自于贵戚。君必欲行法，先于太子。太子不可黥，黥其傅师。"于是法大用，秦人治。及孝公卒，太子立，宗室多怨鞅，鞅亡，因以为反，而卒车裂以徇秦国。

惠文君元年，楚、韩、赵、蜀人来朝。二年，天子贺。三年，王冠。四年，天子致文武胙。齐、魏为王。

【译文】

二十一年（前341），齐国在马陵打败魏国。

二十二年，卫鞅攻打魏国，俘虏了魏公子卬。秦孝公封卫鞅为列侯，号为商君。

二十四年，秦国与魏军在雁门作战，俘虏了魏国将军错。

秦孝公去世，儿子惠文君即位。这一年，惠文君杀掉了卫鞅。当初卫鞅刚在秦国施行新法时，法令行不通；太子也触犯了禁令。卫鞅说："法令行不通，根源起自国君的亲族。国君果真要实行新法，就要从太子做起。太子不能受刺面的墨刑，就让他的师傅代他受墨刑。"从此，法令顺利施行，秦国治理得很好。等到孝公去世，太子登位，秦国的宗室此时也大多怨恨卫鞅，卫鞅逃跑，于是定他一个叛国罪，最后以五马分尸之刑处死。

惠文君元年（前337），楚国、韩国、赵国、蜀国派人前来朝见。二年，周天子前来祝贺。三年，惠文君年满二十，举行冠礼。四年，天子送来祭祀文王、武王的祭肉。齐国、魏国称王。

【原文】

五年，阴晋人犀首为大良造。六年，魏纳阴晋，阴晋更名宁秦。七年，公子卬与魏战，虏其将龙贾，斩首八万。八年，魏纳河西地。九年，渡河，取汾阴、皮氏。与魏王会应。围焦，降之。十年，张仪相秦。魏纳上郡十五县。十一年，县义渠。归魏焦、曲沃。义渠君为臣。更名少梁曰夏阳。十二年，初腊。十三年四月戊午，魏君为王，韩亦为王。使张仪伐取陕，出其人与魏。

【译文】

五年（前333），阴晋人犀首担任大良造之职。六年，魏国把阴晋拱手送给秦国，于是阴晋改名为宁秦。七年，公子卬与魏国作战，俘虏了魏将龙贾，杀戮了八万兵卒。八年，魏国把河西之地无偿送给秦国。九年，秦军渡过黄河，攻占了汾阴、皮氏。与魏王在应邑会盟。秦军包围了焦城，使焦城归降了。十年，张仪做了秦相。魏国把上郡十五县送给秦国。十一年，在义渠设县。把焦城、曲沃归还给魏国，义渠国君称臣。把少梁改名为夏阳。十二年，效仿中原各国，初次举行十二月的腊祭。十三年，四月戊午日，魏君称王，即魏襄王；韩君也称王，即韩宣惠王。秦君派张仪攻取陕县，把那里的居民赶出去交给魏国。

【原文】

十四年，更为元年。二年，张仪与齐、楚大臣会啮桑。三年，韩、魏太子来朝。张仪相魏。五年，王游至北河。七年，乐池相秦。韩、赵、魏、燕、齐帅匈奴共攻秦。秦使庶长疾与战修鱼，虏其将申差，败赵公子渴、韩太子奂，斩首八万二千。八年，张仪复相秦。九年，司马错伐蜀，灭之。伐取赵中都、西阳。十年，韩太子苍来质。伐取韩石章。伐败赵将泥。伐取义渠二十五城。十一年，樗里疾攻魏焦，降之。败韩岸门，斩首万，其将犀首走。公子通封于蜀。燕君让其臣子之。十二年，王与梁王会临晋。庶长疾攻赵，虏赵将庄。张仪相楚。十三年，庶长章击楚于丹阳，虏其将屈匄，斩首八万；又攻楚汉中，取地六百里，置汉中郡。楚围雍氏，秦使庶长疾助韩而东攻齐，到满助魏攻燕。十四年，伐楚，取召陵。丹、犁臣，蜀相壮杀蜀侯来降。

惠王卒，子武王立。韩、魏、齐、楚、越皆宾从。

【译文】

十四年（前324），改为后元元年。二年，秦张仪与齐国及楚国的大臣在啮桑会盟。三年，韩国、魏国的太子来秦朝见。此时张仪担任魏国国相。五年，惠文王巡游到北河。七年，乐池作了秦国国相。韩国、赵国、魏国、燕国、齐国并率领匈奴部落一起进攻秦国。秦国派庶长疾在修鱼与他们交战，俘虏了韩国将军申差，打败赵国公子渴和韩国太子奂，杀戮八万二千联盟兵卒。八年，张仪再次担任秦国国相。九年，司马错攻打蜀国，灭掉了蜀国。攻占了赵国的中都、西阳。十年，韩国太子苍来做人质。攻占了韩国石章。打败了赵国的将军泥。攻占了义渠的二十五座城邑。十一年，秦将樗里疾攻打魏国焦城，使焦城降服了。在岸门打败了韩军，杀了一万人，韩将犀首逃跑。公子通被封为蜀侯。燕军把君位让给他的大臣子之。十二年，秦王与梁王在临晋会盟。庶长疾进攻赵国，俘虏了赵国将军庄。张仪任楚相。十三年，庶长章在丹阳攻击楚国军队，俘虏了楚将屈匄，杀了八万人；又攻入楚国的汉中，夺取了六百里土地，设置了汉中郡。楚军包围了韩国的雍氏，秦国派遣庶长疾帮助韩国向东攻打齐国，又派到满帮助魏国攻打燕国。十四年，攻打楚国，攻占了召陵。戎族的丹国、犂国向秦国称臣，蜀相陈壮杀死蜀侯前来投降。

惠王去世，儿子武王即位。韩国、魏国、齐国、楚国、赵国都归顺臣服秦国。

【原文】

武王元年，与魏惠王会临晋。诛蜀相壮。张仪、魏章皆东出之魏。伐义渠、丹、犁。二年，初置丞相，樗里疾、甘茂为左右丞相。张仪死于魏。三年，与韩襄王会临晋外。南公揭卒，樗里疾相韩。武王谓甘茂曰："寡人欲容车通三川，窥周室，死不恨矣。"其秋，使甘茂、庶长封伐宜阳。四年，拔宜阳，斩首六万。涉河，城武遂。魏太子来朝。武王有力好戏，力士任鄙、乌获、孟说皆至大官。王与孟说举鼎，绝膑。八月，武王死。族孟说。武王取魏女为后，无子。立异母弟，是为昭襄王。昭襄母楚人，姓芈氏，号宣太后。武王死时，昭襄王为质于燕，燕人送归，得立。

【译文】

武王元年（前310），武王在临晋与魏惠王进行会盟。此时蜀相陈庄被杀。而张仪、魏章都离开秦国往东到魏国去了。秦军兴兵攻打义渠国、丹国、犁国。二年，秦开始设置丞相，樗里疾、甘茂分别担任左右丞相。张仪在魏国死了。三年，秦王与韩襄王在临晋城外会盟。南公揭去世，樗里疾担任韩相。武王对甘茂说："我想开一条哪怕只能容车子通过的路，看一看周王的都城，即使死了也不遗憾了。"那年秋天，派甘茂和庶长封攻打宜阳。四年，攻占了宜阳，杀了六万人。渡过黄河，在武遂筑城。魏国太子来朝见。秦武王有力气，喜好角力，所以大力士任鄙、乌获、孟说都做了大官。武王与孟说举鼎比力气，折断了膝盖骨。八月，武王去世；孟说被灭族。武王娶魏国女子做王后，没有生儿子。武王死后，立了他的异母弟弟为君主，这就是昭襄王。昭襄王的母亲是楚国人，姓芈，称为宣太后。武王死时，昭襄王还在燕国做人质，后来燕国人把他送回去了，他才得以即位。

【原文】

昭襄王元年，严君疾为相。甘茂出之魏。二年，彗星见。庶长壮与大臣、诸侯、公子为逆，皆诛，及惠文后皆不得良死。悼武王后出归魏。三年，王冠。与楚王会黄棘，与楚上庸。四年，取蒲阪。彗星见。五年，魏王来朝应亭，复与魏蒲阪。六年，蜀侯煇反，司马错定蜀。庶长奂伐楚，斩首二万。泾阳君质于齐。日食，昼晦。七年，拔新城。樗里子卒。八年，使将军芈戎攻楚，取新市。齐使章子，魏使公孙喜，韩使暴鸢共攻楚方城，取唐眛。赵破中山，其君亡，竟死齐。魏公子劲、韩公子长为诸侯。九年，孟尝君薛文来相秦。奂攻楚，取八城，杀其将景快。十年，楚怀王入朝秦，秦留之。薛文以金受免。楼缓为丞相。十一年，齐、韩、魏、赵、宋、中山五国共攻秦，至盐氏而还。秦与韩、魏河北及封陵以和。彗星见。楚怀王走之赵，赵不受，还之秦，即死，归葬。十二年，楼缓免，穰侯魏冄为相。予楚粟五万石。

【译文】

昭襄王元年（前306），严君疾做了秦相。甘茂离开秦国到魏国去了。二年，彗星出现。庶长壮和大臣、诸侯、公子一起造反，最后都被杀掉，牵连到惠文王后也没能安心自在地死去。悼武王后也离开秦国回魏国了。三年，昭襄王举行成年冠礼，与楚王在黄棘会盟，把上庸让给楚国。四年，攻占了蒲阪。彗星出现。五年，魏王来应亭朝见，秦国又把蒲阪交还给魏国。六年，蜀侯煇反叛，司马错平定了蜀国。庶长奂攻打楚国，杀了两万人。泾阳君被抵押在齐国做人质。那一年发生了日食，白昼有如黑夜一样昏暗。七年，攻占了新城。樗里子去世。八年，派将军芈戎攻打楚国，攻占了新市。齐国派章子，魏国派公孙喜，韩国派暴鸢，一块儿进攻楚国的方城，俘获唐眛。赵国攻破了中山国，中山国君出逃，最后死在齐国。魏公子劲、韩公子长被封为诸侯。九年，孟尝君薛文来秦国当丞相。庶长奂攻打楚国，攻占了八座城，杀了楚将景快。十年，楚怀王来秦朝见，秦国扣留了他。薛文因为金受在昭王面前说了坏话，被免了相职。楼缓担任了丞相。十一年，齐国、韩国、魏国、赵国、宋国、中山五国共同攻打秦国，军队开到盐氏就退了回去。秦国送给韩国、魏国黄河北边以及封陵的土地，与韩、魏讲和。这一年出现了彗星。楚怀王逃到赵国，赵国不敢收留，又让他回到秦国，不久他就死了，秦国把他送还给楚国安葬。十二年，楼缓被罢免，穰侯魏冄担任丞相。秦国送给楚国五万石粮食。

【原文】

十三年，向寿伐韩，取武始。左更白起攻新城。五大夫礼出亡奔魏。任鄙为汉中守。十四年，左更白起攻韩、魏于伊阙，斩首二十四万，虏公孙喜，拔五城。十五年，大良造白起攻魏，取垣，复予之。攻楚，取宛。十六年，左更错取轵及邓。冉免。封公子市宛，公子悝邓，魏冉陶，为诸侯。十七年，城阳君入朝，及东周君来朝。秦以垣为蒲阪、皮氏。王之宜阳。十八年，错攻垣、河雍，决桥取之。十九年，王为西帝，齐为东帝，皆复去之。吕礼来自归。齐破宋，宋王在魏，死温。任鄙卒。二十年，王之汉中，又之上郡、北河。二十一年，错攻魏河内。魏献安邑，秦出其人，募徙河东赐爵，赦罪人迁之。泾阳君封宛。二十二年，蒙武伐齐。河东为九县，与楚王会宛。与赵王会中阳。二十三年，尉斯离与三晋、燕伐齐，破之济西。王与魏王会宜阳，与韩王会新城。二十四年，与楚王会鄢，又会穰。秦取魏安城，至大梁，燕、赵救之，秦军去。魏冉免相。二十五年，拔赵二城。与韩王会新城，与魏王会新明邑。二十六年，赦罪人迁之穰。侯冉复相。

【译文】

十三年（前294），向寿领兵征讨韩国，占领了武始。左更白起攻打新城。五大夫吕礼逃到魏国。此时，任鄙担任汉中郡守。十四年，左更白起在伊阙攻打韩国和魏国，屠戮了二十四万人，俘虏了公孙喜，占领了五座城。十五年，大良造白起攻打魏国，攻占了垣城，又还给了魏国。进攻楚国，攻占了宛城。十六年，左更司马错攻占了轵城和邓城。魏冉被免除丞相职务。把公子市封在宛，公子悝封在邓，魏冉封在陶，他们都成了诸侯。十七年，城阳君来朝见，东周国也来朝见。秦国把垣城改为蒲阪、皮氏。秦王到了宜阳。十八年，左更司马错攻打垣城、河雍，折断桥梁攻占了两地。十九年，秦昭王称西帝，齐闵王称东帝，不久都又取消了帝号。吕礼回来自首。齐国攻破宋国，宋王逃到魏国，死在温地。任鄙去世。二十年，秦王前往汉中，又到了上郡、北河。二十一年，左更司马错进攻魏国河内。魏国献出了安邑。秦国赶走城中的魏国居民，然后招募秦国人迁到河东地区定居，并赐给爵位，又把被赦免的罪人迁到河东。泾阳君被封在宛。二十二年，蒙武攻打齐国。在河东设置了九个县。秦王与楚王在宛城会盟，秦王与赵王在中阳会盟。二十三年，都尉斯离与韩国、赵国、魏国和燕国一起进攻齐国，在济水西岸将齐军打败。秦王同魏王在宜阳会盟，跟韩王在新城会盟。二十四年，秦王与楚王在鄢城会盟，然后又在穰城会盟。秦国攻取魏国的安城，一直打到国都大梁，燕国、赵国均出兵援救魏国，秦军被迫撤退。魏冉被免去丞相职务。二十五年，秦攻占赵国两座城。秦王与韩王在新城会盟，与魏王在新明邑会盟。二十六年，秦国赦免牢中囚犯并把他们迁往穰城。魏冉恢复丞相职位。

【原文】

二十七年，错攻楚。赦罪人迁之南阳。白起攻赵，取代光狼城。又使司马错发陇西，因蜀攻楚黔中，拔之。二十八年，大良造白起攻楚，取鄢、邓，赦罪人迁之。二十九年，大良造白起攻楚，取郢为南郡，楚王走。周君来。王与楚王会襄陵。白起为武安君。三十年，蜀守若伐楚，取巫郡，及江南为黔中郡。三十一年，白起伐魏，取两城。楚人反我江南。三十二年，相穰侯攻魏，至大梁，破暴鸢，斩首四万，鸢走，魏入三县请和。三十三年，客卿胡阳攻魏卷、蔡阳、长社，取之。击芒卯华阳，破之，斩首十五万。魏入南阳以和。三十四年，秦与魏、韩上庸地为一郡，南阳免臣迁居之。三十五年，佐韩、魏、楚伐燕。初置南阳郡。三十六年，客卿灶攻齐，取刚、寿，予穰侯。三十八年，中更胡阳攻赵阏与，不能取。四十年，悼太子死魏，归葬芷阳。四十一年夏，攻魏，取邢丘、怀。

四十二年，安国君为太子。十月，宣太后薨，葬芷阳骊山。九月，穰侯出之陶。四十三年，武安君白起攻韩，拔九城，斩首五万。四十四年，攻韩南阳，取之。四十五年，五大夫贲攻韩，取十城。叶阳君悝出之国，未至而死。四十七年，秦攻韩上党，上党降赵，秦因攻赵，赵发兵击秦，相距。秦使武安君白起击，大破赵于长平，四十余万尽杀之。四十八年十月，韩献垣雍。秦军分为三军。武安君归。王龁将伐赵武安、皮牢，拔之。司马梗北定太原，尽有韩上党。正月，兵罢，复守上党。其十月，五大夫陵攻赵邯郸。四十九年正月，益发卒佐陵。陵战不善，免，王龁代将。其十月，将军张唐攻魏，为蔡尉捐弗守，还斩之。五十年十月，武安君白起有罪，为士伍，迁阴密。张唐攻郑，拔之。十二月，益发卒军汾城旁。武安君白起有罪，死。龁攻邯郸，不拔，去，还奔汾军二月余。攻晋军，斩首六千，晋楚流死河二万人。攻汾城，即从唐拔宁新中，宁新中更名安阳。初作河桥。

【译文】

二十七年（前280），左更司马错征讨楚国。同时秦国赦免了监押的犯人并把他们迁往南阳。白起攻打赵国，夺下了代地的光狼城。又派司马错从陇西出发，通过蜀地进攻楚国的黔中，取得了胜利。二十八年，大良造白起进攻楚国，攻占了鄢城、邓城，赦免罪人迁往那里。二十九年，大良造白起进攻楚国，攻占了郢都，改为南郡，楚王逃跑了。周君来秦。秦王与楚王在襄陵会盟。白起被封为武安君。三十年，蜀守张若进攻楚国，夺取巫郡和江南，设置黔中郡。三十一年，白起攻打魏国，攻占了两座城。楚国人在江南反秦。三十二年，丞相穰侯进攻魏国，一直攻到大梁，打败暴鸢，杀了四万人，暴鸢逃跑了，魏国给秦国三个县请求讲和。三十三年，客卿胡阳进攻魏国的卷城、蔡阳、长社，都攻了下来。在华阳攻打芒卯，打败了他，杀了十五万人。魏国把南阳送给秦国请求讲和。三十四年，秦国把上庸给了韩国和魏国，设立一个郡，让南阳被免罪的臣民迁往那里居住。三十五年，帮助韩国、魏国、楚国攻打燕国，开始设置南阳郡。三十六年，客卿灶进攻齐国，攻占了刚、寿两地，送给了穰侯。三十八年，中更胡阳进攻赵国的阏与，没有攻下。四十年，悼太子于魏国去世，运回本国葬在芷阳。四十一年夏天，征讨魏国，占领了邢丘、怀两地。

四十二年，安国君被拥立为太子。同年十月，宣太后去世，埋葬在芷阳骊山。九月，穰侯离开都城到陶去了。四十三年，武安君白起兴兵征讨韩国，攻占了九座城邑，屠杀了五万兵众。四十四年，白起进攻韩国的南阳，取得胜利并占领此城。四十五年，五大夫贲征讨韩国，攻占了十座城。叶阳君悝离开都城前往封国，还没到达目的地就死了。四十七年,秦国攻打韩国的上党,上党却投降了赵国,秦国因此去攻打赵国,赵国出兵反击秦军,两军相持不下。秦派武安君白起攻击赵国,在长平大败赵军,四十多万降卒全部被活埋。四十八年十月,韩国向秦献出垣雍。秦军分为三部分:武安君率军回国;王龁带兵攻打赵国的武安、皮牢,攻了下来;司马梗率军向北,平定太原,全部占领了韩国的上党。正月,军队停止战斗,驻守在上党。这年十月,五大夫王陵进攻赵国的邯郸。四十九年正月,增加兵力帮助五大夫王陵。王陵作战不力,被免职,王龁替代他带兵。这年十月,将军张唐攻打魏国,蔡尉把防守的地盘丢了,张唐回来就斩了他。五十年十月,武安君白起犯了罪,被免职降为士兵,贬谪到阴密。张唐进攻郑,攻了下来。十二月,增派军队驻扎在汾城旁边。武安君白起有罪,自杀而死。王龁攻打邯郸,没打下来,撤军离去,返回投奔驻扎在汾城旁的军队(在此驻扎了两个月)。后又攻打魏军,魏军被屠杀的有六千兵众,魏、楚两国淹死在黄河中的又有两万多人。又进攻汾城。接着跟随张唐攻下了宁新中,把宁新中改名为安阳。开始修造蒲津桥。

【原文】

　　五十一年,将军摎攻韩,取阳城、负黍,斩首四万。攻赵,取二十余县,首虏九万。西周君背秦,与诸侯约从,将天下锐兵出伊阙攻秦,令秦毋得通阳城。于是秦使将军摎攻西周。西周君走来自归,顿首受罪,尽献其邑三十六城,口三万。秦王受献,归其君于周。五十二年,周民东亡,其器九鼎入秦。周初亡。

　　五十三年,天下来宾。魏后,秦使摎伐魏,取吴城。韩王入朝,魏委国听令。五十四年,王郊见上帝于雍。五十六年秋,昭襄王卒,子孝文王立。尊唐八子为唐太后,而合葬于先王。韩王衰绖入吊祠,诸侯皆使其将相来吊祠,视丧事。

　　孝文王元年,赦罪人,修先王功臣,褒厚亲戚,弛苑囿。孝文王除丧,十月己亥即位,三日辛丑卒,子庄襄王立。

【译文】

　　五十一年(前256),将军摎征讨韩国,攻占了阳城、负黍两地,杀死了四万人。攻打赵国,夺下了二十多个县,斩首和俘虏九万多人。西周君武公背叛秦国,和其他各诸侯签订协议,联合率领所有的精锐部队出伊阙进攻秦国,阻断了秦国与阳城之间的交通。于是秦国派将军摎进攻西周。西周君跑到秦国来自首,叩头认罪,愿意接受惩处,并全部献出他的三十六个城邑和三万人口。秦王接受了这些城邑和人口,让西周君回西周去了。五十二年,周地的民众向东逃亡,周朝的传国宝器九鼎运进了秦国。周朝从这时候起就灭亡了。

　　五十三年,天下各路诸侯部众都来秦国归顺臣服。魏国落在最后,秦国就派将军摎去讨伐魏国,攻占了吴城。此时韩王来朝见秦王,魏王也把国家交给秦国管理了。五十四年,秦王在雍城南郊祭祀天帝。五十六年(前251)秋天,昭襄王去世,儿子孝文王登位。孝文王尊称生母唐八子为唐太后,并将其与昭襄王合葬在一起。韩王穿着孝服前来祭吊,其他诸侯也都派他们的将相前来祭吊,料理丧事。

孝文王元年（前250），秦大赦囚犯，论功赏赐先王的臣下，优待宗族亲属，毁掉王家的园囿。孝文王服丧期满，十月己亥日登位，并于第三天即十月辛丑日死去，于是他的儿子庄襄王即位。

【原文】

庄襄王元年，大赦罪人，修先王功臣，施德厚骨肉而布惠于民。东周君与诸侯谋秦，秦使相国吕不韦诛之，尽入其国。秦不绝其祀，以阳人地赐周君，奉其祭祀。使蒙骜伐韩，韩献成皋、巩。秦界至大梁，初置三川郡。二年，使蒙骜攻赵，定太原。三年，蒙骜攻魏高都、汲，拔之。攻赵榆次、新城、狼孟，取三十七城。四月日食。四年，王龁攻上党。初置太原郡。魏将无忌率五国兵击秦，秦却于河外。蒙骜败，解而去。五月丙午，庄襄王卒，子政立，是为秦始皇帝。

秦王政立二十六年，初并天下为三十六郡，号为始皇帝。始皇帝五十一年而崩，子胡亥立，是为二世皇帝。三年，诸侯并起叛秦，赵高杀二世，立子婴。子婴立月余，诸侯诛之，遂灭秦。其语在《始皇本纪》中。

【译文】

庄襄王元年（前249），大赦罪犯，论功赏赐先王的臣下，广施仁德恩惠，厚待宗亲族属并对民众百姓施以恩泽。东周君与某些诸侯图谋反叛秦国，秦襄王派相国吕不韦领兵攻打东周，将东周的土地全部兼并。秦国没有断绝周朝的祭祀，把阳人聚这个地方赐给周君，以使他能够在此祭祀周朝的祖先。秦王派蒙骜进攻韩国，韩国献出成皋、巩县。秦国国界伸展到大梁，开始设置三川郡。二年，秦王又派蒙骜攻打赵国，平定了太原。三年，蒙骜进攻魏国的高都、汲县，攻了下来。蒙骜又进攻赵国的榆次、新城、狼孟，攻占了三十七座城。四月间发生日食。四年，王龁攻打上党，开始设置太原郡。魏将无忌率五国的军队反击秦军，秦军退到黄河以南。蒙骜打了败仗，冲出包围撤走。五月丙午日，庄襄王去世，他的儿子嬴政登临王位，这就是秦始皇帝。

秦王嬴政执政二十六年后，兼并统一天下，设立三十六郡，号称始皇帝。始皇五十一岁去世，儿子胡亥登基，就是二世皇帝。三年（前207），各路诸侯一起反叛秦朝，赵高杀死二世，拥立子婴为皇帝。子婴即位一个多月，诸侯们将他杀死，于是秦朝灭亡。这些事情都记载在《始皇本纪》中。

【原文】

太史公曰：秦之先为嬴姓。其后分封，以国为姓，有徐氏、郯氏、莒氏、终黎氏、运奄氏、菟裘氏、将梁氏、黄氏、江氏、修鱼氏、白冥氏、蜚廉氏、秦氏。然秦以其先造父封赵城，为赵氏。

【译文】

太史公说：秦国的祖先姓嬴。嬴的后代分封各地，各自以所封国名作为姓氏，有徐氏、郯氏、莒氏、终黎氏、运奄氏、菟裘氏、将梁氏、黄氏、江氏、修鱼氏、白冥氏、蜚廉氏、秦氏。而秦国因祖先造父封在赵城，因此以赵为姓氏。

项羽本纪

【原文】

项籍者，下相人也，字羽。初起时，年二十四。其季父项梁，梁父即楚将项燕，为秦将王翦所戮者也。项氏世世为楚将，封于项，故姓项氏。

项籍少时，学书不成，去学剑，又不成。项梁怒之。籍曰："书足以记名姓而已。剑一人敌，不足学，学万人敌。"于是项梁乃教籍兵法，籍大喜，略知其意，又不肯竟学。项梁尝有栎阳逮，乃请蕲狱掾曹咎书抵栎阳狱掾司马欣，以故事得已。项梁杀人，与籍避仇于吴中。吴中贤士大夫皆出项梁下。每吴中有大繇役及丧，项梁常为主办，阴以兵法部勒宾客及子弟，以是知其能。秦始皇帝游会稽，渡浙江，梁与籍俱观。籍曰："彼可取而代也。"梁掩其口，曰："毋妄言，族矣！"梁以此奇籍。籍长八尺余，力能扛鼎，才气过人，虽吴中子弟皆已惮籍矣。

【译文】

项籍，是下相人，字羽。刚开始兴兵的时候，他二十四岁。项籍的叔父是项梁，项梁的父亲是项燕，项燕被秦将王翦所杀。项氏世世代代都是楚国的大将，被封在项地，因此以项为姓氏。

项籍小的时候曾学习读书写字，但尚未学成就放弃了；后来学习剑术，又是学无所成。项梁很生他的气。项籍却说："写字，能够记下姓名就行；剑术，只能打败一个人，不值得学。我要学习能打败万人的本事。"于是项梁就教项籍兵法，项籍非常高兴，可是刚刚懂得了一点儿兵法大意，又不肯学了。项梁曾经因罪案受牵连，被栎阳县逮捕入狱，他就请蕲县狱掾曹咎写了说情信给栎阳狱掾司马欣，事情才得以了结。后来项梁又杀了人，为了躲避仇人，他和项籍一起逃到吴中郡。吴中郡有才能的士大夫，本事都比不上项籍。每当吴中郡有大规模的徭役或大的丧葬事宜时，项梁经常做主办人，并暗中用兵法部署组织宾客和青年，借此来了解他们的才能。秦始皇游览会稽郡渡浙江时，项梁和项籍一块儿去观看。项籍说："我可以取代那个人！"项梁急忙捂住他的嘴，说："不要胡说八道，要满门抄斩的！"因为这件事，项梁感到项籍非比寻常。项籍身高八尺有余，力气大得能举动巨鼎，才气远远超过普通人，吴中的年轻人都很畏惧他。

【原文】

秦二世元年七月，陈涉等起大泽中。其九月，会稽守通谓梁曰："江西皆反，此亦天亡秦之时也。吾闻先即制人，后则为人所制。吾欲发兵，使公及桓楚将。"是时桓楚亡在泽中。梁曰："桓楚亡，人莫知其处，独籍知之耳。"梁乃出，诫籍持剑居外待。梁复入，与守坐，曰："请召籍，使受命召桓楚。"守曰："诺。"梁召籍入。须臾，梁眴籍曰："可行矣！"于是籍遂拔剑斩守头。项梁持守头，佩其印绶。门下大惊，扰乱，籍所击杀数十百人。一府中皆慑伏，莫敢起。梁乃召故所知豪吏，谕以所为起大事，遂举吴中兵。使人收下县，得精兵八千人。梁部署吴中豪杰为校尉、侯、司马。有一人不得用，自言于梁。梁曰："前时某丧使公主某事，不能办，以此不任用公。"众乃皆伏。于是梁为会稽守，籍为裨将，徇下县。

【译文】

秦二世元年（前209）七月，陈涉等人在大泽乡聚众起义。同年九月，会稽郡守殷通对项梁说："大江以西全都造反了，这也是上天要灭亡秦朝的时候啊。听说做事情抢占先机就能控制别人，落后一步就要被别人操控。我打算起兵反秦，让您和桓楚做大将统领军队。"当时桓楚正逃亡在沼泽之地。项梁说："桓楚逃跑了，别人都不知道他在哪，只有项籍知道。"于是项梁出去嘱咐项羽持剑在外面等候，然后又进来跟郡守殷通一起坐下，说："请让我把项籍叫进来，让他奉命去召桓楚。"郡守说："好吧！"项梁就把项籍叫进来了。待了不大一会儿，项梁给项籍使了个眼色，说："可以行动了！"于是项籍拔出剑来斩下了郡守的头。项梁手里提着郡守的头，身上挂了郡守的官印。郡守的部下大为惊慌，一片混乱，项籍一连杀了一百来人。整个郡府上下都吓得趴倒在地，没有一个人敢起来。项梁召集原先所熟悉的豪强官吏，向他们说明反秦的缘由，于是就发动吴中之兵起事了。项梁派人去接收吴中郡下属各县，共得精兵八千人。又部署郡中豪杰，派他们分别做校尉、侯、司马。其中有一个人没有被任用，来找项梁自荐，项梁说："前些日子某家办丧事，我让你去做一件事，你没有办成，所以不能任用你。"众人听了都很敬服。于是项梁做了会稽郡守，项籍为副将，巡行占领了下属各县。

【原文】

广陵人召平于是为陈王徇广陵，未能下。闻陈王败走，秦兵又且至，乃渡江矫陈王命，拜梁为楚王上柱国。曰："江东已定，急引兵西击秦。"项梁乃以八千人渡江而西。闻陈婴已下东阳，使使欲与连和俱西。陈婴者，故东阳令史，居县中，素信谨，称为长者。东阳少年杀其令，相聚数千人，欲置长，无适用，乃请陈婴。婴谢不能，遂强立婴为长，县中从者得二万人。少年欲立婴便为王，异军苍头特起。陈婴母谓婴曰："自我为汝家妇，未尝闻汝先古之有贵者。今暴得大名，不祥。不如有所属，事成犹得封侯，事败易以亡，非世所指名也。"婴乃不敢为王。谓其军吏曰："项氏世世将家，有名于楚。今欲举大事，将非其人，不可。我倚名族，亡秦必矣。"于是众从其言，以兵属项梁。项梁渡淮，黥布、蒲将军亦以兵属焉。凡六七万人，军下邳。

当是时，秦嘉已立景驹为楚王，军彭城东，欲距项梁。项梁谓军吏曰："陈王先首事，战不利，未闻所在。今秦嘉倍陈王而立景驹，逆无道。"乃进兵击秦嘉。秦嘉军败走，追之至胡陵。嘉还战一日，嘉死，军降。景驹走死梁地。项梁已并秦嘉军，军胡陵，将引军而西。章邯军至栗，项梁使别将朱鸡石、馀樊君与战。馀樊君死。朱鸡石军败，亡走胡陵。项梁乃引兵入薛，诛鸡石。项梁前使项羽别攻襄城，襄城坚守不下。已拔，皆阬之。还报项梁。项梁闻陈王定死，召诸别将会薛计事。此时沛公亦起沛，往焉。

【译文】

这时候，广陵人召平为陈王去巡行占领广陵，但没有攻下来。召平听说陈王兵败逃走，秦兵又马上要到了，就渡过长江假托陈王的命令，拜项梁为楚王的上柱国。召平说："江东之地已经平定，应赶快带兵向西进发去攻打秦国。"于是项梁带领八千人渡过长江向西进军。听说陈婴已经占据了东阳，项梁就派使者去东阳，想要同陈婴合兵西进。陈婴，原先是东阳县的令史，在县中一向诚实谨慎，人们都称赞他是忠厚老实的人。东阳县的一些年轻人杀了县令，聚集起数千人，想推举出一位首领，没有找到合适的人选，就来请陈婴。陈婴推辞说自己没有能力，他们就强行让陈婴当了首领，县中追随的人有两万之多。那帮年轻人想索性立陈婴为王，为了与其他军队区别开来，就用青巾裹头，以此表示是新兴起事的一支义军。陈婴的母亲对陈婴说："自从我做了你们陈家的媳妇，还从没听说你们陈家祖上有显贵之人，如今你突然有了这么大的名声，恐怕不是吉祥的征兆。依我看，不如去归属谁，起事成功还可以封侯，起事失败也容易逃脱，因为那样你就不是为世所注目的人了。"陈婴听了母亲的话，没敢做王。他对军吏们说："项氏世世代代做大将，在楚国是名门。现在我们要起义成大事，那就非得项家的人不可。我们依靠了名门大族，必能灭秦。"于是众人听从了他的话，随他归服了项梁。项梁又渡过淮河向北进发，黥布、蒲将军也率部队归顺于项梁。这样，项梁总共有了六七万兵众，驻扎在下邳这个地方。

这时，秦兵已经立景驹当了楚王，驻扎在彭城以东，意图阻挡项梁西进。项梁对将士们说："陈王最先起义，但战斗并不顺利，如今不知道在哪里。现在秦嘉背叛陈王却拥立景驹为楚王，这是大逆不道的。"于是他进军攻打秦嘉。秦嘉部众战败逃跑，项梁率兵一直追到胡陵。秦嘉又掉过头来与项梁激战了一天，秦嘉战死，部队投降。景驹逃到梁地，最后死在那里。项梁接收了秦嘉的部队，驻扎在胡陵，准备率军西进攻秦。秦将章邯率军到达栗县，项梁派别将朱鸡石、馀樊君去迎战章邯。结果馀樊君战死，朱鸡石战败，逃回胡陵。于是项梁率领部队攻入薛县，杀了朱鸡石。在此之前，项梁另外派项羽去攻打襄城，襄城兵众坚守阵地死不投降。项籍攻下襄城之后，就把那里的军民全部活埋了，然后回来向项梁汇报战果。项梁听说陈王确实已死，就召集各路起义别将来薛县聚会，共议大事。这时，沛公也在沛县起兵，应召前往薛县参加了聚会。

【原文】

居鄩人范增，年七十，素居家，好奇计，往说项梁曰："陈胜败固当。夫秦灭六国，楚最无罪。自怀王入秦不反，楚人怜之至今，故楚南公曰'楚虽三户，亡秦必楚'也。今陈胜首事，不立楚后而自立，其势不长。今君起江东，楚蜂午之将皆争附君者，以君世世楚将，为能复立楚之后也。"于是项梁然其言，乃求楚怀王孙心民间，为人牧羊，立以为楚怀王，从民所望也。陈婴为楚上柱国，封五县，与怀王都盱台。项梁自号为武信君。

居数月,引兵攻亢父,与齐田荣、司马龙且军救东阿,大破秦军于东阿。田荣即引兵归,逐其王假。假亡走楚。假相田角亡走赵。角弟田间故齐将,居赵不敢归。田荣立田儋子市为齐王。项梁已破东阿下军,遂追秦军。数使使趣齐兵,欲与俱西。田荣曰:"楚杀田假,赵杀田角、田间,乃发兵。"项梁曰:"田假为与国之王,穷来从我,不忍杀之。"赵亦不杀田角、田间以市于齐。齐遂不肯发兵助楚。项梁使沛公及项羽别攻城阳,屠之。西破秦军濮阳东,秦兵收入濮阳。沛公、项羽乃攻定陶。定陶未下,去,西略地至雍丘,大破秦军,斩李由。还攻外黄,外黄未下。

【译文】

居鄀人范增,七十岁了,一向隐居在家不愿出来做官,但喜好琢磨奇谋诡计,他前来游说项梁说:"陈胜本来就应该失败。秦灭六国,楚国最无辜。当初楚怀王被骗到秦国没有返回,至今楚国人还在同情他,所以楚南公说'即便楚国人少,但灭亡秦国的一定是楚国'。如今陈胜起义,不拥楚国的后代却自立为王,势运一定不会长久。现在您在江东起事,楚国有那么多将士如众蜂飞起,争着归附您,就是因为项氏世世代代做过楚国大将,一定能重新立楚国后代为王。"项梁认为范增的话很有道理,就到民间寻找楚怀王的嫡孙熊心,这时熊心正在给人家放羊,项梁找到他以后,袭用他祖父的谥号拥立他为楚怀王,这是为了顺应楚国民众的愿望。陈婴做楚国的上柱国,封给他五个县,辅佐怀王建都盱台。项梁自己号称武信君。

过了几个月,项梁率兵去攻打亢父,又和齐将田荣、司马龙且的军队一起去援救东阿,在东阿大败秦军。田荣立即率兵返回齐国,赶走了齐王假。假逃亡到楚国。假的丞相田角逃亡到赵国。田角的弟弟田间本来是齐国大将,留住在赵国不敢回齐国来。田荣立田儋的儿子田市为齐王。项梁击破东阿附近的秦军以后,就去追击秦的败军。他多次派使者催促齐国发兵,想与齐军合兵西进。田荣说:"楚杀掉田假,赵国杀掉田角、田间,我才出兵。"项梁说:"田假是我们盟国的王,走投无路来追随我,我不忍心杀他。"赵国也不肯杀田角、田间来跟齐国做交易。齐国始终不肯发兵帮助楚军。项梁派沛公和项羽另外去攻打城阳,屠戮了这个县。又向西进发,在濮阳以东之地打败了秦军,秦收拾残兵败将退入濮阳城。沛公、项羽就去打定陶。定陶没有打下,又离开定陶西进,沿路攻城略地,直到雍丘,打败秦军,杀了李由。然后回过头来攻打外黄,但外黄没有攻下。

【原文】

项梁起东阿,西,比至定陶,再破秦军,项羽等又斩李由,益轻秦,有骄色。宋义乃谏项梁曰:"战胜而将骄卒惰者败。今卒少惰矣,秦兵日益,臣为君畏之。"项梁弗听。乃使宋义使于齐。道遇齐使者高陵君显,曰:"公将见武信君乎?"曰:"然。"曰:"臣论武信君军必败。公徐行即免死,疾行则及祸。"秦果悉起兵益章邯,击楚军,大破之定陶,项梁死。沛公、项羽去外黄攻陈留,陈留坚守不能下。沛公、项羽相与谋曰:"今项梁军破,士卒恐。"乃与吕臣军俱引兵而东。吕臣军彭城东，项羽军彭城西，沛公军砀。

　　章邯已破项梁军，则以为楚地兵不足忧，乃渡河击赵，大破之。当此时，赵歇为王，陈馀为将，张耳为相，皆走入巨鹿城。章邯令王离、涉间围巨鹿，章邯军其南，筑甬道而输之粟。陈馀为将，将卒数万人而军巨鹿之北，此所谓河北之军也。

　　楚兵已破于定陶，怀王恐，从盱台之彭城，并项羽、吕臣军自将之。以吕臣为司徒，以其父吕青为令尹。以沛公为砀郡长，封为武安侯，将砀郡兵。

【译文】

　　项梁自东阿出发西进，等到达定陶时，楚军已经是第二次打败秦军，项羽等又杀了李由，因此更加轻视秦军，渐渐显露出骄傲的神态。于是宋义规谏项梁说："打了胜仗而将领骄傲、士卒怠惰的军队肯定要吃败仗。如今士卒都有懈怠情绪了，而秦军却在一天天地壮大，我替您担心啊！"项梁不听信他的话，却派宋义出使齐国。宋义在路上遇见了齐国使者高陵君显，问道："你是要去见武信君吧？"回答说："是的。"宋义说："依我看，武信君的军队必定要失败。您要是慢点儿走就可以免于一死，如果走快了肯定会赶上灾难。"秦朝果然发动了全部兵力来增援章邯，攻击楚军，在定陶大败楚军，项梁战死。沛公、项羽离开外黄去攻打陈留，陈留坚守，攻不下来。沛公和项羽一块儿商量说："现在项梁的军队被打败了，士卒都很恐惧。"就和吕臣的军队一起向东撤退。吕臣的军队驻扎在彭城东边，项羽的军队驻扎在彭城西边，沛公的军队驻扎在砀县。

　　章邯打败项梁以后，认为楚地的军队不值得忧虑了，于是渡过黄河向北进发去攻打赵国，大败赵军。这时候，赵歇为王，陈馀做大将，张耳是国相，他们都逃进了巨鹿城。章邯命令王离、涉间包围了巨鹿，自己的军队驻扎在巨鹿南边，筑起两边有墙的甬道给他们输送粮草。陈馀作为赵国的大将，率领几万名士卒驻扎在巨鹿北边，这就是所谓的河北军。

　　楚军在定陶战败以后，怀王心里害怕，从盱台前往彭城，与项羽、吕臣的军队合并起来并亲自统率部众。怀王任命吕臣为司徒，吕臣的父亲吕青为令尹。任命沛公为砀郡长，封为武安侯，统率砀郡的军队。

【原文】

　　初，宋义所遇齐使者高陵君显在楚军，见楚王曰："宋义论武信君之军必败，居数日，军果败。兵未战而先见败征，此可谓知兵矣。"王召宋义与计事而大说之，因置以为上将军；项羽为鲁公，为次将，范增为末将，救赵。诸别将皆属宋义，号为卿子冠军。行至安阳，留四十六日不进。项羽曰："吾闻秦军围赵王巨鹿，疾引兵渡河，楚击其外，赵应其内，破秦军必矣。"宋义曰："不然。夫搏牛之虻不可以破虮虱。今秦攻赵，战胜则兵罢，我承其敝；不胜，则我引兵鼓行而西，必举秦矣。故不如先斗秦、赵。夫被坚执锐，义不如公；坐而运策，公不如义。"因下令军中曰："猛如虎，很如羊，贪如狼，强不可使者，皆斩之。"乃遣其子宋襄相齐，身送之至无盐，饮酒高会。天寒大雨，士卒冻饥。

项羽曰："将戮力而攻秦，久留不行。今岁饥民贫，士卒食芋菽，军无见粮，乃饮酒高会，不引兵渡河因赵食，与赵并力攻秦，乃曰'承其敝'。夫以秦之强，攻新造之赵，其势必举赵。赵举而秦强，何敝之承！且国兵新破，王坐不安席，埽境内而专属于将军，国家安危，在此一举。今不恤士卒而徇其私，非社稷之臣。"项羽晨朝上将军宋义，即其帐中斩宋义头，出令军中曰："宋义与齐谋反楚，楚王阴令羽诛之。"当是时，诸将皆慴服，莫敢枝梧。皆曰："首立楚者，将军家也。今将军诛乱。"乃相与共立羽为假上将军。使人追宋义子，及之齐，杀之。使桓楚报命于怀王。怀王因使项羽为上将军，当阳君、蒲将军皆属项羽。

【译文】

先前，宋义在路上遇见的那位齐国使者高陵君显正在楚军中，他拜见楚王说："宋义曾告诉我武信君的军队必定失败，没过几天，果然战败。在战斗之前就能看出失败的征兆，这能够称得上是懂得用兵。"于是楚怀王召见宋义并跟他商讨军中大事，非常欣赏他，因而任命他为上将军；项羽为鲁公，任次将，范增任末将，去援救赵国。其他各路将领都隶属于宋义，号称卿子冠军。部队进发抵达安阳，停留四十六天不向前进。项羽说："我听说秦军把赵王包围在巨鹿城内，我们应该赶快率兵渡过黄河，楚军从外面攻打，赵军在里面接应，打垮秦军是确定无疑的。"宋义说："我认为并非如此。能叮咬大牛的牛虻却损伤不了小小的虮虱。如今秦国攻打赵国，打胜了，士卒也会疲惫，我们就可以利用他们的疲惫；打不胜，我们就率领部队擂鼓西进，一定能歼灭秦军。所以，现在不如先让秦、赵两方相斗。若论披坚甲执锐兵，勇战前线，我宋义比不上您；若论坐于军帐，运筹决策，您比不上我宋义。"于是通令全军："凶猛如虎，执拗如羊，贪婪如狼，倔强不听指挥的，一律斩杀。"又派儿子宋襄去齐国为相，亲自送到无盐，置备酒筵，大会宾客。当时天气寒冷而且下着大雨，士卒一个个又冷又饿。

项羽对将士说："我们大家是想全力攻打秦军，他却久久停留不向前进。如今正赶上荒年，百姓贫困，将士们吃的都是芋芳掺豆子，军中已经没有存粮，他竟然置备酒筵，大会宾客，他不率领部队渡河去从赵国谋取粮草，同赵国合力攻打秦国，却说'利用秦军的疲惫'。凭着秦国的强大去攻打刚刚建立的赵国，那结局必定是秦国打败赵国。赵国被攻占，秦国就更加强大，到那时，还说什么利用秦国的疲惫？再说，我们的军队刚刚打了败仗，怀王寝食不安，集中了境内全部兵卒粮饷交给上将军一个人，国家的安危存亡，就在此一举了。可是现如今上将军不体恤士卒，却派自己的儿子去齐国为相，谋取私利，现在他已经不是国家真正的贤良之臣了。"项羽早晨去参见上将军宋义，就在军帐中，斩下了他的脑袋，出来向军中发令说："宋义和齐国同谋反楚，楚王密令我处死他。"这时候，将领们都畏服项羽，没有谁敢抗拒，都说："首先把楚国扶立起来的，是项将军家。如今又是将军诛灭了叛乱之臣。"于是大家一起立项羽为代理上将军。项羽派人去追赶宋义的儿子，一直追到齐国境内，把他杀了。项羽又派桓楚去向怀王报告情况。楚怀王无奈之下让项羽作了上将军，当阳君、蒲将军都归属了项羽。

【原文】

项羽已杀卿子冠军，威震楚国，名闻诸侯。乃遣当阳君、蒲将军将卒二万渡河，救巨鹿。战少利，陈馀复请兵。项羽乃悉引兵渡河，皆沉船，破釜甑，烧庐舍，持三日粮，以示士卒必死，无一还心。于是至则围王离，与秦军遇，九战，绝其甬道，大破之，杀苏角，虏王离。涉间不降楚，自烧杀。当是时，楚兵冠诸侯。诸侯军救巨鹿下者十余壁，莫敢纵兵。及楚击秦，诸将皆从壁上观。楚战士无不一以当十，楚兵呼声动天，诸侯军无不人人惴恐。于是已破秦军，项羽召见诸侯将，入辕门，无不膝行而前，莫敢仰视。项羽由是始为诸侯上将军，诸侯皆属焉。

【译文】

项羽诛杀了卿子冠军，从此威震楚国上下，名扬诸侯之间。他首先派遣当阳君、蒲将军率领二万士卒渡过漳河，援救巨鹿。只取得了一些小规模的胜利，陈馀又来请求增援。项羽就率领全部军队渡过漳河，弄沉全部船只，砸破全部锅碗，烧毁全部军营，只带上三天的粮草，以此向士卒表示一定要拼死战斗，毫无退还之心。大部队一到就包围了王离，与秦军遭遇，双方多次激战，最终项羽阻断了秦军所筑甬道，大败秦军，杀了苏角，俘虏了王离。涉间拒不降楚，自焚而亡。这时，楚军强大居诸侯之首，前来援救巨鹿的诸侯各军筑有十几座营垒，没有一个敢发兵出战。到楚军攻击秦军时，他们都只在营垒中观望。楚军战士无不一以当十，士兵们杀声震天，诸侯军人人战栗胆寒。项羽在打败秦军以后，召见诸侯将领，当他们进入军门时，一个个都跪着用膝盖向前走，没有谁敢抬头仰视。自此，项羽真正成了诸侯的上将军，各路诸侯都隶属于他。

【原文】

章邯军棘原，项羽军漳南，相持未战。秦军数却，二世使人让章邯。章邯恐，使长史欣请事。至咸阳，留司马门三日，赵高不见，有不信之心。长史欣恐，还走其军，不敢出故道，赵高果使人追之，不及。欣至军，报曰："赵高用事于中，下无可为者。今战能胜，高必疾妒吾功；战不能胜，不免于死。愿将军孰计之。"陈馀亦遗章邯书曰："白起为秦将，南征鄢郢，北阬马服，攻城略地，不可胜计，而竟赐死。蒙恬为秦将，北逐戎人，开榆中地数千里，竟斩阳周。何者？功多，秦不能尽封，因以法诛之。今将军为秦将三岁矣，所亡失以十万数，而诸侯并起滋益多。彼赵高素谀日久，今事急，亦恐二世诛之，故欲以法诛将军以塞责，使人更代将军以脱其祸。夫将军居外久，多内却，有功亦诛，无功亦诛。且天之亡秦，无愚智皆知之。今将军内不能直谏，外为亡国将，孤特独立而欲常存，岂不哀哉！将军何不还兵与诸侯为从，约共攻秦，分王其地，南面称孤；此孰与身伏铁质，妻子为僇乎？"章邯狐疑，阴使候始成使项羽，欲约。约未成，项羽使蒲将军日夜引兵度三户，军漳南，与秦战，再破之。项羽悉引兵击秦军污水上，大破之。

【译文】

章邯的兵众驻扎在棘原，项羽的军队囤住于漳河以南，两军遥遥对阵，相持不下。由于秦军屡屡败退，秦二世派人来责问章邯。章邯害怕了，派长史司马欣回朝廷去请示公事。司马欣到了咸阳，羁留在宫外的司马门待了三天，赵高竟不接见，心有不信任之意。长史司马欣非常害怕，赶快奔回棘原军中，都没敢顺原路走，赵高果然派人追赶，但没有追上。司马欣回到军中，向章邯报告说："赵高在朝廷中独揽大权，下面的人不可能有什么作为。如今我们能打胜，赵高必定嫉妒我们的战功；如果打不胜，我们更免不了一死。希望您认真考虑一下吧！"这时，陈馀也给章邯写了封信，说："白起曾作秦国大将，南征攻陷了楚都鄢郢，北伐屠灭了马服君赵括的军队，攻下的城池、夺取的土地，数也数不清，最后还是惨遭赐死。蒙恬也曾是秦国大将，北面赶跑了匈奴，在榆中开辟了几千里的土地，最终也被杀害于阳周。这为什么呢？就是因为他们战功太多，朝廷不可能全都予以封赏，所以就从法律上找借口杀了他们。如今将军您做秦将也已经三年了，士卒伤亡损失以十万计，而各地诸侯一时并起，越来越多。赵高一向阿谀奉承，时日已久，如今形势危急，他也害怕秦二世杀他，所以想从法律上找借口，杀了将军来推卸罪责，然后让别人来代替将军以免去他自己的灾祸。将军您在外时间长久，朝廷里跟您有嫌隙的人就多，有功也是被杀，无功也是被杀。而且，上天要灭秦，不论是智者，还是愚者，谁都明了。现在将军您在内不能直言进谏，在外已成亡国之将，独自一人支撑着却想维持长久，难道不可悲吗？将军您不如率兵掉转回头，与诸侯联合，订立和约一起攻秦，共分秦地，各自为王，南面称孤，这跟身受刑诛，妻儿被杀相比，哪个划算呢？"章邯犹疑不决，暗中却派军候始成到项羽那里去，想要订立和约。和约没有成功，项羽命令蒲将军昼夜兼程率兵渡过三户津，在漳河之南驻扎下来，与秦军交战，再次大败秦军。项羽率领全部兵众在汗水攻击秦军，大获全胜。

【原文】

章邯使人见项羽，欲约。项羽召军吏谋曰："粮少，欲听其约。"军吏皆曰："善。"项羽乃与期洹水南殷虚上。已盟，章邯见项羽而流涕，为言赵高。项羽乃立章邯为雍王，置楚军中，使长史欣为上将军，将秦军为前行。到新安。诸侯吏卒异时故繇使屯戍过秦中，秦中吏卒遇之多无状，及秦军降诸侯，诸侯吏卒乘胜多奴虏使之，轻折辱秦吏卒。秦吏卒多窃言曰："章将军等诈吾属降诸侯，今能入关破秦，大善；即不能，诸侯虏吾属而东，秦必尽诛吾父母妻子。"诸将微闻其计，以告项羽。项羽乃召黥布、蒲将军计曰："秦吏卒尚众，其心不服，至关中不听，事必危，不如击杀之，而独与章邯、长史欣、都尉翳入秦。"于是楚军夜击阬秦卒二十余万人新安城南。

行略定秦地。函谷关有兵守关，不得入。又闻沛公已破咸阳，项羽大怒，使当阳君等击关。项羽遂入，至于戏西。沛公军霸上，未得与项羽相见。沛公左司马曹无伤使人言于项羽曰："沛公欲王关中，使子婴为相，珍宝尽有之。"项羽大怒，曰："旦日飨士卒，为击破沛公军！"当是时，项羽兵四十万，在新丰鸿门，沛公兵十万，在霸上。范增说项羽曰："沛公居山东时，贪于财货，好美姬。今入关，财物无所取，妇女无所幸，此其志不在小。吾令人望其气，皆为龙虎，成五彩，此天子气也。急击勿失。"

【译文】

　　章邯又派人来求见项羽，想与其订立和约。项羽召集军官们商议说："部队粮草不多，我想答应章邯来订约。"大家都说："好。"项羽就和章邯约好日期在洹水南岸的殷墟上会盟。订完了盟约，章邯在项羽面前流下眼泪，跟项羽痛诉了赵高的种种恶劣行径。项羽封章邯为雍王，安置在军中。任命司马欣为上将军，统率原来的秦军担当先头部队。部队到了新安，诸侯军的官兵以前曾经被征徭役去驻守边塞，路过秦中时，很多人十分残忍地对待这些役夫，等到秦军投降之后，诸侯军的官兵很多人就借着胜利的威势，像对待奴隶一样地随意使唤、侮辱秦兵。秦军很多人私下议论："章将军骗我们投降了诸侯军，如果能入关灭秦，倒是很好；如果不能，诸侯军俘虏我们退回关东，朝廷必定会把我们父母妻儿全部杀掉。"诸侯军将领们暗地访知秦军兵众的这些议论，就报告了项羽。项羽召集黥布、蒲将军商议道："秦军官兵人数仍很多，他们内心里还不服，如果到了关中不听指挥，事情就危险了，不如把他们杀掉，只带章邯、长史司马欣、都尉董翳进入秦地。"于是楚军趁夜黑把秦军二十余万人活埋在新安城南。

　　项羽率领兵众去平定秦地。到了函谷关，关内有士兵把守，不能顺利进去。又听说沛公已经攻下了咸阳，项羽非常生气，就派当阳君等全力攻打函谷关。这样项羽才进了关，一直到了戏水之西。当时，沛公的军队驻扎在霸上，没能跟项羽相见。沛公的左司马曹无伤派人告诉项羽说："沛公想在关中称王，让秦王子婴为相，珍奇宝物都占为己有了。"项羽大为愤怒，说："明天准备酒食，好好犒劳士卒，给我把沛公的部队打垮！"这时候，项羽有兵卒四十万，驻扎在新丰鸿门，沛公有兵卒十万，驻扎在霸上。范增劝项羽说："沛公住在山东的时候，贪图财货，宠爱美女。现在进了关，财物什么都不取，美女也没亲近一个，他的志气可不小啊。我让人觇望他那边的云气，都呈现为龙虎之状，五色斑斓，这是天子的祥瑞之气呀。希望您赶快进攻，千万不要错失良机！"

【原文】

　　楚左尹项伯者，项羽季父也，素善留侯张良。张良是时从沛公，项伯乃夜驰之沛公军，私见张良，具告以事，欲呼张良与俱去。曰："毋从俱死也。"张良曰："臣为韩王送沛公，沛公今事有急，亡去不义，不可不语。"良乃入，具告沛公。沛公大惊，曰："为之奈何？"张良曰："谁为大王为此计者？"曰："鲰生说我曰'距关，毋内诸侯，秦地可尽王也'。故听之。"良曰："料大王士卒足以当项王乎？"沛公默然，曰："固不如也，且为之奈何？"张良曰："请往谓项伯，言沛公不敢背项王也。"沛公曰："君安与项伯有故？"张良曰："秦时与臣游，项伯杀人，臣活之。今事有急，故幸来告良。"沛公曰："孰与君少长？"良曰："长于臣。"沛公曰："君为我呼入，吾得兄事之。"

张良出，要项伯。项伯即入见沛公。沛公奉卮酒为寿，约为婚姻，曰："吾入关，秋豪不敢有所近，籍吏民，封府库，而待将军。所以遣将守关者，备他盗之出入与非常也。日夜望将军至，岂敢反乎！愿伯具言臣之不敢倍德也。"项伯许诺。谓沛公曰："旦日不可不蚤自来谢项王。"沛公曰："诺。"于是项伯复夜去，至军中，具以沛公言报项王。因言曰："沛公不先破关中，公岂敢入乎？今人有大功而击之，不义也，不如因而善遇之。"项王许诺。

【译文】

楚国的左尹项伯，是项羽的叔父，一向跟留侯张良十分要好。张良这时正跟随沛公，于是项伯连夜策马赶至沛公军中，私下会见了张良，把事情全都告诉了他，想让张良跟他一起离开。项伯说："不要跟沛公一块儿送死啊。"张良说："我是为韩王来护送沛公的，如今沛公事有危机，我若逃走就太不仁义了，不能不告诉他。"张良于是进入军帐，把项伯的话全部告诉了沛公。沛公大为吃惊，说："该怎么办呢？"张良说："是谁给您出的派兵守关这个主意？"沛公说："是一个浅陋小人劝我说：'守住函谷关，不要让诸侯军进来，您就可以占据整个秦地称王了。'所以我听了他的话。"张良说："估计您的兵力敌得过项王吗？"沛公沉默不语，过了一会说："当然敌不过，那怎么办呢？"张良说："请让我前去告诉项伯，就说沛公是不敢背叛项王的。"沛公说："您怎么跟项伯有交情呢？"张良说："还是在秦朝的时候，我们就有交往，项伯杀了人，我使他免了死罪。如今情况危急，幸好他到这里来告诉我。"沛公说："你们两人谁的年纪大？"张良说："他比我大。"沛公说："您替我请他进来，我要像对待兄长一样侍奉他。"

张良出去邀请项伯。项伯就进来与沛公相见。沛公捧着酒杯向项伯献酒祝其长寿，又定下了儿女婚姻。沛公说："我进驻函谷关以后，连秋毫那样细小的东西都没敢动，登记了官民的户口，查封了各类仓库，只等着项将军到来。我所以派将守关，是为了防备其他盗贼窜入和意外的变故。我们日夜盼着项将军到来，哪里敢谋反啊！希望您详细转告项将军，我是绝不敢忘恩负义的。"项伯答应了，对沛公说："明天可千万要早点来向项王道歉。"沛公说："好。"于是项伯又连夜离开，回到军营中，把沛公的话一一报告了项王。接着又说："如果不是沛公先攻破关中，您怎么敢进来呢？如今人家有大功反而要攻打人家，这是不符合道义的，不如就势好好对待他。"项王答应了。

【原文】

沛公旦日从百余骑来见项王，至鸿门，谢曰："臣与将军戮力而攻秦，将军战河北，臣战河南，然不自意能先入关破秦，得复见将军于此。今者有小人之言，令将军与臣有郤。"项王曰："此沛公左司马曹无伤言之；不然，籍何以至此。"项王即日因留沛公与饮。项王、项伯东向坐，亚父南向坐。亚父者，范增也。沛公北向坐，张良西向侍。范增数目项王，举所佩玉玦以示之者三，项王默然不应。范增起，出召项庄，谓曰："君王为人不忍，若入前为寿，寿毕，请以剑舞，因击沛公于坐，杀之。不者，若属皆且为所虏。"庄则入为寿。寿毕，曰："君王与沛公饮，军中无以为乐，请以剑舞。"项王曰："诺。"项庄拔剑起舞，项伯亦拔剑起舞，常以身翼蔽沛公，庄不得击。于是张良至军门，见樊哙。樊哙曰："今日之事何如？"良曰："甚急。今者项庄拔剑舞，其意常在沛公也。"哙曰："此迫矣，臣请入，与之同命。"哙即带剑拥盾入军门。交戟之卫士欲止不内，樊哙侧其盾以撞，卫士仆地，哙遂入，披帷西向立，瞋目视项王，头发上指，目眦尽裂。项王按剑而跽曰："客何为者？"张良曰："沛公之参乘樊哙者也。"项王曰："壮士，赐之卮酒。"则与斗卮酒。哙拜谢，起，立而饮之。项王曰："赐之彘肩。"则与一生彘肩。樊哙覆其盾于地，加彘肩上，拔剑切而啖之。项王曰："壮士，能复饮乎？"樊哙曰："臣死且不避，卮酒安足辞！夫秦王有虎狼之心，杀人如不能举，刑人如恐不胜，天下皆叛之。怀王与诸将约曰'先破秦入咸阳者王之'，今沛公先破秦入咸阳，毫毛不敢有所近，封闭宫室，还军霸上，以待大王来。故遣将守关者，备他盗出入与非常也。劳苦功高如此，未有封侯之赏，而听细说，欲诛有功之人。此亡秦之续耳，窃为大王不取也。"项王未有以应，曰："坐。"樊哙从良坐。坐须臾，沛公起如厕，因招樊哙出。

【译文】

　　第二天清晨，沛公带着一百多名侍从来拜见项王，到了鸿门，沛公向项王赔罪说："我跟将军合力攻秦，将军在河北作战，我在河南作战，却没想到我能先入关攻破秦廷，能够在这里再次见到您。如今一定是有小人说了什么坏话，才使得将军和我之间产生了误会。"项王说："是您的左司马曹无伤说的；不然，我怎么会这样！"项王当日就让沛公留下一起喝酒。项王、项伯面朝东坐，亚父面朝南坐。亚父就是范增。沛公面朝北坐，张良面朝西陪侍着。范增好几次给项王递眼色，又好几次举起身上佩戴的玉玦向他示意，项王只是沉默着，没有反应。范增起身出去，叫来项庄，对他说："君王为人心肠太软，你进去上前献酒祝寿，然后请求舞剑，趁机刺向沛公，把他杀死在座席上。不然的话，你们这班人都将成为人家的俘虏啦。"项庄进来，上前献酒祝寿。祝酒完毕，对项王说："君王和沛公饮酒，军营中没有什么可以娱乐的，就让我来舞剑吧。"项王说："那好。"项庄就拔剑起舞，项伯也拔剑起舞，一直用身体掩护沛公，项庄没有办法刺击沛公。见此情景，张良走到军门，找来樊哙。樊哙问道："今天的事情怎么样？"张良说："很危急！现在项庄正在舞剑，他一直在打沛公的主意呀！"樊哙说："这太危险啦！让我进去，我要跟沛公同生死！"樊哙带着宝剑拿着盾牌就往军门里闯。交叉持戟的卫士想挡住不让他进去，樊哙侧过盾牌往前一撞，卫士仆倒在地，樊哙于是闯进军门，挑开帷帐面朝西站定，睁圆眼睛怒视项王，头发根根竖起，两边眼角都要睁裂了。项王伸手握住宝剑，挺直身子，问："这位客人是干什么的？"张良说："是沛公的护卫樊哙。"项王说："真是位壮士！赐他一杯酒！"手下的人递上来一大杯酒。樊哙拜谢，起身站着喝了。项王说："赐他一只猪肘！"手下的人递过来一只生猪肘。樊哙把盾牌反扣在地上，把猪肘放在上面，拔出剑来边切边吃。项王说："好一位壮士！还能再喝吗？"樊哙说："我连死都不在乎，一杯酒又有什么可推辞的！那秦王有虎狼一样的凶狠之心，杀人好像杀不完；刑罚好像唯恐用不尽，天下人都叛离了他。怀王曾经和诸将约定说'先击败秦军进入咸阳，让他在关中为王。'如今沛公先击败秦军进入咸阳，连毫毛那么细小的财物都没敢动，封闭秦王宫室，把军队撤回到霸上，等待大王您的到来。特地派遣将士把守函谷关，为的是防备其他盗贼窜入和意外的变故。沛公如此劳苦功高，没有得到封侯的赏赐，您反而听信小人的谗言，要杀害有功之人。这只能是走秦朝灭亡的老路，我认为大王您不会采取这种做法！"一番话说得项王无话回答，只是说："坐！坐！"樊哙挨着张良坐下来。坐了一会儿，沛公起身上厕所，顺便把樊哙叫了出来。

【原文】

沛公已出，项王使都尉陈平召沛公。沛公曰："今者出，未辞也，为之奈何？"樊哙曰："大行不顾细谨，大礼不辞小让。如今人方为刀俎，我为鱼肉，何辞为！"于是遂去，乃令张良留谢。良问曰："大王来何操？"曰："我持白璧一双，欲献项王，玉斗一双，欲与亚父，会其怒，不敢献。公为我献之。"张良曰："谨诺。"当是时，项王军在鸿门下，沛公军在霸上，相去四十里。沛公则置车骑，脱身独骑，与樊哙、夏侯婴、靳强、纪信等四人持剑盾步走，从郦山下，道芷阳间行。沛公谓张良曰："从此道至吾军，不过二十里耳。度我至军中，公乃入。"沛公已去，间至军中，张良入谢，曰："沛公不胜杯杓，不能辞。谨使臣良奉白璧一双，再拜献大王足下；玉斗一双，再拜奉大将军足下。"项王曰："沛公安在？"良曰："闻大王有意督过之，脱身独去，已至军矣。"项王则受璧，置之坐上。亚父受玉斗，置之地，拔剑撞而破之，曰："唉！竖子不足与谋。夺项王天下者，必沛公也，吾属今为之虏矣。"沛公至军，立诛杀曹无伤。

居数日，项羽引兵西屠咸阳，杀秦降王子婴，烧秦宫室，火三月不灭；收其货宝妇女而东。人或说项王曰："关中阻山河四塞，地肥饶，可都以霸。"项王见秦宫室皆以烧残破，又心怀思欲东归，曰："富贵不归故乡，如衣绣夜行，谁知之者！"说者曰："人言楚人沐猴而冠耳，果然。"项王闻之，烹说者。

【译文】

沛公出来后，项王派都尉陈平来找沛公回去。沛公对樊哙说："现在我出来，还没来得及跟项王告辞，怎么办？"樊哙说："要成大事业就不必顾及小的缛节，想讲大礼数也无须躲避小的责备，如今人家好比是刀子和砧板，而我们好比是鱼和肉，还告什么辞！"于是一行人离开那里，让张良留下来向项王致歉。张良问："大王来的时候带了什么礼物？"沛公说："我拿来白璧一双，准备献给项王；玉斗一对，准备献给亚父。正赶上他们发怒，没敢献上。您替我献上吧。"张良说："遵命。"这个时候，项王部队驻扎在鸿门一带，沛公的部队驻扎在霸上，相距四十里。沛公扔下车马、侍从，脱身而走，他独自一人骑马，樊哙、夏侯婴、靳强、纪信等四人手持剑盾，跟在后面徒步奔跑，从骊山而下，顺着芷阳抄小路而行。沛公临行前对张良说："从这条路到我们军营，超不过二十里。估计我们到了军营，您就进去。"沛公等一行离开鸿门，抄小路回到军营，张良进去致歉，说道："沛公酒量不大，喝得多了点，不能跟大王告辞了。谨让臣下张良捧上白璧一双，恭敬地献给大王足下；玉斗一对，恭敬地献给大将军足下。"项王问道："沛公在什么地方？"张良答道："听说大王有意责怪他，他就脱身一个人走了，现在已经回到军营。"项王接过白璧，放在座位上；亚父接过玉斗，扔在地上，拔出剑来击碎了，说："唉！这帮无用之徒，没法跟他们共谋大事。夺取项王天下的，一定是沛公了，我们这班人就要成为俘虏了！"沛公回到军中，立即杀了曹无伤。

　　过了一段日子，项羽领兵西进并且屠戮了整个咸阳城，杀死了秦降王子婴，一把火烧掉了秦朝的宫室，大火烧了三个月都没有熄灭；他们劫掠了秦朝的财宝、妇女之后向东行进。有人劝项王说："关中有山河为天然屏障并且四方都有要塞，土地肥沃，可以建都成就霸业。"但项王看到秦朝宫室已经被火烧得残破不堪，又思念家乡想回去，就说："富贵不回故乡，就像穿了锦绣衣裳在黑夜中行走，别人谁知道呢？"那个劝项王的人说："人说楚国人像是猕猴戴了人的帽子，果真是这样。"项王听见这话，就把那个人扔到锅里煮了。

【原文】

　　项王使人致命怀王。怀王曰："如约。"乃尊怀王为义帝。项王欲自王，先王诸将相。谓曰："天下初发难时，假立诸侯后以伐秦。然身被坚执锐首事，暴露于野三年，灭秦定天下者，皆将相诸君与籍之力也。义帝虽无功，故当分其地而王之。"诸将皆曰："善。"乃分天下，立诸将为侯王。项王、范增疑沛公之有天下，业已讲解，又恶负约，恐诸侯叛之，乃阴谋曰："巴、蜀道险，秦之迁人皆居蜀。"乃曰："巴、蜀亦关中地也。"故立沛公为汉王，王巴、蜀、汉中，都南郑。而三分关中，王秦降将以距塞汉王。项王乃立章邯为雍王，王咸阳以西，都废丘。长史欣者，故为栎阳狱掾，尝有德于项梁；都尉董翳者，本劝章邯降楚。故立司马欣为塞王，王咸阳以东至河，都栎阳；立董翳为翟王，王上郡，都高奴。徙魏王豹为西魏王，王河东，都平阳。瑕丘申阳者，张耳嬖臣也，先下河南（郡），迎楚河上，故立申阳为河南王，都雒阳。韩王成因故都，都阳翟。赵将司马卬定河内，数有功，故立卬为殷王，王河内，都朝歌。徙赵王歇为代王。赵相张耳素贤，又从入关，故立耳为常山王，王赵地，都襄国。当阳君黥布为楚将，常冠军，故立布为九江王，都六。鄱君吴芮率百越佐诸侯，又从入关，故立芮为衡山王，都邾。义帝柱国共敖将兵击南郡，功多，因立敖为临江王，都江陵。徙燕王韩广为辽东王。燕将臧荼从楚救赵，因从入关，故立荼为燕王，都蓟。徙齐王田市为胶东王。齐将田都从共救赵，因从入关，故立都为齐王，都临菑。故秦所灭齐王建孙田安，项羽方渡河救赵，田安下济北数城，引其兵降项羽，故立安为济北王，都博阳。田荣者，数负项梁，又不肯将兵从楚击秦，以故不封。成安君陈馀弃将印去，不从入关，然素闻其贤，有功于赵，闻其在南皮，故因环封三县。番君将梅铟功多，故封十万户侯。项王自立为西楚霸王，王九郡，都彭城。

【译文】

项王派人向怀王禀报破关入秦的情况。怀王说："按以前约定的那样办就行了。"于是项王尊称怀王为义帝。项王打算自己称王，就先封手下诸将相为王，并对他们说："当初发动起义之时，暂且立诸侯的后代为王，为的是合力讨伐秦朝。然而身披坚甲，手持利兵，带头起事，暴露山野，三年在外，灭掉秦朝，平定天下，都是靠各位将相和我项籍的力量啊。虽说义帝没有什么战功，但分给他土地让他做王，本来也是应该的。"诸将都说："好。"于是就分封天下，立诸将为侯王。项王、范增担心沛公据有天下，然而鸿门之会已经和解了，又不乐意违背当初的约定，怕诸侯背叛，于是暗中谋划道："巴、蜀两郡道路险阻，秦朝流放的人都居住在蜀地。"又说："巴、蜀也算关中的地盘。"因此就立沛公为汉王，统治巴、蜀、汉中之地，建都南郑。又把关中分为三块，封秦朝三名降将为王以阻断汉王的东出之路。项王立章邯为雍王，统治咸阳以西的地区，建都废丘。长史司马欣，以前是栎阳狱掾，曾经对项梁有恩；都尉董翳，当初曾劝章邯投降楚军。因此，立司马欣为塞王，统治咸阳以东到黄河的地区，建都栎阳；立董翳为翟王，统治上郡，建都高奴。改立魏王豹为西魏王，统治河东，建都平阳。瑕丘申阳，本是张耳宠幸的大臣，首先攻下河南郡，在黄河岸边迎接楚军，所以立申阳为河南王，建都洛阳。韩王成仍居旧都，建都阳翟。赵将司马卬平定河内，屡有战功，因此立司马卬为殷王，统治河内，建都朝歌。改立赵王歇为代王。赵相张耳一向贤能，又跟随项羽入关，因此立张耳为常山王，统治赵地，建都襄国。当阳君黥布做楚将，战功在楚军中一直属第一，因此立黥布为九江王，建都六县。鄱君吴芮率领百越将士协助诸侯，又跟随项羽入关，因此立吴芮为衡山王，建都邾县。义帝的柱国共敖率兵攻打南郡，战功多，因此立共敖为临江王，建都江陵。改立燕王韩广为辽东王。燕将臧荼跟随楚军救赵，又随军入关，因此立臧荼为燕王，建都蓟县。改立齐王田市为胶东王，齐将田都随楚军一起救赵，接着又随军入关，因此立田都为齐王，建都临淄。当初被秦朝灭亡的齐王建之孙田安，在项羽渡河救赵的时候，曾攻下济水之北的几座城池，率领他的军队投降了项羽，因此立田安为济北王，建都博阳。田荣多次有悖于项梁，又不肯率兵跟随楚军攻打秦军，因此不予赐封。成安君陈馀抛弃将印离开了，也不跟随楚军入关，但他一向以贤能闻名，又对赵国有功，知道他在南皮，因此就把南皮周围的三个县封给他。番君吴芮的部将梅鋗战功颇多，因此封他为十万户侯。项王自立为西楚霸王，统治九个郡，建都彭城。

【原文】

汉之元年四月，诸侯罢戏下，各就国。项王出之国，使人徙义帝，曰："古之帝者地方千里，必居上游。"乃使使徙义帝长沙郴县。趣义帝行，其群臣稍稍背叛之，乃阴令衡山、临江王击杀之江中。韩王成无军功，项王不使之国，与俱至彭城，废以为侯，已又杀之。臧荼之国，因逐韩广之辽东，广弗听，荼击杀广无终，并王其地。

田荣闻项羽徙齐王市胶东，而立齐将田都为齐王，乃大怒，不肯遣齐王之胶东，因以齐反，迎击田都。田都走楚。齐王市畏项王，乃亡之胶东就国。田荣怒，追击杀之即墨。荣因自立为齐王，而西击杀济北王田安，并王三齐。荣与彭越将军印，令反梁地。陈馀阴使张同、夏说说齐王田荣曰："项羽为天下宰，不平。今尽王故王于丑地，而王其群臣诸将善地，逐其故主赵王，乃北居代，馀以为不可。闻大王起兵，且不听不义，愿大王资余兵，请以击常山，以复赵王，请以国为扞蔽。"齐王许之，因遣兵之赵。陈馀悉发三县兵，与齐并力击常山，大破之。张耳走归汉。陈馀迎故赵王歇于代，反之赵，赵王因立陈馀为代王。

是时，汉还定三秦。项羽闻汉王皆已并关中，且东，齐、赵叛之，大怒。乃以故吴令郑昌为韩王，以距汉。令萧公角等击彭越。彭越败萧公角等。汉使张良徇韩，乃遗项王书曰："汉王失职，欲得关中，如约即止，不敢东。"又以齐、梁反书遗项王曰："齐欲与赵并灭楚。"楚以此故无西意，而北击齐。征兵九江王布。布称疾不往，使将将数千人行。项王由此怨布也。汉之二年冬，项羽遂北至城阳，田荣亦将兵会战。田荣不胜，走至平原，平原民杀之。遂北烧夷齐城郭室屋，皆阬田荣降卒，系虏其老弱妇女。徇齐至北海，多所残灭。齐人相聚而叛之。于是田荣弟田横收齐亡卒得数万人，反城阳。项王因留，连战未能下。

【译文】

汉元年（前206）四月，诸侯受封已毕，自戏下分别前往各自的封国。项王出了函谷关，来到自己的封国，派人去让义帝迁都，说："古时候帝王拥有的土地是纵横各千里，而且一定要居住在河流的上游。"让使者把义帝迁徙到长沙郴县去。使者催促义帝启程，左右群臣渐渐叛离了他，于是项王秘密派衡山王、临江王把义帝截杀于大江之中。韩王成没有军功，项王不让他到封国去，带他一起到了彭城，废为侯，不久又找借口杀了他。臧荼到了封国，就驱逐韩广去辽东，韩广不听从他的命令，臧荼把他杀死在无终，并把他的土地合并过来据为己有。

田荣听说项羽改封齐王市到胶东，而立原齐将田都为齐王，非常愤怒，不肯将齐王迁往胶东，占据着齐地并兴兵反楚，迎头攻击田都。田都逃往楚国。齐王市害怕项王，偷偷往封国胶东方向逃去。田荣非常生气，就去追赶他，把他杀死在即墨。于是田荣自立为齐王，又向西进攻并杀死济北王田安，统治了全部的三齐之地。田荣把将军印授给彭越，让他在梁地反楚。陈馀暗地里派张同、夏说等人去劝齐王田荣说："项羽主持天下事，不公道。如今他把以前的诸侯王全封在穷地方，而把他自己的群臣诸将都封在好地方，还驱逐了我们原来的君主赵王，让他往北徙居到代地，我认为这样是不合适的。听说大王您已起兵反楚，而且不听从项羽的不义之命，希望大王您接济我一部分兵力，让我去攻打常山，恢复赵国原有的地盘。我愿用我们的国土给你们齐国作屏障。"齐王答应了，就派兵去帮助赵国。陈馀发动三县全部兵力，跟齐军合力攻打常山，把常山打得大败而逃。张耳去归附汉王。陈馀从代地把原赵王歇接回赵国。赵王因此立陈馀为代王。

这时候，汉王率军顺原路返回关中，平定了三秦。项羽听说汉王已经兼并了关中，将要东进，齐国、赵国又都起兵造反，非常生气。于是用以前的吴县令郑昌为韩王,抵挡汉军。命令萧公角等攻打彭越。彭越反而打败了萧公角等。汉王派张良去夺取韩地,并送给项王一封信说:"汉王失去了做关中王的封职,所以想要得到关中,你若能遵循以前的约定,我们就立即停下来,不敢再向东进发。"又把齐、梁二地的反叛书送给项王,说:"齐国想要跟赵国一起灭掉楚国。"楚军因此放弃了西进的打算,向北去攻打齐国。项王向九江王黥布征调部队。黥布推托有病,不肯亲自去,只派部将率领几千人前往。项王因此怨恨黥布。汉二年冬天,项羽向北到达城阳,田荣也带领部队来与项羽决战。田荣没有打胜,逃到平原,平原的百姓把他杀了。项羽于是北进,烧掉了齐国的城市房屋。他活埋了田荣手下投降的全部士兵,掳掠了齐国的老弱妇女。项羽夺取齐地直到北海,杀死了许多人,毁灭了许多地方。齐国人聚集起来,一起抗击项羽。这时候,田荣的弟弟田横集合了齐军逃散的士卒共有几万人,在城阳反击楚军。项王因此不得不停下来迎战,但一连打了几仗都没能取胜。

【原文】

　　春,汉王部五诸侯兵,凡五十六万人,东伐楚。项王闻之,即令诸将击齐,而自以精兵三万人南从鲁出胡陵。四月,汉皆已入彭城,收其货宝美人,日置酒高会。项王乃西从萧,晨击汉军而东,至彭城,日中,大破汉军。汉军皆走,相随入穀、泗水,杀汉卒十余万人。汉卒皆南走山,楚又追击至灵壁东睢水上。汉军却,为楚所挤,多杀,汉卒十余万人皆入睢水,睢水为之不流。围汉王三匝。于是大风从西北而起,折木发屋,扬沙石,窈冥昼晦,逢迎楚军。楚军大乱,坏散,而汉王乃得与数十骑遁去。欲过沛,收家室而西;楚亦使人追之沛,取汉王家;家皆亡,不与汉王相见。汉王道逢得孝惠、鲁元,乃载行。楚骑追汉王,汉王急,推堕孝惠、鲁元车下,滕公常下收载之。如是者三。曰:"虽急不可以驱,奈何弃之?"于是遂得脱。求太公、吕后不相遇。审食其从太公、吕后间行,求汉王,反遇楚军。楚军遂与归,报项王,项王常置军中。

【译文】

　　这一年春天,汉王率领五个诸侯国的兵卒,共五十六万人,向东进兵讨伐楚国。项王听到这个消息,就命令诸将攻打齐国,他亲自率领精兵三万人向南从鲁县穿过胡陵。四月,汉军已全部进入彭城,他们掳掠那里的财宝、美人,每天摆酒席大会宾客。项王引兵西行奔向萧县,从早晨开始,边打边向东推进,一直打到彭城,已是中午时分,汉军大败。汉军四处逃散,一个接一个地落入谷水、泗水,楚军杀了汉兵卒十多万人。汉兵向南逃入山地,楚军又追击到灵壁东面的睢水边上。汉军后退,由于楚军的步步紧逼,很多人无处可躲都被楚军所杀,有十余万人都掉进睢水,睢水被堵都不能流动。楚军把汉王里外围了三层。正在这个时候,狂风从西北方向刮起,摧折树木,掀毁房舍,飞沙走石,刮得天昏地暗,白天变成了黑夜,向着楚军迎面扑来。楚军大乱,队阵崩溃。这样,汉王才得以带领几十名骑兵慌忙逃离险境。汉王原打算从沛县经过,接取家眷向西逃,楚军也派人追到沛县,去抓汉王的家眷;但汉王家眷已经逃散,没有跟汉王见面。汉王在路上遇见了孝惠帝和鲁元公主,就把他们带上车，一块儿西逃。楚军骑兵追赶汉王，汉王感到情况危急，就把孝惠帝、鲁元公主推下去，以减轻重量、加快车速，滕公夏侯婴每次都下车把他俩重新扶上车，这样推下扶上有好几次。滕公对汉王说："虽然情况危急，马也不能赶得再快，可是怎么能把他们扔掉呢？"就这样，姐弟俩才得以脱险。汉王等人到处寻找太公、吕后，没有找到。审食其伴随着太公、吕后抄小路走，也在寻找汉王，却偏偏碰上了楚军。楚军就带着他们回来，向项王报告。项王一直把他们留在军中。

【原文】

是时，吕后兄周吕侯为汉将兵居下邑，汉王间往从之，稍稍收其士卒。至荥阳，诸败军皆会，萧何亦发关中老弱未傅悉诣荥阳，复大振。楚起于彭城，常乘胜逐北，与汉战荥阳南京、索间，汉败楚，楚以故不能过荥阳而西。

项王之救彭城，追汉王至荥阳，田横亦得收齐，立田荣子广为齐王。汉王之败彭城，诸侯皆复与楚而背汉。汉军荥阳，筑甬道属之河，以取敖仓粟。汉之三年，项王数侵夺汉甬道，汉王食乏，恐，请和，割荥阳以西为汉。项王欲听之。历阳侯范增曰："汉易与耳，今释弗取，后必悔之。"项王乃与范增急围荥阳。汉王患之，乃用陈平计间项王。项王使者来，为太牢具，举欲进之。见使者，详惊愕曰："吾以为亚父使者，乃反项王使者。"更持去，以恶食食项王使者。使者归报项王，项王乃疑范增与汉有私，稍夺之权。范增大怒，曰："天下事大定矣，君王自为之。愿赐骸骨归卒伍。"项王许之。行未至彭城，疽发背而死。

汉将纪信说汉王曰："事已急矣，请为王诳楚为王，王可以间出。"于是汉王夜出女子荥阳东门被甲二千人，楚兵四面击之。纪信乘黄屋车，傅左纛，曰："城中食尽，汉王降。"楚军皆呼万岁。汉王亦与数十骑从城西门出，走成皋。项王见纪信，问："汉王安在？"信曰："汉王已出矣。"项王烧杀纪信。

汉王使御史大夫周苛、枞公、魏豹守荥阳。周苛、枞公谋曰："反国之王，难与守城。"乃共杀魏豹。楚下荥阳城，生得周苛。项王谓周苛曰："为我将，我以公为上将军，封三万户。"周苛骂曰："若不趣降汉，汉今虏若，若非汉敌也。"项王怒，烹周苛，并杀枞公。

【译文】

这时候，吕后的哥哥周吕侯作为汉将带兵驻守在下邑，汉王顺小路去找他，并且陆续地收编汉军士卒。到荥阳时，各路败军都已汇集在这里，萧何也把关中没有载入兵役名册的老弱人丁全部都带到荥阳，汉军重新振作兴盛起来。楚军从彭城出发，一路上经常借着胜利的威势追击败逃的汉兵。在荥阳南面的京邑、索邑之间，楚军与汉军打了一仗，这次汉军打败了楚军，因此楚军无法越过荥阳向西推进。

项王去援救彭城，追赶汉王到荥阳，这时田横也已经恢复了齐地，拥立田荣的儿子田广为齐王。汉王在彭城失败的时候，诸侯又都归附楚而背叛了汉。汉王驻扎在荥阳，筑起两边有墙的甬道，和黄河南岸相连接，用以取得敖仓的粮食。汉三年（前

204），项王多次侵夺汉王的甬道，汉王粮食匮乏，心里十分害怕，派人去向项王请求讲和，条件是把荥阳以西的地盘划归汉王。项王打算接受这个条件。历阳侯范增说："此时很容易就能击败汉军，如果现在把他们放走而不去征服，以后一定会后悔的！"项王和范增立即包围了荥阳。汉王很担心，就用陈平的计策离间项王与范增。项王的使者来了，汉王让人准备了特别丰盛的酒筵，端过来刚要进献，一见使者又装作惊愕的样子说道："我们以为是亚父的使者，没想到却是项王的使者。"把酒筵重又撤回，拿来粗劣的饭食给项王使者吃。使者回去向项王报告，项王竟真的怀疑范增和汉王有私情，渐渐地把他的权力剥夺了。范增非常气愤，说："天下事大局已定，君王您自己看着办吧。希望您把这把老骨头赐还给我，让我回乡为民吧。"项王答应了他的请求。范增还没走到彭城，就由于背上毒疮发作而死去。

汉将纪信给汉王出主意说："形势太危急了，请让我假扮成大王去替您诓骗楚兵，您可以趁机逃走。"于是汉王趁夜从荥阳东门放出二千名身披铠甲的女子，楚兵立即从四面围打上去。纪信乘坐着天子所乘的黄屋车，车辕横木左方插着有毛羽装饰的旗帜，说："城中粮食已经吃光了，汉王前来投降。"楚军一起欢呼万岁。汉王这时已经带着几十名骑兵从西城门逃出，逃到成皋。项王见到纪信，问道："汉王在哪儿？"纪信说："汉王已经出城了。"项王把纪信烧死了。

汉王派御史大夫周苛、枞公、魏豹等把守荥阳。周苛、枞公商议道："魏豹是叛国的君王，难以和他一块守城。"就一起杀了魏豹。楚军攻下荥阳城，活捉了周苛。项王对周苛说："给我做将军吧，我任命你为上将军，封你为三万户侯。"周苛骂道："你若不快快投降汉王，汉王就要俘虏你了，你根本不是汉王的对手。"项王发怒，煮死周苛，并把枞公也一起杀了。

【原文】

汉王之出荥阳，南走宛、叶，得九江王布，行收兵，复入保成皋。汉之四年，项王进兵围成皋。汉王逃，独与滕公出成皋北门，渡河走修武，从张耳、韩信军。诸将稍稍得出成皋，从汉王。楚遂拔成皋，欲西。汉使兵距之巩，令其不得西。

是时，彭越渡河击楚东阿，杀楚将军薛公。项王乃自东击彭越。汉王得淮阴侯兵，欲渡河南。郑忠说汉王，乃止壁河内。使刘贾将兵佐彭越，烧楚积聚。项王东击破之，走彭越。汉王则引兵渡河，复取成皋，军广武，就敖仓食。项王已定东海来，西，与汉俱临广武而军，相守数月。

当此时，彭越数反梁地，绝楚粮食，项王患之。为高俎，置太公其上，告汉王曰："今不急下，吾烹太公。"汉王曰："吾与项王俱北面受命怀王，曰'约为兄弟'，吾翁即若翁，必欲烹而翁，则幸分我一杯羹。"项王怒，欲杀之。项伯曰："天下事未可知，且为天下者不顾家，虽杀之无益，只益祸耳。"项王从之。

楚汉久相持未决，丁壮苦军旅，老弱罢转漕。项王谓汉王曰："天下匈匈数岁者，徒以吾两人耳，愿与汉王挑战，决雌雄，毋徒苦天下之民父子为也。"汉王笑谢曰："吾宁斗智，不能斗力。"项王令壮士出挑战。汉有善骑射者楼烦，楚挑战三合，楼烦辄射杀之。项王大怒，乃自被甲持戟挑战。楼烦欲射之，项王瞋目叱之，楼烦目不敢视，手不敢发，遂走还入壁，不敢复出。汉王使人间问之，乃项王也。汉王大惊。于是项王乃即汉王相与临广武间而语。汉王数之，项王怒，欲一战。汉王不听，项王伏弩射中汉王。汉王伤，走入成皋。

【译文】

汉王逃出荥阳后，往南一直逃到宛县、叶县，又遇到九江王黥布，他们一边前行，一边收集旧部士兵，重新攻下成皋并守在那里。汉四年（前203），项王发兵包围成皋。汉王不敌项王而逃走，一个人带着滕公出了成皋北门，渡过黄河逃向修武，去投奔张耳、韩信的部队。诸将也陆续逃出成皋，继续追随汉王。楚军因此拿下成皋，想要西进。汉王派兵在巩县抵抗，阻断了楚军西进的去路。

这时，彭越渡过黄河，在东阿攻打楚军，杀死楚国将军薛公。于是项王亲自率兵东进攻打彭越。汉王得到淮阴侯的部队，想要渡黄河南进。郑忠劝阻汉王，汉王才停止进军并在黄河北岸修筑营垒驻扎。汉王派刘贾率兵去增援彭越，烧毁了楚军的粮草辎重。项王继续东进，打败了刘贾，赶跑了彭越。汉王这时就率领部队渡过黄河，又拿下了成皋，在西广武扎营，就近取食敖仓的粮食。项王东击彭越，打败了刘贾，已经平定了东方，现在又回过头来西进，在东广武与汉军隔着广武涧扎下营来，两军各自坚守阵地，对峙了好几个月。

这时，彭越几次往返梁地，断绝了楚军的粮食供给，为此项王深感焦虑。他派人做了一张高腿案板，把汉王父亲太公搁在上面，警告汉王说："如果不赶快投降，我就把太公给煮了。"汉王说："我和项羽当初作为臣子一块接受了怀王的任务，曾说'相约结为兄弟'，这样说，我的父亲也是你的父亲，如果你一定要煮了你的父亲，就希望你能分给我一杯肉汤。"项王十分生气，要杀太公。项伯说："天下事还不知道怎么样，再说要夺天下的人是不顾及家的，即使杀了他也不会有什么好处，只会增加祸患罢了。"项王听从了项伯的话。

楚、汉长久相持，胜负未决。年轻人厌倦了长期的军旅生活，老弱之人也因水陆运输而十分疲惫。项王对汉王说："天下战乱纷争好几年，只是因为我们两人的缘故。我希望跟汉王挑战，决一雌雄。再不要让百姓老老小小白白地受苦啦。"汉王笑着回绝说："我宁愿斗智，不能斗力。"项王让勇士出营挑战，汉军有一个善于骑射的士卒叫楼烦，楚兵挑战好几次，楼烦每次都把他们射死。项王大怒，就亲自披甲持戟出营挑战。楼烦搭箭正要射，项王瞪大眼睛向他大吼一声，楼烦吓得眼睛不敢正视，两只手不敢放箭，转身逃回营垒，不敢再出来。汉王派人私下打听，才知道原来是项王。汉王大为吃惊。这时项王就向汉王那边靠近，分别站在广武涧东西两边互相对话。汉王一桩一桩地列举了项王的罪状，项王很生气，要和汉王决一死战。汉王没有决战的意思，项王埋伏下的弓箭手射中了汉王。汉王受了伤，逃回成皋。

【原文】

项王闻淮阴侯已举河北，破齐、赵，且欲击楚，乃使龙且往击之。淮阴侯与战,骑将灌婴击之,大破楚军,杀龙且。韩信因自立为齐王。项王闻龙且军破,则恐,使盱台人武涉往说淮阴侯。淮阴侯弗听。是时,彭越复反,下梁地,绝楚粮。项王乃谓海春侯大司马曹咎等曰:"谨守成皋,则汉欲挑战,慎勿与战,毋令得东而已。我十五日必诛彭越,定梁地,复从将军。"乃东,行击陈留、外黄。

外黄不下。数日,已降,项王怒,悉令男子年十五已上诣城东,欲阬之。外黄令舍人儿年十三,往说项王曰:"彭越强劫外黄,外黄恐,故且降,待大王。大王至,又皆阬之,百姓岂有归心?从此以东,梁地十余城皆恐,莫肯下矣。"项王然其言,乃赦外黄当阬者。东至睢阳,闻之皆争下项王。

【译文】

项王听说淮阴侯韩信已经攻占了河北之地,又打败了齐国、赵国,并且现在正要进攻楚军,于是派龙且前去迎击。淮阴侯与龙且激战,汉骑将灌婴也赶来了,他们合力把楚军打得大败,杀了龙且。韩信趁此机会自立为王。项王听到龙且战败的消息,心里害怕了,派盱台人武涉前去游说淮阴侯,劝他联楚背汉,与楚汉三分天下。淮阴侯不听。这时候,彭越又返回梁地,断绝了楚军的粮食。项王对海春侯大司马曹咎等说:"你们要谨慎地守住成皋,如果汉军挑战,千万不要和他们交战,只要别让他们东进就行。十五天之内,我一定杀死彭越,平定梁地,回来再跟将军们会合。"于是带兵向东进发,一路上攻打陈留、外黄。

外黄起先坚决不肯归顺臣服。过了几天,外黄终于投降了,项王为此很生气,他命令男子十五岁以上的全部到城东去,要把这些人全部活埋。外黄县令门客的一个十三岁的儿子,去劝项王,说道:"彭越凭强力威胁外黄,外黄人害怕,所以才姑且投降,为的是等待大王。如今大王来了,又要全部活埋他们,百姓哪儿还会有归附之心呢?从这往东,梁地十几个城邑的百姓都会很害怕,就没有人肯归附于您了。"项王认为他的话很有道理,就赦免了准备活埋的那些人。项王东进睢阳县,睢阳人听到这个情况都争着归顺项王。

【原文】

汉果数挑楚军战,楚军不出。使人辱之,五六日,大司马怒,渡兵汜水。士卒半渡,汉击之,大破楚军,尽得楚国货赂。大司马咎、长史翳、塞王欣皆自刭汜水上。大司马咎者,故蕲狱掾,长史欣亦故栎阳狱吏,两人尝有德于项梁,是以项王信任之。当是时,项王在睢阳,闻海春侯军败,则引兵还。汉军方围钟离眜于荥阳东,项王至,汉军畏楚,尽走险阻。

是时,汉兵盛食多,项王兵罢食绝。汉遣陆贾说项王,请太公,项王弗听。汉王复使侯公往说项王,项王乃与汉约,中分天下,割鸿沟以西者为汉,鸿沟而东者为楚。项王许之,即归汉王父母妻子。军皆呼万岁。汉王乃封侯公为平国君。匿弗肯复见。曰:"此天下辩士,所居倾国,故号为平国君。"项王已约,乃引兵解而东归。

【译文】

汉军果然多次来向楚军挑战,楚军每次都避而不出。于是汉军派人前去辱骂他们，一连五六天，大司马曹咎终于忍不住气愤，私自派兵渡过汜水。士卒刚涉水至半途中，汉军出击，大败楚军，缴获楚军的全部物资。大司马曹咎、长史董翳、塞王司马欣等都在汜水边上自刎了。大司马曹咎，就是原来的蕲县狱椽，长史司马欣就是以前的栎阳狱史，两个人都曾经对项梁有恩德，所以项王信任他们。这时候，项王在睢阳，听说海春侯的军队被打败了，就带兵往回赶。汉军当时正把楚将钟离眜包围在荥阳东边，项王赶到，汉军害怕楚军，全部逃入附近的山地。

这时候，汉军兵卒斗志高涨，粮草充足，项王士卒疲惫不堪，粮草告罄。汉王派陆贾去游说项王，要求放回太公，项王不答应。汉王又派侯公去劝说项王，项王才跟汉王定约，平分天下，鸿沟以西的地方划归汉，鸿沟以东的地方划归楚。项王同意了这个条件之后，立即放回了汉王的家眷。汉军官兵都呼喊万岁。汉王于是封侯公为平国君，让他隐匿起来，不肯再跟他见面。说："这个人是天下的善辩之士，他待在哪国，就会使哪国倾覆，所以给他个称号叫平国君。"项王订约后，就率众罢兵东归了。

【原文】

汉欲西归，张良、陈平说曰："汉有天下太半，而诸侯皆附之。楚兵罢食尽，此天亡楚之时也，不如因其机而遂取之。今释弗击，此所谓'养虎自遗患'也。"汉王听之。汉五年，汉王乃追项王至阳夏南，止军，与淮阴侯韩信、建成侯彭越期会而击楚军。至固陵，而信、越之兵不会。楚击汉军，大破之。汉王复入壁，深堑而自守。谓张子房曰："诸侯不从约，为之奈何？"对曰："楚兵且破，信、越未有分地，其不至固宜。君王能与共分天下，今可立致也。即不能，事未可知也。君王能自陈以东傅海，尽与韩信；睢阳以北至穀城，以与彭越：使各自为战，则楚易败也。"汉王曰："善。"于是乃发使者告韩信、彭越曰："并力击楚。楚破，自陈以东傅海与齐王，睢阳以北至穀城与彭相国。"使者至，韩信、彭越皆报曰："请今进兵。"韩信乃从齐往，刘贾军从寿春并行，屠城父，至垓下。大司马周殷叛楚，以舒屠六，举九江兵，随刘贾、彭越皆会垓下，诣项王。

【译文】

汉王想撤兵西归，张良、陈平劝道："汉军已占据大半个天下，诸侯又都归附于汉。而楚军已兵疲粮尽，这正是上天要灭亡楚的好时机。不如趁机将其消灭。若现在放走项羽，就是所谓的'养虎为患'。"汉王听从了建议。汉五年（前202），汉王追赶项王到阳夏南边，将部队驻扎于此，并和淮阴侯韩信、建成侯彭越约好日期会合，共同攻打楚军。汉军到达固陵，而韩信、彭越的部队没有来会合。楚军反击，汉军大败。汉王又逃回营垒，掘深壕沟坚守。汉王问张良："诸侯不守约定，怎么办？"张良回答说："楚军快被打垮了，韩信和彭越还没有得到分封的地盘，所以，他们不来是很自然的。君王如果能和他们共分天下，就可以让他们立刻前来。如果不能，形势就难以预料了。君王如果把从陈县以东到海滨一带的地方都给韩信，把睢阳以北到穀城的地方给彭越；使他们各自为自己而战，楚军就容易打败了。"汉王说："好。"于是派出使者告诉韩信、彭越说："你们跟汉王合力击楚，打败楚军之后，从陈县往东至海滨一带的地方给齐王,睢阳以北至穀城的地方给彭相国。"使者到达之后,韩信、彭越都说:"我们现在就带兵出发。"于是韩信从齐国起行,刘贾的部队从寿春和他同时进发,屠戮了城父,到达垓下。大司马周殷叛离楚王,以舒县的兵力屠戮了六县,发动九江兵力,随同刘贾、彭越一起会师在垓下,朝着项王进发。

【原文】

项王军壁垓下,兵少食尽,汉军及诸侯兵围之数重。夜闻汉军四面皆楚歌,项王乃大惊曰:"汉皆已得楚乎?是何楚人之多也!"项王则夜起,饮帐中。有美人名虞,常幸从;骏马名骓,常骑之。于是项王乃悲歌慷慨,自为诗曰:"力拔山兮气盖世,时不利兮骓不逝。骓不逝兮可奈何,虞兮虞兮奈若何!"歌数阕,美人和之。项王泣数行下,左右皆泣,莫能仰视。

于是项王乃上马骑,麾下壮士骑从者八百余人,直夜溃围南出,驰走。平明,汉军乃觉之,令骑将灌婴以五千骑追之。项王渡淮,骑能属者百余人耳。项王至阴陵,迷失道,问一田父,田父绐曰"左"。左,乃陷大泽中。以故汉追及之。项王乃复引兵而东,至东城,乃有二十八骑。汉骑追者数千人。项王自度不得脱。谓其骑曰:"吾起兵至今八岁矣,身七十余战,所当者破,所击者服,未尝败北,遂霸有天下。然今卒困于此,此天之亡我,非战之罪也。今日固决死,愿为诸君快战,必三胜之,为诸君溃围,斩将,刈旗,令诸君知天亡我,非战之罪也。"乃分其骑以为四队,四向。汉军围之数重。项王谓其骑曰:"吾为公取彼一将。"令四面骑驰下,期山东为三处。于是项王大呼驰下,汉军皆披靡,遂斩汉一将。是时,赤泉侯为骑将,追项王,项王瞋目而叱之,赤泉侯人马俱惊,辟易数里。与其骑会为三处。汉军不知项王所在,乃分军为三,复围之。项王乃驰,复斩汉一都尉,杀数十百人,复聚其骑,亡其两骑耳。乃谓其骑曰:"何如?"骑皆伏曰:"如大王言。"

【译文】

项王受困于垓下,兵少粮尽,汉军及诸侯兵把他层层包围。深夜,四面的汉军唱起楚地的歌曲,项王大为吃惊,说:"难道汉已完全取得了楚地?怎么有这么多楚人?"项王半夜起来,在帐中饮酒。有美人名虞,一直受宠跟在项王身边;有骏马名骓,项王一直骑着。这时候,项王不禁慷慨悲歌,独自作诗吟唱道:"力量能拔山啊,英雄气概举世无双,时运不济呀,骓马不再往前闯。骓马不往前闯啊,可怎么办,虞姬呀虞姬,该把你怎么安排?"项王唱了几遍,美人虞姬在一旁应和。项王眼泪一道道流下来,左右侍者也都跟着落泪,没有一个人敢抬头看他。

于是项王骑上马,部下八百多名精壮士兵骑马跟随着他,趁着夜色突破重围,向南冲出,飞驰而逃。天快亮时,汉军才发觉,忙命骑将灌婴带领五千骑兵前去追赶。项王渡过淮河,能跟上来的部众只剩下一百多人。项王到达阴陵迷了路,去问一个农夫,农夫骗他们说:"向左边走。"项王带人向左继续前进,却陷进了沼泽之中。因此汉兵追上了他们。项王又带着骑兵向东,到达东城,这时只剩下二十八人了。而追赶上来的汉军有几千人。项王估计自己无法逃脱,对骑兵说:"我带兵起义至今已八年，亲自打了七十多仗，我所抵挡的敌人都被打垮，我所攻击的敌人无不降服，从来没有失败过，因而能够称霸，据有天下。可是如今却被困在这里，这是上天要灭我，而不是作战的过错。今天肯定得决心战死了，我愿意给诸位打个痛痛快快的仗，一定要再胜几场，使诸位冲破重围，斩杀汉将，砍倒军旗，让诸位知道这的确是上天要灭我，而不是我作战有错。"于是把骑兵分成四队，面朝四方。汉军把他们层层包围。项王对骑兵们说："我先拿下一员汉将！"命四面骑士驱马飞奔而下，约定冲到山的东边，分作三处集合。于是项王高声呼喊着冲过去，汉军像草木随风倒伏一样溃败了，项王杀了一名汉将。这时，赤泉侯杨喜为汉军骑将，在后追赶项王，项王瞪大眼睛呵斥他，赤泉侯连人带马都吓坏了，倒退了好几里。项王与他的骑兵在三处会合了。汉军不知项王的去向，就把部队分为三路，再次包围上来。项王驱马冲了上去，又斩了一名汉军都尉，杀死敌军数十上百人，聚拢骑兵，仅仅损失了两个人。项王问骑兵们道："怎么样？"骑兵们都又敬重又佩服地说："正像大王说的那样。"

【原文】

于是项王乃欲东渡乌江。乌江亭长杈船待，谓项王曰："江东虽小，地方千里，众数十万人，亦足王也。愿大王急渡。今独臣有船，汉军至，无以渡。"项王笑曰："天之亡我，我何渡为！且籍与江东子弟八千人渡江而西，今无一人还，纵江东父兄怜而王我，我何面目见之？纵彼不言，籍独不愧于心乎？"乃谓亭长曰："吾知公长者。吾骑此马五岁，所当无敌，尝一日行千里，不忍杀之，以赐公。"乃令骑皆下马步行，持短兵接战。独籍所杀汉军数百人。项王身亦被十余创。顾见汉骑司马吕马童，曰："若非吾故人乎？"马童面之，指王翳曰："此项王也。"项王乃曰："吾闻汉购我头千金，邑万户，吾为若德。"乃自刎而死。王翳取其头，余骑相蹂践争项王，相杀者数十人。最其后，郎中骑杨喜，骑司马吕马童，郎中吕胜、杨武各得其一体。五人共会其体，皆是。故分其地为五：封吕马童为中水侯，封王翳为杜衍侯，封杨喜为赤泉侯，封杨武为吴防侯，封吕胜为涅阳侯。

【译文】

项王想向东渡过乌江。乌江亭长停船等待，对项王说："江东之地虽小，但方圆千里，百姓有几十万，也足以称王。请大王快快渡江。现在只有我有船，等汉军一到，就没法渡江了。"项王笑道："天要灭我，我渡江干什么！再说我带江东子弟八千人渡江西征，如今无一人回去，纵使江东父老怜爱我让我做王，我又有何面目去见他们？纵使他们不说什么，我项籍难道心中没有愧吗？"又对亭长说："我知道您是位忠厚仁义的长者。我骑着这匹马南征北战拼杀了五年，所向无敌，日行千里，我不忍杀掉它，把它送给您吧。"项王命骑兵下马步行，手持短小兵器与追兵交战。仅他自己就杀了几百人。他身上也有十几处负伤。项王回头看见汉军骑司马吕马童，说："你不是我的老相识吗？"马童这才跟项王照面，指着他对王翳说："这就是项王。"项王说："我听说汉王用黄金千斤，封邑万户悬赏征求我的脑袋，我就把这份好处送你吧！"说完自刎而死。王翳拿下项王的头，其他骑兵互相践踏争抢项王的躯体，由于相争而被杀死的有几十人。最后，郎中骑将杨喜，骑司马吕马童，郎中吕胜、杨武各争得一部分。五人把肢体拼合，正好对上。因此，汉王把项羽的土地分成五块：封吕马童为中水侯，封王翳为杜衍侯，封杨喜为赤泉侯，封杨武为吴防侯，封吕胜为涅阳侯。

【原文】

项王已死，楚地皆降汉，独鲁不下。汉乃引天下兵欲屠之，为其守礼义，为主死节，乃持项王头视鲁，鲁父兄乃降。始，楚怀王初封项籍为鲁公，及其死，鲁最后下，故以鲁公礼葬项王谷城。汉王为发哀，泣之而去。诸项氏枝属，汉王皆不诛。乃封项伯为射阳侯。桃侯、平皋侯、玄武侯皆项氏，赐姓刘。

【译文】

项王都已经死了，楚地就全都投降了汉王，独独只有鲁县誓死不肯降服。汉王率领众将士想要屠戮鲁城，但考虑到他们恪守礼义，为君主守节不惜一死，就拿着项王的头给鲁人看，鲁地父老这才俯首投降。当初，楚怀王曾封项籍为鲁公，等他死后，鲁国又最后投降，因此按照鲁公这一封号的礼仪把项王安葬在穀城。汉王给他发丧，哭了一通后才离去。项氏宗族各旁支，汉王都不加杀戮。封项伯为射阳侯。桃侯、平皋侯、玄武侯都属于项氏，汉王赐姓刘。

【原文】

太史公曰：吾闻之周生曰"舜目盖重瞳子"，又闻项羽亦重瞳子。羽岂其苗裔邪？何兴之暴也！夫秦失其政，陈涉首难，豪杰蜂起，相与并争，不可胜数，然羽非有尺寸，乘势起陇亩之中，三年，遂将五诸侯灭秦，分裂天下，而封王侯，政由羽出，号为"霸王"，位虽不终，近古以来未尝有也。及羽背关怀楚，放逐义帝而自立，怨王侯叛己，难矣。自矜功伐，奋其私智而不师古，谓霸王之业，欲以力征经营天下，五年卒亡其国，身死东城，尚不觉寤而不自责，过矣。乃引"天亡我，非用兵之罪也"，岂不谬哉！

【译文】

太史公说：我听周生说"舜的眼睛有两个瞳仁"，又听说项羽也是这样。难道项羽是舜的后代吗？否则他的发迹怎么那样突然！秦朝暴政，陈涉首先发难，各路豪杰蜂拥而起，你争我夺，不计其数。项羽并没有什么权势可以凭借，他趁秦末大乱之势兴起于民间，只用了三年时间就率领原齐、赵、韩、魏、燕五国诸侯灭了秦朝，划分土地，封王封侯，号令天下，自封"霸王"，他的势位虽然没能长久，但自古以来像他这样的人还不曾有过。而项羽舍弃关中，思念楚地，放逐义帝，自立为王，还埋怨诸侯背叛自己，如此就难成大事了。他自夸战功，刚愎自用，却不肯师法古人，认为霸王功业要靠武力征伐诸侯、治理天下，结果五年之间就丢了国家，身死东城，仍不觉悟，也不自责，实在是不该。而他竟然拿"是上天要灭我，而不是我用兵有错"来做借口，岂不荒谬？

高祖本纪

【原文】

　　高祖，沛丰邑中阳里人，姓刘氏，字季。父曰太公，母曰刘媪。其先，刘媪尝息大泽之陂，梦与神遇。是时雷电晦冥，太公往视，则见蛟龙于其上。已而有身，遂产高祖。

　　高祖为人，隆准而龙颜，美须髯，左股有七十二黑子。仁而爱人，喜施，意豁如也。常有大度，不事家人生产作业。及壮，试为吏，为泗水亭长，廷中吏无所不狎侮。好酒及色。常从王媪、武负贳酒，醉卧，武负、王媪见其上常有龙，怪之。高祖每酤留饮，酒雠数倍。及见怪，岁竟，此两家常折券弃责。高祖常繇咸阳，纵观，观秦皇帝，喟然太息曰："嗟乎，大丈夫当如此也！"

　　单父人吕公善沛令，避仇从之客，因家沛焉。沛中豪杰吏闻令有重客，皆往贺。萧何为主吏，主进，令诸大夫曰："进不满千钱，坐之堂下。"高祖为亭长，素易诸吏，乃绐为谒曰"贺钱万"，实不持一钱。谒入，吕公大惊，起，迎之门。吕公者，好相人，见高祖状貌，因重敬之，引入坐。萧何曰："刘季固多大言，少成事。"高祖因狎侮诸客，遂坐上坐，无所诎。酒阑，吕公因目固留高祖。高祖竟酒，后。吕公曰："臣少好相人，相人多矣，无如季相，愿季自爱，臣有息女，愿为季箕帚妾。"酒罢，吕媪怒吕公曰："公始常欲奇此女，与贵人，沛令善公，求之不与，何自妄许与刘季？"吕公曰："此非儿女子所知也。"卒与刘季。吕公女乃吕后也，生孝惠帝、鲁元公主。

【译文】

　　高祖，是沛郡丰邑县中阳里人，姓刘，字季。他的父亲是太公，母亲是刘媪。当初，刘媪曾经在大泽的岸边休息，梦到与神交媾。当时雷鸣电闪、天昏地暗，太公正好去找她，见到有蛟龙在她身上。不久刘媪就有了身孕，生下了高祖。

　　高祖这个人，高高的鼻梁，像龙一样丰满的额角，一脸漂亮的连鬓胡须，左腿上长着七十二颗黑痣。他仁厚爱人，喜欢施舍，心胸豁达。他平素具有干大事业的气度，不干平常人家生产劳作的事。到了成年以后，他被试用为吏，当了泗水亭这个地方的亭长，官署中的官吏没有不受到他的捉弄的。他既好酒又好色。常常到王媪、武负那里去赊酒喝，喝醉了倒头就睡，武负、王媪看到他身上常有龙影，觉得这个人很奇怪。以前高祖每次去买酒喝，店家就把酒价抬高数倍。等到看见了有龙影出现的怪现象，到了年终，这两家就把记账的简札折断，不再向高祖讨账。高祖曾经到咸阳去服徭役，有一次他随人群拜视出巡的皇帝，一看到秦始皇，他长叹一声说："唉，大丈夫就应该像这样！"

　　单父人吕公一直与沛县县令要好，为躲避仇人投奔到县令这里，于是就在沛县安了家。沛中的豪杰、官吏们听说县令家来了贵客，纷纷前去祝贺。萧何那时是县令的属官，负责收礼金，他对那些人说："送礼不满千金的，请坐到堂下。"高祖做亭长，平素就看不惯这种官吏，于是在进见的名帖上谎报"贺钱一万"，其实他一个钱也没带。名帖递进去了，吕公大为吃惊，赶快起身，亲自到门口去迎接他。吕公这个人，喜欢给人相面，看见高祖的相貌，就非常敬重他，把他领到堂上坐下。萧何说："刘季一向满口说大话，很少做成什么事。"高祖就趁机戏弄那些宾客，干脆就坐到上座去，一点儿也不谦让。酒喝得尽兴了，吕公就向高祖递眼色，让他一定留下来，高祖喝完了酒，就留在后面。吕公说："我从年轻的时候就喜欢给人相面，经我给相面的人多了，没有谁能比得上你的面相，希望你好自珍爱。我有一个亲生女儿，愿意许配给你做洒扫妻妾。"酒宴散了，吕媪对吕公大为恼火，说："你起初总是想让这个女儿出人头地，把他许配给个贵人。沛县县令跟你要好，想娶这个女儿你不同意，今天你为什么随随便便地就把她许给刘季了呢？"吕公说："这不是你这等女人家所懂得的。"最终把女儿嫁给了刘季。吕公的女儿就是吕后，生了孝惠帝和鲁元公主。

【原文】

高祖为亭长时，常告归之田。吕后与两子居田中耨，有一老父过请饮，吕后因铺之。老父相吕后曰："夫人天下贵人。"令相两子，见孝惠，曰："夫人所以贵者，乃此男也。"相鲁元，亦皆贵。老父已去，高祖适从旁舍来，吕后具言客有过，相我子母皆大贵。高祖问，曰："未远。"乃追及，问老父。老父曰："乡者夫人、婴儿皆似君，君相贵不可言。"高祖乃谢曰："诚如父言，不敢忘德。"及高祖贵，遂不知老父处。

高祖为亭长，乃以竹皮为冠，令求盗之薛治之，时时冠之。及贵常冠，所谓"刘氏冠"乃是也。

高祖以亭长为县送徒郦山，徒多道亡。自度比至皆亡之。到丰西泽中，止饮，夜乃解纵所送徒。曰："公等皆去，吾亦从此逝矣！"徒中壮士愿从者十余人。高祖被酒，夜径泽中，令一人行前。行前者还报曰："前有大蛇当径，愿还。"高祖醉，曰："壮士行，何畏！"乃前，拔剑击斩蛇。蛇遂分为两，径开。行数里，醉，因卧。后人来至蛇所，有一老妪夜哭。人问何哭，妪曰："人杀吾子，故哭之。"人曰："妪子何为见杀？"妪曰："吾子，白帝子也，化为蛇，当道，今为赤帝子斩之，故哭。"人乃以妪为不诚，欲笞之，妪因忽不见。后人至，高祖觉。后人告高祖，高祖乃心独喜，自负。诸从者日益畏之。

【译文】

高祖做亭长的时候，经常请假回家到田里去干活。有一次吕后和孩子们正在田中除草，一个过路的老汉想要点水喝，吕后让他喝了水、吃了饭。老汉给吕后相面说："夫人真是天下的贵人。"吕后又让他给两个孩子相相面，他见了孝惠帝，说："夫人所以显贵，正是因为这个男孩子。"他又给鲁元相面，也同样是富贵面相。老汉走后，高祖正巧从旁边的房舍走来，吕后就把刚才那老人经过此地，给她们看相，说他们母子都是富贵之相的情况，原原本本地告诉了高祖。高祖问这个人在哪里，吕后说："还没走远。"于是高祖就去追上了老汉，问他刚才的事，老汉一见到他说："刚才我看贵夫人及子女的面相都很像您，您的面相简直是贵不可言。"高祖于是道谢说："如果真的像老人家所说，我绝不会忘记你的恩德。"等到高祖显贵的时候，始终不知道老汉的去处。

高祖做亭长时，喜欢戴那种用竹皮编成的帽子，他让掌管捕盗的兵士到薛地去制作，并经常戴着。到后来显贵了也经常戴着，人们所说的"刘氏冠"，指的就是这种帽子。

高祖以亭长的身份为沛县押送徒役去郦山，半路有很多徒役逃走了。高祖估计等到了郦山也都逃得差不多了，所以走到丰西大泽中时，就停下来喝酒，趁着夜色把所有的役徒都放了。高祖说："你们都逃命去吧，从此我也要远走高飞了！"徒役中有十多个壮士愿意跟随他一块走。高祖乘着酒意，夜里抄小路通过沼泽地，让一个人在前边探路。走在前边的人回来报告说："前边有条大蛇挡在路上，还是回去吧。"高祖已醉，说："大丈夫走路，有什么可怕的！"于是赶到前面，拔剑去斩大蛇。大蛇被斩成两截，道路打开了，继续往前走了几里，醉得厉害了，就躺倒在地上，后边的人来到斩蛇的地方，看见有一老妇在暗夜中哭泣。有人问她为什么哭，老妇人说："有人杀了我的孩子，我在哭他。"有人问："你的孩子为什么被杀呢？"老妇说："我的孩子是白帝之子，变化成蛇，挡在道路中间，如今被赤帝之子杀了，我就是为这个哭啊。"众人以为老妇人是在说谎，正要打她，老妇人却忽然不见了。后面的人赶上了高祖，高祖醒了。那些人把刚才的事告诉了高祖，高祖心中暗暗高兴，更加自以为了不起。那些追随他的人也都越来越畏惧他了。

【原文】

秦始皇帝常曰："东南有天子气"，于是因东游以厌之。高祖即自疑，亡匿，隐于芒、砀山泽岩石之间。吕后与人俱求，常得之。高祖怪问之。吕后曰："季所居上常有云气，故从往常得季。"高祖心喜。沛中子弟或闻之，多欲附者矣。

秦二世元年秋，陈胜等起蕲，至陈而王，号为"张楚"。诸郡县皆多杀其长吏以应陈涉。沛令恐，欲以沛应涉。掾、主吏曹参、萧何乃曰："君为秦吏，今欲背之，率沛子弟，恐不听。愿君召诸亡在外者，可得数百人，因劫众，众不敢不听。"乃令樊哙召刘季。刘季之众已数十百人矣。

于是樊哙从刘季来。沛令后悔，恐其有变，乃闭城城守，欲诛萧、曹。萧、曹恐，逾城保刘季。刘季乃书帛射城上，谓沛父老曰："天下苦秦久矣。今父老虽为沛令守，诸侯并起，今屠沛。沛今共诛令，择子弟可立者立之，以应诸侯，则家室完。不然，父子俱屠，无为也。"父老乃率子弟共杀沛令，开城门迎刘季，欲以为沛令。刘季曰："天下方扰，诸侯并起，今置将不善，一败涂地。吾非敢自爱，恐能薄，不能完父兄子弟。此大事，愿更相推择可者。萧、曹等皆文吏，自爱，恐事不就，后秦种族其家，尽让刘季。"诸父老皆曰："平生所闻刘季诸珍怪，当贵；而卜筮之，莫如刘季最吉。"于是刘季数让。众莫敢为，乃立季为沛公。祠黄帝，祭蚩尤于沛庭，而衅鼓旗，帜皆赤。由所杀蛇白帝子，杀者赤帝子，故上赤。于是少年豪吏如萧、曹、樊哙等皆为收沛子弟二三千人，攻胡陵、方与，还守丰。

【译文】

秦始皇帝曾说："东南方向有一团象征天子的云气"，于是巡游东方，想借此把这团云气镇压下去。高祖怀疑可能是自己带着这团云气，就逃到外边躲起来，避居在芒山、砀山一带的深山湖泽之间。吕后和别人一起去找，常常能找到他。高祖奇怪地问她怎么能找到。吕后说："你所在的地方，上空常有一团云气，顺着去找就能找到你。"高祖心里更加欢喜。沛县的年轻人中有人听说了这件事，因此许多人都愿意依附于他。

秦二世元年的秋天，陈胜等在蕲县起事，打到陈地的时候就自称为王，定国号为"张楚"。许多郡县都杀了他们的长官来响应陈涉。沛县县令非常惊恐，也想率领沛县的人响应陈涉。于是狱掾曹参、主吏萧何说："您作为秦朝的官吏，现在想背叛秦朝，率领沛县的子弟起义，恐怕没有人会听从命令。希望您召回那些在外逃亡的人，大约可召集到几百人，用他们来胁迫众人，众人就不敢不听从命令了。"于是派樊哙去找刘季。这时，刘季的追随者已经有几十人甚至百余人了。

樊哙跟着刘季一块儿回来了。樊哙走后，沛县县令后悔了，他害怕刘季来了会发生什么变故，就关闭城门不让刘季进城，还想杀掉萧何、曹参。萧何、曹参心中害怕，越过城池来依附刘季，以求得保护。于是刘季用帛写了封信射到城上去，向沛县的父老百姓宣告说："天下百姓为秦政所苦已经很久了。现在父老们虽然为县令守城，但是各地诸侯全都起来了，现在很快就要屠戮到沛县。如果现在沛县父老一起把县令杀掉，从年轻人中选择可以拥立的人立他为首领，来响应各地诸侯，那么你们的家室就可得到保全。不然的话，全县老少都要遭屠杀，那时就什么也做不成了。"于是沛县父老率领县中子弟一起杀掉了县令，打开城门迎接刘季，想要让他当沛县县令。刘季说："如今正当乱世，诸侯纷纷起事，如果安排将

秦二世元年秋，陈胜等在蕲县起事，在陈地自称王，定国号"张楚"。

领人选不妥当，就将一败涂地。我并不敢顾惜自己的性命，只是怕自己能力小，不能保全父老兄弟。这是一件大事，希望大家一起推选出能胜任的人。"萧何、曹参等都是文官，都顾惜性命，害怕起事不成遭到满门抄斩之祸，极力地推让刘季。城中父老也都说："平素听说刘季有那么多奇异之事，必当显贵，而且占卜没有谁比得上你吉利。"刘季还是再三推让。众人没有敢当沛县县令的，就立刘季做了沛公。于是在沛县祭祀能定天下的黄帝和善制兵器的蚩尤，把牲血涂在旗鼓上，以祭旗祭鼓，旗帜都是红色的。这是由于被杀的那条蛇是白帝之子，而杀蛇那个人是赤帝之子，所以崇尚红色。那些年轻有为的官吏如萧何、曹参、樊哙等人都为沛公去招收沛县中的年轻人，共招了两三千人，一起攻打胡陵、方与，然后又退守丰邑。

【原文】

秦二世二年，陈涉之将周章军西至戏而还。燕、赵、齐、魏皆自立为王。项氏起吴。秦泗川监平将兵围丰，二日，出与战，破之。命雍齿守丰，引兵之薛。泗川守壮败于薛，走至戚，沛公左司马得泗川守壮，杀之。沛公还军亢父，至方与，未战。陈王使魏人周市略地。周市使人谓雍齿曰："丰，故梁徙也。今魏地已定者数十城。齿今下魏，魏以齿为侯守丰。不下，且屠丰。"雍齿雅不欲属沛公，及魏招之，即反为魏守丰。沛公引兵攻丰，不能取。沛公病，还之沛。沛公怨雍齿与丰子弟叛之，闻东阳宁君、秦嘉立景驹为假王，在留，乃往从之，欲请兵以攻丰。是时秦将章邯从陈，别将司马尼将兵北定楚地，屠相，至砀。东阳宁君、沛公引兵西，与战萧西，不利。还收兵聚留，引兵攻砀，三日乃取砀。因收砀兵，得五六千人。攻下邑，拔之。还军丰。闻项梁在薛，从骑百余往见之。项梁益沛公卒五千人，五大夫将十人。沛公还，引兵攻丰。

从项梁月余，项羽已拔襄城还。项梁尽召别将居薛。闻陈王定死，因立楚后怀王孙心为楚王，治盱台。项梁号武信君。居数月，北攻亢父，救东阿，破秦军。齐军归，楚独追北，使沛公、项羽别攻城阳，屠之。军濮阳之东，与秦军战，破之。

秦军复振，守濮阳，环水。楚军去而攻定陶，定陶未下。沛公与项羽西略地至雍丘之下，与秦军战，大破之，斩李由。还攻外黄，外黄未下。

项梁再破秦军，有骄色。宋义谏，不听。秦益章邯兵，夜衔枚击项梁，大破之定陶，项梁死。沛公与项羽方攻陈留，闻项梁死，引兵与吕将军俱东。吕臣军彭城东，项羽军彭城西，沛公军砀。

章邯已破项梁军，则以为楚地兵不足忧，乃渡河，北击赵，大破之。当是之时，赵歇为王，秦将王离围之巨鹿城，此所谓"河北之军"也。

【译文】

秦二世二年（前208），陈涉部将周章率军攻到戏水时战败而退。燕、赵、齐、魏等各国都自立为王。项梁、项羽在吴县起兵。秦朝泗川郡监一个叫平的人率兵包围了丰邑。两天之后，沛公率部众出城与秦军交战，大败秦军。沛公命雍齿守卫丰邑，自己率领部队到薛县去。泗川郡守壮在薛县被打败,逃到戚县,沛公的左司马曹无伤抓获泗川郡守壮并杀了他。沛公把军队撤到亢父,一直到方与,没有发生战斗。陈王胜派魏国人周市来夺取土地。周市派人告诉雍齿说:"丰邑,是过去魏国国都迁来的地方。现在魏地已经平定的有几十座城。你如果归降魏国,魏国就封你为侯驻守丰邑。如果不归降,我就要屠戮丰邑。"雍齿本来就不愿意归属于沛公,等到魏国来招降了,立刻就反叛了沛公,为魏国守卫丰邑。沛公带兵攻打丰邑,没有攻下。沛公生病了,退兵回到沛县。沛公怨恨雍齿和丰邑的子弟背叛他,又听说东阳县的宁君、秦嘉立景驹做了代理王,驻守在留县,于是前去投奔他,想向他借兵去攻打丰邑。这时候秦朝将领章邯正在追击陈胜的军队,章邯的别将司马尼带兵向北平定楚地,屠戮了相县,到了砀县。东阳宁君、沛公领兵向西,和司马尼在萧县西交战,战势不利,就退回来收集兵卒聚集在留县,然后带兵攻打砀县,攻了三天就攻下来了。于是收集砀县的兵卒,共得到五六千人。攻打下邑,攻了下来。部队返回丰邑。听说项梁在薛县,就带着百余骑兵去见项梁。项梁又给沛公增加了五千人,五大夫级的将领十人。沛公回来后,又带兵去攻打丰邑。

沛公跟随项梁一个多月,项羽已经攻下襄城返回。项梁把各路将领都召到薛县。听说陈王确实已死,就立楚国后代怀王的孙子熊心为楚王,建都盱台。项梁号称武信君。过了几个月,向北攻打亢父,援救东阿,击败了秦军。齐国军队回去了,只剩下楚军孤军奋战。另外让沛公、项羽去攻打咸阳,屠戮了城阳。军队驻扎在濮阳县东边和秦军交战,打败了秦军。

秦军重新振作,守住濮阳,依水坚守。楚撤兵去攻打定陶,没有攻下。沛公和项羽向西夺取土地,到了雍兵城下,和秦军交战,大败秦军,杀了李由。又返回攻打外黄,没有攻下。

项梁两次打败秦军,略显骄傲。宋义直言进谏,项梁听不进去。秦朝给章邯增援,趁着黑夜袭击项梁,为了防止喧哗,秦军口里都衔着一根横木棍,结果在定陶打败了项梁的军队,项梁战死。这时,沛公和项羽正在攻打陈留,听说项梁已死,就带兵和吕将军一起向东进军。吕臣的军队驻扎在彭城的东面,项羽的军队驻扎在彭城的西面,沛公的军队驻扎在砀县。

章邯打败项梁部众,就以为楚地军队不值得担忧,于是渡过黄河,向北进攻赵国,大败赵军。这时,赵歇立为赵王,秦将王离在巨鹿城包围了赵歇的军队,这就是所说的"河北军"。

【原文】

秦二世三年,楚怀王见项梁军破,恐,徙盱台,都彭城,并吕臣、项羽军自将之。以沛公为砀郡长,封为武安侯,将砀郡兵。封项羽为长安侯,号为鲁公。吕臣为司徒,其父吕青为令尹。

赵数请救,怀王乃以宋义为上将军,项羽为次将,范增为末将,北救赵。令沛公西略地入关。与诸将约,先入定关中者王之。

当是时，秦兵强，常乘胜逐北，诸将莫利先入关。独项羽怨秦破项梁军，奋，愿与沛公西入关。怀王诸老将皆曰："项羽为人僄悍猾贼。项羽尝攻襄城，襄城无遗类，皆阬之，诸所过无不残灭。且楚数进取，前陈王、项梁皆败。不如更遣长者扶义而西，告谕秦父兄。秦父兄苦其主久矣，今诚得长者往，毋侵暴，宜可下。今项羽僄悍，今不可遣；独沛公素宽大长者，可遣。"卒不许项羽，而遣沛公西略地，收陈王、项梁散卒。乃道砀至成阳，与杠里秦军夹壁，破秦二军。楚军出兵击王离，大破之。

【译文】

秦二世三年（前207），楚怀王看到项梁军已经战败，心中十分害怕，就把都城从盱台迁到彭城，将吕臣、项羽的军队合在一起由他亲自率领。又任命沛公为砀郡太守，封为武安侯，统率砀郡的部队。封项羽为长安侯，号称鲁公。吕臣担任司徒，他的父亲吕青担任令尹。

赵国几次请求援救，于是怀王任命宋义为上将军，项羽为次将，范增为末将，北进救赵。命令沛公向西攻城略地，进军关中。和诸将相约，谁先进入函谷关平定关中，就让谁做关中王。

这时候，秦军强大，常常乘着胜利的威势追击败兵，楚军诸将中没有人认为先入关是有利的事。只有项羽痛恨秦军打败了项梁部众，激动而气愤，愿意和沛公一起西进入关。怀王手下的老将们都说："项羽这个人勇猛、凶狠且奸猾。项羽曾经攻下襄城，那里的军民没有一个活下来，都被活埋了。凡是他经过的地方，没有不被毁灭的。再说，多次进攻，先前陈王、项梁都被打败了，不如改派忠厚老实的人，实行仁义，率军西进，向秦地的父老兄弟讲明道理。秦地父老兄弟因为他们的君主暴虐而受苦已经很久了，现在如果真的能有位忠厚老实的人前去，不欺压百姓，才会使秦地降服。项羽只是敏捷勇猛，不能派他去；现在只有沛公一向是宽厚长者，可以派他去。"怀王最终没有答应项羽，而派了沛公率领大军向西去收夺土地，一路集合陈胜、项梁的散兵。沛公取道砀县到达成阳，与杠里的秦军对垒相持，最终打败了秦军的两支部队。楚军又出兵攻打王离，王离大败。

【原文】

沛公引兵西，遇彭越昌邑，因与俱攻秦军，战不利。还至栗，遇刚武侯，夺其军，可四千余人，并之。与魏将皇欣、魏申徒武蒲之军并攻昌邑，昌邑未拔。西过高阳。郦食其为监门，曰："诸将过此者多，吾视沛公大人长者。"乃求见说沛公。沛公方踞床，使两女子洗足。郦生不拜，长揖，曰："足下必欲诛无道秦，不宜踞见长者。"于是沛公起，摄衣谢之。延上坐。食其说沛公袭陈留，得秦积粟。乃以郦食其为广野君，郦商为将，将陈留兵，与偕攻开封，开封未拔。西与秦将杨熊战白马，又战曲遇东，大破之。杨熊走之荥阳，二世使使者斩以徇。南攻颍阳，屠之。因张良遂略韩地轘辕。

当是时，赵别将司马卬方欲渡河入关，沛公乃北攻平阴，绝河津。南，战雒阳东,军不利,还至阳城,收军中马骑,与南阳守齮战犨东,破之。略南阳郡,南阳守齮走,保城守宛。沛公引兵过而西。张良谏曰:"沛公虽欲急入关,秦兵尚众,距险。今不下宛,宛从后击,强秦在前,此危道也。"于是沛公乃夜引兵从他道还,更旗帜,黎明,围宛城三匝。南阳守欲自刭。其舍人陈恢曰:"死未晚也。"乃逾城见沛公,曰:"臣闻足下约,先入咸阳者王之。今足下留守宛。宛,大郡之都也,连城数十,人民众,积蓄多,吏人自以为降必死,故皆坚守乘城。今足下尽日止攻,士死伤者必多;引兵去宛,宛必随足下后:足下前则失咸阳之约,后又有强宛之患。为足下计,莫若约降,封其守,因使止守,引其甲卒与之西。诸城未下者,闻声争开门而待,足下通行无所累。"沛公曰:"善。"乃以宛守为殷侯,封陈恢千户。引兵西,无不下者。至丹水,高武侯鳃、襄侯王陵降西陵。还攻胡阳,遇番君别将梅鋗,与皆,降析、郦。遣魏人宁昌使秦,使者未来,是时章邯已以军降项羽于赵矣。

【译文】
　　沛公率领兵众向西进发,与彭越在昌邑相遇,于是二人一起攻打秦军,但战绩不佳。撤兵到栗县,正好遇到刚武侯,就把他的兵卒夺了过来,大约有四千人,合并纳入了自己的军队。又与魏将皇欣、魏申徒武蒲的军队合力攻打昌邑,没有攻下。沛公继续西进,经过高阳。郦食其负责看管城门,他说:"经过此地的各路将士有很多,我看只有沛公才是德行高尚的人。"于是前去求见,游说沛公。沛公当时正又开两腿坐在床上,让两个女子给他洗脚。郦食其见了并不叩拜,只是略微俯身作了个长揖,说:"如果您一定要诛灭没有德政的暴秦,就不应该坐着接见长者。"于是沛公站起身来,整理衣服,向他道歉,把他请到上坐。郦食其劝说沛公袭击陈留,得到了秦军储存的粮食。沛公就封郦食其为广野君,任命他的弟弟郦商为将军,统率陈留的军队,与沛公一起攻打开封,没有攻下。继续向西,与秦将杨熊在白马打了一仗,又在曲遇东面激战,大破秦军。杨熊逃到荥阳去了,秦二世派使者将他斩首示众。沛公又向南攻打颍阳,成功拿下。通过张良的关系,占领了韩国的轘辕险道。

　　这时候,赵国别将司马卬正想渡过黄河以进入函谷关。沛公就向北进攻平阴,截断黄河渡口。又向南进军,与秦军在洛阳东面交战,战事不利,返回到阳城,聚集军中的骑兵,在南阳县东面和秦朝南阳太守吕齮交战,打败了吕齮。沛公占领了南阳郡,南阳郡守吕齮逃跑了,退守宛城。沛公率兵绕过宛城西进,张良进谏说:"您虽然想赶快入关,但目前秦兵数量仍旧很多,又凭借要地势进行抵抗。如果现在不攻下宛城,那么宛城的敌人从背后攻击,前面又有强大的秦军,这是一条危险的道啊。"于是沛公连夜率兵从另一条道返回,更换旗帜,黎明时分,把宛城紧紧围住,围了好几圈。南阳郡守想要自刎。他的门客陈恢说:"现在自刎还太早。"于是越过城墙去见沛公,说:"我听说您和诸侯约定,先攻入咸阳的就让他在那里做王。现在您停下来攻打宛城。宛城是个大郡的都城,相连的城池有几十座,人民众多,积蓄充足,官民都认为投降肯定要被杀死,所以都决心据城坚守。现在您整天停在这里攻城,士兵伤亡必定很多；如果率军离去，宛城军队一定在后面追出：这样，您向西前进就会错过先进咸阳在那里称王的约定，后面又有宛城强大军队袭击的后患。替您着想，倒不如约定条件投降，封赏南阳太守，让他留下来守住南阳，您率领宛城的士兵一起西进。那些还没有降服的城邑，听到了这个消息，一定会争着打开城门等候您。您就可以通行无阻地西进，不必担心什么了。"沛公说："好！"于是封宛城郡守为殷侯，封给陈恢一千户。于是沛公率兵继续西进，所经过的城邑没有不降服的。到了丹水，高武侯戚鳃、襄阳侯王陵也在西陵归降了。沛公又回转来攻打胡阳，遇到了鄱君的别将梅鋗，就跟他一起，降服了析县和郦县。沛公派遣魏国人宁昌出使秦地，宁昌还没有回来，秦将章邯就已经在赵地率军投降项羽了。

【原文】

初，项羽与宋义北救赵，及项羽杀宋义，代为上将军，诸将黥布皆属，破秦将王离军，降章邯，诸侯皆附。及赵高已杀二世，使人来，欲约分王关中，沛公以为诈，乃用张良计，使郦生、陆贾往说秦将，啖以利，因袭攻武关，破之。又与秦军战于蓝田南，益张疑兵旗帜，诸所过毋得掠卤，秦人憙，秦军解，因大破之。又战其北，大破之。乘胜，遂破之。

汉元年十月，沛公兵遂先诸侯至霸上。秦王子婴素车白马，系颈以组，封皇帝玺符节，降轵道旁。诸将或言诛秦王。沛公曰："始怀王遣我，固以能宽容；且人已服降，又杀之，不祥。"乃以秦王属吏，遂西入咸阳。欲止宫休舍，樊哙、张良谏，乃封秦重宝财物府库，还军霸上。召诸县父老豪桀曰："父老苦秦苛法久矣，诽谤者族，偶语者弃市。吾与诸侯约，先入关者王之，吾当王关中。与父老约，法三章耳：杀人者死，伤人及盗抵罪。余悉除去秦法。诸吏人皆案堵如故。凡吾所以来，为父老除害，非有所侵暴，无恐！且吾所以还军霸上，待诸侯至而定约束耳。"乃使人与秦吏行县乡邑，告谕之。秦人大喜，争持牛羊酒食献飨军士。沛公又让不受，曰："仓粟多，非乏，不欲费人。"人又益喜，唯恐沛公不为秦王。

【译文】

当初，项羽和宋义北进救赵，等到项羽杀了宋义，代做了上将军，各路将领如黥布等人都归顺了项羽，再到项羽击败了秦将王离的军队，降服了章邯，诸侯就都归附了项羽。赵高杀了秦二世之后，派人来求见，想和沛公定约在关中分地称王，沛公以为其中有诈，就用了张良的计策，派郦生、陆贾去游说秦将，并用财利进行引诱，乘此机会前去偷袭武关，攻了下来。又在蓝田南面与秦军交战。增设疑兵旗帜，命令全军，所过之处，不得掳掠，秦地的人都很高兴，秦军瓦解，因此大败秦军。接着在蓝田的北面与秦军交战，又击溃秦军。将士们乘胜奋战，终于彻底打败了秦军。

汉元年（前206）十月，在各路诸侯中沛公的军队最先到达霸上。秦王子婴乘白车白马，用丝绳系着脖子，封好皇帝的御玺和符节，在轵道旁投降。有的将士说应该杀掉秦王。沛公说："当初怀王派我攻关中，就是认为我能宽厚容人；再说人家已经投降了，又杀掉人家，这么做不吉利。"于是把秦王交给主管官吏，就向西进入城阳。沛公本想留在秦宫中休息，樊哙、张良劝阻，这才下令把秦宫中的贵重宝器财物和库府都封好，然后退回来驻扎在霸上。沛公召来各县的父老和有才德有名望的人，对他们说："父老们苦于秦朝的苛严法令已经很久了，批评朝政得失的要灭族，相聚谈话的要处以死刑，我和诸侯们约定，谁首先进入关中就在这里做王，所以我应当当关中王。现在我和父老们约定，法律只有三条：杀人者处死刑，伤人者和抢劫者依法治罪。其余凡是秦朝的法律全部废除。所有官吏和百姓都像往常一样，安居乐业。总之，我到这里来，就是要为父老们除害，不会对你们有任何侵害，请不要害怕！再说，我之所以把军队撤回霸上，是想等着各路诸侯到来，共同制定一个约定。"随即派人和秦朝的官吏一起到各县镇乡村去巡视，向民众讲明情况。秦地的百姓都非常高兴，争着送来牛羊酒食，慰劳士兵。沛公推让不肯接受，说："仓库里的粮食不少，并不缺乏，不想让大家破费。"民众更加喜悦，唯恐沛公不做关中王。

【原文】

或说沛公曰："秦富十倍天下，地形强。今闻章邯降项羽，项羽乃号为雍王，王关中。今则来，沛公恐不得有此。可急使兵守函谷关，无内诸侯军，稍征关中兵以自益，距之。"沛公然其计，从之。十一月中，项羽果率诸侯兵西，欲入关，关门闭。闻沛公已定关中，大怒，使黥布等攻破函谷关。十二月中，遂至戏。沛公左司马曹无伤闻项王怒，欲攻沛公，使人言项羽曰："沛公欲王关中，令子婴为相，珍宝尽有之。"欲以求封。亚父劝项羽击沛公。方飨士，旦日合战。是时项羽兵四十万，号百万。沛公兵十万，号二十万，力不敌。会项伯欲活张良，夜往见良，因以文谕项羽，项羽乃止。沛公从百余骑，驱之鸿门，见谢项羽。项羽曰："此沛公左司马曹无伤言之。不然，籍何以生此！"沛公以樊哙、张良故，得解归。归，立诛曹无伤。

项羽遂西，屠烧咸阳秦宫室，所过无不残破。秦人大失望，然恐，不敢不服耳。

项羽使人还报怀王。怀王曰："如约。"项羽怨怀王不肯令与沛公俱西入关，而北救赵，后天下约。乃曰："怀王者，吾家项梁所立耳，非有功伐，何以得主约！本定天下，诸将及籍也。"乃详尊怀王为义帝，实不用其命。

【译文】

有人游说沛公说："秦地的富足是别处的许多倍，地理形势也很好。听说章邯投降项羽，项羽封他为雍王，统治关中。如今要是他来了，沛公您恐怕就不能拥有这个地方了。可以赶快派军队守住函谷关，不要让诸侯军进来。并且逐步征集关中的兵卒，加强自己的实力，以便抵抗他们。"沛公认为他的话有道理，就依从了他的计策。十一月中旬，项羽果然率领诸侯军西进，想要进入函谷关。可是城门紧闭。项羽听说沛公已经平定了关中，非常恼火，就派黥布等攻克了函谷关。十二月中旬，到达戏水。沛公的左司马曹无伤听说项羽发怒，想要攻打沛公，就派人去对项羽说："沛公要在关中称王，让秦王子婴做丞相，把秦宫所有的珍宝都据为己有。"曹无伤想借此求得项羽的封赏。亚父范增劝说项羽攻打沛公，项羽正在犒劳将士，准备次日和沛公会战。这时项羽的兵力有四十万，号称百万。沛公的兵力有十万，号称二十万，实力抵不过项羽。恰巧项伯要救张良，使他不至于与沛公一起送死，趁夜来沛公军营见张良，因而有机会让项伯向项羽说了一番道理，项羽这才作罢。次日，沛公带了百余名随从骑兵驱马来到鸿门见项羽，向他道歉。项羽说："这是沛公左司马曹无伤说的，不然我怎会这样？"因为此行有樊哙、张良陪同，沛公才得以脱身。回来后，立即杀了曹无伤。

　　于是项羽向西进发，一路屠戮抢杀并焚烧了咸阳城内的秦王朝官室，他们所经过的地方，没有不遭到彻底毁灭的。秦地百姓对项羽的所作所为非常失望，但又很畏惧，不敢不服从他。

　　项羽派人回去向怀王报告并请示。怀王说："按原来约定的办。"项羽怨恨怀王当初不肯让他和沛公一起西进入关，却派他到北边去救赵，结果没能率先入关，落在了别人之后。于是他说："怀王，是我家叔父项梁拥立的，他没有什么功劳，凭什么能主持定约呢！平定天下的，本来就是各路将领和我项籍。"于是假意推尊怀王为义帝，实际上并不听从他的命令。

【原文】

　　正月，项羽自立为西楚霸王，王梁、楚地九郡，都彭城。负约，更立沛公为汉王，王巴、蜀、汉中，都南郑。三分关中，立秦三将：章邯为雍王，都废丘；司马欣为塞王，都栎阳；董翳为翟王，都高奴。楚将瑕丘申阳为河南王，都洛阳。赵将司马卬为殷王，都朝歌。赵王歇徙王代。赵相张耳为常山王，都襄国，当阳君黥布为九江王，都六。怀王柱国共敖为临江王，都江陵。番君吴芮为衡山王，都邾。燕将臧荼为燕王，都蓟。故燕王韩广徙王辽东。广不听，臧荼攻杀之无终。封成安君陈馀河间三县，居南皮。封梅鋗十万户。

　　四月，兵罢戏下，诸侯各就国。汉王之国，项王使卒三万人从，楚与诸侯之慕从者数万人，从杜南入蚀中。去辄烧绝栈道，以备诸侯盗兵袭之，亦示项羽无东意。至南郑，诸将及士卒多道亡归，士卒皆歌思东归。韩信说汉王曰："项羽王诸将之有功者，而王独居南郑。是迁也。军吏士卒皆山东之人也，日夜跂而望归，及其锋而用之，可以有大功。天下已定，人皆自宁，不可复用。不如决策东乡，争权天下。"

　　项羽出关，使人徙义帝。曰："古之帝者地方千里，必居上游。"乃使使徙义帝长沙郴县，趣义帝行，群臣稍倍叛之，乃阴令衡山王、临江王击之，杀义帝江南。项羽怨田荣，立齐将田都为齐王。田荣怒，因自立为齐王，杀田都而反楚；予彭越将军印，令反梁地。楚令萧公角击彭越，彭越大破之。陈馀怨项羽之弗王己也，令夏说说田荣，请兵击张耳。齐予陈馀兵，击破常山王张耳，张耳亡归汉。迎赵王歇于代，复立为赵王，赵王因立陈馀为代王。项羽大怒，北击齐。

【译文】

正月，项羽立自己为西楚霸王，统治梁、楚地的九个郡，建都彭城。又违背当初约定，改立沛公为汉王，统治巴蜀、汉中之地，建都南郑。把关中之地分成三大块，封给秦朝的三个降将：章邯为雍王，建都废丘；司马欣为塞王，建都栎阳；董翳为翟王，建都高奴。又封楚将瑕丘申阳为河南王，建都洛阳。封赵将司马卬为殷王，建都朝歌。把赵王歇改封到代地为代王。封赵相张耳为常山王，建都襄国。封当阳君黥布为九江王，建都六县。封怀王的柱国共敖为临江王，建都江陵。封番君吴芮为衡山王，建都邾县。封燕将臧荼为燕王，建都蓟县。把原燕王韩广改封到辽东为辽东王。韩广不听，臧荼就率军去攻打，在无终把他杀了。项羽又封给成安君陈馀河间周围的三个县，让他住在南皮县。封给梅鋗十万户。

四月，在项羽旌麾之下罢兵散归，诸侯前往各自的封国。汉王也前往封国，项羽派了三万兵卒随从，楚国和诸侯国中因为敬仰、倾慕而跟随汉王的有几万人，他们从杜县往南进入蚀地的山谷中。军队过去以后，把陡壁上架起的栈道全部烧掉，为的是防备诸侯或其他强盗偷袭，也是向项羽表示没有东进之意。到达南郑时，部将和士兵有许多人在中途逃跑回去了，士兵们都唱着歌，想东归回乡。韩信劝说汉王道："项羽封有功的部将，却偏偏让您到南郑去，分明是流放您。部队中的军官、士兵大都是崤山以东的人，他们日夜踮起脚跟东望，盼着回归故乡。如果趁着这种心气极高的时候利用他们，可以建大功。如果等到天下平定以后人们都安居乐业了，就再也用不上他们了。不如立即决策，率兵东进，与诸侯争权夺天下。"

项羽出了函谷关，派人请义帝迁至新都。他跟义帝这样说道："古代帝王都拥有纵向、横向各千里的土地，而且必须居住在江河的上游。"他派遣使者将义帝迁徙到长沙郡的郴县，催促义帝尽快启程，于是群臣渐渐背叛了义帝，项羽就秘密命令衡山王、临江王去杀义帝，把义帝杀死在江南。项羽怨恨田荣，就封齐将田都为齐王。田荣很生气，就自立为齐王，杀掉田都，反叛楚王；又把将军印授给了彭越，让他在梁地反楚。楚派萧公角去攻打彭越，被彭越打得大败。陈馀怨恨项羽不封自己为王，就派夏说去游说田荣，向他借兵攻打张耳。齐国给了陈馀一些兵力，打败了常山王张耳，张耳逃走归附了汉王。陈馀从代地把赵王歇接回赵国，重新立为赵王。赵王因此立陈馀为代王。项羽大为恼怒，发兵向北攻打齐国。

【原文】

八月，汉王用韩信之计，从故道还，袭雍王章邯。邯迎击汉陈仓，雍兵败，还走；止战好畤，又复败，走废丘。汉王遂定雍地，东至咸阳，引兵围雍王废丘，而遣诸将略定陇西、北地、上郡。令将军薛欧、王吸出武关，因王陵兵南阳，以迎太公、吕后于沛。楚闻之，发兵距之阳夏，不得前，令故吴令郑昌为韩王，距汉兵。

【译文】

八月，汉王采纳使用了韩信的计谋，顺原来的道路返回关中，去袭击雍王章邯。章邯在陈仓迎击汉军，但被打败，于是退兵逃走；章邯在好畤停下来再战，又被打败，逃到废丘。于是汉王平定了雍地。汉王向东挺进咸阳，率军在废丘包围雍王，并派遣将领们去夺取土地，平定了陇西、北地、上郡。派将军薛欧、王吸带兵出武关，借着王陵兵驻南阳，到沛县去接太公、吕后。楚王听说后，派兵在阳夏阻截，汉军不能前进。楚又封原吴县县令郑昌为韩王，以抵抗汉军。

汉王采纳韩信的计谋，袭击章邯，章邯于陈仓兵败而逃。

【原文】

二年，汉王东略地，塞王欣、翟王翳、河南王申阳皆降。韩王昌不听，使韩信击破之。于是置陇西、北地、上郡、渭南、河上、中地郡；关外置河南郡。更立韩太尉信为韩王。诸将以万人若以一郡降者，封万户。缮治河上塞。诸故秦苑囿园池，皆令人得田之。正月，虏雍王弟章平，大赦罪人。

汉王之出关至陕，抚关外父老，还，张耳来见，汉王厚遇之。

二月，令除秦社稷，更立汉社稷。

三月，汉王从临晋渡，魏王豹将兵从。下河内，虏殷王，置河内郡。南渡平阴津，至雒阳。新城三老董公遮说汉王以义帝死故。汉王闻之，袒而大哭。遂为义帝发丧，临三日。发使者告诸侯曰："天下共立义帝，北面事之。今项羽放杀义帝于江南，大逆无道。寡人亲为发丧，诸侯皆缟素。悉发关内兵，收三河士，南浮江汉以下，愿从诸侯王击楚之杀义帝者。"

是时项王北击齐，田荣与战城阳。田荣败，走平原，平原民杀之。齐皆降楚，楚因焚烧其城郭，系虏其子女。齐人叛之。田荣弟横立荣子广为齐王，齐王反楚城阳。项羽虽闻汉东，既已连齐兵，欲遂破之而击汉。汉王以故得劫五诸侯兵，遂入彭城。项羽闻之，乃引兵去齐，从鲁出胡陵，至萧，与汉大战彭城灵壁东睢水上，大破汉军，多杀士卒，睢水为之不流。乃取汉王父母妻子于沛，置之军中以为质。当是时，诸侯见楚强汉败，还皆去汉复为楚。塞王欣亡入楚。

【译文】

二年（前205），汉王向东攻城略地，塞王司马欣、翟王董翳以及河南王申阳都归顺臣服了汉王。韩王昌不愿归降，汉王派韩信将其打败。于是汉王把攻占的土地设置为陇西、北地、上郡、渭南、河上、中地等郡；在关外设置了河南郡。改封韩国的太尉信为韩王。各路将领率领一万人或者献出一郡之地降汉的，封给他一万户。修筑河上郡的要塞。原先秦朝供帝王游玩打猎的园林，都允许人们去耕种。正月，俘虏了雍王的弟弟章平，并且大赦囚犯。

汉王出了武关来到陕县，安抚慰藉关外的父老乡亲，回来后，张耳拜见。汉王厚待张耳。

二月，汉王下令废除秦的社稷，改立汉的社稷。

三月，汉王从临晋渡过黄河，魏王豹带兵跟随其后。他们攻下河内，俘虏了殷王，设置了河内郡。又率军向南渡过平阴津，到达洛阳。新城县掌管教化的三老董公拦住汉王，向他诉说了义帝被杀的情况。汉王听后，袒露左臂放声大哭。随即下令为义帝发丧，哭吊三天。派使者通告各诸侯说："天下诸侯共同拥立义帝，称臣侍奉。如今项羽在江南放逐并杀害了义帝，这是大逆不道。我亲自为义帝发丧，诸侯也都应该穿白戴素。我将发动关中全部军队，聚集河南、河东、河内三郡的士兵，向南沿长江、汉水而下，我希望与诸侯王一起去打楚国那个杀害义帝的罪人！"

这时候，项羽正在北方征讨齐国，与田荣在城阳激战。田荣被打败，逃往平原，平原的百姓杀了他。齐国其他地方也都归降楚国。楚军放火烧掉了齐国的城邑，抢走了齐人年轻的女子。齐国人十分愤怒，又反叛楚国了。田荣的弟弟田横立田荣的儿子田广为齐王。齐王已在城阳举兵反楚。项羽虽然听说了汉王已经到东方来了，但因为已经与齐军交战，就想在打败齐军之后再去迎击汉军。汉王因此得以挟持常山王张耳、河南王申阳、韩王郑昌、魏王魏豹、殷王司马卬等五诸侯的军队，攻入彭城。项羽闻讯，立即率兵离开齐国，从鲁县穿过胡陵到达萧县，跟汉军在彭城灵璧以东的睢水上激战，大败汉军，杀了许多汉兵，睢水因此被阻塞不能畅流。项羽又派人从沛县掳来了汉王的父母妻子、儿女，把他们扣留在军中做人质。当时，诸侯们见楚军强大，汉军被打败，又都背离了汉王而去帮助楚王。塞王司马欣逃入楚国。

【原文】

吕后兄周吕侯为汉将兵，居下邑。汉王从之，稍收士卒，军砀。汉王乃西过梁地，至虞。使谒者随何之九江王布所，曰："公能令布举兵叛楚，项羽必留击之。得留数月，吾取天下必矣。"随何往说九江王布，布果背楚。楚使龙且往击之。

汉王之败彭城而西，行使人求家室，家室亦亡，不相得。败后乃独得孝惠，六月，立为太子，大赦罪人。令太子守栎阳，诸侯子在关中者皆集栎阳为卫。引水灌废丘，废丘降，章邯自杀。更名废丘为槐里。于是令祠官祀天地、四方、上帝、山川，以时祀之。兴关内卒乘塞。

【译文】

吕后的哥哥周吕侯为汉王统领军队，他们驻扎在下邑。汉王去找他，逐渐聚集兵众，驻扎在砀县养兵。然后汉王率军向西，经过梁地，到达虞县。汉王派使者随何到九江王黥布居住的地方，并跟随何说："您如果能说服黥布发兵反楚，项羽一定会暂时停留在那里攻击黥布。只要项羽军停留几个月，我就一定能取得天下。"随何前去游说九江王黥布。黥布果然起来反楚。楚派龙且去进攻他。

汉王在彭城战败后往西面撤退，半路派人去寻找自己的家室，家人都已逃走了，所以没有找到他们。败退途中只找到了孝惠。六月，汉王立孝惠为太子，大赦罪犯。他让太子守卫栎阳，把在吴中的各诸侯的儿子也都集中到栎阳来守卫。接着，引水灌废丘，废丘降汉，章邯自杀。把废丘改名为槐里。于是命令掌管祭祀的祠官祭祀天地、四方、上帝、山川，要按时祭祀。又发动关内兵众去边塞防守。

【原文】

是时九江王布与龙且战，不胜，与随何间行归汉。汉王稍收士卒，与诸将及关中卒益出，是以兵大振荥阳，破楚京、索间。

三年，魏王豹谒归视亲疾，至，即绝河津，反为楚。汉王使郦生说豹，豹不听，汉王遣将军韩信击，大破之，虏豹。遂定魏地，置三郡，曰河东、太原、上党。汉王乃令张耳与韩信遂东下井陉击赵，斩陈馀、赵王歇。其明年，立张耳为赵王。

汉王军荥阳南，筑甬道属之河，以取敖仓。与项羽相距岁余。项羽数侵夺汉甬道，汉军乏食，遂围汉王。汉王请和，割荥阳以西者为汉，项王不听。汉王患之，乃用陈平之计，予陈平金四万斤，以间疏楚君臣。于是项羽乃疑亚父。亚父是时劝项羽遂下荥阳，及其见疑，乃怒，辞老，愿赐骸骨归卒伍，未至彭城而死。

【译文】

这时候，九江王黥布与龙且交战，但黥布并没有取得胜利，就跟随何一起抄小路而行，来归附汉王。汉王又逐渐收集兵众，跟各路将领及吴中军队频繁出动，因而汉王部队在荥阳声威大震，他们在京、索之间击败了楚军。

三年（前204），魏王豹向汉王请假说要回故乡去探视病重的父母，一到魏国，就捣毁了黄河的渡口，反叛汉王转而协助楚王。汉王派郦食其去劝说魏豹，魏豹不听。汉王就派将军韩信前去攻打，把魏军打得大败，俘虏了魏豹，于是平定了魏地，设置了三个郡：河东郡、太原郡、上党郡。汉王随即命令张耳与韩信率兵进取井陉，攻打赵国，杀了陈馀和赵王歇。第二年，封张耳为赵王。

汉王大军驻扎在荥阳南面，修了一条甬道连接黄河南岸，以方便取用敖仓的粮食。汉王跟项羽对峙了一年多。项羽多次侵夺汉甬道，汉军粮食缺乏，于是项羽包围了汉王。汉王请求讲和，条件是把荥阳以西的地方划归汉王。项王不答应。汉王为此而忧虑，就用陈平的计策，给了陈平黄金四万斤，用以离间项羽和范增君巨之间的关系。项羽便对亚父范增产生了怀疑。范增当时劝项羽务必攻下荥阳，当他遭到项羽猜疑后，非常愤怒，就托辞年老，希望项羽准许他告退回乡养老，但他还没有走到彭城就病死了。

【原文】

汉军绝食，乃夜出女子东门二千余人，被甲，楚因四面击之。将军纪信乃乘王驾，诈为汉王，诳楚，楚皆呼"万岁"，之城东观，以故汉王得与数十骑出西门遁。令御史大夫周苛、魏豹、枞公守荥阳。诸将卒不能从者，尽在城中。周苛、枞公相谓曰："反国之王，难与守城。"因杀魏豹。

汉王之出荥阳入关，收兵欲复东。袁生说汉王曰："汉与楚相距荥阳数岁，汉常困。愿君王出武关，项羽必引兵南走，王深壁，令荥阳、成皋间且得休。使韩信等辑河北赵地，连燕、齐，君王乃复走荥阳，未晚也。如此，则楚所备者多，力分，汉得休，复与之战，破楚必矣。"汉王从其计，出军宛、叶间，与黥布行收兵。

【译文】

汉军粮草断绝，就趁着夜色把二千多名穿甲的女子放出东门，楚军从四面围追攻击。将军纪信则乘坐着汉王的车驾，假扮成汉王的样子诳骗楚军，楚军见状一起高呼"万岁"，都到城东去观看，因此汉王才得以带着几十名随从骑兵从城西门出去逃走。出城之前汉王命令御使大夫周苛、魏豹、枞公守卫荥阳。那些不能随从汉王出城的将领和士兵，都留在城中，周苛、枞公商量说："魏豹是已经反叛过的侯国之王，难以和他一起守城。"于是把魏豹杀了。

汉王逃出荥阳进入关中，收集兵众想再次向东进发。袁生游说汉王说："汉与楚在荥阳对峙了好几年，汉军常陷于困境。如果汉王出武关，项羽一定率军南下，那时大王加高防御壁垒，不出去战斗，让荥阳、成皋一带得以休养生息。派韩信等去安抚河北赵地，把燕国、齐国连结起来，那时大王再进兵荥阳也不晚。这样，楚军就要多方防备，力量分散，而汉军得到了休整，再跟楚军作战，打败楚军，就确定无疑了。"汉王听从了他的计策，出兵于宛县、叶县之间，与黥布一起前行，一路收集人马。

【原文】

项羽闻汉王在宛，果引兵南，汉王坚壁不与战。是时彭越渡睢水，与项声、薛公战下邳，彭越大破楚军。项羽乃引兵东击彭越。汉王亦引兵北军成皋。项羽已破走彭越，闻汉王复军成皋，乃复引兵西，拔荥阳，诛周苛、枞公，而虏韩王信，遂围成皋。

汉王跳，独与滕公共车出成皋玉门，北渡河，驰宿修武。自称使者，晨驰入张耳、韩信壁，而夺之军。乃使张耳北益收兵赵地，使韩信东击齐。汉王得韩信军，则复振。引兵临河，南飨军小修武南，欲复战。郎中郑忠乃说止汉王，使高垒深堑，勿与战。汉王听其计，使卢绾、刘贾将卒二万人，骑数百，渡白马津，入楚地，与彭越复击破楚军燕郭西，遂复下梁地十余城。

淮阴已受命东，未渡平原。汉王使郦生往说齐王田广，广叛楚，与汉和，共击项羽。韩信用蒯通计，遂袭破齐。齐王烹郦生，东走高密。项羽闻韩信已举河北兵破齐、赵，且欲击楚，则使龙且、周兰往击之。韩信与战，骑将灌婴击，大破楚军，杀龙且。齐王广奔彭越。当此时，彭越将兵居梁地，往来苦楚兵，绝其粮食。

【译文】

听说汉王到了宛县，项羽果然率军南下。汉王加固防御，不跟他交战。这时候，彭越渡过睢水，和楚军的项声、薛公在下邳交战，楚军大败。于是项羽领兵向东攻打彭越。汉王同时也就率军北进，驻扎在成皋。项羽打跑了彭越，听说汉王又进驻了成皋，就率军向西，攻下了荥阳，杀死了周苛、枞公，并且俘虏了韩王信，接着包围了成皋。

汉王逃走，只和滕公乘着同一辆车从成皋北面的玉门逃离，往北渡过黄河，策马飞奔，夜里留宿在修武。他自称是使者，第二天清晨冲入张耳、韩信的军营，抢了他们的部队。然后派张耳北去赵地收集大量兵卒，派韩信东进攻打齐国。汉王取得了韩信的军队，重新振作起来，率军南进临近了黄河，在小修武的南面犒劳部队，想要跟项羽再战。郎中郑忠劝阻汉王，让他加深壕沟，增高壁垒坚守，不要跟楚军作战。汉王听从了他的计谋，派卢绾、刘贾率兵二万人，骑兵数百名，渡过白马津，进入楚地，跟彭越的军队一起在燕县西面再次打败了楚军，接着又攻下了梁地的十多座城池。

淮阴侯韩信已接受任务向东进发，还没有渡过平原津。这时，汉王秘密派郦食其前去游说齐王田广，田广起而背叛楚国，与汉和好，共同进攻项羽。韩信则听了蒯通的计策，袭击并攻打了齐军。齐王用大鼎把郦食其煮死，向东逃到高密。项羽听说韩信已率河北军攻占了齐国、赵国，将要进攻楚国，就派龙且、周兰前去打韩信。韩信跟他们交战，骑将灌婴出击，大败楚军，杀了龙且。齐王田广奔往彭城。这时候，彭越带兵驻在梁地，往来袭击骚扰楚军，断绝楚军的粮食供给。

【原文】

四年，项羽乃谓海春侯大司马曹咎曰："谨守成皋。若汉挑战，慎勿与战，无令得东而已。我十五日必定梁地，复从将军。"乃行，击陈留、外黄、睢阳，下之。汉果数挑楚军，楚军不出，使人辱之五六日，大司马怒，度兵汜水。士卒半渡，汉击之，大破楚军，尽得楚国金玉货赂。大司马咎、长史欣皆自刭汜水上。项羽至睢阳，闻海春侯破，乃引兵还。汉军方围钟离眛于荥阳东，项羽至，尽走险阻。

韩信已破齐，使人言曰："齐边楚，权轻，不为假王，恐不能安齐。"汉王欲攻之，留侯曰："不如因而立之，使自为守。"乃遣张良操印绶立韩信为齐王。

【译文】

四年（前203），项羽对海春侯大司马曹咎说："你们谨慎地守住成皋。如果汉军前来挑战，千万不要出去应战，只要别让他们继续向东进发就行。我在十五天之内一定能平定梁地，回头再跟将军们会合。"便率兵去攻打陈留、外黄、睢阳，都攻下来了。汉军果然多次向楚军挑战，楚军都不出来，汉军派人辱骂他们，接连五六天，曹咎气愤之极，领兵横渡汜水。士兵刚刚渡过一半，汉军出击，大败楚军，缴获了楚国的全部金玉财物。大司马曹咎、长史司马欣都在汜水上自刎了。项羽到达睢阳，听说海春侯被打败，就率军赶回来。汉军这时把钟离眜围困在荥阳东面，项羽到来，汉兵已全部跑到深山险阻地带去了。

韩信攻破齐国之后，就派人告诉汉王："齐国和楚国相临，我的权力太小，如果不立个代理之王，恐怕不能长久使齐地安定。"汉王想去攻打韩信，留侯张良说："不如趁此机会先立他做齐王，让他心甘情愿地为我们守住齐地。"于是汉王就派张良带着王印到齐国封韩信为齐王。

【原文】

项羽闻龙且军破，则恐，使盱台人武涉往说韩信，韩信不听。

楚汉久相持未决，丁壮苦军旅，老弱罢转饷。汉王项羽相与临广武之间而语。项羽欲与汉王独身挑战。汉王数项羽曰："始与项羽俱受命怀王，曰先入定关中者王之，项羽负约，王我于蜀汉，罪一。项羽矫杀卿子冠军而自尊，罪二。项羽已救赵，当还报，而擅劫诸侯兵入关，罪三。怀王约入秦无暴掠，项羽烧秦宫室，掘始皇帝冢，私收其财物，罪四。又强杀秦降王子婴，罪五。诈阬秦子弟新安二十万，王其将，罪六。项羽皆王诸将善地，而徙逐故主，令臣下争叛逆，罪七。项羽出逐义帝彭城，自都之，夺韩王地，并王梁、楚，多自予，罪八。项羽使人阴弑义帝江南，罪九。夫为人臣而弑其主，杀已降，为政不平，主约不信，天下所不容，大逆无道，罪十也。吾以义兵从诸侯诛残贼，使刑余罪人击杀项羽，何苦乃与公挑战！"项羽大怒，伏弩射中汉王。汉王伤胸，乃扪足曰："虏中吾指！"汉王病创卧，张良强请汉王起行劳军，以安士卒，毋令楚乘胜于汉。汉王出行军，病甚，因驰入成皋。

【译文】

项羽听说龙且兵众战败，心里有点担忧，就派盱台人武涉去游说韩信反汉。韩信没有同意。

楚汉两军久久对峙，难分胜负，精壮的官兵们厌倦了长期的行军作战，老弱的士卒们由于运送粮饷疲惫不堪。汉王和项羽隔着广武涧对话。项羽要跟汉王单独决一雌雄，汉王则一项一项地列举项羽的罪状说："当初我和你一同受怀王之命，说定了先入关中者在关中为王，你违背了约定，让我在蜀汉为王，这是你的第一条罪状。你假托怀王之命，杀了卿子冠军宋义，而自任上将军，这是你的第二条罪状。你奉命援救了赵国，本应当回报怀王，而你却擅自劫持诸侯的军队入关，这是你的第三条罪状。怀王当初约定入关后不准烧杀掳掠，你却焚毁秦朝官室，挖了始皇帝坟墓，私自收取秦地的财物，这是你的第四条罪状。你强行杀掉已经投降的秦王子婴，这是你的第五条罪状。你采用欺诈手段在新安活埋了二十万秦兵，却封赏他们的降将，这是你的第六条罪状。你把各将领都封在好地方，却迁移赶走原来的诸侯王田市、赵歇、韩广等，使得他们的臣下为争王位而反叛，这是你的第七条罪状。你把义帝赶出彭城，自己却在那里建都，又侵夺韩王的地盘，把梁、楚之地并在一起据为己有，这是你的第八条罪状。你派人在江南秘密地杀了义帝，这是你的第九条罪状。你为人臣子却谋杀君主，杀害已经投降之人，你为政不公，不守信约，不容于天下，大逆不道，这是你的第十条罪状。如今我率领义兵和诸侯们来讨伐你这个残害人的罪人，只让那些受过刑的罪犯就可以杀你项羽，又何必劳累我来跟你挑战呢？"项羽十分恼怒，埋伏好的弓箭手射中了汉王。汉王伤的是胸部，却按着脚说："这个强盗射中了我的脚趾！"汉王因受箭伤而病倒了，张良坚决请他起来出去巡行，抚慰兵众，以稳定军心，不让楚军胜利的威势压过汉军。汉王硬撑着出去巡视军营，病情加重，于是迅速赶回成皋。

【原文】

病愈，西入关，至栎阳，存问父老，置酒，枭故塞王欣头栎阳市。留四日，复如军，军广武。关中兵益出。当此时，彭越将兵居梁地，往来苦楚兵，绝其粮食。田横往从之。项羽数击彭越等，齐王信又进击楚。项羽恐，乃与汉王约，中分天下，割鸿沟而西者为汉，鸿沟而东者为楚。项王归汉王父母妻子，军中皆呼"万岁"，乃归而别去。

项羽解而东归。汉王欲引而西归，用留侯、陈平计，乃进兵追项羽，至阳夏南止军，与齐王信、建成侯彭越期会而击楚军。至固陵，不会。楚击汉军，大破之。汉王复入壁，深堑而守之。用张良计，于是韩信、彭越皆往。及刘贾入楚地，围寿春，汉王败固陵，乃使使者召大司马周殷举九江兵而迎（之）武王，行屠城父，随刘贾、齐梁诸侯皆大会垓下。立武王布为淮南王。

【译文】

汉王身体康复后，西行入关，来到栎阳，慰问当地百姓，摆设酒宴，杀了原塞王司马欣，把他的头悬于栎阳当街以示众。汉王在栎阳待了四天，又返回军中，他们驻扎在广武。关中的军队出关参战的也增多了。这时候，彭越率部队驻守在梁地，经常来骚扰楚军，断绝了楚军的粮食供应。田横前往梁地依附他。项羽多次攻击彭越等人，齐王韩信又来攻打楚军，项羽害怕了，就跟汉王约定，平分天下，鸿沟以西的地方划归汉，鸿沟以东的地方划归楚。然后项羽送回了汉王的家属，汉军官兵都呼喊"万岁"，然后项羽领兵往回走。

项羽停止进军而向东返乡。汉王也想率领军众回到西方，最终汉王采用了张良、陈平的计策，挥军追赶项羽，到阳夏南面让部队驻扎下来，和齐王韩信、建成侯彭越约定日期会合，共同攻击楚军。汉王到达固陵，韩信、彭越却没有来会合。楚军迎击汉军，把汉军打得大败。汉王又逃回营垒，深挖壕堑固守。又采用张良的计策派使者封给韩信、彭越土地，使他们各自为战，于是韩信、彭越都来会合了。黥布和刘贾进入楚地，围攻寿春，汉王却在固陵打了败仗，于是派人去召大司马周殷，让他出动九江军队击迎会武王黥布，行军途中屠戮了城父，然后随刘贾、齐、梁诸侯的军队在垓下大会师。汉王封武王黥布为淮南王。

【原文】

五年，高祖与诸侯兵共击楚军，与项羽决胜垓下。淮阴侯将三十万自当之，孔将军居左，费将军居右，皇帝在后，绛侯、柴将军在皇帝后。项羽之卒可十万。淮阴先合，不利，却。孔将军、费将军纵，楚兵不利，淮阴侯复乘之，大败垓下。项羽卒闻汉军之楚歌，以为汉尽得楚地，项羽乃败而走，是以兵大败。使骑将灌婴追杀项羽东城，斩首八万，遂略定楚地。鲁为楚坚守不下。汉王引诸侯兵北，示鲁父老项羽头，鲁乃降。遂以鲁公号葬项羽穀城。还至定陶，驰入齐王壁，夺其军。

【译文】

五年（前202），高祖和诸侯军联合攻打楚军，与项羽在垓下决战。淮阴侯韩信率领三十万大军与楚军正面对阵，韩信部将孔将军在楚军左边进攻楚军，费将军于右侧进攻楚军，汉王领兵随后，绛侯周勃、柴将军则跟在汉王的后面。项羽的军队此时大约有十万。淮阴侯首先跟楚军交锋，战况不佳，向后退却。孔将军、费将军从左右两边纵兵攻上去，楚军不利，淮阴侯乘势再次攻上去，大败楚军于垓下。项羽的士兵听到汉军唱起了楚地的歌，以为汉军已经完全占领了楚地，项羽战败逃走，楚军因此全部崩溃。汉王派骑将灌婴追杀项羽，一直追到东城，杀了八万楚兵，终于攻占平定了楚地。只有鲁县人还为项羽坚守，不肯降服，因为怀王当初封项羽为鲁公。汉王就率领诸侯军北上，把项羽的头给鲁县的父老们看，鲁人这才投降。于是，汉王按照鲁公这一封号的礼仪，把项羽葬在穀城。然后回师定陶，驱马驰入齐王韩信的军营，夺了他的兵权。

士兵听到汉军唱起了楚地的歌，以为汉军已经完全占领了楚地。项羽被杀得大败，最终自刎而死。

【原文】

正月，诸侯及将相相与共请尊汉王为皇帝。汉王曰："吾闻帝贤者有也，空言虚语，非所守也，吾不敢当帝位。"群臣皆曰："大王起微细，诛暴逆，平定四海，有功者辄裂地而封为王侯。大王不尊号，皆疑不信。臣等以死守之。"汉王三让，不得已，曰："诸君必以为便，便国家。"甲午，乃即皇帝位汜水之阳。

【译文】

正月,诸侯及将相们彼此约好共同尊请汉王做皇帝。汉王说:"我听说皇帝的位置只有贤德的人配做,没有实在的言语和确实的行动,这不是我所能遵循的,我可承担不了皇帝的尊号。"大臣们都说:"大王从平民起事,诛伐暴逆,平定四海,有功的分赏土地封为王侯,如果大王不称皇帝尊号,人们对大王的封赏就都不会相信。我们这些人愿意以死相请求。"汉王再三推辞,实在推不掉了,才说:"既然诸位认为这样合适,那我就为了国家的便利吧。"甲午日,汉王在汜水北面登临皇帝之位。

【原文】

皇帝曰义帝无后。齐王韩信习楚风俗,徙为楚王,都下邳。立建成侯彭越为梁王,都定陶。故韩王信为韩王,都阳翟。徙衡山王吴芮为长沙王,都临湘。番君之将梅鋗有功,从入武关,故德番君。淮南王布、燕王臧荼、赵王敖皆如故。

天下大定。高祖都雒阳,诸侯皆臣属。故临江王骧为项羽叛汉,令卢绾、刘贾围之,不下,数月而降,杀之雒阳。

五月,兵皆罢归家。诸侯子在关中者复之十二岁,其归者复之六岁,食之一岁。

【译文】

皇帝提到义帝没有后代。但齐王韩信熟悉楚地的风俗,于是皇帝改封韩信为楚王,建都下邳。封建成侯彭越做梁王,建都定陶。原韩王信仍旧为韩王,建都阳翟。改封衡山王吴芮为长沙王,建都临湘。番君的部将梅鋗有功劳,曾经随汉军进入武关,所以皇帝感激番君。淮南王黥布、燕王臧荼、赵王张敖封号都不改变。

天下太平了。高祖在洛阳定都,诸侯都臣服于高祖。原临江王共骧效忠项羽,反叛汉朝,高祖派卢绾、刘贾去围攻他,但当时没能打败他。几个月之后共骧才投降,就在洛阳把他杀了。

五月,士兵都遣散回家了。各诸侯子弟留在关中的,免除赋税徭役十二年,回到封国去的免除赋税徭役六年,国家供养他们一年。

【原文】

高祖置酒雒阳南宫。高祖曰:"列侯诸将无敢隐朕,皆言其情。吾所以有天下者何?项氏之所以失天下者何?"高起、王陵对曰:"陛下慢而侮人,项羽仁而爱人。然陛下使人攻城略地,所降下者因以予之,与天下同利也。项羽妒贤嫉能,有功者害之,贤者疑之,战胜而不予人功,得地而不予人利,此所以失天下也。"高祖曰:"公知其一,未知其二。夫运筹策帷帐之中,决胜于千里之外,吾不如子房;镇国家,抚百姓,给馈饷,不绝粮道,吾不如萧何;连百万之军,战必胜,攻必取,吾不如韩信。此三者,皆人杰也,吾能用之,此吾所以取天下也。项羽有一范增而不能用,此其所以为我擒也。"

【译文】

高祖在洛阳南宫摆设酒宴。高祖说:"各位诸侯和将领们不要欺骗我,都要说真心话。我为什么能取得天下呢?项羽又是因为什么失去天下呢?"高起、王陵回答说:"陛下高傲而且好开别人的玩笑,项羽曾经仁厚而且爱护别人。可是陛下派人攻打城池夺取土地,所攻下和降服的地方就分封给人们,跟天下人同享利益。而项羽却妒贤嫉能,有功的就忌妒人家,有才能的就怀疑人家,打了胜仗不给人家授功,夺得了土地不给人家好处,这就是他失去天下的原因。"高祖说:"你们只知其一,不知其二。如果说运筹帷幄之中,决胜于千里之外,我比不上张子房;镇守国家,安抚百姓,供给粮饷,保证运粮道路不被阻断,我比不上萧何;统率百万大军,战则必胜,攻则必取,我比不上韩信。这三个人都是人中的俊杰,我却能够使用他们,这就是我能够取得天下的原因所在。项羽虽然有一位良臣范增却不信任他,这就是他被我擒杀的根本原因。"

【原文】

高祖欲长都雒阳,齐人刘敬说,及留侯劝上入都关中,高祖是日驾,入都关中。六月,大赦天下。

十月,燕王臧荼反,攻下代地。高祖自将击之,得燕王臧荼。即立太尉卢绾为燕王。使丞相哙将兵攻代。

其秋,利几反,高祖自将兵击之,利几走。利几者,项氏之将。项氏败,利几为陈公,不随项羽,亡降高祖,高祖侯之颍川。高祖至雒阳,举通侯籍召之,而利几恐,故反。

【译文】

高祖原打算长久地住在洛阳,齐人刘敬劝说他不要这样,另外留侯张良也劝说高祖进入关中去定都,高祖当天就起驾入关,到关中去建都。六月,大赦天下。

十月,燕王臧荼起兵造反,占领了代地。高祖御驾亲征,擒获了燕王臧荼。当即封太尉卢绾为燕王。又派丞相哙领兵去攻代地。

同年的秋天,利几起兵造反,高祖又御驾亲征,利几战败逃走。利几原先是项羽的部将。项羽失败时,利几正做陈县县令,他没有跟随项羽,而是归降了高祖。高祖把他封在颍川为侯。高祖到达洛阳后,召见全部在册的列侯,利几心里害怕,所以就造反了。

【原文】

六年,高祖五日一朝太公,如家人父子礼。太公家令说太公曰:"天无二日,土无二王。今高祖虽子,人主也;太公虽父,人臣也。奈何令人主拜人臣!如此,则威重不行。"后高祖朝,太公拥篲迎门却行。高祖大惊下扶太公。太公曰:"帝,人主也,奈何以我乱天下法!"于是高祖乃尊太公为太上皇。心善家令言,赐金五百斤。

【译文】

六年（前201），高祖每隔五天就去朝拜太公，按照常人的规矩行父子相见之礼。太公的家令劝说太公道："天上不会有两个太阳，地上也不应有两个君主。当今皇帝虽然在家是儿子，但对于天下来说更是万民之主，太公您在家虽然是父亲，但对皇帝来说却是臣下。怎么能够叫万民之主拜见他的臣下呢！这样做，皇帝的威严就不能遍行天下了。"后来高祖再去朝见太公，太公就抱着扫帚，面对门口倒退着走。高祖大为吃惊，急忙下车搀扶太公。太公说："皇帝是万民之主，怎么能因为我而乱了天下的规矩呢！"于是高祖就尊奉太公为太上皇，心里赞赏那个家令的话，赐给他五百斤黄金。

【原文】

十二月，人有上变事告楚王信谋反，上问左右，左右争欲击之。用陈平计，乃伪游云梦，会诸侯于陈，楚王信迎，即因执之。是日，大赦天下。田肯贺，因说高祖曰："陛下得韩信，又治秦中。秦，形胜之国，带河山之险，县隔千里，持戟百万，秦得百二焉。地势便利，其以下兵于诸侯，譬犹居高屋之上建瓴水也。夫齐，东有琅邪，即墨之饶，南有泰山之固，西有浊河之限，北有勃海之利。地方二千里，持戟百万，县隔千里之外，齐得十二焉。故此东西秦也。非亲子弟，莫可使王齐矣。"高祖曰："善。"赐黄金五百斤。

【译文】

十二月，有人向皇帝上书报告说楚王韩信谋反作乱，高祖向群臣征求意见，大臣们都争着想去讨伐楚王。最后高祖采纳了陈平的计策，假装到云梦泽去游览，并在陈县召见各路诸侯，楚王韩信也不得不前来迎接，高祖就命人趁机将他抓了起来。当天，高祖下令大赦天下。田肯前来祝贺，趁机劝说高祖道："陛下刚抓住了韩信，又在关中建都。秦地是形势险要之地，周围有山河环绕，与关东有千里长的疆界被山河阻隔。如果关东拥有百万军队，那么秦地只需要两万兵力就可以抵挡得住。秦地地势如此有利，如果在此对诸侯用兵，就好像从高屋檐角的滴水器往下流水一样，居高临下，必将势不可挡。还有齐地，此地东有琅邪、即墨的富饶，南有泰山的险固，西有黄河的天险，北有渤海的地利。土地纵横各两千里，与诸侯的疆界被山水阻隔，超过千里，如果诸侯拥有百万军队，那么齐地只需二十万就可以抵挡住。所以说，齐地可以和秦地并称东秦和西秦。如果不是陛下的嫡亲子弟，就没有人可以派去做齐王。"高祖说："好。"于是赏给他黄金五百斤。

【原文】

后十余日，封韩信为淮阴侯，分其地为二国。高祖曰将军刘贾数有功，以为荆王，王淮东。弟交为楚王，王淮西。子肥为齐王，王七十余城，民能齐言者皆属齐。乃论功，与诸列侯剖符行封。徙韩王信太原。

【译文】

十多天以后,高祖封韩信做淮阴侯,把他原来的封地一分为二,分作两个侯国。高祖说,将军刘贾战功很多,就封他为荆王,统治淮水以东。又封他的弟弟刘交为楚王,统治淮水以西。封皇子刘肥为齐王,统辖七十多座城池,所辖民众甚多,老百姓凡是能说齐国话的都属于齐国。高祖于是评定功绩,进行封赏,与各列侯剖开刻有封侯字样的符节,一半留在朝廷,一半交给受封者,以做凭证。让韩王信迁徙到太原郡。

【原文】

七年,匈奴攻韩王信马邑,信因与谋反太原。白土曼丘臣、王黄立故赵将赵利为王以反。高祖自往击之。会天寒,士卒堕指者什二三,遂至平城。匈奴围我平城,七日而后罢去。令樊哙止定代地。立兄刘仲为代王。

二月,高祖自平城过赵、雒阳,至长安。长乐宫成,丞相已下徙治长安。

八年,高祖东击韩王信余反寇于东垣。

萧丞相营作未央宫,立东阙、北阙、前殿、武库、太仓。高祖还,见宫阙壮甚,怒,谓萧何曰:"天下匈匈苦战数岁,成败未可知,是何治宫室过度也?"萧何曰:"天下方未定,故可因遂就宫室。且夫天子以四海为家,非壮丽无以重威,且无令后世有以加也。"高祖乃说。

【译文】

七年(前200),匈奴在马邑攻打韩王信,韩王信就归附了匈奴并在太原谋反。韩王信的部将在白土城的曼丘臣、王黄拥立前朝赵将赵利为王,也反叛了汉朝。高祖御驾亲征。正赶上天气寒冷,士兵们有很多冻掉手指的,但最终还是到达平城。匈奴军队包围了平城,七天之后才撤围离去。高祖让樊哙留下平定代地。封自己的哥哥刘仲为代王。

二月,高祖从平城出发,经过赵国、洛阳,抵达长安。长乐宫建成后,丞相萧何以下的官员们就都迁到长安治国办公了。

八年(前199),高祖又统领军队向东进发,追击韩王信东垣一带的残余反寇。

丞相萧何主持修造未央宫,未央宫建东阙、北阙、前殿、武库、太仓。高祖回来后,看到宫殿非常壮观,大怒,就对萧何说:"天下战乱纷争好几年了,成败还是未知数,为什么要把宫殿修造得如此豪华呢?"萧何说:"正因为天下还没有安定,才可以利用这个时机建成宫殿。再说,天子以四海为家,如果天子居住的宫殿不壮丽就无法树立天子的威严,而且这宫殿也不能让后世之人有所超越。"高祖这才转怒为喜。

【原文】

高祖之东垣,过柏人,赵相贯高等谋弑高祖,高祖心动,因不留。代王刘仲弃国亡,自归雒阳,废以为合阳侯。

【译文】

高祖到东垣去，途中路过柏人县，赵相贯高等人暗设埋伏，想要谋杀高祖，高祖心里也有预感，就没有住在那里。代王刘仲弃国逃亡，到洛阳投案自首，高祖废掉了他的王位，改封为合阳侯。

【原文】

九年，赵相贯高等事发觉，夷三族。废赵王敖为宣平侯。是岁，徙贵族楚昭、屈、景、怀、齐田氏关中。

未央宫成。高祖大朝诸侯群臣，置酒未央前殿。高祖奉玉卮，起，为太上皇寿，曰："始大人常以臣无赖，不能治产业，不如仲力。今某之业所就孰与仲多？"殿上群臣皆呼万岁，大笑为乐。

【译文】

九年（前198），赵相贯高等人杀君之意被人察觉，诛杀了他们的三族。高祖废掉了赵王敖的王位，改封为宣平侯。同年，高祖还把原来楚国的贵族昭氏、屈氏、景氏、怀氏和原来齐国贵族田氏等都迁到关中。

未央宫建成了。高祖大规模召见诸侯、群臣，在未央宫前殿摆设酒宴。高祖捧着玉杯，起身向太上皇献酒祝寿，说："当初父亲大人总是以为我没有才能，无可依仗，不会经营产业，比不上刘仲努力。如今我和刘仲相比，谁的产业更多呢？"殿上群臣都呼喊万岁，大笑取乐。

【原文】

十年十月，淮南王黥布、梁王彭越、燕王卢绾、荆王刘贾、楚王刘交、齐王刘肥、长沙王吴芮皆来朝长乐宫。春夏无事。

七月，太上皇崩栎阳宫。楚王、梁王皆来送葬。赦栎阳囚。更命郦邑曰新丰。

【译文】

十年（前197）十月，淮南王黥布、梁王彭越、燕王卢绾、荆王刘贾、楚王刘交、齐王刘肥、长沙王吴芮都来到长乐宫中朝见高祖。这年的春、夏二季国家一直太平无事。

七月，太上皇在栎阳宫去世。楚王、梁王都来送葬。高祖下令赦免栎阳罪犯。郦邑改称新丰。

【原文】

八月，赵相国陈豨反代地。上曰："豨尝为吾使，甚有信。代地吾所急也，故封豨为列侯，以相国守代，今乃与王黄等劫掠代地！代地吏民非有罪也，其赦代吏民。"九月，上自东往击之。至邯郸，上喜曰："豨不南据邯郸而阻漳水，吾知其无能为也。"闻豨将皆故贾人也，上曰："吾知所以与之。"乃多以金啖豨将，豨将多降者。

【译文】

八月,赵相国陈豨在代地兴兵叛乱。皇上说:"陈豨曾经为我做事,很有信用。我认为代地对我很重要,特封陈豨为列侯,以相国的身份镇守代地,如今他竟然和王黄等人劫掠代地!但是代地的官吏和百姓并没有罪,应该赦免他们。"九月,高祖御驾东征,讨伐陈豨。到达邯郸,皇上高兴地说:"陈豨不往南占领邯郸以漳水阻挡我军,我知道他无能为力了。"又听说陈豨的将领都是从前的商人,皇上说:"我知道该怎么对付他。"他用财物去引诱陈豨部将,很多人都归顺了。

【原文】

十一年,高祖在邯郸诛豨等未毕,豨将侯敞将万余人游行,王黄军曲逆,张春渡河击聊城。汉使将军郭蒙与齐将击,大破之。太尉周勃道太原入,定代地。至马邑,马邑不下,即攻残之。

豨将赵利守东垣,高祖攻之,不下。月余,卒骂高祖,高祖怒。城降,令出骂者斩之,不骂者原之。于是乃分赵山北,立子恒以为代王,都晋阳。

春,淮阴侯韩信谋反关中,夷三族。

夏,梁王彭越谋反,废迁蜀;复欲反,遂夷三族。立子恢为梁王,子友为淮阳王。

秋七月,淮南王黥布反,东并荆王刘贾地,北渡淮,楚王交走入薛。高祖自往击之。立子长为淮南王。

【译文】

十一年(前196),高祖正在邯郸讨伐陈豨,陈豨的部将侯敞就率一万多人在各地打游击战,王黄驻扎在曲逆,张春渡过黄河攻打聊城。汉派将军郭蒙和齐国的将去攻打这些人,把他们打得大败。太尉周勃从太原攻入,平定了代地。到马邑时,马邑叛军不肯降服,周勃就摧毁了马邑。

陈豨的部将赵利坚守东垣,高祖前去攻打,很久没有攻下。一个多月后,东垣士兵在城上辱骂高祖,高祖很生气。等攻下东垣,他下令把辱骂过自己的人找出来杀了,没辱骂自己的人就宽恕了他们。随后把赵国常山以北的地区划归代国,立皇子刘恒为代王,建都晋阳。

这年的春天,淮阴侯韩信在关中谋反,被夷灭三族。

夏天,梁王彭越起兵作乱,高祖废掉了他的王位,把他流放到蜀地;不久他又想谋反,就被诛灭三族。高祖立皇子刘恢为梁王,皇子刘友为淮阳王。

秋季七月,淮南王黥布起兵作乱,向东吞并了荆王刘贾的地盘,又北渡淮河,楚王刘交被迫逃到薛国。高祖御驾亲征。立皇子刘长为淮南王。

【原文】

十二年十月,高祖已击布军会甄,布走,令别将追之。

高祖还归,过沛,留。置酒沛宫,悉召故人父老子弟纵酒,发沛中儿得百二十人,教之歌。酒酣,高祖击筑,自为歌诗曰:"大风起兮云飞扬,威加海内兮归故乡,安得猛士兮守四方!"令儿皆和习之。高祖乃起舞,慷慨伤怀,泣数行下。谓沛父兄曰:"游子悲故乡。吾虽都关中,万岁后吾魂魄犹乐思沛。且朕自沛公以诛暴逆,遂有天下,其以沛为朕汤沐邑,复其民,世世无有所与。"沛父兄诸母故人日乐饮极欢,道旧故为笑乐。十余日,高祖欲去,沛父兄固请留高祖。高祖曰:"吾人众多,父兄不能给。"乃去。沛中空县皆之邑西献。高祖复留止,张饮三日。沛父兄皆顿首曰:"沛幸得复,丰未复,唯陛下哀怜之。"高祖曰:"丰吾所生长,极不忘耳,吾特为其以雍齿故反我为魏。"沛父兄固请,乃并复丰,比沛。于是拜沛侯刘濞为吴王。

【译文】

十二年(前195)十月,高祖在会甄将黥布兵众打败,黥布逃跑,高祖派别将继续追击。

高祖往回走,路过沛县时停了下来。他在沛宫置备酒席,把老朋友和父老子弟都请来一起纵情畅饮。他派人挑选沛中儿童一百二十人,教他们唱歌。酒喝得正痛快时,高祖自己弹击着筑琴,唱起自己编的歌:"大风刮起来啊云彩飞扬,声威遍海内啊回归故乡,怎能得到猛士啊守卫四方!"高祖让儿童们跟着他学唱。于是高祖起舞,情绪激动心中感伤,洒下行行热泪。高祖对沛县父老兄弟说:"远游的赤子总是思念着故乡。我虽然建都关中,但是将来死后我的魂魄还会喜欢和思念故乡。而且我开始是以沛公的身份起兵讨伐暴逆,终于取得天下,我把沛县作为我的休闲邑,免除沛县百姓的赋税徭役,世世代代不必纳税服役。"沛县的父老兄弟、长辈妇女和亲戚朋友天天快活饮酒,尽情欢宴,叙谈往事,取笑作乐。过了十多天,高祖要走了,沛县父老坚决要高祖多留几日。高祖说:"我的随从人数太多,乡亲们供应不起。"于是离开沛县。这天,沛县城里全空了,百姓都赶到城西来敬献牛、酒等礼物。高祖又停下来,搭起帐篷,痛饮三天。沛县父兄都叩头请求说:"沛县有幸得以免除赋税徭役,丰邑却没有免除,希望陛下可怜他们。"高祖说:"丰邑是我生长的地方,我最不能忘,我只是因为当初丰邑人跟着雍齿反叛我而帮助魏王才这样的。"沛县父老仍旧坚决请求,高祖才答应把丰邑的赋税徭役也免除掉,跟沛县一样。于是封沛侯刘濞为吴王。

高祖要走了,沛县的父老坚决要他多留几日。高祖说:"我的随从人数太多,乡亲们供应不起啊。"

【原文】

汉将别击布军洮水南北，皆大破之，追得斩布鄱阳。

樊哙别将兵定代，斩陈豨当城。

十一月，高祖自布军至长安。十二月，高祖曰："秦始皇帝、楚隐王陈涉、魏安釐王、齐缗王、赵悼襄王皆绝无后，予守冢各十家，秦皇帝二十家，魏公子无忌五家。"赦代地吏民为陈豨、赵利所劫掠者，皆赦之。陈豨降将言豨反时，燕王卢绾使人之豨所，与阴谋。上使辟阳侯迎绾，绾称病。辟阳侯归，具言绾反有端矣。二月，使樊哙、周勃将兵击燕王绾。赦燕吏民与反者。立皇子建为燕王。

【译文】

汉将军在洮水南北分别进攻黥布，最后将叛军全部打败，并追到鄱阳抓获黥布，把他杀了。

樊哙另外带兵平定了代地，在当城擒杀了反贼陈豨。

十一月，高祖返回长安。十二月，高祖说："秦始皇、楚隐王陈涉、魏安釐王、齐缗王、赵悼襄王等人都没有后代，分别给予守墓人十户，给秦始皇二十户，给魏公子无忌五户。"代地的官吏、百姓，凡是被陈豨、赵利所劫持利用的，全部赦免。陈豨的降将说，陈豨造反时，燕王卢绾曾经派人到陈豨那里跟他密谋。高祖派辟阳侯审食其召卢绾进京，卢绾推说有病不来。辟阳侯回来后，详细报告说卢绾谋反确有苗头。二月，高祖派樊哙、周勃带兵讨伐燕王卢绾。赦免了燕地参与造反的官吏与百姓。立皇子刘建为燕王。

【原文】

高祖击布时，为流矢所中，行道病。病甚，吕后迎良医。医入见，高祖问医。医曰："病可治。"于是高祖嫚骂之曰："吾以布衣提三尺剑取天下，此非天命乎？命乃在天，虽扁鹊何益！"遂不使治病，赐金五十斤罢之。已而吕后问："陛下百岁后，萧相国即死，令谁代之？"上曰："曹参可。"问其次，上曰："王陵可。然陵少戆，陈平可以助之。陈平智有余，然难以独任。周勃重厚少文，然安刘氏者必勃也，可令为太尉。"吕后复问其次，上曰："此后亦非而所知也。"

【译文】

高祖征讨黥布时，曾被飞箭射中，于是在回来的路上生了病。他病得很严重，吕后为他请来了一位好医生。医生进宫拜见，高祖询问医生自己的病情。医生说："能治好。"于是高祖骂他说："就凭我一个平民，手提三尺之剑，最终取得天下，难道不是天意吗？命运天注定，纵然你是扁鹊，又有什么用处呢！"说完并不让他治病，赐了五十斤黄金把他打发走了。不久，吕后问高祖："陛下百年之后，如果萧相国也死了，让谁来接替他呢？"高祖说："曹参可以。"又问曹参以后的事，高祖说："王陵可以。不过他有点迂愚刚直，可以让陈平帮他。陈平有大智慧，但难以独自担当重任。周勃为人厚道，缺少文才，但是安定刘氏天下的一定是周勃，可以让他担任太尉。"吕后再问以后的事，高祖说："再以后的事，也就不是你所能知道的了。"

吕后和审食其商量说："那些诸将领虽已归顺我们，但常常流露出不服气的样子，不把他们诛灭三族，天下就无法安定。"

【原文】

卢绾与数千骑居塞下候伺，幸上病愈自入谢。

四月甲辰，高祖崩长乐宫。四日不发丧。吕后与审食其谋曰："诸将与帝为编户民，今北面为臣，此常怏怏，今乃事少主，非尽族是，天下不安。"人或闻之，语郦将军。郦将军往见审食其，曰："吾闻帝已崩，四日不发丧，欲诛诸将。诚如此，天下危矣。陈平、灌婴将十万守荥阳，樊哙、周勃将二十万定燕、代，此闻帝崩，诸将皆诛，必连兵还乡以攻关中。大臣内叛，诸侯外反，亡可翘足而待也。"审食其入言之，乃以丁未发丧，大赦天下。

【译文】

卢绾率领几千骑兵在边境上等待机会，希望高祖病愈以后，能够亲自到长安去请罪。

四月甲辰日，高祖在长乐宫逝世。过了四天也没昭告天下。吕后和审食其商量说："那些诸侯将领以及先前登记在册的平民百姓，虽然已经归顺于我国，但这些人常常流露出不服气的样子，现在又要侍奉年轻的新皇帝了，如果不把这些将领诛灭三族，天下就不可能安定。"有人听到了这个话，告诉了将军郦商。郦将军去见审食其，说："我听说皇帝已驾崩四天了还不发布丧事消息，而且要杀掉所有的将领。如果真的这样做，天下可就危险了。陈平、灌婴率领十万大军镇守荥阳，樊哙、周勃率领二十万大军平定燕地和代地，如果他们听说皇帝驾崩了，诸将都将遭杀戮，必定把军队联合在一起，回过头来进攻关中。那时候大臣们在朝廷叛乱，诸侯们在外面造反，覆亡的日子就举足可待了。"审食其进宫把这告诉了吕后，于是就在丁未日发布高祖逝世的消息，大赦天下。

【原文】

卢绾闻高祖崩，遂亡入匈奴。

丙寅，葬。己巳，立太子，至太上皇庙。群臣皆曰："高祖起微细，拨乱世反之正，平定天下，为汉太祖，功最高。"上尊号为高皇帝。太子袭号为皇帝，孝惠帝也。令郡国诸将各立高祖庙，以岁时祠。

【译文】

卢绾听说高祖去世，就逃到匈奴去了。

丙寅日，安葬高祖于长陵。丧礼完毕，太子登基，来到太上皇庙。大臣们都说："高祖起事于平民，治理混乱的局面，使之恢复正常，平定天下，是汉朝的开国皇帝，功劳最高。"献上尊号称为高皇帝。太子继承皇帝之号，即孝惠帝。他命令各郡王侯建高祖庙，每年按时祭祀。

【原文】

及孝惠五年，思高祖之悲乐沛，以沛宫为高祖原庙。高祖所教歌儿百二十人，皆令为吹乐，后有缺，辄补之。

高帝八男：长庶齐悼惠王肥；次孝惠，吕后子；次戚夫人子赵隐王如意；次代王恒，已立为孝文帝，薄太后子；次梁王恢，吕太后时徙为赵共王；次淮阳王友，吕太后时徙为赵幽王；次淮南厉王长；次燕王建。

【译文】

到孝惠帝五年（前190），皇上想到高祖生前怜爱沛县，就把沛宫定为高祖原庙。由高祖教过唱歌的儿童有一百二十人，都让他们在原庙奏乐唱歌，以后有了缺员，要及时补充。

高祖一共有八个儿子：庶出的长子是齐悼惠王刘肥；次子孝惠皇帝，是吕后的儿子；三子赵隐王刘如意，是戚夫人的儿子；四子代王刘恒，后来被立为孝文皇帝，是薄太后的儿子；五子梁王刘恢，后来吕太后当政时将其改封为赵共王；六子淮阳王刘友，吕太后当政时将其改封为赵幽王；七子刘长，被封为淮南厉王；八子是燕王刘建。

【原文】

太史公曰：夏之政忠。忠之敝，小人以野，故殷人承之以敬。敬之敝，小人以鬼，故周人承之以文。文之敝，小人以僿，故救僿莫若以忠。三王之道若循环，终而复始。周、秦之间，可谓文敝矣。秦政不改，反酷刑法，岂不缪乎？故汉兴，承敝易变，使人不倦，得天统矣。朝以十月。车服黄屋左纛。葬长陵。

【译文】

太史公说：夏朝政治以忠厚闻名。忠厚的弊病，是使得百姓粗野无礼，所以殷朝政治以恭敬为先。恭敬的弊病，是使得百姓相信鬼神，所以周朝政治以礼节为重。礼节的弊病，是使百姓不诚恳。而要救治不诚恳的弊病，又没有什么比得上忠厚。夏、殷、周三代君主的治国之道好像是循着圆圈转，终而复始。至于周朝到秦朝之间，其弊病可以说就在于过分讲究礼节了。秦朝的政治不但没有改变这种弊病，反而加重刑法，难道不荒谬吗？所以汉朝的兴起，虽然留有前朝政治的弊端却有所改变，使老百姓不至于倦怠反感，这是符合天道的。诸侯在每年的十月进京朝见皇帝。规定车服制度，皇帝乘坐的车驾，用黄缎子做车盖的衬里，车前横木的左上方要插用牦牛尾或野鸡尾做的装饰。高祖葬在长陵。

世家

齐太公世家

【原文】

太公望吕尚者，东海上人。其先祖尝为四岳，佐禹平水土甚有功。虞夏之际封于吕，或封于申，姓姜氏。夏商之时，申、吕或封枝庶子孙，或为庶人，尚其后苗裔也。本姓姜氏，从其封姓，故曰吕尚。

吕尚盖尝穷困，年老矣，以渔钓奸周西伯。西伯将出猎，卜之，曰："所获非龙非螭，非虎非罴；所获霸王之辅。"于是周西伯猎，果遇太公于渭之阳，与语大说，曰："自吾先君太公曰'当有圣人适周，周以兴'。子真是邪？吾太公望子久矣。"故号之曰"太公望"，载与俱归，立为师。

或曰，太公博闻，尝事纣。纣无道，去之。游说诸侯，无所遇，而卒西归周西伯。或曰，吕尚处士，隐海滨。周西伯拘羑里，散宜生、闳夭素知而招吕尚。吕尚亦曰："吾闻西伯贤，又善养老，盍往焉。"三人者为西伯求美女奇物，献之于纣，以赎西伯。西伯得以出，反国。言吕尚所以事周虽异，然要之为文武师。

周西伯昌之脱羑里归，与吕尚阴谋修德以倾商政，其事多兵权与奇计，故后世之言兵及周之阴权皆宗太公为本谋。周西伯政平，及断虞芮之讼，而诗人称西伯受命曰文王。伐崇、密须、犬夷，大作丰邑。天下三分，其二归周者，太公之谋计居多。

【译文】

太公望吕尚，是东海边的人。他的先祖曾是四岳之一，帮助夏禹治理水土功劳很大。舜、禹时，他的族人有的被封在吕，有的被封在申，姓姜。夏、商两代，申、吕后代有的封给旁支子孙，也有的沦为平民，吕尚就是其远代后裔。吕尚本姓姜，因为以其封地之名为姓，所以叫作吕尚。

吕尚本来穷困潦倒，年纪大了，才借钓鱼的机会拜见周西伯。西伯出门狩猎之前，占卜一卦，卦辞说："所得猎物非龙非螭，非虎非熊；乃是成就霸王之业的辅臣。"西伯出去打猎，果然在渭河北岸遇到吕尚，与他交谈后西伯大喜，说："自从我国先君太公就说：'定有圣人来周，周会因此兴旺。'说的就是您吧？我们太公盼望您已经很久了。"因此称吕尚为"太公望"，二人一同乘车而归，尊为太师。

姜太公一生穷困潦倒，直到年纪很大了，才靠钓鱼的机会结识了西伯。

有的人说，太公博学多见，曾侍奉商纣。但商纣昏庸无道，太公就离开了。他四处游说列国诸侯，但没有得到赏识，最终西行归依周西伯。有的人说，吕尚是一名处士，在海边隐居。周西伯在羑里受困时，西伯之臣散宜生、闳夭等人久闻吕尚之名而请他相助。吕尚也说："听说西伯贤德，又一贯尊重关心老年人，何不前往？"此三人为了营救西伯，寻找美女奇宝，献给纣王，以赎取西伯。西伯因此得以被释，返回周国。虽然吕尚归周的传说各异，但大旨都认为他是文王武王之师。

周西伯昌从羑里脱身归国后，秘密与吕尚谋划如何用广施德政的办法推翻商纣政权，其中很多是用兵之法和奇门妙计，所以后代谈论用兵之道和周朝的隐秘权术的都尊法太公的基本策略。周西伯为政清平，尤其在明断虞、芮二国的国土争讼后，被诗人称道为膺受天命的文王。西伯又讨伐了崇国、密须和犬夷，大规模建设丰邑。天下三分之二的诸侯都归心向周，多半是太公谋划筹策的结果。

【原文】

文王崩，武王即位。九年，欲修文王业，东伐以观诸侯集否。师行，师尚父左杖黄钺，右把白旄以誓，曰："苍兕苍兕，总尔众庶，与尔舟楫，后至者斩！"遂至盟津。诸侯不期而会者八百诸侯。诸侯皆曰："纣可伐也。"武王曰："未可。"还师，与太公作此《太誓》。

居二年，纣杀王子比干，囚箕子。武王将伐纣，卜龟兆，不吉，风雨暴至。群公尽惧，唯太公强之劝武王，武王于是遂行。十一年正月甲子，誓于牧野，伐商纣。纣师败绩。纣反走，登鹿台，遂追斩纣。明日，武王立于社，群公奉明水，卫康叔封布采席，师尚父牵牲，史佚策祝，以告神讨纣之罪。散鹿台之钱，发钜桥之粟，以振贫民。封比干墓，释箕子囚。迁九鼎，修周政，与天下更始。师尚父谋居多。

于是武王已平商而王天下，封师尚父于齐营丘。东就国，道宿行迟。逆旅之人曰："吾闻时难得而易失。客寝甚安，殆非就国者也。"太公闻之，夜衣而行，犁明至国。莱侯来伐，与之争营丘。营丘边莱。莱人，夷也，会纣之乱而周初定，未能集远方，是以与太公争国。

太公至国，修政，因其俗，简其礼，通商工之业，便鱼盐之利，而人民多归齐，齐为大国。及周成王少时，管蔡作乱，淮夷畔周，乃使召康公命太公曰："东至海，西至河，南至穆陵，北至无棣，五侯九伯，实得征之。"齐由此得征伐，为大国。都营丘。

【译文】

文王死后，武王即位。九年，武王想继续完成文王未竟之业，他假意向东发兵进攻商纣以观察诸侯是否响应。军队出发的时候，被尊称为"师尚父"的吕尚左手持黄钺，右手握白旄誓师，说："苍兕苍兕，统领众兵，集结船只，迟者斩首。"于是兵至盟津。各国诸侯不请自来有八百之多。诸侯都说："可以征伐商纣了。"武王说："还不行。"领兵回朝，跟太公一起写了《太誓》。

又过二年，商纣将王子比干杀掉，又把箕子囚禁起来。武王又打算进攻商纣，占卜龟兆显示不吉利，风雨突至。群臣都很害怕，只有太公坚决劝武王进军，于是武王出兵。十一年正月甲子日，在牧野誓师，进伐商纣。商纣军队彻底崩溃。商纣回身逃跑，登上鹿台，于是被追杀。第二天，武王立于社坛之上，群臣手捧明水，卫康叔封铺好彩席，师尚父牵来祭祀之牲，史佚按照策书祈祷，向神祇禀告讨伐罪恶商纣之事。散发商纣积聚在鹿台的钱币，发放商纣囤积在钜桥的粮食，用以赈济贫民。培筑加高比干之墓，释放被囚禁的箕子。把象征天下最高权力的九鼎迁往周国，修治周朝政务，与天下之人共同开始创造新时代。上述诸事多半是采用师尚父的谋议。

此时武王已灭掉商朝，称王于天下，就把齐国营丘封赏给师尚父。师尚父向东行进到自己的封国去就任，边走边住，速度很慢。客舍中的人说他："我听说机会难得也很容易失去。这位客人这么悠闲，恐怕不是去封国就任的吧。"太公听了此言，连夜穿衣上路，黎明就到达齐国。正遇莱侯带兵来攻，想与太公争夺营丘。营丘毗邻莱国。莱人是夷族，趁商纣之乱而周朝刚刚安定，无力平定远方，因此和太公争夺国土。

太公到齐国后，政治清明，入乡随俗，简化礼仪，开放手工业、商业，发展渔业、盐业优势，民众都向往并归附齐国，齐成为大国。周成王即位时，管蔡内讧，淮夷叛国，成王派召康公命令太公："东至大海，西至黄河，南至穆陵，北至无棣，这些诸侯，如有作乱，命你讨伐。"齐因此可征讨各国，形成大国。定都营丘。

【原文】

盖太公之卒百有余年，子丁公吕伋立。丁公卒，子乙公得立。乙公卒，子癸公慈母立。癸公卒，子哀公不辰立。

哀公时，纪侯谮之周，周烹哀公而立其弟静，是为胡公。胡公徙都薄姑，而当周夷王之时。

哀公之同母少弟山怨胡公，乃与其党率营丘人袭攻杀胡公而自立，是为献公。献公元年，尽逐胡公子，因徙薄姑都，治临菑。

九年，献公卒，子武公寿立。武公九年，周厉王出奔，居彘。十年，王室乱，大臣行政，号曰"共和"。二十四年，周宣王初立。

二十六年，武公卒，子厉公无忌立。厉公暴虐，故胡公子复入齐，齐人欲立之，乃与攻杀厉公。胡公子亦战死。齐人乃立厉公子赤为君，是为文公，而诛杀厉公者七十人。

文公十二年卒，子成公脱立。成公九年卒，子庄公购立。

庄公二十四年，犬戎杀幽王，周东徙雒。秦始列为诸侯。五十六年，晋弑其君昭侯。

六十四年，庄公卒，子釐公禄甫立。

釐公九年，鲁隐公初立。十九年，鲁桓公弑其兄隐公而自立为君。

二十五年，北戎伐齐。郑使太子忽来救齐，齐欲妻之。忽曰："郑小齐大，非我敌。"遂辞之。

三十二年，釐公同母弟夷仲年死。其子曰公孙无知，釐公爱之，令其秩服奉养比太子。

三十三年，釐公卒，太子诸儿立，是为襄公。

【译文】

太公一百多岁的时候去世了，儿子丁公吕伋继任。丁公死后，儿子乙公得继任。乙公死后，儿子癸公慈母继任。癸公死，儿子哀公不辰即位。

哀公时，纪侯诬陷哀公有罪，周王用大鼎煮死哀公，而立其弟静为齐君，就是胡公。胡公迁都于薄姑，此时正当周夷王在位。

哀公同母少弟山怨恨胡公，就与自己党徒带领营丘人袭击杀死胡公自立为齐君，就是献公。献公元年，全部驱逐胡公诸子，借机把首都从薄姑迁到临淄。

九年，献公死，其子武公寿即位。武公九年，周厉王逃亡，住在彘邑。十年，周王室大乱，大臣们主持国政，号称"共和"。二十四年（前827），周宣王即位。

二十六年（前825），武公去世，其子厉公无忌即位。厉公残暴无道，所以胡公之子又返回齐国，齐人也想立胡公之子为君，就一起攻打并杀死了厉公。胡公之子也战死。于是齐人立厉公之子赤为齐君，就是文公，他斩了七十多个杀厉公的人。

文公于十二年（前804）去世，其子成公脱即位。成公即位九年（前795）去世，其子庄公购即位。

庄公二十四年（前771），犬戎将幽王杀死，周王室东迁都到洛邑。秦国开始列位于诸侯。五十六年（前739），晋人杀死自己的国君晋昭侯。

六十四年（前731），庄公死了，其子釐公禄甫即位。

釐公九年（前722），鲁隐公即位。十九年，鲁桓公杀其兄隐公而自立为鲁君。

二十五年，北戎攻伐齐国。郑国派太子忽来援救齐国，齐侯想把女儿嫁给他。忽说："郑国小而齐国大，我配不上。"就谢绝了齐侯。

三十二年，釐公的亲弟弟夷仲年死了。其子名叫公孙无知，釐公宠爱他，给他的级别待遇和太子一样。

三十三年，釐公死，太子诸儿即位，就是襄公。

【原文】

襄公元年，始为太子时，尝与无知斗，及立，绌无知秩服，无知怨。

四年，鲁桓公与夫人如齐。齐襄公故尝私通鲁夫人。鲁夫人者，襄公女弟也，自釐公时嫁为鲁桓公妇，及桓公来而襄公复通焉。鲁桓公知之，怒夫人，夫人以告齐襄公。齐襄公与鲁君饮，醉之，使力士彭生抱上鲁君车，因拉杀鲁桓公，桓公下车则死矣。鲁人以为让，而齐襄公杀彭生以谢鲁。

八年，伐纪，纪迁去其邑。

十二年，初，襄公使连称、管至父戍葵丘，瓜时而往，及瓜而代。往戍一岁，卒瓜时而公弗为发代。或为请代，公弗许。故此二人怒，因公孙无知谋作乱。连称有从妹在公宫，无宠，使之间襄公，曰："事成以女为无知夫人。"冬十二月，襄公游姑棼，遂猎沛丘。见彘，从者曰"彭生"。公怒，射之，彘人立而啼。公惧，坠车伤足，失屦。反而鞭主屦者茀三百。茀出宫。而无知、连称、管至父等闻公伤，乃遂率其众袭宫。逢主屦茀，茀曰："且无入惊宫，惊宫未易入也。"无知弗信，茀示其创，乃信之。待宫外，令茀先入。茀先入，即匿襄公户间。良久，无知等恐，遂入宫。茀反与宫中及公之幸臣攻无知等，不胜，皆死。无知入宫，求公不得。或见人足于户间，发视，乃襄公，遂弑之，而无知自立为齐君。

【译文】

襄公元年（前697），襄公原来还是太子时，曾跟无知打过架，即位以后，降低了无知的级别待遇，无知很生气。

四年，鲁桓公和夫人来到齐国。过去齐襄公曾与鲁夫人私通。鲁夫人就是襄公的妹妹，齐釐公还在的时候嫁给了鲁桓公，这次她跟鲁桓公来齐国又与襄公通奸。鲁桓公发觉了这件事，生气地责备夫人，夫人告诉了齐襄公。齐襄公宴请鲁桓公，把桓公灌醉，派大力士彭生把鲁桓公抱上车，接着折断桓公的肋骨杀死桓公，桓公被抬出车时已死掉了。鲁国人为此责备齐国，齐襄公杀死彭生以向鲁国谢罪赎过。

八年，齐国进攻纪国，纪国被迫迁徙都城。

十二年，襄公当初派连称、管至父驻守葵丘，约好让他们当年七月瓜熟时到那里去，第二年瓜熟时会派人去替换他们。他们到那驻守一年，瓜熟时期已过襄公仍不派人去替换。有人为他们请求派人，襄公不答应。所以二人生气，通过公孙无知策划叛乱。连称有一堂妹在襄公宫内，不被宠幸，就让她侦伺襄公，对她说："事成以后让你给无知当夫人。"冬十二月，襄公到姑棼游玩，又到沛丘打猎。见一大猪，侍从说"是彭生"，襄公大怒，用箭射去，大猪如人站立而叫。襄公害怕，从车上摔下伤了脚，鞋子也掉了。回去后把管鞋的名叫"茀"的人鞭打三百下。茀出宫。无知、连称、管至父等人闻知襄公受伤，就带领徒众来攻袭襄公宫。正遇管鞋的茀，茀说："先不要进去以免惊动宫，惊动宫中后就不易再攻进去了。"无知不信此言，茀让他验看自己的伤痕，才被相信。他们等在宫外，让茀先进去探听。茀入后，马上把襄公藏在屋门后。过了好久，无知等害怕，就进宫去。茀反而和宫中之人以及襄公的亲信之臣反攻无知等人，未能得胜，全被杀死。无知进宫，找不到襄公。有人见屋门下露着人脚，开门一看，门后正是襄公，就杀死襄公，无知自立为齐君。

【原文】

桓公元年春，齐君无知游于雍林。雍林人尝有怨无知，及其往游，雍林人袭杀无知，告齐大夫曰："无知弑襄公自立，臣谨行诛。唯大夫更立公子之当立者，唯命是听。"

初，襄公之醉杀鲁桓公，通其夫人，杀诛数不当，淫于妇人，数欺大臣，群弟恐祸及，故次弟纠奔鲁。其母鲁女也。管仲、召忽傅之。次弟小白奔莒，鲍叔傅之。小白母，卫女也，有宠于釐公。小白自少好善大夫高傒。及雍林人杀无知，议立君，高、国先阴召小白于莒。鲁闻无知死，亦发兵送公子纠，而使管仲别将兵遮莒道，射中小白带钩。小白详死，管仲使人驰报鲁。鲁送纠者行益迟，六日至齐，则小白已入，高傒立之，是为桓公。

桓公之中钩，详死以误管仲，已而载温车中驰行，亦有高、国内应，故得先入立，发兵距鲁。秋，与鲁战于乾时，鲁兵败走，齐兵掩绝鲁归道。齐遗鲁书曰："子纠兄弟，弗忍诛，请鲁自杀之。召忽、管仲雠也，请得而甘心醢之。不然，将围鲁。"鲁人患之，遂杀子纠于笙渎。召忽自杀，管仲请囚。桓公之立，发兵攻鲁，心欲杀管仲。鲍叔牙曰："臣幸得从君，君竟以立。君之尊，臣无以增君。君将治齐，即高傒与叔牙足也。君且欲霸王，非管夷吾不可。夷吾所居国国重，不可失也。"于是桓公从之。乃详为召管仲欲甘心，实欲用之。管仲知之，故请往。鲍叔牙迎受管仲，及堂阜而脱桎梏，斋祓而见桓公。桓公厚礼以为大夫，任政。

【译文】

桓公元年（前685）春，齐君无知到雍林游玩。雍林有些人对无知很不满，等无知去游玩时，雍林人偷袭杀掉无知，向齐国大夫宣告说："无知杀死襄公自立为君，我已处死无知。请大夫们改立其他公子，我唯命是听。"

当初，襄公将鲁桓公灌醉杀死，与鲁夫人通奸，经常滥杀无辜，沉迷女色，多次欺侮大臣，他的兄弟都害怕祸患牵连，因此次弟纠逃到鲁国去了，纠的母亲是鲁国之女。管仲、召忽辅佐纠。次弟小白逃到莒国，鲍叔辅佐他。小白母亲是卫国之女，很得齐釐公宠幸。小白从小与大夫高傒交好。雍林人杀死无知后，商议立君之事，高氏、国氏抢先暗中从莒国召回小白。鲁国听说无知已死，也派兵护送公子纠返齐，并命管仲另带军队遏阻莒国通道，管仲射中小白的衣带钩。小白假装死了，管仲派人飞报鲁国。鲁国护送公子纠的部队速度就放慢了，六天才至齐国，而小白已先入齐国，高傒立其为君，就是桓公。

当时桓公被射中衣带钩之后，假装死了以迷惑管仲，然后藏在温车中飞速前行，也因为有高、国两大家族做内应，所以能够先回齐国即位，并派兵抵御鲁军。秋天，齐兵在乾时与鲁兵作战，鲁兵战败逃跑，齐兵又截断鲁兵的退路。齐国写信给鲁国说："子纠是我兄弟，不忍亲手杀他，请鲁国将他杀死。召忽、管仲是我仇敌，我要求活着交给我，让我把他们剁成肉酱才甘心。不然，齐兵要围攻鲁国。"鲁人害怕，就在笙渎杀死子纠。召忽自杀

鲍叔牙对桓公说："如果您只想治理好齐国，有我和高傒就行了。如果您想成就霸业，必须得靠管仲才行。"

世家 齐太公世家

而死,管仲要求囚禁。桓公即位时,派兵攻鲁,本欲杀死管仲。鲍叔牙说:"我有幸跟从您,您终于成为国君。您的尊贵地位,我已无法再帮助您提高。您如果只想治理齐国,有高傒和我也就够了。您如果想成就霸王之业,没有管夷吾不行。夷吾所居之国,其国必强,不能失去这个人才。"于是桓公听从此言。就假装召回管仲以报仇雪恨,实际是想任他为政。管仲心里明白,所以要求返齐。鲍叔牙迎接管仲,一到齐国境内的堂阜就给管仲除去枷锁,让他斋戒沐浴而见桓公。桓公赏以厚礼,任管仲为大夫,主持政务。

【原文】

桓公既得管仲,与鲍叔、隰朋、高傒修齐国政,连五家之兵,设轻重鱼盐之利,以赡贫穷,禄贤能,齐人皆说。

二年,伐灭郯,郯子奔莒。初,桓公亡时,过郯,郯无礼,故伐之。

五年,伐鲁,鲁将师败。鲁庄公请献遂邑以平,桓公许,与鲁会柯而盟。鲁将盟,曹沫以匕首劫桓公于坛上,曰:"反鲁之侵地!"桓公许之。已而曹沫去匕首,北面就臣位。桓公后悔,欲无与鲁地而杀曹沫。管仲曰:"夫劫许之而倍信杀之,愈一小快耳,而弃信于诸侯,失天下之援,不可。"于是遂与曹沫三败所亡地于鲁。诸侯闻之,皆信齐而欲附焉。七年,诸侯会桓公于甄,而桓公于是始霸焉。

十四年,陈厉公子完,号敬仲,来奔齐。齐桓公欲以为卿,让;于是以为工正。田成子常之祖也。

二十三年,山戎伐燕,燕告急于齐。齐桓公救燕,遂伐山戎,至于孤竹而还。燕庄公遂送桓公入齐境。桓公曰:"非天子,诸侯相送不出境,吾不可以无礼于燕。"于是分沟割燕君所至与燕,命燕君复修召公之政,纳贡于周,如成康之时。诸侯闻之,皆从齐。

二十七年,鲁湣公母曰哀姜,桓公女弟也。哀姜淫于鲁公子庆父,庆父弑湣公,哀姜欲立庆父,鲁人更立釐公。桓公召哀姜,杀之。

二十八年,卫文公有狄乱,告急于齐。齐率诸侯城楚丘而立卫君。

【译文】

桓公得到管仲后,与鲍叔、隰朋、高傒共同治理国家,组织基层五家连兵之制,开放商业流通并利用渔业、盐业优势,用以给赡贫民,奖励贤能之士,齐国人人欢欣。

二年,齐国灭郯国,郯国国君逃到莒国。齐桓公当年逃亡在外时,曾路过郯国,郯对桓公很不礼貌,所以讨伐它。

五年(前681),齐军攻打鲁国,眼看着鲁军就要失败了。鲁庄公想献出遂邑求和,桓公同意了,与鲁人在柯地盟会。将要盟誓之际,鲁国的曹沫在祭坛上用匕首劫持齐桓公,说:"归还鲁国被侵占的土地!"桓公答应。然后曹沫扔掉匕首,回到面向北方的臣子之位。桓公后悔,不想归还鲁国被占领土并杀死曹沫。管仲说:"如果被劫持时答应了人家的要求，然后又背弃诺言杀死人家，是满足于一件小小的快意之事，而在诸侯中却失去了信义，也就失去了天下人的支持，不能这样做。"桓公于是就把曹沫三次战败所丢的全部领土归还给鲁国。诸侯闻知，都认为齐国守信而愿意归附。七年，诸侯与齐桓公在甄地盟会，齐桓公从此成为天下诸侯的霸主。

十四年，陈厉公的儿子陈完，号敬仲，逃亡来到齐国。齐桓公想让他做卿，他谦让不肯；于是让他做工正之官。这就是田成子田常的祖先。

二十三年，山戎侵略燕国，燕派人向齐国告急求救。齐桓公派兵援助燕国，讨伐山戎，一直打到孤竹后才撤回来。燕庄公又送桓公进入齐国边境。桓公说："除了天子，诸侯之间相送不用出自己国境，我不能对燕无礼。"于是把燕君所到达的齐国领土用沟分开送给燕国，让燕君重修召公之政，向周王室进贡，就像周成王、康王时代一样。诸侯闻知后，都服从齐国。

二十七年，鲁湣公之母叫哀姜，是齐桓公的妹妹。哀姜与鲁公子庆父私通，庆父杀死湣公，哀姜想立庆父为国君，鲁人却改立釐公。桓公把哀姜召回齐国，杀了哀姜。

二十八年，卫文公被狄人侵伐，向齐国告急。齐国率领诸侯在楚丘修造城池，将卫君安置在那里。

【原文】

二十九年，桓公与夫人蔡姬戏船中。蔡姬习水，荡公，公惧，止之，不止，出船，怒，归蔡姬，弗绝。蔡亦怒，嫁其女。桓公闻而怒，兴师往伐。

三十年春，齐桓公率诸侯伐蔡，蔡溃。遂伐楚。楚成王兴师问曰："何故涉吾地？"管仲对曰："昔召康公命我先君太公曰：'五侯九伯，若实征之，以夹辅周室。'赐我先君履，东至海，西至河，南至穆陵，北至无棣。楚贡包茅不入，王祭不具，是以来责。昭王南征不复，是以来问。"楚王曰："贡之不入，有之，寡人罪也，敢不共乎！昭王之出不复，君其问之水滨。"齐师进，次于陉。夏，楚王使屈完将兵扞齐，齐师退次召陵。桓公矜屈完以其众。屈完曰："君以道则可；若不，则楚方城以为城，江、汉以为沟，君安能进乎？"乃与屈完盟而去。过陈，陈袁涛涂诈齐，令出东方，觉。秋，齐伐陈。是岁，晋杀太子申生。

三十五年夏，会诸侯于葵丘。周襄王使宰孔赐桓公文武胙、彤弓矢、大路，命无拜。桓公欲许之，管仲曰"不可"，乃下拜受赐。秋，复会诸侯于葵丘，益有骄色。周使宰孔会。诸侯颇有叛者。晋侯病，后，遇宰孔。宰孔曰："齐侯骄矣，弟无行。"从之。是岁，晋献公卒，里克杀奚齐、卓子，秦穆公以夫人入公子夷吾为晋君。桓公于是讨晋乱，至高梁，使隰朋立晋君，还。

是时周室微，唯齐、楚、秦、晋为强。晋初与会，献公死，国内乱。秦穆公辟远，不与中国会盟。楚成王初收荆蛮有之，夷狄自置。唯独齐为中国会盟，而桓公能宣其德，故诸侯宾会。于是桓公称曰："寡人南伐至召陵，望熊山；北伐山戎、离枝、孤竹；西伐大夏，涉流沙；束马悬车登太行，至卑耳山而还。诸侯莫违寡人。寡人兵车之会三，乘车之会六，九合诸侯，一匡天下。昔三代受命，有何以异于此乎？吾欲封泰山，禅梁父。"管仲固谏，不听；乃说桓公以远方珍怪物至乃得封，桓公乃止。

【译文】

二十九年（前657），桓公跟夫人蔡姬乘船游玩。蔡姬熟悉水性，把船晃来晃去地跟桓公开玩笑。桓公害怕，让她停下来，她不听，下船之后，桓公很生气，就把蔡姬送回娘家，但又不断绝婚姻关系。蔡侯也很恼怒，就把蔡姬另嫁给别人。桓公听说后更加生气，发兵攻打蔡。

三十年春，齐桓公率领诸侯攻打蔡国，蔡国大败。接着又去攻打楚国。楚成王发兵来问："为什么进入我的国土？"管仲回答说："当年召康公命令我国先君太公：'五等诸侯，各地守官，你都有权征伐，以辅佐周室。'赐给我先君有权征伐的疆界，东至大海，西至黄河，南至穆陵，北至无棣。楚国应该进贡的包茅没有进献，天子祭祀用品不全，因此前来督责。昭王南征不归死在南方，因此前来问罪。"楚王说："贡品没有进献，确实如此，是我的罪过，今后不敢不奉上。至于昭王一去不归，并未在我楚国领土，请您到汉水边上去问罪。"齐军进扎于陉地。夏，楚王命屈完领兵抗齐，齐军退驻召陵。桓公向屈完炫耀兵多将广。屈完说："您合于正义才能胜利；如果不然，楚国就以方城山为城墙，以长江、汉江为护城河，您怎么能推进呢？"齐桓公就与屈完订立协约而回。途径陈国，陈国大夫袁涛涂欺骗桓公，让齐军走东线难行之路，被齐国发觉。秋天，齐国讨伐陈国。这一年，晋国国君杀死其太子申生。

三十五年夏，桓公在葵丘与诸侯会盟。周襄王派宰孔把祭祀文王和武王的胙肉、丹彩装饰的弓箭以及天子的车乘赏赐给桓公，而且特许桓公不用下拜谢恩。桓公本想那样做，管仲说："不行啊。"于是桓公下拜接受赏物。秋天，再次与诸侯在葵丘盟会，齐桓公愈发面有骄傲之色。周王派宰孔参加盟会。诸侯见桓公如此也使有些人离心。晋君病重，上路迟了，正逢宰孔。宰孔说："齐桓公骄傲了，尽管不去也没什么关系。"晋君听从此言未去盟会。此年，晋献公死，里克杀死献公少子奚齐和卓子，秦穆公因为自己夫人是晋公子夷吾的姐姐，所以武力护送夷吾返晋为君。桓公也讨伐晋国内之乱，到达高梁，派隰朋立起夷吾为晋国君，然后撤军。

此时周朝王室衰微，中原只有齐、楚、秦、晋四国最为强盛。晋国刚刚参加盟会，献公就死了，国内大乱。秦穆公处地偏远，不来参加中原诸侯的会盟。楚成王开始将荆蛮之地据为己有，称自己是夷狄之邦。只有齐国能有力量召集中原诸侯盟会，齐桓公又充分宣示出其盛德，所以各国诸侯无不宾服而来参加。因此桓公宣称："寡人南征至召陵，望到了熊耳山；北伐山戎、离枝、孤竹国；西征大夏，远涉流沙；包缠马蹄，挂牢战车登上太行险道，直达卑耳山而还。诸侯无人违抗寡人。寡人召集兵车盟会三次，乘车盟会六次，九次会合诸侯，匡正天下于一统。过去三代开国天子，与此有何不同！我想要封祭泰山，禅祭梁父。"管仲力谏，桓公不听；管仲于是介绍封禅之礼要等远方各种奇珍异物具备才能举行，桓公才作罢。

【原文】

三十八年，周襄王弟带与戎、翟合谋伐周，齐使管仲平戎于周。周欲以上卿礼管仲，管仲顿首曰："臣陪臣，安敢！"三让，乃受下卿礼以见。三十九年，周襄王弟带来奔齐。齐使仲孙请王，为带谢。襄王怒，弗听。

四十一年，秦穆公虏晋惠公，复归之。是岁，管仲、隰朋皆卒。管仲病，桓公问曰："群臣谁可相者？"管仲曰："知臣莫如君。"公曰："易牙如何？"对曰："杀子以适君，非人情，不可。"公曰："开方如何？"对曰："倍亲以适君，非人情，难近。"公曰："竖刀如何？"对曰："自宫以适君，非人情，难亲。"管仲死，而桓公不用管仲言，卒近用三子，三子专权。

【译文】

三十八年（前648），周襄王的弟弟带跟戎、翟两国合谋攻打周朝，齐国派管仲到周去为攻守双方讲和。周天子想用上卿之礼接待管仲，管仲叩头拜谢并推辞说："我是陪臣，哪敢受如此礼遇！"再三谦让，才接受下卿之礼拜见天子。三十九年，周襄王之弟王子带逃到齐国。齐国派仲孙请求周襄王，替代谢罪。周襄王很生气，不答应。

四十一年，秦穆公俘获晋惠公，不久就把他放回去了。同年，管仲、隰朋都去世了。管仲病重的时候，齐桓公问他："你要是走了，群臣之中谁还能做相国？"管仲说："最了解臣子的还是君王。"桓公说："易牙这人怎么样？"回答说："他杀死自己的儿子来迎合国君，不合人情，不能任用。"桓公问："开方这人怎么样？"回答说："他抛弃双亲来迎合国君，不合人情，不可接近。"桓公说："竖刀这人怎么样？"回答说："阉割自己来迎合国君，不合人情，不可亲信。"管仲死后，桓公没有听从管仲的劝告，还是亲近任用这三人，三个人独断专权。

【原文】

四十二年，戎伐周，周告急于齐，齐令诸侯各发卒戍周。是岁，晋公子重耳来，桓公妻之。

四十三年。初，齐桓公之夫人三：曰王姬、徐姬、蔡姬，皆无子。桓公好内，多内宠，如夫人者六人，长卫姬，生无诡；少卫姬，生惠公元；郑姬，生孝公昭；葛嬴，生昭公潘；密姬，生懿公商人；宋华子，生公子雍。桓公与管仲属孝公于宋襄公，以为太子。雍巫有宠于卫共姬，因宦者竖

管仲死后，桓公并未听从他的劝告，仍然任用易牙、开方、竖刀三人。他们经常向齐桓公进谗言，混淆视听。

刀以厚献于桓公，亦有宠，桓公许之立无诡。管仲卒，五公子皆求立。冬十月乙亥，齐桓公卒。易牙入，与竖刀因内宠杀群吏，而立公子无诡为君。太子昭奔宋。

桓公病，五公子各树党争立。及桓公卒，遂相攻，以故宫中空，莫敢棺。桓公尸在床上六十七日，尸虫出于户。十二月乙亥，无诡立，乃棺赴。辛巳夜，敛殡。

桓公十有余子，要其后立者五人：无诡立三月死，无谥；次孝公；次昭公；次懿公；次惠公。孝公元年三月，宋襄公率诸侯兵送齐太子昭而伐齐。齐人恐，杀其君无诡。齐人将立太子昭，四公子之徒攻太子，太子走宋，宋遂与齐四公子战。五月，宋败齐四公子师而立太子昭，是为齐孝公。宋以桓公与管仲属之太子，故来征之。以乱故，八月乃葬齐桓公。

六年春，齐伐宋，以其不同盟于齐也。夏，宋襄公卒。七年，晋文公立。

十年，孝公卒，孝公弟潘因卫公子开方杀孝公子而立潘，是为昭公。昭公，桓公子也，其母曰葛嬴。

昭公元年，晋文公败楚于城濮，而会诸侯践土，朝周，天子使晋称伯。六年，翟侵齐。晋文公卒。秦兵败于殽。十二年，秦穆公卒。

十九年五月，昭公卒，子舍立为齐君。舍之母无宠于昭公，国人莫畏。昭公之弟商人以桓公死争立而不得，阴交贤士，附爱百姓，百姓说。及昭公卒，子舍立，孤弱，即与众十月即墓上弑齐君舍，而商人自立，是为懿公。懿公，桓公子也，其母曰密姬。

【译文】

四十二年（前644），周被戎人攻打，周向齐国告急求救，齐国命各诸侯分别派兵保卫周王室。同年，晋公子重耳来齐国，齐桓公把本族之女嫁给重耳。

四十三年。齐桓公已有三位夫人：分别叫王姬、徐姬、蔡姬，都没生儿子。桓公好色，有很多宠妾，其中等同于夫人地位的就有六个：长卫姬，生下无诡；少卫姬，生下惠公元；郑姬，生下孝公昭；葛嬴，生下孝公潘；密姬，生下懿公商人；宋华子，生下公子雍。齐桓公和管仲曾把孝公昭托付给宋襄公，立为太子。易牙受到桓公长卫姬的宠幸，又通过宦者竖刀送给桓公厚礼，所以也受到桓公宠幸，桓公答应易牙立无诡为太子。管仲死后，五位公子都要求立为太子。冬十月乙亥日，齐桓公死。易牙进宫，与竖刀借助宫内宠臣杀死诸大夫，立公子无诡为齐君。太子昭逃亡到宋国。

桓公病时，五公子各结党派，都要求立自己为太子。桓公一死，公子马上互相攻战，以至于宫中无人，也没人敢去把桓公装棺下葬。桓公尸体放在床上差不多有六十七天，尸体爬满蛆虫，有的虫子都爬到门外来了。十二月乙亥日，无诡即位，这才将桓公装棺并向各国报丧。辛巳日夜，才穿衣入殓，停柩于堂。

桓公一共有十多个儿子，前后有五个人都曾登君位：无诡即位三月死去，没有谥号；然后是孝公；接着是昭公；再接下去是懿公；最后是惠公。孝公元年（前642）三月，宋襄公率领诸侯军队送齐太子昭回国时攻打齐。齐人害怕，杀死其君无诡。齐人将要立太子昭为齐君时，其余四公子的党徒一起攻打太子，太子只好又逃到宋国，宋国与齐国四公子的军队作战。五月，宋军打败四公子立太子昭为君，就是齐孝公。宋国因为曾受桓公与管仲之托照顾太子,所以前来征伐。因为战乱,到八月才顾上埋葬齐桓公。

六年春,齐攻宋,因为宋国不与齐国结盟。夏,宋襄公死。七年,晋文公即位。

十年,孝公死,孝公的弟弟潘派公子开方杀死孝公的儿子而立潘为君,就是昭公。昭公是桓公的儿子,他的母亲是葛嬴。

昭公元年(前632),晋文公在城濮大败楚军,召集诸侯在践土盟会,朝见周天子,天子让晋做诸侯的霸主。六年,狄人进攻齐国。晋文公去世。秦兵在殽地吃了败仗。十二年,秦穆公去世了。

十九年五月,昭公死了,他的儿子舍立做了齐君。昭公在世时并不宠爱舍的母亲,因此齐国人都不怕舍。昭公的弟弟商人没能当上君主,暗中结交贤士,抚恤民众,百姓拥戴。昭公死后,其子舍即位,孤独软弱,商人就与众人于十月在昭公坟前杀死其君舍,商人自立为君,就是懿公。懿公,是桓公之子,他的母亲名叫密姬。

【原文】

懿公四年春,初,懿公为公子时,与丙戎之父猎,争获不胜,及即位,断丙戎父足,而使丙戎仆。庸职之妻好,公内之宫,使庸职骖乘。五月,懿公游于申池,二人浴,戏。职曰:"断足子!"戎曰:"夺妻者!"二人俱病此言,乃怨。谋与公游竹中,二人弑懿公车上,弃竹中而亡去。

懿公之立,骄,民不附。齐人废其子而迎公子元于卫,立之,是为惠公。惠公,桓公子也。其母卫女,曰少卫姬,避齐乱,故在卫。

惠公二年,长翟来,王子城父攻杀之,埋之于北门。晋赵穿弑其君灵公。

十年,惠公卒,子顷公无野立。初,崔杼有宠于惠公,惠公卒,高、国畏其逼也,逐之,崔杼奔卫。

【译文】

懿公四年(前609)春,当初,懿公还是公子的时候,与丙戎的父亲一同打猎,互相争夺猎物,懿公未争到,即位以后,懿公斩断丙戎父亲的脚,却让丙戎为自己驾车。庸职的妻子漂亮,懿公抢入宫中,却让庸职骖乘。五月,懿公在申池游玩,丙戎和庸职洗澡,互相开玩笑。庸职说丙戎是"砍脚人的儿子",丙戎说庸职是"被人夺妻的丈夫"。两人都为这些话感到耻辱,共同怨恨懿公。两个人谋划与懿公共同到竹林中游玩,二人在车上把懿公杀死,把尸体抛在竹林中逃跑。

懿公即位后,骄横,人民不归附。齐国人废黜懿公子之子而从卫国迎接公子元回齐,立为国君,就是惠公。惠公,是桓公之子。他的母亲是卫国之女,名叫少卫姬,因躲避齐国内乱,所以逃往卫国。

惠公二年(前607),长翟来到齐国,王子城父把长翟杀了,并把他埋在北门。晋国大夫赵穿杀死国君晋灵公。

十年(前599),惠公死了,他的儿子顷公无野即位。当初,崔杼曾得到惠公宠幸,等到惠公死后,高氏、国氏怕被他所害,就把他赶走了,崔杼逃到卫国。

【原文】

　　顷公元年，楚庄王强，伐陈；二年，围郑，郑伯降，已复国郑伯。

　　六年春，晋使郤克于齐，齐使夫人帷中而观之。郤克上，夫人笑之。郤克曰："不是报，不复涉河！"归，请伐齐，晋侯弗许。齐使至晋，郤克执齐使者四人河内，杀之。八年，晋伐齐，齐以公子强质晋，晋兵去。十年春，齐伐鲁、卫。鲁、卫大夫如晋请师，皆因郤克。晋使郤克以车八百乘为中军将，士燮将上军，栾书将下军，以救鲁、卫，伐齐。六月壬申，与齐侯兵合靡笄下。癸酉，陈于鞍。逢丑父为齐顷公右。顷公曰："驰之，破晋军会食。"射伤郤克，流血至履。克欲还入壁，其御曰："我始入，再伤，不敢言疾，恐惧士卒，愿子忍之。"遂复战。战，齐急，丑父恐齐侯得，乃易处，顷公为右，车绊于木而止。晋小将韩厥伏齐侯车前，曰："寡君使臣救鲁、卫。"戏之。丑父使顷公下取饮，因得亡，脱去，入其军。晋郤克欲杀丑父。丑父曰："代君死而见僇，后人臣无忠其君者矣。"克舍之，丑父遂得亡归齐。于是晋军追齐至马陵。齐侯请以宝器谢，不听；必得笑克者萧桐叔子，令齐东亩。对曰："叔子，齐君母。齐君母亦犹晋君母，子安置之？且子以义伐而以暴为后，其可乎？"于是乃许，令反鲁、卫之侵地。

　　十一年，晋初置六卿，赏鞍之功。齐顷公朝晋，欲尊王晋景公，晋景公不敢受，乃归。归而顷公弛苑囿，薄赋敛，振孤问疾，虚积聚以救民，民亦大说。厚礼诸侯。竟顷公卒，百姓附，诸侯不犯。

　　十七年，顷公卒，子灵公环立。

　　灵公九年，晋栾书弑其君厉公。十年，晋悼公伐齐，齐令公子光质晋。十九年，立子光为太子，高厚傅之，令会诸侯盟于钟离。二十七年，晋使中行献子伐齐。齐师败，灵公走入临菑。晏婴止灵公，灵公弗从。曰："君亦无勇矣！"晋兵遂围临菑，临菑城守不敢出，晋焚郭中而去。

【译文】

　　顷公元年（前598），楚庄王强大了，就去攻打陈国；二年（前597），楚国围攻郑国，郑伯投降，又让郑伯复国。

　　六年春，晋国派郤克到齐国出使，齐顷公让自己的母亲坐在帷幕后观看。郤克一进来，夫人就笑话他。郤克说："这个仇不报，誓不再渡黄河！"郤克回国后，请求晋君攻打齐，晋君不答应。齐国使者要到晋国去，郤克在河内捉住四个齐国使者，把他们全部杀掉了。八年，晋国伐齐，齐国让公子强到晋国做人质，晋军才离去。十年春，齐国征伐鲁国、卫国。鲁、卫二国大夫到晋国请兵，都是通过郤克。晋国派郤克率领战车八百乘，做中军之将，士燮率领上军，栾书率领下军，来救鲁、卫，讨伐齐国。六月壬申日，晋军与齐军在靡笄山下交兵。癸酉日，在鞍地排列成阵。逢丑父做齐顷公的车右武士。顷公说："冲上去，击破晋军后聚餐。"齐国射伤郤克，血流到靴子。郤克想退回营垒，他战车的驭手说："我从进入战斗后，已两次负伤，我不敢说疼痛，害怕使士卒恐惧，愿您忍痛继续战斗。"郤克又投入战斗。战斗进行中，齐军危急，逢丑父怕齐顷公被活捉，就互相交换了位置，顷公成为车右武士，战车绊在树上抛锚。晋国小将韩厥拜伏在齐顷公战车之前,说:"我们晋君派我来救援鲁、卫。"这样嘲笑顷公。丑父装成顷公,让装成车右武士的顷公下车取水来喝,顷公借此得以逃脱,跑回齐军阵中。晋国的郤克要杀丑父。丑父说:"我替国君死而被杀,以后为人臣子的就不会有忠于君主的人了。"郤克就放了他,丑父于是能逃归齐军。晋军追赶齐军直到马陵。齐顷公请求用宝器谢罪,郤克不答应,一定要得到耻笑郤克的萧桐叔子,还命令齐国把田垄一律改成东西方向。齐人回答说:"萧桐叔子,是齐顷公的母亲。齐君的母亲就犹如晋君的母亲一样地位,您怎么处置她?而且您是以正义之师伐齐,却以暴虐无礼来结束,怎么可以呢?"于是郤克同意了,只让齐国归还侵占的鲁、卫两国领土。

十一年,晋开始设置六卿,以给鞌地之战的有功人员封赏。齐顷公朝见晋君,想用朝见天子的礼节拜见晋景公,晋景公不敢承受,齐君就回国了。回国后顷公开放自己游猎的园林,减轻赋税,赈济孤寡,吊问残疾,拿出国家积蓄来解救贫民,百姓十分高兴。顷公还给诸侯厚礼。直到顷公去世,百姓归附,诸侯没有侵犯齐国的。

十七年,顷公死了,他的儿子灵公环即位。

灵公九年(前573),晋大夫栾书把国君晋厉公杀掉了。十年,晋悼公攻打齐国,齐让公子光到晋国做人质。十九年,齐国拥立公子光为太子,让高厚辅佐他,派他到钟离参加诸侯盟会。二十七年,晋国派中行献子伐齐。齐军战败,灵公逃到临淄城。晏婴劝阻灵公,灵公不听。晏子说:"我们国君太没有勇气了。"晋兵围攻临淄,齐人守在城内不敢出击,晋军把城郊烧毁就撤走了。

【原文】

二十八年,初,灵公取鲁女,生子光,以为太子。仲姬、戎姬。戎姬嬖,仲姬生子牙,属之戎姬。戎姬请以为太子,公许之。仲姬曰:"不可。光之立,列于诸侯矣,今无故废之,君必悔之。"公曰:"在我耳。"遂东太子光,使高厚傅牙为太子。灵公疾,崔杼迎故太子光而立之,是为庄公。庄公杀戎姬。五月壬辰,灵公卒,庄公即位,执太子牙于句窦之丘,杀之。八月,崔杼杀高厚。晋闻齐乱,伐齐,至高唐。

庄公三年,晋大夫栾盈奔齐,庄公厚客待之,晏婴、田文子谏,公弗听。四年,齐庄公使栾盈间入晋曲沃为内应,以兵随之,上太行,入孟门。栾盈败,齐兵还,取朝歌。

六年,初,棠公妻好,棠公死,崔杼取之。庄公通之,数如崔氏,以崔杼之冠赐人。侍者曰:"不可。"崔杼怒,因其伐晋,欲与晋合谋袭齐而不得间。庄公尝笞宦者贾举,贾举复侍,为崔杼间公以报怨。五月,莒子朝齐,齐以甲戌飨之。崔杼称病不视事。乙亥,公问崔杼病,遂从崔杼妻。崔杼妻入室,与崔杼自闭户不出,公拥柱而歌。宦者贾举遮公从官而入,闭门,崔杼之徒持兵从中起。公登台而请解,不许;请盟,不许;请自杀于庙,不许。皆曰:"君之臣杼疾病,不能听命。近于公宫。陪臣争趣有淫者,不知二命。"公逾墙,射中公股,公反坠,遂弑之。晏婴立崔杼门外,曰:"君为社稷死则死之,为社稷亡则亡之。若为己死己亡,非其私暱,谁敢任

之！"门开而入，枕公尸而哭，三踊而出。人谓崔杼："必杀之。"崔杼曰："民之望也，舍之得民。"

【译文】

二十八年（前554），当初，灵公娶鲁国之女，生下儿子光，立为太子。后来又娶了仲姬、戎姬。戎姬最得宠，仲姬生了个儿子名叫牙，托给戎姬抚养。戎姬向灵公请求立牙为太子，灵公同意了。仲姬说："不能这样做。光已经立为太子，位列诸侯，现在您无故废黜他，将来一定后悔。"灵公说："废立全在于我。"于是把太子光迁往东部，让高厚辅佐牙为太子。灵公患病，崔杼迎立原太子光为国君，就是庄公。庄公杀死戎姬。五月壬辰日，灵公死，庄公即位，在句窦丘捉住太子牙杀死。八月，崔杼杀死高厚。晋国听说齐国内乱，前来攻打，到达高唐。

庄公三年（前551），晋国大夫栾盈逃到齐国，庄公以厚礼相待。晏婴、田文子阻止他，庄公不听。四年，齐庄公派栾盈秘密进入曲沃做内应，大军随后，上太行山，进入孟门关口。栾盈败露，齐军返回，攻取朝歌城。

六年，棠公的妻子很漂亮，棠公死后，崔杼娶了她。庄公又跟她通奸，多次偷偷到崔杼家去，还把崔杼的帽子赏给别人。庄公的侍从说："不能这样。"崔杼知道后十分恼怒，借庄公伐晋之机，想与晋国合谋攻打庄公但事未成功。庄公曾经鞭打宦官贾举，贾举又被任为内侍，替崔杼寻找庄公的漏隙来报复仇怨。五月，莒国国君朝见齐君，齐庄公在甲戌日宴请莒君。崔杼谎称有病不去上朝。乙亥日，庄公探望崔杼病情，接着追嬉崔杼妻子。崔妻入室，与崔杼同把屋门关上不出来，庄公在前堂抱柱唱歌。这时宦官贾举把庄公的侍从拦在外面而自己进入院子，把院门从里边关上。崔杼的徒众手执兵器一拥而上。庄公登上高高的亭台请求和解，众人不答应，庄公又请求盟誓定约，众人也不答应，庄公最后请求让他到自己的祖庙里去自杀，众人仍不允许。大家说："国君之臣崔杼病重，不能听你吩咐。这里离宫廷很近，我们只管捉拿淫乱之徒，没接到其他命令。"庄公跳墙想逃，被人射中大腿，反坠墙里，于是被杀。晏婴站在崔杼院门之外，说："国君为社稷而死则臣子应为他殉死，国君为社稷而逃亡则臣子应随他流亡。国君为自己私利而死而逃，除了他的宠幸私臣，别人不会为此殉死逃亡的。"晏子等打开大门进入院内，把庄公之尸枕放在自己的大腿上抚尸而哭，起来后三次顿足以示哀痛然后走出院子。别人对崔杼说："一定要杀掉晏婴！"崔杼说："他深得众望，放过他我们会争取民心。"

【原文】

丁丑，崔杼立庄公异母弟杵臼，是为景公。景公母，鲁叔孙宣伯女也。景公立，以崔杼为右相，庆封为左相。二相恐乱起，乃与国人盟曰："不与崔庆者死！"晏子仰天曰："婴所不，唯忠于君利社稷者是从！"不肯盟。庆封欲杀晏子，崔杼曰："忠臣也，舍之。"齐太史书曰："崔杼弑庄公"，崔杼杀之。其弟复书，崔杼复杀之。少弟复书，崔杼乃舍之。

景公元年，初，崔杼生子成及强，其母死，取东郭女，生明。东郭女使其前夫子无咎与其弟偃相崔氏。成有罪，二相急治之，立明为太子。成请老于崔，崔杼许之，二相弗听，曰："崔，宗邑，不可。"成、强怒，告庆封。庆封与崔杼有郄，欲其败也。成、强杀无咎、偃于崔杼家，家皆奔亡。崔杼怒，无人，使一宦者御，见庆封。庆封曰："请为子诛之。"使崔杼仇卢蒲嫳攻崔氏，杀成、强，尽灭崔氏，崔杼妇自杀。崔杼毋归，亦自杀。庆封为相国，专权。

三年十月，庆封出猎。初，庆封已杀崔杼，益骄，嗜酒好猎，不听政令。庆舍用政，已有内郄。田文子谓桓子曰："乱将作。"田、鲍、高、栾氏相与谋庆氏。庆舍发甲围庆封宫，四家徒共击破之。庆封还，不得入，奔鲁。齐人让鲁，封奔吴。吴与之朱方，聚其族而居之，富于在齐。其秋，齐人徙葬庄公，僇崔杼尸于市以说众。

九年，景公使晏婴之晋，与叔向私语曰："齐政卒归田氏。田氏虽无大德，以公权私，有德于民，民爱之。"十二年，景公如晋，见平公，欲与伐燕。十八年，公复如晋，见昭公。二十六年，猎鲁郊，因入鲁，与晏婴俱问鲁礼。三十一年，鲁昭公辟季氏难，奔齐。齐欲以千社封之，子家止昭公，昭公乃请齐伐鲁，取郓以居昭公。

【译文】

丁丑日，崔杼立庄公同父异母的弟弟杵臼为君王，就是景公。景公母亲，是鲁国大夫叔孙宣伯的女儿。景公即位后，让崔杼做右相，庆封当左相。二位国相怕国内动乱不稳，就与国人盟誓说："谁不顺服崔庆谁就别想活命！"晏子仰天长叹说："我做不到，我只跟从忠君利国的人！"不肯参加盟誓。庆封想杀晏子，崔杼说："他是忠臣，放过他。"齐太史记载在简策上"崔杼杀庄公"，崔杼把太史杀死。太史之弟又一次记载上，崔杼又杀了他。太史的小弟又记载上，崔杼放过了他。

景公元年（前547），崔杼曾有儿子成、强，他们的母亲死后，崔杼又娶了东郭氏的女儿，生下明。东郭氏的女儿让前夫的儿子无咎、她自己的弟弟东郭偃做崔杼家族的相。成犯了法，无咎和东郭偃两位家相立即严治成，立明为太子。成请求到崔邑回故乡养老，崔杼答应，二相不肯，说："崔邑是崔氏宗庙所在之地，成不许去。"成、强恼怒，告诉了庆封。庆封与崔杼有矛盾，希望崔氏败落。成、强在崔杼家中杀死无咎、偃，家人逃跑。崔杼大怒，没有仆从，只好让一个宦官为他驾车，去找庆封。庆封说："让我为您杀掉成、强。"于是派崔杼的仇人卢蒲嫳攻打崔氏，杀死成、强，又消灭崔氏一族，崔杼妻子自杀。庆封无家可归，也自杀。庆封当上相国，大权在握。

三年十月，庆封到外面去打猎。当初，庆封杀死崔杼以后，愈发骄横，酗酒游猎，不理政务。他的儿子庆舍执政，内部已有矛盾。田文子对田桓子说："马上就要出乱子了。"田、鲍、高、栾四家族联合谋划消灭庆氏。庆舍派出甲兵围护庆封的宫室，四家族的徒众共同击破庆家。庆封回来，进不去家，逃到鲁国。齐人责备鲁君，庆封又逃到吴国。吴国把朱方之地赏给庆封，庆封与族人居此，比在齐国时还富有。此年秋，齐人移葬庄公，而把崔杼尸体示众于市以泄民愤。

九年，景公派晏婴到晋国去出使，晏婴私下对叔向说："最终齐国政权要归田氏。田氏虽无大的功德，但能假公济私，有恩惠施于民众，百姓拥戴。"十二年，景公到晋国，会见晋平公，想共同伐燕。十八年，景公又到晋国，会见晋昭公。二十六年，景公在鲁国郊外打猎，接着进入鲁国都，同晏婴一起咨询鲁国的礼制。三十一年，鲁昭公躲避季氏叛乱，逃亡到齐国。景公想封给昭公千社人家连同土地，子家劝阻昭公不要接受，昭公就要求齐国伐鲁，攻取郓邑，让昭公居住。

【原文】

三十二年，彗星见。景公坐柏寝，叹曰："堂堂！谁有此乎？"群臣皆泣，晏子笑，公怒。晏子曰："臣笑群臣谀甚。"景公曰："彗星出东北，当齐分野，寡人以为忧。"晏子曰："君高台深池，赋敛如弗得，刑罚恐弗胜，茀星将出，彗星何惧乎？"公曰："可禳否？"晏子曰："使神可祝而来，亦可禳而去也。百姓苦怨以万数，而君令一人禳之，安能胜众口乎？"是时景公好治宫室，聚狗马，奢侈，厚赋重刑，故晏子以此谏之。

四十二年，吴王阖闾伐楚，入郢。

四十七年，鲁阳虎攻其君，不胜，奔齐，请齐伐鲁。鲍子谏景公，乃囚阳虎。阳虎得亡，奔晋。

四十八年，与鲁定公好会夹谷。犁鉏曰："孔丘知礼而怯，请令莱人为乐，因执鲁君，可得志。"景公害孔丘相鲁，惧其霸，故从犁鉏之计。方会，进莱乐，孔子历阶上，使有司执莱人斩之，以礼让景公。景公惭，乃归鲁侵地以谢，而罢去。是岁，晏婴卒。

五十五年，范、中行反其君于晋，晋攻之急，来请粟。田乞欲为乱，树党于逆臣，说景公曰："范、中行数有德于齐，不可不救。"乃使乞救而输之粟。

五十八年夏，景公夫人燕姬适子死。景公宠妾芮姬生子荼，荼少，其母贱，无行，诸大夫恐其为嗣，乃言愿择诸子长贤者为太子。景公老，恶言嗣事，又爱荼母，欲立之，惮发之口，乃谓诸大夫曰："为乐耳，国何患无君乎？"秋，景公病，命国惠子、高昭子立少子荼为太子，逐群公子，迁之莱。景公卒，太子荼立，是为晏孺子。冬，未葬，而群公子畏诛，皆出亡。荼诸异母兄公子寿、驹、黔奔卫，公子䰒、阳生奔鲁。莱人歌之曰："景公死乎弗与埋，三军事乎弗与谋，师乎师乎，胡党之乎？"

【译文】

三十二年（前516），天空出现彗星。景公叹息着坐在柏寝台上，说："堂皇的亭台楼阁，最终会是谁的呢？"群臣见状都哭了。晏子反而笑起来，景公很生气。晏子解释说："我笑大臣们太谄谀了。"景公说："彗星出现在东北天空，正是对着齐国的地域位置，寡人为此而担忧。"晏子说："您筑高台凿深池，多收租税唯恐得的少，滥施刑罚唯恐不严苛，最凶的茀星将出现，您怕什么彗星呢？"景公说："可以用祭祷禳除彗星吗？"晏子说："如果祝祷可以使神明降临，那么祈禳也可以使它离去。但百姓愁苦怨恨的成千上万，而您让一个人去祈禳，怎么能胜过众口怨声呢？"当时景公大兴土木以建宫室，养了很多狗马，奢侈无度，税重刑酷，所以晏子借机谏止齐景公。

四十二年，吴王阖闾进攻楚国，一直打到楚国都城郢。

四十七年，鲁国大夫阳虎攻打鲁君，没有成功，逃到齐国，请求齐国讨伐鲁国。鲍子谏止景公，景公乃把阳虎囚禁。阳虎逃脱，逃到晋国。

四十八年，景公在夹谷与鲁定公盟会订立和约。犁鉏跟景公说："孔丘深通礼仪但怯懦不刚，请允许让莱人表演歌舞，借此机会捉住要挟鲁君，可以让鲁国满足我们的要求。"景公也很担心孔子做鲁相，害怕鲁国成就霸业，所以听从犁鉏之计。盟会时，齐国献上莱人乐舞，孔子登阶上台，命有关人员捉住莱人斩首，用礼仪责备景公。景公心亏，就归还了侵占的鲁国领土以谢罪，然后离去。同年，晏婴死。

五十五年，晋国大夫范氏、中行氏反叛其国君，晋君攻二氏吃紧，二氏来齐借粮。田乞想在齐国叛乱，想和晋国叛臣结党，劝景公说："范氏、中行氏多次对齐国有恩，不可不救。"景公派田乞去救援并供给他们粮食。

五十八年夏，景公夫人燕姬的嫡子死了。景公的宠妾芮姬生有儿子荼，荼年纪不大，而他的母亲出身微贱，荼又品行不端正，诸位大夫担心荼成为太子，于是都说愿意在其他公子中选择年长贤德者做太子。景公已经上了年纪，很讨厌提立太子的事，又宠爱荼的母亲，想立荼当太子，又不愿自己提出来，就对大夫们说："及时行乐吧，还怕国家没有君主吗？"秋天，景公病重，命令国惠子、高昭子立幼子荼为太子，驱逐其他公子，迁居到莱地。景公死，太子荼为国君，就是晏孺子。冬天，齐景公还未埋葬，其他公子害怕被杀，都逃亡国外。荼的异母兄寿、驹、黔逃到卫国，公子驵、阳生逃到鲁国。莱人为此唱道："景公葬礼不能参加，国家军事不让谋划。众公子的追随者呀，你们最终去何方？"

【原文】

晏孺子元年春，田乞伪事高、国者，每朝，乞骖乘，言曰："子得君，大夫皆自危，欲谋作乱。"又谓诸大夫曰："高昭子可畏，及未发，先之。"大夫从之。六月，田乞、鲍牧乃与大夫以兵入公宫，攻高昭子。昭子闻之，与国惠子救公。公师败，田乞之徒追之，国惠子奔莒，遂反杀高昭子。晏圉奔鲁。八月，齐秉意兹。田乞败二相，乃使人之鲁召公子阳生。阳生至齐，私匿田乞家。十月戊子，田乞请诸大夫曰："常之母有鱼菽之祭，幸来会饮。"会饮，田乞盛阳生橐中，置坐中央，发橐出阳生，曰："此乃齐君矣。"大夫皆伏谒。将与大夫盟而立之，鲍牧醉，乞诬大夫曰："吾与鲍牧谋共立阳生。"鲍牧怒曰："子忘景公之命乎？"诸大夫相视欲悔，阳生前，顿首曰："可则立之，否则已。"鲍牧恐祸起，乃复曰："皆景公子也，何为不可！"乃与盟，立阳生，是为悼公。悼公入宫，使人迁晏孺子于骀，杀之幕下，而逐孺子母芮子。芮子故贱而孺子少，故无权，国人轻之。

【译文】

　　晏孺子元年（前489）春，田乞假装忠于高氏、国氏，每次高昭子上朝，田乞都为他备马驾车，有一次他趁机撒谎说："您得到君王信任，群大夫们人人自危，都想图谋叛乱。"又对群大夫说："高昭子太可怕了，趁他还没开始迫害我们，我们得先杀了他。"大夫们都听从他。六月，田乞、鲍牧与众大夫带兵进入宫中，攻打高昭子。昭子听说，与国惠子共救国君。国君兵败，田乞的徒众追击，国惠子逃到莒国，田乞回来又杀死高昭子。晏圉逃到鲁国。八月，齐大夫秉意兹逃往鲁国。田乞击败高、国二相，就派人到鲁国迎回公子阳生。阳生到齐后，暗藏在田乞家中。十月戊子日，田乞邀请各位大夫说："尝儿的母亲今天在家将操持菲薄的祭礼，敬请光临饮酒。"会餐饮酒时，田乞事先把阳生装在大口袋里，放在座席中央，然后打开口袋放出阳生，说："这就是齐国之君！"众大夫就地拜见。接着要与众大夫盟誓而立阳生为君，此时鲍牧已醉，田乞就欺骗大家说："我和鲍牧谋划一致立阳生为君。"鲍牧恼怒说："您忘记了景公立荼为君的遗命了吗？"众大夫面面相觑想反悔，阳生上前，叩头而拜说："对于我可立则立，否则作罢。"鲍牧也怕惹起祸乱，就又说："都是景公的儿子，有什么不可的！"就与众盟誓，立阳生为齐君，就是悼公。悼公进入宫中，派人流放晏孺子去骀，于途中设帐幕将晏孺子杀死在里面，驱逐了孺子之母芮子。芮子本来微贱而孺子又幼小，所以无权无势，国人都很轻视他们。

【原文】

　　悼公元年，齐伐鲁，取讙、阐。初，阳生亡在鲁，季康子以其妹妻之。及归即位，使迎之。季姬与季鲂侯通，言其情，鲁弗敢与，故齐伐鲁，竟迎季姬。季姬嬖，齐复归鲁侵地。

　　鲍子与悼公有郤，不善。四年，吴、鲁伐齐南方，鲍子弑悼公，赴于吴。吴王夫差哭于军门外三日，将从海入讨齐。齐人败之，吴师乃去。晋赵鞅伐齐，至赖而去。齐人共立悼公子壬，是为简公。

　　简公四年春，初，简公与父阳生俱在鲁地，监止有宠焉。及即位，使为政。田成子惮之，骤顾于朝。御鞅言简公曰："田、监不可并也，君其择焉。"弗听。子我夕，田逆杀人，逢之，遂捕以入。田氏方睦，使囚病而遗守囚者酒，醉而杀守者，得亡。子我盟诸田于陈宗。初，田豹欲为子我臣，使公孙言豹，豹有丧而止。后卒以为臣，幸于子我。子我谓曰："吾尽逐田氏而立女，可乎？"对曰："我远田氏矣。且其违者不过数人，何尽逐焉！"遂告田氏。子行曰："彼得君，弗先，必祸子。"子行舍于公宫。

【译文】

悼公元年（前488），齐国攻打鲁国，占领了谨、阐这两个地方。当初，阳生逃到鲁国时，季康子曾把自己妹妹嫁给他。阳生回国即位后，便派人迎接妻子。但是他的妻子季姬此时已经跟季鲂侯私通，便向家人说出真情，鲁人不敢把季姬给齐国，所以齐国伐鲁，终于把季姬接到齐。季姬受到悼公宠爱，齐国就又把侵占的土地归还鲁国。

鲍子和悼公有矛盾，二人一直不和。四年，吴国、鲁国联合攻击齐国南方，鲍子杀死悼公，向吴国报丧。吴王夫差按礼仪在军门外哭吊三日，然后从海路进军讨伐齐国。结果齐军战胜吴军，吴军撤退。晋国赵鞅伐齐，到达赖地后撤军。齐人一致立悼公之子壬为齐君，就是简公。

简公四年（前481）春，当初，齐简公和自己的父亲悼公同在鲁国时，曾偏爱大夫监止。简公即位后，让监止管理政务。田成子怕被他加害，上朝时常常戒备地回头看他。简公的驭手田鞅劝他："田、监不能同时存在，你要选择其中一个。"简公不听。监止有次晚朝，田逆杀人，监止正遇上，就把田逆逮捕进官。田氏宗族这时正非常团结，就让被囚禁的田逆伪装病重，借机由家人探监送酒给看守，看守醉后被杀掉，田逆逃脱。监止与田氏在田氏宗祠盟誓将此事和解。当初，田豹想给监止做家臣，让大夫公孙向监止荐举，正逢田豹服丧就作罢了。以后终于做了监止家臣，而且受到监止的宠任。监止对田豹说："我要把田氏全部驱逐而让你当田氏之长，可以吗？"田豹回答说："我只不过是田氏族中的疏远旁支。而且田氏族中不服从您的不过几个人，何必全都驱逐呢！"接着田豹告知田氏。田逆说："他正得君主宠任，你田常如不先下手，必遭其祸。"田逆就住在国君宫中以便接应。

【原文】

夏五月壬申，成子兄弟四乘如公。子我在幄，出迎之，遂入，闭门。宦者御之，子行杀宦者。公与妇人饮酒于檀台，成子迁诸寝。公执戈将击之，太史子馀曰："非不利也，将除害也。"成子出舍于库，闻公犹怒，将出，曰："何所无君！"子行拔剑曰："需，事之贼也。谁非田宗？所不杀子者有如田宗。"乃止。子我归，属徒攻闱与大门，皆弗胜，乃出。田氏追之。丰丘人执子我以告，杀之郭关。成子将杀大陆子方，田逆请而免之。以公命取车于道，出雍门。田豹与之车，弗受，曰："逆为馀请，豹与馀车，馀有私焉。事子我而有私于其雠，何以见鲁、卫之士？"

庚辰，田常执简公于徐州。公曰："余蚤从御鞅言，不及此。"甲午，田常弑简公于徐州。田常乃立简公弟骜，是为平公。平公即位，田常相之，专齐之政，割齐安平以东为田氏封邑。

平公八年，越灭吴。二十五年卒，子宣公积立。

宣公五十一年卒，子康公贷立。田会反廪丘。

康公二年，韩、魏、赵始列为诸侯。十九年，田常曾孙田和始为诸侯，迁康公海滨。

二十六年，康公卒，吕氏遂绝其祀。田氏卒有齐国，为齐威王，强于天下。

【译文】

夏五月壬申日，田常兄弟乘四辆车去拜见简公。监止正在帷帐中，便出来迎接，他们进宫后紧闭宫门。宦官攻击田氏，田逆杀死宦官。此时简公正在檀台与妻妾饮酒，田常到那把他带到寝宫。简公拿戈反击，太史子余说："田尝不是要谋害您，而是为您除害。"田尝出宫住进武库，听说简公还在发怒，想逃到别国，说："哪儿没有国君！"田逆拔剑说："犹豫迟疑，是坏事的祸根。这些人谁不是田氏成员？你如怯懦出逃不顾大家，我不杀死你，祖宗不饶。"田尝才留下。监止回家，聚集徒众进攻宫门，未成功，就逃走了。田氏之众追赶。丰丘有人抓住监止并报告，田氏在郭门把监止杀死。田常要杀大陆子方，田逆为他求情，大陆子方被赦免，以简公的名义在路上截车，驰出雍门。田豹曾给他车，他不要，说："田逆为我说情，田豹给我车辆，人家会以为我与田氏私交。我是监止的家臣却与仇家私交，有何面目去见鲁、卫的士人？"

庚辰日，田常在徐州抓住简公。简公哀叹道："我若早听田鞅劝告，就不会落到今天这个地步。"甲午日，田常在徐州杀死简公。田常立简公之弟骜为齐君，即平公。平公即位后，田常为相国，独揽大权，划安平以东的土地为田氏封地。

平公八年（前473），越灭吴。二十五年平公死去，其子宣公积即位。

宣公五十一年（前405）死了，他的儿子康公贷即位。田会在廪丘兴兵叛乱。

康公二年（前403），韩、赵、魏开始成为诸侯。十九年，田常的曾孙田和开始成为诸侯，他把康公流放到沿海地区去了。

二十六年，康公死了，吕氏祭祀断绝。最终田氏占有齐国，到齐威王时，成为中原强国。

【原文】

太史公曰：吾适齐，自泰山属之琅邪，北被于海，膏壤二千里，其民阔达多匿知，其天性也。以太公之圣，建国本，桓公之盛，修善政，以为诸侯会盟，称伯，不亦宜乎？洋洋哉，固大国之风也！

【译文】

太史公说：我曾去过齐国，看到齐地西起泰山，东连琅琊，北到大海，方圆两千多里，民众心胸豁达、沉稳多智，这是他们天性如此。太公圣明，打好建国根基，桓公善政，召集诸侯会盟，成为霸主，不是顺理成章吗？广盛博大，的确是大国风貌！

楚世家

【原文】

　　楚之先祖出自帝颛顼高阳。高阳者，黄帝之孙，昌意之子也。高阳生称，称生卷章，卷章生重黎。重黎为帝喾高辛居火正，甚有功，能光融天下，帝喾命曰祝融。共工氏作乱，帝喾使重黎诛之而不尽。帝乃以庚寅日诛重黎，而以其弟吴回为重黎后，复居火正，为祝融。

　　吴回生陆终。陆终生子六人，坼剖而产焉。其长一曰昆吾；二曰参胡；三曰彭祖；四曰会人；五曰曹姓；六曰季连，芈姓，楚其后也。昆吾氏，夏之时尝为侯伯，桀之时汤灭之。彭祖氏，殷之时尝为侯伯。殷之末世灭彭祖氏。季连生附沮，附沮生穴熊。其后中微，或在中国，或在蛮夷，弗能纪其世。

　　周文王之时，季连之苗裔曰鬻熊。鬻熊子事文王，蚤卒。其子曰熊丽，熊丽生熊狂，熊狂生熊绎。

　　熊绎当周成王之时，举文、武勤劳之后嗣，而封熊绎于楚蛮，封以子男之田，姓芈氏，居丹阳。楚子熊绎与鲁公伯禽、卫康叔子牟、晋侯燮、齐太公子吕伋俱事成王。

　　熊绎生熊艾，熊艾生熊䵣，熊䵣生熊胜。熊胜以弟熊杨为后。熊杨生熊渠。

　　熊渠生子三人。当周夷王之时，王室微，诸侯或不朝，相伐。熊渠甚得江汉间民和，乃兴兵伐庸、杨粤，至于鄂。熊渠曰："我蛮夷也，不与中国之号谥。"乃立其长子康为句亶王，中子红为鄂王，少子执疵为越章王，皆在江上楚蛮之地。及周厉王之时。暴虐，熊渠畏其伐楚，亦去其王。

　　后为熊毋康，毋康蚤死。熊渠卒，子熊挚红立。挚红卒，其弟弑而代立，曰熊延。熊延生熊勇。

　　熊勇六年，而周人作乱，攻厉王，厉王出奔彘。熊勇十年，卒，弟熊严为后。

　　熊严十年，卒。有子四人，长子伯霜，中子仲雪，次子叔堪，少子季徇。熊严卒，长子伯霜代立，是为熊霜。

　　熊霜元年，周宣王初立。熊霜六年，卒，三弟争立。仲雪死；叔堪亡，避难于濮；而少弟季徇立，是为熊徇。熊徇十六年，郑桓公初封于郑。二十二年，熊徇卒，子熊咢立。熊咢九年，卒，子熊仪立，是为若敖。

【译文】

　　楚国的祖先是颛顼帝高阳之后。高阳是黄帝的孙子，昌意的儿子。高阳生下了称，称生下了卷章，卷章生下了重黎。重黎成为帝喾高辛氏管火的官员，功劳很大，能使光照天下，帝喾赐给他祝融。共工氏发动内乱，帝喾让重黎诛杀作乱的人，但重黎并没有把他们全部杀光。在庚寅那一天帝喾就杀死了重黎，让他的弟弟吴回接替重黎，也去管火，仍赐称为祝融。

　　吴回生下陆终。陆终有六个儿子，都是母亲剖腹而生。长子叫昆吾，次子叫参胡，三子叫彭祖，四子叫会人，五子叫曹姓，六子叫季连。季连姓芈，是楚国王族的祖先。昆吾氏在夏商时曾经做侯伯，桀时被汤灭掉。彭祖氏在殷朝时曾经做侯伯。殷朝末年，彭祖氏被灭掉。季连生下了附沮，附沮生下了穴熊。穴熊的代中途衰落，有的住在中原，有的流落到了蛮夷，史书上没有记载他们的世系。

周文王的时候，季连的后代有一支叫鬻熊。鬻熊如同儿子般侍奉文王，但不幸死得很早。他的儿子叫熊丽。熊丽生下了熊狂，熊狂生下了熊绎。

熊绎时周成王当政，成王要举用文王、武王时功臣的后代，于是成王就把熊绎封到楚蛮，封给他子男爵位的田地，姓芈，住在丹阳。楚子熊绎和鲁公伯禽、卫康叔子牟、晋侯燮、齐太公子吕伋共同侍奉成王。

熊绎生下了熊艾，熊艾生下了熊䵣，熊䵣生下了熊胜。熊胜让弟弟熊杨作自己的继承者。熊杨生下了熊渠。

熊渠有三个儿子。周夷王当政的时候，周王室衰落，有的诸侯不肯朝觐天子，并且诸侯间彼此攻战。长江、汉水一带的民众都很拥戴熊渠，熊渠出兵攻打庸、杨粤，一直打到鄂地。熊渠说："我们住蛮夷地区，不必和中原各国的名称谥号一样。"于是他就封自己的长子熊康作句亶王，二儿子熊红作鄂王，小儿子熊执疵做越章王，都在长江沿岸楚蛮地区。等到周厉王时，由于厉王暴躁狂虐，熊渠担心他来攻打楚国，也就去掉了自己的王号。

熊渠的继承者是长子熊毋康，毋康死得早。熊渠逝世后，次子熊挚红即位。挚红继任后，他的弟弟杀了他即位，这就是熊延。熊延生下了熊勇。

熊勇六年（前842），周人发生内讧，围攻厉王，厉王逃到彘。熊勇于十年（前838）逝世，弟弟熊严继承王位。

熊严于十年（前828）逝世。熊严有四个儿子，长子叫伯霜，二子叫仲雪，次子叫叔堪，小儿子叫季徇。熊严死后，长子伯霜即位，这就是熊霜。

熊霜元年（前827），周宣王刚即位。熊霜于六年（前822）逝世，他的三个弟弟互相夺权。仲雪死了，叔堪逃到濮去避难；小弟弟季徇即位，这就是熊徇。熊徇十六年（前806），郑桓公刚被封到郑。二十二年（前800），熊徇逝世，儿子熊咢即位。熊咢于九年（前791）逝世，儿子熊仪即位，这就是若敖。

【原文】

若敖二十年，周幽王为犬戎所弑，周东徙，而秦襄公始列为诸侯。

二十七年，若敖卒，子熊坎立，是为霄敖。霄敖六年，卒，子熊眴立，是为蚡冒。蚡冒十三年，晋始乱，以曲沃之故。蚡冒十七年，卒。蚡冒弟熊通弑蚡冒子而代立，是为楚武王。

武王十七年，晋之曲沃庄伯弑主国晋孝侯。十九年，郑伯弟段作乱。二十一年，郑侵天子之田。二十三年，卫弑其君桓公。二十九年，鲁弑其君隐公。三十一年，宋太宰华督弑其君殇公。

三十五年，楚伐随。随曰："我无罪。"楚曰："我蛮夷也。今诸侯皆为叛相侵，或相杀。我有敝甲，欲以观中国之政，请王室尊吾号。"随人为之周，请尊楚，王室不听，还报楚。三十七年，楚熊通怒曰："吾先鬻熊，文王之师也，蚤终。成王举我先公，乃以子男田令居楚，蛮夷皆率服，而王不加位，我自尊耳。"乃自立为武王，与随人盟而去。于是始开濮地而有之。

五十一年，周召随侯，数以立楚为王。楚怒，以随背己，伐随。武王卒师中而兵罢。子文王熊赀立，始都郢。

文王二年，伐申过邓，邓人曰"楚王易取"，邓侯不许也。六年，伐蔡，虏蔡哀侯以归，已而释之。楚强，陵江汉间小国，小国皆畏之。十一年，齐桓公始霸，楚亦始大。

【译文】

若敖二十年（前771），犬戎人杀掉周幽王，周都城向东迁移，秦襄公开始列为诸侯。

二十七年，若敖逝世，儿子熊坎即位，这就是霄敖。霄敖于六年（前758）逝世，儿子熊眴即位，这是蚡冒。蚡冒十三年（前745），晋国开始动乱，这是因为曲沃的缘故。蚡冒于十七年逝世。蚡冒的弟弟熊通杀死蚡冒的儿子即位，这就是楚武王。

武王十七年（前724），晋国曲沃庄伯杀死了宗主国国君晋孝侯。十九年，郑伯的弟弟段挑起内乱。二十一年，郑国侵占天子的田地。二十三年，卫国人杀死了自己的国君桓公。二十九年，鲁国人杀死了自己的国君隐公。三十一年，宋国的太宰华督杀死了自己的国君殇公。

三十五年，楚国攻打随国。随国君抗议道："我又没得罪你。"楚王说："我是蛮夷。如今诸侯们都背叛王室彼此争战，互相攻杀。我有大批人马，想凭此参与中原的政事，请求周王室尊奉我的名号。"于是随国人替他到周王室请求尊号，周王室不答应，随国人回来向楚国报告。三十七年（前704），楚熊通大怒说："我的祖先鬻熊是文王的老师，很早死去。周成王提拔我的先公，竟只赐予子男爵位的田地，让他住在楚地，蛮夷部族都顺服，可是周王不加封爵位，我只好自称尊号了！"于是他自称武王，和随国人订立盟约后才撤军。从此便开始垦殖占据了濮地。

五十一年，周王召见了随侯，责备他让楚国君称王。楚武王听说这件事后很生气，认为是随侯背叛了自己，就又攻打随国。武王在进军路上病死，于是楚国停止进军。武王的儿子文王熊赀即位，楚国开始迁都到郢。

文王二年（前688），楚国进攻申国时经过邓，邓有人跟邓侯说："这时能容易地擒获楚王。"邓侯没这样做。六年，楚国讨伐蔡国，俘虏了蔡哀侯后回国，不久又把他放了。楚国强盛起来，欺凌长江、汉水流域的小国，小国都很畏惧楚国。十一年，齐桓公开始称霸，楚国也开始强大。

【原文】

十二年，伐邓，灭之。十三年，卒，子熊艰立，是为堵敖。堵敖五年，欲杀其弟熊恽，恽奔随，与随袭弑堵敖代立，是为成王。

成王恽元年，初即位，布德施惠，结旧好于诸侯。使人献天子，天子赐胙，曰："镇尔南方夷越之乱，无侵中国。"于是楚地千里。

十六年，齐桓公以兵侵楚，至陉山。楚成王使将军屈完以兵御之，与桓公盟。桓公数以周之赋不入王室，楚许之，乃去。

十八年，成王以兵北伐许，许君肉袒谢，乃释之。二十二年，伐黄。二十六年，灭英。

三十三年，宋襄公欲为盟会，召楚。楚王怒曰："召我，我将好往袭辱之。"遂行，至盂，遂执辱宋公，已而归之。三十四年，郑文公南朝楚。楚成王北伐宋，败之泓，射伤宋襄公，襄公遂病创死。

三十五年，晋公子重耳过楚，成王以诸侯客礼飨，而厚送之于秦。

三十九年，鲁僖公来请兵以伐齐，楚使申侯将兵伐齐，取谷，置齐桓公子雍焉。齐桓公七子皆奔楚，楚尽以为上大夫。灭夔，夔不祀祝融、鬻熊故也。

【译文】

十二年（前678），楚国征讨邓国，最终灭掉邓国。十三年，文王逝世，儿子熊艰即位，这就是堵敖。堵敖五年（前672），他想杀掉弟弟熊恽，熊恽逃到随国，与随人联合攻杀了堵敖，自己称王，这就是成王。

成王恽元年（前671），刚刚即位就向百姓布恩惠施德政，在诸侯中恢复旧时的友好关系。派人向天子进贡，天子赏赐给他祭祀的肉，还说："镇抚你们南方夷越地区的动乱就行了，不要侵犯中原。"于是楚国扩地到方圆千里。

十六年，齐桓公派军侵犯楚国，一直打到陉山。楚成王让将军屈完率军抵御，然后与桓公结盟。桓公责备楚成王没有向周王室交纳贡品，楚成王同意进贡，齐桓公才撤军离开楚地。

十八年，成王率军向北进军去攻打许国，许国国君脱去上衣露出胳膊前来请罪，楚成王就放过了他们。二十二年，楚讨伐黄。二十六年，楚灭掉英。

三十三年，宋襄公想与诸侯结盟相会，也叫楚国参加。楚王生气地说："叫我去，我就好好地到那袭击侮辱他。"于是，楚王出兵到了盂，逮捕侮辱了宋公，不久把他放了。三十四年，郑文公南下朝拜楚王。楚成王向北攻打宋国，在泓水打败宋军，射伤了宋襄公，襄公不久便因伤而死。

三十五年晋公子重耳经过楚国，成王按招待诸侯的礼节盛情款待了重耳，赠送重耳很多礼物，还派人把他护送到秦国。

三十九年，鲁僖公请求楚国出兵讨伐齐国，楚派申侯进攻齐国，占领了谷邑，并把齐桓公的儿子雍安置在那里。齐桓公的七个儿子都逃到楚，楚把他们全部封为上大夫。楚国灭掉了夔，这是因为夔不祭祀祝融、鬻熊。

【原文】

夏，伐宋，宋告急于晋，晋救宋，成王罢归。将军子玉请战，成王曰："重耳亡居外久，卒得反国，天之所开，不可当。"子玉固请，乃与之少师而去。晋果败子玉于城濮。成王怒，诛子玉。

四十六年，初，成王将以商臣为太子，语令尹子上。子上曰："君之齿未也，而又多内宠，绌乃乱也。楚国之举常在少者。且商臣蜂目而豺声，忍人也，不可立也。"王不听，立之。后又欲立子职而绌太子商臣。商臣闻而未审也，告其傅潘崇曰："何以得其实？"崇曰："飨王之宠姬江芈而勿敬也。"商臣从之。江芈怒曰："宜乎王之欲杀若而立职也。"商臣告潘崇曰："信矣。"崇曰："能事之乎？"曰："不能。""能亡去乎？"曰："不能。""能行大事乎？"曰："能。"冬十月，商臣以宫卫兵围成王。成王请食熊蹯而死，不听。丁未，成王自绞杀。商臣代立，是为穆王。

穆王立，以其太子宫予潘崇，使为太师，掌国事。穆王三年，灭江。四年，灭六、蓼。六、蓼，皋陶之后。八年，伐陈。十二年，卒。子庄王侣立。

庄王即位三年，不出号令，日夜为乐，令国中曰："有敢谏者死无赦！"伍举入谏。庄王左抱郑姬，右抱越女，坐钟鼓之间。伍举曰："愿有进。"隐曰："有鸟在于阜，三年不蜚不鸣，是何鸟也？"庄王曰："三年不蜚，蜚将冲天；三年不鸣，鸣将惊人。举退矣，吾知之矣。"居数月，淫益甚。大夫苏从乃入谏。王曰："若不闻令乎？"对曰："杀身以明君，臣之愿也。"于是乃罢淫乐，听政，所诛者数百人，所进者数百人，任伍举、苏从以政，国人大说。是岁灭庸。六年，伐宋，获五百乘。

【译文】

夏天，楚国攻打宋国，宋国派人向晋国告急求救，晋国出兵救援宋国，楚成王只好停止进攻打算回国。将军子玉请求继续作战，成王说："重耳逃亡在外多年，最终回到晋国，这是上天在兴发他，势不可挡。"但子玉坚决要战，于是楚成王只给他很少的军队走了。晋国果然在城濮打败子玉。楚成王很生气，杀死了子玉。

四十六年（前626），当初，成王打算立商臣为太子，就告诉了令尹子上。子上劝他说："国君你还年轻，又有很多宠爱的妻妾，如果过早立了以后想再废黜，国家就会有难，楚国立的太子常常都太小。况且商臣长了一双毒蜂眼、生了一副豺狼音，是很残忍的人，不宜立他为太子。"楚王不听劝告，最终立商臣为太子。后来楚王又想立儿子职，而废弃太子商臣。商臣听到一点儿风声可是还没有证实，便告诉自己的老师潘崇说："怎么才能得到确实的情况呢？"潘崇说："款待成王宠爱的江芈姬，但不要尊敬她。"商臣听从了他的计谋。江芈生气地说："君王想杀掉你立职为太子是应该的。"商臣告诉潘崇说："确实了。"潘崇问："您能侍奉职吗？"商臣回答："不能！""能逃跑吗？"商臣又回答："不能。""能杀死君王吗？"商臣回答道："能。"冬季十月，商臣让宫里的卫兵包围了成王，成王请求吃过熊掌后再死，商臣不答应，丁未这一天，成王上吊自杀。商臣即位，这就是穆王。

穆王即位后，把自己曾经住过的太子宫赐给潘崇，让他做太师，主持国家事务。穆王三年（前623），灭亡了江国。四年，灭亡了六国、蓼国。六国、蓼国国君是皋陶的族裔后代。八年，楚国讨伐陈国。十二年（前614），穆王逝世。儿子庄王侣即位。

白话史记

世家

楚世家

庄王即位三年，从未发布过任何政策法令，每天只顾寻欢作乐，还威胁民众："有敢进谏的格杀勿论！"伍举拼死入宫进谏。庄王左手揽着郑姬，右手搂着越女，坐在歌舞乐人中间。伍举跟庄王说："希望向您进言。"于是说了一个谜语："有一只鸟落在土山上，三年不飞不鸣，这是什么鸟呢？"庄王说："三年不飞，一飞冲天；三年不鸣，一鸣惊人。你下去吧，我知道你的意思了。"过了几个月，庄王更加淫逸放纵。大夫苏从就入宫进谏。楚庄王说："你没有听到我的诏令吗？"苏从回答说："舍身而使您贤明，这是我的夙愿。"楚王于是就停止淫逸作乐，开始处理政务，杀死了几百个罪人，擢升了几百

庄公手持酒杯，对伍举说："三年不飞，一飞冲天；三年不鸣，一鸣惊人。"

个有功之臣，任用伍举、苏从管理政务，举国上下十分拥护。当年楚国灭亡庸国。六年（前608），楚国讨伐宋国，得到五百辆战车。

【原文】

八年，伐陆浑戎，遂至洛，观兵于周郊。周定王使王孙满劳楚王。楚王问鼎小大轻重，对曰："在德不在鼎。"庄王曰："子无阻九鼎！楚国折钩之喙，足以为九鼎。"王孙满曰："呜呼！君王其忘之乎？昔虞夏之盛，远方皆至，贡金九牧，铸鼎象物，百物而为之备，使民知神奸。桀有乱德，鼎迁于殷，载祀六百。殷纣暴虐，鼎迁于周。德之休明，虽小必重；其奸回昏乱，虽大必轻。昔成王定鼎于郏鄏，卜世三十，卜年七百，天所命也。周德虽衰，天命未改。鼎之轻重，未可问也。"楚王乃归。

九年，相若敖氏。人或谗之王，恐诛，反攻王，王击灭若敖氏之族。十三年，灭舒。

十六年，伐陈，杀夏征舒。征舒弑其君，故诛之也。已破陈，即县之。群臣皆贺，申叔时使齐来，不贺。王问，对曰："鄙语曰，牵牛径人田，田主取其牛。径者则不直矣，取之牛不亦甚乎？且王以陈之乱而率诸侯伐之，以义伐之而贪其县，亦何以复令于天下！"庄王乃复国陈后。

【译文】

八年（前606），楚国挥师讨伐陆浑戎，于是到达洛邑，在周都郊外阅兵休整。周定王派王孙满犒劳楚王。楚王向王孙满询问鼎的大小和轻重，王孙满回答

说：“统治国家在于道德而不在于宝鼎。”庄王说：“不要倚仗你们自己有九鼎就这样说！楚国只要销毁刀剑上的刃尖便可以铸成九鼎。”王孙满说：“啊呀！君王忘记这些了吗？过去虞夏昌盛时，边远的国家都来朝贡，让九州的长官进贡金属，铸成九鼎，其上绘了各种事物，好让百姓知道鬼神。桀道德败坏，鼎便被迁到殷朝，殷延续了六百年。殷纣王残暴狂虐，鼎又被迁到周朝。如果天子道德美好，鼎虽然很小却重得移不动；如果天子道德败坏，鼎即使再重也容易移动。过去，周成王把九鼎安置在郏鄏，占卜说可以传世三十代，立国七百年，这是上天的意旨。如今周王室虽然衰微，但上天的意旨难以改变。问鼎轻重，确实不可以啊。"楚王这才撤军回国。

九年，楚庄王让若敖氏做宰相。有人在庄王面前诬陷他，他怕被杀，反而去攻打庄王，庄王便诛杀了若敖氏整个家族。十三年，楚国灭掉舒国。

十六年，楚国讨伐陈国，把夏征舒杀了。因为征舒将自己的国君杀死了，所以楚国把他杀了。攻下陈国后，楚国就把这里划作自己的县。群臣都庆贺胜利，只有刚从齐国出使归来的申叔时不庆贺。庄王问他为什么，申叔时回答说：“俗语说，牵着牛笔直地走到人家田里，田的主人抢走了牛。牵牛走入人家田里确实不对，但抢走牛不也太过分了吗？即使您是因为陈国动乱才率领诸侯们攻伐它，明明是有理攻伐它，但贪婪地把它划归为自己的一个县，这怎么能向天下发布命令呢！”庄王于是又恢复了陈国后代的地位。

【原文】

十七年春，楚庄王围郑，三月克之。入自皇门，郑伯肉袒牵羊以逆，曰："孤不天，不能事君，君用怀怒，以及敝邑，孤之罪也。敢不唯命是听！宾之南海，若以臣妾赐诸侯，亦唯命是听。若君不忘厉、宣、桓、武，不绝其社稷，使改事君，孤之愿也，非所敢望也。敢布腹心。"楚群臣曰："王勿许。"庄王曰："其君能下人，必能信用其民，庸可绝乎！"庄王自手旗，左右麾军，引兵去三十里而舍，遂许之平。潘尪入盟，子良出质。夏六月，晋救郑，与楚战，大败晋师河上，遂至衡雍而归。

【译文】

十七年（前597）春天，楚庄王围攻郑国，三个月后取胜。楚军从皇门进入郑都，郑伯脱去上衣露出胳膊牵着羊出来迎接庄王说："我不为上天所保佑，没有亲自去侍奉您，因此您生气了，来攻打我国，这是我的罪过。我怎敢不唯命是听！您把我遗弃到南海吧，或者把我当奴隶赏赐给诸侯，我也唯命是听。假若您不忘记周厉王、宣王、郑桓公、武公，不断绝他们国家的祭祀，让我侍奉您，这是我的心愿，我也不敢有如此的奢望。只是大胆地向您表白一下。"楚国的大臣们都说："君王不要答应他。"庄王说："郑国君能这样谦卑，就一定能任用自己的百姓，怎么可以断绝他的祭祀呢！"说完，庄王亲自举起军旗，左右的人指挥军队，率军退后三十里驻扎下来，于是答应与郑国国君讲和。郑大夫潘尪来订立盟约，子良到楚国当人质。夏季六月,晋国救助郑国,与楚国大战,在黄河畔楚国大败晋军,楚军一直打到衡雍才回国。

【原文】

二十年,围宋,以杀楚使也。围宋五月,城中食尽,易子而食,析骨而炊。宋华元出告以情。庄王曰:"君子哉!"遂罢兵去。

二十三年,庄王卒,子共王审立。共王十六年,晋伐郑。郑告急,共王救郑。与晋兵战鄢陵,晋败楚,射中共王目。共王召将军子反。子反嗜酒,从者竖阳谷进酒醉。王怒,射杀子反,遂罢兵归。

三十一年,共王卒,子康王招立。康王立十五年卒,子员立,是为郏敖。

康王宠弟公子围、子比、子晳、弃疾。郏敖三年,以其季父康王弟公子围为令尹,主兵事。四年,围使郑,道闻王疾而还。十二月己酉,围入问王疾,绞而弑之,遂杀其子莫及平夏。使使赴于郑。伍举问曰:"谁为后?"对曰:"寡大夫围。"伍举更曰:"共王之子围为长。"子比奔晋,而围立,是为灵王。

灵王三年六月,楚使使告晋,欲会诸侯。诸侯皆会楚于申。伍举曰:"昔夏启有钧台之飨;商汤有景亳之命,周武王有盟津之誓,成王有岐阳之蒐,康王有丰宫之朝,穆王有涂山之会,齐桓有召陵之师,晋文有践土之盟,君其何用?"灵王曰:"用桓公。"时郑子产在焉。于是晋、宋、鲁、卫不往。灵王已盟,有骄色。伍举曰:"桀为有仍之会,有缗叛之。纣为黎山之会,东夷叛之。幽王为太室之盟,戎、翟叛之,君其慎终!"

【译文】

二十年(前594),楚国围攻宋都,因为宋国杀死了楚使。楚国把宋都包围了五个多月,城内粮食吃光了,人们就互换亲骨肉吃掉,劈人骨当柴烧。宋国的华元出城告诉楚君这些情况。庄王说:"这是君子啊!"就撤军离去。

二十三年,庄王逝世,儿子共王审即位。共王十六年(前575),晋国讨伐郑国。郑国派人向楚国求救,共王发兵救援郑国。楚军与晋军在鄢陵交战,晋军打败楚军,射中了共王的眼睛。共王传令将军子反来指挥军队。子反贪杯,而随从竖阳谷也跟他一起喝,子反竟喝得酩酊大醉。共王非常生气,一箭射死子反,撤军回国。

三十一年(前560),共王逝世,儿子康王招即位。康王即位十五年(前545)逝世,儿子员即位,这就是郏敖。

康王有几个宠爱的弟弟分别是公子围、子比、子晳、弃疾。郏敖三年(前542),郏敖让自己的叔父和康王弟弟公子围两人做令尹,主管军事。四年(前541),公子围到郑国出使,半路上听说楚王生病就返回楚国。十二月己酉这一天,公子围进宫假意询问楚王病情,竟用帽带勒死楚王,又杀死楚王的儿子莫和平夏,派使者到郑国报丧。伍举问使者道:"谁将即位?"使者回答:"寡大夫公子围。"伍举更正说:"共王的儿子公子围是长者。"子比逃到晋国,公子围即位,这就是灵王。

灵王三年(前538)六月,楚国派使者通知晋国,打算与诸侯会盟。诸侯都到楚国的申邑会盟。伍举问："从前夏启有钧台宴飨，商汤有景亳诰命，周武王有盟津誓师，成王有岐阳会猎，康王有丰宫朝觐，穆王有涂山相会，齐桓公有召陵会师，晋文公有践土结盟，您打算用哪种礼仪？"灵王说："用齐桓公的。"当时郑国的子产在场，而晋、宋、鲁、卫都未参与申之会。灵王与诸侯订立盟约后，面露骄色。伍举劝他："夏桀因有仍相会，有缗背叛他。纣王因黎山相会，东夷背叛他。周幽王因太室盟约，戎、翟背叛他。您要慎重思考结局呀！"

【原文】

七月，楚以诸侯兵伐吴，围朱方。八月，克之，囚庆封，灭其族。以封徇，曰："无效齐庆封弑其君而弱其孤，以盟诸大夫！"封反曰："莫如楚共王庶子围弑其君兄之子员而代之立！"于是灵王使疾杀之。

七年，就章华台，下令内亡人实之。八年，使公子弃疾将兵灭陈。十年，召蔡侯，醉而杀之。使弃疾定蔡，因为陈蔡公。十一年，伐徐以恐吴，灵王次于乾溪以待之。王曰："齐、晋、鲁、卫，其封皆受宝器，我独不。今吾使使周求鼎以为分，其予我乎？"析父对曰："其予君王哉！昔我先王熊绎辟在荆山，荜露蓝蒌以处草莽，跋涉山林以事天子，唯是桃弧棘矢以共王事。齐，王舅也；晋及鲁、卫，王母弟也：楚是以无分而彼皆有。周今与四国服事君王，将唯命是从，岂敢爱鼎？"灵王曰："昔我皇祖伯父昆吾旧许是宅，今郑人贪其田，不我予，今我求之，其予我乎？"对曰："周不爱鼎，郑安敢爱田？"灵王曰："昔诸侯远我而畏晋，今吾大城陈、蔡、不羹，赋皆千乘，诸侯畏我乎？"对曰："畏哉！"灵王喜曰："析父善言古事焉。"

【译文】

七月，楚国率诸侯军征讨吴国，包围了朱方。八月，攻下朱方，将庆封囚禁，诛杀庆封全族。楚人带着庆封游街说："大家不要仿效齐国庆封杀死自己的国君还欺凌幼主，挟制各位大夫与自己盟誓。"庆封反唇相讥说："不要学习楚共王的庶出之子公子围杀死自己的国君——哥哥的儿子员却代替员即位！"于是灵王派人立即杀死庆封。

七年（前534），灵王建成了章华台，下令安置逃亡者在章华台服役。八年，楚王派公子弃疾率军灭掉陈国。十年，楚王召来蔡侯，灌醉后趁机把他杀死。楚王又让弃疾去平定蔡国，令他管辖陈、蔡两地。十一年，楚王为了吓唬吴国而去讨伐徐国，灵王驻扎在乾溪等待伐徐的消息。灵王说："齐、晋、鲁、卫受封时都有宝器相赐，只有我国没有。今天我派使者到周去要一个鼎来，作为分封的宝器，周王室会给我吗？"析父回答说："他会给君王的！过去我们的先王熊绎远在偏僻的荆山，乘坐简陋的车子，身穿破衣烂衫，居住在草莽地区，跋山涉水侍奉天子，曾把桃木弓、棘枝箭进贡给周王室。齐国君是周王的舅父，晋和鲁、卫国君是周同母弟弟，因此，他们都有宝器，唯独楚国没有。周王室今天和那四个国家都侍奉您，将对您唯命是从，怎么敢吝惜鼎呢？"灵王说："过去，我们远祖伯父昆吾住在原来的许国，今天郑国人贪婪地占据那块田地，不给我，现在我去要回，他们将给我吗？"析父回答说："周王室不吝惜鼎，郑国怎么敢吝惜田呢？"灵王又说："过去诸侯们都认为我国地处偏远而畏惧晋国，今天我扩大加固陈、蔡、不羹的城池，那里都备有一千辆战车的兵力，诸侯们怕我吗？"析父回答说："很怕呀！"灵王高兴地说："析父善谈往古的事啊！"

【原文】

十二年春，楚灵王乐乾溪，不能去也。国人苦役。初，灵王会兵于申，僇越大夫常寿过，杀蔡大夫观起，起子从亡在吴，乃劝吴王伐楚，为间越大夫常寿过而作乱，为吴间。使矫公子弃疾命召公子比于晋，至蔡，与吴、越兵欲袭蔡。令公子比见弃疾，与盟于邓。遂入杀灵王太子禄，立子比为王，公子子晳为令尹，弃疾为司马。先除王宫，观从从师于乾溪，令楚众曰："国有王矣。先归，复爵邑田室。后者迁之。"楚众皆溃，去灵王而归。

灵王闻太子禄之死也，自投车下，而曰："人之爱子亦如是乎？"侍者曰："甚是。"王曰："余杀人之子多矣，能无及此乎？"右尹曰："请待于郊以听国人。"王曰："众怒不可犯。"曰："且入大县而乞师于诸侯。"王曰："皆叛矣。"又曰："且奔诸侯以听大国之虑。"王曰："大福不再，只取辱耳。"于是王乘舟将欲入鄢。右尹度王不用其计，惧俱死，亦去王亡。

灵王于是独傍徨山中，野人莫敢入王。王行遇其故鋗人，谓曰："为我求食，我已不食三日矣。"鋗人曰："新王下法，有敢饟王从王者，罪及三族，且又无所得食。"王因枕其股而卧。鋗人又以土自代，逃去。王觉而弗见，遂饥弗能起。芋尹申无宇之子申亥曰："吾父再犯王命，王弗诛，恩孰大焉！"乃求王，遇王饥于釐泽，奉之以归。夏五月癸丑，王死申亥家，申亥以二女从死，并葬之。

是时楚国虽已立比为王，畏灵王复来，又不闻灵王死，故观从谓初王比曰："不杀弃疾，虽得国犹受祸。"王曰："余不忍。"从曰："人将忍王。"王不听，乃去。弃疾归。国人每夜惊，曰："灵王入矣！"乙卯夜，弃疾使船人从江上走呼曰："灵王至矣！"国人愈惊。又使曼成然告初王比及令尹子晳曰："王至矣！国人将杀君，司马将至矣！君蚤自图，无取辱焉。众怒如水火，不可救也。"初王及子晳遂自杀。丙辰，弃疾即位为王，改名熊居，是为平王。

【译文】

十二年（前529）的春天，楚灵王在乾溪寻欢作乐时间长了，就不想走了。百姓们承受着徭役之苦。当初，灵王在申与诸侯会师时，曾侮辱了越国大夫常寿过，还将蔡国大夫观起杀死。观起的儿子观从逃到吴国，他游说吴王讨伐楚国，挑拨越国大夫常寿过与越国的关系，要他挑起内乱，做吴国的间谍。派人假借公子弃疾的命令从晋国召回公子比，到了蔡国，想与吴国、越国军队袭击蔡国。让公子比会见弃疾，并在邓与弃疾结盟。于是，入宫杀死灵王的太子禄，拥立子比为楚王，任命公子子晳做令尹、弃疾做司马。先清除了王宫，观从又率领军队到乾溪，向楚国官兵宣布说："楚国已经拥立新王了。先返回国都的，恢复他们的爵、封邑、田地、房屋。后返回的一律流放。"楚国官兵一听都逃的逃、散的散，纷纷离开灵王返回国都。

灵王听说太子禄被杀，竟吓得跌到车下，说："别人爱自己的儿子也都像我这样吗？"侍者说："还要超过您。"灵王说："我杀别人的儿子太多了，能不落到这步田地吗？"右尹说："那么请您到国都郊外任由处置吧。"灵王说："众人的怒气不可冒犯。"右尹说："暂且到大县躲避，再向诸侯们请兵吧。"灵王说："诸侯们都背叛我了。"右尹又说："暂且逃到诸侯国听听大国国君的意见。"灵王说："大福不能再次降临，只不过是自取侮辱罢了。"于是灵王想乘船进入鄢城。右尹估计灵王决不会听从自己的建议，担心与灵王一块被杀，也离开灵王逃跑了。

于是灵王独自徘徊在山里，没有村民敢收容灵王。后来灵王碰到过去在宫里的侍者，对他说："你帮我找点东西吃吧，我已经饿了三天了。"侍者说："新王刚刚下达诏令，有敢给您送饭并与您一起逃亡的就要诛灭三族，何况我也没有地方找吃的去。"灵王便头枕侍者大腿睡下。侍者用土块来代替，抽出自己的腿逃走了。灵王醒后找不见侍者，饿得竟不能坐起。芋地方官申无宇的儿子申亥说："我的父亲曾经两次触犯王法，灵王都赦免了他，恩德没有比这更大的了！"于是他到处寻找灵王，终于在釐泽找到饿昏的灵王，侍奉灵王一直到自己的家中。夏季五月癸丑这一天，灵王在申亥家逝世，申亥让两个女儿殉葬，并安葬了灵王。

这时楚国虽然已经将公子比拥立为楚王，却又害怕灵王再一次返回，又未曾听到灵王死去的消息，所以观从对新王比说："不杀死弃疾，即使拥有整个国家也可能有祸患。"新王说："我下不了狠心。"观从说："别人可忍心杀你啊。"新王不听他的劝告，观从就离去了。弃疾回到国都后，都城的人每每夜里都很惊恐，说："灵王进城了。"乙卯日那天夜间，弃疾让撑船的人在长江岸边奔走呼号说："灵王来了！"都城的人们更加惊惧。弃疾又让曼成然告诉新王比和令尹子皙说："灵王到了！都城的人将要杀死你们，司马将要来到了！您尽早想个办法吧，不要自取侮辱。众人的怒气就像洪水与大火，那是无法解救的。"新王和子皙就自杀了。丙辰日，弃疾即位做了楚王，改名为熊居，就是平王。

【原文】

平王以诈弑两王而自立，恐国人及诸侯叛之，乃施惠百姓。复陈蔡之地而立其后如故，归郑之侵地。存恤国中，修政教。吴以楚乱故，获五率以归。平王谓观从："恣尔所欲。"欲为卜尹，王许之。

初，共王有宠子五人，无適立，乃望祭群神，请神决之，使主社稷，而阴与巴姬埋璧于室内，召五公子斋而入。康王跨之，灵王肘加之，子比、子皙皆远之。平王幼，抱其上而拜，压纽。故康王以长立，至其子失之；围为灵王，及身而弑；子比为王十余日，子皙不得立，又俱诛。四子皆绝无后。唯独弃疾后立，为平王，竟续楚祀，如其神符。

【译文】

　　平王以欺诈的方式杀死两个君王自己即位了，他害怕民众和诸侯背叛自己，就对百姓布施恩惠。归还陈、蔡两国的地盘，并让两国原来国君的后代即位，像过去一样，还归还了侵占郑国的土地。对国内百姓抚恤安慰，政治清明。吴国趁着楚国动乱，抓走了楚国五位大将。平王对观从说："满足你的要求。"观从想作卜尹，平王答应了他。

　　当初，共王有五个宠爱的儿子，但没有嫡长子可立，就遥祭山川群神，请求神灵决断继承人以主持国务。共王暗中与巴姬在祖庙里埋了块玉璧，叫五位公子斋戒后进入祖庙。康王跨璧而过，灵王的手肘放在玉璧上，子比、子皙都远离玉璧。平王年幼，别人抱着他跪在璧玉上行礼，正好压在璧玉的纽襻上。因此，康王因为年长即位了，君位传到他的儿子便丧失；公子围做了灵王，结果被杀；子比只做了十几天君王，子皙未能即位，又都被杀。这四个公子都断绝后代了，唯独弃疾最后即位，就是平王，终于继续了楚国的祭祀，这和神灵所预示的完全符合。

【原文】

　　初，子比自晋归，韩宣子问叔向曰："子比其济乎？"对曰："不就。"宣子曰："同恶相求，如市贾焉，何为不就？"对曰："无与同好，谁与同恶？取国有五难：有宠无人，一也；有人无主，二也；有主无谋，三也；有谋而无民，四也；有民而无德，五也。子比在晋十三年矣，晋、楚之从不闻通者，可谓无人矣；族尽亲叛，可谓无主矣；无衅而动，可谓无谋矣；为羁终世，可谓无民矣；亡无爱征，可谓无德矣。王虐而不忌，子比涉五难以弑君，谁能济之！有楚国者，其弃疾乎？君陈、蔡，方城外属焉。苟慝不作，盗贼伏隐，私欲不违，民无怨心。先神命之，国民信之。芈姓有乱，必季实立，楚之常也。子比之官，则右尹也；数其贵宠，则庶子也；以神所命，则又远之；民无怀焉，将何以立？"宣子曰："齐桓、晋文不亦是乎？"对曰："齐桓，卫姬之子也，有宠于釐公。有鲍叔牙、宾须无、隰朋以为辅，有莒、卫以为外主，有高、国以为内主。从善如流，施惠不倦。有国，不亦宜乎？昔我文公，狐季姬之子也，有宠于献公。好学不倦。生十七年，有士五人，有先大夫子余、子犯以为腹心，有魏犨、贾佗以为股肱，有齐、宋、秦、楚以为外主，有栾、郤、狐、先以为内主。亡十九年，守志弥笃。惠、怀弃民，民从而与之。故文公有国，不亦宜乎？子比无施于民，无援于外，去晋，晋不送；归楚，楚不迎。何以有国！"子比果不终焉，卒立者弃疾，如叔向言也。

【译文】

　　当初，子比从晋国回国，韩宣子询问叔向："子比能成功吗？"叔向答："不能。"宣子说："楚国人和子比都厌恶楚王，要求立新君，如同生意人谋取高利一样，怎么可能不成功呢？"叔向答道："谁跟子比相好，谁跟子比有仇呢？夺取王位有五难：有宠爱之子但无贤才，是一难；有贤才却无党徒响应的，是二难；有支持力量却无长远谋划，是三难；有长远谋划却无人民拥护，是四难；有人民拥护却无德行，是五难。子比在晋国十三年了，没听说晋国楚国跟随他的人有学识渊博的，可以说他没有贤才了；家族尽失，亲人背叛，可以说他没有支持力量了；没有可乘之机却轻举妄动，可以说他没有长远的谋划；一辈子羁旅在外，可以说他没有人民的拥护了；逃亡在外，国内人却没有爱戴他的迹象，可以说他没有德行了。灵王暴虐，无所顾忌，可以说是自取灭亡，子比五难具备，竟敢杀死国君，谁能帮助他呢？享有楚国的，可能是弃疾吧？弃疾统治陈地、蔡地，方城山为外属。在他统治的区域没有任何邪恶民生，盗贼隐遁，不敢妄动，他绝不因个人的欲望去违背民心，因此百姓毫无怨言。祖先神灵保佑他，人民信任他。芈氏发生内乱，排行在末位的一定即位，这是楚国的常例。子比的官职，不过是右尹；论他的贵宠，无非是个庶子；与神灵的意旨，却又差得很远；百姓不怀念他，他将凭什么即位呢？"宣子说："齐桓公、晋文公不也是这样的吗？"叔向回答："齐桓公是卫姬的儿子，被釐公所宠爱。有鲍叔牙、宾须无、隰朋的辅佐，有莒国、卫国作外援，有高氏、国氏作内应。他听从正确意见像流水一样，对百姓不倦怠地布施恩惠。他享有君位，不也应该吗？过去我们文公是狐季姬的儿子，被献公宠爱。他好学不倦。年仅十七岁，就结交五位贤才，有先大夫子余、子犯做心腹，有魏犨、贾佗作左膀右臂，有齐国、宋国、秦国、楚国作外援，有栾、郤、狐、先作内应。文公逃亡十九年，返国的志向十分坚定。因惠公、怀公丧失民心，百姓都互相跟随心向文公，这样，文公享有国家，不也应该吗？子比没有什么可给予百姓的，又得不到外援，离开晋国时，晋国人不护送；返回楚国，楚国人不迎接。凭什么享有国家呢！"子比做王果然不长，最终即位的是弃疾，正如叔向所预言的一样。

【原文】

平王二年，使费无忌如秦为太子建取妇。妇好，来，未至，无忌先归，说平王曰："秦女好，可自娶，为太子更求。"平王听之，卒自娶秦女，生熊珍。更为太子娶。是时伍奢为太子太傅，无忌为少傅。无忌无宠于太子，常谗恶太子建。建时年十五矣，其母蔡女也，无宠于王，王稍益疏外建也。

六年，使太子建居城父，守边。无忌又日夜谗太子建于王曰："自无忌入秦女，太子怨，亦不能无望于

韩宣子问叔向："子比能成功吗？"叔向回答说："不能。"

王,王少自备焉。且太子居城父,擅兵,外交诸侯,且欲入矣。"平王召其傅伍奢责之。伍奢知无忌谗,乃曰:"王奈何以小臣疏骨肉?"无忌曰:"今不制,后悔也。"于是王遂囚伍奢。乃令司马奋扬召太子建,欲诛之。太子闻之,亡奔宋。

无忌曰:"伍奢有二子,不杀者为楚国患。盍以免其父召之,必至。"于是王使使谓奢:"能致二子则生,不能将死。"奢曰:"尚至,胥不至。"王曰:"何也?"奢曰:"尚之为人,廉,死节,慈孝而仁,闻召而免父,必至,不顾其死。胥之为人,智而好谋,勇而矜功,知来必死,必不来。然为楚国忧者必此子。"于是王使人召之,曰:"来,吾免尔父。"伍尚谓伍胥曰:"闻父免而莫奔,不孝也;父戮莫报,无谋也;度能任事,知也。子其行矣,我其归死。"伍尚遂归。伍胥弯弓属矢,出见使者,曰:"父有罪,何以召其子为?"将射,使者还走,遂出奔吴。伍奢闻之,曰:"胥亡,楚国危哉。"楚人遂杀伍奢及尚。

【译文】

平王二年(前527),委托派遣费无忌到秦国去为太子建迎娶妻子。这个女子很漂亮,还没到达楚都时,费无忌先一步赶回,怂恿平王:"秦国女子貌可倾国倾城,您何不自己留下,再给太子另寻一位。"平王动心了,自己娶了秦女,生下熊珍。又为太子娶了另一位女子。当时伍奢是太子的太傅,费无忌是少傅。费无忌不被太子宠爱,常常中伤诽谤太子建。太子建当时十五岁了,他的母亲是蔡国女子,也不被平王宠幸,平王渐渐地更加疏远太子建了。

六年(前523),平王让太子建住在城父,戍守边界。费无忌又日夜在平王面前中伤太子建说:"就因我把秦国女子送到您的后宫,太子便十分怨恨我,也不可能对您没有怨气,您要略加防备啊。况且太子住在城父,专揽兵权,对外结交诸侯,而且时时想打进国都。"平王便把太傅伍奢叫来责备一番。伍奢心知这是无忌造谣的结果,就说:"君王您为什么因为一个小人而疏远亲生骨肉呢?"费无忌说:"今天不制服伍奢,后悔就晚了。"于是平王就囚禁了伍奢。让司马奋扬召太子建回来,想杀死太子。太子听到风声,逃到了宋国。

费无忌说:"伍奢有两个儿子,不杀了他们总有一天会成为楚国的祸害。如果以免除他们父亲的死罪为条件把他们召来,这样他们必定回楚。"于是,平王派使者对伍奢说:"如果能把你的两个儿子召回,你就可以活命,否则必处死。"伍奢说:"伍尚为人正直憨厚,敢为节义而死,慈爱孝悌忠义,听说回楚可以免除父亲的死罪,必然回来,不顾惜自己的性命。伍胥为人聪慧而有谋略,勇猛而喜功,知道回来必死无疑,便肯定不会回来。可是,成为楚国未来忧患的必定是这个儿子。"于是,平王派人去叫他们,说:"你们回楚国,我就赦免你们父亲的死罪。"伍尚对伍胥说:"听到父亲可以免死却不回去,那是不孝;父亲被杀,做儿子的如不想方设法报仇,那是无谋划;估计能力去成就大事,那才是智慧。你快走吧,我将回楚国一死了之。"伍尚就回楚国了。伍胥拿起弓箭,走出房间去见使者,说:"父亲有罪,为什么叫儿子回去呢?"说完,将拉弓射击使者,使者掉头就跑,伍胥便逃到了吴国。伍奢听到这个消息后说:"伍胥跑了,楚国危险了。"最终楚国杀死了伍奢和伍尚。

【原文】

　　十年，楚太子建母在居巢，开吴。吴使公子光伐楚，遂败陈、蔡，取太子建母而去。楚恐，城郢。初，吴之边邑卑梁与楚边邑钟离小童争桑，两家交怒相攻，灭卑梁人。卑梁大夫怒，发邑兵攻钟离。楚王闻之怒，发国兵灭卑梁。吴王闻之大怒，亦发兵，使公子光因建母家攻楚，遂灭钟离、居巢。楚乃恐而城郢。

　　十三年，平王卒。将军子常曰："太子珍少，且其母乃前太子建所当娶也。"欲立令尹子西。子西，平王之庶弟也，有义。子西曰："国有常法，更立则乱，言之则致诛。"乃立太子珍，是为昭王。

【译文】

　　十年（前519），楚国太子建的母亲住在居巢，曾在暗中跟吴国有所来往。吴国派公子光进攻楚国，并且打败陈国、蔡国军队，带走了太子建的母亲。楚国很害怕，将郢都加固。先前，吴国的边城卑梁和楚国的边城钟离有两个小孩争夺桑树，两家因此发生争吵互相攻打，钟离人杀死了卑梁人。卑梁大夫很生气，派城里的守军攻打钟离。楚王听到后也很生气，派军占据了卑梁。吴王听到后大怒，也派出军队，让公子光借太子建母亲家在楚国为由而攻打楚国，一举攻下了钟离、居巢。楚国十分畏惧，便又加固了郢都。

　　十三年（前516），平王逝世。将军子常说："太子珍还小，况且他的母亲本来就应该是太子建的妻子。"就想立令尹子西为王。子西是平王庶出的弟弟，但品行很忠厚仁义。子西说："国家有固定的法则，改立其他王就要动乱，谈论这件事就要招来杀身之祸。"于是楚国拥立太子珍，就是昭王。

【原文】

　　昭王元年，楚众不说费无忌，以其谗亡太子建，杀伍奢子父与郤宛。宛之宗姓伯氏子嚭及子胥皆奔吴，吴兵数侵楚，楚人怨无忌甚。楚令尹子常诛无忌以说众，众乃喜。

　　四年，吴三公子奔楚，楚封之以扞吴。五年，吴伐取楚之六、潜。七年，楚使子常伐吴，吴大败楚于豫章。

　　十年冬，吴王阖闾、伍子胥、伯嚭与唐、蔡俱伐楚，楚大败，吴兵遂入郢，辱平王之墓，以伍子胥故也。吴兵之来，楚使子常以兵迎之，夹汉水阵。吴伐败子常，子常亡奔郑。楚兵走，吴乘胜逐之，五战及郢。己卯，昭王出奔。庚辰，吴人入郢。

　　昭王亡也至云梦。云梦不知其王也，射伤王。王走郧。郧公之弟怀曰："平王杀吾父，今我杀其子，不亦可乎？"郧公止之，然恐其弑昭王，乃与王出奔随。吴王闻昭王往，即进击随，谓随人曰："周之子孙封于江汉之间者，楚尽灭之。"欲杀昭王。王从臣子綦乃深匿王，自以为王，谓随人曰："以我予吴。"随人卜予吴，不吉，乃谢吴王曰："昭王亡，不在随。"吴请入自索之，随不听，吴亦罢去。

昭王之出郢也，使申鲍胥请救于秦，秦以车五百乘救楚，楚亦收余散兵，与秦击吴。十一年六月，败吴于稷。会吴王弟夫概见吴王兵伤败，乃亡归，自立为王。阖闾闻之，引兵去楚，归击夫概。夫概败，奔楚，楚封之堂谿，号为堂谿氏。

【译文】

昭王元年（515），楚国民众不喜欢费无忌，因为他的诬陷导致太子建逃亡，还杀死了伍奢父子和郤宛。郤宛的同宗伯氏的儿子嚭和子胥都逃到了吴国，吴军多次进攻楚国，楚国人就更加怨恨费无忌。楚国令尹子常杀死了费无忌以取得众人的欢心，众人才高兴。

四年，吴国的三位公子逃到楚国，楚国给他们赐封土地并让他们以此抵御吴国。五年，吴国讨伐并攻下了楚国的六、潜。七年，楚国派子常讨伐吴国，楚国在豫章大败。

十年的冬季，吴王阖闾、伍子胥、伯嚭和唐国、蔡国联合进攻楚国，楚国大败，于是吴军进入郢都，把平王墓挖开，污辱平王尸体，因为伍子胥的缘故。吴军侵来，楚国派子常率军迎击，两军隔着汉水摆开阵势。吴国打败子常军，子常逃到郑国。楚军溃散，吴军乘胜追逐楚军，五次交锋后，吴军兵临郢都。己卯日，昭王逃跑。庚辰日，吴军开进郢城。

昭王逃到云梦。云梦人不知道他是昭王，将其射伤。昭王又逃到鄙国。鄙公的弟弟怀说："平王将我们的父亲杀死了，今天我将他的儿子杀死，不也可以吗？"鄙公阻止怀，可是又担心怀再次来杀昭王，就和昭王逃到随国。吴王听说昭王赴随，立即进击随国，对随人说："被封到长江、汉水之间的周王室的子孙们，都被楚国消灭了。"随君想杀死昭王。昭王的随从子綦就把昭王隐藏到非常秘密的地方，然后自称是昭王，对随人说："把我送给吴王吧。"随人便问卜把昭王交给吴国这件事，不吉利，于是，向吴王推辞说："昭王逃跑了，已经不在随国了。"吴王强求派人到随国搜索昭王，随人不同意，吴人只好停止进击离开随国。

昭王逃出郢都时，曾派申鲍胥向秦国求救。秦国派了五百辆战车援助楚国，楚国也聚集残余士兵，和秦军联合反击吴国。十一年（前505），六月，在稷打败吴军。恰好吴王的弟弟夫概见到吴王的士兵伤残败退，于是逃回吴国，自立为王。阖闾听到这个情况，立即率军撤离楚国，回国去攻打夫概。夫概失败，逃到楚国，楚国把他封到堂谿，号为堂谿氏。

【原文】

楚昭王灭唐。九月，归入郢。十二年，吴复伐楚，取番。楚恐，去郢，北徙都鄀。

十六年，孔子相鲁。二十年，楚灭顿，灭胡。二十一年，吴王阖闾伐越。越王句践射伤吴王，遂死。吴由此怨越而不西伐楚。

二十七年春，吴伐陈，楚昭王救之，军城父。十月，昭王病于军中，有赤云如鸟，夹日而蜚。昭王问周太史，太史曰："是害于楚王，然可移于将相。"将相闻是言，乃请自以身祷于神。昭王曰："将相，孤之股肱也，今移祸，庸去是身乎！"弗听。卜而河为祟，大夫请祷河。昭王曰："自吾先王受封，望不过江、汉，而河非所获罪也。"止不许。孔子在陈，闻是言，曰："楚昭王通大道矣。其不失国，宜哉！"

【译文】

楚王灭掉唐国。九月，昭王返回郢都。十二年（前504），吴国又攻打楚国，占领了番地。楚王很害怕，又离开郢城，把都城迁到北边的鄀。

十六年，孔子做了鲁国宰相。二十年，楚国灭掉顿国、胡国。二十一年，吴王阖闾讨伐越国。越王句践射伤吴王，然后吴王死了。因此吴国怨恨越国，不再向西攻打楚国了。

二十七年的春天，吴国攻打陈国，楚昭王挥师援助陈国，大军在城父驻扎。十月，昭王在军中病倒。天空有红色云霞像鸟一样，围绕太阳飞翔。昭王向周太史询问吉凶，太史说："这对楚王有害，可是能够把灾祸移到将相身上。"将相听到这句话，就请求向神祷告，自己代替昭王，昭王说："将相如同我的手足，今天把灾祸移到手足上，难道能够免除我的病吗？"昭王不同意。占卜病因，认为是黄河在作祟。大夫们请求祭祷河神。昭王说："自从我们先王受封后，祭祀的大川不过是长江、汉水，黄河神我们不曾得罪过。"昭王没有答应大夫们的请求。孔子在陈国，听到这些话，说："楚昭王通晓大义啊。他没有失去国家，太应该了！"

【原文】

昭王病甚，乃召诸公子大夫曰："孤不佞，再辱楚国之师，今乃得以天寿终，孤之幸也。"让其弟公子申为王，不可。又让次弟公子结，亦不可。乃又让次弟公子闾，五让，乃后许为王。将战，庚寅，昭王卒于军中。子闾曰："王病甚，舍其子让群臣，臣所以许王，以广王意也。今君王卒，臣岂敢忘君王之意乎！"乃与子西、子綦谋，伏师闭涂，迎越女之子章立之，是为惠王。然后罢兵归，葬昭王。

惠王二年，子西召故平王太子建之子胜于吴，以为巢大夫，号曰白公。白公好兵而下士，欲报仇。六年，白公请兵令尹子西伐郑。初，白公父建亡在郑，郑杀之，白公亡走吴，子西复召之，故以此怨郑，欲伐之。子西许而未为发兵。八年，晋伐郑，郑告急楚，楚使子西救郑，受赂而去。白公胜怒，乃遂与勇力死士石乞等袭杀令尹子西、子綦于朝，因劫惠王，置之高府，欲弑之。惠王从者屈固负王亡走昭王夫人宫。白公自立为王。月余，会叶公来救楚，楚惠王之徒与共攻白公，杀之。惠王乃复位。是岁也，灭陈而县之。十三年，吴王夫差强，陵齐、晋，来伐楚。十六年，越灭吴。四十二年，楚灭蔡。四十四年，楚灭杞。与秦平。是时越已灭吴而不能正江、淮北；楚东侵，广地至泗上。五十七年，惠王卒，子简王中立。

简王元年，北伐灭莒。八年，魏文侯、韩武子、赵桓子始列为诸侯。二十四年，简王卒，子声王当立。声王六年，盗杀声王，子悼王熊疑立。悼王二年，三晋来伐楚，至乘丘而还。四年，楚伐周。郑杀子阳。九年，伐韩，取负黍。十一年，三晋伐楚，败我大梁、榆关。楚厚赂秦，与之平。二十一年，悼王卒，子肃王臧立。

【译文】

昭王病得很严重，就召见各位公子大夫，说："我没有才能，使楚军一再受辱，今天竟能够寿终正寝，已经是我的幸运。"昭王推让自己的大弟公子申做楚王，公子申不答应。又推让给二弟公子结，结也辞谢。于是又推让给三弟公子闾，三弟曾推辞五次，最后，才答应做楚王。楚军将要与吴军交战，庚寅这一天，昭王在军中逝世。子闾说："昭王病重时，放弃自己的儿子即位，却推让大臣们做王，我所以答应昭王，是用来宽慰昭王的心意的，当今昭王逝世，我怎么敢忘记君王的一片好心呢？"于是与子西、子綦商量，秘密派出军队堵塞道路，迎接越女的儿子章，拥立他为王，就是惠王。然后停止进军，返回国内，安葬了昭王。

惠王二年（前487），子西从吴国把平王太子建的儿子胜叫来，让他做巢县大夫，号称白公。白公喜好军事而且能礼遇士人，打算为父亲报仇。六年，白公请求令尹子西出兵讨伐郑国。当初，白公的父亲太子建逃到郑国，郑国杀死了他，白公只好逃到吴国，子西又叫他来，所以白公仇视郑国，才想讨伐郑国。子西答应了，但没给他派军。八年，晋国讨伐郑国，郑国向楚国告急，楚国派子西救助郑国，子西救郑后接受郑的贿赂离开了郑国。白公胜很生气，立即就和敢死的勇士石乞等人在朝堂上袭击杀死了令尹子西、子綦，趁机劫持了惠王，把他囚禁在高府，想杀死他。惠王的随从屈固背着惠王逃到昭王夫人的宫殿。白公自己登位作了楚王。一个月后，恰巧叶公来救助楚国，楚惠王手下人和叶公一起攻击白公，杀死了他。惠王才恢复王位。当年，楚国灭亡了陈国，将其划归为楚国一个县。十三年，吴王夫差强大了，欺辱齐国、晋国，进攻楚国。十六年，越国将吴国灭掉。四十二年，楚国将蔡国灭掉了。四十四年，楚国将杞国灭掉了。与秦国讲和。这时越国已将吴国灭掉了，可是不能统治长江、淮北地域；楚国向东部侵占，把地盘扩展到泗水一带。五十七年（前432），惠王逝世，儿子简王中即位。

简王元年（前431），向北进军灭亡了莒国。八年，魏文侯、韩武子、赵桓子开始成为诸侯。二十四年，简王逝世。儿子声王当即位。声王六年（前402），强盗杀死了声王，儿子悼王熊疑即位。悼王二年（前400），三晋来讨伐楚国，打到乘丘就撤兵了。四年，楚国讨伐周朝。郑国杀死了子阳。九年（前393），楚国讨伐了韩国，夺下了负黍。十一年，三晋来讨伐楚国，在大梁、榆关打败了我国。楚国给秦国送了厚礼，与秦讲和了。二十一年，悼王逝世，儿子肃王臧即位。

【原文】

肃王四年，蜀伐楚，取兹方。于是楚为扞关以距之。十年，魏取我鲁阳。十一年，肃王卒，无子，立其弟熊良夫，是为宣王。

宣王六年，周天子贺秦献公。秦始复强，而三晋益大，魏惠王、齐威王尤强。

三十年，秦封卫鞅于商，南侵楚。是年，宣王卒，子威王熊商立。

威王六年，周显王致文武胙于秦惠王。

七年，齐孟尝君父田婴欺楚，楚威王伐齐，败之于徐州，而令齐必逐田婴。田婴恐，张丑伪谓楚王曰："王所以战胜于徐州者，田盼子不用也。盼子者，有功于国，而百姓为之用。婴子弗善而用申纪。申纪者，大臣不附，百姓不为用，故王胜之也。今王逐婴子，婴子逐，盼子必用矣。复搏其士卒以与王遇，必不便于王矣。"楚王因弗逐也。

十一年，威王卒，子怀王熊槐立。魏闻楚丧，伐楚，取我陉山。

【译文】

肃王四年（前377），蜀国讨伐楚国，攻下兹方。于是楚国为抵抗蜀军修建了扞关口。十年，魏国攻下鲁阳。十一年，肃王逝世，肃王无子，便立弟弟熊良夫为王，这就是宣王。

宣王六年（前364），周天子祝贺秦献公。秦又开始强大起来，可是三晋更加强盛，魏惠王、齐威王尤其强大。三十年，秦国封商地给卫鞅，向南进犯楚国。当年，宣王逝世，儿子威王熊商即位。

威王六年（前334），周显王把祭祀文王、武王的胙肉送给秦惠王。

七年，齐国孟尝君的父亲田婴把楚国给骗了，楚成王兴兵讨伐齐国，在徐州将齐军打败，还要挟齐国一定驱逐田婴。田婴害怕了，张丑对楚王撒谎说："楚王在徐州之所以战胜了，是因为齐王没任用田盼子。盼子为齐国立了功，百姓们也服从他。田婴无能而任用申纪。申纪这个人，大臣们都不拥护他，百姓也不服从他，所以楚王您才战胜了齐军。今天楚王要驱逐婴子，婴子被赶走，齐王就一定重用盼子。那么齐王就又要整顿军队再来与楚王您交战了，这对您绝对没有好处。"楚王便不再提出驱逐田婴的要求。

十一年（前329），威王逝世，儿子怀王熊槐即位。魏国听说楚国有国丧，趁机讨伐楚国，夺取了陉山。

【原文】

怀王元年，张仪始相秦惠王。四年，秦惠王初称王。

六年，楚使柱国昭阳将兵而攻魏，破之于襄陵，得八邑。又移兵而攻齐，齐王患之。陈轸适为秦使齐，齐王曰："为之奈何？"陈轸曰："王勿忧，请令罢之。"即往见昭阳军中，曰："愿闻楚国之法，破军杀将者何以贵之？"昭阳曰："其官为上柱国，封上爵执珪。"陈轸曰："其有贵于此者乎？"昭阳曰："令尹。"陈轸曰："今君已为令尹矣，此国冠之上。臣请得譬之。人有遗其舍人一卮酒者，舍人相谓曰：'数人饮此，不足以遍，请遂画地为蛇，蛇先成者独饮之。'一人曰：'吾蛇先成。'举酒而起，曰：'吾能为之足。'及其为之足，而后成人夺之酒而饮之，曰：'蛇固无足，今为之足，是非蛇也。'今君相楚而攻魏，破军杀将，功莫大焉，冠之上不可以加矣。今又移兵而攻齐，攻齐胜之，官爵不加于此；攻之不胜，身死爵夺，有毁于楚：此为蛇为足之说也。不若引兵而去以德齐，此持满之术也。"昭阳曰："善。"引兵而去。

燕、韩君初称王。秦使张仪与楚、齐、魏相会，盟啮桑。

十一年，苏秦约从山东六国共攻秦，楚怀王为从长。至函谷关，秦出兵击六国，六国兵皆引而归，齐独后。十二年，齐湣王伐败赵、魏军，秦亦伐败韩，与齐争长。

【译文】

怀王元年（前328），张仪开始做秦惠王的国相。四年，秦惠王刚称王。

六年，楚国派柱国将军昭阳率军攻打魏国，在襄陵将魏国打败，并且取得了魏国的八个城邑。楚国又打算调军攻打齐国，齐王对此十分担心，陈轸恰好从秦国到齐国出使，齐王说："怎么对付楚国？"陈轸说："君王不要担忧，请您允许我让他撤军。"于是陈轸立即到楚军中去会见昭阳，说："我想听听楚国的军功法，打败敌军杀死敌将的有功之臣，将赏赐什么？"昭阳说："授予上柱国将军的官职，封给上等爵位，让他手执珪玉。"陈轸说："楚国还有比这个更尊贵的赏赐吗？"昭阳说："令尹。"陈轸说："今天您已经做了令尹，这是楚国最高的官位。我请您允许我打个比方。有人赠给自己的舍人们一杯酒，舍人们说：'几个人喝这杯酒，不够喝的，请大家在地上画一条蛇，谁先画成就赏给谁这杯酒。'一个人说：'我先画好了。'举起酒杯站起身又说：'我能给蛇添上足。'等到他为蛇画好足时，后于他画好蛇的人夺过他的酒一饮而尽，说：'蛇本无足，今天你替它添上足，这就不是蛇了。'今天您身为楚相，来攻打魏国，已打败魏军杀死魏将，没有比这再大的功劳了，可是官职爵禄不可能再增加；假使打不胜，您将要殉职丢爵，给楚国造成不好的声誉，这就是画蛇添足。您不如率军返楚对齐施恩施德，这就是永处高位的策略啊！"昭阳说："好吧！"于是楚军撤离齐国。

燕、韩国国君开始称王。秦国派张仪与楚、齐、魏相会，在啮桑订立盟约。

十一年（前318），苏秦与山东六国约定合纵共同攻打秦国，楚怀王为纵长。大军打到函谷关，秦国出兵迎击，六国军都先后撤军，其中齐军在最后。十二年（前317），齐湣王战胜赵、魏联军，秦国也战胜韩军，与齐国争当首领。

【原文】

十六年，秦欲伐齐，而楚与齐从亲，秦惠王患之，乃宣言张仪免相，使

后画好蛇的人一把夺过酒壶，把壶中的酒一饮而尽，说："蛇本无足，今天你替它添上足，这就不是蛇了。"

张仪南见楚王，谓楚王曰："敝邑之王所甚说者无先大王，虽仪之所甚愿为门阑之厮者亦无先大王。敝邑之王所甚憎者无先齐王，虽仪之所甚憎者亦无先齐王。而大王和之，是以敝邑之王不得事王，而令仪亦不得为门阑之厮也。王为仪闭关而绝齐，今使使者从仪西取故秦所分楚商於之地方六百里，如是则齐弱矣。是北弱齐，西德于秦，私商於以为富，此一计而三利俱至也。"怀王大悦，乃置相玺于张仪，日与置酒，宣言"吾复得吾商於之地"。群臣皆贺，而陈轸独吊。怀王曰："何故？"陈轸对曰："秦之所为重王者，以王之有齐也。今地未可得而齐交先绝，是楚孤也。夫秦又何重孤国哉，必轻楚矣。且先出地而后绝齐，则秦计不为。先绝齐而后责地，则必见欺于张仪。见欺于张仪，则王必怨之。怨之，是西起秦患，北绝齐交。西起秦患，北绝齐交，则两国之兵必至。臣故吊。"楚王弗听，因使一将军西受封地。

张仪至秦，详醉坠车，称病不出三月，地不可得。楚王曰："仪以吾绝齐为尚薄邪？"乃使勇士宋遗北辱齐王。齐王大怒，折楚符而合于秦。秦齐交合，张仪乃起朝，谓楚将军曰："子何不受地？从某至某，广袤六里。"楚将军曰："臣之所以见命者六百里，不闻六里。"即以归报怀王。怀王大怒，兴师将伐秦。陈轸又曰："伐秦非计也。不如因赂之一名都，与之伐齐，是我亡于秦，取偿于齐也，吾国尚可全。今王已绝于齐而责欺于秦，是吾合秦齐之交而来天下之兵也，国必大伤矣。"楚王不听，遂绝和于秦，发兵西攻秦。秦亦发兵击之。

十七年春，与秦战丹阳，秦大败我军，斩甲士八万，虏我大将军屈匄、裨将军逢侯丑等七十余人，遂取汉中之郡。楚怀王大怒，乃悉国兵复袭秦，战于蓝田，大败楚军。韩、魏闻楚之困，乃南袭楚，至于邓。楚闻，乃引兵归。

【译文】

十六年（前313），秦国想讨伐齐国，可是楚国和齐国现在正合纵亲善，秦惠王对此很担心，就放出话说已经免掉张仪相国职，让张仪去会见楚王，他对楚王说："我国君王最崇拜的就是楚王您，即使我本人也特别希望为您做看门小厮；我国君王最憎恨的就是齐王，即使我本人最憎恨的也是齐王。可是大王您却与他关系密切，所以我国君王不能侍奉您，这让我也不能为您做看门小厮了。如果楚王能为我关闭关口与齐国断交，那么今天您就派使者跟从我去秦领取秦曾夺取的楚国方圆六百里的商於之地，如此，就会削弱齐国势力了。这样，您便可以北方削弱齐国，西方对秦有恩德，并增加商於六百里土地的财富，这一计可以带来三种好处。"怀王十分高兴，于是把国相的玉玺赠给张仪，每天为他摆开酒宴，宣称"我又得到我的商於了。"大臣们都祝贺，唯独陈轸表示伤痛。怀王说："为什么？"陈轸回答说："秦国所以看重您，那是因为您与齐王友好亲善。今天还未得到商於之地就先断绝齐交，是孤立楚国的做法。秦国又如何要看重孤立无援的我国呢，一定要轻视楚国的。如果秦国先交出商於，尔后我们再与齐断交，那么，秦国的计谋就无效了。如果我们先与齐断交，尔后再去索取商於，那我们一定要被张仪所欺骗。您如果被张仪所欺骗，一定怨恨他。怨恨他，就等于西边兴起了秦国的忧患，北边断绝了齐国的友好。西边有秦的忧患，北边又与齐断交，那么，韩、魏两国的军队一定来攻打。所以我在伤痛。"楚王不听陈轸的意见，于是派一位将军到秦国去接受商於了。

张仪回到秦国，装醉摔到车下，声称生病，三个月也没露面，楚国也没有得到商於之地。楚王说："难道张仪认为我与齐的断交还不够彻底吗？"于是又派勇士宋遗到北边去辱骂齐王。齐王很生气，将楚国的符节折断转而与秦国友好了。秦齐联合完毕，张仪才上朝，对楚国将军说："你怎么还没接受土地呢？从某处到某处，方圆有六里呢。"楚国将军说："我受命来接受的是六百里，没听说六里。"立即返程向怀王汇报。怀王十分生气，将要派军讨伐秦国。陈轸又说："伐秦不是上策。不如趁机用一座名城贿赂秦国，联合秦国讨伐齐国，这就能把从秦国丢失掉的，又从齐国补偿过来了，如此，我国还可保全。当今，您已与齐国断交，又兴师追究秦国欺骗之罪，这就等于我们让秦齐友好引来天下的大军，我国一定会受到很大的伤害啊。"楚王仍不听从陈轸的建议，于是又与秦国断交，派军向西边攻打秦国。秦国也派军迎击楚军。

十七年（前312）的春天，楚军与秦军在丹阳交战，秦军取胜，斩杀八万名士兵，将楚国大将军屈匄，偏将军逢侯丑等七十多人俘虏了，又将汉中的各郡县夺占了。楚怀王十分愤怒，就动用国内全部兵力又一次袭击秦国。两军在蓝田交战，楚军又大败。韩国、魏国听到楚国受困，就都南下袭击楚国，一直打到邓。楚国听到消息后，就率军撤出秦国。

【原文】

十八年，秦使使约复与楚亲，分汉中之半以和楚。楚王曰："愿得张仪，不愿得地。"张仪闻之，请之楚。秦王曰："楚且甘心于子，奈何？"张仪曰："臣善其左右靳尚，靳尚又能得事于楚王幸姬郑袖，袖所言无不从者。且仪以前使负楚以商於之约，今秦楚大战，有恶，臣非面自谢楚不解。且大王在，楚不宜敢取仪。诚杀仪以便国，臣之愿也。"仪遂使楚。

至，怀王不见，因而囚张仪，欲杀之。仪私于靳尚，靳尚为请怀王曰："拘张仪，秦王必怒。天下见楚无秦，必轻王矣。"又谓夫人郑袖曰："秦王甚爱张仪，而王欲杀之，今将以上庸之地六县赂楚，以美人聘楚王，以宫中善歌者为之媵。楚王重地，秦女必贵，而夫人必斥矣。夫人不若言而出之。"郑袖卒言张仪于王而出之。仪出，怀王因善遇仪，仪因说楚王以叛从约而与秦合亲，约婚姻。张仪已去，屈原使从齐来，谏王曰："何不诛张仪？"怀王悔，使人追仪，弗及。是岁，秦惠王卒。

【译文】

十八年（前311），秦国又派出使者与楚约定亲善，并答应送给楚国汉中的一半地盘以求和。楚王说："更想得到张仪，不想得到土地。"张仪听到这件事，请求赴楚。秦王说："楚王正想抓住你呢，怎么办？"张仪说："我与楚王的大臣靳尚友好，靳尚又很受楚王宠幸的夫人郑袖的信任，楚王对郑袖百依百顺，况且我以前出使楚国时违背了割商於给楚的约定，今天秦楚交战有了仇恨，我不亲自去向楚国道歉就不能消除仇恨。再说大王您健在，楚国也不敢把我怎么样。果真楚国杀死我，只要对秦国有利，也正是臣子的愿望。"张仪于是出使楚国了。

张仪到达楚都后，怀王并不见他，并囚禁了张仪，打算杀掉他。张仪暗地里贿赂靳尚，靳尚向怀王替他求情说："您将张仪拘捕，秦王一定生气。天下诸侯看到楚国失去了秦国的友好，必定轻视您。"靳尚又对楚王夫人郑袖说："秦王非常喜欢张仪，可是楚王想杀死他，现在秦王将要用上庸的六个县贿赂楚国，把美人送给楚王，把宫中善于歌舞的美女送给大王当侍女。楚王看重地盘，秦女也必定得到楚王的宠爱，那么夫人一定受排斥了。夫人不如在楚王面前说句好话释放张仪算了。"郑袖终于在楚王面前替张仪说情释放了张仪。张仪放出后，怀王很客气地款待张仪，张仪又借机劝说楚王背叛合纵盟约，与秦国联合亲善，相约两国结为婚姻。张仪离开楚国后，屈原刚从齐国出使归来，进谏怀王说："为什么不杀死张仪？"怀王这才后悔，派人去追赶张仪，已经来不及了。这一年，秦惠王逝世。

【原文】

二十年，齐湣王欲为从长，恶楚之与秦合，乃使使遗楚王书曰："寡人患楚之不察于尊名也。今秦惠王死，武王立，张仪走魏，樗里疾、公孙衍用，而楚事秦。夫樗里疾善乎韩，而公孙衍善乎魏；楚必事秦，韩、魏恐，必因二人求合于秦，则燕、赵亦宜事秦。四国争事秦，则楚为郡县矣。王何不与寡人并力收韩、魏、燕、赵，与为从而尊周室，以案兵息民，令于天下？莫敢不乐听，则王名成矣。王率诸侯并伐，破秦必矣。王取武关、蜀、汉之地，私吴、越之富而擅江海之利，韩、魏割上党，西薄函谷，则楚之强百万也。且王欺于张仪，亡地汉中，兵锉蓝田，天下莫不代王怀怒。今乃欲先事秦！愿大王孰计之。"

楚王业已欲和于秦，见齐王书，犹豫不决，下其议群臣。群臣或言和秦，或曰听齐。昭雎曰："王虽东取地于越，不足以刷耻；必且取地于秦，而后足以刷耻于诸侯。王不如深善齐、韩以重樗里疾，如是则王得韩、齐之重以求地矣。秦破韩宜阳，而韩犹复事秦者，以先王墓在平阳，而秦之武遂去之七十里，以故尤畏秦。不然，秦攻三川，赵攻上党，楚攻河外，韩必亡。楚之救韩，不能使韩不亡，然存韩者楚也。韩已得武遂于秦，以河山为塞，所报德莫如楚厚，臣以为其事王必疾。齐之所信于韩者，以韩公子眯为齐相也。韩已得武遂于秦，王甚善之，使之以齐、韩重樗里疾，疾得齐、韩之重，其主弗敢弃疾也。今又益之以楚之重，樗里子必言秦，复与楚之侵地矣。"于是怀王许之，竟不合秦，而合齐以善韩。

【译文】

二十年（前309），齐湣王想当合纵首领，担心楚与秦两国联合起来，就写了一封信派使者给楚王送去，说道："我担心楚王不曾考虑尊贵的称号。如今秦惠王死了，武王即位，张仪逃到魏国，武王任用樗里疾、公孙衍，可是楚国还是服从秦国。樗里疾与韩国友好，公孙衍与魏国亲善；楚国顺服秦国，韩国、魏国就害怕，一定会借那两个人的力量与秦国联合，那么燕国、赵国也就去顺服秦国。四国争着顺服秦国，那么楚国就成了秦国的一个郡县了。楚王为何不和我协力收服韩、魏、燕、赵，和他们合纵一起尊崇周王室，以便按兵养民，号令天下？天下没有人敢不乐意听从您的，您也将功成名就了。那时，楚王率领诸侯共同讨伐秦国，一定能打败秦国。楚王您便可以夺下武关、蜀、汉地区，占有吴国、越国的财富，专享长江、东海的利益，韩国、魏国割给您上党，西部逼近函谷关，那么楚国将比现在强大百万倍。况且大王您被张仪欺诈，丧失汉中地，大军在蓝田受挫，天下人没有不替您愤怒的。今天您竟想先服侍秦国！望您仔细考虑吧。"

楚王正打算与秦国联合，见到齐王的书信，又开始犹豫下不了决定，于是让群臣们讨论这件事。有人说应该与秦联合，也有人说齐国说得对。昭雎说："虽然君王从东边的越国得到地盘，但不足以雪耻。您不如与齐国、韩国深交以抬高樗里疾的权位，这样，您才能得到韩国、齐国的支持要回地盘。秦国在宜阳打败韩国，可是韩国还服侍秦国，是因为先祖墓在平阳，秦国的武遂距平阳只有七十里，因此韩国尤其畏惧秦国。否则，秦国攻打三川，赵国攻打上党，楚国攻打黄河外，韩一定灭亡。楚国救助韩国，也不能让韩免遭灾难，可是名义上保存韩国的确是楚国。韩国已从秦国夺得武遂，凭借黄河、西山屏障，它所要报答恩德的都不如楚国厚，我认为韩国一定要急切服侍楚王。齐国所以信任韩国，是因为韩公子眜是齐国国相。韩国已从秦国夺得武遂，大王再好好亲善它，使它凭借齐国、韩国的力量抬高樗里疾的地位，樗里疾得到齐国、韩国的支持，他的主人就不敢抛弃他了。今天楚国又可以帮助他，樗里疾一定向秦王说情，把侵占楚国的土地归还楚国。"于是怀王答应了他，最终不与秦联合，而联合齐国并与韩国友好。

【原文】

二十四年，倍齐而合秦，秦昭王初立，乃厚赂于楚。楚往迎妇。二十五年，怀王入与秦昭王盟，约于黄棘。秦复与楚上庸。二十六年，齐、韩、魏为楚负其从亲而合于秦，三国共伐楚。楚使太子入质于秦而请救。秦乃遣客卿通将兵救楚，三国引兵去。

二十七年，秦大夫有私与楚太子斗，楚太子杀之而亡归。二十八年，秦乃与齐、韩、魏共攻楚，杀楚将唐昧，取我重丘而去。二十九年，秦复攻楚，大破楚，楚军死者二万，杀我将军景缺。怀王恐，乃使太子为质于齐以求平。三十年，秦复伐楚，取八城。秦昭王遗楚王书曰："始寡人与王约为弟兄，盟于黄棘，太子为质，至欢也。太子陵杀寡人之重臣，不谢而亡去，寡人诚不胜怒，使兵侵君王之边。今闻君王乃令太子质于齐以求平。寡人与楚接境壤界，故为婚姻，所从相亲久矣。而今秦楚不欢，则无以令诸侯。寡人愿与君王会武关，面相约，结盟而去，寡人之愿也。敢以闻下执事。"楚怀王见秦王书，患之。欲往，恐见欺；无往，恐秦怒。昭雎曰："王毋行，而发兵自守耳。秦虎狼，不可信，有并诸侯之心。"怀王子子兰劝王行，曰："奈何绝秦之欢心！"于是往会秦昭王。昭王诈令一将军伏兵武关，号为秦王。楚王至，则闭武关，遂与西至咸阳，朝章台，如蕃臣，不与亢礼。楚怀王大怒，悔不用昭子言。秦因留楚王，要以割巫、黔中之郡。楚王欲盟，秦欲先得地。楚王怒曰："秦诈我而又强要我以地！"不复许秦。秦因留之。

楚大臣患之，乃相与谋曰："吾王在秦不得还，要以割地，而太子为质于齐，齐、秦合谋，则楚无国矣。"乃欲立怀王子在国者。昭雎曰："王与太子俱困于诸侯，而今又倍王命而立其庶子，不宜。"乃诈赴于齐，齐湣王谓其相曰："不若留太子以求楚之淮北。"相曰："不可，郢中立王，是吾抱空质而行不义于天下也。"或曰："不然，郢中立王，因与其新王市曰'予我下东国，吾为王杀太子，不然，将与三国共立之'，然则东国必可得矣。"齐王卒用其相计而归楚太子。太子横至，立为王，是为顷襄王。乃告于秦曰："赖社稷神灵，国有王矣。"

【译文】

二十四年（前305），楚国背叛齐国而与秦国联合。秦昭王刚即位，就给楚国送去厚礼。楚国去秦国迎娶女子。二十五年，怀王赴秦与秦昭王会盟，在黄棘定约。秦王把上庸归还给楚国。二十六年，齐国、韩国、魏国因为楚国违背了合纵亲善而与秦国联合，三国联合讨伐楚国。楚国让太子到秦国当人质请求救助。秦国就派客卿通率军救助楚国，三国才率军离去了。

二十七年，秦国一位大夫与楚太子私下斗殴，楚太子把他杀死逃回楚国。二十八年，秦国就和齐、韩、魏三国一起进攻楚国，将楚国大将唐眜杀死，将楚国重丘攻下就离去了。二十九年，秦又攻打楚国，把楚军打得大败，杀死两万楚兵，杀死楚国将军景缺。怀王惊恐，就派太子到齐国做人质求得和解。三十年，秦国又攻打楚国，夺取了八座城市。秦昭王给楚王一封国书说："当初我和您结拜为弟兄，在黄棘盟约，太子做人质，关系十分融洽。太子杀死我的要臣，竟不道歉就逃走了，我确实愤怒之至，便派军侵占您的边境。今天听说您让太子到齐国做人质求得和解。我国和楚国界近接壤，本来就结成了婚姻，互相亲善友好很长时间了。当今秦楚关系恶化，就无法号令诸侯。我希望和您在武关会盟，订立盟约后再分离，这是我的愿望。我冒昧地告诉您这个想法。"楚怀王看到秦王的信，很担心。想赴会，又担心受骗；想不去，又担心秦王发怒。昭雎说："君王不要前去，应派军队加固边境的防守啊。秦国乃是虎狼之国，不能相信，他有吞并诸侯的野心。"怀王的儿子子兰劝怀王前往，说："为什么断绝与秦王的友好？"于是怀王去会见秦昭王。楚王一到，秦兵就关闭了武关，于是劫持怀王到咸阳，秦王在章台会见怀王，对待怀王就像对待附属国的臣子一般，不用平等的礼节。楚怀王大怒，后悔没

秦昭王刚即位就送厚礼给楚国，并与楚结成姻亲。

听昭雎的劝告。秦王扣留楚王,要挟楚国割让巫、黔中的郡县给秦国。楚王想只订盟约,秦王想先得到土地。楚王生气说:"秦国欺诈我,又强迫要挟我割让土地!"没有再答应秦王。秦王因此扣留了楚王。

楚国大臣十分担心,互相商议说:"我们的君王滞留在秦国回不来,秦王威胁我们想割些地盘,太子又在齐国做人质,如果齐、秦两国联合起来,那么楚国就要灭亡了。"于是他们想拥立在国内的怀王的儿子。昭雎说:"君王与太子都在诸侯国受困,今天又违背君王的命令另立庶子,那是不合适的。"于是蒙骗齐国,派使者到齐国报丧。齐湣王对国相说:"不如扣留太子以便求取楚国的淮北。"国相说:"不行,郢中如果立了君王,我们就空留人质并在天下人面前做出不义的事了。"有人说:"不对。郢中如果立了君王,正好借机和新王做个交易说:'您给我们下东国,我们就替您杀死太子,否则,将和秦、韩、魏三国联合拥立太子。'这样,下东国一定就到手了。"齐王终于采用国相的计策送回了楚国太子。太子横回楚后,被立为君王,这就是顷襄王。于是楚人通告秦国说:"依赖社稷的神灵,我国有君王了。"

【原文】

顷襄王横元年,秦要怀王不可得地,楚立王以应秦,秦昭王怒,发兵出武关攻楚,大败楚军,斩首五万,取析十五城而去。二年,楚怀王亡逃归,秦觉之,遮楚道,怀王恐,乃从间道走赵以求归。赵主父在代,其子惠王初立,行王事,恐,不敢入楚王。楚王欲走魏,秦追至,遂与秦使复之秦。怀王遂发病。顷襄王三年,怀王卒于秦,秦归其丧于楚。楚人皆怜之,如悲亲戚。诸侯由是不直秦。秦楚绝。

六年,秦使白起伐韩于伊阙,大胜,斩首二十四万。秦乃遗楚王书曰:"楚倍秦,秦且率诸侯伐楚,争一旦之命。愿王之饬士卒,得一乐战。"楚顷襄王患之,乃谋复与秦平。七年,楚迎妇于秦,秦楚复平。

十一年,齐秦各自称为帝;月余,复归帝为王。

十四年,楚顷襄王与秦昭王好会于宛,结和亲。十五年,楚王与秦、三晋、燕共伐齐,取淮北。十六年,与秦昭王好会于鄢。其秋,复与秦王会穰。

【译文】

顷襄王横元年(前298),秦国要挟怀王却并没有得到土地,楚国还拥立了新君王来对付秦国,秦昭王很生气,派军出武关攻打楚国,大败楚军,将楚国五万士兵杀死,夺取了析邑等十五座城才走。二年(前297),楚怀王逃跑了,秦国发觉后,封锁了通往楚国的道路,怀王害怕,就从小路到赵国借路回楚。赵主父在代,他的儿子惠王刚刚即位,行使赵王的职权,胆子小,不敢收容楚王。楚王想跑到魏国,秦兵追上了他,楚王只好和秦国使者又回到秦国。这时,怀王生了病。顷襄王三年(前296),怀王在秦国去世。秦国把他的灵柩送回楚国。楚国人都哀怜怀王,像悲悼自己的父母兄弟一样。诸侯们从此看到秦王不正直。秦、楚两国断绝了交往。

六年,秦国派白起攻打韩国,在伊阙获大胜,将韩国二十四万士兵杀死。秦王给楚王写了一封信,说:"楚国背叛了秦国,秦国要率领诸侯军攻打楚国,决一胜负。

希望您重整军队，以便痛快地打一场。"楚顷襄王很担心，便打算再跟秦国讲和。七年，楚国到秦国迎接新妇，秦楚又讲和了。

十一年，齐王和秦王各自称帝，一个月后，又把帝改为王。

十四年，楚顷襄王在宛与秦昭王相会，议和结亲。十五年（前284），楚国和秦、韩、赵、魏联合攻打齐国，夺取了淮北。十六年（前283），楚王在鄢与秦昭王友好相会。那年秋季，又和秦王在穰相会。

【原文】

十八年，楚人有好以弱弓微缴加归雁之上者，顷襄王闻，召而问之。对曰："小臣之好射鶀雁，罗鹥，小矢之发也，何足为大王道也。且称楚之大，因大王之贤，所弋非直此也。昔者三王以弋道德，五霸以弋战国。故秦、魏、燕、赵者，鶀雁也；齐、鲁、韩、卫者，青首也；驺、费、郯、邳者，罗鹥也。外其余则不足射者。见鸟六双，以王何取？王何不以圣人为弓，以勇士为缴，时张而射之？此六双者，可得而囊载也。其乐非特朝昔之乐也，其获非特凫雁之实也。王朝张弓而射魏之大梁之南，加其右臂而径属之于韩，则中国之路绝而上蔡之郡坏矣。还射圉之东，解魏左肘而外击定陶，则魏之东外弃而大宋、方与二郡者举矣。且魏断二臂，颠越矣；膺击郯国，大梁可得而有也。王绪缴兰台，饮马西河，定魏大梁，此一发之乐也。若王之于弋诚好而不厌，则出宝弓，碆新缴，射噣鸟于东海，还盖长城以为防，朝射东莒，夕发浿丘，夜加即墨，顾据午道，则长城之东收而太山之北举矣。西结境于赵而北达于燕，三国布掀，则从不待约而可成也。北游目于燕之辽东而南登望于越之会稽，此再发之乐也。若夫泗上十二诸侯，左萦而右拂之，可一旦而尽也。今秦破韩以为长忧，得列城而不敢守也；伐魏而无功，击赵而顾病，则秦魏之勇力屈矣，楚之故地汉中、析、郦可得而复有也。王出宝弓，碆新缴，涉鄢塞，而待秦之倦也，山东、河内可得而一也。劳民休众，南面称王矣。故曰秦为大鸟，负海内而处，东面而立，左臂据赵之西南，右臂傅楚鄢郢，膺击韩魏，垂头中国，处既形便，势有地利，奋翼鼓掀，方三千里，则秦未可得独招而夜射也。"欲以激怒襄王，故对以此言。襄王因召与语，遂言曰："夫先王为秦所欺而客死于外，怨莫大焉。今以匹夫有怨，尚有报万乘，白公、子胥是也。今楚之地方五千里，带甲百万，犹足以踊跃中野也，而坐受困，臣窃为大王弗取也。"于是顷襄王遣使于诸侯，复为从，欲以伐秦。秦闻之，发兵来伐楚。

【译文】

十八年（前281），楚国有一位擅长用短弓细绳射中北归大雁的人，顷襄王听了，召见而询问他。他回答说："我喜好射小雁、小鸟，这都是用小箭射的，怎么值得向大王一提呢？况且靠着楚国广袤的土地，凭借大王的贤明，所射中的绝不仅仅是这些小雁、小鸟。过去三王射取道德的尊号，五霸射取好战之国。所以，秦、魏、燕、赵是小雁；齐、鲁、韩、卫是小野鸭；邹、费、郯、邳是小鸟。其余的就不值得去射了。看见这六双小鸟，您怎么射中呢？您为何不用圣人作弓，以勇士作箭，看准时机张弓去射呢？那么，这六双小鸟，您就可以用口袋装回宫了。这种乐趣绝非一日之欢，这种所获也绝非鸭雁一类猎物。您早晨开弓去射魏国大梁南部，射伤其右臂直接牵动韩国，那么中原的通路就断绝了，上蔡各郡县就不攻自破。返身再射击圉的东面，砍断其左臂，再向外射击定陶，那么魏国东部就放弃了，大宋、方与两个郡县就攻下了。况且魏国被砍断左膀右臂，就会倾倒坠落了；正面攻击郑国，就能夺取并占有大梁。您在兰台收拢弓箭，在西河饮马，安定了魏国的大梁，这是第一次射箭的欢乐。如果您对于射箭确实喜好不厌倦，那就拿出宝弓，换上石制箭头和新绳，去东海射击有钩喙的大鸟，转身回来重新修筑长城作为防线，早晨射取东莒，晚上射取浿丘，夜里夺取即墨，转身占据午道，那么就能得到长城的东边，太山的北边也就攻下了。西边与赵国接境，北边达到燕，这样，楚、赵、燕三国就像鸟张开翅膀，不用盟约就形成了合纵。您到北边可以游观燕国的辽东，到南边可以登山遥望越国的会稽，这就是再次射箭的欢乐。至于泗上的十二国诸侯，左手牵引，右手拍打，就可以在一个早上占有它们。现在秦国打败韩国，实际成了长久的忧患，因为秦夺取韩国许多城都不能据守；秦国讨伐魏国没有功效，打击赵国反而又担忧，那么秦魏的勇气力量用尽了，原来楚国失去的汉中、析、郦便可以重新归为己有了。楚王您拿出宝弓，换上石制箭头和新绳，涉足郾塞，等待秦国疲倦，就可以得到山东、河内，使楚国完整。这样，就能慰劳百姓，休养士兵，您就可以面向南称王了。所以说，秦国是只大鸟，背靠大陆居住，面向东方屹立，左面靠近赵国的西南，右面紧挨楚国的鄢郢，正面对着韩国、魏国，妄想独吞中原，它的位置处于优势，地势又有利，展翅翱翔，方圆三千里，可见秦国不可能单独缚住而一夜射得了。"此人想以此激怒襄王，因此用这些话回答楚王。襄王果然又叫来和他详谈，于是他就说："先王被秦国欺骗，客死在外国，怨恨没有比这再大的了。现在，一个普通人因为有怨恨，还有用一个国家作为报复对象的，白公、伍子胥就是这样。现在楚国方圆五千里，拥有百万大军，本来足以驰骋于千里原野，却坐而待毙，我以为大王不会这样做。"于是，顷襄王派使者出使诸侯国，重新约定合纵，以便讨伐秦国。秦听到这个消息，派军来攻打楚国。

【原文】

楚欲与齐、韩连和伐秦，因欲图周。周王赧使武公谓楚相昭子曰："三国以兵割周郊地以便输，而南器以尊楚，臣以为不然。夫弑共主，臣世君，大国不亲；以众胁寡，小国不附。大国不亲，小国不附，不可以致名实。名实不得，不足以伤民。夫有图周之声，非所以为号也。"昭子曰："乃图周则无之。虽然，周何故不可图也？"对曰："军不五不攻，城不十不围。夫一周为二十晋，公之所知也。韩尝以二十万之众辱于晋之城下，锐士死，中士伤，而晋不拔。公之无百韩以图周，此天下之所知也。夫怨结于两周以塞驺鲁之心，交绝于齐，声失天下，其为事危矣。夫危两周以厚三川，方城之外必为韩弱矣。何以知其然也？西周之地，绝长补短，不过百里。名为天下共主，裂其地不足以肥国，得其众不足以劲兵。虽无攻之，名为弑君。然而好事之君，喜攻之臣，发号用兵，未尝不以周为终始。是何也？见祭器在焉，欲器之至而忘弑君之乱。今韩以器之在楚，臣恐天下以器仇楚也。臣请譬之。夫虎肉臊，其兵利身，人犹攻之也。若使泽中之麋蒙虎之皮，人之攻之必万于虎矣。裂楚之地，足以肥国；诎楚之名，足以尊主。今子将以欲诛残天下之共主，居三代之传器，吞三翮六翼，以高世主，非贪而何？《周书》曰'欲起无先'，故器南则兵至矣。"于是楚计辍不行。

十九年，秦伐楚，楚军败，割上庸、汉北地予秦。二十年，秦将白起拔我西陵。二十一年，秦将白起遂拔我郢，烧先王墓夷陵。楚襄王兵散，遂不复战，东北保于陈城。二十二年，秦复拔我巫、黔中郡。

二十三年，襄王乃收东地兵，得十余万，复西取秦所拔我江旁十五邑以为郡，距秦。二十七年，使三万人助三晋伐燕。复与秦平，而入太子为质于秦。楚使左徒侍太子于秦。

三十六年，顷襄王病，太子亡归。秋，顷襄王卒，太子熊元代立，是为考烈王。考烈王以左徒为令尹，封以吴，号春申君。

【译文】

楚国想和齐国、韩国联合进攻秦国，打算趁机攻打周王室。周王赧派武公对楚国宰相昭子说："三国为方便运输而使用武力来割取周都郊外之地，并将天子九鼎重器南迁来尊崇楚王，我认为这样做是不妥当的。杀掉大家共同尊奉的君王，让世代相传的君王做臣民，大国一定不亲近它。凭借人多威胁力单势薄的周王室，小国一定不顺服它。大国不亲近，小国不顺服，既不可以获得威名，又不可以获得实利。威名、实利都不能获得，就不应该动用武力去伤害百姓。如果有图谋周王室的名声，就无法向诸侯发布号令。"昭子说："图谋周王室是无中生有。即使如此，周王室为什么不能图谋呢？"武公回答道："不拥有五倍于敌的军力不发起攻击，不拥有十倍于守敌的力量不能围城。一个周地域虽小，但诸侯拥戴他，也相当于二十个晋国，您是知道的。韩国曾经动用二十万兵力包围晋国城邑，但最后遭受耻辱，精兵战死，普通士兵受伤，晋城也未被攻占。您未拥有百倍于韩的兵力却图谋周王室，这是天下人都明白的。您与两周结下了怨仇，伤害了礼仪之邦邹鲁人的心，与齐国绝交，对天下失掉声誉，你这样做很危险了。您危害两周是增强韩国的实力（三川为韩国所有），方城以外一定会被韩所侵夺。怎么能知道这种结局呢？西周的地盘，截长补短，方圆不过一百里。西周名义上是天下诸侯共同尊奉的君主，实际上全部占有它的土地也不足以使国家强大，全部占有它的百姓也不足以增强军力。即使不攻打它，名义上还是杀害君主。可是好事的君主，喜功的臣子，发号施令使用兵力，未曾不始终把矛头指向周王室的。这是什么原因呢？因为他们看见祭器在周，想占有祭器却利令智昏忘记杀害君主的罪名。今天，韩国要把祭器搬到楚国，我担心天下人因为祭器仇恨楚国。我请给您打个比方。虎肉腥臊，它的爪牙有利于防身，人们还逮捕它呢。假如让大泽中的麋鹿披上老虎皮，人们逮捕它一定万倍于虎了。占有楚国土地，足以使国家强大；毁坏楚国的名声，足以使国君尊崇。如今，您将要诛杀天下的共主，占有夏、商、周三代传下来的宝器，独吞九鼎，来傲视天子，这不是贪婪又是什么？《周书》说'想要起来,就不能先动',所以祭器如南移到楚国,大军就会接踵而至。"于是楚国放弃了原有的计划。

十九年(前280),秦国讨伐楚国,楚军大败,把上庸、汉北地割让给秦国。二十年,秦国大将白起把楚国的西陵攻占了。二十一年,秦国大将白起又把楚国的郢攻占了,把先王墓夷陵烧毁了。楚襄王的军队溃散了,不能再战,退到东北部保守在陈城。二十二年,秦国又攻下了楚国的巫郡、黔中郡。

二十三年,襄王聚集东部的士兵,共有十多万,又向西攻取秦国原来攻下的长江畔十五座城池并将其划为自己的郡县,抵拒秦国。二十七年,楚派三万人帮助三晋攻打燕国。楚又和秦国讲和,让太子到秦国做人质。楚国让左徒到秦国侍奉太子。

三十六年,顷襄王生病了,太子逃回楚国,秋天,顷襄王逝世,太子熊元即位,这就是考烈王。考烈王任用左徒为令尹,把吴封给他,号称春申君。

【原文】

考烈王元年,纳州于秦以平。是时楚益弱。

六年,秦围邯郸,赵告急楚,楚遣将军景阳救赵。七年,至新中。秦兵去。十二年,秦昭王卒,楚王使春申君吊祠于秦。十六年,秦庄襄王卒,秦王赵政立。二十二年,与诸侯共伐秦,不利而去。楚东徙都寿春,命曰郢。

二十五年,考烈王卒,子幽王悍立。李园杀春申君。幽王三年,秦、魏伐楚。秦相吕不韦卒。九年,秦灭韩。十年,幽王卒,同母弟犹代立,是为哀王。哀王立二月余,哀王庶兄负刍之徒袭杀哀王而立负刍为王。是岁,秦虏赵王迁。

【译文】

考烈王元年(前262),为求得和平而把州送给秦国。这时楚国更加衰弱。

六年,秦国把邯郸包围了,赵国向楚国告急,楚国派遣将军景阳到赵国救援。七年,楚国打到了新中。秦军撤退。十二年,秦昭王逝世,楚王派春申君到秦国吊唁。十六年,秦庄襄王逝世,秦王赵政即位。二十二年,楚国与诸侯国联合攻秦国,战败而退。楚国向东迁都到寿春,命名为郢。

二十五年,考烈王逝世,儿子幽王悍即位。李园将春申君杀掉。幽王三年(前235),秦国、魏国讨伐楚国。秦国宰相吕不韦逝世。九年,秦国将韩国灭掉。十年(前228),幽王逝世,同母弟犹即位,就是哀王。哀王即位两个多月,哀王的哥哥负刍的党徒将哀王杀掉,拥立负刍做楚王。当年,秦国俘获了赵王迁。

【原文】

王负刍元年,燕太子丹使荆轲刺秦王。二年,秦使将军伐楚,大破楚军,亡十余城。三年,秦灭魏。四年,秦将王翦破我军于蕲,而杀将军项燕。

五年,秦将王翦、蒙武遂破楚国,虏楚王负刍,灭楚名为(楚)郡云。

【译文】

王负刍元年(前227),荆轲被燕太子丹派去刺杀秦王。二年,秦国派将军讨伐楚国，大败楚军，将十多座城池夺下。三年，秦国将魏国灭掉。四年秦国大将军王翦在蕲打败楚军，杀死将军项燕。

五年（前223），秦国大将王翦、蒙武攻进楚都，将楚王负刍俘虏，灭掉楚国，用"楚"作为郡名。

【原文】

太史公曰：楚灵王方会诸侯于申，诛齐庆封，作章华台，求周九鼎之时，志小天下；及饿死于申亥之家，为天下笑。操行之不得，悲夫！势之于人也，可不慎与？弃疾以乱立，嬖淫秦女，甚乎哉，几再亡国！

王负刍元年，荆轲被燕太子丹派往秦国以献图为名行刺秦王。

【译文】

太史公说：当楚灵王与诸侯在申会合，将齐庆封杀死，修筑章华台，要索取周王室九鼎的时候，他志向高远，把天下都看得很小；等饿死在申亥家，却被天下人所耻笑。操守、品行都未得到，实在可悲！人们对权势，能不谨慎吗？弃疾以制造内乱而即位，宠幸秦国女子到了淫乱的程度，也太过分了，几乎两度使国家灭亡！

越王句践世家

【原文】

越王句践,其先禹之苗裔,而夏后帝少康之庶子也。封于会稽,以奉守禹之祀。文身断发,披草莱而邑焉。后二十余世,至于允常。允常之时,与吴王阖庐战而相怨伐。允常卒,子句践立,是为越王。

元年,吴王阖庐闻允常死,乃兴师伐越。越王句践使死士挑战,三行,至吴陈,呼而自刭。吴师观之,越因袭击吴师,吴师败于槜李,射伤吴王阖庐,阖庐且死,告其子夫差曰:"必毋忘越。"

【译文】

越王句践的祖先是夏禹的后裔,是夏朝少康帝小妾所生的儿子。这个人被封在会稽,他和自己的族裔后代一直恭敬地供奉着夏禹的祭祀。他们在身上刺花纹,剪短头发,除草开荒,修筑了城邑。二十多代后,传到了允常。允常在位的时候,与吴王阖庐产生怨恨,彼此争战不休。允常逝世后,儿子句践即位,这就是越王。

越王句践元年(前496),吴王阖庐听说允常死了,就挥兵去攻打越国。越王句践派遣不怕死的勇士向吴军挑战,他们排成三行,冲入吴军阵地,高喊着自刎身亡。吴兵看得目瞪口呆,越军趁机袭击了吴军,在槜李大败吴军,射伤吴王阖庐。阖庐在弥留之际告诫儿子夫差说:"千万不能忘记越国。"

【原文】

三年,句践闻吴王夫差日夜勒兵,且以报越,越欲先吴未发往伐之。范蠡谏曰:"不可,臣闻兵者凶器也,战者逆德也,争者事之末也。阴谋逆德,好用凶器,试身于所末,上帝禁之,行者不利。"越王曰:"吾已决之矣。"遂兴师。吴王闻之,悉发精兵击越,败之夫椒。越王乃以余兵五千人保栖于会稽。吴王追而围之。

【译文】

三年(前494),句践听说吴王夫差每日命令士兵刻苦操练,要前来报仇,便想先发制人,在吴未发兵之前自己去攻打吴。范蠡进谏说:"不行,我听说兵器就是凶器,战斗就是背德,而抢着打仗更是事情中最不好的。暗地里去做背德的事,喜爱使用凶器,亲身参与最不好的事,定会遭到天帝的反对,这样做对我国来说不是好事。"越王说:"我已经决定这样做了。"于是举兵进军吴国。吴王听到消息后,动用全国精锐部队迎击越军,在夫椒大败越军。越王只聚拢起五千名残兵败将退守会稽。吴王乘胜追击包围了会稽。

【原文】

越王谓范蠡曰:"以不听子故至于此,为之奈何?"蠡对曰:"持满者与天,定倾者与人,节事者以地。卑辞厚礼以遗之,不许,而身与之市。"句践曰:

"诺。"乃令大夫种行成于吴，膝行顿首曰："君王亡臣句践使陪臣种敢告下执事：句践请为臣，妻为妾。"吴王将许之。子胥言于吴王曰："天以越赐吴，勿许也。"种还，以报句践。句践欲杀妻子，燔宝器，触战以死。种止句践曰："夫吴太宰嚭贪，可诱以利，请间行言之。"于是句践乃以美女宝器令种间献吴太宰嚭。嚭受，乃见大夫种于吴王。种顿首言曰："愿大王赦句践之罪，尽入其宝器。不幸不赦，句践将尽杀其妻子，燔其宝器，悉五千人触战必有当也。"嚭因说吴王曰："越以服为臣，若将赦之，此国之利也。"吴王将许之。子胥进谏曰："今不灭越，后必悔之。句践贤君，种、蠡良臣，若反国，将为乱。"吴王弗听，卒赦越，罢兵而归。

【译文】

越王对范蠡说："因为我没有听从您的劝告才导致兵败，我们该怎么办呢？"范蠡回答说："能够保全天下的人，必定效法天道的盈而不溢；能够平定祸乱的人，必定懂得人道的崇尚谦卑；能够节制事理的人，就会遵循地道做到因地制宜。现在，您对吴王要谦卑有礼，派人给吴王送去优厚的礼物，如果他不答应，您就亲自前往侍奉他，把自身也抵押给吴国。"句践说："好吧！"于是派大夫文种去向吴求和，文种跪在地上边向前行边叩头说："君王的亡国臣民句践让我大胆的告诉您的办事人员：句践请您允许他做您的奴仆，允许他的妻子做您的侍妾。"吴王将要答应种。伍子胥对吴王说："天帝把越国赏赐给吴国，不要答应他。"文种回越后，将情况告诉了句践。句践想杀死妻子儿女，焚烧宝器，亲赴疆场拼一死战。文种阻止句践说："吴国的太宰伯嚭十分贪婪，我们可以用重财诱惑他，请您允许我暗中去吴通融他。"于是句践便让种给太宰伯嚭献上美女珠宝玉器。伯嚭欣然接受，于是就把大夫文种引见给吴王。文种叩头说："希望大王能赦免句践的罪过，我们越国将把世传的宝器全部送给您。万一不能侥幸得到赦免，句践将把妻子儿女全部杀死，烧毁宝器，率领他的五千名士兵与您决一死战，您也将付出相当的代价。"太宰伯嚭借机劝说吴王："越王已经服服帖帖地当了臣子，如果赦免了他，将对我国有利。"吴王又要答应文种。伍子胥又进谏说："今天不灭亡越国，必定后悔莫及。句践是贤明的君主，文种、范蠡都是贤能的大臣，如果句践能够返回越国，必将作乱。"吴王不听伍子胥的谏言，最终赦免了越王，撤兵返回吴国。

【原文】

句践之困会稽也，喟然叹曰："吾终于此乎？"种曰："汤系夏台，文王囚羑里，晋重耳奔翟，齐小白奔莒，其卒王霸。由是观之，何遽不为福乎？"

吴既赦越，越王句践反国，乃苦身焦思，置胆于坐，坐卧即仰胆，饮食亦尝胆也。曰："女忘会稽之耻邪？"身自耕作，夫人自织，食不加肉，衣不重采，折节下贤人，厚遇宾客，振贫吊死，与百姓同其劳。欲使范蠡治国政，蠡对曰："兵甲之事，种不如蠡；填抚国家，亲附百姓，蠡不如种。"于是举国政属大夫种，而使范蠡与大夫柘稽行成，为质于吴。二岁而吴归蠡。

【译文】

句践在会稽受困时,曾叹息:"我就在这死了吗?"种说:"商汤曾被囚在夏台,周文王曾被困在羑里,晋国重耳逃到翟,齐国小白逃到莒,但最终他们都称霸天下。看来,我们今日的处境何尝不是好事呢?"

吴王赦免了越王,句践回国后,用尽精力、费尽心思地图谋复仇,他把苦胆挂到座位上,坐卧即能仰头舔舔,用餐时也舔舔。常自语道:"你忘记会稽的耻辱了吗?"他亲身耕作,夫人亲手织布,不吃两种荤菜,不穿两种色彩的衣服,对贤人彬彬有礼,能委曲求全,招待宾客热情诚恳,能救济穷人,悼慰死者,与百姓共同劳作。越王想让范蠡管理国家政务,范蠡回答说:"用兵打仗之事,文种不如我;安定国家,让百姓亲近归附,我不如文种。"于是把国家政务委托给大夫文种,让范蠡和大夫柘稽去求和,到吴国做人质。两年后吴国才让范蠡回国。

【原文】

句践自会稽归七年,抚循其士民,欲用以报吴。大夫逢同谏曰:"国新流亡,今乃复殷给,缮饰备利,吴必惧,惧则难必至。且鸷鸟之击也,必匿其形。今夫吴兵加齐、晋,怨深于楚、越,名高天下,实害周室,德少而功多,必淫自矜。为越计,莫若结齐,亲楚,附晋,以厚吴。吴之志广,必轻战。是我连其权,三国伐之,越承其弊,可克也。"句践曰:"善。"

【译文】

句践从会稽回国七年后,安抚鼓励士兵百姓强身练兵,想以此向吴国报仇。大夫逢同进谏说:"国家的风波刚刚平定,今天也才稍稍殷实富裕,如果我们整顿军备,吴国听说后肯定害怕,他们一害怕,我们的灾难必然降临。再说,凶猛的大鸟袭击目标时,一定先隐藏起来。现在,吴军压在齐、晋国境上,对楚、越有深仇大恨,在天下虽名声显赫,实际危害周王室。吴缺乏道德而功劳不少,一定骄横狂妄。真为越国着想的话,那越国不如结交齐国,亲近楚国,归附晋国,厚待吴国。吴国志向高远,对待战争一定很轻视,这样我国可以联络三国的势力,让三国攻打吴国,越国便趁它的疲惫可以攻克它了。"句践说:"好。"

【原文】

居二年,吴王将伐齐。子胥谏曰:"未可,臣闻句践食不重味,与百姓同苦乐。此人不死,必为国患。吴有越腹心之疾,齐与吴,疥癣也。愿王释齐先越。"吴王弗听,遂伐齐,败之艾陵,虏齐高、国以归。让子胥。子胥曰:"王毋喜!"王怒,子胥欲自杀,王闻而止之。越大夫种曰:"臣观吴王政骄矣,请试尝之贷粟,以卜其事。"请贷,吴王欲与,子胥谏勿与,王遂与之,越乃私喜。子胥言曰:"王不听谏,后三年吴其墟乎!"太宰嚭闻之,乃数与子胥争越议,因谗子胥曰:"伍员貌忠而实忍人,其父兄不顾,安能顾王?王前欲伐齐,员强谏,已而有功,用是反怨王。王不备伍员,员必为乱。"与逢同共谋,谗之王。王始不从,乃使子胥于齐,闻其托子于鲍氏，王乃大怒，曰："伍员果欺寡人！"役反，使人赐子胥属镂剑以自杀。子胥大笑曰："我令而父霸，我又立若，若初欲分吴国半予我，我不受，已，今若反以谗诛我。嗟乎，嗟乎，一人固不能独立！"报使者曰："必取吾眼置吴东门，以观越兵入也！"于是吴任嚭政。

【译文】

　　过了两年，吴王想攻打齐国。伍子胥进谏说："不能去打。我听说句践每餐只吃一样菜，与百姓同甘共苦。这个人不死，早晚都是我们的祸患。吴国有了越国，那是心腹之患，而齐对吴来说，只不过像一块疥癣那样好对付。希望君王放弃攻齐，先伐越国。"吴王不听，就出兵攻打齐国，在艾陵大败齐军，俘虏了齐国的高、国氏回吴。吴王责备伍子胥，伍子胥说："您不要太高兴！"吴王很生气，伍子胥想自杀，吴王听说制止了他。越国大夫文种说："我观察吴王当政太骄横了，请您允许我试探一下，向他借粮，来揣度一下吴王对越国的态度。"文种向吴王请求借粮。吴王想借予，伍子胥建议不借，吴王还是借给越国了，越王暗中十分喜悦。伍子胥说："君王不听我的劝谏，再过三年吴国将成为一片废墟！"太宰伯嚭听到这话后，就多次与伍子胥争论对付越国的计策，借机诽谤伍子胥说："伍员表面忠厚，实际很残忍，他连自己的父兄都不顾惜，怎么能顾惜君王呢？君王上次想攻打齐国，伍员强劲地进谏。后来您作战有功，他反而因此怨恨您。您不防备他，他一定作乱。"伯嚭还和逢共同谋划，在君王面前再三再四诽谤伍子胥。君王开始也不听信谗言，于是就派伍子胥出使齐国，听说伍子胥把儿子委托给鲍氏，君王才大怒，说："伍员果真欺骗我！"伍子胥出使齐国回国后，吴王就派人赐给伍子胥一把"属镂"剑让他自杀。伍子胥大笑道："我辅佐你的父亲称霸，又拥立你为王，你当初想与我平分吴国，我没接受，事隔不久，今天你反而因谗言杀害我。唉，唉，你孤家寡人是绝对不能独立长久的！"伍子胥跟使者说："你们一定要把我的眼睛挂在吴国都城东门上，让我能亲眼看着越军进入都城！"于是吴王任用伯嚭执掌国政。

【原文】

　　居三年，句践召范蠡曰："吴已杀子胥，导谀者众，可乎？"对曰："未可"。

　　至明年春，吴王北会诸侯于黄池，吴国精兵从王，惟独老弱与太子留守。句践复问范蠡，蠡曰："可矣。"乃发习流二千人，教士四万人，君子六千人，诸御千人，伐吴。吴师败，遂杀吴太子。吴告急于王，王方会诸侯于黄池，惧天下闻之，乃秘之。吴王已盟黄池，乃使人厚礼以请成越。越自度亦未能灭吴，乃与吴平。

【译文】

　　过了三年，句践召见范蠡说："吴王已把伍子胥杀掉，阿谀奉承的小人很多，能攻打吴了吗？"范蠡回答说："不能。"

　　到第二年春天，吴王到北部的黄池去与诸侯会合，吴国的精锐部队都陪着去了，只剩老弱残兵跟着太子在吴都留守。句践又问范蠡能不能进攻吴国，范蠡说："可以了"。于是派出熟悉水战的士兵两千人，训练有素的士兵四万人，近卫军六千人，各类军官一千人，攻打吴国。吴军大败，越军还杀死吴国的太子。吴国使者赶快向吴王告急，吴王正在黄池会合诸侯，怕天下人听到这种惨败消息，就坚守秘密。吴王在黄池与诸侯订立盟约后，就派人带上厚礼向越国求和。越王估计自己也不能一下子将吴国灭掉，就与吴国讲和了。

【原文】

其后四年，越复伐吴。吴士民罢弊，轻锐尽死于齐、晋。而越大破吴，因而留围之三年，吴师败，越遂复栖吴王于姑苏之山。吴王使公孙雄肉袒膝行而前，请成越王曰："孤臣夫差敢布腹心，异日尝得罪于会稽，夫差不敢逆命，得与君王成以归。今君王举玉趾而诛孤臣，孤臣惟命是听，意者亦欲如会稽之赦孤臣之罪乎？"句践不忍，欲许之。范蠡曰："会稽之事，天以越赐吴，吴不取。今天以吴赐越，越其可逆天乎？且夫君王蚤朝晏罢，非为吴邪？谋之二十二年，一旦而弃之，可乎？且夫天与弗取，反受其咎。'伐柯者其则不远'，君忘会稽之厄乎？"句践曰："吾欲听子言，吾不忍其使者。"范蠡乃鼓进兵，曰："王已属政于执事，使者去，不者且得罪。"吴使者泣而去。句践怜之，乃使人谓吴王曰："吾置王甬东，君百家。"吴王谢曰："吾老矣，不能事君王！"遂自杀。乃蔽其面，曰："吾无面以见子胥也！"越王乃葬吴王而诛太宰嚭。

【译文】

这以后四年，越国又进攻吴国。吴国军民疲惫不堪，精锐士兵都在与齐、晋之战中死亡。所以吴军大败，并且吴都受困好几年，最后吴军彻底崩溃，越国把吴王围困在姑苏山上。吴王派公孙雄脱去上衣露出胳膊跪着向前行，请求与越王讲和说："孤立无助的臣子夫差冒昧地表露自己的心愿，从前我曾在会稽得罪您，我不敢违背您的命令，如能够与您讲和，就撤军回国了。今天您亲自前来惩罚孤臣，我对您将唯命是听，但我私下的心意是希望像会稽山对您那样赦免我夫差的罪过吧！"句践不忍心，想答应吴王。范蠡说："会稽的事，是上天把越国赐给吴国，吴国不要。今天是上天把吴国赐给越国了，越国难道可以违背天命吗？再说君王早上朝晚罢朝，不是因为吴国吗？谋划伐吴已二十二年了，一旦放弃，行吗？且上天赐予您却不要，那反而要受到处罚。'用斧头砍伐木材做斧柄，斧柄的样子就在身边。'忘记会稽的苦难了吗？"句践说："我想听从您的建议，但我不忍心拒绝他的使者。"范蠡就击鼓进军，说："君王已经把政务委托给我了，吴国使者赶快离去，否则将要治你的罪了。"吴国使者伤心地哭着走了。句践怜悯他，就派人对吴王说："我安置您到甬东！统治一百家。"吴王推辞说："我已经老了，不能侍奉您了！"说完便自杀身亡。同时用手遮住面部说："我没脸见到伍子胥！"越王埋了吴王，杀死了太宰伯嚭。

【原文】

句践已平吴，乃以兵北渡淮，与齐、晋诸侯会于徐州，致贡于周。周元王使人赐句践胙，命为伯。句践已去，渡淮南，以淮上地与楚，归吴所侵宋地于宋，与鲁泗东方百里。当是时，越兵横行于江、淮东，诸侯毕贺，号称霸王。

范蠡遂去，自齐遗大夫种书曰："蜚鸟尽，良弓藏；狡兔死，走狗烹。越王为人长颈鸟喙，可与共患难，不可与共乐，子何不去？"种见书，称病不朝。人或谗种且作乱，越王乃赐种剑曰："子教寡人伐吴七术，寡人用其三而败吴，其四在子，子为我从先王试之。"种遂自杀。

句践卒，子王鼫与立。王鼫与卒，子王不寿立。王不寿卒，子王翁立。王翁卒，子王翳立。王翳卒，子王之侯立。王之侯卒，子王无强立。

【译文】

句践将吴国灭掉，然后出兵向北渡过黄河，与齐、晋诸侯在徐州会合，向周王室进献贡品。周元王派人赐胙肉给句践，称他为"伯"。句践离开徐州，渡过淮河南下，把淮河流域送给楚国，把吴国侵占宋国的土地归还给宋国，把泗水以东方圆百里的土地给了鲁国。当时，越军在长江、淮河以东畅行无阻，诸侯们都来庆贺，越王号称霸王。

范蠡于是离开了越王，从齐国给大夫文种发来一封信，信中说："飞鸟尽，良弓藏；狡兔死，走狗烹。越王脖子很长，嘴尖得很像鸟喙，这种人只可以与之共患难，不可以与之共享乐，你为何不离去？"文种看过信后，声称有病不再上朝。有人中伤文种将要作乱，越王就赏赐给文种一把剑说："你教给我攻伐吴国的七条计策，我只采用三条就打败了吴国，那四条还在你那里，你替我到先王那里尝试一下那四条吧！"于是文种自杀身亡。

句践逝世，儿子王鼫与即位。王鼫与逝世，儿子王不寿即位。王不寿逝世，儿子王翁即位。王翁逝世，儿子王翳即位。王翳逝世，儿子王之侯即位，王之侯逝世，儿子王无强即位。

【原文】

王无强时，越兴师北伐齐，西伐楚，与中国争强。当楚威王之时，越北伐齐，齐威王使人说越王曰："越不伐楚，大不王，小不伯。图越之所为不伐楚者，为不得晋也。韩、魏固不攻楚。韩之攻楚，覆其军，杀其将，则叶、阳翟危；魏亦覆其军，杀其将，则陈、上蔡不安。故二晋之事越也，不至于覆军杀将，马汗之力不效。所重于得晋者何也？"越王曰："所求于晋者，不至顿刃接兵，而况于攻城围邑乎？愿魏以聚大梁之下，愿齐之试兵南阳莒地，以聚常、郯之境，则方城之外不南，淮、泗之间不东，商、于、析、郦、宗胡之地，夏路以左，不足以备秦，江南、泗上不足以待越矣。则齐、秦、韩、魏得志于楚也，是二晋不战而分地，不耕而获之。不此之为，而顿刃于河山之间以为齐秦用，所待者如此其失计，奈何其以此王也！"齐使者曰："幸也越之不亡也！吾不贵其用智之如目，见豪毛而不见其睫也。今王知晋之失计，而不自知越之过，是目论也。王所待于晋者，非有马汗之力也，又非可与合军连和也，将待之以分楚众也。今楚众已分，何待于晋？"越王曰："奈何？"曰："楚三大夫张九军，北围曲沃、於中，以至无假之关者三千七百里,景翠之军北聚鲁、齐、南阳,分有大此者乎?且王之所求者,斗晋楚也;晋楚不斗,越兵不起,是知二五而不知十也。此时不攻楚,臣以是知越大不王,小不伯。复雠、庞、长沙,楚之粟也;竟泽陵,楚之材也。越窥兵通无假之关,此四邑者不上贡事于郢矣。臣闻之,图王不王,其敝可以伯。然而不伯者,王道失也。故愿大王之转攻楚也。"

【译文】

　　无强当政时,越国发兵与中原各国争夺土地,向北征讨齐国,向西攻打楚国。在楚威王的时候,越国转而进攻齐国,齐威王派人游说越王:"越国不攻打楚国,往大了说称不了王,往小了说称不了霸。估计你们不打楚国,是因为得不到韩、魏两国的支持。韩、魏本来就不攻打楚国。韩国如攻打楚国,他的军队就会覆灭,将领就会被杀,那么叶、阳翟就危险;魏国如攻打楚国也如此,军队覆灭、将领被杀,陈、上蔡都不安定。所以韩、魏侍奉越国,就不至于军队覆灭、将领被杀,汗马之劳也就不会显现,您为什么重视得到韩、魏的支持呢?"越王说:"我所要求韩魏的,并非是与楚军短兵相接、你死我活地斗,何况攻城围邑呢?我希望魏军聚集在大梁城下,齐军在南阳、莒练兵,聚集在常、郯边界,那么方城以外的楚军不再南下,淮、泗之间的楚军不再向东,商、于、析、郦、宗胡等地即中原通路西部地区的楚军不足以防备秦国,江南、泗上的楚军不足以抵御越国了。那么,齐、秦、韩、魏四国就可以在楚国实现自己的愿望,这样,韩、魏无须作战就能扩大疆土,无须耕种就能收获。现在,韩魏不这样做,却在黄河、华山之间互相攻伐,而为齐国和秦国所利用。所期待的韩魏如此失策,怎么能依靠他们称王呢!"齐国使者说:"越国没有灭亡太侥幸了!我不看重他们使用智谋,因为那智谋就好像眼睛一样,虽然能见到毫毛却见不到自己的睫毛。今天君王知道韩魏失策了,却不知道自己的过错,这就是刚才比方的'能见到毫毛却看不到自己睫毛的眼睛'之论了。君王所期望于韩魏的,并非要他们的汗马功劳,也并非是与韩、魏联军联合,而是分散楚军的兵力。现在,楚军兵力已分散了,何必有求于韩魏呢?"越王说:"怎么办?"使者说:"楚国三个大夫已分率所有军队,向北包围了曲沃、於中,直到无假关,战线总长为三千七百里,景翠的军队聚结到北部的鲁国、齐国、南阳,兵力还有超过这种分散的吗?况且君王所要求的是使晋、楚争斗;晋、楚不斗,越国不出兵,这就只知两个五却不知十了。这时不攻打楚国,我因此判断越王从大处说不想称王,从小处说不想称霸。再说,雠、庞、长沙是楚国盛产粮食的地区,竟泽陵是楚国盛产木材的地区。越国出兵打通无假关,这四个地方将不能再向郢都进献粮、材了。我听说图谋称王却不能称王的,还可以称霸。然而不能称霸的,王道也就彻底丧失了。所以恳望您不要攻我们而去打楚国。"

【原文】

　　于是越遂释齐而伐楚。楚威王兴兵而伐之,大败越,杀王无强,尽取故吴地至浙江,北破齐于徐州。而越以此散,诸族子争立,或为王,或为君,滨于江南海上,服朝于楚。

后七世，至闽君摇，佐诸侯平秦。汉高帝复以摇为越王，以奉越后。东越、闽君，皆其后也。

【译文】

于是越国不再攻齐而去打楚国。楚威王发兵迎击越军，越军大败，无强被杀死，楚国把原来吴国一直到浙江的土地全部攻下，又在北边的徐州打败齐军。越国因此分崩离析，各族子弟们分夺权位，有的称王，有的称君，他们住在长江南岸，服服帖帖地向楚国朝贡。

七代后，君位传到闽君摇，他辅佐诸侯推翻了秦朝。汉高帝又恢复摇做了越王，继续越国的奉祀。东越、闽君都是越国的后代。

【原文】

范蠡事越王句践，既苦身勠力，与句践深谋二十余年，竟灭吴，报会稽之耻，北渡兵于淮以临齐、晋，号令中国，以尊周室，句践以霸，而范蠡称上将军。还反国，范蠡以为大名之下，难以久居，且句践为人可与同患，难与处安，为书辞句践曰："臣闻主忧臣劳，主辱臣死。昔者君王辱于会稽，所以不死，为此事也。今既以雪耻，臣请从会稽之诛。"句践曰："孤将与子分国而有之。不然，将加诛于子。"范蠡曰："君行令，臣行意。"乃装其轻宝珠玉，自与其私徒属乘舟浮海以行，终不反。于是句践表会稽山以为范蠡奉邑。

【译文】

范蠡辅佐越王句践，他们齐心合力、勤奋不懈，运筹谋划二十多年，终于灭掉吴国，洗雪了会稽的耻辱。越军向北进军淮河直到齐、晋边境，号令中原各国，尊崇周室，句践称霸中原，范蠡当了上将军。回国后，范蠡以为盛名之下，难以长久，况且句践的为人，可与之同患难，难与之同安乐。他写信辞别句践说："我听说，君王忧愁臣子就劳苦，君主受辱臣子就该死。过去您在会稽受辱，我之所以未死，是为了报仇雪恨。当今既已雪耻，臣请求您给予我君主在会稽受辱的死罪。"句践说："我将和你平分越国。否则，就要加罪于你。"范蠡说："君主可执行您的命令，臣子仍依从自己的意趣。"于是他打点包装了行李财物、细软珠宝，带着家眷和几名贴身侍卫乘船走了，一直没有返回越国，于是句践降诏分封会稽山作为供奉范蠡的城邑。

【原文】

范蠡浮海出齐，变姓名，自谓鸱夷子皮，耕于海畔，苦身勠力，父子治产。居无几何，致产数十万。齐人闻其贤，以为相。范蠡喟然叹曰："居家则致千金，居官则至卿相，此布衣之极也。久受尊名，不祥。"乃归相印，尽散其财，以分与知友乡党，而怀其重宝，间行以去，止于陶，以为此天下之中，交易有无之路通，为生可以致富矣。于是自谓陶朱公。复约要父子耕畜，废居，候时转物，逐什一之利。居无何，则致赀累巨万。天下称陶朱公。

【译文】

范蠡乘船来到齐国，更名改姓，自称"鸱夷子皮"，在海边生活，吃苦耐劳，父子合力理家治业。没过多久，范蠡的财产已经累积几十万。齐人听说他贤能，让他做了国相。范蠡叹息道："当平民而能积累千金财产，做官而达到卿相高位，这是百姓能达到的极限了。长久享受尊贵的名号，不吉祥。"于是归还了相印，全部发散了自己的家产，送给知音好友同乡邻里，携带着贵重财宝，秘密离去，到陶地住下来。他认为这里是天下的中心，交易买卖的道路通畅，经营生意可以发财致富。于是自称陶朱公。又约定好父子都要耕种畜牧，买进卖出时都等待时机，以获得十分之一的利润。过了不久，家资又积累到万万。天下人都称他为陶朱公。

【原文】

朱公居陶，生少子。少子及壮，而朱公中男杀人，因于楚。朱公曰："杀人而死，职也。然吾闻千金之子不死于市。"告其少子往视之。乃装黄金千溢，置褐器中，载以一牛车。且遣其少子，朱公长男固请欲行，朱公不听。长男曰："家有长子曰家督，今弟有罪，大人不遣，乃遣少弟，是吾不肖。"欲自杀。其母为言曰："今遣少子，未必能生中子也，而先空亡长男，奈何？"朱公不得已而遣长子，为一封书遗故所善庄生。曰："至则进千金于庄生所，听其所为，慎无与争事。"长男既行，亦自私赍数百金。

【译文】

朱公住在陶地的时候，生下小儿子。小儿子成人时，朱公的二儿子杀了人，被楚国抓起来了。朱公说："杀人就以命赔偿，这是常理。可是我听说家里有万贯家财的人不会被处死于闹市。"于是嘱咐小儿子去探望二儿子。他打点好一千镒黄金，装在褐色器具中，用一辆牛车载运。将要派小儿子出发办事时，朱公的长子坚决请求去，朱公不同意。长子说："家里的长子叫家督，现在弟弟犯了罪，父亲不派长子去，却派小弟弟，这说明我是不肖之子。"长子说完想自杀。他的母亲又替他说："现在派小儿子去，未必能救二儿子命，却先丧失了大儿子，怎么办？"朱公不得已就派了长子，写了一封信要大儿子送给旧日的好友庄生，并对长子说："到楚国后，要把千金送到庄家，一切听从他去办理，千万不要与他发生争执。"长子走时，除了父亲的千金之外又秘密地携带了几百镒黄金。

【原文】

至楚，庄生家负郭，披藜藿到门，居甚贫。然长男发书进千金，如其父言。庄生曰："可疾去矣，慎毋留！即弟出，勿问所以然。"长男既去，不过庄生而私留，以其私赍献遗楚国贵人用事者。

庄生虽居穷阎，然以廉直闻于国，自楚王以下皆师尊之。及朱公进金，非有意受也，欲以成事后复归之以为信耳。故金至，谓其妇曰："此朱公之金。有如病不宿诫，后复归，勿动。"而朱公长男不知其意，以为殊无短长也。

【译文】

长子来到楚国，看见庄生家的房子靠着城墙，还得拨开荒草才能走到家门，生活很贫困。可是长子还是打开信，完全照父亲嘱咐去做，把千金交给庄生。庄生说："你快回家吧，千万不要留在此地！等弟弟释放后，不要问原因。"长子虽然离开，不再见庄生，但私自留在了楚国，把自己携带的黄金送给了楚国主事的达官贵人。

庄生虽然住在穷巷，可是由于廉洁正直而闻名，楚王的所有臣下都尊奉他为老师。朱公送来黄金，他并非真心收下，只是想等事成之后再还给朱公以示讲信用。所以黄金送来后，他对妻子说："这是朱公的钱财，以后再如数归还朱公，但哪一天归还却不得而知，这就如同自己哪一天生病也不能事先告知别人一样，千万不要动用。"可朱公长子并不知道庄生的这层意思，以为财产送给庄生不会起什么作用。

【原文】

庄生间时入见楚王。言"某星宿某，此则害于楚"。楚王素信庄生，曰："今为奈何？"庄生曰："独以德为可以除之。"楚王曰："生休矣，寡人将行之。"王乃使使者封三钱之府。楚贵人惊告朱公长男曰："王且赦。"曰："何以也？"曰："每王且赦，常封三钱之府。昨暮王使使封之。"朱公长男以为赦，弟固当出也，重千金虚弃庄生，无所为也，乃复见庄生。庄生惊曰："若不去邪？"长男曰："固未也。初为事弟，弟今议自赦，故辞生去。"庄生知其意欲复得其金，曰："若自入室取金。"长男即自入室取金持去，独自欢幸。

【译文】

庄生找机会进宫拜见了楚王，说："我观察某星宿移位了，可能楚国有危险了。"平时楚王很信任庄生，就问："现在怎么办？"庄生说："只有施行仁义道德才可以免除灾害。"楚王说："您不用多说了，我这就照办。"于是楚王派使者查封贮藏三钱的仓库。楚国达官贵人吃惊地告诉朱公长子说："楚王将要实行大赦。"长子问："怎么见得呢？"贵人说："每当楚王大赦时，常常先查封贮藏三钱的仓库。昨晚楚王已派使者查封了。"朱公长子认为既然大赦，弟弟自然可以释放了，一千镒黄金等于虚掷庄生处，没有发挥作用，于是又去见庄生。庄生惊奇地问："你没离开吗？"长子说："始终没离开。当初我为弟弟一事来，今天楚国正商议大赦，弟弟自然得到释放，所以我特意来向您告辞。"庄生知道他的意思是想拿回黄金，说："你自己到房间里去取黄金吧。"大儿子便入室取走黄金离开庄生，私自庆幸黄金失而复得。

【原文】

庄生羞为儿子所卖，乃入见楚王曰："臣前言某星事，王言欲以修德报之。今臣出，道路皆言陶之富人朱公之子杀人囚楚，其家多持金钱赂王左右，故王非能恤楚国而赦，乃以朱公子故也。"楚王大怒曰："寡人虽不德耳，奈何以朱公之子故而施惠乎！"令论杀朱公子，明日遂下赦令。朱公长男竟持其弟丧归。

【译文】

庄生被小字辈出卖深感羞耻，就又找机会到宫中拜见楚王说："我上次所说的某星宿的事，您说想用做好事来避免。最近我在外面听路人都议论陶地富翁朱公的儿子杀人后被楚囚禁，他们家的人拿很多钱贿赂楚王左右的人，所以君王并非体恤楚国人而实行大赦，却是因为朱公儿子才大赦的。"楚王大怒道："我虽然无德，怎么会因为朱公的儿子布施恩惠呢！"就下令先杀掉朱公儿子，第二天才下达赦免的诏令。最终朱公长子带着弟弟尸体回家了。

【原文】

至，其母及邑人尽哀之，唯朱公独笑，曰："吾固知必杀其弟也！彼非不爱其弟，顾有所不能忍者也。是少与我俱。见苦，为生难，故重弃财。至如少弟者，生而见我富，乘坚驱良逐狡兔，岂知财所从来，故轻弃之，非所惜吝。前日吾所为欲遣少子，固为其能弃财故也。而长者不能，故卒以杀其弟，事之理也，无足悲者。吾日夜固以望其丧之来也。"

故范蠡三徙，成名于天下，非苟去而已，所止必成名。卒老死于陶，故世传曰陶朱公。

【译文】

回到家后，母亲和乡邻们都很悲伤，只有朱公笑着说："我早就知道长子一定救不了弟弟！他不是不爱自己的弟弟，只是他自己有放不下的东西。他从小就跟着我一起行走天下。他吃过苦，知道生活的艰难，所以把钱财看得很重，不敢轻易花钱。至于小弟弟呢，一生下来就看到我十分富有，乘坐上等车，驱驾千里马，到郊外去打猎，哪知道钱财从何处来，所以把钱财看得极轻，丢了也毫不吝惜。原来我想让小儿子去，就因为他舍得弃财，但长子不能，所以害了弟弟，这很合乎事理，不值得悲痛。我本来日日夜夜盼的就是二儿子的尸首送回来。"

范蠡曾经三次搬家，驰名天下，他不是随意离开某处，他住在哪就在哪成名。最后老死在陶，人们称他为陶朱公。

【原文】

太史公曰：禹之功大矣，渐九川，定九州，至于今诸夏艾安。及苗裔句践，苦身焦思，终灭强吴，北观兵中国，以尊周室，号称霸王。句践可不谓贤哉！盖有禹之遗烈焉。范蠡三迁皆有荣名，名垂后世。臣主若此，欲毋显得乎！

【译文】

太史公说：夏禹的功劳很大，疏导了九条大河，安定了九州大地，一直到今天都平安无事。到了他的后裔句践，辛苦劳作，深谋远思，终于灭掉强大的吴国，向北进军征讨中原，尊奉周室，号称霸王。谁会说句践不贤能！这大概也有夏禹的遗风吧。范蠡三次搬家都留下荣耀的名声，并永垂后世。臣子君主能做到这样的，能不显赫吗！

陈涉世家

【原文】

　　陈胜者，阳城人也，字涉。吴广者，阳夏人也，字叔。陈涉少时，尝与人佣耕，辍耕之垄上，怅恨久之，曰："苟富贵，无相忘。"庸者笑而应曰："若为庸耕，何富贵也？"陈涉太息曰："嗟乎，燕雀安知鸿鹄之志哉！"

　　二世元年七月，发闾左适戍渔阳，九百人屯大泽乡。陈胜、吴广皆次当行，为屯长。会天大雨，道不通，度已失期。失期，法皆斩。陈胜、吴广乃谋曰："今亡亦死，举大计亦死，等死，死国可乎？"陈胜曰："天下苦秦久矣。吾闻二世少子也，不当立，当立者乃公子扶苏。扶苏以数谏故，上使外将兵。今或闻无罪，二世杀之。百姓多闻其贤，未知其死也。项燕为楚将，数有功，爱士卒，楚人怜之。或以为死，或以为亡。今诚以吾众诈自称公子扶苏、项燕，为天下唱，宜多应者。"吴广以为然。乃行卜。卜者知其指意，曰："足下事皆成，有功。然足下卜之鬼乎！"陈胜、吴广喜，念鬼，曰："此教我先威众耳。"乃丹书帛曰："陈胜王"，置人所罾鱼腹中。卒买鱼烹食，得鱼腹中书，固以怪之矣。又间令吴广之次所旁丛祠中，夜篝火，狐鸣呼曰："大楚兴，陈胜王。"卒皆夜惊恐。旦日，卒中往往语，皆指目陈胜。

【译文】

　　陈胜是阳城人，字涉。吴广是阳夏人，字叔。陈涉年轻时，曾经和伙伴一起受雇去给人种地，有一次他停下来到田边高地休息，感慨不已，说："假如谁将来富贵了，可别忘记大家啊。"那些人笑着回答说："你不过是个给人家种地的，哪能富贵呢？"陈涉叹息着说："唉！燕子、麻雀哪里懂得大雁、天鹅的志向呢！"

　　秦二世元年（前209）七月，朝廷为防守渔阳而征调贫苦平民前往，走到大泽乡时共有九百人。陈胜、吴广都被编入这次征调的队伍，当了小队长。正好赶上大雨，路被堵住，他们估计到达渔阳时限已经耽误了。超过了规定的期限，按规定是要杀头的。陈胜、吴广商量："如今逃也是死，起义干一番大事业也是死，同样都是死，为国事而死好不好？"陈胜说："天下受秦王朝统治之苦已经很久了。我听说二世皇帝是始皇帝的小儿子，不应该他来即位，应该即位的是公子扶苏。扶苏因为屡次规劝皇上，皇上派他领兵在外地驻守。如今有人听说他并没有什么罪，却被二世皇帝杀害。老百姓都听说他很贤德，不知道他已经死了。项燕原是楚国的将军，多次立功，爱护士兵，楚国人都很爱戴他。有的人以为他已经死了，有的人以为他逃亡在外躲藏了起来。现在假使我们冒用公子扶苏和项燕的名义，向天下人民发出起义的号召，应该会有很多人响应。"吴广认为很对。于是他就去占卜吉凶，占卜的人知道他们的意图，说道："你们的事都能成，能够建功立业。然而你们向鬼神问过吉凶了吗？"陈胜、吴广很高兴，揣摩占卜人所说向鬼神问吉凶的意思，说："这是教我们先在众人中树立威望。"于是就用朱砂在一块白绸子上写了"陈胜王"三个字，塞进别人用网捕来的鱼肚子里。戍卒买鱼回来煮着吃，发现了鱼肚中的帛书，因此觉得很奇怪。陈胜又暗中派吴广到驻地附近一个草木丛生的古庙里，在夜里燃起篝火，模仿狐狸的声音叫喊道："大楚兴，陈胜王。"戍卒们在深更半夜听到这种鸣叫声，都害怕起来。第二天早晨，戍卒们到处议论纷纷，都指指点点地看着陈胜。

【原文】

吴广素爱人，士卒多为用者。将尉醉，广故数言欲亡，忿恚尉，令辱之，以激怒其众。尉果笞广。尉剑挺，广起，夺而杀尉。陈胜佐之，并杀两尉。召令徒属曰："公等遇雨，皆已失期，失期当斩。藉弟令毋斩，而戍死者固十六七。且壮士不死即已，死即举大名耳，王侯将相宁有种乎！"徒属皆曰："敬受命。"乃诈称公子扶苏、项燕，从民欲也。袒右，称大楚。为坛而盟，祭以尉首。陈胜自立为将军，吴广为都尉。攻大泽乡，收而攻蕲。蕲下，乃令符离人葛婴将兵徇蕲以东，攻铚、酇、苦、柘、谯皆下之。行收兵，比至陈，车六七百乘，骑千余，卒数万人。攻陈，陈守令皆不在，独守丞与战谯门中。弗胜，守丞死，乃入据陈。数日，号令召三老、豪杰与皆来会计事。三老、豪杰皆曰："将军身被坚执锐，伐无道，诛暴秦，复立楚国之社稷，功宜为王。"陈涉乃立为王，号为张楚。

当此时，诸郡县苦秦吏者，皆刑其长吏，杀之以应陈涉。乃以吴叔为假王，监诸将以西击荥阳。令陈人武臣、张耳、陈馀徇赵地，令汝阴人邓宗徇九江郡。当此时，楚兵数千人为聚者，不可胜数。葛婴至东城，立襄强为楚王。婴后闻陈王已立，因杀襄强，还报。至陈，陈王诛杀葛婴。陈王令魏人周市北徇魏地。吴广围荥阳。李由为三川守，守荥阳，吴叔弗能下。陈王征国之豪杰与计，以上蔡人房君蔡赐为上柱国。

【译文】

吴广向来爱护别人，因此戍卒中很多人都听他的。押送队伍的县尉喝醉了酒，吴广故意多次扬言要逃跑，以此把县尉激怒，使他当众侮辱自己，这样就会群情激愤。那县尉果然鞭打吴广。县尉又把佩剑拔出来，吴广起身把剑夺下来把县尉杀死了。陈胜帮助他，合力杀死了两个县尉。随即召集属下号召说："各位在这里遇上大雨，大家都误了期限，误期按规定要杀头。即使不被杀头，但将来戍边死去的肯定也得十之六七。再说大丈夫不死便罢，要死就要名扬后世，王侯将相难道都是天生的吗！"属下的人听了都异口同声地说："我们心甘情愿地听凭差遣。"于是就假冒公子扶苏和楚将项燕的名义举行起义，以顺应民众的愿望。大家都露出右臂作为标志，号称大楚。他们又筑起高台来宣誓，用将尉的头作祭品。陈胜任命自己做将军，吴广做都尉。首先进攻大泽乡，攻克后又攻打蕲县。蕲县攻克后，就派符离人葛婴率兵攻取蕲县以东的地方。一连进攻铚、酇、苦柘、谯几个地方，都攻克了。他们一面进军，一面不断补充兵员扩大队伍。等行进到了陈县的时候，已拥有兵车六七百辆，骑兵一千多，步卒好几万人。攻打陈县时，那里的郡守、县令正好都不在，只有留守的郡丞领兵与起义军在城门下作战。结果郡丞兵败身死，于是起义军就进入城中占领了陈县。过了几天，陈胜下令召集掌管教化的三老和地方豪杰都来开会议事。与会的人都说：

"将军您身披铠甲,手执锐利的武器,讨伐无道昏君,诛灭暴虐的秦王朝,重新建立了楚国的政权,论功劳应该称王。"陈涉于是就自立为王,国号为张楚。

这时,各个郡县受不了秦朝官吏暴政之苦的人,都将本郡县的官吏抓起来,并把这些人杀掉来响应陈涉。于是以吴广为代理王,率领大军向西进攻荥阳。命令陈县人武臣、张耳、陈馀一起去攻占原来赵国的辖地,命令汝阴人邓宗攻占九江郡。这时候,楚地几千人聚集在一起起义的,多得不计其数。葛婴到了东城,立襄强做楚王。后来葛婴听说陈胜已自立为王,就杀了襄强,汇报给陈胜。陈胜一到陈县,就把葛婴杀了。陈胜命令魏人周市北上攻取原属魏国的地方。吴广包围了荥阳。李由任三川郡守,防守荥阳,吴广久攻不下。陈胜召集国内的豪杰商量对策,任命上蔡人房君蔡赐做上柱国。

【原文】

周文,陈之贤人也,尝为项燕军视日,事春申君,自言习兵,陈王与之将军印,西击秦。行收兵至关,车千乘,卒数十万,至戏,军焉。秦令少府章邯免郦山徒、人奴产子生,悉发以击楚大军,尽败之。周文败,走出关,止次曹阳二三月。章邯追败之,复走次渑池十余日。章邯击,大破之。周文自刭,军遂不战。

武臣到邯郸,自立为赵王,陈馀为大将军,张耳、召骚为左右丞相。陈王怒,捕系武臣等家室,欲诛之。柱国曰:"秦未亡而诛赵王将相家属,此生一秦也。不如因而立之。"陈王乃遣使者贺赵,而徙系武臣等家属宫中,而封耳子张敖为成都君,趣赵兵亟入关。赵王将相相与谋曰:"王王赵,非楚意也。楚已诛秦,必加兵于赵。计莫如毋西兵,使使北徇燕地以自广也。赵南据大河,北有燕、代,楚虽胜秦,不敢制赵。若楚不胜秦,必重赵。赵乘秦之弊,可以得志于天下。"赵王以为然,因不西兵,而遣故上谷卒史韩广将兵北徇燕地。

【译文】

周文,是陈县的贤人,曾经是项燕部队的占卜望日官,也曾服侍楚相春申君黄歇,他自称会用兵,陈王就把将军印授给他,让他带兵西去攻秦。一路上,他边走边召集兵马,到达函谷关的时候,已经有战车千辆,士兵几十万人,到了戏亭时,就驻扎了下来。秦王朝派少府章邯赦免了因犯罪而在骊山服役的人以及家奴所生的儿子,全部调集来攻打张楚的大军,把楚军全给打败了,周文失败后,逃出了函谷关,在曹阳驻留了两三个月。章邯又追来把他打败了,再逃到渑池驻留了十几天。章邯又来追击,把他打得惨败。周文自杀,他的军队也就不能作战了。

武臣一到邯郸,就自立为赵王,陈馀做大将军,张耳、召骚任左、右丞相。陈王知道后非常生气,就把武臣等人的家属抓了起来,打算杀掉他们。上柱国蔡赐说:"还没有把秦王朝灭掉就先杀了赵王将相的家属,这等于又来了一个与我们为敌的秦国。不如先这样封立他好些。"于是陈王派遣使者到赵国祝贺,同时把武臣等人的家属转到宫中软禁起来,又封张耳的儿子张敖做成都君,催促赵国的军队速进军函谷关。赵王武臣的将相们商议说:"大王您在赵国称王,并不是楚国的本意。等到楚灭秦以后，一定会来攻打赵国。最好的办法莫过于不派兵向西进军，而派人向北攻取原来燕国的辖地以扩大我们自己的土地。赵国南面据黄河天险，北面又有燕、代的广大土地，楚国即使战胜了秦国，也不敢来压制赵国。如果楚国不能战胜秦国，必定就会借重赵国。到时候赵国趁着秦国的疲敝，就可以得志于天下了。"赵王觉得很对，就不向西出兵，而派了原上谷郡卒史韩广领兵北上去攻取燕地。

【原文】

燕故贵人豪杰谓韩广曰："楚已立王，赵又已立王。燕虽小，亦万乘之国也，愿将军立为燕王。"韩广曰："广母在赵，不可。"燕人曰："赵方西忧秦，南忧楚，其力不能禁我。且以楚之强，不敢害赵王将相之家，赵独安敢害将军之家！"韩广以为然，乃自立为燕王。居数月，赵奉燕王母及家属归之燕。

当此之时，诸将之徇地者，不可胜数。周市北徇地至狄，狄人田儋杀狄令，自立为齐王，以齐反击周市。市军散，还至魏地，欲立魏后故宁陵君咎为魏王。时咎在陈王所，不得之魏。魏地已定，欲相与立周市为魏王，周市不肯。使者五反，陈王乃立宁陵君咎为魏王，遣之国。周市卒为相。

将军田臧等相与谋曰："周章军已破矣，秦兵旦暮至，我围荥阳城弗能下，秦军至，必大败。不如少遗兵，足以守荥阳，悉精兵迎秦军。今假王骄，不知兵权，不可与计，非诛之，事恐败。"因相与矫王令以诛吴叔，献其首于陈王。陈王使使赐田臧楚令尹印，使为上将。田臧乃使诸将李归等守荥阳城，自以精兵西迎秦军于敖仓。与战，田臧死，军破。章邯进兵击李归等荥阳下，破之，李归等死。

阳城人邓说将兵居郯，章邯别将击破之，邓说军散走陈。铚人伍徐将兵居许，章邯击破之，伍徐军皆散走陈。陈王诛邓说。

【译文】

燕国原先的贵族们劝韩广说："楚国已立了王，赵国也立了王。燕国领地虽然小，但过去也是拥有万辆兵车的国家，希望将军您自立做燕王。"韩广回答说："我的母亲还留在赵国，不行。"燕人说："现在赵国西面怕秦，南面怕楚，他的力量不能来限制我们。况且以楚国的强大，都不敢杀害赵王将相的家属，赵国又怎敢杀害将军您的家属呢？"韩广认为他们说的有道理，于是就自立做了燕王。过了几个月，赵国派人护送燕王的母亲及其家属来到了燕国。

这时，到各地去攻城占地的将领，多得数不过来。周市往北一直打到狄县，狄县人田儋将狄县县令杀死，自立为齐王，凭借齐地的力量来反击周市。周市的军队溃散了，退回到了魏地，打算立魏王的后代、原来的宁陵君咎做魏王。当时咎在陈王那里，不能回到魏地去。魏地平定以后，大家想共同拥立周市做魏王，周市不肯接受。使者先后五次往返于陈王与周市之间，陈王才答应立宁陵君咎做魏王，遣送他回到魏国去。周市最后做了魏国的相。

将军田臧等人彼此商量："周章的军队已经溃散，秦国的军队迟早要来进攻，我们又一直攻不下荥阳城，如果秦国的军队到来，我军一定大败。不如将少量的部队留下来，能守住荥阳就行了，其余精锐的军队全部用来迎击秦军。现在代理王吴广骄横，又不懂用兵权谋，这样的人无法和他商量议事，不杀了他，我们的计划恐怕会失败。"于是他们就假冒陈王的命令杀掉了吴广，把吴广的头献给了陈王。陈王就派使者赐给田臧楚令尹的大印，任命他做上将军。田臧就派部将李归等人驻守荥阳城，自己带了精锐的部队西进到敖仓迎战秦军。双方交战时，田臧战死，军队溃散。章邯领兵趁机到荥阳城下来攻打李归这些人，打败了他们，李归等人战死。

阳城人邓说领兵在郏城驻扎，但被章邯部将所带的一支部队击败，邓说率军溃逃到陈县。铚人伍徐率兵在许县驻扎，也被章邯的军队击败。伍徐的军队溃逃到了陈县。陈王把邓说杀了。

【原文】

陈王初立时，陵人秦嘉、铚人董䴒、符离人朱鸡石、取虑人郑布、徐人丁疾等皆特起，将兵围东海守庆于郯。陈王闻，乃使武平君畔为将军，监郯下军。秦嘉不受命，嘉自立为大司马，恶属武平君。告军吏曰："武平君年少，不知兵事，勿听！"因矫以王命杀武平君畔。

章邯已破伍徐，击陈，柱国房君死。章邯又进兵击陈西张贺军。陈王出监战，军破，张贺死。

腊月，陈王之汝阴，还至下城父，其御庄贾杀以降秦。陈胜葬砀，谥曰隐王。

陈王故涓人将军吕臣为仓头军，起新阳，攻陈下之，杀庄贾，复以陈为楚。

初，陈王至陈，令铚人宋留将兵定南阳，入武关。留已徇南阳，闻陈王死，南阳复为秦。宋留不能入武关，乃东至新蔡，遇秦军，宋留以军降秦。秦传留至咸阳，车裂留以徇。

秦嘉等闻陈王军破出走，乃立景驹为楚王，引兵之方与，欲击秦军定陶下。使公孙庆使齐王，欲与并力俱进。齐王曰："闻陈王战败，不知其死生，楚安得不请而立王！"公孙庆曰："齐不请楚而立王，楚何故请齐而立王！且楚首事，当令于天下。"田儋诛杀公孙庆。

【译文】

陈胜刚刚自为王时，陵县人秦嘉、铚县人董䴒、符离人朱鸡石、取虑人郑布、徐县人丁疾等都各自单独起兵攻秦，他们率领大军把东海郡守庆围困在郯城。陈王听说这件事后，就派武平君畔做将军，去督率郯城下的各路军队。秦嘉拒不接受这个命令，自立为大司马，讨厌隶属于武平君畔。便告诉他的军吏说："武平君年轻，不懂得军事，不要听他的！"接着就假托陈王的命令杀死了武平君畔。

章邯将伍徐打败以后，接着进攻陈县，陈王的上柱国房君蔡赐阵亡。章邯又领兵进攻驻守在陈县西面的张贺部队。陈王亲自出来督战，楚军战败，张贺阵亡。

十二月，陈王退到了汝阴，在回到下城父时，他的车夫庄贾把他杀了去投降秦军。陈胜死后埋在砀县，谥号隐王。

陈王旧部吕臣将军组建青巾裹头的"仓头军"，从新阳起兵攻打陈县，攻克后，把庄贾杀掉，又以陈县作为楚都。

当初，陈王刚到陈县的时候，曾命令铚县人宋留领兵去平定南阳，再向武关进兵。宋留攻占了南阳之后，传来了陈王被杀的消息，于是南阳又被秦军夺了回去。宋留进不了武关，就往东到了新蔡，不料又遇上了秦军，宋留带着部队投降了秦军。秦军把宋留押解到了咸阳，将他五马分尸示众。

秦嘉等人听说陈王的军队已经战败逃走了，就立景驹做了楚王，率兵到了方与，想在定陶附近袭击秦军。就派公孙庆到齐国求见齐王田儋，打算跟他联合进兵。齐王说："听说陈王战败了，至今生死不明，楚国怎么不来向我请示就立王呢？"公孙庆反驳道："齐国不请示楚国而立王，为什么楚国要向齐国请示才能立王呢？何况楚是首先起义反秦的，理当号令天下。"于是田儋把公孙庆杀了。

【原文】

秦左右校复攻陈，下之。吕将军走，收兵复聚。鄱盗当阳君黥布之兵相收，复击秦左右校，破之青波，复以陈为楚。会项梁立怀王孙心为楚王。

陈胜王凡六月。已为王，王陈。其故人尝与庸耕者闻之，之陈，扣宫门曰："吾欲见涉。"宫门令欲缚之。自辩数，乃置，不肯为通。陈王出，遮道而呼涉。陈王闻之，乃召见，载与俱归。入宫，见殿屋帷帐，客曰："夥颐！涉之为王沈沈者！"楚人谓多为夥，故天下传之，"夥涉为王"，由陈涉始。客出入愈益发舒，言陈王故情。或说陈王曰："客愚无知，颛妄言，轻威。"陈王斩之。诸陈王故人皆自引去，由是无亲陈王者。陈王以朱房为中正，胡武为司过，主司群臣。诸将徇地，至，令之不是者，系而罪之，以苛察为忠。其所不善者，弗下吏，辄自治之。陈王信用之。诸将以其故不亲附，此其所以败也。

【译文】

秦的左右校尉率领部队再次进攻陈县，并将其占领。将军吕臣失败逃跑后，又重新集结兵马。吕臣又跟原来的鄱阳盗贼、后被封为当阳君的黥布所率领的军队联合进攻秦左右校尉的军队，在青波把他们打败了，再度以陈县为楚都。这时正好项梁立楚怀王的孙子熊心做了楚王。

陈胜总共做了六个月的王。当了王之后，以陈县为国都。一位曾经与他一起雇佣给人家种地的伙伴听说他做了王，来到了陈县，敲着官门说："我要见陈涉。"守官门的长官要绑他。经他反复解释，才把他放开，但仍然不肯为他通报。等陈王出门时，他拦路呼喊陈涉的名字。陈王听到了，才召见了他，与他同乘一辆车子回宫。走进宫殿，看见殿堂房屋、帷幕帐帘之后，客人说："夥颐！陈涉大王的宫殿高大深邃啊！"楚地人把"多"叫作"夥"，所以天下流传"夥涉为王"的俗语，就是从陈涉开始的。这客人在宫中出出进进越来越随便放肆，常常跟人讲陈涉从前的一些旧事。有人就对陈王说："您的客人愚昧无知，专门胡说八道，有损于您的威严。"陈王就把来客杀死了。从此之后，陈王的故旧知交都纷纷自动离去，没有再亲近陈王的人了。陈王任命朱房做中正，胡武做司过，专门督察群臣的过失。将领们攻占了地方回到陈县来,命令稍不服从,就抓起来治罪,以苛刻地寻求群臣的过失作为对陈王的忠心。凡是他俩不喜欢的人,一旦有错,不交给负责司法的官吏去审理,就擅自予以惩治。陈王却很信任他们。将领们因为这些缘故就不再亲近依附他了。这就是陈王所以失败的原因。

【原文】

陈胜虽已死,其所置遣侯王将相竟亡秦,由涉首事也。高祖时为陈涉置守冢三十家砀,至今血食。

褚先生曰:地形险阻,所以为固也;兵革刑法,所以为治也。犹未足恃也。夫先王以仁义为本,而以固塞文法为枝叶,岂不然哉!吾闻贾生之称曰:

"秦孝公据殽函之固,拥雍州之地,君臣固守,以窥周室。有席卷天下,包举宇内,囊括四海之意,并吞八荒之心。当是时也,商君佐之,内立法度,务耕织,修守战之备;外连衡而斗诸侯。于是秦人拱手而取西河之外。

【译文】

虽然陈胜已经死了,但他所封立派遣的侯王将相最终将秦王朝灭掉了,这是陈涉首先起义反秦的结果。汉高祖时,安置了三十户人家在砀县为陈涉看守坟墓,到现在仍按时杀牲祭祀他。

褚先生说:地形险阻,是用来卫护国家的;武器装备和法制规章,是用来统治国家的。但这些还不是最可靠的。先王以仁义道德作为治国的根本,而把巩固边塞、制定法律看成枝叶,难道不是这样吗?我听贾谊说道:

"秦孝公占据崤山和函谷关的险要地势,拥有整个雍州地区,君臣牢固把守,觊觎着周王朝的政权。他大有席卷天下,统领所有诸侯国,囊括四海的劲头,有并吞八方极远之地的心气。就在这个时候,商鞅辅佐秦孝公,对内建立法令制度,致力于耕种纺织,整治攻守的武器,对外用连横的策略使诸侯们互相争斗。于是秦国像两手相合那样容易不费吹灰之力就取得了黄河以西的大片土地。

【原文】

"孝公既没,惠文王、武王、昭王蒙故业,因遗策,南取汉中,西举巴蜀,东割膏腴之地,收要害之郡。诸侯恐惧,会盟而谋弱秦。不爱珍器重宝肥饶之地,以致天下之士。合从缔交,相与为一。当此之时,齐有孟尝,赵有平原,楚有春申,魏有信陵:此四君者,皆明知而忠信,宽厚而爱人,尊贤而重士。约从连衡,兼韩、魏、燕、赵、宋、卫、中山之众。于是六国之士有宁越、徐尚、苏秦、杜赫之属为之谋,齐明、周冣、陈轸、邵滑、楼缓、翟景、苏厉、乐毅之徒通其意,吴起、孙膑、带他、兒良、王廖、田忌、廉颇、赵奢之伦制其兵。尝以什倍之地,百万之师,仰关而攻秦。秦人开关而延敌,九国之师遁逃而不敢进。秦无亡矢遗镞之费,而天下固已困矣。于是从散约败,争割地而赂秦。秦有余力而制其弊,追亡逐北,伏尸百万,流血漂橹,因利乘便,宰割天下,分裂山河,强国请服,弱国入朝。施及孝文王、庄襄王，享国之日浅，国家无事。

"及至始皇，奋六世之余烈，振长策而御宇内，吞二周而亡诸侯，履至尊而制六合，执敲朴以鞭笞天下，威振四海。南取百越之地，以为桂林、象郡，百越之君俛首系颈，委命下吏。乃使蒙恬北筑长城而守藩篱，却匈奴七百余里，胡人不敢南下而牧马，士亦不敢贯弓而报怨。于是废先王之道，燔百家之言，以愚黔首。堕名城，杀豪俊，收天下之兵聚之咸阳，销锋镝，铸以为金人十二，以弱天下之民。然后践华为城，因河为池，据亿丈之城，临不测之谿以为固。良将劲弩，守要害之处，信臣精卒，陈利兵而谁何。天下已定，始皇之心，自以为关中之固，金城千里，子孙帝王万世之业也。

【译文】

"秦孝公死后，秦惠文王、武王、昭襄王陆续继承了秦孝公的治国事业，他们遵循着先人留下来的策略，往南把汉中夺下，往西将巴蜀占领，往东把肥沃的土地割占，往北又将险要的郡邑据为己有。因此诸侯惊慌失措，聚会结盟商量对策来削弱秦国。他们不吝惜珍稀的财宝和富饶的土地，用来招纳天下的人才。采取合纵策略缔结盟约，互相支援，连为一体。在这个时候，齐国有孟尝君，赵国有平原君，楚国有春申君，魏国有信陵君：这四位公子，都英明智慧而忠诚信义，宽宏厚道而爱惜人才，尊重贤者而器重士人。他们互相约定实行合纵联合抗秦，破坏秦国的连横策略，联合韩、魏、燕、楚、齐、赵、宋、卫、中山等国的人。于是六国的人才，有宁越、徐尚、苏秦、杜赫这些人替他们策划；有齐明、周最、陈轸、邵滑、楼缓、翟景、苏厉、乐毅这些人沟通他们的意见；有吴起、孙膑、带他、兒良、王廖、田忌、廉颇、赵奢这些人统率他们的军队。诸侯们曾经用相当于秦国十倍的土地，百万的大军，攻打函谷关而进击秦国。秦国开关迎敌，九国的军队反逃跑而不敢前进。秦国没有耗费一支箭、一个箭头，而天下的诸侯却已陷入困境了。于是合纵解散，盟约破坏，各自争相割地贿赂秦国。秦国有充裕的力量来利用诸侯的弱点，追赶逃亡败走的敌人，杀得他们横尸百万，流的血把大盾牌都漂浮起来；秦国趁着有利的形势，方便的时机，分割土地山河，因而强国请求臣服，弱国前来朝拜称臣了。延续到秦孝文王、庄襄王的时候，他们在位的时间并不长，国家没发生什么大事。

"到了秦始皇，振兴六代传下来的功业，像驾车似的挥动长鞭来驾驭各诸侯国，将东周和西周吞并，将诸侯六国灭掉，登上了皇帝的宝座而统治天下，手持刑杖震慑天下百姓，威名气势震慑四海。往南将百越的土地据为己有，将其设为桂林和象郡；百越的君长们低着头，用绳子拴住自己的脖子来投降，把自己的性命交给秦王朝的官吏们。又派蒙恬到北方去修筑万里长城，作为边疆上的屏障来防守，把匈奴向北驱赶了七百多里，匈奴人不敢到南边来牧马，兵士也不敢搭起弓箭来报仇。于是废除了先王的治国之道，焚烧了诸子百家的著作，用来使老百姓愚昧无知；他还毁坏各地的名城，杀戮豪杰，收集天下的武器集中到咸阳，熔化刀剑和箭头，铸成十二个金属人像，来削弱天下人民的反抗力量。然后依凭华山当作城墙，凭借黄河作为护城河，依据亿丈高的华山，临守着深险莫测的黄河，作为守卫的险要之地。良将拿着强弓，防守要道，可靠的大臣带领精干的士兵，摆列着锋利的武器，严厉盘查过往的行人。天下已经平定，秦始皇的心中，自以为关中的坚固，是千里金城，可以作为子子孙孙万世当皇帝的基业了。

【原文】

"始皇既没，余威振于殊俗。然而陈涉瓮牖绳枢之子，甿隶之人，而迁徙之徒也。材能不及中人，非有仲尼、墨翟之贤，陶朱、猗顿之富也。蹑足行伍之间，俛仰仟佰之中，率罢散之卒，将数百之众，转而攻秦。斩木为兵，揭竿为旗，天下云会响应，赢粮而景从，山东豪俊遂并起而亡秦族矣。

"且天下非小弱也；雍州之地，殽函之固自若也。陈涉之位，非尊于齐、楚、燕、赵、韩、魏、宋、卫、中山之君也；锄耰棘矜，非铦于句戟长铩也；适戍之众，非俦于九国之师也；深谋远虑，行军用兵之道，非及乡时之士也。然而成败异变，功业相反也。尝试使山东之国与陈涉度长絜大，比权量力，则不可同年而语矣。然而秦以区区之地，致万乘之权，抑八州而朝同列，百有余年矣。然后以六合为家，殽函为宫。一夫作难而七庙堕，身死人手，为天下笑者，何也？仁义不施，而攻守之势异也。"

【译文】

"秦始皇死后，他的余威还震慑着远方。然而陈涉是一个用破瓮作窗户、用草绳闩门轴的穷人家的儿子，是种地的农民，是供人役使的奴隶，是被征发戍守边境的小卒子。他的才能甚至都赶不上普通人，既没有孔子、墨子那样的贤明，也没有陶朱、猗顿那样的富有。他置身在戍卒的行列之中，兴起在乡野之间，带领着疲乏散乱的戍卒，统率着几百个人，回头攻打秦国，砍下木棍做武器，高举竹竿为旗帜，民众就像云那样迅速汇集起来，像回响那样应声而起，挑着粮食，像影子一样跟着他。崤山函谷关以东的英雄豪杰一齐起来，就把秦王朝推翻了。

"那秦王朝的天下并没有缩小削弱；雍州的土地还归属着秦朝，崤山、函谷关还像从前一样险要坚固。陈涉的地位，比不上齐、楚、燕、赵、韩、宋、卫、中山的国君尊贵；锄耙戟柄，比不了钩戟长矛锋利；被征发戍守边地的民众，比不上九国的军队强大；深谋远虑，行军与指挥作战的本领，也比不上先前六国的那些才智之士。但是成功失败完全不同，功业完全相反，这是什么原因呢？假使拿崤山、函谷关以东各国诸侯来跟陈涉量量长短，比比大小，比较一下他们的权威，衡量衡量他们的实力，那简直不能够相提并论。然而秦国当初凭借很小的地方，发展为有万辆兵车的强国，进而控制了其他八州，与它地位相同的诸侯国都来向秦国朝拜称臣，已经有一百多年的历史了。然后把天地四方当作家，把崤山、函谷关当作宫墙。可是陈涉一个人首倡起义，秦王朝的七代宗庙就被毁坏，连秦王子婴也死在别人手中，被天下的人所讥笑，这是什么原因呢？这是因为不施行仁政，而攻取天下和后来防守天下的形势是不同的啊。"

外戚世家

【原文】

　　自古受命帝王及继体守文之君，非独内德茂也，盖亦有外戚之助焉。夏之兴也以涂山，而桀之放也以末喜。殷之兴也以有娀，纣之杀也嬖妲己。周之兴也以姜原及大任，而幽王之禽也淫于褒姒。故《易》基《乾》、《坤》，《诗》始《关雎》，《书》美釐降，《春秋》讥不亲迎。夫妇之际，人道之大伦也。礼之用，唯婚姻为兢兢。夫乐调而四时和，阴阳之变，万物之统也。可不慎与？人能弘道，无如命何。甚哉，妃匹之爱，君不能得之于臣，父不能得之于子，况卑下乎！既欢合矣，或不能成子姓；能成子姓矣，或不能要其终：岂非命也哉？孔子罕称命，盖难言之也。非通幽明之变，恶能识乎性命哉？

　　太史公曰：秦以前尚略矣，其详靡得而记焉。汉兴，吕娥姁为高祖正后，男为太子。及晚节色衰爱弛，而戚夫人有宠，其子如意几代太子者数矣。及高祖崩，吕后夷戚氏，诛赵王，而高祖后宫唯独无宠疏远者得无恙。

【译文】

　　自古以来，接受上天任命的开国帝王和继承正统、遵守先帝法度的历代国君，并不只是因为他们自身德行高尚，也因为他们大都受到外戚相助。夏朝因为有涂山氏之女得以兴起，而夏桀却由于宠信末喜而被放逐。殷商由于有了娀氏女子而兴起，商纣王却因为宠爱妲己而遭到灭亡。周代的兴起是由于有姜原及大任，而周幽王的被擒则因为整日和褒姒淫乱。所以，《易经》以《乾》、《坤》两卦作为基本，《诗经》以《关雎》作为开篇，《书经》则赞美尧把女儿下嫁给舜，《春秋》讥讽人娶妻时不亲自前往迎接。夫妇之间的关系，是最重大的伦常关系。礼的应用，在婚姻上最为谨慎。乐声协调才会四时和顺，而阴阳变化是万物生长变化的统领，怎么能不慎重呢？人能弘扬人伦之道，可是对天命却无可奈何。确实啊，配偶的亲爱之情，作国君的不能从大臣那里得到，做父亲的也不能从儿子那里得到，更何况是地位更卑下的普通人呢！夫妇欢合后，有的不能繁育子孙；有的能繁育子孙，却又不能得到好的归宿。这难道不是天命吗？孔子很少谈及天命，这大概是由于天命确实很难说得清楚吧。倘若不能通晓阴阳的变化，又怎么能懂得人性和天命的道理呢？

　　太史公说：秦以前的各种情况还很简略，那些详情也没能记载下来。汉朝建立，吕娥姁成为汉高祖的正宫皇后，她的儿子就是太子。到了晚年，吕娥姁因容颜衰老而不再得到宠爱了。而换成戚夫人得宠，她的儿子如意有好几次差点取代太子。到高祖去世后，吕后灭了戚氏，杀死赵王如意，而高祖后宫的妃子只有不受宠爱被疏远的人才能平安无事。

【原文】

　　吕后长女为宣平侯张敖妻，敖女为孝惠皇后。吕太后以重亲故，欲其生子万方，终无子，诈取后宫人子为子。及孝惠帝崩，天下初定未久，继嗣不明。于是贵外家，王诸吕以为辅，而以吕禄女为少帝后，欲连固根本牢甚，然无益也。高后崩，合葬长陵。禄、产等惧诛，谋作乱。大臣征之，天诱其统，卒灭吕氏。唯独置孝惠皇后居北宫。迎立代王，是为孝文帝，奉汉宗庙。此岂非天邪？非天命孰能当之？

【译文】

吕后的长女嫁给宣平侯张敖做妻子，惠帝的皇后就是张敖的女儿。由于亲上加亲，吕太后用种种办法想让惠帝的皇后生个儿子，可是始终没能如愿，只得从后宫把别人的儿子抱来谎称是她的儿子。到孝惠帝去世以后，天下刚刚安定不久，继承皇位的人还没有明确。于是就提高外家的地位，封吕氏兄弟为王以作为辅佐，并让吕禄的女儿做少帝的皇后，想把根基联结得更牢固，然而毫无益处。吕后去世后，与高祖合葬在长陵。吕禄、吕产等人害怕被诛杀，就兴兵造反。大臣去攻打他们，上天引导着汉家的皇统，终于消灭了吕氏。只有孝惠皇后被安置在北宫。大臣迎立代王，这就是孝文帝，由他供奉汉家的宗庙。这难道不是天命吗？不是天命，谁能担当这样的使命呢？

【原文】

薄太后，父吴人，姓薄氏，秦时与故魏王宗家女魏媪通，生薄姬，而薄父死山阴，因葬焉。及诸侯畔秦，魏豹立为魏王，而魏媪内其女于魏宫。媪之许负所相，相薄姬，云当生天子。是时项羽方与汉王相距荥阳，天下未有所定。豹初与汉击楚，及闻许负言，心独喜，因背汉而畔，中立，更与楚连和。汉使曹参等击虏魏王豹，以其国为郡，而薄姬输织室。豹已死，汉王入织室，见薄姬有色，诏内后宫，岁余不得幸。始姬少时，与管夫人、赵子儿相爱，约曰："先贵无相忘。"已而管夫人、赵子儿先幸汉王。汉王坐河南宫成皋台，此两美人相与笑薄姬初时约。汉王闻之，问其故，两人具以实告汉王。汉王心惨然，怜薄姬，是日召而幸之。薄姬曰："昨暮夜妾梦苍龙据吾腹。"高帝曰："此贵征也，吾为女遂成之。"一幸生男，是为代王。其后薄姬希见高祖。

【译文】

薄太后，父亲是吴人，姓薄氏，秦朝时与原魏王宗族之女魏媪私通，生了薄姬，她的父亲死在山阴，就葬在那里。到诸侯反抗秦朝的时候，魏豹自立为魏王，魏媪就将女儿送入王宫。魏媪到许负那里去相面，给薄姬相面，许负说她将生下天子。那时项羽正在荥阳与刘邦对峙，天下还不知道是谁的。魏豹原来跟汉王攻打楚王，听了许负的话，心里独自高兴，便背叛汉王，先是中立，接着又与楚王联合。汉王派曹参等进攻并俘虏了魏王豹，把他的国土改为郡，把薄姬送入汉宫的织室。魏王豹死后，有一次汉王进入织室，看到薄姬有姿色，下诏纳入后宫。进宫一年多薄姬没得到亲幸。当初薄姬年少时，与管夫人、赵子儿很亲密，三人立下誓约说："谁先富贵不要把别人忘了。"后来管夫人、赵子儿先后得到汉王宠幸。有一次汉王坐在河南宫的成皋台上,这两位美人谈起当初与薄姬的誓约而相互嬉笑。汉王听后,问她们缘故,两人把实情告诉了汉王。汉王心中有些伤感,可怜薄姬,这天就召见她并与她同宿。薄姬说:"昨天夜里妾梦见苍龙盘踞在我的腹上。"高祖说:"这是显贵的征兆,我就成全了你吧。"一次同宿就生了男孩,这就是代王。此后薄姬就很少见到高祖了。

【原文】

高祖崩,诸御幸姬戚夫人之属,吕太后怒,皆幽之,不得出宫。而薄姬以希见故,得出,从子之代,为代王太后。太后弟薄昭从如代。代王立十七年,高后崩。大臣议立后,疾外家吕氏强,皆称薄氏仁善,故迎代王,立为孝文皇帝,而太后改号曰皇太后,弟薄昭封为轵侯。

薄太后母亦前死,葬栎阳北。于是乃追尊薄父为灵文侯,会稽郡置园邑三百家,长丞已下吏奉守冢,寝庙上食祠如法。而栎阳北亦置灵文侯夫人园,如灵文侯园仪。薄太后以为母家魏王后,早失父母,其奉薄太后诸魏有力者,于是召复魏氏,(及尊)赏赐各以亲疏受之。薄氏侯者凡一人。薄太后后文帝二年,以孝景帝前二年崩,葬南陵。以吕后会葬长陵,故特自起陵,近孝文皇帝霸陵。

【译文】

高祖死后,那些曾被高祖宠幸过的妃子,如戚夫人等,都受到吕太后的残酷迫害。吕太后将她们关押起来,不让她们出宫。而薄姬因为在高祖活着时极少见到高祖,却侥幸能够出宫,跟随儿子到了封地代国,成为代王太后。薄姬太后的弟弟薄昭也跟随他们母子来到了代国。代王在位第十七年时,吕后去世。大臣们商议选立新君,因为他们都痛恨势力强盛的外戚吕氏,而一致称赞仁德善良的薄氏,所以将代王迎回,立为孝文皇帝,薄太后改称号为皇太后,她的弟弟薄昭也被封为轵侯。

薄太后的母亲很早以前就死了,被葬在栎阳北边。于是,薄太后的父亲被追尊为灵文侯,薄太后在会稽郡为父亲设置三百户的园邑,长丞以下职位的人都被派去守陵,其宗庙供奉祭品及祀典都依照规定的礼制进行。又下令在栎阳北边设置了灵文侯夫人陵园,所有礼仪都和灵文侯陵园一样。薄太后认为母家是魏王的后代,而自己父母早逝,魏氏家族中又有人侍奉自己尽心尽力,于是薄太后下令恢复魏氏家族的地位,魏氏家族的族人分别按照亲疏程度接受赏赐。薄氏家族中有一人被封侯。薄太后比文帝去世晚两年,于景帝前元二年(前155)去世,葬在南陵。由于吕后在长陵与高祖合葬,所以薄太后生前特为自己单独起建陵墓,靠近孝文帝的霸陵。

【原文】

窦太后,赵之清河观津人也。吕太后时,窦姬以良家子入宫侍太后。太后出宫人以赐诸王,各五人,窦姬与在行中。窦姬家在清河,欲如赵近家,请其主遣宦者吏:"必置我籍赵之伍中。"宦者忘之,误置其籍代伍中。籍奏,诏可,当行。窦姬涕泣,怨其宦者,不欲往,相强,乃肯行。至代,代王独幸窦姬,生女嫖，后生两男。而代王王后生四男。先代王未入立为帝而王后卒。及代王立为帝，而王后所生四男更病死。孝文帝立数月，公卿请立太子，而窦姬长男最长，立为太子，立窦姬为皇后，女嫖为长公主。其明年，立少子武为代王，已而又徙梁，是为梁孝王。

【译文】

窦太后是赵国清河观津人，名窦姬。窦姬在吕太后当政的时候以良家女子身份被选入宫中，服侍太后。后来，吕后赐给各诸侯王宫女，每位诸侯王被赏赐五人，窦姬也在这些人之列。因为窦姬的老家在清河，她想到赵国离家比较近，所以就请求主管遣送的宦官说："一定把我的名册放在去赵国的那边。"但是宦官把这件事给忘了，错把她的名册放到了去代国的队伍之中。不久，名册上奏，吕后下诏同意，宫女们应该启程了。窦姬知道后痛哭流涕，埋怨主管的宦官，表示不想去代国，在强制下才无奈动身。然而，到了代国，代王却偏偏只宠爱窦姬，窦姬最初生下了一个女儿，取名为嫖，后来又生下了两个儿子。代王的王后也生了四个儿子。但是还没等代王当上皇帝，王后就死了。等到代王被立为皇帝时，王后所生的四个儿子也陆续都病死了。孝文帝即位几个月之后，公卿大臣请求选立太子，窦姬的长子因年龄最大，被立为太子。窦姬也被立为皇后，女儿刘嫖被立为长公主。第二年，孝文帝立小儿子刘武为代王，代王刘武不久后迁徙到梁国，这就是梁孝王。

【原文】

窦皇后亲蚤卒，葬观津。于是薄太后乃诏有司，追尊窦后父为安成侯，母曰安成夫人。令清河置园邑二百家，长丞奉守，比灵文园法。窦皇后兄窦长君，弟曰窦广国，字少君。少君年四五岁时，家贫，为人所略卖，其家不知其处。传十余家，至宜阳，为其主入山作炭，暮卧岸下百余人，岸崩，尽压杀卧者，少君独得脱，不死。自卜数日当为侯，从其家之长安。闻窦皇后新立，家在观津，姓窦氏。广国去时虽小，识其县名及姓，又常与其姊采桑堕，用为符信，上书自陈。窦皇后言之于文帝，召见，问之，具言其故，果是。又复问他何以为验？对曰："姊去我西时，与我决于传舍中，丐沐沐我，请食饭我，乃去。"于是窦后持之而泣，泣涕交横下。侍御左右皆伏地泣，助皇后悲哀。乃厚赐田宅金钱，封公昆弟，家于长安。

绛侯、灌将军等曰："吾属不死，命乃且县此两人。两人所出微，不可不为择师傅宾客，又复效吕氏大事也。"于是乃选长者士之有节行者与居。窦长君、少君由此为退让君子，不敢以尊贵骄人。窦皇后病，失明。文帝幸邯郸慎夫人、尹姬，皆毋子。孝文帝崩，孝景帝立，乃封广国为章武侯。长君前死，封其子彭祖为南皮侯。吴楚反时，窦太后从昆弟子窦婴，任侠自喜，将兵，以军功为魏其侯。窦氏凡三人为侯。

窦太后好黄帝、老子言，帝及太子诸窦不得不读《黄帝》《老子》，尊其术。窦太后后孝景帝六岁（建元六年）崩，合葬霸陵。遗诏尽以东宫金钱财物赐长公主嫖。

【译文】
　　窦皇后的父母双亲早已去世，葬在故乡观津。这时薄太后就下诏有关官员，将窦皇后父亲追尊为安成侯，将其母亲追尊为安成夫人。下令在清河设置二百户的园邑，派长丞侍奉看守，一切都按灵文园的做法。窦皇后的哥哥是窦长君，弟弟叫窦广国，字少君。少君四五岁的时候，家里太穷，就把他贱卖了，谁也不知道他被卖到哪里去了。又转卖了十几家，卖到宜阳。他为主人进山烧炭，一百多人夜里躺在山崖下睡觉，山崖崩塌，把睡在下边的人全都压死了，只有少君脱险，没有被压死。他自己算了一卦，断定他几天之内要被封侯，于是就从主人家去了长安。听说窦皇后是刚被封立的，她的家乡在观津，姓窦氏。广国离家时年龄虽小，也还知道县名和自家的姓，又曾和姐姐一起采桑，从树上掉下来，把这些事作为证据，上书陈述自己的经历。窦皇后把这件事告诉文帝，广国即被召见，问他，他详细说明了情况，果然不错。又问他还能用什么来验证，他回答说："姐姐离开我西去的时候，和我在驿站宿舍里诀别，姐姐讨来米汤给我洗头，又要来食物给我吃，然后才离去。"于是窦后就拉住弟弟痛哭起来，涕泪纵横流下。左右侍从也都趴伏在地上哭泣，一起为皇后助哀。于是赏赐他很多田地、房屋和金钱，又分封与皇后同祖的窦氏兄弟，让他们迁居到长安。
　　绛侯周勃、将军灌婴等人说："我们这些人虽然还没死，但命都在窦氏兄弟二人的手里掌握着。这两个人出身低微，必须给他们挑选师傅和宾客，否则，又会再次效法吕氏阴谋叛乱。"于是就挑选年长德高、品行端正的士人和他俩在一起。从此窦长君、少君慢慢变成谦逊礼让的君子，不敢倚仗他们的尊贵对人骄横傲慢。窦皇后生病，双目失明。文帝转而宠幸邯郸慎夫人、尹姬，但她们都没有生儿子。孝文帝去世，孝景帝即位，将广国封为章武侯。这时长君早就死了，就把他的儿子彭祖封为南皮侯。吴、楚七国叛乱时，窦太后堂兄弟的儿子窦婴，喜欢仗义行侠，就由他领兵平叛，因有战功被封为魏其侯。窦氏共有三人被封侯。
　　窦太后崇拜黄帝、老子的学说，皇帝、太子以及所有窦氏子弟都必须读《黄帝》《老子》，尊奉黄老的学术。窦太后比景帝晚六年去世，她与文帝合葬在霸陵。留下诏书把东宫的金钱财物全部赐给长公主刘嫖。

【原文】
　　王太后，槐里人，母曰臧儿。臧儿者，故燕王臧荼孙也。臧儿嫁为槐里王仲妻，生男曰信，与两女。而仲死，臧儿更嫁长陵田氏，生男蚡、胜。臧儿长女嫁为金王孙妇，生一女矣，而臧儿卜筮之，曰两女皆当贵。因欲奇两女，乃夺金氏。金氏怒，不肯予决，乃内之太子宫。太子幸爱之，生三女一男。男方在身时，王美人梦日入其怀。以告太子，太子曰："此贵征也。"未生而孝文帝崩，孝景帝即位，王夫人生男。先是臧儿又入其少女儿姁，儿姁生四男。
　　景帝为太子时，薄太后以薄氏女为妃。及景帝立，立妃曰薄皇后。皇后毋子，毋宠。薄太后崩，废薄皇后。景帝长男荣，其母栗姬。栗姬，齐人也。立荣为太子。

长公主嫖有女，欲予为妃。栗姬妒，而景帝诸美人皆因长公主见景帝，得贵幸，皆过栗姬，栗姬日怨怒，谢长公主，不许。长公主欲予王夫人，王夫人许之。长公主怒，而日谗栗姬短于景帝曰："栗姬与诸贵夫人幸姬会，常使侍者祝唾其背，挟邪媚道。"景帝以故望之。

景帝尝体不安，心不乐，属诸子为王者于栗姬，曰："百岁后，善视之。"栗姬怒，不肯应，言不逊。景帝恚，心嗛之而未发也。

长公主日誉王夫人男之美，景帝亦贤之，又有曩者所梦日符，计未有所定。王夫人知帝望栗姬，因怒未解，阴使人趣大臣立栗姬为皇后。大行奏事毕，曰："'子以母贵，母以子贵'，今太子母无号，宜立为皇后。"景帝怒曰："是而所宜言邪！"遂案诛大行，而废太子为临江王。栗姬愈恚恨，不得见，以忧死。卒立王夫人为皇后，其男为太子，封皇后兄信为盖侯。

景帝崩，太子袭号为皇帝。尊皇太后母臧儿为平原君。封田蚡为武安侯，胜为周阳侯。

景帝十三男，一男为帝，十二男皆为王。而儿姁早卒，其四子皆为王。王太后长女号曰平阳公主，次为南宫公主，次为林虑公主。

盖侯信好酒。田蚡、胜贪，巧于文辞。王仲蚤死，葬槐里，追尊为共侯，置园邑二百家。及平原君卒，从田氏葬长陵，置园比共侯园。而王太后后孝景帝十六岁，以元朔四年崩，合葬阳陵。王太后家凡三人为侯。

【译文】

王太后是槐里人，她的母亲叫臧儿。臧儿是先前燕王臧荼的孙女。开始，臧儿嫁给槐里王仲为妻，生个儿子名叫信，后来还生了两个女儿。后来，王仲死了，臧儿又改嫁给长陵田氏，她又生了两个儿子田蚡、田胜。臧儿的长女嫁给金王孙为妻，生了一个女儿，臧儿为子女算卦，结果说她的两个女儿都该是贵人。因为她想要倚仗两个女儿，就把女儿从金氏家中强行接回。金氏很愤怒，不肯和妻子断绝，臧儿就把女儿送进太子宫中。太子很宠爱她，生了三女一男。当男孩还在胎孕的时候，王美人梦见太阳投入她的怀中。她把这个梦告诉太子，太子说："这是大贵的征兆。"还没降生时孝文帝就去世了，孝景帝即位后，王夫人生下这个男孩。先前臧儿又把她的小女儿儿姁送进宫中，儿姁生了四个男孩。

景帝做太子的时候，薄太后从薄氏的女儿中选了一个做太子妃。到景帝即位，这个妃子就被立为薄皇后。皇后没能生儿子，得不到宠爱。薄太后一死，景帝就废了薄皇后。景帝的长子刘荣，他的母亲是栗姬。栗姬是齐人。刘荣被立为太子。长公主刘嫖有个女儿，想给太子做妃子。栗姬很嫉妒，景帝的几位宠妾都是长公主引见的，她们得到的尊贵和宠爱都远远超过了栗姬，栗姬本来就天天在埋怨，当然回绝了长公主的要求，不应允这门亲事。长公主想把女儿给王夫人的儿子，王夫人就答应了。长公主为这件事生气，就常常在景帝面前诬陷栗姬："栗姬和各位贵夫人及宠姬聚会，常常让侍从在他们背后念咒语吐口水，施用妖邪惑人的道术。"景帝因此恼恨栗姬。

有一次景帝生病了，感觉自己要不行了，就把被封王的儿子们都托付给栗姬，还跟她说："我死后，你要好好照顾他们。"栗姬一听很生气，不但不答应，还出言不逊。景帝很气愤，怀恨在心而没有发作。

长公主老说王夫人的儿子好，景帝也认为他德才兼备，又有从前他母亲梦日入怀的吉祥兆头，但还没拿定主意。王夫人知道景帝正烦栗姬，趁他怒气未消，暗中派人催促大臣奏请立栗姬为皇后。一次朝会，大行官奏事完了，就说："'儿子因母亲而尊贵，母亲因儿子而尊贵'，如今太子的母亲还没有封号，应当立为皇后。"景帝发怒说："这是你应该讲的话吗！"结果竟论罪处死了大行官，同时废了太子，改封他为临江王。栗姬更加怨恨，不能再见到景帝，不久，因忧伤而死。王夫人终于被立为皇后，他的儿子立为太子，皇后的哥哥王信被封为盖侯。

景帝去世后，太子即位。将皇太后的母亲臧儿尊为平原君。将田蚡封为武安侯，田胜封为周阳侯。

景帝有十三个儿子，一个儿子做了皇帝，十二个儿子都封为王。儿姁死得早，她的四个儿子也都封为王。王太后的长女封号是平阳公主，次女是南宫公主，三女是林虑公主。

盖侯王信爱喝酒。田蚡、田胜都比较贪婪，善用文辞巧辩。王仲死得早，葬在槐里，追尊为共侯，设置了二百户的园邑。等到平原君去世，跟田氏合葬在长陵，设置的陵园同共侯陵园一样。王太后比孝景帝晚死十六年，在元朔四年（前125）去世，与景帝合葬在阳陵。王太后家共有三人被封侯。

【原文】

卫皇后字子夫，生微矣。盖其家号曰卫氏，出平阳侯邑。子夫为平阳主讴者。武帝初即位，数岁无子。平阳主求诸良家子女十余人，饰置家。武帝祓霸上还，因过平阳主。主见所侍美人，上弗说。既饮，讴者进，上望见，独说卫子夫。是日，武帝起更衣，子夫侍尚衣轩中，得幸。上还坐，欢甚，赐平阳主金千斤。主因奏子夫奉送入宫。子夫上车，平阳主拊其背曰："行矣，强饭，勉之！即贵，无相忘。"入宫岁余，竟不复幸。武帝择宫人不中用者，斥出归之。卫子夫得见，涕泣请出。上怜之，复幸，遂有身，尊宠日隆。召其兄卫长君弟青为侍中。而子夫后大幸，有宠，凡生三女一男。男名据。

初，上为太子时，娶长公主女为妃。立为帝，妃立为皇后，姓陈氏，无子。上之得为嗣，大长公主有力焉，以故陈皇后骄贵。闻卫子夫大幸，恚，几死者数矣。上愈怒。陈皇后挟妇人媚道，其事颇觉，于是废陈皇后，而立卫子夫为皇后。

陈皇后母大长公主，景帝姊也。数让武帝姊平阳公主曰："帝非我不得立，已而弃捐吾女，壹何不自喜而倍本乎！"平阳公主曰："用无子故废耳。"陈皇后求子，与医钱凡九千万，然竟无子。

卫子夫已立为皇后，先是卫长君死，乃以卫青为将军，击胡有功，封为长平侯。青三子在襁褓中，皆封为列侯。及卫皇后所谓姊卫少儿，少儿生子霍去病，以军功封冠军侯，号骠骑将军。青号大将军。立卫皇后子据为太子。卫氏枝属以军功起家，五人为侯。

及卫后色衰，赵之王夫人幸，有子，为齐王。

【译文】

卫皇后字子夫，出身微贱。她家号称卫氏，住在平阳侯的封地里。子夫曾是平阳公主的歌姬。武帝刚刚即位的时候，已经几年没有儿子。平阳公主特意从民间挑选了十几个女子，梳妆打扮留在家里等待机会献给皇帝。武帝去霸上除灾求福的时候，返回时顺便来到平阳公主家。公主让侍奉的美人都出来见武帝，武帝都不喜欢。饮酒之后，歌姬进来，武帝看见后，只喜欢卫子夫。这天，武帝起身换衣服，子夫在皇帝的衣车中侍奉，得到亲幸。武帝回到座位上，特别高兴，赐给平阳公主黄金千斤。公主趁机奏请把卫子夫奉送入宫。子夫上车后，平阳公主抚着她的背说："走吧，好好吃饭，努力吧！如果尊贵了，别把我忘了。"子夫入宫一年多，竟然没有再得亲幸。武帝把不中用的宫人挑出来，让她们出宫回家。卫子夫因而得见武帝，她哭泣着请求出宫。皇上怜爱她，再次亲幸，于是有了身孕，一天比一天更受尊宠。武帝召见她的哥哥卫长君和弟弟卫青任侍中。子夫后来大得亲幸，备受宠爱，共生了三个女儿一个儿子，儿子名叫据。

当初，皇上做太子的时候，娶长公主的女儿为太子妃。他即位后，这个妃子就立为皇后，姓陈氏，但没有生儿子。皇上能够即位，大长公主帮了很大忙，因此陈皇后骄横高傲。听说卫子夫大受亲幸，非常气愤，经常寻死觅活的。皇上也更加生气。陈皇后施用妇人惑人的邪术，武帝对此事颇有觉察，于是就废了陈皇后，立卫子夫为皇后。

陈皇后的母亲大长公主是景帝的姐姐，多次责备武帝的姐姐平阳公主说："皇帝没有我就不能即位，事后居然抛弃了我的女儿，怎么这样忘本呢！"平阳公主说道："是没有儿子的缘故才废的。"陈皇后非常希望能生一个儿子，求医生花费的钱有九千万之多，然而终于未能生子。

当卫子夫做了皇后时，卫长君早死了，就让卫青为将军，后来抗击胡人立了大功，又把他封为长平侯。卫青的三个儿子还是婴儿，也都被封为列侯。至于卫皇后的姐姐卫少儿，她生的儿子是霍去病，因有战功被封为冠军侯，号称骠骑将军。卫青号称大将军。卫皇后的儿子刘据被立为太子。卫氏的亲族以军功起家，有五人被封侯。

到卫皇后年老色衰的时候，赵国的王夫人受宠幸，王夫人生了一个儿子，被封为齐王。

【原文】

王夫人蚤卒。而中山李夫人有宠，有男一人，为昌邑王。

李夫人蚤卒，其兄李延年以音幸，号协律。协律者，故倡也。兄弟皆坐奸，族。是时其长兄广利为贰师将军，伐大宛，不及诛，还，而上既夷李氏，后怜其家，乃封为海西侯。

他姬子二人为燕王、广陵王。其母无宠，以忧死。

及李夫人卒，则有尹婕妤之属，更有宠。然皆以倡见，非王侯有土之士女，不可以配人主也。

褚先生曰：臣为郎时，问习汉家故事者钟离生。曰：王太后在民间时所生一女者，父为金王孙。王孙已死，景帝崩后，武帝已立，王太后独在。而韩王孙名嫣素得幸武帝，承间白言太后有女在长陵也。武帝曰："何不蚤言！"乃使使往先视之，在其家。武帝乃自往迎取之。跸道，先驱旄骑出横城门，乘舆驰至长陵。当小市西入里，里门闭，暴开门，乘舆直入此里，通至金氏门外止，使武骑围其宅，为其亡走，身自往取不得也。即使左右群臣入呼求之。家人惊恐，女亡匿内中床下。扶持出门，令拜谒。武帝下车泣曰："嚄！大姊，何藏之深也！"诏副车载之，回车驰还，而直入长乐宫。行诏门著引籍，通到谒太后。太后曰："帝倦矣，何从来？"帝曰："今者至长陵得臣姊，与俱来。"顾曰："谒太后！"太后曰："女某邪？"曰："是也。"太后为下泣，女亦伏地泣。武帝奉酒前为寿，奉钱千万，奴婢三百人，公田百顷，甲第，以赐姊。太后谢曰："为帝费焉。"于是召平阳主、南宫主、林虑主三人俱来谒见姊，因号曰修成君。有子男一人，女一人。男号为修成子仲，女为诸侯王王后。此二子非刘氏，以故太后怜之。修成子仲骄恣，陵折吏民，皆患苦之。

【译文】

王夫人死得早。中山的李夫人又受到皇帝的宠爱，李夫人生了一个儿子，被封为昌邑王。

李夫人死得也很早，她的哥哥李延年因精通音律而得宠，封为协律官。所谓协律，就是以前所说的歌舞艺人。李延年的兄弟们都因犯淫罪而被灭族。当时她的长兄李广利为贰师将军，正在讨伐大宛，没有被杀，回来后才知道皇上已经诛灭了李氏，后来皇帝怜悯他这一家，才把他封为海西侯。

别的皇妃还有两个儿子是燕王、广陵王。他们的母亲不受宠爱，因忧伤而死。

到李夫人去世后，又有尹婕妤等人陆续受到皇帝的宠爱，但她们都是以歌女的身份见到武帝的，不是有封地的王侯之家的女子，实际上不应该和皇帝匹配。

褚先生说：我任郎官的时候，曾向熟习汉家旧事的钟离生打听过。据他所说：王太后在民间时生了一个女儿，父亲是金王孙。王孙已经死了，景帝去世后，武帝即位，只有王太后还活着。韩王一个叫嫣的孙女平时受到武帝的宠爱，他找了个机会谈起太后有个女儿在长陵。武帝说："怎么不早说！"于是派人先去看一看，正好在家。武帝就亲自前去迎接她。路上清道禁行，先驱侍卫的骑兵出横城门，武帝乘坐的车飞驰到长陵。在小市的西边进入里巷，里门关闭着，用力打开门，武帝乘的车一直进入里中，到达金氏门外才停下来，马上派武装骑兵包围这座宅院，为的是她如果逃跑，亲自来接也接不着了。随即派左右群臣进去呼喊寻找。金氏家的人都非常害怕，金女在内室的床下躲起来。最终找到了，侍从扶着她出门，让她拜见皇上。武帝下车哭着说："哎呀！大姐，怎么藏得这么深哪！"下令副车载上她，掉转车子飞驰回城，直入长乐宫。武帝在行车途中就诏令看守宫门的人把自己的名帖向太后通报，车一到就去拜见太后。太后说："皇上这么累了，从哪里来呀？"武帝说："今天到长陵找到了我的姐姐，和她一起来了。"回过头来对姐姐说："拜见太后！"太后说："你是我那个女儿吗？"回答说："是呀。"太后落泪哭泣，女儿也伏在地上哭泣。武帝捧着酒到跟前来为太后和姐姐祝贺，拿出一千万钱，三百名奴婢，一百顷公田，上等宅第，赐给姐姐。太后道谢说："让皇上破费了。"于是又召来平阳公主、南宫公主和林虑公主三人都来拜见姐姐，封她为修成君。她有一个儿子，一个女儿。儿子号为修成子仲，女儿做了诸侯王的王后。这两个孩子不出于刘氏，因此太后怜爱他们。修成子仲骄横放纵，常常欺凌压迫官吏和百姓，人们都为此而忧虑苦恼。

【原文】

卫子夫立为皇后，后弟卫青字仲卿，以大将军封为长平侯。四子，长子伉为侯世子，侯世子常侍中，贵幸。其三弟皆封为侯，各千三百户，一曰阴安侯，二曰发干侯，三曰宜春侯，贵震天下。天下歌之曰："生男无喜，生女无怒，独不见卫子夫霸天下！"是时平阳主寡居，当用列侯尚主。主与左右议长安中列侯可为夫者，皆言大将军可。主笑曰："此出吾家，常使令骑从我出入耳，奈何用为夫乎？"左右侍御者曰："今大将军姊为皇后，三子为侯，富贵振动天下，主何以易之乎？"于是主乃许之。言之皇后，令白之武帝，乃诏卫将军尚平阳公主焉。

褚先生曰：丈夫龙变。《传》曰："蛇化为龙，不变其文；家化为国，不变其姓。"丈夫当时富贵，百恶灭除，光耀荣华，贫贱之时何足累之哉！

【译文】

卫子夫被立为皇后，她的弟弟卫青字仲卿，以大将军的职位被封为长平侯。他有四个儿子，长子卫伉是继承爵位的世子，曾做过皇帝的侍从官侍中，身份显贵、备受宠爱。卫伉的三个弟弟都受封为侯，各赐封地一千三百户，一个叫阴安侯，一个叫发干侯，一个叫宜春侯，他们的富贵为天下所震惊。当时民间流传这样一首歌谣："生儿不必太高兴，生女莫把怒气发，难道没有看到卫子夫霸天下！"这时平阳公主寡居，应该从列侯中选一位做她的丈夫。公主和侍从们讨论长安城里的列侯谁能做她的丈夫，都说大将军卫青可以。公主笑着说："这是从我们家出去的人，我经常让他骑马跟着我出来进去的，怎能让他做我的丈夫呢？"侍从们说："如今大将军的姐姐是皇后，她的三个儿子都封侯了，富贵震动天下，公主怎么倒把他看轻了呢？"于是公主才同意了。把此事告诉皇后，皇后让禀告武帝，武帝就诏令卫将军做平阳公主的丈夫。

褚先生说：大丈夫可以像龙那样变化。《传》上说："蛇变成龙，花纹不会改变；家变成了国，姓氏不会改变。"丈夫在富贵的时候，有多少污点都能被掩盖，变得光彩荣耀，贫贱时候的事情怎么能够牵累他呢！

【原文】

　　武帝时，幸夫人尹婕妤。邢夫人号娙娥，众人谓之"娙何"。娙何秩比中二千石，容华秩比二千石，婕妤秩比列侯。常从婕妤迁为皇后。

　　尹夫人与邢夫人同时并幸，有诏不得相见。尹夫人自请武帝，愿望见邢夫人，帝许之。即令他夫人饰，从御者数十人，为邢夫人来前。尹夫人前见之，曰："此非邢夫人身也。"帝曰："何以言之？"对曰："视其身貌形状，不足以当人主矣。"于是帝乃诏使邢夫人衣故衣，独身来前。尹夫人望见之，曰："此真是也。"于是乃低头俯而泣，自痛其不如也。谚曰："美女入室，恶女之仇。"

　　褚先生曰：浴不必江海，要之去垢；马不必骐骥，要之善走；士不必贤世，要之知道；女不必贵种，要之贞好。《传》曰："女无美恶，入室见妒；士无贤不肖，入朝见嫉。"美女者，恶女之仇。岂不然哉！

【译文】

　　武帝时，宠爱过夫人尹婕妤。邢夫人官号娙娥，人们都叫她"娙何"。娙何的品级相当于中二千石的官，容华的品级相当于二千石的官，婕妤的品级相当于列侯。过去曾有人从婕妤升到皇后。

　　尹夫人与邢夫人同一时期被皇帝亲幸，两人因武帝有诏而不能相见。有一次尹夫人亲自请求武帝，希望能见一见邢夫人，武帝答应了。就让另一位夫人装扮，有几十人侍从跟随着，假冒邢夫人来到尹夫人面前。尹夫人走上前去一看，说："这不是邢夫人。"武帝说："为什么这样讲呢？"尹夫人回答说："看她的身段相貌姿态，不足以匹配皇上。"于是武帝就下令让邢夫人穿上旧衣服，单独前来。尹夫人远远看见她就说："这才是真的。"于是就低头哭泣，自己伤心不如邢夫人。谚语说："美女进屋，就是丑女的仇人。"

　　褚先生说：洗澡不一定非到江海去，只要能除去污垢；骑马不一定非是有名的骏马，只要善于奔跑；士人不一定都要超出一般人，只要能清楚事情的道理；女子不一定出身高贵，只要贞洁美好。《传》上说："女子不论美丑，一进家室就会被人嫉妒；士人不论贤与不贤，一入朝廷就会被人嫉妒。"美女是丑女的仇人，难道不对吗！

【原文】

　　钩弋夫人姓赵氏，河间人也。得幸武帝，生子一人，昭帝是也。武帝年七十，乃生昭帝。昭帝立时，年五岁耳。

　　卫太子废后，未复立太子。而燕王旦上书，愿归国入宿卫。武帝怒，立斩其使者于北阙。

　　上居甘泉宫，召画工图画周公负成王也。于是左右群臣知武帝意欲立少子也。后数日，帝谴责钩弋夫人。夫人脱簪珥叩头。帝曰："引持去，送掖庭狱！"夫人还顾，帝曰："趣行，女不得活！"夫人死云阳宫。时暴风扬尘，百姓感伤。使者夜持棺往葬之，封识其处。

【译文】

钩弋夫人姓赵氏，是河间人。钩弋夫人得到武帝宠幸，生了一个儿子，就是后来的昭帝。武帝七十岁的时候才有的昭帝。昭帝即位时才五岁。

卫太子被废以后，没有重新立太子。于是燕王刘旦给皇帝写信说，愿意回京入宫当皇上的护卫。武帝很生气，马上把燕王的使者在北阙杀掉了。

皇上在甘泉宫居住，他召来画匠画了一幅周公背着成王的图。于是群臣知道武帝打算要立小儿子为太子。过了几天，武帝找借口谴责钩弋夫人。夫人摘下头簪耳饰等叩头请罪。武帝说："把她带走，送到掖庭狱！"夫人回头向皇帝求饶，武帝说："快走吧，你活不成了！"最后夫人死在云阳宫。死的时候暴风刮得尘土飞扬，百姓也都很悲伤。使者夜里拉着棺材去埋葬，在埋葬的地方做了标志。

【原文】

其后帝闲居，问左右曰："人言云何？"左右对曰："人言且立其子，何去其母乎？"帝曰："然。是非儿曹愚人所知也。往古国家所以乱也，由主少母壮也。女主独居骄蹇，淫乱自恣，莫能禁也。女不闻吕后邪？"故诸为武帝生子者，无男女，其母无不谴死。岂可谓非贤圣哉！昭然远见，为后世计虑，固非浅闻愚儒之所及也。谥为"武"，岂虚哉！

【译文】

事后，武帝偶然问群臣："人们最近都在谈论什么？"群臣回答说："人们说就要立她的儿子了，为什么要把他的母亲除掉呢？"武帝说："的确。这不是小孩子们和愚人所能理解的。过去的国家所以出乱子，就是由于君主年少，而他的母亲正在壮年。女子独居，骄横傲慢，淫乱放纵，没有人能禁止。你们没有听说过吕后的事吗？"因此，所有为武帝生过孩子的，无论是男是女，他们的母亲没有不被谴责处死的，难道能说这就不是圣贤了吗？这样明确的远见，为后世深思熟虑，本来就不是那些见闻浅陋的愚儒所能达到的。谥号为"武"，难道是虚名吗？

萧相国世家

【原文】

萧相国何者，沛丰人也。以文无害为沛主吏掾。

高祖为布衣时，何数以吏事护高祖。高祖为亭长，常左右之。高祖以吏繇咸阳，吏皆送奉钱三，何独以五。秦御史监郡者与从事，常辨之。何乃给泗水卒史事，第一。秦御史欲入言征何，何固请，得毋行。及高祖起为沛公，何常为丞督事。沛公至咸阳，诸将皆争走金帛财物之府分之，何独先入收秦丞相御史律令图书藏之。沛公为汉王，以何为丞相。项王与诸侯屠烧咸阳而去。汉王所以具知天下厄塞，户口多少，强弱之处，民所疾苦者，以何具得秦图书也。何进言韩信，汉王以信为大将军。语在《淮阴侯》事中。

【译文】

相国萧何是沛县丰邑人。因为文章写得很好而做了沛县县令手下的官吏。

汉高祖刘邦还是平民时，萧何就曾多次凭着自己的职权保护过他。刘邦当了亭长以后，萧何也常常帮助他。刘邦以官吏的身份到咸阳服役时，官员们都送他三百钱，只有萧何送他五百钱。秦朝的御史到泗水郡督察郡的工作时，萧何跟着他的属官办事，总是把事情办得有条不紊。于是萧何担任了泗水郡卒史的工作，并且在公务考核中名列第一。秦朝的御史想入朝进言征调萧何，萧何一再辞谢，此事方才作罢。等到刘邦起事做了沛公，萧何常常作为他的助手督办公务。沛公进了咸阳，将领们都争先恐后地奔向府库，瓜分金帛财物，只有萧何先到官室收取秦朝丞相及御史掌管的法律条文、地理图册、户籍档案等文献资料，并将这些东西珍藏起来。后来沛公做了汉王，任命萧何为丞相。项羽和诸侯军队进入咸阳屠杀、焚烧一番就离去了。汉王之所以能够详尽地了解天下的险关要塞，家庭、人口的多少，各地诸方面的强弱以及民众的疾苦等，就是因为萧何当初搜集并完整地保存了秦朝的文献档案资料。萧何向汉王推荐韩信，于是汉王任命韩信为大将军。这件事记载在《淮阴侯列传》中。

【原文】

汉王引兵东定三秦，何以丞相留收巴蜀，填抚谕告，使给军食。汉二年，汉王与诸侯击楚，何守关中，侍太子，治栎阳。为法令约束，立宗庙社稷宫室县邑，辄奏上，可，许以从事；即不及奏上，辄以便宜施行，上来以闻。关中事计户口转漕给军，汉王数失军遁去，何常兴关中卒，辄补缺。上以此专属任何关中事。

汉三年，汉王与项羽相距京索之间，上数使使劳苦丞相。鲍生谓丞相曰："王暴衣露盖，数使使劳苦君者，有疑君心也。为君计，莫若遣君子孙昆弟能胜兵者悉诣军所，上必益信君。"于是何从其计，汉王大说。

汉五年，既杀项羽，定天下，论功行封。群臣争功，岁余功不决。高祖以萧何功最盛，封为酂侯，所食邑多。功臣皆曰："臣等身被坚执锐，多者百余战，少者数十合，攻城略地，大小各有差。今萧何未尝有汗马之劳，徒持文墨议论，不战，顾反居臣等上，何也？"高帝曰："诸君知猎乎？"曰："知之。""知猎狗乎？"曰："知之。"高帝曰："夫猎，追杀兽兔者狗也，而发踪指示兽处者人也。今诸君徒能得走兽耳，功狗也。至如萧何，发踪指示，功人也。且诸君独以身随我，多者两三人。今萧何举宗数十人皆随我，功不可忘也。"群臣皆莫敢言。

【译文】

汉王领兵东进，攻占了三秦，萧何以丞相的身份留守并治理巴蜀，不但安抚民众、发布政令，而且供给军队粮草。汉二年（前205），汉王与各路诸侯攻打楚军，萧何在关中守卫，侍奉太子，治理栎阳。每次要制定法令、规章，或者打算建立宗庙、社稷、宫室、县邑等，萧何总是会先禀报汉王，得到汉王同意后，方才下令施行这些政事；如果来不及禀报汉王，有些事就自己先酌情处理，等汉王回来再向他汇报。萧何在关中管理户籍、人口，征集粮草运送给前方军队。汉王多次弃军败逃而去，萧何常常征发关中士卒，补充军队的缺额。汉王因此专门委任萧何处理关中政事。

汉三年，汉王在京县、索城之间与项羽对峙，还曾多次派遣使者慰劳丞相萧何。有个叫鲍生的人对萧何说："汉王在前线风餐露宿，却多次派使者来慰劳您，这可能是有怀疑您的意思。为您着想，不如派遣您的子孙兄弟中能打仗的人都到军营中效力，汉王必定更加信任您。"于是萧何按他的意思去做了，汉王非常高兴。

汉五年，最终把项羽消灭了，天下太平，于是论功行赏。由于群臣争功，过了一年也没能决定功劳的大小。高祖认为萧何的功劳最显赫，把他封为酂侯，给他的食邑最多。功臣们都说："我们身披战甲，手执兵器，亲身参加战斗，多的身经百战，少的交锋数十回合，攻占城池，夺取地盘，都立了大小不等的战功。如今萧何没有这样的汗马功劳，只是舞文弄墨，发发议论，不参加战斗，封赏倒反在我们之上，这是为什么呢？"高帝说："诸位懂得打猎吗？"群臣回答说："懂得。"高帝又问："知道猎狗吗？"群臣说："知道。"高帝说："打猎时，追咬野兽的是猎狗，但发现野兽踪迹，指出野兽所在地方的是猎人。而今大家仅

武将们对汉高祖说："我们出生入死、身经百战，攻城略地、浴血奋战，为何功劳不及只知舞文弄墨的萧何？"

白话史记　世家　萧相国世家　一七七

能捉到野兽而已，功劳不过像猎狗。至于像萧何，发现野兽踪迹，指明猎取目标，功劳如同猎人。再说诸位只是个人追随我，多的不过一家两三个人。而萧何让自己本族里的几十人都来随我打天下，功劳是不能忘怀的。"群臣一听，都不敢再多嘴了。

【原文】

列侯毕已受封，及奏位次，皆曰："平阳侯曹参身被七十创，攻城略地，功最多，宜第一。"上已桡功臣，多封萧何，至位次未有以复难之，然心欲何第一。关内侯鄂君进曰："群臣议皆误。夫曹参虽有野战略地之功，此特一时之事。夫上与楚相距五岁，常失军亡众，逃身遁者数矣。然萧何常从关中遣军补其处，非上所诏令召，而数万众会上之乏绝者数矣。夫汉与楚相守荥阳数年，军无见粮，萧何转漕关中，给食不乏。陛下虽数亡山东，萧何常全关中以待陛下，此万世之功也。今虽亡曹参等百数，何缺于汉？汉得之不必待以全。奈何欲以一旦之功而加万世之功哉！萧何第一，曹参次之。"高祖曰："善。"于是乃令萧何第一，赐带剑履上殿，入朝不趋。

上曰："吾闻进贤受上赏。萧何功虽高，得鄂君乃益明。"于是因鄂君故所食关内侯邑封为安平侯。是日，悉封何父子兄弟十余人，皆有食邑。乃益封何二千户，以帝尝繇咸阳时何送我独赢奉钱二也。

【译文】

列侯均已受到封赏，等到向高祖上奏评定位次时，群臣都说："平阳侯曹参身上受了七十处创伤，攻城夺地，功劳最多，应该排在第一位。"高祖觉得先前已经委屈功臣，封赏萧何的东西最多，这时就没有再反驳大家，但其实心里还是想把萧何排在第一位。关内侯鄂千秋进言说："各位大臣的主张是不对的。曹参虽然有转战各处、夺取地盘的功劳，但这不过是一时的事情。大王与楚军相持五年，常常失掉军队，士卒逃散，只身逃走有好几次了。然而萧何常从关中派遣军队补充前线，这些都不是大王下令让他做的，数万士卒开赴前线时正值大王最危急的时刻，这种情况已有多次了。汉军与楚军在荥阳对垒数年，军中没有现存的口粮，萧何从关中用车船运来粮食，军粮供应从不匮乏。陛下虽然多次失掉崤山以东的地区，但萧何一直保全关中等待着陛下，这是万世不朽的功勋啊。如今即使没有上百个曹参这样的人，对汉室又有什么损失？汉室得到了这些人也不一定得以保全。怎么能让一时的功劳凌驾在万世功勋之上呢！应该是萧何排第一位，曹参居次。"高祖说："好。"于是便确定萧何为第一位，特恩许他带剑穿鞋上殿，上朝时可以不按礼仪小步快走。

高祖说："我听说推荐贤才应该受到上等的奖赏。虽然萧何的功劳很大，经过鄂君的推荐就更加显赫了。"于是在其原来的封地关内侯食邑的基础上，将鄂君加封为安平侯。当天，萧何父子兄弟十多人都封有食邑。后又加封萧何两千户，这是因为高祖过去到咸阳服役时，萧何多送给自己二百钱的缘故。

【原文】

汉十一年，陈豨反，高祖自将，至邯郸。未罢，淮阴侯谋反关中，吕后用萧何计，诛淮阴侯，语在《淮阴》事中。上已闻淮阴侯诛，使使拜丞相何为相国，益封五千户，令卒五百人一都尉为相国卫。诸君皆贺，召平独吊。召平者，故秦东陵侯。秦破，为布衣，贫，种瓜于长安城东，瓜美，故世俗谓之"东陵瓜"，从召平以为名也。召平谓相国曰："祸自此始矣。上暴露于外而君守于中，非被矢石之事而益君封置卫者，以今者淮阴侯新反于中，疑君心矣。夫置卫卫君，非以宠君也。愿君让封勿受，悉以家私财佐军，则上心说。"相国从其计，高帝乃大喜。

【译文】

汉十一年（前196），陈豨兴兵叛乱，高祖御驾亲征，到邯郸。这里尚未完全平定，淮阴侯韩信又在关中谋反，吕后采纳了萧何的计策，将淮阴侯杀了，此事记载在《淮阴侯列传》中。高祖听说淮阴侯被杀这件事后，就派遣使者拜丞相萧何为相国，加封五千户，并令五百名士卒和一名都尉做相国的卫队。许多人都前来表示祝贺，唯独召平表示担心。召平原是秦朝的东陵侯。秦朝灭亡后，他沦为平民，家中贫穷，在长安城东种瓜。他种的瓜味道甜美，所以世人称它为"东陵瓜"，这是根据召平的封号来命名的。召平对相国萧何说："祸患从此开始了。皇上风吹日晒地统军在外，而您留守朝中，未遭战事之险，反而增加您的封邑并设置卫队，这是因为目前淮阴侯刚刚在京城谋反，对您的内心有所怀疑。设置卫队保护您，并非以此宠信您。希望您辞让封赏不受，把家产、资财全都捐助军队，那么皇上心里就会高兴。"萧相国听了就按他说的做了，高帝果然非常欢喜。

【原文】

汉十二年秋，黥布反，上自将击之，数使使问相国何为。相国为上在军，乃拊循勉力百姓，悉以所有佐军，如陈豨时。客有说相国曰："君灭族不久矣。夫君位为相国，功第一，可复加哉？然君初入关中，得百姓心，十余年矣，皆附君，常复孳孳得民和。上所为数问君者，畏君倾动关中。今君胡不多买田地，贱贳贷以自污？上心乃安。"于是相国从其计，上乃大说。

上罢布军归，民道遮行上书，言相国贱强买民田宅数千万。上至，相国谒。上笑曰："夫相国乃利民！"民所上书皆以与相国，曰："君自谢民。"相国因为民请曰："长安地狭，上林中多空地，弃，愿令民得入田，毋收稿为禽兽食。"上大怒曰："相国多受贾人财物，乃为请吾苑！"乃下相国廷尉，械系之。数日，王卫尉侍，前问曰："相国何大罪，陛下系之暴也？"上曰："吾闻李斯相秦皇帝，有善归主，有恶自与。今相国多受贾竖金而为民请吾苑，以自媚于民，故系治之。"王卫尉曰："夫职事苟有便于民而请之，真宰相事，陛下奈何乃疑相国受贾人钱乎！且陛下距楚数岁，陈豨、黥布反，陛下自将而往，当是时，相国守关中，摇足则关以西非陛下有也。相国不以此时为利，今乃利贾人之金乎？且秦以不闻其过亡天下，李斯之分过，又何足法哉？陛下何疑宰相之浅也！"高帝不怿。是日，使使持节赦出相国。相国年老，素恭谨，入，徒跣谢。高帝曰："相国休矣！相国为民请苑，吾不许，我不过为桀纣主，而相国为贤相。吾故系相国，欲令百姓闻吾过也。"

【译文】

汉十二年（前195）的秋天，黥布反叛，高祖御驾亲征，也曾多次派人来询问萧相国在做什么。因为皇上正在征战，萧相国就和讨伐陈豨时一样，在后方安抚民众，鼓励百姓把自己的家财捐给部队。有一个门客劝告萧相国说："您灭族的日子不远了。您位居相国，功劳数第一，还能够再加功吗？您当初进入关中就深得民心，至今十多年了，民众都亲附您，您还是那么勤勉地做事，与百姓关系和谐，受到爱戴。皇上之所以屡次询问您的情况，是害怕您震撼关中。如今您何不多买田地，采取低价、赊借等手段来败坏自己的声誉？这样，皇上才会放心。"于是萧相国按照他说的做了，于是高祖果然非常高兴。

高祖打败黥布领兵返回，民众拦路喊冤，说相国低价强买了很多百姓的田地房屋。高祖回到京城，相国前来拜见。高祖笑着说："你这个相国竟是这样'利民'！"高祖把民众的状书都交给相国，说："你自己向百姓们谢罪吧。"相国趁这个机会为民众请求说："长安一带土地狭窄，上林苑中有很多空地，已经废弃荒芜，希望让百姓们进去耕种打粮，留下禾秆作为禽兽的饲料。"高祖大怒说："相国你大量地接受了商人的财物，然后就为他们请求占用我的上林苑！"于是就把相国交给廷尉，用镣铐拘禁了他。几天以后，一个姓王的卫尉侍奉高祖时，上前问道："相国犯了什么弥天大罪，陛下把他拘禁得如此严酷？"高祖说："我听说李斯辅佐秦始皇时，有了成绩归于主上，出了差错自己承担。如今相国大量地收受奸商钱财而为他们请求占用我的苑林，以此向民众讨好，所以把他铐起来治罪。"王卫尉说："在自己职责范围内，如果有利于百姓而为他们请求，这确是宰相分内的事，陛下怎么怀疑相国收受商人钱财呢！况且陛下抗拒楚军数年，陈豨、黥布反叛时，陛下又亲自带兵前往平叛，当时相国留守关中，他只要动一动脚，那么函谷关以西的地盘就不归陛下所有了。相国不趁着这个时机为己谋利，现在却贪图商人的钱财吗？再说秦始皇正因为听不到自己的过错而失去天下，李斯分担过错，又哪里值得效法呢？陛下为什么怀疑宰相到如此浅薄的地步？"高祖听后不太高兴。当天，高祖派人持节赦免并释放了相国。相国这时已经老了，一向谦恭谨慎，他去拜见高祖，赤脚步行前来谢罪。高祖说：

高祖大怒说："相国你接受了商人的财物，就为他们请求占用我的上林苑！"

"算了吧！相国为民众请求苑林，我不答应，我不过是桀、纣那样的君主，而你则是个贤相。我之所以把你用镣铐拘禁起来，就是想让百姓们知道我的过错。"

【原文】

何素不与曹参相能，及何病，孝惠自临视相国病，因问曰："君即百岁后，谁可代君者？"对曰："知臣莫如主。"孝惠曰："曹参何如？"何顿首曰："帝得之矣！臣死不恨矣！"

何置田宅必居穷处，为家不治垣屋。曰："后世贤，师吾俭；不贤，毋为势家所夺。"

孝惠二年，相国何卒，谥为文终侯。

后嗣以罪失侯者四世，绝，天子辄复求何后，封续酂侯，功臣莫得比焉。

【译文】

萧何和曹参一向不太和睦，到萧何病重时，孝惠皇帝亲自去看望他，趁机问相国："您要是走了，谁能接替您做相国呢？"萧何回答说："了解臣下的莫过于君主了。"孝惠帝说："曹参怎么样？"萧何叩头说："陛下得到合适的人选了！我死也不遗憾了！"

萧何只要购置田地住宅就选在贫苦偏僻的地方，建造家园也从不修筑有墙的房舍。他说："我的后代贤能，就学习我的俭朴；后代不贤能，也不至于被有权势的人家所夺取。"

孝惠二年（前193），相国萧何去世，谥号为文终侯。

萧何的后人因为犯罪而失去侯爵封号的有四世，但每次当萧氏快要断绝继承人的时候，天子总是想办法再把萧何的其他后人找出来，续封为酂侯，其他功臣无人能与之相比。

【原文】

太史公曰：萧相国何于秦时为刀笔吏，录录未有奇节。及汉兴，依日月之末光，何谨守管籥，因民之疾秦法，顺流与之更始。淮阴、黥布等皆以诛灭，而何之勋烂焉。位冠群臣，声施后世，与闳夭、散宜生等争烈矣。

【译文】

太史公说：相国萧何在秦朝时仅是个小小的文官，碌碌无为。等到汉室兴盛，仰仗帝王的余光，萧何谨守自己的职责，根据民众痛恨秦朝苛法这一情况，顺应历史潮流，革旧制立新法。韩信、黥布等都已被诛灭，而萧何的功勋更显得灿烂。他的地位为群臣之冠，声望延及后世，能够跟闳夭、散宜生等人争辉比美了。

留侯世家

【原文】

　　留侯张良者，其先韩人也。大父开地，相韩昭侯、宣惠王、襄哀王。父平，相釐王、悼惠王。悼惠王二十三年，平卒。卒二十岁，秦灭韩。良年少，未宦事韩。韩破，良家僮三百人，弟死不葬，悉以家财求客刺秦王，为韩报仇，以大父、父五世相韩故。良尝学礼淮阳。东见仓海君。得力士，为铁椎重百二十斤。秦皇帝东游，良与客狙击秦皇帝博浪沙中，误中副车。秦皇帝大怒，大索天下，求贼甚急，为张良故也。良乃更名姓，亡匿下邳。

　　良尝闲从容步游下邳圯上，有一老父，衣褐，至良所，直堕其履圯下，顾谓良曰："孺子，下取履！"良愕然，欲殴之。为其老，强忍，下取履。父曰："履我！"良业为取履，因长跪履之。父以足受，笑而去。良殊大惊，随目之。父去里所，复还，曰："孺子可教矣。后五日平明，与我会此。"良因怪之，跪曰："诺。"五日平明，良往。父已先在，怒曰："与老人期，后，何也？"去，曰："后五日早会。"五日鸡鸣，良往，父又先在，复怒曰："后，何也？"去，曰："后五日复早来。"五日，良夜未半往。有顷，父亦来，喜曰："当如是。"出一编书，曰："读此则为王者师矣。后十年兴。十三年孺子见我济北，谷城山下黄石即我矣。"遂去，无他言，不复见。旦日视其书，乃《太公兵法》也。良因异之，常习诵读之。

【译文】

　　留侯张良，他的祖先是韩国人。祖父张开地，做过韩昭侯、宣惠王、襄哀王的相国。父亲张平，做过釐王、悼惠王的相国。悼惠王二十三年（前250），张良的父亲张平去世。张良的父亲死后二十年，秦国将韩国灭掉。张良当时还很小，没有在韩国做官。韩国灭亡后，张良家有奴仆三百人，弟弟死了不厚葬，用全部财产寻求勇士谋刺秦王，为韩国报仇，因为他的祖父、父亲任过五代韩王之相。张良曾经在淮阳学习礼法，到东方见到了仓海君。他找了一个大力士，又造了一个重一百二十斤的铁锤。秦始皇巡游到东方的时候，张良与大力士在博浪沙袭击秦始皇，但大铁锤只打中了副车因而没有成功。秦始皇非常生气，派人在全国大肆搜捕，到处寻拿刺客，其实就是在找张良。于是张良改名换姓，逃到下邳躲起来了。

　　张良有一次在下邳桥上徘徊，有一个穿着粗布衣裳的老人，走到张良跟前，故意把他的鞋甩到桥下，回头对张良说："小子，下去把鞋捡上来！"张良有些惊讶，想打他，但顾及老人年纪大了，就勉强地忍着，下去把鞋捡了上来。老人说："给我把鞋穿上！"张良既然已经替他把鞋捡了上来，就跪着替他穿上。老人把脚伸出来穿上鞋，笑着离去。张良十分惊讶，注视着老人的身影。老人离开了约一里路，又返回来，说："你这个孩子可以教导。五天以后一早，跟我在这里相会。"张良觉得很奇怪，跪下说："是。"五天后的拂晓，张良去到那里。老人已先在那里，生气地说："跟老年人约会，反而后到，为什么呢？"老人离去，并说："五天以后早早来会面。"五天后鸡一叫，张良就去了。老人又先在那里，又生气地说："又来晚了，这是为什么？"老人离开说："五天后再早点儿来。"五天后，张良不到半夜就去了。过了一会儿，老人也来了，高兴地说："应当像这样才好。"老人拿出一部书，说："读了这部书就可以做帝王的老师了。十年以后就会发迹。十三年后小伙子你到济北见我，谷城山下的黄石就是我。"说完便走了，没有别的话留下，从此也没有见到这位老人。天明时一看老人送的书，原来是《太公兵法》。张良因为觉得这件事很怪异，就经常学习、诵读这部书。

【原文】

居下邳，为任侠。项伯常杀人，从良匿。后十年，陈涉等起兵，良亦聚少年百余人。景驹自立为楚假王，在留。良欲往从之，道遇沛公。沛公将数千人，略地下邳西，遂属焉。沛公拜良为厩将。良数以《太公兵法》说沛公，沛公善之，常用其策。良为他人言，皆不省。良曰："沛公殆天授。"故遂从之，不去见景驹。及沛公之薛，见项梁。项梁立楚怀王。良乃说项梁曰："君已立楚后，而韩诸公子横阳君成贤，可立为王，益树党。"项梁使良求韩成，立以为韩王。以良为韩申徒，与韩王将千余人西略韩地，得数城，秦辄复取之，往来为游兵颍川。

沛公之从雒阳南出轘辕，良引兵从沛公，下韩十余城，击破杨熊军。沛公乃令韩王成留守阳翟，与良俱南，攻下宛，西入武关。沛公欲以兵二万人击秦峣下军，良说曰："秦兵尚强，未可轻。臣闻其将屠者子，贾竖易动以利。愿沛公且留壁，使人先行，为五万人具食，益为张旗帜诸山上，为疑兵，令郦食其持重宝啖秦将。"秦将果畔，欲连和俱西袭咸阳，沛公欲听之。良曰："此独其将欲叛耳，恐士卒不从。不从必危，不如因其解击之。"沛公乃引兵击秦军，大破之。遂北至蓝田，再战，秦兵竟败。遂至咸阳，秦王子婴降沛公。

【译文】

张良在下邳居住时，经常行侠仗义。有一次项伯杀了人，就藏到了张良那里。过了十年，陈涉等人起兵反秦，这时张良也聚集了一百多个青年。景驹自立为代理楚王，驻在留县。张良想去追随他，但半路上又碰到了沛公。沛公率领几千人，攻占了下邳以西的地方，张良便归附了他。沛公任命张良做厩将。张良经常根据《太公兵法》向沛公献策，沛公很赏识他，多次采用他的计谋。张良对别人讲这些，别人都不能领悟。张良说："沛公大概是天授予人间的。"所以张良就跟随了沛公，没有离开他去见景驹。等到沛公来到薛地，会见项梁。此时项梁已经拥立了楚怀王。于是张良劝说项梁："您已经拥立了楚王的后人，而韩国各位公子中横阳君韩成贤能，可以立为王，这样可以增加同盟者的力量。"项梁就派张良寻找到韩成，把他立为韩王。任命张良为韩国司徒，随韩王率领一千多人向西攻取韩国原来的领地，夺得几座城邑，秦军随即又夺了回去，韩军只在颍川一带往来游击作战。

沛公从洛阳向南穿过轘辕山时，张良率兵跟从沛公，将韩地十余座城邑攻下，把杨熊的军队击败。于是沛公让韩王成在阳翟留守，自己则和张良一起南下，他们把宛县攻克了，又向西进入武关。沛公想以两万兵众攻打秦朝峣关的军队，张良劝告说：

"秦军还很强大，不可轻视。我听说崤关的守将是屠户的儿子，市侩容易以利相诱。希望沛公暂且留守军营，派人先去，给五万人预备吃的东西，在各个山头上多增挂旗帜，作为疑兵，叫郦食其带着贵重的宝物利诱秦军的将领。"秦军的将领果然背叛秦朝，打算跟沛公联合一起向西袭击咸阳，沛公想听从秦将的计划。张良说："这只是崤关的守将想反叛罢了，恐怕部下的士兵们不听从。士兵不从必定带来危害，不如趁着他们懈怠时攻打他们。"沛公于是率兵攻打秦军，大败敌兵。然后追击败军到蓝田，第二次交战，秦兵终于崩溃。沛公于是到了咸阳，秦王子婴投降了沛公。

【原文】

沛公入秦宫，宫室帷帐狗马重宝妇女以千数，意欲留居之。樊哙谏沛公出舍，沛公不听。良曰："夫秦为无道，故沛公得至此。夫为天下除残贼，宜缟素为资。今始入秦，即安其乐，此所谓'助桀为虐'。且'忠言逆耳利于行，毒药苦口利于病'，愿沛公听樊哙言。"沛公乃还军霸上。

项羽至鸿门下，欲击沛公，项伯乃夜驰入沛公军，私见张良，欲与俱去。良曰："臣为韩王送沛公，今事有急，亡去不义。"乃具以语沛公。沛公大惊，曰："为将奈何？"良曰："沛公诚欲倍项羽邪？"沛公曰："鲰生教我距关无内诸侯，秦地可尽王，故听之。"良曰："沛公自度能却项羽乎？"沛公默然良久，曰："固不能也。今为奈何？"良乃固要项伯。项伯见沛公。沛公与饮为寿，结宾婚。令项伯具言沛公不敢倍项羽，所以距关者，备他盗也。及见项羽后解，语在《项羽》事中。

【译文】

沛公进入秦宫，发现那里的宫室、帷幕、狗马、贵重的宝物、美女数以千计，就想留下住在宫里。樊哙劝谏沛公出去居住，沛公不听。张良说："正因为秦朝暴虐无道，所以沛公才能够来到这里。替天下铲除凶残的暴君，应该以清廉朴素为本。现在刚刚攻入秦都，就要安享其乐，这正是人们说的'助桀为虐'。况且'忠言逆耳利于行，良药苦口利于病'，希望沛公能够听进樊哙的意见。"沛公这才返回去驻军在霸上。

项羽来到鸿门下，打算攻打沛公，于是项伯连夜跑到沛公的军营，私下找到好朋友张良，想让张良跟他一起离开。张良说："我是替韩王护送沛公的，如今有了紧急情况，我却逃走是不合道义的。"然后将情况全都告诉了沛公。沛公非常吃惊，说："这该怎么办呢？"张良说："沛公果真想背叛项羽吗？"沛公说："浅薄无知的小人教我封锁函谷关不要让诸侯们进来，说这样秦朝的土地就可以全部主宰，所以就听从了这种意见。"张良说："沛公自己揣度一下能够打退项羽吗？"沛公沉默了好一会儿，说："本来就不能。现在该怎么办呢？"张良于是坚决邀请项伯见沛公。项伯会见了沛公。沛公与项伯同饮，为他敬酒祝福，并结为亲家。沛公请项伯向项羽详细说明沛公不敢背叛项羽，沛公之所以封锁函谷关，是为了防备其他的强盗。等到沛公会见项羽以后，取得了和解，这些情况记载在《项羽本纪》中。

【原文】

汉元年正月，沛公为汉王，王巴蜀。汉王赐良金百溢，珠二斗，良具以献项伯。汉王亦因令良厚遗项伯，使请汉中地。项王乃许之，遂得汉中地。汉王之国，良送至褒中，遣良归韩。良因说汉王曰："王何不烧绝所过栈道，示天下无还心，以固项王意。"乃使良还。行，烧绝栈道。

良至韩，韩王成以良从汉王故，项王不遣成之国，从与俱东。良说项王曰："汉王烧绝栈道，无还心矣。"乃以齐王田荣反，书告项王。项王以此无西忧汉心，而发兵北击齐。

【译文】

汉元年（前206）正月，沛公做了汉王，统治巴蜀地区。汉王将黄金百镒、珍珠二斗赐给张良，张良又把这些东西都赠送给了项伯。汉王又让张良给项伯再送厚礼，让项伯替他请求管辖汉中地区。项王同意了汉王的请求，于是汉王得到了汉中地区。汉王到封国去，张良送到褒中，汉王让张良返回韩国。张良便劝告汉王说："大王为何不烧断所经过的栈道，向天下表示不再回来的决心，以此稳住项王的心。"汉王便让张良返回韩国。汉王行进中，烧断了所经过的栈道。

张良回到韩国，因为韩王手下的张良跟随汉王的缘故，项王不想派韩成到封国去，而是让他跟随自己一起向东进发。张良向项王解释道："汉王烧断了栈道，已经没有再回来的意思了。"张良便把齐王田荣反叛之事上书报告项王。从此项王不再担忧西边的汉王，转而起兵北上攻打齐国。

【原文】

项王竟不肯遣韩王，乃以为侯，又杀之彭城。良亡，间行归汉王，汉王亦已还定三秦矣。复以良为成信侯，从东击楚。至彭城，汉败而还。至下邑，汉王下马踞鞍而问曰："吾欲捐关以东等弃之，谁可与共功者？"良进曰："九江王黥布，楚枭将，与项王有郄；彭越与齐王田荣反梁地：此两人可急使。而汉王之将独韩信可属大事，当一面。即欲捐之，捐之此三人，则楚可破也。"汉王乃遣随何说九江王布，而使人连彭越。及魏王豹反，使韩信将兵击之，因举燕、代、齐、赵。然卒破楚者，此三人力也。

【译文】

最终项王还是不肯派韩王回韩国，并把他贬为侯，又在彭城把他杀了。张良知道后赶忙逃跑，隐秘地抄小路回到汉王那里，这时汉王也已回军平定三秦。汉王又封张良为成信侯，跟着自己东征楚国。到了彭城，汉军战败而归。队伍走到下邑，汉王下马倚着马鞍问道："我打算舍弃函谷关以东等地作为封赏，谁能够同我一起建功立业呢？"张良进言："九江王黥布是楚国猛将，同项王有隔阂；彭越与齐王田荣在梁地反楚。这两人可立即利用。汉王的将领中唯有韩信可以托付大事，独当一面。如果要舍弃这些地方，就把它们送给这三个人，那么楚国就可以打败了。"汉王于是派随何去游说九江王黥布，又派人去联络彭越。等到魏王豹反汉，汉王派韩信率兵攻打他，乘势攻占了燕、代、齐、赵等国的领地。而最终击溃楚国的，是这三个人的力量。

【原文】

张良多病，未尝特将也，常为画策臣，时时从汉王。

汉三年，项羽急围汉王荥阳，汉王恐忧，与郦食其谋桡楚权。食其曰："昔汤伐桀，封其后于杞。武王伐纣，封其后于宋。今秦失德弃义，侵伐诸侯社稷，灭六国之后，使无立锥之地。陛下诚能复立六国后世，毕已受印，此其君臣百姓必皆戴陛下之德，莫不乡风慕义，愿为臣妾。德义已行，陛下南乡称霸，楚必敛衽而朝。"汉王曰："善。趣刻印，先生因行佩之矣。"

【译文】

张良体弱多病，从来没有独立带兵作战，总是作为出谋划策的大臣，一直跟从汉王。

汉三年（前204），项羽突然把汉王围困在荥阳，汉王惊恐忧愁，与郦食其商议如何削弱楚国的势力。郦食其说："当年商汤攻打夏桀，把夏朝后人封在杞国。周武王讨伐商纣，把商朝后人封在宋国。如今秦朝丧失德政、抛弃道义，侵伐诸侯各国，消灭了六国的后代，使他们没有一点立足的地方。陛下如果真能够重新封立六国的后裔，使他们都接受陛下的印信，这样六国的君臣百姓一定都感戴陛下的恩德，无不归顺服从，仰慕陛下道义，甘愿做陛下的臣民。随着恩德道义的施行，陛下就可以面南称霸，楚王一定整好衣冠恭恭敬敬地前来朝拜了。"汉王说："好。赶快刻制印信，先生就可以带着这些印出发了。"

【原文】

食其未行，张良从外来谒。汉王方食，曰："子房前！客有为我计桡楚权者。"具以郦生语告，曰："于子房何如？"良曰："谁为陛下画此计者？陛下事去矣。"汉王曰："何哉？"张良对曰："臣请藉前箸为大王筹之。"曰："昔者汤伐桀而封其后于杞者，度能制桀之死命也。今陛下能制项籍之死命乎？"曰："未能也。""其不可一也。武王伐纣封其后于宋者，度能得纣之头也。今陛下能得项籍之头乎？"曰："未能也。""其不可二也。武王入殷，表商容之闾，释箕子之拘，封比干之墓。今陛下能封圣人之墓，表贤者之闾，式智者之门乎？"曰："未能也。""其不可三也。发钜桥之粟，散鹿台之钱，以赐贫穷。今陛下能散府库以赐贫穷乎？"曰："未能也。""其不可四矣。殷事已毕，偃革为轩，倒置干戈，覆以虎皮，以示天下不复用兵。今陛下能偃武行文，不复用兵乎？"曰："未能也。""其不可五矣。休马华山之阳，示以无所为。今陛下能休马无所用乎？"曰："未能也。""其不可六矣。放牛桃林之阴，以示不复输积。今陛下能放牛不复输积乎？"曰："未能也。""其不可七矣。且天下游士离其亲戚，弃坟墓，去故旧，从陛下游者，徒欲日夜望咫尺之地。今复六国，立韩、魏、燕、赵、齐、楚之后，天下游士各归事其主，从其亲戚，反其故旧坟墓，陛下与谁取天下乎？其不可八矣。且夫楚唯无强，六国立者复桡而从之，陛下焉得而臣之？诚用客之谋，陛下事去矣。"汉王辍食吐哺，骂曰："竖儒，几败而公事！"令趣销印。

【译文】

郦食其动身前，张良正好回来谒见汉王。汉王正在吃饭，见他便说："子房快来！有人为我设计削弱楚国势力。"接着便把郦食其的话对张良说了，问："你看怎样？"张良说："谁给陛下出的主意？陛下的大事要完了。"汉王说："为什么？"张良答："请允许我借用您面前的筷子比画形势。"接着张良说："昔日商汤讨伐夏桀而封夏朝后代于杞国，那是估计到能制桀于死命。当前陛下能制项籍于死命吗？"汉王说："不能。"张良说："这是不能那样做的第一个原因。周武王伐纣而封商朝后代于宋国，那是估计到能得到纣王的脑袋。现在陛下能得到项籍的脑袋吗？"汉王说："不能。"张良说："这是不能那样做的第二个原因。武王进入殷商都城后，在商容所居里巷的大门上表彰他，释放囚禁的箕子，重新修筑比干坟墓。如今陛下能重修圣人坟墓，在贤人里巷的大门表彰他，在有才智的人面前向他致敬吗？"汉王说："不能。"张良说："这是不能那样做的第三个原因。周武王曾发放钜桥存粮，散发府库钱财，赏赐贫苦民众。目前陛下能散发仓库财物赏赐穷人吗？"汉王说："不能。"张良说："这是不能那样做的第四个原因。周武王灭商后，废止兵车，改为乘车，把兵器倒置存放，盖上虎皮，向天下表明不再动用武力。现在陛下能停止战事，推行文治，不再打仗了吗？"汉王说："不能。"张良说："这是不能那样做的第五个原因。周武王将战马放牧在华山南面，表明没有用它们的地方了。眼下陛下能让战马休息不再使用吗？"汉王说："不能。"张良说："这是不能那样做的第六个原因。周武王把牛放牧在桃林北面，表明不再运输作战用的粮草。而今陛下能放牧牛群不再运输粮草了吗？"汉王说："不能。"张良说："这是不能那样做的第七个原因。再说天下离乡做官之人离开亲人，舍弃祖坟，告别老友，跟随陛下各处奔走，只是日夜盼望着得到一块小小的封地。若恢复六国，封立韩、魏、燕、赵、齐、楚的后代，天下离乡做官之人各自回去侍奉主上，伴随亲人，返回旧友和祖坟所在之地，陛下同谁一起夺取天下呢？这是不能那样做的第八个原因。当前只有使楚国不再强大，否则六国被封的后代重新跟随楚国，陛下怎能使他们臣服？如真采用此人计策，陛下的大事就完了。"汉王停止进食，吐出口中食物，骂道："这个笨书呆子，几乎败坏了我的大事！"忙下令销毁那些印信。

【原文】

汉四年，韩信破齐而欲自立为齐王，汉王怒。张良说汉王，汉王使良授齐王信印，语在《淮阴》事中。

其秋，汉王追楚至阳夏南，战不利而壁固陵，诸侯期不至。良说汉王，汉王用其计，诸侯皆至。语在《项籍》事中。

汉六年正月，封功臣。良未尝有战斗功，高帝曰："运筹策帷帐中，决胜千里外,子房功也。自择齐三万户。"良曰:"始臣起下邳,与上会留,此天以臣授陛下。陛下用臣计,幸而时中,臣愿封留足矣,不敢当三万户。"乃封张良为留侯,与萧何等俱封。上已封大功臣二十余人,其余日夜争功不决,未得行封。上在雒阳南宫,从复道望见诸将往往相与坐沙中语,上曰:"此何语?"留侯曰:"陛下不知乎?此谋反耳。"上曰:"天下属安定,何故反乎?"留侯曰:"陛下起布衣,以此属取天下,今陛下为天子,而所封皆萧、曹故人所亲爱,而所诛者皆生平所仇怨。今军吏计功,以天下不足遍封,此属畏陛下不能尽封,恐又见疑平生过失及诛,故即相聚谋反耳。"上乃忧曰:"为之奈何?"留侯曰:"上平生所憎,群臣所共知,谁最甚者?"上曰:"雍齿与我故,数尝窘辱我。我欲杀之,为其功多,故不忍。"留侯曰:"今急先封雍齿以示群臣,群臣见雍齿封,则人人自坚矣。"于是上乃置酒,封雍齿为什方侯,而急趣丞相、御史定功行封。群臣罢酒,皆喜曰:"雍齿尚为侯,我属无患矣。"

【译文】

汉四年(前203),韩信把齐国攻下来了就想自立为齐王,汉王大怒。张良劝汉王不要太冲动,汉王才派张良授予韩信"齐王信"的印信,此事记载在《淮阴侯列传》中。这年秋天,汉王到阳夏南面追击楚军,但没有取胜便坚守固陵营垒,诸侯曾答应前来相助,但因为心中各有算盘而没有及时来到。张良给汉王出了主意,汉王采用了他的计策,诸侯才都来到。此事记载在《项羽本纪》中。

汉六年正月,高帝封赏功臣。张良并没有立下什么实战功劳,高帝说:"出谋划策于营帐之中,决定胜负在千里之外,这就是子房的功劳。让张良自己从齐国选择三万户作为封邑。"张良说:"当初我在下邳起事,与主上会合在留县,这是上天把我交给陛下。陛下采用我的计谋,幸而经常生效,我只愿受封留县就足够了,不敢承受三万户。"于是高帝将张良封为留侯,同萧何等人一起受封。这时,皇上已经把二十多个功臣封赏完毕,其余的人却日夜争功,决定不了功绩的大小,还没能进行封赏。皇上在洛阳南宫,常常从桥上远远地看见一些将领坐在沙地上议论纷纷。于是皇上问道:"这些人在说什么?"留侯说:"陛下还不知道吗?这是在商议反叛呀。"皇上说:"天下已几乎安定,为什么还要谋反呢?"留侯说:"陛下以平民身份起事,靠着这些人取得了天下,现在陛下做了天子,而所封赏的都是萧何、曹参这些陛下所亲近宠幸的老友,所诛杀的都是平素仇恨的人。如今军官们计算功劳,认为天下的土地不够一一封赏,这些人怕陛下不能全部封到,恐怕又被怀疑到平生的过失而至于遭受诛杀,所以就聚在一起图谋造反了。"皇上于是忧心忡忡地说:"这件事该怎么办呢?"留侯说:"皇上平生憎恨,又是群臣都知道的,谁最突出?"皇上说:"雍齿与我有宿怨,曾多次使我受窘受辱。我原想杀掉他,因为他的功劳多,所以不忍心。"留侯说:"现在赶紧先封赏雍齿来给群臣看,群臣见雍齿都被封赏,就会相信自己都能受封。"于是皇上便摆设酒宴,把雍齿封为什方侯,并紧迫地催促丞相、御史评定功劳,施行封赏。饭后,群臣都高兴地说:"雍齿都赐封为侯,我们这些人就不担忧了。"

【原文】

刘敬说高帝曰:"都关中。"上疑之。左右大臣皆山东人,多劝上都雒阳:"雒阳东有成皋,西有殽黾,倍河,向伊雒,其固亦足恃。"留侯曰:"雒阳虽有此固,其中小,不过数百里,田地薄,四面受敌,此非用武之国也。夫关中左殽函,右陇蜀,沃野千里,南有巴蜀之饶,北有胡苑之利,阻三面而守,独以一面东制诸侯,诸侯安定,河渭漕挽天下,西给京师;诸侯有变,顺流而下,足以委输。此所谓'金城千里,天府之国'也,刘敬说是也。"于是高帝即日驾,西都关中。

留侯从入关。留侯性多病,即道引不食谷,杜门不出岁余。

上欲废太子,立戚夫人子赵王如意。大臣多谏争,未能得坚决者也。吕后恐,不知所为。人或谓吕后曰:"留侯善画计策,上信用之。"吕后乃使建成侯吕泽劫留侯,曰:"君常为上谋臣,今上欲易太子,君安得高枕而卧乎?"留侯曰:"始上数在困急之中,幸用臣策。今天下安定,以爱欲易太子,骨肉之间,虽臣等百余人何益。"吕泽强要曰:"为我画计。"留侯曰:"此难以口舌争也。顾上有不能致者,天下有四人。四人者年老矣,皆以为上慢侮人,故逃匿山中,义不为汉臣。然上高此四人。今公诚能无爱金玉璧帛,令太子为书,卑辞安车,因使辩士固请,宜来。来,以为客,时时从入朝,令上见之,则必异而问之。问之,上知此四人贤,则一助也。"于是吕后令吕泽使人奉太子书,卑辞厚礼,迎此四人。四人至,客建成侯所。

【译文】

刘敬劝高帝:"以关中为都城。"皇帝疑虑重重,难以决定。群臣都是关东人,大都劝皇上定都洛阳,他们说:"洛阳东有成皋,西有崤山、渑池,背靠黄河,面向伊水、洛水,地形险要,城郭坚固,足以依靠。"留侯说:"洛阳虽然固险,但城中境域狭小,土地贫瘠,四面受敌,不是用武之地。关中东面有崤山、函谷,西面有陇山、岷山,肥沃土地方圆千里,南面有富饶的巴、蜀两郡,北面有利于放牧的胡苑,依靠三面险阻来固守,只用东方一面控制诸侯。如果诸侯安定,可由黄河、渭河运输粮食,往西供给京都;如果诸侯变故,可顺流而下,足以运送物资。正所谓'金城千里,天府之国',刘敬的建议是对的。"于是高帝当天就决定起驾西行,定都关中。

留侯跟着高帝入关。他体弱多病,施行道引之术并不食五谷,一年多闭门未出。

皇上想废太子,改立戚夫人的儿子赵王如意为太子。大臣们进谏劝阻,都没能使高帝改变想法。吕后很害怕,不知怎么办。有人告诉吕后:"留侯善于出谋划策,皇上很信任他。"吕后就派建成侯吕泽找到留侯说:"您一直是皇上的谋臣,现在皇上打算改立太子,您怎么能安心睡大觉呢?"留侯说:"当初皇上多次在危急之中采用了我的计谋。如今天下安定,由于偏爱的原因想更换太子,这些至亲骨肉之间的事,即使有一百多人进谏又有什么益处。"吕泽竭力说:"一定得给我出个主意。"留侯说:"这件事很难用口舌来争辩。皇上不能招致来的,天下有四人。这四人已经年老了,都认为皇上对人傲慢,所以躲避山中,不肯为臣。但皇上很敬重他们。现在您果真能不惜金玉璧帛,让太子写一封信,言辞谦恭,并预备安车,再派有口才的人恳切聘请,他们应当会来。来了以后,把他们当作贵宾,让他们时常跟着入朝,皇上见到他们一定会感到惊异并询问。皇上知道这四个人贤能，这对太子是一种帮助。"于是吕后让吕泽派人携带太子书信，用谦恭的言辞和丰厚的礼品，迎请这四人。四人来后住在建成侯府中为客。

【原文】

汉十一年，黥布反，上病，欲使太子将，往击之。四人相谓曰："凡来者，将以存太子。太子将兵，事危矣。"乃说建成侯曰："太子将兵，有功则位不益太子；无功还，则从此受祸矣。且太子所与俱诸将，皆尝与上定天下枭将也，今使太子将之，此无异使羊将狼也，皆不肯为尽力，其无功必矣。臣闻'母爱者子抱'，今戚夫人日夜侍御，赵王如意常抱居前，上曰'终不使不肖子居爱子之上'，明乎其代太子位必矣。君何不急请吕后承间为上泣言：'黥布，天下猛将也，善用兵，今诸将皆陛下故等夷，乃令太子将此属，无异使羊将狼，莫肯为用，且使布闻之，则鼓行而西耳。上虽病，强载辎车，卧而护之，诸将不敢不尽力。上虽苦，为妻子自强。'"于是吕泽立夜见吕后，吕后承间为上泣涕而言，如四人意。上曰："吾惟竖子固不足遣，而公自行耳。"于是上自将兵而东，群臣居守，皆送至灞上。留侯病，自强起，至曲邮，见上曰："臣宜从，病甚。楚人剽疾，愿上无与楚人争锋。"因说上曰："令太子为将军，监关中兵。"上曰："子房虽病，强卧而傅太子。"是时叔孙通为太傅，留侯行少傅事。

【译文】

汉十一年（前196），黥布叛汉，皇上病重，想让太子率兵去讨伐。四人商量："我们来这里，就是为了保全太子。若太子率兵平叛，可就危险了。"于是劝建成侯："太子领兵出战，如立了功，权位也不会高过太子；如无功而返，从此以后就要遭受祸患了。再说跟太子一起出征的各位将领，都是曾同皇上平定天下的猛将，如今让太子统率这些人，和让羊指挥狼有什么两样，他们都不肯为太子卖力，太子不能建功是必定的。俗话说'爱其母必抱其子'，现在戚夫人日夜侍奉皇上，赵王如意常被抱在皇上面前，皇上说'终归不能让不成器的儿子居于我的爱子之上'，显然，赵王如意取代太子宝位是必定的。您何不赶紧请吕后找机会向皇上哭诉：'黥布是天下猛将，很会用兵，现今的各位将领都是陛下过去的同辈，您却让太子统率这些人，这和让羊指挥狼没有两样，没人肯为太子效力，如让黥布听说这个情况，就会大张旗鼓地向西进犯。皇上虽然患病，还可以勉强乘坐辎车，躺着指挥，众将不敢不尽力。皇上虽受些苦，为了妻儿还是要自己争取一下。'"于是吕泽立即在当夜晋见吕后，吕后向皇上哭诉，说了四人授意的那番话。皇上说："我就想到不能派他，还是我自己去吧。"于是皇上亲自带兵东征，群臣留守，送到灞上。留侯患病，勉强支撑送到曲邮，谒见皇上说："我本应跟从前往，但病势沉重。楚国人马迅猛，望皇上不要跟楚人斗个高低。"留侯又趁机劝道："让太子做将军，监守关中军队吧。"皇上说："子房虽然患病，也要勉强卧床辅佐太子。"这时叔孙通做太傅，留侯任少傅之职。

【原文】

汉十二年，上从击破布军归，疾益甚，愈欲易太子。留侯谏，不听，因疾不视事。叔孙太傅称说引古今，以死争太子。上详许之，犹欲易之。及燕，置酒，太子侍。四人从太子，年皆八十有余，须眉皓白，衣冠甚伟。上怪之，问曰："彼何为者？"四人前对，各言名姓，曰东园公，角里先生，绮里季，夏黄公。上乃大惊，曰："吾求公数岁，公辟逃我，今公何自从吾儿游乎？"四人皆曰："陛下轻士善骂，臣等义不受辱，故恐而亡匿。窃闻太子为人仁孝，恭敬爱士，天下莫不延颈欲为太子死者，故臣等来耳。"上曰："烦公幸卒调护太子。"

【译文】

汉十二年（前195），皇上打败黥布领兵回朝，病得更重了，于是更想改立太子。留侯劝谏，皇上听不进去，于是留侯推说身体有病不再打理政事。叔孙太傅引证古今事例进行劝说，拼命保住太子。皇上假装答应了他，但心里还是想更换太子。等到安闲的时候，设置酒席，太子在旁侍候。那四人跟着太子，他们的年龄都已八十多岁，须眉皆白，衣冠非常壮美奇特。皇上感到奇怪，问："他们是干什么的？"四人向前对答，各自说出姓名，叫东园公、角里先生、绮里季、夏黄公。皇上于是大惊："我访求各位好几年了，各位都逃避我，现在你们为何自愿跟随我儿出入呢？"四人都说："陛下轻慢士人，喜欢骂人，我们讲求义理，不愿受辱，所以惶恐地逃躲。我们私下闻知太子仁义孝顺，谦恭有礼，喜爱士人，天下人没有谁不伸长脖子想为太子拼死效力的。因此我们就来了。"皇上说："烦劳诸位始终如一地好好辅佐太子吧。"

【原文】

四人为寿已毕，趋去。上目送之，召戚夫人指示四人者曰："我欲易之，彼四人辅之，羽翼已成，难动矣。吕后真而主矣。"戚夫人泣，上曰："为我楚舞，吾为若楚歌。"歌曰："鸿鹄高飞，一举千里。羽翮已就，横绝四海。横绝四海，当可奈何！虽有矰缴，尚安所施！"歌数阕，戚夫人嘘唏流涕，上起去，罢酒。竟不易太子者，留侯本招此四人之力也。

【译文】

四人敬完酒走了。皇上目送他们后，召来戚夫人，指着四人说："我想改立太子，但太子有这四人辅佐，羽翼已丰，很难变动。吕后真成你的主人了。"戚夫人哭了，皇上说："你为我跳楚舞，我为你唱楚歌。"皇上唱："天鹅高飞，振翅千里。羽翼已成，翱翔四海。翱翔四海，当可奈何！虽有短箭，何处施用！"唱了几段，戚夫人抽泣，皇上离去，酒宴结束。最终没换太子，就是因为留侯招来这四人发挥了作用。

【原文】

留侯从上击代，出奇计马邑下，及立萧何相国，所与上从容言天下事甚众，非天下所以存亡，故不著。留侯乃称曰："家世相韩，及韩灭，不爱万金之资，为韩报雠强秦，天下振动。今以三寸舌为帝者师，封万户，位列侯，此布衣之极，于良足矣。愿弃人间事，欲从赤松子游耳。"乃学辟谷，道引轻身。会高帝崩，吕后德留侯，乃强食之，曰："人生一世间，如白驹过隙，何至自苦如此乎！"留侯不得已，强听而食。

【译文】
　　留侯随皇上进攻代国，在马邑城下出过妙计，还曾劝皇上立萧何为相，常跟皇上谈论很多天下事，但由于不是关于国家存亡的大事，所以并没被记载下来。留侯称："我家世代为韩相，韩国亡后不惜万金家财，替韩国向强秦报仇，天下震动，如今凭三寸之舌为帝王统师，封邑万户，位居列侯，这对一个平民来说是至高无上的，我张良已经很满足了。我愿丢却人世之事，随赤松子去遨游。"于是张良学辟谷之术，行引轻身之道。高帝驾崩的时候，吕后感激留侯，竭力让他吃饭，说："人生一世，时光有如白驹过隙，何必苦行到这种地步！"留侯不得已，勉强听命吃了饭。

【原文】
　　后八年卒，谥为文成侯。子不疑代侯。
　　子房始所见下邳圯上老父与《太公书》者，后十三年从高帝过济北，果见谷城山下黄石，取而葆祠之。留侯死，并葬黄石（冢）。每上冢伏腊，祠黄石。
　　留侯不疑，孝文帝五年坐不敬，国除。

【译文】
　　过后八年，留侯去世，谥号文成侯。他儿子张不疑沿袭也封为侯。
　　子房曾在下邳桥上遇见给他《太公兵法》的老丈，十三年后，子房随高帝经过济北，果然见到谷城山下的黄石，便把它带了回来，奉若至宝地祭拜。留侯去世后，黄石也一起被陪葬了。以后每逢扫墓以及冬夏节日祭祀张良时，也同时祭祀黄石。
　　留侯张不疑，在孝文帝五年（前175）因犯了不敬之罪，封国被废除。

【原文】
　　太史公曰：学者多言无鬼神，然言有物。至如留侯所见老父予书，亦可怪矣。高祖离困者数矣，而留侯常有功力焉，岂可谓非天乎？上曰："夫运筹策帷帐之中，决胜千里外，吾不如子房。"余以为其人计魁梧奇伟，至见其图，状貌如妇人好女。盖孔子曰："以貌取人，失之子羽。"留侯亦云。

【译文】
　　太史公说：学者大都说没有鬼神，却又说有精怪。至于像留侯遇见老丈赠书这样的事，确实够神奇。高祖曾多次遭遇困厄，而留侯总能在危急时刻建功效力，难道说不是天意吗？皇上说："出谋划策于营帐之中，决定胜负在千里之外，我比不了子房。"我原以为此人应是高大威武的样子，看见画像却发现其相貌似美丽的女子。孔子说过："按照相貌来评判人，在对待子羽上有所失。"对于留侯也可以这样说。

列传

老子韩非列传

【原文】

　　老子者，楚苦县厉乡曲仁里人也，姓李氏，名耳，字聃，周守藏室之史也。孔子适周，将问礼于老子。老子曰："子所言者，其人与骨皆已朽矣，独其言在耳。且君子得其时则驾，不得其时则蓬累而行。吾闻之，良贾深藏若虚，君子盛德、容貌若愚。去子之骄气与多欲，态色与淫志，是皆无益于子之身。吾所以告子，若是而已。"孔子去，谓弟子曰："鸟，吾知其能飞；鱼，吾知其能游；兽，吾知其能走。走者可以为罔，游者可以为纶，飞者可以为矰。至于龙，吾不能知，其乘风云而上天。吾今日见老子，其犹龙邪！"

　　老子修道德，其学以自隐无名为务。居周久之，见周之衰，乃遂去。至关，关令尹喜曰："子将隐矣，强为我著书。"于是老子乃著书上下篇，言道德之意五千余言而去，莫知其所终。或曰：老莱子亦楚人也，著书十五篇，言道家之用，与孔子同时云。盖老子百有六十余岁，或言二百余岁，以其修道而养寿也。自孔子死之后百二十九年，而史记周太史儋见秦献公曰："始秦与周合，合五百岁而离，离七十岁而霸王者出焉。"或曰儋即老子，或曰非也，世莫知其然否。老子，隐君子也。

　　老子之子名宗，宗为魏将，封于段干。宗子注，注子宫，宫玄孙假，假仕于汉孝文帝。而假之子解为胶西王卬太傅，因家于齐焉。世之学老子者则绌儒学，儒学亦绌老子。"道不同不相为谋"，岂谓是邪？李耳无为自化，清静自正。

【译文】

　　老子是楚国苦县厉乡曲仁里人，姓李，名耳，字聃，曾做过周朝掌管藏书室的史官。孔子到周都去，想就礼的学问向老子请教。老子说："你所说的礼，倡导这个东西的人和骨头都已经腐烂了，只有他的言论还在。况且人格高尚的人时运来了就驾着车出去做官，如果时运不济就像蓬草一样随风飘转。我听说，善于经商的人总是把货物隐藏起来，好像什么东西也没有，君子具有高尚的品德，他的容貌谦虚得像愚钝的人。抛弃您的骄气和过多的欲望，抛弃您做作的情态神色和过大的志向，这些对于您自身都是没有好处的。我能告诉您的，就这些罢了。"孔子回去以后，对弟子们说："鸟，我知道它能飞；鱼，我知道它能游；兽，我知道它能跑。会跑的可以织网捕获它，会游的可制成丝线去钓它，会飞的可以用箭去射它。至于龙，我就不知道该怎么办了，它是驾着风而飞腾升天的。我今天见到的老子，大概就是龙吧！"

　　老子研究道德学问，他的学说以隐匿不出名为宗旨。他居住在周都很长时间以后，见周朝衰微了，就离开周都。到了函谷关，关令尹喜对他说："您就要离开这里隐居他乡了，请勉强地为我们写一本书吧。"于是老子就撰写了一本书，分上下两篇，阐述了道德的本意，共五千多字，然后才离去，没有人知道他的下落。有的人说：老莱子也是楚国人，著书十五篇，阐述的是道家之作用，和孔子是同一时代的人。据说老子活了一百六十多岁，也有的人说活了二百多岁，这是因为他能修道养心而长寿啊。孔子死后一百二十九年，有史书记载周太史儋拜见秦献公时，曾预言说："当初秦国与周朝合在一起，合了五百年而又分开了，分开七十年之后，就会有称霸称王的人出现。"有的人说太史儋就是老子，也有的人说不是，世上没有人知道哪种说法正确。总之，老子是一位隐君子。

老子的儿子叫李宗，做过魏国的将军，封地在段干。李宗的儿子叫李注，李注的儿子叫李宫，李宫的玄孙叫李假，李假在汉文帝时做过官。而李假的儿子李解担任过胶西王刘印的太傅，因此，李氏就定居在齐地。世上信奉老子的人就贬斥儒学，信奉儒学的人也贬斥老子。"主张不同的人就说不到一块去"，难道就是说的这种情况吗？老子认为，无为而治，百姓自然趋于"化"；清静不扰，百姓自然会归于"正"。

【原文】

庄子者，蒙人也，名周。周尝为蒙漆园吏，与梁惠王、齐宣王同时。其学无所不窥，然其要本归于老子之言。故其著书十余万言，大抵率寓言也。作《渔父》、《盗跖》、《胠箧》，以诋訾孔子之徒，以明老子之术。《畏累虚》、《亢桑子》之属，皆空语无事实。然善属书离辞，指事类情，用剽剥儒、墨，虽当世宿学不能自解免也。其言洸洋自恣以适己，故自王公大人不能器之。

楚威王闻庄周贤，使使厚币迎之，许以为相。庄周笑谓楚使者曰："千金，重利；卿相，尊位也。子独不见郊祭之牺牛乎？养食之数岁，衣以文绣，以入大庙。当是之时，虽欲为孤豚，岂可得乎？子亟去，无污我。我宁游戏污渎之中自快，无为有国者所羁，终身不仕，以快吾志焉。"

【译文】

庄子是蒙地人，叫周。他曾经当过蒙地漆园的小官，和梁惠王、齐宣王是同一时代的人。他的学识渊博到涉猎的范围无所不包，但他的中心思想却源于老子的学说。他撰写了十余万字的著作，大多是托词寄意的寓言。他写的《渔父》、《盗跖》、《胠箧》是用来诋毁孔子学派的人，而表明老子学说为目的的。《畏累虚》、《亢桑子》一类的，都空设言语，没有实事。可是庄子善于行文措辞，描摹事物的情状，用来攻击和驳斥儒家和墨家，即使是当世博学之士，也难免受到他的攻击。他的语言汪洋浩漫、纵横恣肆，适合自己的性情，所以王公大人都无法任用他。

楚威王听说庄周贤能，派遣使臣带着丰厚的礼物去迎接他，应承他出任曹国的宰相。庄周笑着说："千金，的确是丰厚的礼物；卿相，的确是尊贵的高位。难道您没见过祭祀天地用的牛吗？喂养它好几年，给它披上带有花纹的绸缎，把它当祭品牵进太庙。这时，它即使想做一头小猪，难道能行吗？您赶快离去，不要玷污了我。我宁愿在小脏水沟里快乐地游戏，也不愿被国君所束缚。我终身不做官，让自己的心志愉快。"

【原文】
　　申不害者，京人也，故郑之贱臣。学术以干韩昭侯，昭侯用为相。内修政教，外应诸侯，十五年。终申子之身，国治兵强，无侵韩者。申子之学本于黄老而主刑名。著书二篇，号曰《申子》。

【译文】
　　申不害是京县人，原来是郑国的一个小官。后来学了刑法之术来求见韩昭侯，昭侯任用他为相，对内整饬政治教化，对外应付诸侯之国，达十五年。一直到申子去世之时，韩国国治兵强，没有敢于侵犯的。申子之说，源于黄帝和老子，而主张循名责实。著书二篇，叫作《申子》。

【原文】
　　韩非者，韩之诸公子也。喜刑名法术之学，而其归本于黄老。非为人口吃，不能道说，而善著书。与李斯俱事荀卿，斯自以为不如非。非见韩之削弱，数以书谏韩王，韩王不能用。于是韩非疾治国不务修明其法制，执势以御其臣下，富国强兵而以求人任贤，反举浮淫之蠹而加之于功实之上。以为儒者用文乱法，而侠者以武犯禁。宽则宠名誉之人，急则用介胄之士。今者所养非所用，所用非所养。悲廉直不容于邪枉之臣，观往者得失之变，故作《孤愤》《五蠹》《内外储》《说林》《说难》十余万言。然韩非知说之难，为《说难》书甚具，终死于秦，不能自脱。

【译文】
　　韩非，是韩国的贵族子弟。他爱好刑名法术学问。他的学说理论基础来源于黄帝和老子。韩非口吃，不善言辞，却擅长于著书立说。他和李斯都是荀卿的学生，李斯认为自己的学识根本比不上韩非。韩非看到韩国逐渐被削弱，屡次上书规劝韩王，但韩王没听他的话。当时韩非痛恨不以修明法制来治理国家，反而凭借君王掌握的权势用来驾驭臣子，不寻求任用贤能之士来富国强兵，反而任用夸夸其谈、对国家有害的文学游说之士，并且让他们的地位高于讲求功利实效的人。他认为儒家用经典文献扰乱国家法度，而游侠凭借着武力违犯国家禁令。国家太平时，君主就宠信那些徒有虚名假誉的人；形势危急时，就使用那些披甲戴盔的武士。现在国家供养的人并不是所要用的，而所要用的人又不是所供养的。他悲叹廉洁正直的人不被邪曲奸枉之臣所容，他考察了古往今来的得失变化，所以写了《孤愤》《五蠹》《内外储》《说林》《说难》等十余万字的著作。然而韩非深深地明了游说的困难。他撰写的《说难》讲得非常详细，但他最终还是死在秦国，没能摆脱游说之祸。

老子韩非列传

【原文】

《说难》曰：凡说之难，非吾知之有以说之难也；又非吾辩之难能明吾意之难也；又非吾敢横失能尽之难也。凡说之难，在知所说之心，可以吾说当之。所说出于为名高者也，而说之以厚利，则见下节而遇卑贱，必弃远矣。所说出于厚利者也，而说之以名高，则见无心而远事情，必不收矣。所说实为厚利而显为名高者也，而说之以名高，则阳收其身而实疏之；若说之以厚利，则阴用其言而显弃其身。此之不可不知也。

【译文】

《说难》写道：大凡游说的困难，不是我的才智有困难不足以说服君主；也不是我的口才有困难不足以明确地表达思想；也不是我不敢把意见全部表达出来有困难。大凡游说的困难，在于如何了解游说对象的心理，然后让我的说辞符合他的心意。游说的对象想博取高名，而游说的人却用重利去劝说他，他就会认为你品德低下而给你卑贱的待遇，你一定会被遗弃和疏远了。游说的对象志在贪图重利，而游说的人却用博取高名去劝说他，他就会认为你没有头脑且脱离实际，一定不会任用你。游说的对象实际上意在重利而公开装作博取高名，而游说的人用博取高名去劝说他，他就会表面上录用你而实际上疏远你；假如游说的人用重利去劝说他，他就会暗中采纳你的意见，而公开抛弃你本人。这些都是游说的人不能不知道的。

【原文】

夫事以密成，语以泄败。未必其身泄之也，而语及其所匿之事，如是者身危。贵人有过端，而说者明言善议以推其恶者，则身危。周泽未渥也而语极知，说行而有功则德亡，说不行而有败则见疑，如是者身危。夫贵人得计而欲自以为功，说者与知焉，则身危。彼显有所出事，乃自以为也故，说者与知焉，则身危。强之以其所必不为，止之以其所不能已者，身危。故曰：与之论大人，则以为间己；与之论细人，则以为粥权。论其所爱，则以为借资；论其所憎，则以为尝己。径省其辞，则不知而屈之；泛滥博文，则多而久之。顺事陈意，则曰怯懦而不尽；虑事广肆，则曰草野而倨侮。此说之难，不可不知也。

【译文】

行事要成功就要保密，机密若在言谈中泄露了就会失败。不一定是游说者本人有意将机密泄露出去，而往往是在言谈之中无意地说到君主内心隐藏的秘密，像这样，游说的人就会招来灾祸。君主有过失，而游说的人却引用一些美善之议推导出他过失的严重，那么游说的人就会有危险。君主对游说者的恩宠还没有达到深厚的程度，而游说的人把知心话全部说出来，如果意见被采纳实行而且见到了功效，那么，君主就会忘掉你的功劳；如果意见行不通而且遭到失败，那么游说者就会被君主怀疑，像这样，游说的人就会有危险。君主自认为有了如愿的良策，而且打算据为自己的功绩，游说的人参与这件事，那么也会有危险，君主公开做着一件事，而自己另有别的目的，如果游说者预知其计，那么他也会有危险。君主坚决不愿做的事,却勉力让他去做,君主去做丢不下的事,又阻止他去做,游说的人就危险。所以说:和君主议论在任的大臣,就会认为你离间他们彼此的关系;和君主议论地位低下的人,就会认为你卖弄权势。议论他所喜爱的,那么君主就会认为你是在利用他;议论君主所憎恶的,就会认为你在试探他。如果游说者文辞简略,那么就会认为你没有才智而使你遭到屈辱;如果你铺陈辞藻,夸夸其谈,那么就会认为你语言放纵而无当。如果你顺应君主的主张陈述事情,那么就会说你胆小而做事不尽如人意。如果你谋虑深远,那么就会说你鄙陋粗俗,倨傲侮慢。这些游说的难处,是不能不知道的啊。

【原文】

凡说之务,在知饰所说之所敬,而灭其所丑。彼自知其计,则毋以其失穷之;自勇其断,则毋以其敌怒之;自多其力,则毋以其难概之。规异事与同计,誉异人与同行者,则以饰之无伤也。有与同失者,则明饰其无失也。大忠无所拂悟,辞言无所击排,乃后申其辩知焉。此所以亲近不疑,知尽之难也。得旷日弥久,而周泽既渥,深计而不疑,交争而不罪,乃明计利害以致其功,直指是非以饰其身,以此相持,此说之成也。伊尹为庖,百里奚为虏,皆所由干其上也。故此二子者,皆圣人也,犹不能无役身而涉世如此其污也,则非能仕之所设也。

【译文】

对于游说者最重要的事,在于懂得美化或装饰君主所推崇的事情,而掩盖或除去他认为讨厌的事情。他自认为计策高明,就不要拿以前的过失来使他难堪;他自认为决断勇敢,就不要用自己的意愿激怒他;他夸耀自己的力量强大,就不必用他为难的事来拒绝他。游说的人谋划另一件与君主相同的事,赞誉另一个与君主同样品行的人,就要把那件事和另一个人加以美化,不要坏其事伤其人。有与君主同样过失的人,游说者就明确地粉饰说他没有过失。待到游说者的忠心使君主不再抵触,游说者的说辞君主不再排斥,此后,游说者就可以施展自己的口才和智慧了。这就是与君主亲近不被怀疑,能说尽心里话的难处啊!等到历经很长的时间之后,君主对游说的人恩泽已经深厚了,游说者深远的计谋也不被怀疑了,交相争议也不被加罪了,便可以明白地计议利害关系达到帮助国君立业建功,可以直接指出君主的是非以正其身,用这样的办法扶持君主,就是游说成功了。伊尹曾是厨师,百里奚曾是俘虏,以这样的身份获得君上的任用。所以,这两个人都是圣人。他们都不得不去做低贱的事而经历如此的卑污过程,那么智能之士就不把这些看做是耻辱的了。

【原文】

宋有富人,天雨墙坏。其子曰:"不筑且有盗",其邻人之父亦云,暮而果大亡其财,其家甚知其子而疑邻人之父。昔者郑武公欲伐胡,乃以其子妻之。因问群臣曰:"吾欲用兵,谁可伐者?"关其思曰:"胡可伐。"乃戮关其思,曰:"胡,兄弟之国也,子言伐之,何也?"胡君闻之,以郑为亲己而不备郑。

郑人袭胡，取之。此二说者，其知皆当矣，然而甚者为戮，薄者见疑。非知之难也，处知则难矣。

昔者弥子瑕见爱于卫君。卫国之法，窃驾君车者罪至刖。既而弥子之母病，人闻，往夜告之，弥子矫驾君车而出。君闻之而贤之曰："孝哉，为母之故而犯刖罪！"与君游果园，弥子食桃而甘，不尽而奉君。君曰："爱我哉，忘其口而念我！"及弥子色衰而爱弛，得罪于君。君曰："是尝矫驾吾车，又尝食我以其余桃。"故弥子之行未变于初也，前见贤而后获罪者，爱憎之至变也。故有爱于主，则知当而加亲；见憎于主，则罪当而加疏。故谏说之士不可不察爱憎之主而后说之矣。夫龙之为虫也，可扰狎而骑也。然其喉下有逆鳞径尺，人有婴之，则必杀人。人主亦有逆鳞，说之者能无婴人主之逆鳞，则几矣。

【译文】

宋国有个富人，大雨把他家的墙冲坏了。他的儿子劝他："不把墙修好可能会被盗"，他的邻居有位老人也这么说，到了晚上果然丢了很多财物，家人都认为他儿子聪明却怀疑邻居那位老人偷东西。从前郑武公想要攻打胡国，反而把自己的女儿嫁给胡国的君主。就问大臣们说："我要用兵，可以攻打谁？"关其思回答说："可以攻打胡国。"郑武公就把关其思杀了，并且说："胡国，是我们兄弟之国，你说攻打它，什么居心？"胡国君主听到这件事，就认为郑国君主是自己的亲人而不防备他，郑国就趁机偷袭胡国，占领了它。这两个说客，他们的预见都是正确的，然而言重的被杀死，言轻的被怀疑，所以知道某些事情并不难，如何去处理已知的事就难了。

从前有一个美男子叫弥子瑕被卫国君主宠爱。按照卫国的法律，偷驾君车的人要被砍脚。后来弥子瑕的母亲生病，他的朋友知道了，就连夜去告诉他，弥子瑕就谎称君主的命令驾着君主的车子回去看望母亲。君主听到这件事反而赞扬他说："多孝顺啊，为了母亲的病竟愿被砍脚！"弥子瑕和卫君到果园去玩，弥子瑕吃到一个甜桃子，没吃完就献给卫君。卫君说："真爱我啊，自己不吃却想着我！"等到弥子瑕容色衰退，卫君对他的宠爱也疏淡了，后来得罪了卫君。卫君说："这个人曾经诈称我的命令驾我的车，还曾经把咬剩下的桃子给我吃。"弥子瑕的德行和当初一样没有改变，以前所以被认为孝顺而后来被治罪的原因，是由于卫君对他的爱憎有了极大的改变。所以说，被君主宠爱时就认为他聪明能干，愈加亲近；被君主憎恶了，就认为他罪有应得，就愈加疏远。因此，劝谏游说的人，不能不调查君主的爱憎态度之后再游说他。龙属于虫类，可以驯养、游戏、骑驭。然而龙有一尺长的倒鳞长在喉咙下端，人要触动龙的倒鳞，一定会被龙所伤害。君主也有"倒鳞"，游说的人能不触犯君主的倒鳞，就差不多算得上善于游说的了。

【原文】

人或传其书至秦。秦王见《孤愤》《五蠹》之书，曰："嗟乎，寡人得见此人与之游，死不恨矣！"李斯曰："此韩非之所著书也。"秦因急攻韩。

韩王始不用非，及急，乃遣非使秦。秦王悦之，未信用。李斯、姚贾害之，毁之曰："韩非，韩之诸公子也。今王欲并诸侯，非终为韩不为秦，此人之情也。今王不用，久留而归之，此自遗患也，不如以过法诛之。"秦王以为然，下吏治非。李斯使人遗非药，使自杀。韩非欲自陈，不得见。秦王后悔之，使人赦之，非已死矣。

申子、韩子皆著书，传于后世，学者多有。余独悲韩子为《说难》而不能自脱耳。

【译文】

有人把韩非的著作传到秦国。秦王见到《孤愤》《五蠹》这些书，说："哎呀，我要是能见见这个人并且和他有所交往，就是死了也没什么好遗憾的了。"李斯说："这是韩非撰写的书。"因此秦王立即攻打韩国。起初韩王不重用韩非，等到情势吃紧，才派遣韩非出使秦国。秦王很喜欢他，但没有信任和任用他。李斯、姚贾嫉妒他，在秦王面前诋毁他说："韩非，是韩国贵族子弟。现在大王要吞并各国，韩非到头来还是要帮助韩国而不帮助秦国，这是人之常情啊。如今大王不任用他，在秦国留的时间长了，再放他回去，这是给自己留下的祸根啊。不如给他加个罪名，依法处死他。"秦王认为他说的对，就下令令司法官吏给韩非定罪。李斯派人给韩非送去了毒药，叫他自杀。韩非想要当面向秦王陈述是非，又不能见到。后来秦王后悔了，派人去赦免他，可惜韩非已经死了。

申子、韩子都著书立说，留传到后世，学者们大多都保存并研究着他们的著作。我只是可怜韩非撰写了《说难》而本人却逃脱不了游说君主的灾祸。

【原文】

太史公曰：老子所贵道，虚无，因应变化于无为，故著书辞称微妙难识。庄子散道德，放论，要亦归之自然。申子卑卑，施之于名实。韩子引绳墨，切事情，明是非，其极惨礉少恩。皆原于道德之意，而老子深远矣。

【译文】

太史公说：老子推崇的"道"，虚无，顺应自然，以无为来适应各种变化，所以他写的书很多措辞微妙不易理解。庄子宣扬道德，纵意推论，其学说的要点也归根于自然无为的道理。申子勤奋自勉，推行于循名责实。韩子依据法度作为规范行为的绳墨，决断事情，明辨是非，用法严酷苛刻而绝少施恩。这些学说都源于道德的理论，而老子的思想理论就深邃旷远了。

孙子列传

【原文】

　　孙子武者，齐人也。以兵法见于吴王阖庐。阖庐曰："子之十三篇，吾尽观之矣，可以小试勒兵乎？"对曰："可。"阖庐曰："可试以妇人乎？"曰："可。"于是许之。出宫中美女，得百八十人。孙子分为二队，以王之宠姬二人各为队长，皆令持戟。令之曰："汝知而心与左右手背乎？"妇人曰："知之。"孙子曰："前，则视心；左，视左手；右，视右手；后，即视背。"妇人曰："诺。"约束既布，乃设铁钺，即三令五申之。于是鼓之右，妇人大笑。孙子曰："约束不明，申令不熟，将之罪也。"复三令五申而鼓之左，妇人复大笑。孙子曰"约束不明，申令不熟，将之罪也；既已明而不如法者，吏士之罪也。"乃欲斩左右队长。吴王从台上观，见且斩爱姬，大骇。趣使使下令曰："寡人已知将军能用兵矣。寡人非此二姬，食不甘味，愿勿斩也。"孙子曰："臣既已受命为将，将在军，君命有所不受。"遂斩队长二人以徇。用其次为队长，于是复鼓之。妇人左右前后跪起皆中规矩绳墨，无敢出声。于是孙子使使报王曰："兵既整齐，王可试下观之，唯王所欲用之，虽赴水火犹可也。"吴王曰："将军罢休就舍，寡人不愿下观。"孙子曰："王徒好其言，不能用其实。"于是阖庐知孙子能用兵，卒以为将。西破强楚，入郢，北威齐晋，显名诸侯，孙子与有力焉。

【译文】

　　孙子名武，是齐国人。因为精通兵法，孙子受到吴王阖庐的召见。阖庐说："您的十三篇兵书我都看过了，你能用这些道理来小规模地试着指挥军队吗？"孙子回答说："能。"阖庐说："你能先用妇女试验吗？"回答说："能。"于是阖庐让他做试验，选出宫中美女，共一百八十人。孙子把她们分为两队，让吴王阖庐最宠爱的两位侍妾分别担任队长，让所有的美女都拿一支戟。然后命令她们说："你们知道自己的心、左右手和背吗？"妇人们回答说："知道。"孙子说："我说向前，你们就看心口所对的方向；我说向左，你们就看左手所对的方向；我说向右，你们就看右手所对的方向；我说向后，你们就看背所对的方向。"妇人们答道："是。"号令宣布完毕，于是摆好斧钺等刑具，旋即又把已经宣布的号令多次重复地交代清楚。就击鼓发令，叫她们向右，妇人们都哈哈大笑。孙子说："纪律还不清楚，号令不熟悉，这是将领的过错。"又多次重复地交代清楚，然后击鼓发令让她们向左，妇人们又都哈哈大笑。孙子说："纪律弄不清楚，号令不熟悉，这是将领的过错；现在既然讲得清清楚楚，却不遵照号令行事，那就是军官和士兵的过错了。"于是就要杀左、右两队的队长。吴王正在台上观看，见孙子将要杀自己的爱妾，大吃一惊。急忙派使臣传达命令说："我已经知道将军善用兵了。我要没了这两个侍妾，吃起东西来也不香甜，希望你不要杀她们吧。"孙子回答说："我已经接受命令为将，将在军队里，国君的命令有

的可以不接受。"于是杀了两个队长示众。然后按顺序任用两队第二人为队长,于是再击鼓发令。妇人们不论是向左向右、向前向后、跪倒、站起都符合号令、纪律的要求,再没有人敢出声。于是孙子派使臣向吴王报告说:"队伍已经操练整齐,大王可以下台来验察她们的演习,任凭大王怎样使用她们,即使叫她们赴汤蹈火也办得到啊。"吴王回答说:"让将军停止演练,回去休息。我不愿下去察看了。"孙子感叹地说:"大王只是欣赏我的军事理论,却不能让我付诸实践。"从此,吴王阖庐知道孙子果真善于用兵,最终封他做了将军。后来吴国向西打败了强大的楚国,攻克郢都,向北威震齐国和晋国,在诸侯各国名声赫赫,这些都与孙子的功劳息息相关啊。

孙子说:"我已经接受命令为将,将在军队里,国君的命令有的可以不接受。"说完就令人杀了两个宠姬。

【原文】

孙武既死,后百余岁有孙膑。膑生阿鄄之间,膑亦孙武之后世子孙也。孙膑尝与庞涓俱学兵法。庞涓既事魏,得为惠王将军,而自以为能不及孙膑,乃阴使召孙膑。膑至,庞涓恐其贤于己,疾之,则以法刑断其两足而黥之,欲隐勿见。

齐使者如梁,孙膑以刑徒阴见,说齐使。齐使以为奇,窃载与之齐。齐将田忌善而客待之。忌数与齐诸公子驰逐重射。孙子见其马足不甚相远,马有上、中、下辈。于是孙子谓田忌曰:"君弟重射,臣能令君胜。"田忌信然之,与王及诸公子逐射千金。及临质,孙子曰:"今以君之下驷与彼上驷,取君上驷与彼中驷,取君中驷与彼下驷。"既驰三辈毕,而田忌一不胜而再胜,卒得王千金。于是忌进孙子于威王。威王问兵法,遂以为师。

【译文】

孙子死了一百多年后,世上又有一个叫孙膑的人。孙膑在阿城和鄄城一带出生,也是孙武的后裔。他曾经和庞涓一起学习兵法。庞涓侍奉魏国,魏惠王封他做将军,但他知道自己的才能比不上孙膑,就私下里把孙膑找来。孙膑到来,庞涓怕他比自己有才,忌恨他,就找了个罪名砍掉他的双脚,在他脸上刺了字,想让他隐藏起来不敢露面。

齐国的使臣到大梁来出使,孙膑以犯人的身份暗地里会见了齐使,进行游说。齐使认为他是个难得的人才,就偷偷地用车把他拉到齐国。齐国将军田忌不仅赏识他而且还把他当贵客一样对待。田忌经常跟齐国贵族子弟赛马,下很大的赌注。孙膑发现他们的马脚力都差不多,可分为上、中、下三等。于是孙膑对田忌说:"你尽管下大赌注，我能让你取胜。"田忌信以为然，与齐王和贵族子弟们比赛下了千金的赌注。到临场比赛，孙膑对田忌说："现在用您的下等马对付他们的上等马，拿您的上等马对付他们的中等马，让您的中等马对付他们的下等马。"三次比赛完了，田忌败了一次，胜了两次，最终赢得了齐王千金赌注。于是田忌就把孙膑推荐给齐威王。威王向他请教兵法后，就把他当作老师。

【原文】

其后魏伐赵，赵急，请救于齐。齐威王欲将孙膑，膑辞谢曰："刑余之人不可。"于是乃以田忌为将，而孙子为师，居辎车中，坐为计谋。田忌欲引兵之赵，孙子曰："夫解杂乱纷纠者不控卷，救斗者不搏撠，批亢捣虚，形格势禁，则自为解耳。今梁赵相攻，轻兵锐卒必竭于外，老弱罢于内。君不若引兵疾走大梁，据其街路，冲其方虚，彼必释赵而自救。是我一举解赵之围而收弊于魏也。"田忌从之。魏果去邯郸，与齐战于桂陵，大破梁军。

【译文】

后来魏国来打赵国，赵国处于危急之中，派人来向齐国求救。齐威王想任用孙膑为主将，孙膑推辞道："受过酷刑的人，不能任主将。"于是就让田忌做主将，而孙膑做田忌的军师，他坐在带篷帐的车里，暗中谋划。田忌本想要领兵直奔赵国，孙膑劝他说："想解开乱丝的人，不能紧握双拳生拉硬扯；解救斗殴的人，不能卷进去胡乱搏击。要扼住争斗者的要害，争斗者因形势限制，就不得不自行解开。如今魏赵两国相互攻打，魏国的精锐部队必定在国外精疲力竭，老弱残兵在国内疲惫不堪。你不如率领军队火速向大梁挺进，占据它的交通要道，冲击它正当空虚的地方，魏国肯定会放弃赵国回兵自救。这样，我们一举解救了赵国之围，而又可坐收魏国自行挫败的效果。"田忌按孙膑说的去做。魏军果然离开邯郸回师，齐、魏两国在桂陵交战，齐军大败魏军。

【原文】

后十三岁，魏与赵攻韩，韩告急于齐。齐使田忌将而往，直走大梁。魏将庞涓闻之，去韩而归，齐军既已过而西矣。孙子谓田忌曰："彼三晋之兵，素悍勇而轻齐，齐号为怯，善战者因其势而利导之。兵法，百里而趣利者蹶上将，五十里而趣利者军半至。使齐军入

孙膑指着地图，劝田忌说："不如率领军队火速向大梁挺进，魏国肯定会放弃赵国而回兵自救。"

魏地为十万灶，明日为五万灶，又明日为三万灶。"庞涓行三日，大喜，曰："我固知齐军怯，入吾地三日，士卒亡者过半矣。"乃弃其步军，与其轻锐倍日并行逐之。孙子度其行，暮当至马陵。马陵道狭，而旁多阻隘，可伏兵，乃斫大树白而书之曰："庞涓死于此树之下"。于是令齐军善射者万弩，夹道而伏，期曰"暮见火举而俱发。"庞涓果夜至斫木下，见白书，乃钻火烛之。读其书未毕，齐军万弩俱发，魏军大乱相失。庞涓自知智穷兵败，乃自刭，曰："遂成竖子之名！"齐因乘胜尽破其军，虏魏太子申以归。孙膑以此名显天下，世传其兵法。

马陵的道路狭窄，两旁又多是峻隘险阻，非常适合埋伏军队。孙膑命令一万名善于射箭的齐兵，隐伏在马陵道两边。

【译文】

十三年后，魏国和赵国联合攻打韩国，韩国向齐国告急求救。齐王派田忌领军去救韩国，部队径直进入大梁。魏将庞涓听到这个消息，率军撤回魏国，而齐军已经越过边界向西进发了。孙膑对田忌说："那魏军向来凶悍勇猛，看不起齐兵，说齐兵胆小怯懦，善于指挥作战的将领，就要顺应着这样的趋势而加以引导。兵法上说，用急行军走百里和敌人争利的，有可能折损上将军；用急行军走五十里和敌人争利的，可能有一半士兵掉队。命令军队进入魏境先砌十万人做饭的灶，第二天砌五万人做饭的灶，第三天砌三万人做饭的灶。"庞涓行军三日，特别高兴地说："我本来就知道齐军胆小怯懦，进入我国境才三天，逃走的就超过了半数啊！"于是放弃了他的步兵，只用轻装精锐的部队，日夜兼程地追击齐军。孙膑估计他的行程，当晚可以赶到马陵。马陵的道路狭窄，两旁又多是峻隘险阻，适合埋伏军队。孙膑就叫人砍去树皮，露出白木，写上："庞涓死于此树之下。"于是命令一万名善于射箭的齐兵，隐伏在马陵道两边，约定说："晚上看见树下火光亮起，就万箭齐发。"庞涓当晚果然赶到砍去树皮的大树下，看见白木上写着字，就点火照树干上的字，上边的字还没读完，齐军伏兵就万箭齐发，魏军大乱，互不接应。庞涓自知无计可施，败成定局，就拔剑自刎，临死说："倒成就了这小子的名声！"齐军就乘胜追击，把魏军彻底击溃，俘虏了魏国太子申回国。孙膑也因此名扬天下，后世流传着他的兵法。

伍子胥列传

【原文】

　　伍子胥者，楚人也，名员。员父曰伍奢。员兄曰伍尚。其先曰伍举，以直谏事楚庄王，有显，故其后世有名于楚。楚平王有太子名曰建，使伍奢为太傅，费无忌为少傅。无忌不忠于太子建。平王使无忌为太子取妇于秦，秦女好，无忌驰归报平王曰："秦女绝美，王可自取，而更为太子取妇。"平王遂自取秦女而绝爱幸之，生子轸。更为太子取妇。

　　无忌既以秦女自媚于平王，因去太子而事平王。恐一旦平王卒而太子立，杀己，乃因谗太子建。建母，蔡女也，无宠于平王。平王稍益疏建，使建守城父，备边兵。顷之，无忌又日夜言太子短于王曰："太子以秦女之故，不能无怨望，愿王少自备也。自太子居城父，将兵，外交诸侯，且欲入为乱矣。"平王乃召其太傅伍奢考问之。伍奢知无忌谗太子于平王，因曰："王独奈何以谗贼小臣疏骨肉之亲乎？"无忌曰："王今不制，其事成矣。王且见禽。"于是平王怒，囚伍奢，而使城父司马奋扬往杀太子。行未至，奋扬使人先告太子："太子急去，不然将诛。"太子建亡奔宋。

【译文】

　　伍子胥，是楚国人，名员。伍员的父亲叫伍奢，伍员的哥哥叫伍尚。祖先是伍举，因侍奉楚庄王时刚直谏诤而显贵，所以他的子孙后代在楚国很有名气。楚平王有个叫建的太子，楚平王派伍奢做建的太傅，费无忌做建的少傅。费无忌对太子建不忠心。平王派费无忌到秦国为太子建娶亲。因为秦女长的娇美，费无忌就先赶回来向平王报告说："这是个绝代美女，大王可以自己娶了他，再给太子另外娶妻。"平王就自己娶了秦女，且非常宠爱她，生了个儿子叫轸。给太子建又娶了别的妻子。

　　费无忌用秦国美女向楚平王献媚以后，就离开了太子去侍奉平王。又担心哪天平王死了而太子建即位，建一定会杀了自己，于是诋毁建。太子建的母亲是蔡国人，楚平王不宠爱她。平王越来越疏远建，派建驻守城父，防守边疆。后来，费无忌又天天在平王面前诬陷太子建，他说："因为秦女的缘故，太子不会没有怨恨情绪，希望您防着点。从太子驻守城父以后，内统领军队，外和诸侯交往，要攻打都城作乱呢。"楚平王就把他的太傅伍奢召回来审问。伍奢知道费无忌在平王面前说了太子的坏话，因此说："大王怎么能仅仅凭拨弄是非的小人之臣的坏话，就疏远骨肉至亲呢？"费无忌说："大王现在不制止，他们的阴谋就要得逞，大王将要被逮捕了！"于是平王发怒，把伍奢囚禁起来，同时命令城父司马奋扬去杀太子建。还没走到，奋扬派人提前告诉太子："太子赶快离开，要不然，将被杀死。"于是太子建逃到宋国去了。

【原文】

无忌言于平王曰："伍奢有二子，皆贤，不诛且为楚忧。可以其父质而召之，不然且为楚患。"王使使谓伍奢曰："能致汝二子则生，不能则死。"伍奢曰："尚为人仁，呼必来。员为人刚戾忍诟，能成大事，彼见来之并禽，其势必不来。"王不听，使人召二子曰："来，吾生汝父；不来，今杀奢也。"伍尚欲往，员曰："楚之召我兄弟，非欲以生我父也，恐有脱者后生患，故以父为质，诈召二子。二子到，则父子俱死。何益父之死？往而令雠不得报耳。不如奔他国，借力以雪父之耻，俱灭，无为也。"伍尚曰："我知往终不能全父命。然恨父召我以求生而不往，后不能雪耻，终为天下笑耳。"谓员："可去矣！汝能报杀父之雠，我将归死。"尚既就执，使者捕伍胥。伍胥贯弓执矢向使者，使者不敢进，伍胥遂亡。闻太子建之在宋，往从之。奢闻子胥之亡也，曰："楚国君臣且苦兵矣。"伍尚至楚，楚并杀奢与尚也。

【译文】

费无忌对平王说："伍奢有两个儿子，都很贤能，如果不把他们杀掉，早晚是楚国的祸害。可以用他们的父亲做人质，把他们召来，否则后患无穷。"平王就派使臣对伍奢说："能叫你两个儿子回来，就能活命；不叫来，就处死。"伍奢说："伍尚为人宽厚仁慈，叫他，一定能来；伍员桀骜不驯，忍辱负重，能成就大事，他知道来了一块被擒，势必不来。"平王不听，派人召伍奢两个儿子，说："来，我使你父亲活命；不来，现在就杀死伍奢。"伍尚打算前往，伍员说："楚王召我们兄弟，并不打算让我们父亲活命，担心我们逃跑，产生后患，所以用父亲做人质、欺骗我们。我们一到，就要和父亲一块处死。对父亲的死有什么好处呢？去了，就叫我们报不成仇了。不如逃到别的国家去，借助别国的力量洗雪父亲的耻辱。一块去死，没有意义呀。"伍尚说："我知道去了最后也不能保全父亲的性命。可是只恨父亲召我们是为了求得生存，要不去，以后又不能洗雪耻辱，终会被天下人耻笑。"对伍员说："你可以逃走，你能报杀父之仇，我将要就身去死。"伍尚接受逮捕后，使臣又要逮捕伍子胥。伍子胥拉满了弓，箭对准使者，使者不敢上前，伍子胥就逃跑了。他听说太子建在宋国，就前去追随他。伍奢听说子胥逃跑了，说："楚国君臣将要苦于战火了。"伍尚来到楚都，楚平王就把伍尚和伍奢一起杀了。

【原文】

伍胥既至宋，宋有华氏之乱，乃与太子建俱奔于郑。郑人甚善之。太子建又适晋，晋顷公曰："太子既善郑，郑信太子。太子能为我内应，而我攻其外，灭郑必矣。灭郑而封太子。"太子乃还郑。事未会，会自私欲杀其从者，从者知其谋，乃告之于郑。郑定公与子产诛杀太子建。建有子名胜。伍胥惧，乃与胜俱奔吴。到昭关，昭关欲执之。伍胥遂与胜独身步走，几不得脱。追者在后。至江，江上有一渔父乘船，知伍胥之急，乃渡伍胥。伍胥既渡，解其剑曰："此剑直百金，以与父。"父曰："楚国之法，得伍胥者赐粟五万石，爵执珪，岂徒百金剑邪！"不受。伍胥未至吴而疾，止中道，乞食。至于吴，吴王僚方用事，公子光为将。伍胥乃因公子光以求见吴王。

久之，楚平王以其边邑钟离与吴边邑卑梁氏俱蚕，两女子争桑相攻，乃大怒，至于两国举兵相伐。吴使公子光伐楚，拔其钟离、居巢而归。伍子胥说吴王僚曰："楚可破也。愿复遣公子光。"公子光谓吴王曰："彼伍胥父兄为戮于楚，而劝王伐楚者，欲以自报其雠耳。伐楚未可破也。"伍胥知公子光有内志，欲杀王而自立，未可说以外事，乃进专诸于公子光，退而与太子建之子胜耕于野。

【译文】

伍子胥到宋国以后，正好赶上宋国华氏作乱，就和太子建一起逃到郑国。郑国君臣友好地接待了他们。太子建又前往晋国，晋顷公说："既然太子跟郑国的关系友好，郑国一定信任太子。您要能给我们做内应，我们从外面进攻，一定能灭掉郑国，灭掉郑国，就把它分封给太子。"于是太子回到郑国。举事的时机还没成熟，正赶上太子因为个人私事打算杀掉一个跟随他的人，这个人知道太子的计划，就把它告诉郑国。郑定公和子产杀死了太子建。建有个儿子叫胜。伍子胥害怕了，就和胜一同逃奔吴国。到了昭关，昭关的官兵要捉拿他们。于是，伍子胥和胜各自只身徒步逃跑，差一点不能脱身。追兵在后。到江边，江上有一个渔翁乘着船，知道伍子胥很危急，就渡伍子胥过江。伍子胥过江后，解下随身带的宝剑说："这把剑价值百金，把它送给你老人家。"渔翁说："按照楚国的法令，抓到伍子胥的人，赏给粮食五万石，封给执珪的爵位，难道是仅仅值百金的宝剑吗？"不肯接受。伍子胥还没逃到吴国京城，就得了病，在中途停下来，讨饭吃。到达吴都，吴王僚刚刚当权执政，公子光做将军。伍子胥就通过公子光的关系求见吴王。

过了很久，因为楚国边邑钟离和吴国边邑卑梁氏都养蚕，两地的女子为争采桑叶打起来，楚平王就大发雷霆，导致两军相互攻打。吴国派公子光攻打楚国，把楚国的钟离、居巢攻下就回去了。伍子胥劝说吴王僚说："楚国是可以打败的。希望再派公子去。"公子光对吴王说："那伍子胥的父兄被楚国杀死，劝大王攻打楚国，是为了报他的私仇。攻打楚国未必可以打败它呀。"伍子胥知道公子光在国内有野心，想杀死吴王僚而自立为君，不可以用对外的军事行动劝说他，就向公子光推荐了专诸，离开朝廷，和太子建的儿子胜到乡下种地去了。

【原文】

五年而楚平王卒。初，平王所夺太子建秦女生子轸，及平王卒，轸竟立为后，是为昭王。吴王僚因楚丧，使二公子将兵往袭楚。楚发兵绝吴后，不得归。吴国内空，而公子光乃令专诸袭刺吴王僚而自立，是为吴王阖庐。阖庐既立，得志，乃召伍员以为行人，而与谋国事。

楚诛其大臣郤宛、伯州犁，伯州犁之孙伯嚭亡奔吴，吴亦以嚭为大夫。前王僚所遣二公子将兵伐楚者，道绝不得归。后闻阖庐弑王僚自立，遂以其兵降楚，楚封之于舒。阖庐立三年，乃兴师与伍胥、伯嚭伐楚，拔舒，遂禽故吴反二将军。因欲至郢，将军孙武曰："民劳，未可，且待之。"乃归。

【译文】

五年以后，楚平王死了。平王当初从太子建那儿夺来的秦国美女生了一个儿子叫轸，等平王一死，轸最终即位，这就是昭王。吴王僚趁着楚国办丧事，派烛庸、盖余二公子领兵袭击楚国。楚国出兵将吴国军队的后路切断了，使吴军不能回国。吴国国内空虚，公子光就命令专诸暗杀了吴王僚，自立为王，这就是吴王阖庐。阖庐自立以后，愿望实现了，就召回伍员，官拜为行人，和他共同策划国事。

楚国把大臣郤宛、伯州犁杀了，伯州犁的孙子伯嚭逃到吴国，吴国就用伯嚭做大夫。吴王僚先前派出去攻打楚国的两位公子，因后路被切断回不了国。后来听说阖庐将吴王僚杀死而自立为王，就领军投降了楚国，楚国把舒地封给了他们。阖庐自立为王的第三年，就发动军队和伍子胥、伯嚭攻打楚国，占领了舒地，捉住了原来背叛吴国的两个将军。因而阖庐想乘胜进兵郢都，将军孙武说："百姓太疲惫了，不可以，暂且等待吧。"就收兵回国了。

【原文】

四年，吴伐楚，取六与灊。五年，伐越，败之。六年，楚昭王使公子囊瓦将兵伐吴。吴使伍员迎击，大破楚军于豫章，取楚之居巢。

九年，吴王阖庐谓子胥、孙武曰："始子言郢未可入，今果何如？"二子对曰："楚将囊瓦贪，而唐、蔡皆怨之。王必欲大伐之，必先得唐、蔡乃可。"阖庐听之，悉兴师与唐、蔡伐楚，与楚夹汉水而陈。吴王之弟夫概将兵请从，王不听，遂以其属五千人击楚将子常。子常败走，奔郑。于是吴乘胜而前，五战，遂至郢。己卯，楚昭王出奔。庚辰，吴王入郢。

昭王出亡，入云梦；盗击王，王走郧。郧公弟怀曰："平王杀我父，我杀其子，不亦可乎！"郧公恐其弟杀王，与王奔随。吴兵围随，谓随人曰："周之孙在汉川者，楚尽灭之。"随人欲杀王，王子綦匿王，己自为王以当之。随人卜与王于吴，不吉，乃谢吴不与王。

【译文】

阖庐四年（前511），吴国攻打楚国，夺取了六和灊。阖庐五年，进攻并打败越国。阖庐六年，楚昭王派公子囊瓦领兵攻打吴国。吴国派伍子胥迎战，在豫章将楚国的军队打败，将楚国的居巢夺占。

阖庐九年，吴王阖庐对子胥、孙武说："当初你们说郢都不能打，现在打行吗？"子胥、孙武回答说："楚国将军囊瓦贪财，唐国和蔡国都怨恨他。大王想要大规模地进攻楚国，必须先要得到唐国和蔡国的帮助才行。"阖庐听从了他们的意见，出动了全部军队和唐国、蔡国共同攻打楚国，和楚国军队在汉水两岸列兵对阵。吴王的弟弟夫概带领着军队请求相随出征，吴王不答应，夫概就用自己属下五千人攻击楚将子常。子常战败逃跑，直奔宋国。于是，吴军乘胜挺进，经过五次战役，就打到了郢都。己卯日，楚昭王出逃。第二天，吴王进入郢都。

楚昭王逃到云梦大泽；被强盗袭击后，昭王又逃到郧地。郧公的弟弟怀说："平王把我们的父亲杀了，我们把他的儿子杀死，不也行吗？"郧公担心他的弟弟杀死昭王，就和昭王一起逃到随地。吴兵将随地包围，对随地人说："在汉水流域的周朝子孙，被楚国全部消灭了。"随人要杀昭王，王子綦把他藏起来，自己冒充昭王来搪塞他们。随人算了一卦，卦象表明把昭王交给吴军，不吉利，就谢绝吴国，不交昭王。

【原文】

始伍员与申包胥为交，员之亡也，谓包胥曰："我必覆楚。"包胥曰："我必存之。"及吴兵入郢，伍子胥求昭王。既不得，乃掘楚平王墓，出其尸，鞭之三百，然后已。申包胥亡于山中，使人谓子胥曰："子之报雠，其以甚乎！吾闻之，'人众者胜天，天定亦能破人。'今子故平王之臣，亲北面而事之，今至于僇死人，此岂其无天道之极乎！"伍子胥曰："为我谢申包胥曰，吾日莫途远，吾故倒行而逆施之。"于是申包胥走秦告急，求救于秦。秦不许。包胥立于秦廷，昼夜哭，七日七夜不绝其声。秦哀公怜之，曰："楚虽无道，有臣若是，可无存乎！"乃遣车五百乘救楚击吴。六月，败吴兵于稷。会吴王久留楚求昭王，而阖庐弟夫概乃亡归，自立为王。阖庐闻之，乃释楚而归，击其弟夫概。夫概败走，遂奔楚。楚昭王见吴有内乱，乃复入郢。封夫概于堂谿，为堂谿氏。楚复与吴战，败吴，吴王乃归。

【译文】

当初，伍子胥和申包胥是非常好的朋友，伍子胥逃跑时，对申包胥说："我一定要将楚国颠覆。"申包胥说："我一定要将楚国保住。"等到吴兵攻进郢都，伍子胥搜寻昭王，没有找到，就挖开楚平王的坟，拖出他的尸体，鞭打了三百下才停手。申包胥逃到山里，派人去对伍子胥说："您这样报仇，太过分了！我听说，'人多可以胜天，天公降怒也能毁灭人'。您原来是平王的臣子，亲自称臣侍奉过他，如今弄到侮辱死人的地步，这难道不是伤天害理到极点了吗！"伍子胥对来人说："你替我告诉申包胥说：'我就像太阳落山的时候，路途还很遥远。所以，我要逆情背理地行动。'"于是申包胥跑到秦国去报告危急情况，向秦国求救。秦国不答应。申包胥站在秦国的朝廷上，日夜不停地痛哭，他的哭声七天七夜没有中断。秦哀公同情他，说："楚王虽然是无道昏君，有这样的臣子，能不保存楚国吗？"就派遣了五百辆战车拯救楚国，攻打吴国。六月，在稷地打败吴国的军队。正赶上吴王长时间地留在楚国寻找楚昭王，阖庐的弟弟夫概逃回国内，自立为王。阖庐听到这个消息，就弃楚国赶回去，攻打他的弟弟夫概。夫概兵败，跑到楚国。楚昭王见吴国内部发生变乱，又打回郢都，把堂谿封给夫概，叫做堂谿氏。楚国再次和吴军作战，打败吴军，吴王就回国了。

【原文】

后二岁，阖庐使太子夫差将兵伐楚，取番。楚惧吴复大来，乃去郢，徙于鄀。

当是时，吴以伍子胥、孙武之谋，西破强楚，北威齐晋，南服越人。其后四年，孔子相鲁。后五年，伐越。越王句践迎击，败吴于姑苏，伤阖庐指，军却。阖庐病创将死，谓太子夫差曰："尔忘句践杀尔父乎？"夫差对曰："不敢忘。"是夕，阖庐死。夫差既立为王，以伯嚭为太宰，习战射。二年后伐越，败越于夫湫。越王句践乃以余兵五千人栖于会稽之上，使大夫种厚币遗吴太宰嚭以请和，求委国为臣妾。吴王将许之。伍子胥谏曰："越王为人能辛苦。今王不灭，后必悔之。"吴王不听，用太宰嚭计，与越平。

其后五年，而吴王闻齐景公死而大臣争宠，新君弱，乃兴师北伐齐。伍子胥曰："句践食不重味，吊死问疾，且欲有所用之也。此人不死，必为吴患。今吴之有越，犹人之有腹心疾也。而王不先越而乃务齐，不亦谬乎！"吴王不听，伐齐，大败齐师于艾陵，遂威邹鲁之君以归。益疏子胥之谋。

其后四年，吴王将北伐齐，越王句践用子贡之谋，乃率其众以助吴，而重宝以献遗太宰嚭。太宰嚭既数受越赂，其爱信越殊甚，日夜为言于吴王。吴王信用嚭之计。伍子胥谏曰："夫越，腹心之病，今信其浮辞诈伪而贪齐。破齐，譬犹石田，无所用之。且《盘庚》之诰曰：'有颠越不恭，劓殄灭之，俾无遗育，无使易种于兹邑。'此商之所以兴。愿王释齐而先越；若不然，后将悔之无及。"而吴王不听，使子胥于齐。子胥临行，谓其子曰："吾数谏王，王不用，吾今见吴之亡矣。汝与吴俱亡，无益也。"乃属其子于齐鲍牧，而还报吴。

【译文】

又过了两年，阖庐派太子夫差领兵攻打楚国，把番地夺下。楚国害怕吴军再次大规模地进攻，就离开郢城，迁都鄀邑。这时，吴国采纳伍子胥、孙武的战略，向西打败了强大的楚国，向北威镇齐国、晋国，向南降服了越国。夫差攻取番以后第四年，孔子出任鲁国国相。又过了五年，吴军攻打越国。越王句践率兵迎战，在姑苏把吴军打败，把吴王阖庐的脚趾打伤，吴军撤退。阖庐创伤发作，很严重，临死前对太子夫差说："你能忘掉句践杀你父亲吗？"夫差回答说："不敢忘记。"当天晚上，阖庐就死了。夫差即位吴王以后，任用伯嚭做太宰，操练士兵。二年后攻打越国，在夫湫打败越国的军队，越王句践就带着残兵败将栖息在会稽山上，派大夫文种用重礼赠送太宰伯嚭求和，把国家政权托付给吴国，甘心做吴国的奴仆。吴王将要答应越国的请求，伍子胥规劝说："越王句践为人能含辛茹苦。如今，大王要不一举歼灭他，今后一定会后悔。"吴王不听伍子胥的规劝，而采纳了太宰伯嚭的计策，和越国议和。

吴王和越国议和后第五年，听说齐景公死了，大臣们都在争权夺利，新立的国君软弱可欺，就挥兵向北攻打齐国。伍子胥劝说吴王："句践一顿饭不吃两道荤菜，哀悼死去的人、慰问有病的人，想干一番大事。这个人不死，一定是吴国的祸患。现在吴国有越国在身边，就像得了心腹疾病。大王不先铲除越国却一心致力攻打齐国，不是很荒谬的吗？"吴王不听伍子胥的规劝，攻打齐国。在艾陵把齐国军队打得大败，于是慑服了邹国和鲁国的国君而回国。从此，就越来越少地听从伍子胥的计谋了。

此后四年，吴王打算向北攻打齐国，越王句践采纳子贡的计谋，就领兵帮助吴国作战，还把贵重的宝物敬献给太宰伯嚭。太宰伯嚭经常接受越国的贿赂，就对越国很有好感并且很信任，在吴王面前天天替越国说好话。吴王总是相信和采纳太宰伯嚭的计谋。伍子胥规劝吴王说："越国，是心腹大患，现在您相信那虚饰浮夸狡诈欺骗之词，贪图齐国。攻克齐国，好比占领了一块石田，丝毫没有用处。况且《盘庚》之诰上说：'有破坏礼法、不恭王命的就要彻底割除灭绝他们，使他们不能够传宗接代，不要让他们在这个城邑里把好人影响坏了。'这就是商朝兴盛的原因。希望大王放弃齐国，先攻打越国；如不这样，今后悔恨也来不及了。"吴王不听伍子胥的劝告，却派他出使齐国。子胥临行，对他儿子说："我屡次规劝大王，大王不听。我现在看到吴国的末日了，你和吴国一起毁灭，没有好处。"就把他的儿子托付给齐国的鲍牧，而返回吴国向吴王报告。

【原文】

吴太宰嚭既与子胥有隙，因谗曰："子胥为人刚暴，少恩，猜贼，其怨望恐为深祸也。前日王欲伐齐，子胥以为不可，王卒伐之而有大功。子胥耻其计谋不用，乃反怨望。而今王又复伐齐，子胥专愎强谏，沮毁用事，徒幸吴之败以自胜其计谋耳。今王自行，悉国中武力以伐齐，而子胥谏不用，因辍谢，详病不行。王不可不备，此起祸不难。且嚭使人微伺之，其使于齐也，乃属其子于齐之鲍氏。夫为人臣，内不得意，外倚诸侯，自以为先王之谋臣，今不见用，常鞅鞅怨望。愿王早图之。"吴王曰："微子之言，吾亦疑之。"乃使使赐伍子胥属镂之剑，曰："子以此死。"伍子胥仰天叹曰："嗟乎！谗臣嚭为乱矣，王乃反诛我。我令若父霸。自若未立时，诸公子争立，我以死争之于先王，几不得立。若既得立，欲分吴国予我，我顾不敢望也。然今若听谀臣言以杀长者。"乃告其舍人曰："必树吾墓上以梓，令可以为器；而抉吾眼县吴东门之上，以观越寇之入灭吴也。"乃自刭死。吴王闻之大怒，乃取子胥尸盛以鸱夷革，浮之江中。吴人怜之，为立祠于江上，因命曰"胥山"。

【译文】

吴国太宰伯嚭和伍子胥有了隔阂之后，就找机会在吴王面前诬陷他："子胥为人强硬凶恶，无情无义，猜忌狠毒，他的怨恨恐怕要酿成大祸。上次大王要攻打齐国，子胥认为不行，最终大王发兵并且大获全胜，子胥因自己计谋没被采用感到羞耻，反而产生了怨恨情绪。如今大王又要攻打齐国，伍子胥又独断固执，强行谏阻，败坏、诋毁大王的事业，只希望吴国战败来证明自己的计谋高明。现在大王亲自出征，出动全国的武装力量攻打齐国，而伍子胥的劝谏不被采纳，因此就中止上朝，假装有病不随大王出征。大王不可不防备，这是很容易引起祸端的。况且我派人暗中探查，他出使齐国，就把儿子托付给齐国的鲍氏。做人臣子，在国内不得意，就在外依靠诸侯，自己认为是先王的谋臣，现在不被信用，时常郁郁不乐，产生怨恨情绪。希望大王对这件事早日想办法。"吴王说:"没有你这番话,我也怀疑他了。"就派使臣把属镂宝剑赐给伍子胥,说:"你用这把宝剑自杀。"伍子胥仰望天空叹息说:"唉!谗言小人伯嚭要作乱,大王反来杀我。我使你父亲称霸。你还没确定为王位继承人时,公子们争着立为太子,我在先王面前冒死相争,几乎不能得到太子的位子。你立为太子后,还答应把吴国分一部分给我,我却不存你报答我的希望。可现在你竟听信谄媚小人的坏话来杀害长辈。"于是告诉他亲近的门客说:"你们一定要在我的坟墓上种植梓树,让它长大能够做棺材;挖出我的眼珠悬挂在吴国都城的东门楼上,来观看越国军队怎样进入都城,灭掉吴国。"于是自刎而死。吴王听到这番话,大发雷霆,就把伍子胥的尸体装进皮革袋子里,漂浮在江中。吴国人同情他,在江边给他修建了祠堂,因此,把这个地方命名叫"胥山"。

【原文】

吴王既诛伍子胥,遂伐齐。齐鲍氏杀其君悼公而立阳生。吴王欲讨其贼,不胜而去。其后二年,吴王召鲁卫之君会之橐皋。其明年,因北大会诸侯于黄池,以令周室。越王句践袭杀吴太子,破吴兵。吴王闻之,乃归,使使厚币与越平。后九年,越王句践遂灭吴,杀王夫差;而诛太宰嚭,以不忠于其君,而外受重赂,与己比周也。

伍子胥初所与俱亡故楚太子建之子胜者,在于吴。吴王夫差之时,楚惠王欲召胜归楚。叶公谏曰:"胜好勇而阴求死士,殆有私乎!"惠王不听。遂召胜,使居楚之边邑鄢,号为白公。白公归楚三年而吴诛子胥。

白公胜既归楚,怨郑之杀其父,乃阴养死士求报郑。归楚五年,请伐郑,楚令尹子西许之。兵未发而晋伐郑,郑请救于楚。楚使子西往救,与盟而还。白公胜怒曰:"非郑之仇,乃子西也。"胜自砺剑,人问曰:"何以为?"胜曰:"欲以杀子西。"子西闻之,笑曰:"胜如卵耳,何能为也!"

【译文】

吴王把伍子胥杀掉之后,就去攻打齐国。齐国鲍氏杀了悼公,辅佐阳生做国君。吴王本打算把鲍氏打败,可是,没能胜算,就撤兵回去了。此后二年,吴王在橐皋召集鲁、卫的国君会盟。第二年,就势北上,在黄池大会诸侯,来号令周天子。这时,越王句践袭击吴国,杀死吴太子,打败吴国军队。吴王听到这个消息,就回国了,派出使者用丰厚贵重的礼物向越国求和。过后九年,越王句践终于灭掉吴国,杀死吴王夫差;又杀了太宰伯嚭,因为他不忠于他的国君,接受外国的贵重贿赂,私下亲近越国。

当初跟随伍子胥一起逃亡的人,就是原来太子建的儿子胜,现在在吴国。吴王夫差在位时,楚惠王要把胜召到楚国。叶公规劝说:"胜爱好勇武而秘密寻访不怕死的勇士,大概有私心!"惠王不听他的进谏,最终还是把胜召回来,让他居住在楚国的边邑鄢,号称白公。白公回楚三年后,吴王杀了伍子胥。

白公胜回楚国不久,怨恨郑国将他的父亲杀死,于是暗地里收养敢死的勇士打算向郑国报仇。回到楚国五年后，胜请求楚王攻打郑国，楚国令尹子西同意了。可是，还没发兵而晋国已经出兵攻打郑国，郑国派人到楚国请求救援，楚王派子西前往救郑，和郑国订立了盟约才回国。白公胜生气地说："我的仇敌不是郑国，我的仇敌是子西！"白公胜亲自磨砺宝剑，有人问他："用它干什么？"白公胜回答说："要用它杀死子西。"子西听到这件事，笑着说："白公胜如同鸟蛋，能有什么作为呢？"

【原文】

其后四岁，白公胜与石乞袭杀楚令尹子西、司马子綦于朝。石乞曰："不杀王，不可。"乃劫王如高府。石乞从者屈固负楚惠王亡走昭夫人之宫。叶公闻白公为乱，率其国人攻白公。白公之徒败，亡走山中，自杀。而房石乞，而问白公尸处，不言将亨。石乞曰："事成为卿，不成而亨，固其职也。"终不肯告其尸处。遂亨石乞，而求惠王复立之。

【译文】

此后四年，白公胜和石乞在朝廷上突然把令尹子西及司马子綦刺杀了。石乞说："如果不把楚惠王杀掉，不行啊。"他们就把楚惠王劫持到了高府。石乞的随从屈固背着楚惠王逃到昭夫人住的宫室。叶公听说白公胜作乱，领兵攻打白公胜。白公胜一伙人战败，白公胜逃到山里自杀了。石乞被俘，审问他白公胜的尸首在哪里，不说出来就要把他煮死。石乞说："事情成功了就做卿相，不成功就被煮死，本来是应尽的职分。"最终不肯说出白公胜尸首在什么地方。于是，把石乞煮死了。找回楚惠王，再立他为国君。

【原文】

太史公曰：怨毒之于人甚矣哉！王者尚不能行之于臣下，况同列乎！向令伍子胥从奢俱死，何异蝼蚁。弃小义，雪大耻，名垂于后世，悲夫！方子胥窘于江上，道乞食，志岂尝须臾忘郢邪？故隐忍就功名，非烈丈夫孰能致此哉？白公如不自立为君者，其功谋亦不可胜道者哉！

【译文】

太史公说：对于人类来说，怨毒实在是太可怕了！国君都不能和臣子结下仇怨，何况是地位相同的人呢！假如伍子胥追随他的父亲伍奢一起死去，又和蝼蚁有什么区别？放弃眼前小义小利，洗雪重大的耻辱，让名声流传后世，可悲啊！当伍子胥在江边困窘危急的时候，在路上沿途乞讨的时候，他的心志难道曾经有片刻忘掉郢都的仇恨吗？所以，克制忍耐，成就功名，不是刚正有气性的男子，谁能达到这种地步呢？白公如果不自立为王，他的功业和谋略恐怕是说也说不完啊！

商君列传

【原文】

　　商君者，卫之诸庶孽公子也，名鞅，姓公孙氏，其祖本姬姓也。鞅少好刑名之学，事魏相公叔座为中庶子。公叔座知其贤，未及进。会座病，魏惠王亲往问病，曰："公叔病有如不可讳，将奈社稷何？"公叔曰："座之中庶子公孙鞅，年虽少，有奇才，愿王举国而听之。"王嘿然。王且去，座屏人言曰："王即不听用鞅，必杀之，无令出境。"王许诺而去。公叔座召鞅谢曰："今者王问可以为相者，我言若，王色不许我。我方先君后臣，因谓王即弗用鞅，当杀之。王许我。汝可疾去矣，且见禽。"鞅曰："彼王不能用君之言任臣，又安能用君之言杀臣乎？"卒不去。惠王既去，而谓左右曰："公叔病甚，悲乎，欲令寡人以国听公孙鞅也，岂不悖哉！"公叔既死，公孙鞅闻秦孝公下令国中求贤者，将修缪公之业，东复侵地，乃遂西入秦，因孝公宠臣景监以求见孝公。孝公既见卫鞅，语事良久，孝公时时睡，弗听。罢而孝公怒景监曰："子之客妄人耳，安足用邪！"景监以让卫鞅。卫鞅曰："吾说公以帝道，其志不开悟矣。"后五日，复求见鞅。鞅复见孝公，益愈，然而未中旨。罢而孝公复让景监，景监亦让鞅。鞅曰："吾说公以王道而未入也。请复见鞅。"鞅复见孝公，孝公善之而未用也。罢而去，孝公谓景监曰："汝客善，可与语矣。"鞅曰："吾说公以霸道，其意欲用之矣。诚复见我，我知之矣。"卫鞅复见孝公。公与语，不自知膝之前于席也。语数日不厌。景监曰："子何以中吾君？吾君之欢甚也。"鞅曰："吾说君以帝王之道比三代，而君曰：'久远，吾不能待。且贤君者，各及其身显名天下，安能邑邑待数十百年以成帝王乎？'故吾以强国之术说君，君大说之耳。然亦难以比德于殷周矣。"

【译文】

　　商君，是卫国君主小妾之子，叫鞅，姓公孙，祖先本姓姬。公孙鞅年轻时喜欢刑名法术之学，侍奉魏国国相公叔座做了中庶子。公叔座知道公孙鞅有才华，还没来得及把他推荐给魏王。正赶上公叔座得了病，魏惠王亲自去看望他，说："你的病倘有不测，国家怎么办？"公叔座回答："我的中庶子公孙鞅，虽年轻，却有奇才，望大王能把国政交给他，由他去治理。"魏惠王听后默默无言。魏惠王要离开时，公叔座屏退左右随侍，说："大王假如不任用公孙鞅，就一定要杀掉他，不要让他走出国境。"魏王答应后离去。公叔座召来公孙鞅，道歉说："刚才大王询问能够出任国相的人，我推荐了你。看大王的神情不会采纳。我要先忠于君后考虑臣的立场，劝大王假如不任用你，就该杀掉你。大王答应了。你赶快离开，不快走就要被擒。"公孙鞅说："大王既然不能听您的话用我，又怎么能听您的话来杀我呢？"终于没有离开魏国。惠王离开后，对随侍说："公叔座的病很严重，真叫人伤心，他想要我把国政全部交给公孙鞅，难道不是糊涂了吗？"公叔座死后，公孙鞅听说秦孝公下诏在全国寻访贤才，要重整穆公霸业，向东收复失地，他就往西到了秦国，为了求见孝公，他托孝公的宠臣景监通报。孝公召见了卫鞅，鞅自顾自地谈论国政很长时间，孝公一边听一边打瞌睡，听不进去。事后孝公迁怒景监说："你的客人是大言欺人的家伙，这种人怎么能任用呢！"景监又用孝公的话责备卫鞅。卫鞅说："我用尧、舜治国的方法劝说大王，他的心志不能领会。"过了几天，景监又请求孝公召见卫鞅。卫鞅再见孝公时，把治国之道说得淋漓尽致，可是还不合孝公心意。事后孝公又责备景监，景监也责备卫鞅。卫鞅说："我用禹、汤、文、武的治国方法劝说大王而他听不进去。请求他再召见我。"卫鞅又见到孝公，孝公对他很友好，但没任用他。会见退出后，孝公对景监说："你的客人不错，我可以和他谈谈了。"景监告诉卫鞅，卫鞅说："我用春秋五霸的治国方法去说服大王，看来他是准备采纳了。果真再召见我一次，我就知道该说些什么啦。"于是卫鞅又见到孝公。孝公跟他谈得非常投机，不知不觉地在垫席上向前移动膝盖，谈了好几天都不觉得厌倦。景监说："您凭什么能合上大王心意呢？我们国君高兴极了。"卫鞅回答："我劝大王采用帝王治国的办法，建立夏、商、周那样的盛世，可是大王说：'时间太长，我不能等，何况贤明的国君，谁不希望自己在位的时候名扬天下，怎么能叫我苦等几十年、几百年才成就帝王大业呢？'所以，我用富国强兵的办法劝说他，他才特别高兴。然而，这样德行也就不能与殷、周相媲美了。"

【原文】

孝公既用卫鞅，鞅欲变法，恐天下议己。卫鞅曰："疑行无名，疑事无功。且夫有高人之行者，固见非于世；有独知之虑者，必见敖于民。愚者暗于成事，知者见于未萌。民不可与虑始而可与乐成。论至德者不和于俗，成大功者不谋于众。是以圣人苟可以强国，不法其故；苟可以利民，不循其礼。"孝公曰："善。"甘龙曰："不然。圣人不易民而教，知者不变法而治。因民而教，不劳而成功；缘法而治者，吏习而民安之。"卫鞅曰："龙之所言，世俗之言也。常人安于故俗，学者溺于所闻。以此两者居官守法可也，非所与论于法之外也。三代不同礼而王，五伯不同法而霸。智者作法，愚者制焉；贤者更礼，不肖者拘焉。"杜挚曰："利不百，不变法；功不十，不易器。法古无过，循礼无邪。"卫鞅曰："治世不一道，便国不法古。故汤武不循古而王，夏殷不易礼而亡。反古者不可非，而循礼者不足多。"孝公曰："善。"以卫鞅为左庶长，卒定变法之令。令民为什伍，而相牧司连坐。不告奸者腰斩，告奸者与斩敌首同赏，匿奸者与降敌同罚。民有二男以上不分异者，倍其赋。有军功者，各以率受上爵；为私斗者，各以轻重被刑大小。僇力本业，耕织致粟帛多者复其身。事末利及怠而贫者，举以为收孥。宗室非有军功论，不得为属籍。明尊卑爵秩等级，各以差次名田宅，臣妾衣服以家次。有功者显荣，无功者虽富无所芬华。

【译文】

孝公任用卫鞅一段时间以后，卫鞅劝他变更法度，但孝公恐怕天下人对此有所非议。卫鞅游说孝公："行动犹豫不决就不能出名，办事犹豫不决就无法成功。况且超出常人的行为，本来就经常遭到世俗非议；见解独到的人，一定会被普通人诋毁。

愚蠢的人事成之后都弄不明白，聪明的人事先就能预见将要发生的事情。不能和百姓谋划新事物的创始而可以和他们共享成功的欢乐。探讨最高道德的人不与世俗合流，成就大业的人不与一般人共谋。因此，圣人只要能够使国家强盛，就不必沿用旧的成法；只要能够利于百姓，就不必遵循旧的礼制。"孝公说："讲得好。"甘龙说："不是这样。圣人不改变民俗而施以教化，聪明的人不改变成法而治理国家。顺应民风民俗而施教化，不费力就能成功；沿袭成法而治理国家，官吏习惯而百姓安定。"卫鞅说："甘龙所说的，是世俗的说法啊。一般人安于旧有的习俗，而读书人拘泥于书本上的见闻。这两种人奉公守法还可以，但不能和他们谈论成法以外的改革。夏、商、周三代礼制不同而都能统一天下，五霸法制不一而都能各霸一方。聪明的人制定法度，愚蠢的人被法度制约；贤能的人变更礼制，寻常的人被礼制约束。"杜挚说："没有百倍的利益，就不能改变成法；没有十倍的功效，就不能更换旧器。仿效成法没有过失，遵循旧礼不会出偏差。"卫鞅说："治理国家没有一成不变的办法，有利于国家就不仿效旧法度。所以商汤、周武王不沿袭旧法度而能王天下，夏桀、殷纣不更换旧礼制而灭亡。反对旧法的人不能非难，而沿袭旧礼的人不值得赞扬。"孝公说："讲得好。"于是任命卫鞅为左庶长，终于制定了变更成法的命令。新法规定把十家编成一什，五家编成一伍，互相监督检举，若一家犯法，十家连带治罪。不告发奸恶的将被腰斩处死，告发奸恶的与斩敌首级的奖赏相同，隐藏奸恶的人与投降敌人处以同样的刑罚。一家有两个以上的壮丁不分居的，赋税加倍。有军功的人，各按标准升爵受赏；为私事斗殴的，按情节轻重分别处以大小不同的刑罚。致力于农业生产，让粮食丰收、布帛增产的免除自身的劳役或赋税。因从事工商业及懒惰而贫穷的，把他们的妻子全都没收为官奴。王族里没有军功的，不能列入家族的名册。明确尊卑爵位等级，各按等级差别占有土地、房产，家臣奴婢的衣裳、服饰，按各家爵位等级决定。有军功的显赫荣耀，没有军功的即使很富有也不能显荣。

【原文】

　　令既具，未布，恐民之不信，已乃立三丈之木于国都市南门，募民有能徙置北门者予十金。民怪之，莫敢徙。复曰"能徙者予五十金"。有一人徙之，辄予五十金，以明不欺。卒下令。令行于民期年，秦民之国都言初令之不便者以千数。于是太子犯法。卫鞅曰："法之不行，自上犯之。"将法太子。太子，君嗣也，不可施刑，刑其傅公子虔，黥其师公孙贾。明日，秦人皆趋令。行之十年，秦民大说，道不拾遗，山无盗贼，家给人足。民勇于公战，怯于私斗，乡邑大治。秦民初言令不便者有来言令便者，卫鞅曰"此皆乱化之民也"，尽迁之于边城。其后民莫敢议令。于是以鞅为大良造。将兵围魏安邑，降之。居三年，作为筑冀阙宫庭于咸阳，秦自雍徙都之。而令民父子兄弟同室内息者为禁。而集小乡邑聚为县，置令、丞，凡三十一县。为田开阡陌封疆，而赋税平。平斗桶权衡丈尺。行之四年，公子虔复犯约，劓之。居五年，秦人富强，天子致胙于孝公，诸侯毕贺。

　　其明年，齐败魏兵于马陵，虏其太子申，杀将军庞涓。其明年，卫鞅说孝公曰："秦之与魏，譬若人之有腹心疾，非魏并秦，秦即并魏。何者？魏居领阸之西，都安邑，与秦界河而独擅山东之利。利则西侵秦，病则东收地。今以君之贤圣，国赖以盛。而魏往年大破于齐，诸侯畔之，可因此时伐魏。魏不支秦，必东徙。东徙，秦据河山之固，东乡以制诸侯，此帝王之业也。"孝公以为然，使卫鞅将而伐魏。魏使公子卬将而击之。军既相距，卫鞅遗魏将公子卬书曰："吾始与公子欢，今俱为两国将，不忍相攻，可与公子面相见，盟，乐饮而罢兵，以安秦魏。"魏公子卬以为然。会盟已，饮，而卫鞅伏甲士而袭虏魏公子卬，因攻其军，尽破之以归秦。魏惠王兵数破于齐秦，国内空，日以削，恐，乃使使割河西之地献于秦以和。而魏遂去安邑，徙都大梁。梁惠王曰："寡人恨不用公叔座之言也。"卫鞅既破魏还，秦封之于、商十五邑，号为商君。

【译文】

新法准备就绪后，还没公布，恐怕百姓不信服，卫鞅就将一根三丈长的木头竖在国都后边市场的南门，贴出布告说能把木头搬到北门的人赏给十金。百姓觉得这件事很奇怪，没人敢去搬木头。又宣布"能把木头搬到北门的人赏五十金"。有一个人把它搬走了，立刻把五十金赏给他，借此表明令出必行，绝不欺骗。事后就颁布了新法。新法在民间施行一年后，秦国有数以千计的老百姓到国都去诉说新法不好。正当这时，太子触犯了新法。卫鞅说："不能顺利推行新法，是因为上层人触犯它。"打算依新法处罚太子。太子，是国君的继承人，不能施以刑罚，于是就处罚了监督他行为的老师公子虔，以墨刑处罚了给他传授知识的老师公孙贾。第二天，秦国人就又都遵照新法执行了。新法推行了十年，秦国百姓都非常高兴，路上没有人拾别人遗失的东西，山林里也没了盗贼，家家富裕充足。人民勇于为国家打仗，不敢为私利争斗，乡村、城镇社会秩序安定。当初说新法不好的百姓又有来说法令好的，卫鞅说"这都是扰乱教化的人"，于是把这些人都迁到边疆。此后，百姓再没人敢议论新法了。于是孝公任命卫鞅为大良造。卫鞅率军围攻魏国安邑，魏人投降。过了几年，秦国在咸阳建筑宫廷，国都从雍地迁到咸阳。下令禁止百姓父子兄弟同住一屋。把零星的乡镇村庄合并成县，设置了县令、县丞，总共合并划分为三十一个县。废除井田重新划分田塍的界线，鼓励开垦荒地，而使赋税平衡。统一全国的度量衡制度。施行了四年，公子虔又犯了新法，被判处劓刑。过了五年，秦国富强，周天子赐祭肉给秦孝公，各国诸侯都来祝贺。

第二年，齐军在马陵打败魏军，将魏国的太子申俘房，把将军庞涓射死。第三年，卫鞅劝孝公说："秦和魏的关系，就像人得了心腹疾病，不是秦国被魏国兼并，就是魏国被秦国吞掉。为什么这样说？魏国地处山岭险要的西部，建都安邑，与秦国以黄河为界而独立据有崤山以东的地利。形势有利就向西进犯秦国，没利时就向东扩展领地。如今凭借大王圣明贤能，秦国才繁荣昌盛。而魏国往年被齐国打败，诸侯都背叛他，可以趁此良机攻打。魏国抵挡不住，必然要向东撤退。一向东撤，秦国占据黄河和崤山险固的地势，向东就可以控制各诸侯，这可是统一天下的伟业啊！"孝公认为说得对。就派卫鞅率领军队攻打魏国。魏国派公子卬领兵迎击。两军对峙，卫鞅派人给魏将公子卬送信，写道："我当初与公子相处得很快乐，如今你我成了敌对将领，不忍心相互攻击，可以与公子当面相见，订立盟约，痛饮几杯后各自撤兵，让秦魏相安无事。"魏公子卬认为卫鞅说得对。会盟结束，喝酒，而卫鞅埋伏下的士兵突然袭击并俘虏了魏公子卬，趁机攻打他的军队，彻底打垮了魏军，押着公子卬班师回国。魏惠王的军队多次被齐、秦击溃，国内空虚，日渐衰弱，害怕了，就派使者割让河西地区奉献给秦国作为和平的条件。魏国就离开安邑，迁都大梁。梁惠王后悔地说："我真后悔当初没听公叔座的话啊。"卫鞅打败魏军回国，秦孝公封给他于、商十五个邑，封号叫作商君。

【原文】

商君相秦十年，宗室贵戚多怨望者。赵良见商君。商君曰："鞅之得见也，从孟兰皋。今鞅请得交，可乎？"赵良曰："仆弗敢愿也。孔丘有言曰：'推贤而戴者进，聚不肖而王者退。'仆不肖，故不敢受命。仆闻之曰：'非其位而居之曰贪位，非其名而有之曰贪名。'仆听君之义，则恐仆贪位贪名也。故不敢闻命。"商君曰："子不说吾治秦与？"赵良曰："反听之谓聪，内视之谓明，自胜之谓强。虞舜有言曰：'自卑也尚矣。'君不若道虞舜之道，无为问仆矣。"商君曰："始秦戎翟之教，父子无别，同室而居。今我更制其教，而为其男女之别，大筑冀阙，营如鲁卫矣。子观我治秦也，孰与五羖大夫贤？"赵良曰："千羊之皮，不如一狐之掖；千人之诺诺，不如一士之谔谔。武王谔谔以昌，殷纣墨墨以亡。君若不非武王乎，则仆请终日正言而无诛，可乎？"商君曰："语有之矣，貌言华也，至言实也，苦言药也，甘言疾也。夫子果肯终日正言，鞅之药也。鞅将事子，子又何辞焉！"赵良曰："夫五羖大夫，荆之鄙人也。闻秦缪公之贤而愿望见，行而无资，自粥于秦客，被褐食牛。期年，缪公知之，举之牛口之下，而加之百姓之上，秦国莫敢望焉。相秦六七年，而东伐郑，三置晋国之君，一救荆国之祸。发教封内，而巴人致贡；施德诸侯，而八戎来服。由余闻之，款关请见。五羖大夫之相秦也，劳不坐乘，暑不张盖，行于国中，不从车乘，不操干戈，功名藏于府库，德行施于后世。五羖大夫死，秦国男女流涕，童子不歌谣，舂者不相杵。此五羖大夫之德也。今君之见秦王也，因嬖人景监以为主，非所以为名也。相秦不以百姓为事，而大筑冀阙，非所以为功也。刑黥太子之师傅，残伤民以骏刑，是积怨畜祸也。教之化民也深于命，民之效上也捷于令。今君又左建外易，非所以为教也。君又南面而称寡人，日绳秦之贵公子。《诗》曰：'相鼠有体，人而无礼；人而无礼，何不遄死？'以《诗》观之，非所以为寿也。公子虔杜门不出已八年矣，君又杀祝欢而黥公孙贾。《诗》曰：'得人者兴，失人者崩。'此数事者，非所以得人也。君之出也，后车十数，从车载甲，多力而骈胁者为骖乘，持矛而操闟戟者旁车而趋。此一物不具，君固不出。《书》曰：'恃德者昌，恃力者亡。'君之危若朝露，尚将欲延年益寿乎？则何不归十五都，灌园于鄙，劝秦王显岩穴之士，养老存孤，敬父兄，序有功，尊有德，可以少安。君尚将贪商、於之富，宠秦国之教，畜百姓之怨，秦王一旦捐宾客而不立朝，秦国之所以收君者，岂其微哉？亡可翘足而待。"商君弗从。

【译文】

商君当了十年的秦相，很多皇亲国戚都怨恨他。赵良见到商君。商君说："你我能够相见，是由于孟兰皋的介绍。我想跟你交朋友，行吗？"赵良回答："我不敢奢望。孔子说过：'推荐贤能，百姓拥戴的人自会前来；聚集不肖之徒，即使能成就王业的人也会引退。'鄙人不才，所以不敢从命。鄙人听到过这样的说法：'不该占有的职位而占有叫贪位，不该享有的名声而享有叫贪名。'鄙人要是接受了，恐怕那就是鄙人既贪位又贪名了。所以不敢从命。"商鞅说："您不高兴我对秦国的治理吗？"赵良说："能够听从别人的意见叫做聪，能够自我省察叫做明，能够自我克制叫做强。虞舜曾说过：'自我谦虚的人被人尊重。'您不如遵循虞舜的主张去做，无须问我了。"商鞅说："当初，秦国的习俗和戎狄一样，父子不分开，男女老少同居一室。如今我改变了秦国的教化，使他们男女有别，分居而住，大造宫廷城阙，把秦国营建得像鲁国、魏国一样。您看我治理秦国，与五羖大夫比，谁更有才干？"赵良说："一千张羊皮比不上狐腋下的一块皮毛贵重，一千个随声附和的人比不上一个正义直言者。武王允许大臣们直言谏诤，国家就昌盛，纣王的大臣不敢讲话，因而灭亡。您如果不反对武王的做法，那么，请允许鄙人整天直言而不受责备，可以吗？"商君："俗话说，外表上动听的话好比是花朵，真实无诚的话如同果实，苦口相劝、听来逆耳的话是治病的良药，献媚奉承的话是疾病。您果真肯终日正义直言，那就是我治病的良药了。我将拜您为师，您为什么又拒绝和我交朋友呢！"赵良说："那五羖大夫，是楚国偏僻的乡下人。听说秦穆公贤明，就想去当面拜见，要去却没有路费，就把自己卖给秦国人，穿着粗布短衣给人家喂牛。整整过了一年，秦穆公知道了这件事，把他从牛嘴下面提拔起来，凌驾于万人之上，秦国人没有谁不满意。他出任秦相六七年，向东讨伐过郑国，三次拥立晋国的国君，一次出兵救楚。在境内施行德化，巴国前来纳贡；施德政于诸侯，四方少数民族前来朝见。由余听到这种情形，前来敲门投奔。五羖大夫出任秦相，劳累不坐车，酷暑炎热不打伞，走遍国中，不用随从的车辆，不带武装防卫，他的功名载于史册，藏于府库，他的德行施教于后代。五羖大夫死时，秦国不论男女都痛哭流涕，连小孩子也不唱歌谣，正在舂米的人也因悲哀而不再歌唱以往舂米时伴随着杵声的歌谣。这就是五羖大夫的德行啊。如今您得以见秦王，靠的是秦王宠臣景监推荐介绍，这就说不上什么名声。身为秦国国相不为百姓造福而大规模地营建宫阙，这就说不上为国家建立功业了。惩治太子的师傅，用严刑酷法残害百姓，这是积累怨恨、聚积祸患啊。教化百姓比命令百姓更深入人心，百姓模仿上边的行为比命令百姓更为迅速。如今您却违情背理地建立权威变更法度，这不是对百姓施行教化啊。您又在商於封地南面称君，天天用新法来逼迫秦国的贵族子弟。《诗经》上说：'相鼠还懂得礼貌，人反而没有礼仪，人既然失去了礼仪，为什么不快死呢？'照《诗经》看来，实在是不能恭维您。公子虔闭门不出已经八年，您又杀死祝欢而用墨刑惩处公孙贾。《诗经》上说：'得到人心的振兴，失掉人心的灭亡。'这几件事，都不是得人心的。您一出门，后边跟着数以十计的车辆，车上都是顶盔贯甲的卫士,身强力壮的人做贴身侍卫,持矛操戟的人紧靠您的车子奔随。这些防卫缺少一样,您必定不敢出门。《尚书》上说:'凭靠施德的昌盛,凭靠武力的灭亡。'您的处境就好像很快就会消亡的露水一样危险,您还打算要延年益寿吗?那为什么不把商於十五邑封地交还秦国,到偏僻荒远的地方浇园自耕,劝秦王重用那些隐居山林的贤才,赡养老人,抚育孤儿,使父兄相互敬重,依功序爵,尊崇有德之士,这样才可稍保平安。您还要贪图商於的富有,以独揽秦政为荣幸,聚集百姓的怨恨,秦王一旦去世,秦国想要收拾您的人会少吗?您丧身的日子就像抬脚走路那样迅速地到来。"但商君没有听从赵良的劝告。

【原文】

后五月而秦孝公卒,太子立。公子虔之徒告商君欲反,发吏捕商君。商君亡至关下,欲舍客舍。客人不知其是商君也,曰:"商君之法,舍人无验者坐之。商君喟然叹曰:"嗟乎,为法之敝一至此哉!"去之魏。魏人怨其欺公子卬而破魏师,弗受。商君欲之他国。魏人曰:"商君,秦之贼。秦强而贼入魏,弗归,不可"。遂内秦。商君既复入秦,走商邑,与其徒属发邑兵北出击郑。秦发兵攻商君,杀之于郑黾池。秦惠王车裂商君以徇,曰:"莫如商鞅反者!"遂灭商君之家。

太史公曰:商君,其天资刻薄人也。迹其欲干孝公以帝王术,挟持浮说,非其质矣。且所因由嬖臣,及得用,刑公子虔,欺魏将卬,不师赵良之言,亦足发明商君之少恩矣。余尝读商君开塞耕战书,与其人行事相类。卒受恶名于秦,有以也夫!

【译文】

五个月后,秦孝公去世,太子即位。公子虔的党徒诬告商君造反,就派人去抓他。商君逃到边境,想住客栈。店主不知道他是商君,说:"商君有令,住店人没有证件店主要连带判罪。"商君叹息:"哎呀!我制定的新法竟然害我到了这样的地步!"离开秦国潜逃到魏国。魏国人怨恨他欺骗公子卬且打败魏军,拒绝收留他。商君打算到别的国家。魏国人说:"商君,是秦国逃犯,强秦逃犯跑到魏国来,不送回去不行。"于是把商君押回秦国。商君回到秦国,就逃到封地商邑,跟党徒发动邑中士兵,向北攻击郑国谋生,秦国出兵攻打商君,把他杀死在郑国黾池。秦惠王把商君五马分尸示众,说:"不要像商鞅那样谋反!"然后诛杀商君全家。

太史公说:商君,天性残忍少恩。考察他当初用帝王之道游说孝公,凭借着虚饰浮说,根本不是他自身的资质。再说靠着国君宠臣的推荐,等到被任用后,就刑罚公子虔,欺骗魏将公子卬,不听赵良的规劝,足以证明商君残忍少恩了。我曾经读过商君开塞耕战的书籍,其内容和他本身的作为相类似。但最终还是在秦国落得个谋反的恶名,这是有渊源的呀!

孟尝君列传

【原文】

　　孟尝君名文，姓田氏。文之父曰靖郭君田婴。田婴者，齐威王少子而齐宣王庶弟也。田婴自威王时任职用事，与成侯邹忌及田忌将而救韩伐魏。成侯与田忌争宠，成侯卖田忌。田忌惧，袭齐之边邑，不胜，亡走。会威王卒，宣王立，知成侯卖田忌，乃复召田忌以为将。宣王二年，田忌与孙膑、田婴俱伐魏，败之马陵，虏魏太子申而杀魏将庞涓。宣王七年，田婴使于韩、魏，韩、魏服于齐。婴与韩昭侯、魏惠王会齐宣王东阿南，盟而去。明年，复与梁惠王会甄。是岁，梁惠王卒。宣王九年，田婴相齐。齐宣王与魏襄王会徐州而相王也。楚威王闻之，怒田婴。明年，楚伐败齐师于徐州，而使人逐田婴。田婴使张丑说楚威王，威王乃止。田婴相齐十一年，宣王卒，湣王即位。即位三年，而封田婴于薛。

　　初，田婴有子四十余人，其贱妾有子名文，文以五月五日生。婴告其母曰："勿举也。"其母窃举生之。及长，其母因兄弟而见其子文于田婴。田婴怒其母曰："吾令若去此子，而敢生之，何也？"文顿首，因曰："君所以不举五月子者，何故？"婴曰："五月子者，长与户齐，将不利其父母。"文曰："人生受命于天乎？将受命于户邪？"婴默然。文曰："必受命于天，君何忧焉？必受命于户，则可高其户耳，谁能至者！"婴曰："子休矣。"

【译文】

　　孟尝君姓田名文。田文的父亲叫靖郭君田婴。田婴，是齐威王的小儿子、齐宣王庶母所生的弟弟。田婴从威王时就任职当权，曾与成侯邹忌以及田忌带兵去攻伐魏国救援韩国。后来成侯与田忌争宠而有了很深的隔阂，结果成侯出卖了田忌。田忌很害怕，就偷袭齐国边境的城邑，没拿下，便逃跑了。这时正赶上齐威王去世，宣王立为国君，宣王知道是成侯陷害田忌，就又召回了田忌并让他做了将领。宣王二年（前318），田忌跟孙膑、田婴一起攻打魏国，在马陵战败魏国，俘虏了魏太子申并杀了魏国将领庞涓。宣王七年，田婴奉命出使韩国和魏国，经过一番活动使韩、魏归服于齐国。田婴陪韩昭侯、魏惠王在东阿南会见齐宣王，三国结盟缔约后便离开了。第二年，宣王又与梁惠王在甄地盟会。这一年，梁惠王去世。宣王九年，田婴任齐国宰相。齐宣王与魏襄王在徐州盟会互相尊称为王。楚威王得知后，对田婴很恼火，认为是他一手策划的。第二年，楚国进攻齐国，在徐州战败了齐国军队，便派人追捕田婴。田婴派张丑去劝说楚威王，楚威王才算罢休。田婴在齐国任相十一年，宣王去世，湣王立为国君。湣王即位三年，将薛邑赐封给田婴。

　　当初，田婴有四十多个儿子，有个妾生个儿子叫文，五月五日出生。田婴跟她说："不要养活。"但田文母亲暗中把他养活了。田文长大后，母亲便通过他的兄弟把田文引见给田婴。田婴愤怒地对他母亲说："我让你把他扔了，你竟敢把他养活，为什么？"田文母亲还没回答，田文叩头大拜，反问田婴："您不让养育五月生的孩子,为什么?"田婴回答:"五月生的孩子,长大了会跟门一样高,会害父母。"田文说:"人的命运是由上天授予呢?还是由门户授予?"田婴不知怎么回答,沉默不语。田文说:"如果是上天授予的,您何必忧虑?如果是门户授予的,只要加高门户就行,谁能长到那么高!"田婴没话说,便斥责道:"你不要说了!"

【原文】

久之,文承间问其父婴曰:"子之子为何?"曰:"为孙。""孙之孙为何?"曰:"为玄孙。""玄孙之孙为何?"曰:"不能知也。"文曰:"君用事相齐,至今三王矣,齐不加广而君私家富累万金,门下不见一贤者。文闻将门必有将,相门必有相。今君后宫蹈绮縠而士不得裋褐,仆妾余粱肉而士不厌糟糠。今君又尚厚积余藏,欲以遗所不知何人,而忘公家之事日损,文窃怪之。"于是婴乃礼文,使主家待宾客。宾客日进,名声闻于诸侯。诸侯皆使人请薛公田婴以文为太子,婴许之。婴卒,谥为靖郭君。而文果代立于薛,是为孟尝君。

孟尝君在薛,招致诸侯宾客及亡人有罪者,皆归孟尝君。孟尝君舍业厚遇之,以故倾天下之士。食客数千人,无贵贱一与文等。孟尝君待客坐语,而屏风后常有侍史,主记君所与客语,问亲戚居处。客去,孟尝君已使使存问,献遗其亲戚。孟尝君曾待客夜食,有一人蔽火光。客怒,以饭不等,辍食辞去。孟尝君起,自持其饭比之。客惭,自刭。士以此多归孟尝君。孟尝君客无所择,皆善遇之。人人各自以为孟尝君亲己。

秦昭王闻其贤,乃先使泾阳君为质于齐,以求见孟尝君。孟尝君将入秦,宾客莫欲其行,谏,不听。苏代谓曰:"今旦代从外来,见木禺人与土禺人相与语。木禺人曰:'天雨,子将败矣。'土禺人曰:'我生于土,败则归土。今天雨,流子而行,未知所止息也。'今秦,虎狼之国也,而君欲往,如有不得还,君得无为土禺人所笑乎?"孟尝君乃止。

【译文】

很长时间以后,田文找了个机会问父亲:"儿子的儿子叫什么?"田婴答道:"叫孙子。"田文接着问:"孙子的孙子叫什么?"田婴答道:"叫玄孙。"田文又问:"玄孙的孙子叫什么?"田婴说:"我不知道了。"田文说:"您执掌大权担任齐国宰相,到如今已经历三代君王了,可是齐国的领土没有增广,您的私家却积贮了万金的财富,门下也看不到一位贤能之士。我听说,将军的门庭必出将军,宰相的门庭必有宰相。现在您的姬妾可以践踏绫罗绸缎,而贤士却穿不上粗布短衣;您的男仆女奴有剩余的饭食肉羹,而贤士却连酒糟、米糠等粗劣食物也吃不饱。现在您还一个劲地加多积贮,想留给那些连称呼都叫不上来的人,却忘记国家在诸侯中一天天失势。我感觉很奇怪。"从此以后,田婴改变了对田文的态度,器重他,让他主持家政,接待宾客。宾客来往不断,日益增多,田文的名声随之传播到各诸侯国中。各诸侯国都派人来请求田婴立田文为太子,田婴答应下来。田婴去世后,追谥为靖郭君。田文果然在薛邑继承了田婴的爵位。这就是孟尝君。

孟尝君在薛邑，招揽各诸侯国宾客及逃亡的人，很多人都来归附。孟尝君宁肯舍弃家业也给其丰厚待遇，因此天下贤士都很向往。他的食客有几千人，一律与田文待遇相同。孟尝君每当接待宾客，与其坐着谈话时，总是在屏风后安排侍史，让他记录谈话内容，记载所问宾客亲戚的住处。宾客刚刚离开，孟尝君就已派使者到宾客亲戚家里慰问，献上礼物。有一次，孟尝君招待宾客吃晚饭，有个人遮住了灯亮。那个宾客很恼火，认为饭食的质量肯定不相等，放下碗筷就要辞别。孟尝君马上站起来，亲自端着自己的饭与他的相比，那个宾客惭愧得无地自容，就以刎颈自杀表示谢罪。因此愿意归附孟尝君的贤士更多了。孟尝君对于来到门下的宾客都热情接纳，不挑拣，无亲疏，一律给予优厚的待遇。所以宾客人人都认为孟尝君与自己亲近。

秦昭王听说孟尝君贤能，就先派泾阳君到齐国做人质，并请求见到孟尝君。孟尝君准备去秦国，而宾客都不赞成他出行，规劝他，他不听，执意前往。这时有个宾客苏代对他说："今天早上我从外面来，见到一个木偶人与一个土偶人正在交谈。木偶人说：'天一下雨，你就要坍毁了。'土偶人说：'我是由泥土生成的，即使坍毁，也要归回到泥土里。若天真的下起雨来，水流冲着你跑，可不知把你冲到哪里去了。'当今的秦国，是个如虎似狼的国家，而您执意前往，如果一旦回不来，您能不被土偶人嘲笑吗？"孟尝君听后，才停止了出行的准备。

【原文】

齐湣王二十五年，复卒使孟尝君入秦，昭王即以孟尝君为秦相。人或说秦昭王曰："孟尝君贤，而又齐族也，今相秦，必先齐而后秦，秦其危矣。"于是秦昭王乃止。囚孟尝君，谋欲杀之。孟尝君使人抵昭王幸姬求解。幸姬曰："妾愿得君狐白裘。"此时孟尝君有一狐白裘，直千金，天下无双，入秦献之昭王，更无他裘。孟尝君患之，遍问客，莫能对。最下坐有能为狗盗者，曰："臣能得狐白裘。"乃夜为狗，以入秦宫臧中，取所献狐白裘至，以献秦王幸姬。幸姬为言昭王，昭王释孟尝君。孟尝君得出，即驰去，更封传，变名姓以出关。夜半至函谷关。秦昭王后悔出孟尝君，求之，已去，即使人驰传逐之。孟尝君至关，关法鸡鸣而出客，孟尝君恐追至，客之居下坐者有能为鸡鸣，而鸡齐鸣，遂发传出。出如食顷，秦追果至关，已后孟尝君出，乃还。始孟尝君列此二人于宾客，宾客尽羞之，及孟尝君有秦难，卒此二人拔之。自是之后，客皆服。

【译文】

齐湣王二十五年（前276），又派孟尝君出使秦国，秦昭王就让孟尝君做秦国宰相。有的大臣劝说秦王："孟尝君的确贤能，但他是齐王的同宗，虽然现在做了秦国宰相，做什么事肯定先想着齐国而后考虑秦国，秦国可要危险了。"于是秦昭王罢免了孟尝君的宰相职务。他把孟尝君囚禁起来，打算杀掉孟尝君。孟尝君知道情况危急就派人冒昧地去见昭王的宠妾求救。那个宠妾提出条件说："我希望得到孟尝君的白色狐皮裘。"孟尝君来的时候，带有一件白色狐皮裘，价值千金，天下没有第二件，到秦国后献给了昭王，再也没有别的皮裘了。孟尝君为这件事发愁，问遍了宾客，谁也想不出办法。有一位地位不高但擅长偷盗东西的人，说："我能拿到那件白色狐皮裘。"于是当夜装成狗，钻入了秦宫中的仓库，取出献给昭王的那件狐白裘，拿回来献给了昭王的宠妾。宠妾得到后，替孟尝君向昭王说情，昭王便释放了孟尝君。孟尝君获释后，立即乘快车逃离，更换了出境证件，改了姓名逃出城关。夜半时分到了函谷关。昭王后悔放出了孟尝君，再寻找他，他已经逃走了，就立即派人驾上传车飞奔而去追捕他。孟尝君一行到了函谷关，按照关法规定，鸡叫时才能放来往客人出关，孟尝君恐怕追兵赶到，万分着急。宾客中有个地位不高的人会学鸡叫，他一学鸡叫，附近的鸡随着一齐叫了起来，便立即出示了证件逃出函谷关。出关后约莫一顿饭的工夫，秦国追兵果然到了函谷关，但已落在孟尝君的后面，只好回去。当初，孟尝君把这两个人安排在宾客中的时候，其他宾客无不感到羞耻，觉得脸上无光，孟尝君在秦国遭到劫难时，最终是靠着这两个人解救了他。从此，宾客们都佩服孟尝君高明的做法。

【原文】

孟尝君过赵，赵平原君客之。赵人闻孟尝君贤，出观之，皆笑曰："始以薛公为魁然也，今视之，乃眇小丈夫耳。"孟尝君闻之，怒。客与俱者下，斫击杀数百人，遂灭一县以去。齐湣王不自得，以其遣孟尝君。孟尝君至，则以为齐相，任政。

孟尝君怨秦，将以齐为韩、魏攻楚，因与韩、魏攻秦，而借兵食于西周。苏代为西周谓曰："君以齐为韩、魏攻楚九年，取宛、叶以北以强韩、魏，今复攻秦以益之。韩、魏南无楚忧，西无秦患，则齐危矣。韩、魏必轻齐畏秦，臣为君危之。君不如令敝邑深合于秦，而君无攻，又无借兵食。君临函谷而无攻，令敝邑以君之情谓秦昭王曰'薛公必不破秦以强韩、魏。其攻秦也，欲王之令楚王割东国以与齐，而秦出楚怀王以为和'。君令敝邑以此惠秦，秦得无破而以东国自免也，秦必欲之。楚王得出，必德齐。齐得东国益强，而薛世世无患矣。秦不大弱，而处三晋之西，三晋必重齐。"薛公曰："善。"因令韩、魏贺秦，使三国无攻，而不借兵食于西周矣。是时，楚怀王入秦，秦留之，故欲必出之。秦不果出楚怀王。

【译文】

孟尝君经过赵国，赵国平原君把他奉若贵宾。赵国人听说孟尝君贤能，都出来围观，见了后便都嘲笑说："本以为孟尝君是个魁梧的大丈夫，如今看到他，不过是个瘦小的男人罢了。"孟尝君听了这些讽刺他的话，非常生气。随行的人跟他一起跳下车来，砍杀了几百人，毁了一个县才离去。齐湣王因为把孟尝君派到秦国去而感到内疚。孟尝君回来后，齐王就让他做齐国宰相，执掌国政。

孟尝君怨恨秦国，想以齐国曾帮助韩、魏退楚国为理由，再联合两国攻打秦国，为此他向西周借兵器和军粮。苏代替西周对孟尝君说："您拿齐国的兵力帮助韩、魏攻打楚国达九年之久，把宛、叶以北的地方夺取了，结果使韩、魏两国强大起来，如今再去攻打秦国就会更加增强了韩、魏的力量。韩国、魏国南边没有楚国忧虑，北边没有秦国的祸患，那么齐国就危险了。韩、魏两国强盛起来必定轻视齐国而畏惧秦国，我实在替您对这种形势感到不安。您不如让西周与秦国深切交好，您不要进攻秦国,也不要借兵器和粮食。您把军队开临函谷关但不要进攻,让西周把您的心情告诉给秦昭王说'薛公一定不会攻破秦国来增强韩、魏两国的势力。他要进攻秦国,不过是想要大王责成楚国把东部国土割给齐国,并请您把楚怀王释放出来以讲和'。您让西周用这种做法给秦国好处,秦国能够不被攻破又拿楚国的地盘保全了自己,秦国必定情愿这么办。楚王能够获释,也一定感激齐国。齐国得到楚国东部自然会日益强大,薛邑也就会世世代代没有忧患了。秦国并非很弱,它有一定实力,而处在韩、魏的西邻,韩、魏两国必定倚重齐国。"薛公听了后,立即说:"好。"于是让韩、魏向秦国祝贺,避免了一场兵灾,使齐、韩、魏三国不再发兵进攻,也不向西周借兵器和军粮了。这时,楚怀王已经到了秦国,秦国把他扣留,所以孟尝君还是要秦国一定放出楚怀王。但是秦国不放人。

【原文】

孟尝君相齐,其舍人魏子为孟尝君收邑入,三反而不致一人。孟尝君问之,对曰:"有贤者,窃假与之,以故不致入。"孟尝君怒而退魏子。居数年,人或毁孟尝君于齐湣王曰:"孟尝君将为乱。"及田甲劫湣王,湣王意疑孟尝君,孟尝君乃奔。魏子所与粟贤者闻之,乃上书言孟尝君不作乱,请以身为盟,遂自刭宫门以明孟尝君。湣王乃惊,而踪迹验问,孟尝君果无反谋,乃复召孟尝君。孟尝君因谢病,归老于薛。湣王许之。其后,秦亡将吕礼相齐,欲困苏代。代乃谓孟尝君曰:"周最于齐,至厚也,而齐王逐之,而听亲弗相吕礼者,欲取秦也。齐、秦合,则亲弗与吕礼重矣。有用,齐、秦必轻君。君不如急北兵,趋赵以和秦、魏,收周最以厚行,且反齐王之信,又禁天下之变。齐无秦,则天下集齐,亲弗必走,则齐王孰与为其国也!"于是孟尝君从其计,而吕礼嫉害于孟尝君。

孟尝君惧,乃遗秦相穰侯魏冉书曰:"吾闻秦欲以吕礼收齐,齐,天下之强国也,子必轻矣。齐、秦相取以临三晋,吕礼必并相矣,是子通齐以重吕礼也。若齐免于天下之兵,其雠子必深矣。子不如劝秦王伐齐。齐破,吾请以所得封子。齐破,秦畏晋之强,秦必重子以取晋。晋国敝于齐而畏秦,晋必重子以取秦。是子破齐以为功,挟晋以为重;是子破齐定封,秦、晋交重子。若齐不破,吕礼复用,子必大穷。"于是穰侯言于秦昭王伐齐,而吕礼亡。后齐湣王灭宋,益骄,欲去孟尝君。孟尝君恐,乃如魏。魏昭王以为相,西合于秦、赵,与燕共伐破齐。齐湣王亡在莒,遂死焉。齐襄王立,而孟尝君中立于诸侯,无所属。齐襄王新立,畏孟尝君,与连和,复亲薛公。文卒,谥为孟尝君。诸子争立,而齐、魏共灭薛。孟尝绝嗣无后也。

【译文】

孟尝君任齐国宰相时,一次侍从魏子替他去收封邑的租税,来回好几次,一直没能把租税收回来。孟尝君就问他怎么回事,魏子回答:"我碰到了一位贤德的人,我私自借您的名义把租税赠给了他,所以没有收回来。"孟尝君听后一气之下把魏子赶走了。几年后,有人向齐湣王诬陷孟尝君:"孟尝君将要发动叛乱。"等到田君甲劫持了湣王，湣王便猜疑是孟尝君策划的，孟尝君就逃走了。曾经得到魏子赠粮的那位贤人听说了这件事，就上书给湣王申明孟尝君不会作乱，并请求以自己的生命作保，于是在宫殿门口刎颈自杀，以此证明孟尝君的清白。湣王为之震惊，便追查实际情况，孟尝君果然没有叛乱，便召回了孟尝君。孟尝君推托有病，要求辞官回薛邑养老。湣王答应了。后来，秦国的逃亡将领吕礼做了齐国宰相，他想把苏代陷于困境。苏代就对孟尝君说："周最对齐王是极为忠诚的，可是齐王把他赶走，而听信亲弗的意见让吕礼做宰相，就是打算联合秦国。齐、秦两国联合，亲弗与吕礼就会受到重用。他们受到重用，齐国、秦国必定轻视您。您不如急速向北进军，促使赵国与秦、魏讲和，招回周最来显示您的厚道，还可以挽回齐王的信用，又能防止因齐、楚联合将造成各国关系的变化。齐国不去依傍秦国，那么各诸侯都会靠拢齐国，亲弗势必出逃，这样一来，除了您之外，齐王还能跟谁一起治理他的国家呢？"孟尝君就听从了苏代的计谋，因而吕礼嫉恨并要谋害孟尝君。

孟尝君很害怕，就写了一封信派人交给秦国丞相穰侯魏冉，他写道："我听说秦国打算让吕礼来联合齐国，齐国可是强国，齐、秦联合成功吕礼就会得势，您就被秦王轻视。如果秦、齐相结盟来对付韩、赵、魏三国，那么吕礼必将成为秦、齐两国宰相，这是您结交齐国反而使吕礼的地位显重啊。再说，即使齐国免于诸侯国攻击的兵祸，齐国还一定会深深地仇恨您。您不如劝说秦王攻打齐国。齐国被攻破，我会设法请求秦王把所得的齐国土地封给您。齐国被攻破，秦国会害怕魏国强大起来，秦王必定重用您去结交魏国。魏国败于齐国又害怕秦国，它一定推重您以便结交秦国。这样，您既能够凭攻破齐国建立自己的功劳，挟持魏国提高您的地位；又可以攻破齐国得到封邑，使秦、魏两国同时敬重您。如果齐国不被攻破，吕礼再被任用，您必陷于极端的困境中。"于是穰侯向秦昭王进言攻打齐国，吕礼就逃跑了。后来，齐湣王把宋国灭掉，愈加骄傲起来，想把孟尝君除掉。孟尝君很害怕，逃到魏国。魏昭王任用他做宰相，往西联合秦国、赵国，帮助燕国攻打齐国并将其打败。齐湣王逃到莒，最后死在那里。齐襄王即位，当时孟尝君在诸侯国之间持中立地位，不从属于哪个君王。齐襄王由于刚刚即位，畏惧孟尝君，便与孟尝君和好，与他亲近起来。田文去世，谥号称孟尝君。田文的几个儿子争着继承爵位，随即齐、魏两国联合共同灭掉了薛邑。孟尝君子嗣断绝没有后代。

【原文】

初，冯驩闻孟尝君好客，蹑蹻而见之。孟尝君曰："先生远辱，何以教文也？"冯驩曰："闻君好士，以贫身归于君。"孟尝君置传舍十日，孟尝君问传舍长曰："客何所为？"答曰："冯先生甚贫，犹有一剑耳，又蒯缑。弹其剑而歌曰'长铗归来乎，食无鱼'。"孟尝君迁之幸舍，食有鱼矣。五日，又问传舍长。答曰："客复弹剑而歌曰'长铗归来乎，出无舆'。"孟尝君迁之代舍，出入乘舆车矣。五日，孟尝君复问传舍长。舍长答曰："先生又尝弹剑而歌曰'长铗归来乎，无以为家'。"孟尝君不悦。

居期年，冯驩无所言。孟尝君时相齐，封万户于薛。其食客三千人，邑人不足以奉客，使人出钱于薛。岁余不入，贷钱者多不能与其息，客奉将不给。孟尝君忧之，问左右："何人可使收债于薛者？"传舍长曰："代舍客冯公形容状貌甚辩，长者，无他伎能，宜可令收债。"孟尝君乃进冯驩而请之曰："宾客不知文不肖，幸临文者三千余人，邑人不足以奉宾客，故出息钱于薛。薛岁不入，民颇不与其息。今客食恐不给，愿先生责之。"冯驩曰："诺。"辞行，至薛，召取孟尝君钱者皆会，得息钱十万。乃多酿酒，买肥牛，召诸取钱者，能与息者皆来，不能与息者亦来，皆持取钱之券书合之。齐为会，日杀牛置酒。酒酣，乃持券如前合之，能与息者，与为期；贫不能与息者，取其券而烧之。曰："孟尝君所以贷钱者，为民之无者以为本业也；所以求息者，为无以奉客也。今富给者以要期，贫穷者燔券书以捐之。诸君强饮食。有君如此，岂可负哉！"坐者皆起，再拜。

孟尝君闻冯驩烧券书，怒而使使召驩。驩至，孟尝君曰："文食客三千人，故贷钱于薛。文奉邑少，而民尚多不以时与其息，客食恐不足，故请先生收责之。闻先生得钱，即以多具牛酒而烧券书，何？"冯驩曰："然。不多具牛酒即不能毕会，无以知其有余不足。有余者，为要期。不足者，虽守而责之十年，息愈多，急，即以逃亡自捐之。若急，终无以偿，上则为君好利不爱士民，下则有离上抵负之名，非所以厉士民彰君声也。焚无用虚债之券，捐不可得之虚计，令薛民亲君而彰君之善声也，君有何疑焉！"孟尝君乃拊手而谢之。

【译文】

当初，冯驩听说孟尝君礼遇宾客，便穿着草鞋来见他。孟尝君说："承蒙先生远道光临，有什么指教我的？"冯驩回答说："听说您礼贤下士，我只不过是想以贫贱之身在您这里讨口饭吃。"孟尝君什么也没说就把他安置在下等食客的住所里。十天后，孟尝君询问住所的负责人说："客人近来做什么了？"负责人回答说："冯先生太穷了，只有一把剑，还是草绳缠着剑把。他总是弹着那把剑唱'长剑啊，咱们回家吧！吃饭没有鱼'。"孟尝君就让冯驩搬到中等食客的住所里，吃饭有鱼了。过了五天，孟尝君又向那位负责人询问冯驩的情况，负责人回答说："客人又弹着剑唱道'长剑啊，咱们回去吧！出门没有车'。"于是孟尝君又把冯驩迁到上等食客的住所里，进出都有车坐。又过了五天，孟尝君再次询问那位负责人。负责人说："这位先生又曾弹着剑唱道'长剑啊，咱们回家吧！没有办法养活家'。"孟尝君听了很不高兴。

过了一年，冯驩什么也没说。当时孟尝君正任齐国宰相，受封万户于薛邑。他有三千多个食客，食邑的赋税收入养不起这么多食客，就派人到薛邑放债。由于年景不好，没有收成，大多数借债的人都付不起利息，食客的需用将无法供给。对于这种情况，孟尝君焦虑不安，就问侍从："谁可以派往薛邑去收债？"那个住所负责人说："上等食客住所里的冯先生从长相看，很是精明，是个长者，又没有其他技能，派他去收债该是合适的。"孟尝君便迎进冯驩向他请求说："宾客们不知道我无能，来我这里的有三千多人，如今食邑的收入不能够供养宾客，所以在薛邑放了些债。可是薛邑年景不好，没有收成，百姓多数不能付给利息。宾客吃饭恐怕都成问题了，希望先生替我去索债。"冯谖说："好吧。"便告别了孟尝君，到了薛邑，他把凡是借了孟尝君钱的人都集合起来，索要欠债得到利息十万钱。这笔款项他没送回去，却酿了许多酒，买了肥壮的牛，然后召集借钱的人，能付给利息的都来，不能付给利息的也来，要求一律带着借钱的契据以便核对。随即让大家一起参加宴会，当日杀牛炖肉，置办酒席。宴会上正当大家饮酒尽兴时，冯谖就拿着契据走到席前一一核对，能够付给利息的，给他定下期限；穷得不能付息的，取回他们的契据当众把它烧毁。接着对大家说："孟尝君之所以向大家贷款，就是给没有资金的人提供资金来从事行业生产；他之所以向大家索债，是因为没有钱财供养宾客了。如今富裕有钱还债的，约定日期还债；贫穷无力还债的，烧掉契据把债务全部废除。请各位开怀畅饮吧。有这样的封邑主人，日后怎么能背弃他呢！"在座的人都站了起来，连续两次行跪拜大礼。

孟尝君听说冯谖把契据烧了，立即派人把冯谖召回。冯谖回来了，孟尝君责备他："我有食客三千人，所以把钱贷给薛地。本来封地就少，而多数百姓还不按时付利息，怕宾客们连吃饭都不够，所以请先生去收债。听说先生收来钱就大办酒宴，而且把契据烧了。怎么回事？"冯谖回答说："是这样。如果不大办酒肉宴席就不能把债民集合，也就没办法了解谁富裕谁贫穷。富裕的，给他限定日期还债。贫穷的，即使监守着催促十年也还不上债，时间越长，利息越多，到了危急时，就会用逃亡的办法赖掉债务。如果催促紧迫，不仅终究没办法偿还，而且会显得您贪财好利不爱惜平民百姓，百姓则会有背离冒犯君主的恶名，这可不是用来鼓励平民百姓、彰扬您名声的做法。我烧掉毫无用处徒有其名的借据，废弃有名无实的账簿，是让薛邑平民百姓信任您而彰扬您善良的好名声啊。您有什么可疑惑的呢？"孟尝君听后，拍着手连声道谢。

【原文】

齐王惑于秦、楚之毁，以为孟尝君名高其主而擅齐国之权，遂废孟尝君。诸客见孟尝君废，皆去。冯谖曰："借臣车一乘，可以入秦者，必令君重于国而奉邑益广，可乎？"孟尝君乃约车币而遣之。冯谖乃西说秦王曰："天下之游士冯轼结靷西入秦者，无不欲强秦而弱齐；冯轼结靷东入齐者，无不欲强齐而弱秦。此雄雌之国也，势不两立为雄，雄者得天下矣。"秦王跽而问之曰："何以使秦无为雌而可？"冯谖曰："王亦知齐之废孟尝君乎？"秦王曰："闻之。"冯谖曰："使齐重于天下者，孟尝君也。今齐王以毁废之，其心怨，必背齐；背齐入秦，则齐国之情，人事之诚，尽委之秦，齐地可得也，岂直为雄也！君急使使载币阴迎孟尝君，不可失时也。如有齐觉悟，复用孟尝君，则雌雄之所在未可知也。"秦王大悦，乃遣车十乘黄金百镒以迎孟尝君。冯谖辞以先行，至齐，说齐王曰："天下之游士冯轼结靷东入齐者，无不欲强齐而弱秦者；冯轼结靷西入秦者，无不欲强秦而弱齐者。夫秦、齐雄雌之国，秦强则齐弱矣，此势不两雄。今臣窃闻秦遣使车十乘载黄金百镒以迎孟尝君。孟尝君不西则已，西入相秦则天下归之，秦为雄而齐为雌，雌则临淄、即墨危矣。王何不先秦使之未到，复孟尝君，而益与之邑以谢之？孟尝君必喜而受之。秦虽强国，岂可以请人相而迎之哉！折秦之谋，而绝其霸强之略。"齐王曰："善。"乃使人至境候秦使。秦使车适入齐境，使还驰告之，王召孟尝君而复其相位，而与其故邑之地，又益以千户。秦之使者闻孟尝君复相齐，还车而去矣。

【译文】

齐王受到秦国和楚国的诋毁蛊惑，认为孟尝君压过了自己的名望，独揽齐国大权，就罢免了孟尝君。那些宾客看到孟尝君被罢官，都走了。只有冯骥为他谋划说："借给我一辆车子，让我去秦国，我一定能让您在齐国更加显贵，食邑更加宽广。您看可以吗？"于是孟尝君便准备了马车和礼物送冯骥上了路。冯骥就乘车向西到了秦国游说秦王说："天下的游说之士驾车向西来到秦的，无一不是想要使秦国强大而使齐国削弱的；乘车向东进入齐国的，无一不是要使齐国强大而使秦国削弱的。这是两个决一雌雄的国家，与对方决不并存，强大有力的雄国才能得天下。"秦王听得入了神，挺直身子跪着问冯骥说："您看要使秦国避免成为软弱无力的国家该怎么办才好呢？"冯骥回答说："大王也知道齐国罢了孟尝君的官吧？"秦王说："听到了这件事。"冯骥说："使齐国受到天下敬重的，就是孟尝君。如今齐国国君听信了毁谤之言而把孟尝君罢免，孟尝君心中无比怨愤，必定背离齐国；他背离齐国进入秦国，那么齐国的国情，朝廷中上至君王下至官吏的状况都将为秦国所掌握。您将得到整个齐国的土地，岂止是称雄呢！您赶快派使者载着礼物暗地里去迎接孟尝君，不能失掉良机啊。如果齐王明白过来，再度起用孟尝君，则谁是雌谁是雄还是个未知数。"秦王听了非常高兴，就派遣十辆马车载着百镒黄金去迎接孟尝君。冯骥告别了秦王而抢在使者前面赶往齐国，到了齐国，劝说齐王道："天下游说之士驾车向东来到齐的，无一不是想要使齐国强大而使秦国削弱；乘车向西进入秦国的，无一不是要使秦国强大而使齐国削弱。秦国与齐国是两个决一雌雄的国家，秦国强大那么齐国必定削弱，这两个国家势必不能同时称雄。现在我私下得知秦国已经派遣使者带着十辆马车载着百镒黄金来迎接孟尝君了。孟尝君不西去就罢了，如果西去担任秦国宰相，那么天下将归秦国所有，秦国是强大的雄国，齐国就是软弱无力的雌国，软弱无力，那么临淄、即墨就危在旦夕了。大王为什么不在秦国使者没到达之前，赶快恢复孟尝君的官位并给他增加封邑来向他表示道歉呢？如果这么做了，孟尝君必定高兴而情愿接受。秦国虽是强国，岂能够任意到别的国家迎接人家的宰相呢！要挫败秦国的阴谋，断绝它称强称霸的计划。"齐王听后，顿时明白过来说："好。"于是派人至边境等候秦国使者。秦国使者的车子刚入齐国边境，齐国在边境的使臣立即转车奔驰而回报告了这个情况，齐王召回孟尝君并且恢复了他的宰相官位，同时还给了他原来封邑的土地，又给他增加了千户。秦国的使者听说孟尝君恢复了齐国宰相官位，就掉转车头回去了。

【原文】

自齐王毁废孟尝君，诸客皆去。后召而复之，冯骥迎之。未到，孟尝君太息叹曰："文常好客，遇客无所敢失，食客三千有余人，先生所知也。客见文一日废，皆背文而去，莫顾文者。今赖先生得复其位，客亦有何面目复见文乎？如复见文者，必唾其面而大辱之。"冯骥结辔下拜。孟尝君下车接之，曰："先生为客谢乎？"冯骥曰："非为客谢也，为君之言失。夫物有必至，事有固然，君知之乎？"孟尝君曰："愚不知所谓也。"曰："生者必有死，物之必至也；富贵多士，贫贱寡友，事之固然也。君独不见夫趣市朝者乎？明旦，侧肩争门而入；日暮之后，过市朝者掉臂而不顾。非好朝而恶暮，所期物忘其中。今君失位，宾客皆去，不足以怨士而徒绝宾客之路。愿君遇客如故。"孟尝君再拜曰："敬从命矣。闻先生之言，敢不奉教焉。"

【译文】

　　自从齐王因受毁谤之言的蛊惑而罢免了孟尝君，那些宾客们都离他而去。后来齐王将孟尝君召回并恢复了他的官位，冯骥去迎接他。路上，孟尝君深深感叹说："我平常喜礼贤下士，对待宾客从不敢有任何怠慢，有三千多个食客，这些是先生您所了解的。宾客们看到我一旦被罢官，都背离我而离去，没有一个顾念我的。如今靠着先生得以恢复我的宰相官位，那些离去的宾客还有什么脸面再见我呢？如果有再见我的，我一定唾他的脸，狠狠地羞辱他。"听了这番话后，冯骥收住缰绳，下车而行拜礼。孟尝君也立即下车还礼，说："先生是替那些宾客道歉吗？"冯骥说："并不是替宾客道歉，是因为您的话说错了。说来，万物都有其必然的终结，世事都有其常规常理，您明白这句话的意思吗？"孟尝君说："我不明白说的是什么意思。"冯骥说："活物一定有死亡的时候，这是活物的必然归结；富贵的人多宾客，贫贱的人少朋友，事情本来就是如此。您难道没看到人们奔向市集吗？天刚亮，人们向市集里拥挤，侧着肩膀争夺入口；日落之后，经过市集的人甩着手臂连头也不回。不是人们喜欢早晨而厌恶傍晚，而是由于所期望得到的东西市中已经没有了。如今您失去了官位，宾客都离去，不能因此怨恨宾客而平白截断他们奔向您的通路。希望您对待宾客像过去一样。"孟尝君再次下拜说："我恭敬地听从您的建议。听了先生的话，敢不恭敬地接受指教吗？"

【原文】

　　太史公曰：吾尝过薛，其俗闾里率多暴桀子弟，与邹、鲁殊。问其故，曰："孟尝君招致天下任侠，奸人入薛中盖六万余家矣。"世之传孟尝君好客自喜，名不虚矣。

【译文】

　　太史公说："我曾经去过薛地，那里的民间有很多凶暴的子弟，与邹地、鲁地大为不同。我询问当地人这是什么缘故，人们说："孟尝君曾经招来天下许多负气仗义的人，仅乱法犯禁的人进入薛地的大概就有六万多家。"世间传说孟尝君以乐于养客而沾沾自喜，的确名不虚传。

平原君列传

【原文】

　　平原君赵胜者，赵之诸公子也。诸子中胜最贤，喜宾客，宾客盖至者数千人。平原君相赵惠文王及孝成王，三去相，三复位，封于东武城。平原君家楼临民家。民家有躄者，槃散行汲。平原君美人居楼上，临见，大笑之。明日，躄者至平原君门，请曰："臣闻君之喜士，士不远千里而至者，以君能贵士而贱妾也。臣不幸有罢癃之病，而君之后宫临而笑臣，臣愿得笑臣者头。"平原君笑应曰："诺。"躄者去，平原君笑曰："观此竖子，乃欲以一笑之故杀吾美人，不亦甚乎！"终不杀。居岁余，宾客门下舍人稍稍引去者过半。平原君怪之，曰："胜所以待诸君者未尝敢失礼，而去者何多也？"门下一人前对曰："以君之不杀笑躄者，以君为爱色而贱士，士即去耳。"于是平原君乃斩笑躄者美人头，自造门进躄者，因谢焉。其后门下乃复稍稍来。是时齐有孟尝，魏有信陵，楚有春申，故争相倾以待士。

【译文】

　　平原君赵胜，是赵国的一位公子。赵胜在诸多公子中最为贤德有才，好客养士，大约有几千个宾客投奔到他的门下。平原君担任过赵惠文王和孝成王的宰相，曾经三次离开宰相职位，又三次官复原职，封地在东武城。平原君家有座高楼正对着邻居的民宅。民宅中住着一个跛子，总是一瘸一拐地出外打水。楼上住着平原君的一位美妾，有一天她往下看到跛子，就大笑起来。第二天，这位跛子来到平原君的家，跟他说："我听说您喜爱士人，士人所以千里迢迢归附您的门下，就是因为您看重士人而轻视姬妾啊。我遭到不幸得病致残，可是您的姬妾却在高楼上耻笑我，我希望得到耻笑我的那个人的头。"平原君笑着应答说："好吧。"等那个跛子离开后，平原君又笑着说："看这小子，竟因一笑的缘故要杀我的爱妾，不也太过分了吗？"终归没杀那个妾。过了一年多，宾客以及有差使的食客陆陆续续地离开了一多半。平原君对这种情况感到很奇怪，说："我赵胜对待各位先生的方方面面不曾敢有失礼的地方，可是离开我的人为什么这么多呢？"一个门客走上前去回答说："因为您不杀耻笑跛子的那个妾，大家认为您喜好美色而轻视士人，所以士人就纷纷离去了。"于是平原君就斩下耻笑跛子的那个爱妾的头，亲自登门献给跛子，并真诚地向他道歉。从此以后，原来门下的客人

平原君说："我赵胜对待各位先生从不敢有失礼的地方，可是为什么还会有这么多人要离开我呢？"

就又陆陆续续地回来。当时，齐国有孟尝君，魏国有信陵君，楚国有春申君，他们都好客养士，因此争相优待士人，以使自己招徕更多的人才。

白话史记 列传 平原君列传

【原文】

秦之围邯郸，赵使平原君求救，合从于楚，约与食客门下有勇力文武备具者二十人偕。平原君曰："使文能取胜，则善矣。文不能取胜，则歃血于华屋之下，必得定从而还。士不外索，取于食客门下足矣。"得十九人，余无可取者，无以满二十人。门下有毛遂者，前，自赞于平原君曰："遂闻君将合从于楚，约与食客门下二十人偕，不外索。今少一人，愿君即以遂备员而行矣。"平原君曰："先生处胜之门下几年于此矣？"毛遂曰："三年于此矣。"平原君曰："夫贤士之处世也，譬若锥之处囊中，其末立见。今先生处胜之门下三年于此矣，左右未有所称诵，胜未有所闻，是先生无所有也。先生不能，先生留。"毛遂曰："臣乃今日请处囊中耳。使遂蚤得处囊中，乃颖脱而出，非特其末见而已。"平原君竟与毛遂偕。十九人相与目笑之而未废也。

【译文】

秦国围攻邯郸时，赵王曾派平原君去向诸侯求援，当时拟推楚国为盟主，订立合纵盟约联兵抗秦，要选有勇有谋文武兼备的二十个人跟平原君一起到楚国去。平原君说："如果能通过客气的谈判取得成功，那最好。如果谈判失败，那么也要挟制楚王在大庭广众之下把盟约确定下来，一定要确定了合纵盟约才回国。同去的文武之士不必到外面去寻找，从我门下的食客中选取就足够了。"结果选得十九人，剩下的人没有可再挑选的了，竟没办法凑满二十人。这时门下食客中有个叫毛遂的人，径自走到前面来，向平原君自我推荐说："我听说您要到楚国去，让楚国做盟主订下合纵盟约，并且约定与门下食客二十人一同去，不到外面寻找人员。现在还少一个人，希望您就拿我充个数一起去吧。"平原君问道："先生寄附在我的门下到现在有几年啦？"毛遂回答道："到现在整整三年了。"平原君说："有才能的贤士生活在世上，就如同锥子放在口袋里，它的锋尖立即就会显露出来。如今先生寄附在我的门下到现在已三年了，我的左右近臣们从没有称赞推荐过你，我也从来没听说过你，这是先生没有什么专长啊。先生不能去，先生留下来。"毛遂说："我只是今天才请您将我放在口袋里。假使我早就被放在口袋里，是会整个锥锋都露出来的，不只是露出一点锋尖就罢了的。"平原君终于同意让毛遂一同去。那十九个人互相使眼色示意，暗暗嘲笑毛遂，只不过没有说出来。

毛遂说："我只是今天才请您把我放在口袋里。假如我早就被放进口袋里，整个锥锋都露出来了。"

【原文】

毛遂比至楚，与十九人论议，十九人皆服。平原君与楚合从，言其利害，日出而言之，日中不决。十九人谓毛遂曰："先生上。"毛遂按剑历阶而上，谓平原君曰："从之利害，两言而决耳。今日出而言从，日中不决，何也？"楚王谓平原君曰："客何为者也？"平原君曰："是胜之舍人也。"楚王叱曰："胡不下！吾乃与而君言，汝何为者也！"毛遂按剑而前曰："王之所以叱遂者，以楚国之众也。今十步之内，王不得恃楚国之众也，王之命悬于遂手。吾君在前，叱者何也？且遂闻汤以七十里之地王天下，文王以百里之壤而臣诸侯，岂其士卒众多哉，诚能据其势而奋其威。今楚地方五千里，持戟百万，此霸王之资也。以楚之强，天下弗能当。白起，小竖子耳，率数万之众，兴师以与楚战，一战而举鄢、郢，再战而烧夷陵，三战而辱王之先人。此百世之怨而赵之所羞，而王弗知恶焉。合从者为楚，非为赵也。吾君在前，叱者何也？"楚王曰："唯唯，诚若先生之言，谨奉社稷而以从。"毛遂曰："从定乎？"楚王曰："定矣。"毛遂谓楚王之左右曰："取鸡狗马之血来。"毛遂奉铜槃而跪进之楚王曰："王当歃血而定从，次者吾君，次者遂。"遂定从于殿上。毛遂左手持槃血而右手招十九人曰："公相与歃此血于堂下。公等录录，所谓因人成事者也。"

【译文】

等到毛遂也去了楚国，跟那十九个人谈论当前时局，那十九个人都十分佩服他。平原君与楚王谈判合纵的事，陈述利害关系，从早晨就开始谈判，直到中午也没有定下来。那十九个人就鼓动毛遂说："先生登堂。"于是毛遂紧握剑柄，一路小跑地登阶来到了殿堂上，便对平原君说："谈合纵不是'利'就是'害'，不过两句话罢了。现在从早晨就谈合纵，到了中午还决定不下来，这是怎么回事？"楚王见毛遂登上堂来，就对平原君说："这个人是干什么的？"平原君回答说："这是我的随从家臣。"楚王厉声呵斥道："怎么还不给我下去！我是跟你的主人谈判，你来干什么！"毛遂紧握剑柄，走向前去说："大王敢呵斥我，不过是依仗楚国人多势众。现在我与你相距只有十步，十步之内大王是依仗不了楚国的人多势众的，大王的性命控制在我手中。我的主人就在面前，当着他的面你为什么要这样大声呵斥我？况且我听说商汤曾凭着七十里方圆的地方统治了天下，周文王凭着百里大小的土地使天下诸侯臣服，难道是因为他们的士兵多吗？实际上是由于他们善于掌握形势而奋力发扬自己的威力。如今楚国领土纵横五千里，士兵百万，这是争王称霸的资本。凭着楚国如此强大，天下谁也不能挡住它的威势。秦国的白起，不过是个毛孩子罢了，他带着几万人的部队，发兵与楚国交战，第一战就攻克了鄢城郢都，第二战烧毁了夷陵，第三战便凌辱了大王的先祖。这是楚国百世不解的怨仇，连赵王都感到羞耻，可是大王却不觉得羞愧。合纵盟约是为了楚国，不是为了赵国。我的主人就在面前，你为什么这样呵斥我？"听了毛遂这番述说，楚王立即改变了态度说："是，是，的确像先生所说的那样，我一定竭尽全国的力量履行合纵盟约。"毛遂进一步逼问道："合纵盟约算是确定了吗？"楚王回答说："确定了。"于是毛遂用带着命令式的口吻对楚王的左右近臣说："把鸡、狗、马的血取来。"毛遂双手捧着铜盘跪下把它进献到楚王面前说:"大王应先吮血以表示确定合纵盟约的诚意,下一个是我的主人,再下一个是我。"就这样,在楚国的殿堂上确定了合纵盟约。这时毛遂左手托起一盘血,右手招呼将其他十九个人说:"各位在堂下也一块儿吮盘中的血,各位虽然平庸,可也算完成了任务,这就是所说的依赖别人的力量来完成自己的任务吧。"

【原文】

平原君已定从而归,归至于赵,曰:"胜不敢复相士。胜相士多者千人,寡者百数,自以为不失天下之士,今乃于毛先生而失之也。毛先生一至楚,而使赵重于九鼎大吕。毛先生以三寸之舌,强于百万之师。胜不敢复相士。"遂以为上客。

平原君既返赵,楚使春申君将兵赴救赵,魏信陵君亦矫夺晋鄙军往救赵,皆未至。秦急围邯郸,邯郸急,且降,平原君甚患之。邯郸传舍吏子李同说平原君曰:"君不忧赵亡邪?"平原君曰:"赵亡则胜为虏,何为不忧乎?"李同曰:"邯郸之民,炊骨易子而食,可谓急矣,而君之后宫以百数,婢妾被绮縠,余粱肉,而民褐衣不完,糟糠不厌。民困兵尽,或剡木为矛矢,而君器物钟磬自若。使秦破赵,君安得有此?使赵得全,君何患无有?今君诚能令夫人以下编于士卒之间,分功而作,家之所有尽散以飨士,士方其危苦之时,易德耳。"于是平原君从之,得敢死之士三千人。李同遂与三千人赴秦军,秦军为之却三十里。亦会楚、魏救至,秦兵遂罢,邯郸复存。李同战死,封其父为李侯。

【译文】

既然已经确定合纵盟约,平原君便返回赵国,说:"我不敢再识别人才了。我识别的人才多说上千,少说几百,自认为天下的贤能之士一个没漏,现在竟然把毛先生给漏了。毛先生第一次到楚国,就使赵国的地位比九鼎大吕的传国之宝还尊贵。毛先生凭着他那一张能言善辩的嘴,竟比百万大军的威力还要强大。我不敢再识别人才了。"于是尊毛遂为上宾。

平原君回到赵国后,楚国派春申君带兵救援赵国,魏国的信陵君也假托君命夺了晋鄙军权带兵去救赵,可是都还没赶到。这时秦国迅速围攻邯郸,邯郸陷入困境,打算投降,平原君非常着急。邯郸有一个官员的儿子李同问平原君:"您不担忧赵国灭亡吗?"平原君说:"赵国灭亡,我就要做俘虏,为什么不担忧呢?"李同劝他说:"邯郸的百姓,拿人骨当柴烧,交换孩子当饭吃,可以说危急至极了,可是您的后宫姬妾侍女数以百计,侍女穿着丝绸绣衣,精美饭菜吃不完,而百姓却粗布短衣难以遮体,酒渣谷皮吃不饱。百姓困乏,兵器用尽,有的人削尖木头当长矛箭矢,而您的珍宝器玩、铜钟玉磬照旧无损。假使秦军攻破赵国,您怎么能保住这些东西?假若赵国得以保全,您又何愁没有这些东西?现在您果真能命令夫人以下的全体成员编到士兵队伍中,分别承担守城劳役,把家里所有的东西全都分发下去犒赏士兵,士兵正当危急困苦的时候,是很容易感恩戴德的。"于是平原君采纳了李同的意见,得到敢于冒死的士兵三千人。李同就加入了三千人的队伍奔赴秦军决一死战,秦军因此被击退了三十里。这时楚、魏两国的救兵也正好到了，秦军便撤走了，邯郸得以保存下来。李同在同秦军作战时阵亡，赐封他的父亲为李侯。

【原文】

虞卿欲以信陵君之存邯郸为平原君请封。公孙龙闻之，夜驾见平原君曰："龙闻虞卿欲以信陵君之存邯郸为君请封，有之乎？"平原君曰："然。"龙曰："此甚不可。且王举君而相赵者，非以君之智能为赵国无有也。割东武城而封君者，非以君为有功也，而以国人无勋，乃以君为亲戚故也。君受相印不辞无能，割地不言无功者，亦自以为亲戚故也。今信陵君存邯郸而请封，是亲戚受城而国人计功也。此甚不可。且虞卿操其两权，事成，操右券以责；事不成，以虚名德君。君必勿听也。"平原君遂不听虞卿。平原君以赵孝成王十五年卒。子孙代，后竟与赵俱亡。平原君厚待公孙龙。公孙龙善为坚白之辩，及邹衍过赵言至道，乃绌公孙龙。

【译文】

虞卿想要以信陵君救了邯郸为理由替平原君请求增加封邑。公孙龙听说后，就连夜乘车赶去见平原君，说："我听说虞卿想要以信陵君救邯郸为理由替您请求增加封邑，有这回事吗？"平原君回答说："有的。"公孙龙说："这样做不对。说来国君任用您担任赵国宰相，并不是因为您的智慧才能是赵国独一无二的。划出东武城封赐给您，也不是因为您做出了有功劳的事情，只是由于您是国君近亲的缘故啊。您接受相印并不因自己无能而推辞，取得封邑也不说自己没有功劳而不接受，也是由于您自己认为是国君的近亲的缘故啊。如今信陵君出兵保存了邯郸而您要求增加封邑，这是无功时作为近亲接受了封邑，而有功时又要求按照普通人来论功计赏啊。这显然是很不合适的。况且虞卿掌握着办事成功与不成功的两种主动权。事情成功了，就要像拿着索债的契券一样来索取报偿；事情不成功，又要拿着为您争功求封的虚名来让您感激他。您一定不要听从他的主张。"于是平原君没有听虞卿的。平原君在赵孝成王十五年（前251）去世。平原君的子孙世代承袭他的封爵，最后赵国灭亡时，他的后代也断绝了。平原君以厚礼对待公孙龙。公孙龙善于进行"离坚白"命题的论辩，到了邹衍访问赵国时，纵论至高无上的正大道理，驳斥公孙龙的名辩命题，平原君就辞退了公孙龙。

公孙龙见平原君说："我听说虞卿想要以信陵君救邯郸为理由替您请求增加封邑，有这回事吗？"

魏公子列传

【原文】

　　魏公子无忌者,魏昭王少子而魏安釐王异母弟也。昭王薨,安釐王即位,封公子为信陵君。是时范雎亡魏相秦,以怨魏齐故,秦兵围大梁,破魏华阳下军,走芒卯。魏王及公子患之。公子为人仁而下士,士无贤不肖皆谦而礼交之,不敢以其富贵骄士。士以此方数千里争往归之,致食客三千人。当是时,诸侯以公子贤,多客,不敢加兵谋魏十余年。

【译文】

　　魏公子名叫无忌,是魏昭王的小儿子、魏安釐王的异母弟弟。昭王去世后,安釐王即位,把公子封为信陵君。当时范雎从魏国逃到秦国做了宰相,因为怨恨魏相齐屈,就派部队围攻大梁,击溃了魏国驻扎在华阳的部队,使魏将芒卯战败而逃。魏王和公子对此十分焦虑。公子为人宽厚且礼贤下士,士人无论有无才能,也不论才能大小,他都谦恭有礼地同他们交往,从不因为自己富贵而轻慢士人。方圆几千里的士人都争相归附于他,因此公子招徕食客三千人。当时,各诸侯因公子贤德,宾客众多,连续十几年不敢动兵谋犯魏国。

【原文】

　　公子与魏王博,而北境传举烽,言"赵寇至,且入界"。魏王释博,欲召大臣谋。公子止王曰:"赵王田猎耳,非为寇也。"复博如故。王恐,心不在博。居顷,复从北方来传言曰:"赵王猎耳,非为寇也。"魏王大惊,曰:"公子何以知之?"公子曰:"臣之客有能深得赵王阴事者,赵王所为,客辄以报臣,臣以此知之。"是后魏王畏公子之贤能,不敢任公子以国政。

【译文】

　　有一次,公子正在跟魏王下棋,突然北部边境传来警报,说:"赵兵来了,就要进入边境了。"魏王立刻放下棋子,打算召集大臣们商议对策。公子劝阻魏王:"赵王打猎罢了,不是进攻。"又接着跟魏王下棋,就跟什么事也没有似的。可是魏王害怕,心思不在下棋上了。不一会儿,又从北边传来消息:"赵王打猎,不是进犯边境。"魏王听后大感惊诧,问道:"公子是怎么知道的?"公子回答说:"我的食客中有个人能暗中探到赵王的秘密,赵王有什么行动,他就会立即报告我,因此我知道这件事。"从此,魏王畏惧公子贤能,不敢任用公子处理国家大事。

【原文】

　　魏有隐士曰侯嬴,年七十,家贫,为大梁夷门监者。公子闻之,往请,欲厚遗之。不肯受,曰:"臣修身絜行数十年,终不以监门困故而受公子财。"公子于是乃置酒大会宾客。坐定,公子从车骑,虚左,自迎夷门侯生。侯生摄敝衣冠,直上载公子上坐，不让，欲以观公子。公子执辔愈恭。侯生又谓公子曰："臣有客在市屠中，愿枉车骑过之。"公子引车入市，侯生下见其客朱亥，睥睨故久立，与其客语，微察公子。公子颜色愈和。当是时，魏将相宗室宾客满堂，待公子举酒。市人皆观公子执辔。从骑皆窃骂侯生。侯生视公子色终不变，乃谢客就车。至家，公子引侯生坐上坐，遍赞宾客，宾客皆惊。酒酣，公子起，为寿侯生前。侯生因谓公子曰："今日嬴之为公子亦足矣。嬴乃夷门抱关者也，而公子亲枉车骑，自迎嬴于众人广坐之中，不宜有所过，今公子故过之。然嬴欲就公子之名，故久立公子车骑市中，过客以观公子，公子愈恭。市人皆以嬴为小人，而以公子为长者能下士也。"于是罢酒，侯生遂以为上客。侯生谓公子曰："臣所过屠者朱亥，此子贤者，世莫能知，故隐屠间耳。"公子往数请之，朱亥故不复谢，公子怪之。

【译文】

魏国有个七十多岁的隐士叫侯嬴，家境贫寒，负责看守大梁城东门。公子听说了这个人，就派人去拜见，并想送给他一份厚礼。但是侯嬴不肯接受，说："我几十年来修养品德，坚持操守，绝不会因我看门贫困就接受公子的财礼。"于是公子就大摆酒席，宴饮宾客。大家来齐坐定之后，公子就带着车马以及随从人员，空出车子上的左边的座位，亲到东城门去迎接侯先生。侯先生整理了一下破旧的衣帽，就径直上了车子坐在公子空出的尊贵座位，丝毫没有谦让的意思，想借此观察一下公子的态度。可是公子手握马缰绳更加恭敬。侯先生又对公子说："我有个朋友在街市的屠宰场，希望委屈一下车马载我去拜访他。"公子立即驾车前往进入街市，侯先生下车去会见他的朋友朱亥，他斜眯缝着眼看公子，故意久久地站在那里，同他的朋友聊天，同时暗暗地观察公子。公子的面色更加和悦。在这个时候，魏国的将军、宰相、宗室大臣以及高朋贵宾坐满堂上，正等着公子举杯开宴。街市上的人都看到公子手握缰绳替侯先生驾车。公子的随从人员都暗自责骂侯先生。侯先生看到公子面色始终不变，才告别了朋友上了车。到家后，公子领着侯先生坐到上位上，并向全体宾客赞扬地介绍了侯先生，满堂宾客无不惊异。大家酒兴正浓时，公子站起来，走到侯先生面前举杯为他祝寿。侯先生趁机对公子说："今天我侯嬴为难公子也做得够了。我只是个城东门看门守关的人，可是公子委屈车马，亲自在大庭广众之下迎接我，我本不该再去拜访朋友，今天公子竟屈尊陪我拜访他。可我也想成就公子的名声，故意让公子车马久久地停在街市中，借拜访朋友来观察公子，结果公子更加谦恭。街市上的人都以为我是小人，而认为公子是个高尚的人能礼贤下士啊。"在这次宴会散了后，侯先生便成了公子的贵客。侯先生对公子说："我见过屠夫朱亥，是个贤才，只是人们都不了解他，所以隐没在屠夫中罢了。"公子曾多次前往拜见朱亥，朱亥故意不回拜答谢，公子觉得这个人很奇怪。

【原文】

魏安釐王二十年，秦昭王已破赵长平军，又进兵围邯郸。公子姊为赵惠文王弟平原君夫人，数遗魏王及公子书，请救于魏。魏王使将军晋鄙将十万众救赵。秦王使使者告魏王曰："吾攻赵旦暮且下，而诸侯敢救者，已拔赵，必移兵先击之。"魏王恐，使人止晋鄙，留军壁邺，名为救赵，实持两端以观望。平原君使者冠盖相属于魏，让魏公子曰："胜所以自附为婚姻者，以公子之高义，为能急人之困。今邯郸旦暮降秦而魏救不至，安在公子能急人之困也！且公子纵轻胜，弃之降秦，独不怜公子姊邪？"公子患之，数请魏王，及宾客辩士说王万端。魏王畏秦，终不听公子。公子自度终不能得之于王，计不独生而令赵亡，乃请宾客，约车骑百余乘，欲以客往赴秦军，与赵俱死。

【译文】

魏安釐王二十年（前257），秦昭王已经在长平把赵军打败，接着进兵把邯郸围住。公子的姐姐是赵惠文王弟弟平原君的夫人，多次派人送信给魏王和公子，请求救兵。魏王派将军晋鄙带领十万大军去救赵国。秦昭王得知消息后就派使臣告诫魏王说："我就要攻下赵国了，这只是早晚的事，诸侯中有谁敢救赵国的，拿下赵国后，一定调兵先攻打它。"魏王很害怕，就派人阻止晋鄙进军，把军队留在邺城扎营驻守，名义上是救赵国，实际上是采取两面讨好的策略来观望形势的发展。平原君使臣的车子连续不断地到魏国来，频频告急，责备魏公子说："我赵胜之所以自愿依托魏国跟魏国联姻结亲，就是因为公子的道义高尚，能热心帮助别人摆脱危难。如今邯郸危在旦夕，早晚就要投降秦国，可是魏国救兵至今不来，公子能帮助别人摆脱危难又表现在哪里！再说公子即使不把我赵胜看在眼里，抛弃我让我投降秦国，难道就不可怜你的姐姐吗？"公子为这件事忧虑万分，屡次请求魏王赶快出兵，又让宾客辩士们千方百计地劝说魏王。魏王由于害怕秦国，始终不肯听从公子的意见。公子估计终究不能征得魏王同意出兵了，就决计不能自己活着而让赵国灭亡，于是请来宾客，凑集了战车一百多辆，打算带着宾客赶到战场上去同秦军拼死一战，与赵国人一起死难。

【原文】

行过夷门，见侯生，具告所以欲死秦军状。辞决而行，侯生曰："公子勉之矣，老臣不能从。"公子行数里，心不快，曰："吾所以待侯生者备矣，天下莫不闻，今吾且死而侯生曾无一言半辞送我，我岂有所失哉？"复引车还，问侯生。侯生笑曰："臣固知公子之还也。"曰："公子喜士，名闻天下。今有难，无他端而欲赴秦军，譬若以肉投馁虎，何功之有哉？尚安事客？然公子遇臣厚，公子往而臣不送，以是知公子恨之复返也。"公子再拜，因问。侯生乃屏人间语，曰："嬴闻晋鄙之兵符常在王卧内，而如姬最幸，出入王卧内，力能窃之。嬴闻如姬父为人所杀，如姬资之三年，自王以下欲求报其父仇，莫能得。如姬为公子泣，公子使客斩其仇头，敬进如姬。如姬之欲为公子死，无所辞，顾未有路耳。公子诚一开口请如姬，如姬必许诺，则得虎符夺晋鄙军，北救赵而西却秦，此五霸之伐也。"公子从其计，请如姬。如姬果盗晋鄙兵符与公子。

【译文】

公子领兵路过东门时,去见侯先生,告诉他打算同秦军决一死战的事。然后公子诀别侯先生,行前侯先生说:"公子努力干吧,老臣我不能随行。"公子走了几里路,心里很不痛快,自语道:"我十分周到地对待侯先生,天下无人不晓,如今我将要赴死可是侯先生竟没有一言半语来送我,我难道对待他有闪失吗?"于是又赶着车子返回来,想问问侯先生。侯先生一见公子便笑着说:"我就知道公子会回来的。"又接着说:"公子好客爱士,闻名天下。如今有了危难,想不出别的办法却要赶到战场上同秦军拼死命,这就如同把肥肉扔给饥饿的老虎,有什么作用呢?如果这样的话,还用我们这些宾客干什么呢?公子待我情深意厚,公子前往可是我不送行,因此知道公子恼恨我,会返回来的。"公子连着两次向侯先生拜礼,进而问对策。侯先生就让旁人离开,同公子秘密交谈,说:"我听说晋鄙的兵符经常放在魏王的卧室内,在妻妾中如姬最受宠爱,她出入魏王的卧室很随便,只要尽力是能偷出兵符来的。我还听说如姬的父亲被人杀死,如姬报仇雪恨的心志积蓄了三年之久,从魏王以下的群臣左右都想为如姬报仇,但没能如愿。为此,如姬曾对公子哭诉,公子派门客斩了那个仇人的头,恭敬地献给如姬。如姬要为公子效命而死,是在所不辞的,只是没有行动的机会罢了。公子如果开口请求如姬帮忙,如姬必定答应,那么就能得到虎符而夺了晋鄙的军权,北可救赵国,西能抵御秦国,这是春秋五霸的功业啊。"公子听从了侯嬴的计策,请求如姬帮忙。如姬果然盗出晋鄙的兵符交给了公子。

【原文】

公子行,侯生曰:"将在外,主令有所不受,以便国家。公子即合符,而晋鄙不授公子兵而复请之,事必危矣。臣客屠者朱亥可与俱,此人力士。晋鄙听,大善;不听,可使击之。"于是公子泣。侯生曰:"公子畏死邪?何泣也?"公子曰:"晋鄙嚄唶宿将,往恐不听,必当杀之,是以泣耳,岂畏死哉?"于是公子请朱亥。朱亥笑曰:"臣乃市井鼓刀屠者,而公子亲数存之,所以不报谢者,以为小礼无所用。今公子有急,此乃臣效命之秋也。"遂与公子俱。公子过谢侯生。侯生曰:"臣宜从,老不能。请数公子行日,以至晋鄙军之日,北乡自刭,以送公子。"公子遂行。

【译文】

公子拿到了兵符就要走,侯先生说:"将帅在外作战时要随机应变,国君的命令不对的可以不接受,以有利于国家。公子到那里即使两符相合,验明无误,可是晋鄙仍然不把兵权交给公子而又去请示魏王,那么事情就危险了。我的朋友屠夫朱亥可以跟您一起前往,这个人是个大力士。如果晋鄙听从,那是再好不过了;如果他不听从,可以让朱亥击杀他。"公子听了这些话后,便哭了。侯先生见状便问道:"公子害怕死吗?为什么哭呢?"公子回答说:"晋鄙是魏国勇猛强悍、富有经验的老将,我去他那里恐怕他不会听从命令,必定要杀死他,因此我难过地哭了,哪里是怕死呢?"于是公子去请求朱亥一同前往。朱亥笑着说:"我只是个市场上拿刀杀生的屠夫，可是公子竟多次登门问候我，我之所以不回拜答谢您，是因为我认为小礼小节没什么用处。如今公子有了急难，这就是我为公子舍身效命的时候了。"就与公子一起上路了。公子去向侯先生辞行。侯先生说："我本应随您一起去，可是老了心有余力不足，不能成行。请允许我计算您行程的日期，您到达晋鄙军的那一天，我面向北刎颈而死，来表达我为公子送行的一片忠心。"公子就走了。

【原文】

　　至邺，矫魏王令代晋鄙。晋鄙合符，疑之，举手视公子曰："今吾拥十万之众，屯于境上，国之重任，今单车来代之，何如哉？"欲无听。朱亥袖四十斤铁椎，椎杀晋鄙，公子遂将晋鄙军。勒兵，下令军中曰："父子俱在军中，父归；兄弟俱在军中，兄归；独子无兄弟，归养。"得选兵八万人，进兵击秦军。秦军解去，遂救邯郸，存赵。赵王及平原君自迎公子于界，平原君负韊矢为公子先引。赵王再拜曰："自古贤人未有及公子者也。"当此之时，平原君不敢自比于人。公子与侯生决，至军，侯生果北乡自刭。

【译文】

　　到了邺城，公子拿出兵符假传魏王命令代替晋鄙担任将领。晋鄙合了兵符，验证无误，但还是对这件事有所怀疑，就抬起手盯着公子说："我统率着十万大军，在边境上驻扎，这是关系到国家命运的重任，今天你只身一人来代替我，这是怎么回事呢？"打算拒绝接受命令。这时朱亥取出藏在衣袖里的四十斤铁锤，一锤击死了晋鄙，公子于是统率了晋鄙的军队。然后整顿部队，向军中下令说："父子都在军队里的，父亲回家；兄弟同在军队里的，长兄回家；没有兄弟的独生子，回家去奉养双亲。"经过整顿选拔，得到精兵八万人，开拔前线攻击秦军。秦军解围撤离而去，于是邯郸得救，保住了赵国。赵王和平原君到郊界来迎接公子。平原君替公子背着盛满箭支的囊袋走在前面引路。赵王连着两次拜谢说："自古以来的贤人没有一个赶得上公子的。"从此，平原君不敢再拿自己跟公子相比了。公子与侯先生诀别之后，在到达邺城军营的那一天，侯先生就面向北刎颈自杀了。

【原文】

　　魏王怒公子之盗其兵符，矫杀晋鄙，公子亦自知也。已却秦存赵，使将将其军归魏，而公子独与客留赵。赵孝成王德公子之矫夺晋鄙兵而存赵，乃与平原君计，以五城封公子。公子闻之，意骄矜而有自功之色。客有说公子曰："物有不可忘，或有不可忘。夫人有德于公子，公子不可忘也；公子有德于人，愿公子忘之也。且矫魏王令，夺晋鄙兵以救赵，于赵则有功矣，于魏则未为忠臣也。公子乃自骄而功之，窃为公子不取也。"于是公子立自责，似若无所容者。赵王埽除自迎，执主人之礼，引公子就西阶。公子侧行辞让，从东阶上。自言罪过，以负于魏，无功于赵。赵王侍酒至暮，口不忍献五城，以公子退让也。公子竟留赵。赵王以鄗为公子汤沐邑，魏亦复以信陵奉公子。公子留赵。

【译文】

魏王对于公子盗兵符、还假传君令杀死晋鄙这件事十分恼怒，公子知道这一点。所以公子把秦军打退、成功把赵拯救之后，就让部将带着部队返回魏国去，而自己和门客就留在了赵国。赵孝成王感激公子假托君命夺取晋鄙军权从而保住了赵国这一义举，就与平原君商量，把五座城邑封赏给公子。公子听到这个消息后，产生了骄傲自大的情绪，露出了居功自满的神色。门客中有个人劝说公子道："事物有不可以忘记的，也有不可以不忘记的。别人对公子有恩德，公子不可以忘记；公子对别人有恩德，希望公子忘掉它。况且假托魏王命令，夺取晋鄙兵权去救赵国，这对赵国来说算是有功劳了，但对魏国来说那就不算忠臣了。公子却因此自以为有功，觉得了不起，我私下认为公子实在不应该。"公子听后，立刻责备自己，好像无地自容一样。赵国召开盛大欢迎宴会，赵王打扫了殿堂台阶，亲自到门口迎接贵客，并执行主人的礼节，领着公子走进殿堂的西边台阶。公子则侧着身子走，一再推辞谦让，并主动从东边的台阶升堂。宴会上，公子称说自己有罪，对不起魏国，于赵国也无功劳可言。赵王陪着公子饮酒直到傍晚，始终不便开口谈封献五座城邑的事，因为公子总是在谦让自责。公子终于留在了赵国。赵王把鄗邑封赏给公子，这时魏王也把信陵邑又奉还给公子。公子仍留在赵国。

【原文】

公子闻赵有处士毛公藏于博徒，薛公藏于卖浆家。公子欲见两人，两人自匿不肯见公子。公子闻所在，乃间步往从此两人游，甚欢。平原君闻之，谓其夫人曰："始吾闻夫人弟公子天下无双，今吾闻之，乃妄从博徒卖浆者游，公子妄人耳。"夫人以告公子。公子乃谢夫人去，曰："始吾闻平原君贤，故负魏王而救赵，以称平原君。平原君之游，徒豪举耳，不求士也。无忌自在大梁时，常闻此两人贤，至赵，恐不得见。以无忌从之游，尚恐其不我欲也，今平原君乃以为羞，其不足从游。"乃装为去。夫人具以语平原君。平原君乃免冠谢，固留公子。平原君门下闻之，半去平原君归公子，天下士复往归公子，公子倾平原君客。

公子留赵十年不归。秦闻公子在赵，日夜出兵东伐魏。魏王患之，使使往请公子。公子恐其怒之，乃诫门下："有敢为魏王使通者，死。"宾客皆背魏之赵，莫敢劝公子归。毛公、薛公两人往见公子曰："公子所以重于赵，名闻诸侯者，徒以有魏也。今秦攻魏，魏急而公子不恤，使秦破大梁而夷先王之宗庙，公子当何面目立天下乎？"语未及卒，公子立变色，告车趣驾归救魏。

【译文】

公子听说赵国有两个德才兼备的人，一个是藏身于赌徒中的毛公，一个是藏身在酒店里的薛公。公子很想见见这两个人，可是这两个人不肯见公子而躲起来。公子千方百计地打听到他们藏身的地方，就悄悄地步行去同这两个人交往，彼此都以相识为乐事，很是高兴。平原君知道了这个情况，就对他的夫人说："当初我听说夫人的弟弟魏公子是个举世无双的大贤人，如今我听说他竟然胡来，跟那伙赌徒、酒店伙计交往，公子只是个无知妄为的人罢了。"平原君的夫人把这些话告诉了公子。公子听后就向夫人告辞准备离开这里，说："以前我听说平原君贤德，所以背弃魏王而救赵国，满足了平原君的要求。现在才知道平原君与人交往，只是显示富贵的豪放举动罢了，他不是求取贤士人才啊。我从前在大梁时，就常常听说这两个人贤能有才，到了赵国，我唯恐不能见到他们。拿我这个人跟他们交往，还怕他们不接纳我呢，现在平原君竟然把跟他们交往看作是羞辱，平原君这个人不值得结交。"于是就整理行装准备离去。夫人把公子的话全都告诉了平原君，平原君听了自感惭愧便去向公子脱帽谢罪，坚决地把公子挽留下来。平原君门下的宾客们听到这件事，有一半人离开了平原君归附于公子，天下的士人也都去投靠公子，归附在他的门下。公子的为人使平原君的宾客仰慕而都到公子的门下来。

公子留在赵国十年没有回魏国。秦国听说公子留在赵国，就昼夜兼程发兵向东进攻魏国。魏王万分焦虑此事，就派使臣去请公子回国相助。公子仍然担心魏王对自己很生气，于是告诫门下宾客说："有敢替魏王使臣通报传达的，处死。"由于宾客们都是背弃魏国来到赵国的，所以没谁敢劝公子回魏国。这时，毛公和薛公两人去见公子说："公子所以在赵国受到尊重，名扬诸侯，只是因为有魏国的存在啊。现在秦国进攻魏国，魏国危急而公子毫不顾念，假使秦国攻破大梁而把您先祖的宗庙夷平，公子还有什么脸面活在世上呢？"话还没说完，公子就变了脸色，嘱咐车夫赶快套车拉自己回去救魏国。

【原文】

魏王见公子，相与泣，而以上将军印授公子，公子遂将。魏安釐王三十年，公子使使遍告诸侯。诸侯闻公子将，各遣将将兵救魏。公子率五国之兵破秦军于河外，走蒙骜。遂乘胜逐秦军至函谷关，抑秦兵，秦兵不敢出。当是时，公子威振天下，诸侯之客进兵法，公子皆名之，故世俗称《魏公子兵法》。

秦王患之，乃行金万斤于魏，求晋鄙客，令毁公子于魏王曰："公子亡在外十年矣，今为魏将，诸侯将皆属，诸侯徒闻魏公子，不闻魏王。公子亦欲因此时定南面而王，诸侯畏公子之威，方欲共立之。"秦数使反间，伪贺公子得立为魏王未也。魏王日闻其毁，不能不信，后果使人代公子将。公子自知再以毁废，乃谢病不朝，与宾客为长夜饮，饮醇酒，多近妇女。日夜为乐饮者四岁，竟病酒而卒。其岁，魏安釐王亦薨。

【译文】

魏王与公子相见，两人泪眼相对，魏王授给公子上将军大印，公子便正式担任了上将军，统率军队。魏安釐王三十年（前247），公子派使臣通报各个诸侯国。诸侯们得知公子担任了上将军，都各自调兵遣将救援魏国。公子率领五个诸侯国的军队在黄河以南地区把秦军打得大败，使秦将蒙骜败逃。进而乘胜追击直到函谷关，把秦军压在函谷关内，使他们不敢再出来。当时，公子的声威震动天下，各诸侯国来的宾客都进献兵法，公子把它们合在一起签上自己的名字，所以世称《魏公子兵法》。

秦王担心公子会对秦国有更大的威胁，就使用了万斤黄金贿赂魏人，寻找晋鄙原来的那些门客，让他们在魏王面前进谗言说："公子在外流亡十年了，现在担任魏国大将，诸侯国的将领都归他指挥，诸侯们只知道魏国有个魏公子，不知道还有个魏王。公子也要乘这个时机称王。诸侯们害怕公子的权势声威，正打算共同出面拥立他为王呢。"秦国又多次实行反间，利用在秦国的魏国间谍，假装不知情地请他们向公子祝贺问是否已经立为魏王了。魏王天天听到这些毁谤公子的话，不能不信以为真，后来果然派人代替公子担任上将军。公子自己明知这是又一次因毁谤而被废黜，于是就推托有病不上朝了，他在家里与宾客们通宵达旦地宴饮，痛饮烈性酒，沉迷女色，这样日日夜夜寻欢作乐度过了四年，终于因饮酒无度患病死亡。这一年，魏安釐王也去世了。

【原文】

秦闻公子死，使蒙骜攻魏，拔二十城，初置东郡。其后秦稍蚕食魏，十八岁而虏魏王，屠大梁。

高祖始微少时，数闻公子贤。及即天子位，每过大梁，常祠公子。高祖十二年，从击黥布还，为公子置守冢五家，世世岁以四时奉祠公子。

【译文】

秦王听说公子已死，就派蒙骜进攻魏国，把二十座城邑攻占了，开始设立东郡。从此以后，秦国像蚕食桑叶一样逐渐地侵占魏国领土，过了十八年便俘虏了魏王假，屠杀大梁军民，将魏国都城毁掉了。

当初汉高祖身份低贱时，就经常听别人说魏公子贤德有才。等到他即位做了皇帝之后，每次经过大梁，常常去祭祀公子。汉高祖十二年（前195），他击败叛将黥布之后从前线归来的时候，经过大梁时为公子安置了五户人家，专门看守他的坟墓，让他们世世代代每年按时祭祀公子。

【原文】

太史公曰：吾过大梁之墟，求问其所谓夷门。夷门者，城之东门也。天下诸公子亦有喜士者矣，然信陵君之接岩穴隐者，不耻下交，有以也。名冠诸侯，不虚耳。高祖每过之而令民奉祠不绝也。

【译文】

太史公说：我经过大梁废墟时，曾专门寻访那个所谓的夷门。夷门就是大梁城的东门。天下诸多公子中也确有好客喜士的，但只有信陵君能够交结那些隐没在社会各个角落的人物，他不以结交下层贱民为耻辱，是很有道理的。他的名声远远超过诸侯，的确不是虚妄之传。而高祖每次经过大梁，便命令百姓不断绝对他的祭祀。

春申君列传

【原文】

　　春申君者，楚人也，名歇，姓黄氏。游学博闻，事楚顷襄王。顷襄王以歇为辩，使于秦。秦昭王使白起攻韩、魏，败之于华阳，禽魏将芒卯，韩、魏服而事秦。秦昭王方令白起与韩、魏共伐楚，未行，而楚使黄歇适至于秦，闻秦之计。当是之时，秦已前使白起攻楚，取巫、黔中之郡，拔鄢、郢，东至竟陵，楚顷襄王东徙治于陈县。黄歇见楚怀王之为秦所诱而入朝，遂见欺，留死于秦。顷襄王，其子也，秦轻之，恐壹举兵而灭楚。歇乃上书说秦昭王曰：

　　天下莫强于秦、楚。今闻大王欲伐楚，此犹两虎相与斗。两虎相与斗而驽犬受其弊，不如善楚。臣请言其说：臣闻物至则反，冬夏是也；致至则危，累棋是也。今大国之地，遍天下有其二垂，此从生民已来，万乘之地未尝有也。先帝文王、庄王之身，三世不妄接地于齐，以绝从亲之要。今王使盛桥守事于韩，盛桥以其地入秦，是王不用甲，不信威，而得百里之地。王可谓能矣。王又举甲而攻魏，杜大梁之门，举河内，拔燕、酸枣、虚、桃，入邢，魏之兵云翔而不敢捄。王之功亦多矣。王休甲息众，二年而后复之；又并蒲、衍、首、垣，以临仁、平丘，黄、济阳婴城而魏氏服；王又割濮磿之北，注齐、秦之要，绝楚、赵之脊，天下五合六聚而不敢救。王之威亦单矣。

【译文】

　　春申君是楚国人，名叫歇，姓黄。黄歇曾周游各地从师学习，同而知识渊博，后来侍奉楚顷襄王。顷襄王认为黄歇有口才，就让他到秦国出使。当时秦昭王派白起进攻韩、魏两国联军，在华阳把他们打败，将魏国将领芒卯擒获了，韩、魏两国臣服侍奉于秦国。秦昭王命令白起同韩国、魏国一起进攻楚国，但还没出发，这时楚王派黄歇恰巧来到秦国，听到了秦国的这个计划。在这个时候，秦国已经占领了楚国大片领土，因为在这以前秦王曾派白起攻打楚国，夺取了巫郡、黔中郡，攻占了鄢城郢都，向东直打到竟陵，楚顷襄王只好把都城向东迁到陈县。黄歇见到楚怀王被秦国引诱去那里访问，结果上当受骗，扣留并死在秦国。顷襄王是楚怀王的儿子，秦国根本不把他看在眼里，恐怕一旦发兵就会灭掉楚国。黄歇就上书劝说秦王道：

　　天下没有谁比秦国和楚国更强大的诸侯。现在听说大王要征讨楚国，这好比两只猛虎互相搏斗。两虎相斗会让劣狗趁机得到好处，不如亲善于楚国。请允许我讲讲自己的看法：我听说事物发展到顶点就必定走向反面，冬季与夏季的变化就是这样；事物积累到极高处就会危险，堆叠棋子就是这样。现在秦国的土地，占着天下西、北两方边地，这是自古以来，即使天子也不曾有过的的领地。可是从先帝文王、庄王到大王自身，三代不忘使秦国土地同齐国连接起来，借以切断各国合纵结盟的关键部位。现在大王派盛桥到韩国驻守任职，盛桥把韩国的土地并入秦国，这是不动一兵一卒，不施展武力，而得到百里土地的好办法。大王可以说是有才能了。大王又发兵进攻魏国，堵塞了魏国都城大梁的出入通路，攻取河内，拿下燕、酸枣、虚、桃等地，进而攻入邢地，魏国军队如风吹白云四处逃散而不敢彼此相救。大王的功绩也算够多了。大王停止征战休整部队，两年之后再次发兵；又夺取了蒲、衍、首、垣等地，进而兵临仁、平丘，黄、济阳则退缩自守，结果魏国屈服降秦；大王又割取了濮磨以北的土地，打通了齐国、秦国的通道，截断了楚国、赵国联系的脊梁，天下经过五次联合而相集的六国诸侯，不敢互相救援。大王的威势也可以说发挥到极点了。

【原文】

王若能持功守威，绌攻取之心而肥仁义之地，使无后患，三王不足四，五伯不足六也。王若负人徒之众，仗兵革之强，乘毁魏之威，而欲以力臣天下之主，臣恐其有后患也。《诗》曰："靡不有初，鲜克有终。"《易》曰："狐涉水，濡其尾。"此言始之易，终之难也。何以知其然也？昔智氏见伐赵之利而不知榆次之祸，吴见伐齐之便而不知干隧之败。此二国者，非无大功也，没利于前而易患于后也。吴之信越也，从而伐齐，既胜齐人于艾陵，还为越王禽三渚之浦。智氏之信韩、魏也，从而伐赵，攻晋阳城，胜有日矣，韩、魏叛之，杀智伯瑶于凿台之下。今王妒楚之不毁也，而忘毁楚之强韩、魏也，臣为王虑而不取也。

【译文】

如果大王能保持功绩且掌握威势，去掉攻伐的心思而广施仁义之道，使国家没有以后的祸患，您的事业可与三王相媲美，您的威势可与五霸一样。如果大王依仗众多的壮丁，凭靠强大的军备，借着毁灭魏国的威势，而想以武力使天下的诸侯屈服，我恐怕您会有以后的祸患啊。《诗经》上说："没有人不想有好的开头，却很少人能有好的终结。"《易经》上说："小狐渡水将渡过时，却湿了尾巴。"这些话说的是开始容易，结尾难。怎么才能知道是这样的呢？从前，智伯只看见攻伐赵襄子的好处，却没料到自己反在榆次遭到杀身之祸；吴王夫差只看到进攻齐国的利益却没有想到在干隧被越王句践战败。这两个国家，不是没有过巨大的功绩，由于贪图眼前的利益，换得了后来的祸患。因为吴王夫差相信了越国的恭维，所以才去攻打齐国，在艾陵战胜了齐国人之后，回来时却在三江水边被越王句践擒获。智伯相信韩氏、魏氏，因而攻伐赵氏，进攻晋阳城，胜利指日可待了，可是韩氏、魏氏背叛了他，在凿台杀死了智伯瑶。现在大王嫉恨楚国不毁灭，却忘掉毁灭楚国就会使韩、魏两国更加强大，我替大王考虑，认为不能这样做。

【原文】

《诗》曰："大武远宅而不涉。"从此观之，楚国，援也；邻国，敌也。《诗》云："趯趯毚兔，遇犬获之。他人有心，余忖度之。"今王中道而信韩、魏之善王也，此正吴之信越也。臣闻之，敌不可假，时不可失。臣恐韩、魏卑辞除患而实欲欺大国也。何则？王无重世之德于韩、魏，而有累世之怨焉。夫韩、魏父子兄弟接踵而死于秦者将十世矣。本国残，社稷坏，宗庙毁。刳腹绝肠，折颈摺颐，首身分离，暴骸骨于草泽，头颅僵仆，相望于境，父子老弱系脰束手为群虏者相及于路。鬼神孤伤，无所血食。人民不聊生，族类离散，流亡为仆妾者，盈满海内矣。故韩、魏之不亡，秦社稷之忧也，今王资之与攻楚，不亦过乎！

【译文】

《诗经》上说："大军不应远离自家宅地而长途跋涉。"可见，楚国是帮手，邻国才是敌人。《诗经》说："狡猾的兔子蹦蹦跳跳，遇到了猎犬却跑不掉；别人的心思，我能揣摩到。"现在大王突然相信韩、魏会与您亲善，就跟吴相信越一样啊。听人说，敌人不能宽容，时机不能错过。我恐怕韩、魏两国低声下气要秦国消除祸患，实际是欺骗秦国。怎么见得呢？大王对韩国、魏国没有几世的恩德，却有几代的仇怨。韩、魏国将近十代的父子兄弟连死在秦国刀下。他们国土残缺，国家破败，宗庙焚毁。上至将领下至士卒，剖腹断肠，砍头毁面，身首分离，枯骨暴露在荒野水泽之中，头颅僵挺，横尸遍野，国内到处可见。父子老弱被捆着脖子绑着手，成了任人凌辱的俘虏，一群接一群地走在路上。百姓无法生活，亲族逃离，骨肉分散，流亡沦落为男仆女奴的，充满海内各国。所以韩、魏两国不灭亡，这是秦国最大的忧患，如今大王却借助他们一起攻打楚国，不是错误吗！

【原文】

且王攻楚将恶出兵？王将借路于仇雠之韩、魏乎？兵出之日而王忧其不返也，是王以兵资于仇雠之韩、魏也。王若不借路于仇雠之韩、魏，必攻随水右壤。随水右壤，此皆广川大水，山林溪谷，不食之地也，王虽有之，不为得地。是王有毁楚之名而无得地之实也。

且王攻楚之日，四国必悉起兵以应王。秦、楚之兵构而不离，魏氏将出而攻留、方与、铚、湖陵、砀、萧、相，故宋必尽。齐人南面攻楚，泗上必举。此皆平原四达，膏腴之地，而使独攻。王破楚以肥韩、魏于中国而劲齐。韩、魏之强，足以校于秦。齐南以泗水为境，东负海，北倚河，而无后患，天下之国莫强于齐、魏，齐、魏得地葆利而详事下吏，一年之后，为帝未能，其于禁王之为帝有余矣。

【译文】

再说大王进攻楚国怎么出兵呢？大王将借路于仇敌韩国、魏国吗？若是，则出兵之日就是大王忧患他们不能返回之时，这是因为大王把自己的军队借给仇敌韩国、魏国啊。大王如果不借路于仇敌韩国、魏国，那就必定攻打随水右边的地区。而随水右边地区，都是大川大水，高山密林，深溪幽谷，这样一些无粮地区，大王即使占领了它，也等于没有得到土地。这样大王落个毁灭楚国的恶名声，却没有得到占领土地的实惠啊。

再说只要大王进攻楚国，韩、赵、魏、齐四国必定联合起来对付大王。秦、楚两国一旦交战便战乱不止,魏国会出兵攻打留、方与、铚、湖陵、砀、萧、相等地,原先占领的宋国土地必定全都丧失。齐国人向南攻击楚地,泗水地区必定攻克。这些地方都是平坦开阔、四通八达的肥沃土地,却让他们单独占领。大王击败楚国而使韩、魏两国在中原地区壮大起来,又使齐国更加强劲。韩、魏两国强大了,完全能够同秦国抗衡。齐国南面以泗水为边境,东面背靠大海,北面依恃黄河,便没有后患,天下的国家没有谁能比齐国、魏国更强大,齐、魏两国得到土地保持已得的利益,进而让下级官吏审慎治理,一年后,即使不能称帝,但阻止大王称帝却是绰绰有余的。

【原文】

夫以王壤土之博,人徒之众,兵革之强,壹举事而树怨于楚,迟令韩、魏归帝重于齐,是王失计也。臣为王虑,莫若善楚。秦、楚合而为一以临韩,韩必敛手。王施以东山之险,带以曲河之利,韩必为关内之侯。若是而王以十万戍郑,梁氏寒心,许、鄢陵婴城,而上蔡、召陵不往来也,如此而魏亦关内侯矣。王壹善楚,而关内两万乘之主注地于齐,齐右壤可拱手而取也。王之地一经两海,要约天下,是燕、赵无齐、楚,齐、楚无燕、赵也。然后危动燕、赵,直摇齐、楚,此四国者不待痛而服矣。

昭王曰:"善。"于是乃止白起而谢韩、魏。发使赂楚,约为与国。

【译文】

以大王广大的土地,众多的壮丁,强大的军备,一旦发兵而与楚国结下怨仇,就会让韩、魏两国尊齐称帝,这是大王的失策啊。我替大王考虑,不如与楚国亲善友好。秦、楚两国联合进逼韩国,韩必定有所收敛而不敢轻举妄动。大王再经营设置东山的险要地势,利用黄河环绕的有利条件,韩国就必定成为秦国的臣属。如果造成了这种形势,大王再用十万兵力驻守郑地,魏国则心惊胆战,许、鄢陵退缩固守不敢出击,那么上蔡、召陵与魏国的联系就被断绝,这样魏国也会成为秦国的臣属了。大王一旦同楚国交好,那么关内两个万乘之国——韩与魏就要向齐国割取土地,齐国右边济州一带广大地区便可轻而易举地得到。大王的土地横贯东、西两海,约束天下诸侯,这样燕国、赵国没有齐国、楚国作依托,齐国、楚国没有燕国、赵国相依傍。然后以危亡震慑燕、赵两国,直接动摇齐、楚两国,这四个国家不需急攻便可制服了。

昭王读了春申君的上书后说:"真好。"就不再让白起出征并且拒绝了韩、魏两国。同时派使臣送了厚礼给楚国,秦楚结盟友好。

【原文】

黄歇受约归楚,楚使歇与太子完入质于秦,秦留之数年。楚顷襄王病,太子不得归。而楚太子与秦相应侯善,于是黄歇乃说应侯曰:"相国诚善楚太子乎?"应侯曰:"然。"歇曰:"今楚王恐不起疾,秦不如归其太子。太子得立,其事秦必重而德相国无穷,是亲与国而得储万乘也。若不归,则咸阳一布衣耳；楚更立太子，必不事秦。夫失与国而绝万乘之和，非计也。愿相国孰虑之。"应侯以闻秦王。秦王曰："令楚太子之傅先往问楚王之疾，返而后图之。"黄歇为楚太子计曰："秦之留太子也，欲以求利也。今太子力未能有以利秦也，歇忧之甚。而阳文君子二人在中，王若卒大命，太子不在，阳文君子必立为后，太子不得奉宗庙矣。不如亡秦，与使者俱出；臣请止，以死当之。"楚太子因变衣服为楚使御以出关，而黄歇守舍，常为谢病。度太子已远，秦不能追，歇乃自言秦昭王曰："楚太子已归，出远矣。歇当死，愿赐死。"昭王大怒，欲听其自杀。应侯曰："歇为人臣，出身以徇其主，太子立，必用歇，故不如无罪而归之，以亲楚。"秦因遣黄歇。

【译文】

黄歇接受了盟约返回楚国，楚王派黄歇与太子完到秦国做人质，他们留在秦国好几年。后来楚顷襄王病了，太子却回不去。太子与秦相国应侯私人关系很好，于是黄歇就劝说应侯："相国真的跟楚太子相处得很好吗？"应侯说："是啊。"黄歇说："如今楚王恐怕一病不起了，秦国不如让太子回去。如果太子能立为王，他侍奉秦国一定厚重而感激相国的恩德将永不竭尽，这不仅是亲善友好国家，而且为将来保留了一个万乘大国的盟友。如果不让他回去，那他充其量是个咸阳城里的百姓罢了；楚国将改立太子，肯定不会侍奉秦国。那样就会失去友好国家的信任，又断绝了一个万乘大国的盟友，这不是上策。希望相国仔细考虑这件事。"应侯把黄歇的意思报告给秦王。秦王说："让楚国太子的师傅先回去探问一下楚王的病情，回来后再作计议。"黄歇替楚国太子谋划说："秦国扣留太子的目的，是要借此索取好处。现在太子要使秦国得到好处是无能为力的，我忧虑得很。而阳文君的两个儿子在国内，大王如果不幸辞世，太子又不在楚国，阳文君的儿子必定立为后继人，太子就不能接受国家了。不如逃离秦国，跟使臣一起出去；请让我留下来，以死来担当责任。"楚太子于是换了衣服扮成楚国使臣的车夫得以出关，而黄歇在客馆里留守，总是推托太子有病谢绝会客。估计太子已经走远，秦国追不上了，黄歇就自动向秦昭王报告说："楚国太子已经回去，离开很远了。我当死罪，愿您赐我一死。"昭王大为恼火，要准许黄歇自杀。应侯进言道："黄歇作为臣子，为了他的主人献出自己生命，太子如果立为楚王，肯定重用黄歇，所以不如免他死罪让他回国，来表示对楚国的亲善。"秦王便按照他说的把黄歇也送回去了。

【原文】

歇至楚三月，楚顷襄王卒，太子完立，是为考烈王。考烈王元年，以黄歇为相，封为春申君，赐淮北地十二县。后十五岁，黄歇言之楚王曰："淮北地边齐，其事急，请以为郡便。"因并献淮北十二县，请封于江东。考烈王许之。春申君因城故吴墟，以自为都邑。

春申君既相楚，是时齐有孟尝君，赵有平原君，魏有信陵君，方争下士，招致宾客，以相倾夺，辅国持权。

春申君为楚相四年，秦破赵之长平军四十余万。五年，围邯郸。邯郸告急于楚，楚使春申君将兵往救之，秦兵亦去，春申君归。春申君相楚八年，为楚北伐灭鲁，以荀卿为兰陵令。当是时，楚复强。

【译文】
黄歇回到楚国三个月之后，楚顷襄王去世，太子完立为楚王，这就是考烈王。考烈王元年（前262），让黄歇做宰相，封为春申君，并将淮北地区十二个县赏赐给他。十五年后，黄歇跟楚王说："淮北地区靠近齐国，那里情势紧急，请把这个地区划为郡，治理更为方便。"并同时献出淮北十二个县，请求把自己封到江东去。考烈王答应了他的请求。春申君就在吴国故都修建城堡，把它们作为自己的都邑。

春申君做了楚国宰相，这时齐国有孟尝君，赵国有平原君，魏国有信陵君，大家都礼贤下士，招揽宾客，互相争夺贤才，以辅助各自的君王掌握国政。

春申君担任楚国宰相的第四年，秦国击败赵国并将赵国长平驻军四十多万人坑杀。第五年，秦军包围了赵国都城邯郸。邯郸向楚国告急求援，楚国派春申君带兵去救援邯郸，秦军撤退后，春申君返回楚国。春申君担任楚国宰相的第八年，为楚国向北征伐，灭掉鲁国，任命荀卿担任兰陵县令。这个时候，楚国又兴盛强大起来。

【原文】
赵平原君使人于春申君，春申君舍之于上舍。赵使欲夸楚，为玳瑁簪，刀剑室以珠玉饰之，请命春申君客。春申君客三千余人，其上客皆蹑珠履以见赵使，赵使大惭。

春申君相十四年，秦庄襄王立，以吕不韦为相，封为文信侯。取东周。

春申君相二十二年，诸侯患秦攻伐无已时，乃相与合从，西伐秦，而楚王为从长，春申君用事。至函谷关，秦出兵攻，诸侯兵皆败走。楚考烈王以咎春申君，春申君以此益疏。

【译文】
有一次，赵国平原君派使者访问春申君，春申君安排那些使者在上等客馆住下。赵国使者想夸耀赵国很富，就特意用玳瑁簪子绾插冠髻，亮出用珠玉装饰的剑鞘，请求招来春申君的宾客会面，春申君的宾客都穿着宝珠做的鞋子来见赵国使臣，赵国使臣自惭形秽。

春申君任宰相的第十四年，秦庄襄王即位，任命吕不韦做秦相，封为文信侯。夺取了东周。

春申君任宰相的第二十二年，各国诸侯担忧秦国征战不停，就互相盟约联合起来，向西讨伐秦国，而楚国国君担任六国盟约之长，楚君让春申君当权主事。六国联军到达函谷关后，秦军出关迎战，六国联军战败而逃。楚考烈王把战斗失利归罪于春申君，因此春申君渐渐被疏远了。

【原文】

客有观津人朱英，谓春申君曰："人皆以楚为强而君用之弱，其于英不然。先君时善秦二十年而不攻楚，何也？秦逾黾隘之塞而攻楚，不便；假道于两周，背韩、魏而攻楚，不可。今则不然，魏旦暮亡，不能爱许、鄢陵，其许魏割以与秦。秦兵去陈百六十里，臣之所观者，见秦、楚之日斗也。"楚于是去陈徙寿春；而秦徙卫野王，作置东郡。春申君由此就封于吴，行相事。

【译文】

这时宾客中有个叫朱英的观津人，对春申君说："人们都认为您把强大的楚国治理弱了，我并不这样认为。先王时与秦国交好二十年而秦国不攻打楚国，是为什么？秦国进攻楚国要越过黾隘这个要塞，是很不方便的；要是从西周、东周借路的话，它背对着韩、魏两国进攻楚国，也是不行的。现在的形势就不是这样了，魏国危在旦夕，不能吝惜许和鄢陵了，答应把这两城邑割给秦国。这样秦国军队离楚都陈只有一百六十里路，依我看，秦、楚两国将会日甚一日地交兵了。"楚国当时就把都城从陈迁到了寿春；而秦国则把附庸卫元君从濮阳迁到了野王，设置了东郡。春申君从此到了封地吴，同时任宰相。

【原文】

楚考烈王无子，春申君患之，求妇人宜子者进之，甚众，卒无子。赵人李园持其女弟，欲进之楚王，闻其不宜子，恐久毋宠。李园求事春申君为舍人，已而谒归，故失期。还谒，春申君问之状，对曰："齐王使使求臣之女弟，与其使者饮，故失期。"春申君曰："娉入乎？"对曰："未也。"春申君曰："可得见乎？"曰："可。"于是李园乃进其女弟，即幸于春申君。知其有身，李园乃与其女弟谋。园女弟承闲以说春申君曰："楚王之贵幸君，虽兄弟不如也。今君相楚二十余年，而王无子，即百岁后将更立兄弟，则楚更立君后，亦各贵其故所亲，君又安得长有宠乎？非徒然也，君贵用事久，多失礼于王兄弟，兄弟诚立，祸且及身，何以保相印江东之封乎？今妾自知有身矣，而人莫知。妾幸君未久，诚以君之重而进妾于楚王，王必幸妾；妾赖天有子男，则是君之子为王也，楚国尽可得，孰与身临不测之罪乎？"春申君大然之，乃出李园女弟，谨舍而言之楚王。楚王召入幸之，遂生子男，立为太子，以李园女弟为王后。楚王贵李园，园用事。

李园既入其女弟，立为王后，子为太子，恐春申君语泄而益骄，阴养死士，欲杀春申君以灭口，而国人颇有知之者。

【译文】

楚考烈王没有儿子，春申君为此很发愁，就寻找可能会生儿子的妇女献给楚王，虽然找了不少人，却始终没生儿子。赵国人李园带着妹妹来到楚国，打算献给楚王，又听说楚王生不了儿子，恐怕妹妹很长时间得不到宠幸。李园便寻找机会做了春申君的侍从，不久他请假回家，又故意延误了返回的时间。回来后他去拜见春申君，春申君问他迟到的原因，他回答说："齐王派使臣来求娶我的妹妹，由于我跟那个使臣饮酒，所以延误了返回的时间。"春申君问道："订婚礼物送来了吗？"李园回答说："没有。"春申君又问道："可以让我看看吗？"李园说："可以。"于是李园就把他的妹妹献给春申君，并立即得到春申君的宠幸。后来李园知道了他的妹妹怀了身孕，就同他妹妹商量了进一步的打算。李园的妹妹找了个机会劝说春申君道："楚王尊重宠信您，即使兄弟也不如。如今您任楚国宰相已经二十多年，可是大王没有儿子，如果楚王寿终之后将要改立兄弟，那么楚国改立国君以后，也就会各自使原来所亲信的人显贵起来，您又怎么能长久地得到宠信呢？不仅如此，您身处尊位执掌政事多年，对楚王的兄弟们难免有许多失礼的地方，楚王的兄弟如果立为国君，殃祸将落在您的身上，还怎么能保住宰相大印和江东封地呢？现在我自己知道怀上身孕了，可是别人谁也不知道。我得到您的宠幸时间不长，如果凭您的尊贵地位把我进献给楚王，楚王必定宠幸我；我仰赖上天的保佑生个儿子，这就是您的儿子做了楚王，楚国全为您所有，这与您身遭意想不到的殃祸相比，哪样好呢？"春申君认为这番话说得对极了，就把李园的妹妹送出家来，严密地安排在一个住所便向楚王称说要进献李园的妹妹。楚王把李园的妹妹召进宫来很是宠幸她，于是生了个儿子，立为太子，又把李园的妹妹封为王后。楚王器重李园，于是李园参与朝政。

李园把他妹妹送进宫里，封为王后，生的儿子立为太子，便担心春申君说漏秘密而更加骄横，就暗中豢养了刺客。打算杀死春申君来灭口，这件事在国都有不少人都知道。

【原文】

春申君相二十五年，楚考烈王病。朱英谓春申君曰："世有毋望之福，又有毋望之祸。今君处毋望之世，事毋望之主，安可以无毋望之人乎？"春申君曰："何谓毋望之福？"曰："君相楚二十余年矣，虽名相国，实楚王也。今楚王病，旦暮且卒，而君相少主，因而代立当国，如伊尹、周公，王长而反政，不即遂南面称孤而有楚国？此所谓毋望之福也。"春申君曰："何谓毋望之祸？"曰："李园不治国而君之仇也，不为兵而养死士之日久矣，楚王卒，李园必先入据权而杀君以灭口。此所谓毋望之祸也。"春申君曰："何谓毋望之人？"对曰："君置臣郎中，楚王卒，李园必先入，臣为君杀李园。此所谓毋望之人也。"春申君曰："足下置之。李园，弱人也，仆又善之，且又何至此！"朱英知言不用，恐祸及身。乃亡去。

【译文】

春申君任宰相的第二十五年，楚考烈王得了重病。朱英对春申君说："世上有不期而至的福，也有不期而至的祸。如今您处在生死无常的世上，侍奉喜怒无常的君主，又怎么能会没有不期而至的人呢？"春申君问道："什么叫不期而至的福？"朱英回答说："您任楚国宰相二十多年了，虽然名义上是宰相，实际上就是楚王。现在楚王病重,死在旦夕,您辅佐年幼的国君,因而代他掌握国政,如同伊尹、周公一样,等君王长大再把大权交给他,不就是您南面称王而据有楚国?这就是所说的不期而至的福。"春申君又问道:"什么叫不期而至的祸?"朱英回答道:"李园不执掌国政便是您的仇人,他不管兵事却豢养刺客为时已久了,楚王一下世,李园必定抢先入宫夺权并要杀掉您灭口。这就是所说的不期而至的祸。"春申君接着问道:"什么叫不期而至的人?"朱英回答说:"您安排我做郎中,楚王一下世,李园必定抢先入宫,我替您杀掉李园。这就是所说的不期而至的人。"春申君听了后说:"您要放弃这种打算。李园是个软弱的人,我对他很好,事情怎么可能到这种地步呢!"朱英一看春申君不听自己的,恐怕祸患殃及自身,就逃跑了。

【原文】

后十七日,楚考烈王卒,李园果先入,伏死士于棘门之内。春申君入棘门,园死士侠刺春申君,斩其头,投之棘门外。于是遂使吏尽灭春申君之家。而李园女弟初幸春申君有身而入之王所生子者遂立,是为楚幽王。

是岁也,秦始皇帝立九年矣。嫪毐亦为乱于秦,觉,夷其三族,而吕不韦废。

【译文】

此后十七天,楚考烈王去世,李园果然抢先进入宫中,并派刺客在棘门埋伏。春申君一进棘门,李园的刺客从两侧夹击并刺杀了春申君,斩下他的脑袋,扔到棘门外边。又派人把春申君家满门处死。而李园的妹妹原先受春申君宠幸怀了孕,又入宫得宠于楚考烈王后,所生的那个儿子便立为楚王,这就是楚幽王。

这一年,秦始皇即位已经九年了。嫪毐也与秦国太后私通,被人知道后,夷灭三族,而吕不韦因受牵连被废黜。

【原文】

太史公曰:吾适楚,观春申君故城,宫室盛矣哉!初,春申君之说秦昭王,及出身遣楚太子归,何其智之明也!后制于李园,旄矣。语曰:"当断不断,反受其乱。"春申君失朱英之谓邪?

【译文】

太公史说:我到楚地,参观了春申君的旧城,宫室建筑真是宏伟啊!当年,春申君劝说秦昭王,还冒着生命危险派人把楚太子送回楚国,是多么高明的举动啊!可是后来被李园控制,却糊涂了。俗话说:"应当决断时不决断,反过来就要遭受祸患。"也许说的就是春申君失却了朱英要杀掉李园的机会吧?

乐毅列传

【原文】

乐毅者,其先祖曰乐羊。乐羊为魏文侯将,伐取中山,魏文侯封乐羊以灵寿。乐羊死,葬于灵寿,其后子孙因家焉。中山复国,至赵武灵王时复灭中山,而乐氏后有乐毅。

乐毅贤,好兵,赵人举之。及武灵王有沙丘之乱,乃去赵适魏。闻燕昭王以子之之乱而齐大败燕,燕昭王怨齐,未尝一日而忘报齐也。燕国小,辟远,力不能制,于是屈身下士,先礼郭隗以招贤者。乐毅于是为魏昭王使于燕,燕王以客礼待之。乐毅辞让,遂委质为臣,燕昭王以为亚卿,久之。

【译文】

乐毅的祖先是乐羊。乐羊曾担任魏文侯的将领,他带兵将中山国攻下,魏文侯把乐羊封于灵寿。乐羊死后,就葬在灵寿,他的后代就在那里安了家。后来中山复国,到赵武灵王的时候又把中山国灭掉,而乐家的后代出了乐毅。

乐毅很有才华,喜好军事,赵人曾举荐他出来做官。到了武灵王被围困饿死在沙丘行宫后,他就离开赵国到了魏国。后来他听说燕昭王因为子之执政,燕国大乱,而齐国乘机大败燕国,因而燕昭王非常怨恨齐国,从没忘记向齐国报仇雪恨。燕国是个弱小的国家,地处偏远,国力是不能克敌制胜的,于是燕昭王降抑自己的身份,礼贤下士,他先礼尊郭隗借以招揽天下贤士。正在这个时候,乐毅为魏昭王出使到了燕国,燕王以宾客的礼节接待他。乐毅推辞谦让,后来终于向燕昭王敬献了礼物表示愿意做臣下,燕昭王就任命他为亚卿,他担任这个职务的时间很长。

【原文】

当是时,齐湣王强,南败楚相唐眛于重丘,西摧三晋于观津,遂与三晋击秦,助赵灭中山,破宋,广地千余里。与秦昭王争重为帝,已而复归之。诸侯皆欲背秦而服于齐。湣王自矜,百姓弗堪。于是燕昭王问伐齐之事。乐毅对曰:"齐,霸国之余业也,地大人众,未易独攻也。王必欲伐之,莫如与赵及楚、魏。"于是使乐毅约赵惠文王,别使连楚、魏,令赵嚪说秦以伐齐之利。诸侯害齐湣王之骄暴,皆争合从与燕伐齐。乐毅还报,燕昭王悉起兵,使乐毅为上将军,赵惠文王以相国印授乐毅。乐毅于是并护赵、楚、韩、魏、燕之兵以伐齐,破之济西。诸侯兵罢归,而燕军乐毅独追,至于临菑。齐湣王之败济西,亡走保于莒。乐毅独留徇齐,齐皆城守。乐毅攻入临菑,尽取齐宝财物祭器输之燕。燕昭王大说,亲至济上劳军,行赏飨士,封乐毅于昌国,号为昌国君。于是燕昭王收齐卤获以归,而使乐毅复以兵平齐城之不下者。

【译文】

当时,齐湣王很强大,南边在重丘将楚国宰相唐眛打败,西边在观津将魏国和赵国打垮，随即又联合韩、赵、魏三国攻打秦国，还曾帮助赵国灭掉中山国，又将宋国击破，将领土扩展了一千多里地。他与秦昭王共同争取尊为帝号，不久他便自行取消了东帝的称号，仍旧称王。各诸侯国都打算背离秦国而归服齐国。可是齐湣王自尊自大很是骄横，百姓已不能忍受他的暴政了。燕昭王认为攻打齐国的机会来了，就向乐毅询问有关攻打齐国的事情。乐毅回答说："齐国，它原来就是霸国，如今仍留着霸国的基业，土地广阔人口众多，可不能轻易地单独攻打它。大王若一定要攻打它，不如联合赵国以及楚国、魏国一起攻击它。"于是昭王派乐毅去与赵惠文王结盟立约，另派别人去联合楚国、魏国，又让赵国以攻打齐国的好处去诱劝秦国。由于诸侯们认为齐湣王骄横暴虐对各国也是个祸害，都争着跟燕国联合共同讨伐齐国。乐毅回来汇报了出使情况，燕昭王动员了全国的兵力，派乐毅担任上将军，赵惠文王把相国大印授给了乐毅。乐毅于是统一指挥着赵、楚、韩、魏、燕五国的军队去攻打齐国，在济水西边大败齐国军队。这时各路诸侯的军队都停止了攻击，撤回本国，而燕国军队在乐毅指挥下单独追击败逃之敌，一直追到齐国都城临淄。齐湣王在济水西边被打败后，就逃跑到莒邑并据城固守。乐毅单独留下来带兵巡行占领的地方，齐国各城邑都据城坚守不肯投降。乐毅集中力量攻击临淄，拿下临淄后，把齐国的珍宝财物以及宗庙祭祀的器物全部夺取过来，并把它们运到燕国去。燕昭王大喜，亲自赶到济水岸上慰劳军队，奖赏并用酒肉犒劳军队将士，把昌国封给乐毅，封号叫昌国君。于是燕昭王把在齐国夺取缴获的战利品带回了燕国，而让乐毅继续带兵进攻还没拿下来的齐国城邑。

【原文】

乐毅留徇齐五岁，下齐七十余城，皆为郡县以属燕，唯独莒、即墨未服。会燕昭王死，子立为燕惠王。惠王自为太子时，尝不快于乐毅。及即位，齐之田单闻之，乃纵反间于燕，曰："齐城不下者两城耳。然所以不早拔者，闻乐毅与燕新王有隙，欲连兵且留齐，南面而王齐。齐之所患，唯恐他将之来。"于是燕惠王固已疑乐毅，得齐反间，乃使骑劫代将，而召乐毅。乐毅知燕惠王之不善代之，畏诛，遂西降赵。赵封乐毅于观津，号曰望诸君。尊宠乐毅以警动于燕、齐。

齐田单后与骑劫战，果设诈诳燕军，遂破骑劫于即墨下，而转战逐燕，北至河上，尽复得齐城，而迎襄王于莒，入于临淄。

【译文】

乐毅留在齐国巡行作战五年，攻下七十多座齐国城邑，都划属为燕国郡县，只有莒和即墨没有收服。这时恰逢燕昭王死去，他的儿子立为燕惠王。惠王做太子时就曾与乐毅有嫌隙，等他即位后，齐国的田单听说惠王与乐毅有矛盾，就对燕国施行反间计，造谣说："齐国城邑没有攻下的仅只两个城邑罢了。而所以不及早拿下来的原因，听说是乐毅与燕国新即位的国君有怨仇，乐毅断断续续用兵故意拖延时间姑且留在齐国，准备在齐国称王。齐国所担忧的，只怕别的将领来。"当时燕惠王本来就已经怀疑乐毅,又受到齐国反间计的挑拨,就派骑劫代替乐毅任将领,并召回乐毅。乐毅心里明白燕惠王派人代替自己是不怀好意的,害怕回国后被杀,便向西去投降了赵国。赵国把观津这个地方封给乐毅,封号叫望诸君。赵国对乐毅十分尊重、宠信,以借此来震慑燕国、齐国。

齐国田单后来与骑劫交战,果然设骗局迷惑燕军,结果在即墨城下把骑劫的军队打得大败,接着辗转追击燕军,向北直追到黄河边上,收复了齐国的全部城邑,并且把齐襄王从莒邑迎回都城临淄。

田单与骑劫交战,设骗局迷惑燕军,结果在即墨大败燕军。

【原文】

燕惠王后悔使骑劫代乐毅,以故破军亡将失齐;又怨乐毅之降赵,恐赵用乐毅而乘燕之弊以伐燕。燕惠王乃使人让乐毅,且谢之曰:"先王举国而委将军,将军为燕破齐,报先王之仇,天下莫不震动,寡人岂敢一日而忘将军之功哉!会先王弃群臣,寡人新即位,左右误寡人。寡人之使骑劫代将军,为将军久暴露于外,故召将军且休,计事。将军过听,以与寡人有隙,遂捐燕归赵。将军自为计则可矣,而亦何以报先王之所以遇将军之意乎?"乐毅报遗燕惠王书曰:

臣不佞,不能奉承王命,以顺左右之心,恐伤先王之明,有害足下之义,故遁逃走赵。今足下使人数之以罪,臣恐侍御者不察先王之所以畜幸臣之理,又不白臣之所以事先王之心,故敢以书对。

臣闻贤圣之君不以禄私亲,其功多者赏之,其能当者处之。故察能而授官者,成功之君也;论行而结交者,立名之士也。臣窃观先王之举也,见有高世主之心,故假节于魏,以身得察于燕。先王过举,厕之宾客之中,立之群臣之上,不谋父兄,以为亚卿。臣窃不自知,自以为奉令承教,可幸无罪,故受令而不辞。

【译文】

燕惠王很后悔派骑劫代替乐毅,致使燕军惨败,还丧失了原先占领的齐国土地;可是又怨恨乐毅投降赵国,担心赵国任用乐毅趁燕国兵败疲困之机前来攻打。燕惠王就派人到赵国责备乐毅,并向他道歉说:"先王把整个燕国委托给将军,将军为燕国战败齐国,替先王报了深仇大恨,天下人没有不震动的,我哪里有一天敢忘记将军的功劳呢!正遇上先王辞世,我本人初即位,是左右的小人耽误了我。我所以派骑劫代替将军,是因为将军长年在外,风餐露宿,因此召回将军暂且休整一下,也好共商朝政大计。不想将军误听传言,认为跟我有嫌隙,就抛弃了燕国而归附赵国。将军若为

自己打算那是可以的,可是又怎么对得住先王待将军的一片深情厚谊呢?"乐毅写了一封回信给惠王,信中说:

微臣无才,不能奉承您的命令,来顺从您亲信的意愿,我怕发生意想不到的事而有损先王的英明,也将您的道义破坏,所以逃到赵国。现在您派人来指责我的罪过,我怕先王的侍从不能体察先王收留、宠信我的道理,又不清楚我侍奉先王的诚心,所以冒昧地用信来回答。

我听说贤能圣明的君主不给自己的亲信偏赏爵禄,而是奖赏功劳多的人,举用贤能的人。所以考察才华然后授给官职的,是能成就功业的君主;衡量品行然后交往的,是能树立声誉的贤士。我暗中观察先王的举止,看到他有超出一般君主的心志,所以我借为魏国出使之机,到燕国接受考察。先王格外抬举我,先把我列入宾客之中,又把我选拔出来高居群臣之上,不同父兄宗亲大臣商议,就任命我为亚卿。我自己也缺乏自知之明,自认为只要执行命令接受教导,就能侥幸免于犯罪,所以接受任命而不推辞。

【原文】

先王命之曰:"我有积怨深怒于齐,不量轻弱,而欲以齐为事。"臣曰:"夫齐,霸国之余业而最胜之遗事也。练于兵甲,习于战攻。王若欲伐之,必与天下图之。与天下图之,莫若结于赵。且又淮北、宋地,楚、魏之所欲也,赵若许而约四国攻之,齐可大破也。"先王以为然,具符节南使臣于赵。顾反命,起兵击齐。以天之道,先王之灵,河北之地随先王而举之济上。济上之军受命击齐,大败齐人。轻卒锐兵,长驱至国。齐王遁而走莒,仅以身免;珠玉财宝车甲珍器尽收入于燕。齐器设于宁台,大吕陈于元英,故鼎反乎历室,蓟丘之植植于汶篁,自五伯已来,功未有及先王者也。先王以为慊于志,故裂地而封之,使得比小国诸侯。臣窃不自知,自以为奉命承教,可幸无罪,是以受命不辞。

【译文】

先王指示我说:"我跟齐国的怨仇又深又久,非常恼恨齐国,不自量力,也一定要向齐国复仇。"我说:"齐国至今保留着霸国的基业,而又有许多战胜的经验。士兵训练有素,将领谙熟攻战方略。如果大王攻打齐国,必须与天下诸侯联合拿下来。若要与天下诸侯图谋它,不如先与赵国结盟。而且淮北、原属宋国的地区是楚国、魏国两国都想得到的地方。赵国如果答应结盟就约好四国联合攻打它,这样齐国就可以被彻底打败。"先王认为我的主张对,就准备了符节派我南去赵国。很快我就归国复命,随即发兵攻打齐国。靠着上天的引导、先王的神威,黄河以北地区的赵、魏两国军队随着先王全部到达济水岸上。济水岸上的军队接受命令攻击齐军,把齐国人打得大败。我们的轻快精锐部队,长驱直入直抵齐国国都。齐王只身逃跑奔向莒邑,仅他一人免于身亡;珠玉财宝战车盔甲以及珍贵的祭祀器物全部缴获送回燕国。齐国的祭器摆设在宁台,大吕钟陈列在元英殿;被齐国掠去的原燕国宝鼎又从齐国取来放回历室,蓟丘的植物中种植着齐国汶水出产的竹子,自五霸以来功业没有赶上先王的。

先王认为自己的志向得到满足，所以划出一块地方赏赐给我，使我能比同小国的诸侯。我自己也缺乏自知之明，自认为只要接受教导，就能侥幸免于犯罪，所以接受赏赐而不推辞。

【原文】

臣闻贤圣之君，功立而不废，故著于《春秋》；蚤知之士，名成而不毁，故称于后世。若先王之报怨雪耻，夷万乘之强国，收八百岁之蓄积，及至弃群臣之日，余教未衰，执政任事之臣，修法令，慎庶孽，施及乎萌隶，皆可以教后世。

【译文】

我听说贤能圣明的君主，建功立业而不废弛，因此能写在《春秋》一类的史书上；有远见的贤士，蜚声内外而不毁弃，所以广为后人称颂。像先王那样报仇雪耻，把拥有万辆兵车的强国平定，把齐国八百多年所积存的珍宝缴获，等到先王辞世时，还留下政令，指示掌权的大臣，修整法令，慎重对待庶出子弟，施恩泽于平民，这些都可以用来教导后代。

【原文】

臣闻之，善作者不必善成，善始者不必善终。昔伍子胥说听于阖闾，而吴王远迹至郢；夫差弗是也，赐之鸱夷而浮之江。吴王不寤先论之可以立功，故沈子胥而不悔；子胥不蚤见主之不同量，是以至于入江而不化。

【译文】

我听过这种说法，善于开创的不一定善于完成，开端好的不一定结局好。从前伍子胥的主张被吴王阖闾采纳，吴王带兵一直打到楚国郢都；吴王夫差不采纳伍子胥的建议，却赐给他马革囊袋逼他自杀，把他的尸骨装袋扔到江里漂流。吴王夫差不明白先前伍子胥的主张能够建立功业，所以把伍子胥沉入江里而不后悔；伍子胥也不能预见君主的气量、抱负各不相同，因此致使被沉入江里而死不瞑目。

【原文】

夫免身立功，以明先王之迹，臣之上计也。离毁辱之诽谤，堕先王之名，臣之所大恐也。临不测之罪，以幸为利，义之所不敢出也。

臣闻古之君子，交绝不出恶声；忠臣去国，不絜其名。臣虽不佞，数奉教于君子矣。恐侍御者之亲左右之说，不察疏远之行，故敢献书以闻，唯君王之留意焉。

于是燕王复以乐毅子乐间为昌国君；而乐毅往来复通燕，燕、赵以为客卿。乐毅卒于赵。

【译文】

免遭杀身而建功，发扬先王的事业，这是我的上策。遭到侮辱甚至诽谤，毁坏先王的名声，这是我最害怕的事。面临难以预测的罪过，把赵国的宠幸作为个人渔利的机会，这是恪守道义的人所不敢做出的事情。

　　我听说古代的君子，绝交时也不会说出恶毒的话语；忠良的臣子离开原来的国家，也不去洗雪自己的罪过和冤屈。我虽然无能，但多次聆听君子的教导。我担心您听信左右近臣的谗言，不体察被疏远人的行为。所以献上这封信把我的心意告诉您。希望君王留意吧。

　　于是燕惠王又封乐毅的儿子乐间为昌国君；而乐毅在赵国、燕国之间往来，与燕国重新交好，燕、赵两国都让他做客卿。最后乐毅死于赵国。

【原文】

　　乐间居燕三十余年，燕王喜用其相栗腹之计，欲攻赵，而问昌国君乐间。乐间曰："赵，四战之国也，其民习兵，伐之不可。"燕王不听，遂伐赵。赵使廉颇击之，大破栗腹之军于鄗，禽栗腹、乐乘。乐乘者，乐间之宗也。于是乐间奔赵，赵遂围燕。燕重割地以与赵和，赵乃解而去。

【译文】

　　乐间在燕国住了三十多年，燕王喜采用宰相栗腹的计策，打算攻打赵国，便向昌国君乐间征求意见。乐间说："赵国，是同四方交战的国家，百姓熟悉军事，不能攻打。"燕王喜不听，于是攻打赵国。赵国命令廉颇还击燕军，在鄗地把栗腹率领的军队打败，将栗腹、乐乘擒走。乐乘，与乐间是同宗。乐间就逃到赵国去了，于是赵国又来攻打燕国。燕国割让了许多土地向赵国求和，赵军才撤走了。

【原文】

　　燕王恨不用乐间，乐间既在赵，乃遗乐间书曰："纣之时，箕子不用，犯谏不怠，以冀其听；商容不达，身祗辱焉，以冀其变。及民志不入，狱囚自出，然后二子退隐。故纣负桀暴之累，二子不失忠圣之名。何者？其忧患之尽矣。今寡人虽愚，不若纣之暴也；燕民虽乱，不若殷民之甚也。室有语，不相尽，以告邻里。二者，寡人不为君取也。"

　　乐间、乐乘怨燕不听其计，二人卒留赵。赵封乐乘为武襄君。

【译文】

　　燕王后悔没听从乐间的劝告，可是乐间如今已经去了赵国，就写了一封信跟乐间说："殷纣王时，箕子不被任用，但他敢于冒犯君王，直言进谏而不改其初衷，希望纣王能听从他的意见；商容因劝谏纣王而被贬谪，虽然身受侮辱，仍希望纣王改变主张。等到民心涣散，狱中的囚犯纷纷逃出，国家已不可救药，然后两位先生才辞官隐居。因此纣王背上了凶暴的恶名，两位先生却不失忠诚、高尚的美誉。这是为什么呢？他竭尽了为君、为国而忧虑的责任。现在我虽然愚钝，但还不像殷纣那么凶暴；燕国百姓虽不安定，但也不像殷朝百姓那么严重。有道是，家庭内部有了纷争，不尽述自己的意见，却去告诉邻里。这两种做法，我认为是不可取的。"

乐间、乐乘怨恨燕王不听从他们的计策，两个人最终还是留在赵国。赵国封乐乘为武襄君。

【原文】

其明年，乐乘、廉颇为赵围燕，燕重礼以和，乃解。后五岁，赵孝成王卒。襄王使乐乘代廉颇。廉颇攻乐乘，乐乘走，廉颇亡入魏。其后十六年而秦灭赵。

第二年，乐乘、廉颇率领赵军将燕国围困，燕国用厚礼向赵国求和，赵军才撤走。

其后二十余年，高帝过赵，问："乐毅有后世乎？"对曰："有乐叔。"高帝封之乐卿，号曰华成君。华成君，乐毅之孙也。而乐氏之族有乐瑕公、乐臣公，赵且为秦所灭，亡之齐高密。乐臣公善修黄帝、老子之言，显闻于齐，称贤师。

【译文】

第二年，乐乘、廉颇率领赵军将燕国围困，燕国用厚礼向赵国求和，赵军才撤走。五年之后，赵孝成王去世。悼襄王想让乐乘代替廉颇的官职。廉颇攻打乐乘，乐乘逃跑了，廉颇也逃到魏国。十六年后，秦国将赵国灭掉。

二十年之后，汉高帝经过原来赵国属地，问当地人："乐毅有后代吗？"人们回答说："还有个叫乐叔的。"汉高帝把乐卿赐给他，封号华成君。华成君就是乐毅的孙子。乐氏家族还有乐瑕公、乐臣公，他们在秦灭赵国时逃到齐国高密。乐臣公擅长研究黄帝、老子的学说，在齐国很有名气，人们尊称他为贤师。

【原文】

太史公曰：始齐之蒯通及主父偃读乐毅之报燕王书，未尝不废书而泣也。乐臣公学黄帝、老子，其本师号曰河上丈人，不知其所出。河上丈人教安期生，安期生教毛翕公，毛翕公教乐瑕公，乐瑕公教乐臣公，乐臣公教盖公。盖公教于齐高密、胶西，为曹相国师。

【译文】

太史公说：当初齐人蒯通和主父偃读乐毅给燕王的那封信时，都曾不禁放下书信掉下眼泪来。乐臣公钻研黄帝、老子的学说，他的祖师叫作河上丈人，不清楚河上丈人是哪里人。河上丈人教安期生，安期生教毛翕公，毛翕公教乐瑕公，乐瑕公教乐臣公，乐臣公教盖公。盖公在齐地高密、胶西一带执教，是曹相国的老师。

廉颇蔺相如列传

【原文】

　　廉颇者，赵之良将也。赵惠文王十六年，廉颇为赵将伐齐，大破之，取阳晋，拜为上卿，以勇气闻于诸侯。蔺相如者，赵人也，为赵宦者令缪贤舍人。

【译文】

　　廉颇是赵国优秀的将领。赵惠文王十六年（前283），廉颇率领赵军征讨齐国，将齐军打败，将阳晋夺占，被封为上卿，他在诸侯各国中以勇气闻名。蔺相如是赵国人，是赵国宦者令缪贤家的门客。

【原文】

　　赵惠文王时，得楚和氏璧。秦昭王闻之，使人遗赵王书，愿以十五城请易璧。赵王与大将军廉颇诸大臣谋：欲予秦，秦城恐不可得，徒见欺；欲勿予，即患秦兵之来。计未定，求人可使报秦者，未得。宦者令缪贤曰："臣舍人蔺相如可使。"王问："何以知之？"对曰："臣尝有罪，窃计欲亡走燕，臣舍人相如止臣，曰：'君何以知燕王？'臣语曰：'臣尝从大王与燕王会境上，燕王私握臣手，曰"愿结友"。以此知之，故欲往。'相如谓臣曰：'夫赵强而燕弱，而君幸于赵王，故燕王欲结于君。今君乃亡赵走燕，燕畏赵，其势必不敢留君，而束君归赵矣。君不如肉袒伏斧质请罪，则幸得脱矣。'臣从其计，大王亦幸赦臣。臣窃以为其人勇士，有智谋，宜可使。"于是王召见，问蔺相如曰："秦王以十五城请易寡人之璧，可予不？"相如曰："秦强而赵弱，不可不许。"王曰："取吾璧，不予我城，奈何？"相如曰："秦以城求璧而赵不许，曲在赵。赵予璧而秦不予赵城，曲在秦。均之二策，宁许以负秦曲。"王曰："谁可使者？"相如曰："王必无人，臣愿奉璧往使。城入赵而璧留秦；城不入，臣请完璧归赵。"赵王于是遂遣相如奉璧西入秦。

【译文】

　　赵惠文王的时候，赵国得到了一块楚国的和氏璧。秦昭王听说后，就写了一封书信派人送给赵王，表示愿意用十五座城交换这块宝玉。赵王同大将军廉颇及其他大臣们商量：要是把宝玉给了秦国，恐怕秦国不可能把城邑给我们，白白地受骗；要是不给呢，又怕秦军马上来攻打我们。不知道如何是好，就想找一个能派到秦国去回复的使者，也没能找到。宦者令缪贤说："我的门客蔺相如可以派去。"赵王问："你怎么知道他可以呢？"缪贤回答说："为臣曾犯过罪，私下打算逃亡到燕国去，我的门客相如阻拦我，说：'您怎么会了解燕王呢？'我对他说：'我曾随从大王在国境上与燕王会见，燕王私下握住我的手，说"愿意跟您交个朋友"。因此我就了解他了，所以想往他那里去。'相如对我说：'赵国强，燕国弱，而您受宠于赵王，所以燕王想要和您结交。现在您是逃出赵国奔到燕国，燕国怕赵国，这种形势下燕王必定不敢收留您，而且还会把您捆绑起来送回赵国。您不如脱掉上衣，露出肩背，伏在斧刃之下请求治罪，这样也许侥幸被赦免。'臣听从了他的意见，大王也开恩赦免了为臣。为臣私下认为这人是个勇士，有智谋，派他出使很适宜。"于是赵王立即召见，问蔺相如说："秦王用十五座城请求交换我的和氏璧，能不能给他？"相如说："秦国强，赵国弱，不能不答应它。"赵王说："得了我的宝璧，不给我城邑，怎么办？"相如说："秦国请求用城换璧，赵国如不答应，赵国理亏；赵国给了璧而秦国不给赵国城邑，秦国理亏。两种对策衡量一下，宁可答应它，让秦国来承担理亏的责任。"赵王说："谁可以派为使臣？"相如说："大王如果确实无人可派，臣愿捧护宝璧出使。城邑归属赵国了，就把宝璧留给秦国；城邑不能归赵国，我一定把和氏璧完好地带回赵国。"赵王于是就派遣蔺相如带好和氏璧，西行入秦。

【原文】

秦王坐章台见相如，相如奉璧奏秦王。秦王大喜，传以示美人及左右，左右皆呼万岁。相如视秦王无意偿赵城，乃前曰："璧有瑕，请指示王。"王授璧，相如因持璧却立，倚柱，怒发上冲冠，谓秦王曰："大王欲得璧，使人发书至赵王，赵王悉召群臣议，皆曰'秦贪，负其强，以空言求璧，偿城恐不可得'。议不欲予秦璧。臣以为布衣之交尚不相欺，况大国乎！且以一璧之故逆强秦之欢，不可。于是赵王乃斋戒五日，使臣奉璧，拜送书于庭。何者？严大国之威以修敬也。今臣至，大王见臣列观，礼节甚倨；得璧，传之美人，以戏弄臣。臣观大王无意偿赵王城邑，故臣复取璧。大王必欲急臣，臣头今与璧俱碎于柱矣！"相如持其璧睨柱，欲以击柱。秦王恐其破璧，乃辞谢固请，召有司案图，指从此以往十五都予赵。相如度秦王特以诈详为予赵城，实不可得，乃谓秦王曰："和氏璧，天下所共传宝也，赵王恐，不敢不献。赵王送璧时，斋戒五日，今大王亦宜斋戒五日，设九宾于廷，臣乃敢上璧。"秦王度之，终不可强夺，遂许斋五日，舍相如广成传。相如度秦王虽斋，决负约不偿城，乃使其从者衣褐，怀其璧，从径道亡，归璧于赵。

【译文】

秦王坐在章台上接见蔺相如，相如把璧捧出来献给秦王。秦王很高兴，把宝璧给妻妾和侍从们传着看，群臣都高呼万岁。相如看出秦王没有以城换璧的意思，就往前迈了一步说："这块璧上有个小斑点，请允许我指给大王。"秦王把璧交给他，相如就手持璧玉后退几步站稳，身体靠在柱子上，怒发冲冠，对秦王说："大王想得到宝璧，派人送信给赵王，赵王召集全体大臣商议，大家都说：'秦国贪得无厌，倚仗它的强大，想用空话得到宝璧，给我们的城邑恐怕是不能得到的。'商议的结果不想把宝璧给秦国。我认为平民百姓的交往尚且不互相欺骗，何况是大国呢！况且为了一块玉璧的缘故就使强大的秦国不高兴，也是不应该的。于是赵王斋戒了五天，派我捧着宝璧，在殿堂上恭敬地拜送国书。为什么要这样呢？是尊重大国的威望以表示敬意呀。如今我来到贵国，大王却在一般的台观接见我，礼节非常傲慢；得到宝璧后，传给姬妾们观看，这样来戏弄我。我观察大王没有给赵王十五城的诚意，所以我又收回宝璧。大王如果一定要逼我，我的头今天就同宝璧一起在柱子上撞碎！"相如手持宝璧，斜视庭柱，就要向庭柱上撞去。秦王怕他真把宝璧撞碎，便向他道歉，坚决请求他不要如此，并召来主管的官员查看地图，指明从某地到某地的十五座城邑交割给赵国。相如估计秦王不过用欺诈手段假装给赵国城邑，实际上赵国是不可能得到的，于是就对秦王说："和氏璧是天下公认的宝物，赵王惧怕贵国，不敢不奉献出来。赵王送璧之前，斋戒了五天，如今大王也应斋戒五天，在殿堂上安排九宾大典，我才敢献上宝璧。"秦王估量此事，毕竟不可强力夺取，于是就答应斋戒五天，请相如住在广成宾馆。相如估计秦王虽然答应斋戒，但必定背约不给城邑，便派他的随从换上粗麻衣服，怀中藏好宝璧，从小路逃出，把宝璧送回赵国。

蔺相如手持玉璧，身体靠近柱子对秦王说："大王如果一定要逼我，我的头今天就同宝璧一起在柱子上撞碎！"

【原文】

秦王斋五日后，乃设九宾礼于廷，引赵使者蔺相如。相如至，谓秦王曰："秦自缪公以来二十余君，未尝有坚明约束者也。臣诚恐见欺于王而负赵，故令人持璧归，间至赵矣。且秦强而赵弱，大王遣一介之使至赵，赵立奉璧来。今以秦之强而先割十五都予赵，赵岂敢留璧而得罪于大王乎？臣知欺大王之罪当诛，臣请就汤镬，唯大王与群臣孰计议之。"秦王与群臣相视而嘻。左右或欲引相如去，秦王因曰："今杀相如，终不能得璧也，而绝秦赵之欢，不如因而厚遇之，使归赵，赵王岂以一璧之故欺秦邪！"卒廷见相如，毕礼而归之。相如既归，赵王以为贤大夫使不辱于诸侯，拜相如为上大夫。秦亦不以城予赵，赵亦终不予秦璧。

【译文】

秦王斋戒五天后，就在殿堂上安排了九宾大典，请来赵国使者蔺相如。相如一到，对秦王说："从穆公以来，秦国的二十几位君主，从没有一个坚守盟约的。我实在是怕被大王欺骗而对不起赵王，所以派人把宝璧送回去，从小路已到赵国了。况且秦强赵弱，大王派一位使臣到赵国，赵国立即就把宝璧送来。如今凭您秦国的强大，先把十五座城邑割让给赵国，赵国怎么敢留下宝璧而得罪大王呢？我知道欺骗大王之罪应被诛杀，我情愿下油锅被烹，只希望大王和各位大臣仔细考虑此事。"秦王和群臣面面相觑并有惊怪之声。侍从有人要把相如拉下去，秦王说："如今杀了相如，终归还是得不到宝璧，反而破坏了秦赵两国的交情，不如趁此机会好好款待他，放他回到赵国，赵王难道会为了一块玉璧而欺骗秦国吗！"最终还是在殿堂上招待相如，大礼完成之后让他回国。相如回国后，赵王认为他是一位称职的大夫，身为使臣而没有被诸侯欺辱，于是将相如封为上大夫。秦国并没有把城邑送给赵国，赵国也始终不把宝璧送给秦国。

【原文】

其后秦伐赵，拔石城。明年，复攻赵，杀二万人。秦王使使者告赵王，欲与王为好会于西河外渑池。赵王畏秦，欲毋行，廉颇、蔺相如计曰："王不行，示赵弱且怯也。"赵王遂行，相如从。廉颇送至境，与王诀曰："王行，度道里会遇之礼毕，还，不过三十日。三十日不还，则请立太子为王，以绝秦望。"王许之，遂与秦王会渑池。秦王饮酒酣，曰："寡人窃闻赵王好音，请奏瑟。"赵王鼓瑟。秦御史前书曰"某年月日，秦王与赵王会饮，令赵王鼓瑟"。蔺相如前曰："赵王窃闻秦王善为秦声，请奏盆缻秦王，以相娱乐。"秦王怒，不许。于是相如前进缻，因跪请秦王。秦王不肯击缻。相如曰："五步之内，相如请得以颈血溅大王矣！"左右欲刃相如，相如张目叱之，左右皆靡。于是秦王不怿，为一击缻。相如顾召赵御史书曰"某年月日，秦王为赵王击缻"。秦之群臣曰："请以赵十五城为秦王寿。"蔺相如亦曰："请以秦之咸阳为赵王寿。"秦王竟酒，终不能加胜于赵。赵亦盛设兵以待秦，秦不敢动。

【译文】

后来秦国攻打赵国，夺占石城。第二年，秦国再次进攻赵国，杀掉两万多人。秦王派使者通告赵王，想与赵王在西河外的渑池进行一次友好会见。赵王害怕秦国，不想去。廉颇、蔺相如等人商议道："如果大王不去，就显得赵国软弱胆小。"于是赵王就去赴会，相如随同前往。廉颇把他们送到边境，和赵王诀别说："大王此行，估计路程和会见礼仪结束，再加上返回的时间，不会超过三十天。如果三十天还没回来，就请您允许我们立太子为王，以断绝秦国的妄想。"赵王同意这个意见，便去渑池与秦王会见。秦王饮到酒兴正浓时，说："寡人私下里听说赵王爱好音乐，请您鼓瑟吧！"赵王就弹起瑟来。秦国的史官上前来写道："某年某月某日，秦王与赵王一起饮酒，令赵王鼓瑟。"蔺相如上前说："赵王私下里听说秦王擅长秦地土乐，请让我给秦王捧上盆缶，以便互相娱乐。"秦王发怒，不答应。这时相如向前递上瓦缶，并跪下请秦王演奏。秦王不肯击缶，相如说："在这五步之内，我蔺相如要把脖颈里的血溅在大王身上了！"侍从们想要杀相如，相如圆睁双眼大喝一声，侍从们都吓得倒退。当时秦王不大高兴，也只好敲了一下缶。相如回头招呼赵国史官写道："某年某月某日，秦王为赵王击缶。"秦国的大臣们说："请你们用赵国的十五座城向秦王献礼。"蔺相如也说："请你们用秦国的咸阳向赵王献礼。"秦王直到酒宴结束，始终也未能压倒赵王。赵国原来也部署了大批军队来防备秦国，因而秦国也不敢有什么举动。

【原文】

既罢归国，以相如功大，拜为上卿，位在廉颇之右。廉颇曰："我为赵将，有攻城野战之大功，而蔺相如徒以口舌为劳，而位居我上，且相如素贱人，吾羞，不忍为之下。"宣言曰："我见相如，必辱之。"相如闻，不肯与会。相如每朝时，常称病，不欲与廉颇争列。已而相如出，望见廉颇，相如引车避匿。于是舍人相与谏曰："臣所以去亲戚而事君者，徒慕君之高义也。今君与廉颇同列，廉君宣恶言而君畏匿之，恐惧殊甚，且庸人尚羞之，况于将相乎！臣等不肖，请辞去。"蔺相如固止之，曰："公之视廉将军孰与秦王？"曰："不若也。"相如曰："夫以秦王之威，而相如廷叱之，辱其群臣，相如虽驽，独畏廉将军哉？顾吾念之，强秦之所以不敢加兵于赵者，徒以吾两人在也。今两虎共斗，其势不俱生。吾所以为此者，以先国家之急而后私仇也。"廉颇闻之，肉袒负荆，因宾客至蔺相如门谢罪。曰："鄙贱之人，不知将军宽之至此也。"卒相与欢，为刎颈之交。是岁，廉颇东攻齐，破其一军。居二年，廉颇复伐齐几，拔之。后三年，廉颇攻魏之防陵、安阳，拔之。后四年，蔺相如将而攻齐，至平邑而罢。其明年，赵奢破秦军阏与下。

【译文】

渑池会结束以后，由于相如功劳大，赵王封其为上卿，位在廉颇之上。廉颇说："我是赵国将军，有攻城野战的大功，而蔺相如只不过靠能说会道立了点小功，可是他的地位却在我之上，况且相如本来就出身卑贱，我感到羞耻，在他下面我难以忍受。"并且扬言说："我遇见相如，一定要羞辱他。"相如听到后，不肯和他相会。相如每到上朝时，常常推说有病，不愿和廉颇去争位次的先后。没过多久，相如外出，远远看到廉颇，相如就掉转车子回避。于是相如的门客就一起来直言进谏说："我们所以离开亲人来侍奉您，就是仰慕您高尚的节义呀。如今您与廉颇官位相同，廉老先生口出恶言，而您却害怕躲避他，您怕得也太过分了，平庸的人尚且感到羞耻，何况是身为将相的人呢！我们这些人没出息，请让我们告辞吧！"蔺相如坚决地挽留他们，说："诸位认为廉将军和秦王相比谁厉害？"回答说："廉将军比不了秦王。"相如说："以秦王的威势，而我却敢在朝廷上呵斥他，羞辱他的群臣，我蔺相如虽然无能，难道会怕廉将军吗？但是我想

廉颇裸着上身，背着荆条，跪在蔺相如面前说："我是个粗野之人，想不到将军您是如此的宽厚啊！"

到，强秦所以不敢对赵国用兵，就是因为有我们两人在呀，如今两虎相斗，势必不能共存。我之所以这样忍让，就是为了要把国家的急难摆在前面，而把个人的私怨放在后面。"廉颇听说了这些话，就脱去上衣，露出上身，背着荆条，由宾客带引，来到蔺相如的门前请罪。他说："我是个粗野卑贱的人，想不到将军您是如此的宽厚啊！"二人终于和好，成为生死与共的好友。这一年，廉颇向东进攻齐国，将一队齐兵打败。过了两年，廉颇又攻打齐国，攻占了几邑。此后三年，廉颇进攻并占领了魏国的防陵、安阳。再过四年，蔺相如领兵攻齐，打到平邑就收兵了。第二年，赵奢在阏与城下大败秦军。

【原文】

赵奢者，赵之田部吏也。收租税而平原君家不肯出租，奢以法治之，杀平原君用事者九人。平原君怒，将杀奢。奢因说曰："君于赵为贵公子，今纵君家而不奉公则法削，法削则国弱，国弱则诸侯加兵，诸侯加兵是无赵也，君安得有此富乎？以君之贵，奉公如法则上下平，上下平则国强，国强则赵固，而君为贵戚，岂轻于天下邪？"平原君以为贤，言之于王。王用之治国赋，国赋大平，民富而府库实。秦伐韩，军于阏与。王召廉颇而问曰："可救不？"对曰："道远险狭，难救。"又召乐乘而问焉，乐乘对如廉颇言。又召问赵奢，奢对曰："其道远险狭，譬之犹两鼠斗于穴中，将勇者胜。"王乃令赵奢将，救之。

【译文】

赵奢，本是赵国负责征收田租的官吏。有一次收租税时，平原君家不肯缴纳，赵奢依法处置，把平原君家九个当权管事的人杀了。平原君非常生气，说要把赵奢杀掉。于是赵奢劝他："您在赵国是贵公子，现在要是纵容家人而不遵奉公家的法令，就会使法令削弱，法令削弱就会使国家衰弱，国家衰弱诸侯就要侵犯，诸侯侵犯赵国就会灭亡，您还怎能保有这些财富呢？以您的地位和尊贵，能奉公守法就会使国家上下公平，上下公平就能使国家强盛，国家强盛赵氏家族就会稳固，而您身为赵国贵戚，难道还会被天下人轻视吗？"平原君认为他很有才干，把他推荐给赵王。赵王任用他掌管全国赋税，全国赋税非常公平合理，民众富足，国库充实。秦国向韩国进攻，军队在阏与驻扎。赵王召见廉颇问道："可以去援救吗？"廉颇回答说："道路远，而且又艰险狭窄，很难援救。"又召见乐乘问这件事，乐乘的回答和廉颇的话一样。又召见赵奢来问，赵奢则说："道远地险路狭，就譬如两只老鼠在洞里争斗，哪个勇猛哪个得胜。"赵王便派赵奢领兵，去救援阏与。

【原文】

兵去邯郸三十里，而令军中曰："有以军事谏者死。"秦军军武安西，秦军鼓噪勒兵，武安屋瓦尽振。军中候有一人言急救武安，赵奢立斩之。坚壁，留二十八日不行，复益增垒。秦间来入，赵奢善食而遣之。间以报秦将，秦将大喜曰："夫去国三十里而军不行，乃增垒，阏与非赵地也。"赵奢既已遣秦间，乃卷甲而趋之。

二日一夜至，令善射者去阏与五十里而军。军垒成，秦人闻之，悉甲而至。军士许历请以军事谏，赵奢曰："内之。"许历曰："秦人不意赵师至此，其来气盛，将军必厚集其阵以待之。不然，必败。"赵奢曰："请受令。"许历曰："请就铁质之诛。"赵奢曰："胥后令邯郸。"许历复请谏，曰："先据北山上者胜，后至者败。"赵奢许诺，即发万人趋之。秦兵后至，争山不得上，赵奢纵兵击之，大破秦军。秦军解而走，遂解阏与之围而归。赵惠文王赐奢号为马服君，以许历为国尉。赵奢于是与廉颇、蔺相如同位。

【译文】

　　大军离开邯郸三十里之后，赵奢就在军中下令说："谁敢来进谏军事就处以死刑。"秦军在武安西边驻扎，秦军击鼓呐喊的练兵之声，都震动了武安城中的屋瓦。赵军中的一个侦察人员请求急速到武安去援救，赵奢立即把他斩首。赵军坚守营垒，停留二十八天不向前进发，反而又加筑营垒。秦军间谍潜入赵军营地，赵奢用饮食好好款待后把他遣送回去。间谍把情况向秦军将领报告，秦将大喜，说："离开国都三十里军队就不前进了，而且还增修营垒，阏与不会为赵国所有了。"赵奢遣送秦军间谍之后，就令士兵卸下铁甲，快速向阏与进发。两天一夜就到达前线，下令善射的骑兵离阏与五十里扎营。军营筑成后，秦军知道了这一情况，立即全军赶来。一个叫许历的军士请求就军事提出建议，赵奢说："让他进来。"许历说："秦人本没想到赵军会来到这里，现在他们赶来对敌，士气很盛，将军一定要集中兵力严阵以待。不然的话，必定要失败。"赵奢说："请让我接受您的指教。"许历说："我请求接受死刑。"赵奢说："等回邯郸以后的命令吧。"许历请求再提个建议，说："先占据北面山头的得胜，后到的失败。"赵奢同意，立即派出一万人迅速奔上北面山头。秦兵后到，与赵军争夺北山但攻不上去，赵奢指挥士兵猛攻，大败秦军。秦军四散逃跑，于是阏与的包围被解除，赵军回国。赵惠文王赐封赵奢为马服君，并任命许历为国尉。于是赵奢与廉颇、蔺相如地位相同。

【原文】

　　后四年，赵惠文王卒，子孝成王立。七年，秦与赵兵相距长平，时赵奢已死，而蔺相如病笃，赵使廉颇将攻秦，秦数败赵军，赵军固壁不战。秦数挑战，廉颇不肯。赵王信秦之间。秦之间言曰："秦之所恶，独畏马服君赵奢之子赵括为将耳。"赵王因以括为将，代廉颇。蔺相如曰："王以名使括，若胶柱而鼓瑟耳。括徒能读其父书传，不知合变也。"赵王不听，遂将之。

【译文】

　　四年以后，赵惠文王去世，太子孝成王即位。孝成王七年（前259），秦军在长平与赵军对阵，那时赵奢已死，蔺相如也已病危，赵王派廉颇率兵攻打秦军，秦军将赵军打败了很多次，赵军坚守营垒不出战。秦军屡次前来挑战。廉颇置之不理。赵王听信秦军间谍散布的谣言。秦军间谍说："秦军所忌讳的，就是怕马服君赵奢的儿子赵括来做将军。"赵王因此就以赵括为将军，取代了廉颇。

蔺相如说:"大王只凭名声来任用赵括,就好像用胶把调弦的柱粘死再去弹瑟那样不知变通。赵括只会读他父亲留下的书,不懂得灵活应变。"赵王不听,还是命赵括为将。

【原文】

赵括自少时学兵法,言兵事,以天下莫能当。尝与其父奢言兵事,奢不能难,然不谓善。括母问奢其故,奢曰:"兵,死地也,而括易言之。使赵不将括即已,若必将之,破赵军者必括也。"及括将行,其母上书言于王曰:"括不可使将。"王曰:"何以?"对曰:"始妾事其父,时为将,身所奉饭饮而进食者以十数,所友者以百数,大王及宗室所赏赐者尽以予军吏士大夫,受命之日,不问家事。今括一旦为将,东向而朝,军吏无敢仰视之者,王所赐金帛,归藏于家,而日视便利田宅可买者买之。王以为何如其父?父子异心,愿王勿遣。"王曰:"母置之,吾已决矣。"括母因曰:"王终遣之,即有如不称,妾得无随坐乎?"王许诺。赵括既代廉颇,悉更约束,易置军吏。秦将白起闻之,纵奇兵,详败走,而绝其粮道,分断其军为二,士卒离心。四十余日,军饿,赵括出锐卒自搏战,秦军射杀赵括。括军败,数十万之众遂降秦,秦悉坑之。赵前后所亡凡四十五万。明年,秦兵遂围邯郸,岁余,几不得脱。赖楚、魏诸侯来救,乃得解邯郸之围。赵王亦以括母先言,竟不诛也。

【译文】

赵括从小就学习兵法,谈论军事,自以为谁也比不上他。他曾与父亲赵奢谈论用兵之事,赵奢也不能把他难倒,可是赵奢并不说他好。赵括的母亲询问原因,赵奢说:"用兵打仗是关乎生死的事,然而他却把这事说得那么轻松。如果赵国不用赵括为将也就罢了,要是一定让他为将,使赵军失败的一定就是他呀。"等到赵括将要起程的时候,他母亲上书给赵王说:"赵括不可以做将军。"赵王说:"为什么?"回答说:"当初我侍奉他父亲,那时他是将军,由他亲自捧着饮食侍候吃喝的人数以十计,被他当作朋友看待的数以百计,大王和王族们赏赐的东西全都分给军吏和僚属,接受命令的那天起,就不再过问家事。现在赵括一下子做了将军,就面向东接受朝见,军吏没有一个敢抬头看他的,大王赏赐的金帛,都带回家收藏起来,还天天访查便宜合适的田地房产,可买的就买下来。大王认为他哪里像他父亲?父子二人的心地不同,希望大王不要派他领兵。"赵王说:"您就把这事放下别管了,我已经决定了。"赵括的母亲接着说:"如果您一定要派他领兵,如果他有不称职的情况,我能不受株连吗?"赵王答应了。赵括代替廉颇统领军队之后,改变了原有的规章制度,撤换了原来的军吏。秦将白起听说后,便调遣奇兵,假装败逃,又去截断赵军运粮的道路,把赵军分割成两半,赵军人心涣散。过了四十多天,赵军饥饿,赵括出动精兵亲自与秦军搏斗,秦军射死赵括。赵括军队战败,几十万大军于是投降秦军,秦军把他们全部活埋了。赵国前后损失共四十五万人。第二年,秦军就包围了邯郸,有一年多,赵国几乎不能保全,全靠楚国、魏国军队来援救,才得以解除邯郸的包围。赵王也由于赵括的母亲有言在先,就没有株连她。

【原文】

自邯郸围解五年,而燕用栗腹之谋,曰"赵壮者尽于长平,其孤未壮",举兵击赵。赵使廉颇将,击,大破燕军于鄗,杀栗腹,遂围燕。燕割五城请和,乃听之。赵以尉文封廉颇为信平君,为假相国。廉颇之免长平归也,失势之时,故客尽去。及复用为将,客又复至。廉颇曰:"客退矣!"客曰:"吁!君何见之晚也?夫天下以市道交,君有势,我则从君,君无势则去,此固其理也,有何怨乎?"居六年,赵使廉颇伐魏之繁阳,拔之。

【译文】

邯郸解围五年后,燕王采纳栗腹的计谋,说是"赵国壮丁全都死在长平了,其遗孤尚未成人",发兵攻打赵国。赵王派廉颇领兵反击,在鄗城将燕军打败,将栗腹杀死,并把燕国都城包围。燕国割让五座城讲和,赵王才答应停战。赵王把尉文封给廉颇,封号是信平君,让他任代理相国。廉颇在长平被免职回家,失掉权势时,门客都离他而去。等到重被任用为将军,门客们又都回来了。廉颇说:"先生们都请回吧!"门客们说:"唉!您的见解怎么这样落后?天下之人以利益往来相结交,您有权势,我们就跟着您,您没有权势,我们就离开,这是很普通的道理,有什么可抱怨的呢?"又过了六年,赵国派廉颇进攻魏国的繁阳,将其占领。

【原文】

赵孝成王卒,子悼襄王立,使乐乘代廉颇。廉颇怒,攻乐乘,乐乘走。廉颇遂奔魏之大梁。其明年,赵乃以李牧为将而攻燕,拔武遂、方城。廉颇居梁久之,魏不能信用。赵以数困于秦兵,赵王思复得廉颇,廉颇亦思复用于赵。赵王使使者视廉颇尚可用否。廉颇之仇郭开多与使者金,令毁之。赵使者既见廉颇,廉颇为之一饭斗米,肉十斤,被甲上马,以示尚可用。赵使还报王曰:"廉将军虽老,尚善饭,然与臣坐,顷之三遗矢矣。"赵王以为老,遂不召。楚闻廉颇在魏,阴使人迎之。廉颇一为楚将,无功,曰:"我思用赵人。"廉颇卒死于寿春。

【译文】

赵孝成王去世,太子悼襄王即位,派乐乘接替廉颇的职位。廉颇很生气,起兵向乐乘进攻,乐乘逃跑了。于是廉颇也逃到魏国的大梁。第二年,赵国便以李牧为将向燕国进攻,将武遂、方城攻占。廉颇在大梁住了很长一段时间,魏国并不能信任重用他。而赵国由于屡次被秦兵围困,赵王就想重新让廉颇做将领,廉颇也还想再次效力于赵国。赵王派使臣前去探望廉颇,看看他还能不能任用。廉颇的仇人郭开多重金贿赂使者,让他回来后诬陷廉颇。赵国使臣见到廉颇,廉颇在他面前一顿饭吃了一斗米、十斤肉,又披上铁甲上马,表示自己还能担当重任。赵国使者回去向赵王报告说:"廉将军虽然已老,饭量还很不错,可是陪我坐着时,一会儿就拉了三次屎。"赵王认为廉颇老了，就不再把他召回了。楚国听说廉颇在魏国，秘密派人把他接到楚国。廉颇虽做了楚国的将军，并没有战功，他说："我想指挥赵国的士兵啊。"最终廉颇死在寿春。

【原文】

李牧者，赵之北边良将也。常居代、雁门，备匈奴。以便宜置吏，市租皆输入莫府，为士卒费。日击数牛飨士，习射骑，谨烽火，多间谍，厚遇战士。为约曰："匈奴即入盗，急入收保，有敢捕虏者斩。"匈奴每入，烽火谨，辄入收保，不敢战。如是数岁，亦不亡失。然匈奴以李牧为怯，虽赵边兵亦以为吾将怯。赵王让李牧，李牧如故。赵王怒，召之，使他人代将。岁余，匈奴每来，出战。出战，数不利，失亡多，边不得田畜。复请李牧。牧杜门不出，固称疾。赵王乃复强起使将兵。牧曰："王必用臣，臣如前，乃敢奉令。"王许之。李牧至，如故约。匈奴数岁无所得，终以为怯。边士日得赏赐而不用，皆愿一战。于是乃具选车得千三百乘，选骑得万三千匹，百金之士五万人，彀者十万人，悉勒习战。大纵畜牧，人民满野。匈奴小入，详北不胜，以数千人委之。单于闻之，大率众来入。李牧多为奇阵，张左右翼击之，大破杀匈奴十余万骑。灭襜褴，破东胡，降林胡，单于奔走。其后十余岁，匈奴不敢近赵边城。

【译文】

李牧是赵国北部边境的良将。他长期在代地雁门郡驻守，防备匈奴前来进犯。他有权根据需要设置官吏，城内的租税都送入李府充作军队的经费。他每天宰杀几头牛犒赏士兵，教士兵练习射箭骑马，谨慎看守烽火台，派出去很多侦察敌情的人员，对战士待遇优厚。定出规章说："匈奴如果入侵，要赶快收拢人马退入营垒固守，有胆敢去捕捉敌人的斩首。"匈奴每次入侵，烽火传来警报，立即收拢人马退入营垒固守，不敢出战。像这样过了好几年，人马物资也没有什么损失。可是匈奴却认为李牧胆小，就连守边的官兵也认为自己的主将怯战。赵王责备李牧，李牧依然如故。赵王发怒，把他召回，派别人代他领兵。此后的一年多里，匈奴每次来侵犯，将领就出兵迎战。但一交战，赵军屡次失利，损失伤亡惨重，边境已经无法耕田、放牧。赵王只好再请李牧出任。李牧闭门不出，坚持说有病。赵王就一再强使李牧出来，让他领兵。李牧说："大王一定要用我，我还是像以前那样做，才敢奉命。"赵王答应了。李牧来到边境，还按照原来的章程。匈奴好几年都一无所获，但又始终认为李牧胆怯。边境的官兵每天得到赏赐可是无用武之地，都想痛痛快快打一仗。于是李牧就准备了精良战车一千三百辆，精良战马一万三千匹，敢于冲锋陷阵的勇士五万人，善射的士兵十万人，全部组织起来训练作战。同时让大批牲畜到处放牧，放牧的人民满山遍野。匈奴小股人马入侵，李牧就假装失败，故意把几千人丢弃给匈奴。单于听到这种情况，就率领大批人马入侵。李牧布下许多奇兵，张开左右两翼包抄反击敌军，大败匈奴，杀死十多万人马。灭了襜褴，打败了东胡，收降了林胡，单于逃跑。此后十多年，匈奴不敢接近赵国边境城镇。

【原文】

赵悼襄王元年，廉颇既亡入魏，赵使李牧攻燕，拔武遂、方城。居二年，庞煖破燕军，杀剧辛。后七年，秦破杀赵将扈辄于武遂，斩首十万。赵乃以李牧为大将军，击秦军于宜安，大破秦军，走秦将桓齮。封李牧为武安君。居三年，秦攻番吾，李牧击破秦军，南距韩、魏。赵王迁七年，秦使王翦攻赵，赵使李牧、司马尚御之。秦多与赵王宠臣郭开金，为反间，言李牧、司马尚欲反。赵王乃使赵葱及齐将颜聚代李牧，李牧不受命。赵使人微捕得李牧，斩之。废司马尚。后三月，王翦因急击赵，大破杀赵葱，虏赵王迁及其将颜聚，遂灭赵。

【译文】

赵悼襄王元年（前244），廉颇已经逃到魏国，赵国派李牧进攻燕国，将武遂、方城攻克。过了两年，庞煖将燕军打败，将剧辛杀死。又过了七年，秦军在武遂打败并杀死赵将扈辄，斩杀十万赵军。赵国便派李牧为大将军，在宜安进攻秦军，将秦军打败，把秦将桓齮赶走。李牧被封为武安君。又过三年，秦军进攻番吾，李牧击败秦军，又向南抵御韩国和魏国。赵王迁七年（前229），秦国派王翦向赵国进攻，赵国派李牧、司马尚抵御秦军。秦国用很多金钱贿赂赵王的宠臣郭开，让他施行反间计，诬陷李牧、司马尚要谋反。赵王便派赵葱和齐国将军颜聚接替李牧，李牧不接受命令。赵王派人暗中逮捕了李牧，把他杀了，并撤了司马尚的官职。三个月之后，王翦趁机猛攻赵国，大败赵军，杀死赵葱，俘虏了赵王迁和他的将军颜聚，终于灭了赵国。

【原文】

太史公曰：知死必勇，非死者难也，处死者难。方蔺相如引璧睨柱，及叱秦王左右，势不过诛，然士或怯懦而不敢发。相如一奋其气，威信敌国，退而让颇，名重太山，其处智勇，可谓兼之矣！

【译文】

太史公说：知道就要死了而不害怕，必定是很有勇气；死并不是什么难事，而怎样对待死才是难事。当蔺相如手举宝璧斜视庭柱，以及呵斥秦王侍从的时候，就面前形势来说最多不过是被杀，然而一般士人往往因为胆小懦弱而不敢这样。相如一旦振奋起他的勇气，其威力就伸张出来压倒敌国。后来又对廉颇谦逊退让，他的声誉比泰山还重，他处事中表现的智慧和勇气，可以说是兼而有之啊！

屈原贾生列传

【原文】

屈原者，名平，楚之同姓也。为楚怀王左徒。博闻强志，明于治乱，娴于辞令。入则与王图议国事，以出号令；出则接遇宾客，应对诸侯。王甚任之。上官大夫与之同列，争宠而心害其能。怀王使屈原造为宪令，屈平属草稿未定。上官大夫见而欲夺之，屈平不与，因谗之曰："王使屈平为令，众莫不知，每一令出，平伐其功，曰，以为'非我莫能为'也。"王怒而疏屈平。

【译文】

屈原名平，和楚国王族是同姓。楚怀王时，他担任朝中左徒。屈原学识渊博，记忆力特别好，通晓国家存亡兴衰的道理，并且擅长辞令。他入朝就和楚王商议国家大事，发布政令；对外就接待各国使节，应酬各诸侯国。楚怀王很倚重他。当时上官大夫和屈原位居同列，和屈原争宠，很嫉妒屈原的才能。有一次，怀王命屈原制定国家法令，屈原刚写完草稿，还没审订。上官大夫见到之后想夺为己有，屈原不给他。他就向楚怀王诬陷屈原："您让屈原制定法令，没有人不知道，每颁布一条法令，屈原就自夸其功，说是'除了我之外，谁也做不出来'。"怀王生气了，从此疏远屈原。

【原文】

屈平疾王听之不聪也，谗谄之蔽明也，邪曲之害公也，方正之不容也，故忧愁幽思而作《离骚》。离骚者，犹离忧也。夫天者，人之始也；父母者，人之本也。人穷则反本，故劳苦倦极，未尝不呼天也；疾痛惨怛，未尝不呼父母也。屈平正道直行，竭忠尽智以事其君，谗人间之，可谓穷矣。信而见疑，忠而被谤，能无怨乎？屈平之作《离骚》，盖自怨生也。《国风》好色而不淫，《小雅》怨诽而不乱，若《离骚》者，可谓兼之矣。上称帝喾，下道齐桓，中述汤武，以刺世事。明道德之广崇，治乱之条贯，靡不毕见。其文约，其辞微，其志洁，其行廉，其称文小而其指极大，举类迩而见义远。其志洁，故其称物芳。其行廉，故死而不容自疏。濯淖污泥之中，蝉蜕于浊秽，以浮游尘埃之外，不获世之滋垢，皭然泥而不滓者也。推此志也，虽与日月争光可也。

【译文】

屈原痛心怀王听信谗言，是非不分，让谗佞谄媚之言蒙蔽了眼睛，致使邪恶小人以私害公，品行方正的人不被朝廷所容，所以才忧愁苦闷，沉郁深思而写成《离骚》。"离骚"就是遭遇忧患的意思。上天是人的原始；父母是人的根本。人在处境窘迫的时候，就要追念上天和父母，所以在劳累困苦到极点时，没有不呼叫上天的；在受到病痛折磨无法忍受时，没有不呼叫父母的。屈原坚持公正，行为耿直，对君王一片忠心，竭尽才智，但是却受到小人的挑拨离间，其处境可以说是极端困窘了。因诚心为国而被君王怀疑，因忠心事主而被小人诽谤，怎能没有悲愤之情呢？屈原写作《离骚》，正是为了抒发这种悲愤之情。《诗经·国风》虽然有许多描写男女恋情之作，但却不是淫乱；《诗经·小雅》虽然表露了百姓对朝政的诽谤愤怨之情，但却不主张公开反叛。而像屈原的《离骚》，可以说是兼有以上两者的优点。屈原在《离骚》中，往上追溯到帝喾的事迹，近世赞扬齐桓的伟业，中间叙述商汤、周武的德政，以此来批评时政。阐明道德内容的广博深远，治乱兴衰的因果必然，这些都讲得非常详尽。其语言简约精炼，其内容却寓意深远，其志趣高洁，其品行方正。他说的事虽然微小，而其意旨却极其宏大深远，其所举的虽然都是眼前常见的事物，而所寄托的意义却极其深远。其情志高洁，所以喜欢用香草作譬喻。其品行端正，所以至死也不放松对自己的要求。身处污泥浊水之中而能洗涤干净，就像蝉能从混浊污秽中解脱出来一样，在尘埃之外浮游，不被世俗的混浊所玷污，清白高洁，出污泥而不染。推论屈原这种伟大的心志，即使说它与日月争辉也是可以的。

【原文】

屈平既绌，其后秦欲伐齐，齐与楚从亲，惠王患之，乃令张仪详去秦，厚币委质事楚，曰："秦甚憎齐，齐与楚从亲，楚诚能绝齐，秦愿献商、于之地六百里。"楚怀王贪而信张仪，遂绝齐，使使如秦受地。张仪诈之曰："仪与王约六里，不闻六百里。"楚使怒去，归告怀王。怀王怒，大兴师伐秦。秦发兵击之，大破楚师于丹、浙，斩首八万，虏楚将屈匄，遂取楚之汉中地。怀王乃悉发国中兵以深入击秦，战于蓝田。魏闻之，袭楚至邓。楚兵惧，自秦归。而齐竟怒不救楚，楚大困。

【译文】

屈原被罢官贬退之后，秦国想发兵向齐国进攻，可是齐国与楚国当初曾有合纵的盟约，秦惠王对此很忧虑，于是就派张仪假装离开秦国，带着丰厚的礼品献给楚王，表示愿意臣服楚国，他说："秦国非常痛恨齐国，但齐国和楚国有合纵的盟约，若是楚国能和齐国断交，那么秦国愿意献出商、于一带六百里土地。"楚怀王贪图得到土地而相信了张仪，就和齐国断绝了关系，并派使者到秦国接受土地。张仪欺骗了楚国，对使者说："我和楚王约定的是六里，没听说过什么六百里。"楚国使者非常生气地离去，回到楚国把这事告诉了怀王。怀王勃然大怒，大规模起兵攻打秦国。秦国也派兵迎击，在丹水、浙水一带大破楚军，并斩杀八万人，俘虏了楚将屈匄，接着又攻取了楚国汉中一带的地域。于是楚怀王动员了全国的军队，深入进军，攻打秦国，在蓝田大战。魏国得知此事，派兵偷袭楚国，到达邓地。楚兵非常害怕，不得不从秦国撤军回国。而齐国很痛恨怀王背弃盟约，不肯派兵救助楚国，楚国的处境非常艰难。

【原文】

明年，秦割汉中地与楚以和。楚王曰："不愿得地，愿得张仪而甘心焉。"张仪闻，乃曰："以一仪而当汉中地，臣请往如楚。"如楚，又因厚币用事者臣靳尚，而设诡辩于怀王之宠姬郑袖。怀王竟听郑袖，复释去张仪。是时屈平既疏，不复在位，使于齐，顾反，谏怀王曰："何不杀张仪？"怀王悔，追张仪不及。

其后诸侯共击楚，大破之，杀其将唐眛。

时秦昭王与楚婚，欲与怀王会。怀王欲行，屈平曰："秦虎狼之国，不可信，不如毋行。"怀王稚子子兰劝王行："奈何绝秦欢！"怀王卒行。入武关，秦伏兵绝其后，因留怀王，以求割地。怀王怒，不听。亡走赵，赵不内。复之秦，竟死于秦而归葬。

【译文】

第二年，秦国割让汉中一带土地给楚国，表示愿意讲和。但楚怀王说："我宁愿不要汉中之地，只想得到张仪就甘心了。"张仪听到这话，就跟秦惠王说："用我一个张仪就抵得汉中之地，臣请求到楚国去。"张仪到楚国之后，便拿着丰厚的礼物贿赂楚国掌权的大臣靳尚，并用花言巧语欺骗怀王的宠姬郑袖，怀王竟然听信了郑袖的话，把张仪又给放跑了。这时屈原已被疏远，不再担任重要官职，刚被派到齐国出使，回来之后，向怀王进谏说："大王您为什么不杀了张仪呢？"怀王感到很后悔，派人去追赶张仪，但已经赶不上了。

后来，各诸侯国联合攻打楚国，大败楚军，并将楚国大将唐眛杀死了。

这时，秦昭王和楚国结为姻亲，想和楚怀王见见面。楚怀王想去，屈原劝谏说："秦国是像虎狼一样贪婪凶残的国家，不能相信秦王的话，还是不去为好。"可是怀王的小儿子子兰劝怀王前去，他说："为什么要回绝了秦王的好意呢？"怀王最终还是去了。但他刚一进武关，秦朝的伏兵就把他的归路切断了，扣留在秦国，为的是让他答应割让土地。怀王大怒，不肯答应。怀王逃到赵国，但赵国拒绝接纳。然后又来到秦国，最终死在秦国，尸体归葬楚国。

【原文】

长子顷襄王立，以其弟子兰为令尹。楚人既咎子兰以劝怀王入秦而不反也。屈平既嫉之，虽放流，眷顾楚国，系心怀王，不忘欲反，冀幸君之一悟，俗之一改也。其存君兴国而欲反覆之，一篇之中三致志焉。然终无可奈何，故不可以反，卒以此见怀王之终不悟也。人君无愚智贤不肖，莫不欲求忠以自为，举贤以自佐，然亡国破家相随属，而圣君治国累世而不见者，其所谓忠者不忠，而所谓贤者不贤也。怀王以不知忠臣之分，故内惑于郑袖，外欺于张仪，疏屈平而信上官大夫、令尹子兰。兵挫地削，亡其六郡，身客死于秦，为天下笑。此不知人之祸也。《易》曰："井泄不食，为我心恻，可以汲。王明，并受其福。"王之不明，岂足福哉！令尹子兰闻之大怒，卒使上官大夫短屈原于顷襄王，顷襄王怒而迁之。

【译文】

怀王的大儿子顷襄王即位，任命他的弟弟子兰为令尹。楚国人都恨子兰，因为他怂恿怀王到秦国去，最后使怀王回不来。屈原也十分嫉恨子兰，虽然被放逐在外，却依然眷恋楚国，惦记着怀王，盼望着能重返朝廷，总是希望国王能突然觉悟，不良习俗也为之改变。他总是不忘怀念君王，复兴国家，扭转局势，所以在一篇作品中多次流露此种心情。然而终究无可奈何，所以也不可能再返朝廷，于此也可见怀王最终也没有醒悟。作为国君,不管他聪明还是愚蠢,有才还是无才,都希望找到忠臣和贤士来辅佐自己治理国家,然而亡国破家之事却不断发生,而圣明之君、太平之国却好多世代都未曾一见,其根本原因就在于其所谓忠臣并不忠,其所谓贤士并不贤。怀王因不知晓什么是忠臣,所以在内被郑袖所迷惑,在外被张仪所欺骗,疏远屈原而信任上官大夫和令尹子兰。结果使军队惨败,国土被侵占,失去了六郡地盘,自己还流落他乡,客死秦国,被天下人所耻笑。这是由于识人不清所造成的灾祸。《易经》上说:"井已经疏浚干净,却没人来喝水,这是令人难过的事。国君若是圣明,大家都可以得到幸福。"而怀王是如此不明,哪配得到幸福啊!令尹子兰听说屈原嫉恨他,大为恼火,最终唆使上官大夫去向顷襄王诬陷屈原。顷襄王一生气,就把屈原放逐到外地。

【原文】

屈原至于江滨,被发行吟泽畔。颜色憔悴,形容枯槁。渔父见而问之曰:"子非三闾大夫欤?何故而至此?"屈原曰:"举世混浊而我独清,众人皆醉而我独醒,是以见放。"渔父曰:"夫圣人者,不凝滞于物而能与世推移。举世混浊,何不随其流而扬其波?众人皆醉,何不铺其糟而啜其醨?何故怀瑾握瑜而自令见放为?"屈原曰:"吾闻之,新沐者必弹冠,新浴者必振衣,人又谁能以身之察察,受物之汶汶者乎!宁赴常流而葬乎江鱼腹中耳,又安能以皓皓之白而蒙世俗之温蠖乎!"

【译文】

屈原来到江边,披头散发,他在水泽旁一边走一边悲愤地吟诗。脸色憔悴,形体干瘦。一位渔翁看到他,就问道:"您不是三闾大夫吗?怎么到这里来了呢?"屈原说:"所有的人都污浊不堪而只有我是干净的;大家都昏沉大醉而只有我是清醒的,于是我就被放逐了。"渔翁说:"那些道德修养达到最高境界的人,对事物的看法并非一成不变,而是能随着世俗风气而转移,所有的人都污浊,你为什么不在其中随波逐流?大家都昏沉大醉,你为什么不在其中吃点残羹剩酒呢?为什么要保持美玉一般的品德,而使自己落得个被流放的下场呢?"屈原回答说:"我听说过,刚洗过头的人一定要弹去帽子上的灰尘,刚洗过身躯的人一定要把衣服上的尘土抖干净,作为人,又怎么能以清洁的身躯,接受外界秽垢的玷污呢?我宁愿跳入江水长流之内,葬身鱼腹之中,也不让自己的清白品德蒙受世俗的污染!"

【原文】

乃作《怀沙》之赋。其辞曰:

陶陶孟夏兮,草木莽莽。伤怀永哀兮,汩徂南土。眴兮窈窈,孔静幽墨。冤结纡轸兮,离愍之长鞠;抚情效志兮,俛诎以自抑。刓方以为圜兮,常度未替;易初本由兮,君子所鄙。章画职墨兮,前度未改;内直质重兮,大人所盛。巧匠不斲兮,孰察其揆正?玄文幽处兮,矇谓之不章;离娄微睇兮,瞽以为无明。变白而为黑兮,倒上以为下。凤皇在笯兮,鸡雉翔舞。同糅玉石兮,一槩而相量。夫党人之鄙妒兮,羌不知吾所臧。任重载盛兮，陷滞而不济；怀瑾握瑜兮，穷不得余所示。邑犬群吠兮，吠所怪也；诽骏疑桀兮，固庸态也。文质疏内兮，众不知吾之异采；材朴委积兮，莫知余之所有。重仁袭义兮，谨厚以为丰；重华不可牾兮，孰知余之从容！古固有不并兮，岂知其故也？汤禹久远兮，邈不可慕也。惩违改忿兮，抑心而自强；离湣而不迁兮，愿志之有象。进路北次兮，日昧昧其将暮；含忧虞哀兮，限之以大故。

乱曰：浩浩沅、湘兮，分流汩兮；修路幽拂兮，道远忽兮。曾唫恒悲兮，永叹慨兮。世既莫吾知兮，人心不可谓兮。怀情抱质兮，独无匹兮。伯乐既殁兮，骥将焉程兮？人生禀命兮，各有所错兮。定心广志，余何畏惧兮？曾伤爰哀，永叹喟兮。世溷不吾知，心不可谓兮。知死不可让兮，愿勿爱兮。明以告君子兮，吾将以为类兮。

【译文】

于是，屈原写下了这篇《怀沙》赋，其中这样写道：

阳光强烈的初夏呀，草木茂盛地生长。悲伤总是充满胸膛啊，我急忙来到南方。眼前是一片茫茫啊，沉寂得毫无声响。我的心情沉郁悲愤啊，这令人伤心的日子又实在太长。抚心反省而无过错啊，蒙冤自抑而无所害怕。想把方木削成圆木啊，但正常法度不可改易。抛开正路而走上歪路啊，那将为君子所鄙弃。明确规范，牢记法度啊，往日的初衷决不反悔；品性忠厚，心地端正，为高尚的人所赞美。巧匠不挥动斧头砍削啊，谁能看出是否合乎标准？黑色的花纹放在幽暗之处啊，盲人会说花纹不鲜明；离娄稍微一瞥就看得非常清楚啊，盲人反说他是失明无光。事情竟是如此的黑白混淆啊，上下颠倒。凤凰被关进笼子里啊，鸡和野雉却在那里飞跳。美玉和粗石被掺杂在一起啊，竟有人认为二者也差不了多少。那些帮派小人卑鄙嫉妒啊，全然不了解我的高尚情操。任重道远而装载的太多啊，深陷阻滞而不能向前。身怀美玉般的高尚品德啊，处境困窘向谁诉？城中群狗乱咬乱叫啊，以为少见为怪就叫唤；诽谤英俊疑豪杰啊，这本来就是小人的丑态。外表粗疏内心朴实啊，众人不知我的异彩；未雕饰的材料被丢弃啊，没人知道我所具有的智慧和品德。我注重仁与义的修养啊，并把恭谨忠厚来加强；虞舜已不可再遇啊，又有谁知道我从容坚持自己的志向！古代的圣贤也难得同世而生啊，有谁能了解其中缘由？商汤夏禹距今多么久远啊，渺茫无际难以追攀。强压住悲愤不平啊，抑制内心而使自己更加坚强；遭受忧患而不改变初衷啊，只希望我的志向成为后人效法的榜样。我又顺路北行啊，迎着昏暗将尽的阳光；含忧郁而强作欢颜啊，死期就在前面不远。

尾声：浩荡的沅江、湘江水啊，不停地流淌且翻涌着波浪；道路漫长而又昏暗啊，前程何等渺茫。我怀着长久的悲伤吟唱不止啊，慨然叹息结束此生。世上没人了解我啊，谁能听我诉衷肠？情操高尚品质美啊，芬芳洁白世无双。伯乐早已死去啊，千里马谁能识别它是骏良？人生一世秉承命运啊，各有不同安排。内心坚定心胸广啊，还有什么值得畏惧！重重忧伤长感慨啊，永世长叹无尽哀。世道混浊知音少啊，人心叵测心难猜。人生在世终须死啊，对自己的生命就不要太珍爱。明白告知世君子啊，我将永远成为人们的楷模。

【原文】

　　于是怀石遂自沈汨罗以死。屈原既死之后，楚有宋玉、唐勒、景差之徒者，皆好辞而以赋见称。然皆祖屈原之从容辞令，终莫敢直谏。其后楚日以削，数十年竟为秦所灭。

　　自屈原沉汨罗后百有余年，汉有贾生，为长沙王太傅，过湘水，投书以吊屈原。

【译文】

　　于是，屈原就怀抱石头，跳到汨罗江里自杀而死。屈原死后，楚国有宋玉、唐勒、景差等人，他们都爱好文学，并且以擅长辞赋而为人所称颂。他们都效法屈原，但只学到屈原辞令委婉含蓄的一面，没人敢像屈原那样直言劝谏。此后楚国越来越衰弱，过了几十年，终于被秦消灭。

　　自从屈原跳进汨罗江自杀一百多年后，汉朝有个贾生，做长沙王太傅时，经过湘水，写了一篇赋投入江中，以此祭吊屈原。

【原文】

　　贾生名谊，雒阳人也。年十八，以能诵诗属书闻于郡中。吴廷尉为河南守，闻其秀才，召置门下，甚幸爱。孝文皇帝初立，闻河南守吴公治平为天下第一，故与李斯同邑而常学事焉，乃征为廷尉。廷尉乃言贾生年少，颇通诸子百家之书。文帝召以为博士。

　　是时贾生年二十余，最为少。每诏令议下，诸老先生不能言，贾生尽为之对，人人各如其意所欲出。诸生于是乃以为能，不及也。孝文帝说之，超迁，一岁中至太中大夫。

【译文】

　　贾生名叫贾谊，是洛阳人。他十八岁时就因擅长诵诗作文而闻名于郡中。吴廷尉担任河南郡守时，听说贾谊才学优异，就把他召到门下加以重用。汉文帝登基后，听说河南郡守吴公治理国家的才能堪称天下第一，而且过去是李斯的同乡并曾师从于李斯，便征召他担任廷尉。吴廷尉大力推荐年轻有才的贾谊，说他精通诸子百家的学问。于是，汉文帝又征召贾谊，让他担任博士之职。

　　当时贾谊二十多岁，在博士中年纪最轻。每次文帝下令让博士们讨论一些问题，那些年长的老先生们都无言以对，而贾谊却能一一作答，所有人都觉得贾谊说出了自己想说的话。于是，博士们都认为贾谊才能杰出，无与伦比。汉文帝也非常喜欢他，对他破格提拔，一年之内就升任他为太中大夫。

【原文】

　　贾生以为汉兴至孝文二十余年，天下和洽，而固当改正朔，易服色，法制度，定官名，兴礼乐，乃悉草具其事仪法，色尚黄，数用五，为官名，悉更秦之法。孝文帝初即位，谦让未遑也。诸律令所更定，及列侯悉就国，其说皆自贾生发之。于是天子议以为贾生任公卿之位。绛、灌、东阳侯、冯敬之属尽害之，乃短贾生曰："雒阳之人，年少初学，专欲擅权，纷乱诸事。"于是天子后亦疏之，不用其议，乃以贾生为长沙王太傅。

【译文】

贾谊认为从汉朝建立到汉文帝的这二十多年来，天下太平，此时正是应该修改历法、更换服饰、订立制度、确定官名、振兴礼乐的时候，于是他草拟了各种仪法，崇尚黄色，遵用五行之说，创设官名，完全改变了秦朝的旧法。汉文帝刚刚即位，谦虚退让而来不及实行。但此后各项法令的更改，以及诸侯必须到封地去上任等事，都是贾谊提出来的。于是汉文帝就和大臣们商议，想提拔贾谊担任公卿之职。绛侯周勃、灌婴、东阳侯、冯敬等人非常嫉妒贾谊，就在汉文帝面前诽谤说："这个洛阳人，年纪轻而学识浅，只想独揽大权，扰乱政事。"此后，汉文帝便疏远了贾谊，不再采纳他的意见，并改命他为长沙王太傅。

【原文】

贾生既辞往行，闻长沙卑湿，自以寿不得长，又以適去，意不自得。及渡湘水，为赋以吊屈原。其辞曰：

共承嘉惠兮，俟罪长沙。侧闻屈原兮，自沈汨罗。造托湘流兮，敬吊先生。遭世罔极兮，乃殒厥身。呜呼哀哉，逢时不祥。鸾凤伏窜兮，鸱枭翱翔。阘茸尊显兮，谗谀得志；贤圣逆曳兮，方正倒植。世谓伯夷贪兮，谓盗跖廉；莫邪为顿兮，铅刀为铦。于嗟嚜嚜兮，生之无故！斡弃周鼎兮宝康瓠，腾驾罢牛兮骖蹇驴，骥垂两耳兮服盐车。章甫荐屦兮，渐不可久；嗟苦先生兮，独离此咎！

讯曰：已矣，国其莫我知，独堙郁兮其谁语？凤漂漂其高遰兮，夫固自缩而远去。袭九渊之神龙兮，沕深潜以自珍。弥融爚以隐处兮，夫岂从蚁与蛭螾？所贵圣人之神德兮，远浊世而自藏。使骐骥可得系羁兮，岂云异夫犬羊！般纷纷其离此尤兮，亦夫子之辜也！瞝九州而相君兮，何必怀此都也？凤皇翔于千仞之上兮，览德辉而下之；见细德之险微兮，摇增翮逝而去之。彼寻常之污渎兮，岂能容吞舟之鱼！横江湖之鱣鲸兮，固将制于蚁蝼。

【译文】

贾谊辞别文帝前往长沙赴任，听说长沙地势低洼、气候潮湿，便自认为寿命不会很长，又因为他是被贬至长沙的，内心十分不悦。在渡湘水时，贾谊写了一篇凭吊屈原的辞赋，赋文是这样的：

我恭奉天子诏命，戴罪来到长沙任职。听说屈原是自沉汨罗江而逝。今天我来到湘江边上，托江水来敬吊先生的英灵。你遭到世上无穷的谗言，最后失去了自己的生命。你真是不幸啊，正赶上那不幸的年代。鸾凤潜伏隐藏，而鸱枭却自在翱翔。无才者尊贵显赫，阿谀奉承之辈得志猖狂；贤明的圣人没有立足之地，正直的人反倒屈居下位。世人竟称伯夷贪婪，盗跖廉洁；莫邪宝剑太钝，铅刀才是利刃。唉！先生真是太不幸了，平白无故遭此横祸！这就像丢弃了周代传国的无价宝鼎，反倒把破瓠当奇货；驾着疲惫的老牛和跛驴，却让骏马垂着两耳拉盐车；帽冠低居在下，鞋履反而巍巍高居，这样的日子怎能长久？真是苦了先生，唯独您遭受了这飞来横祸！

尾声：算了吧！既然国人不了解我，抑郁不快又能和谁诉说？凤凰高飞远离去，本应如此自引退。效法神龙隐渊底，深藏避祸自爱惜。韬光晦迹来隐处，岂能与蚂蚁、水蛭、蚯蚓为邻居？圣人品德最可贵，远离浊世而自隐匿。若是良马可拴系，怎说异于犬羊类！世态纷乱遭此祸，先生自己也有责。游历九州任择君，何必对故都恋恋不舍？凤凰飞翔千仞上，看到有德之君才下来栖止；一旦发现有危险的预兆，便又振翅高飞远离去。狭小污浊的小水坑，怎能容得下吞舟的大鱼？横绝江湖的大鱼，最终还要受制于蝼蚁。

【原文】

贾生为长沙王太傅三年，有鸮飞入贾生舍，止于坐隅。楚人命鸮曰"服"。贾生既以適居长沙，长沙卑湿，自以为寿不得长，伤悼之，乃为赋以自广。其辞曰：

单阏之岁兮，四月孟夏，庚子日施兮，服集予舍，止于坐隅，貌甚闲暇。异物来集兮，私怪其故，发书占之兮，策言其度。曰"野鸟入处兮，主人将去"。请问于服兮："予去何之？吉乎告我，凶言其灾。淹数之度兮，语予其期。"服乃叹息，举首奋翼，口不能言，请对以意。

【译文】

贾谊担任长沙王太傅的第三年，一天，有一只猫头鹰飞进他的住宅，停在了座位旁边。楚国人把猫头鹰叫作"服"。贾谊原来就是因被贬来到长沙，而长沙又地势低洼，气候潮湿，所以自以为寿命不长，悲痛伤感之余，写下了一篇赋来自我安慰。赋文写道：

丁卯年四月初夏，庚子日太阳西斜的时分，有一只猫头鹰飞进我的住所，它在座位旁边停下，样子是那样的自在安闲。奇怪的鸟飞来，我不禁在私下里揣测缘故，于是打开卦书占卜，卦书上面载有这样的话，"野鸟飞入住所，主人将会离开家"。我问猫头鹰："我将去向何方？是吉，就请告我；是凶，也请告诉我是什么灾祸。生死皆有定数，请把期限告诉我。"猫头鹰听后长叹一声，抬头振翅，虽然猫头鹰不会说话，但是它在向我示意。

【原文】

万物变化兮，固无休息。斡流而迁兮，或推而还。形气转续兮，变化而嬗。沕穆无穷兮，胡可胜言！祸兮福所倚，福兮祸所伏；忧喜聚门兮，吉凶同域。彼吴强大兮，夫差以败；越栖会稽兮，句践霸世。斯游遂成兮，卒被五刑；傅说胥靡兮，乃相武丁。夫祸之与福兮，何异纠纆。命不可说兮，孰知其极？水激则旱兮，矢激则远。万物回薄兮，振荡相转。云蒸雨降兮，错缪相纷。大专槃物兮，坱轧无垠。天不可与虑兮，道不可与谋。迟数有命兮，恶识其时？

【译文】

天地万物的变化，本来就没有终止的时刻。像旋涡的旋转一样，反复循环。外形内气相继转化，演变就像蝉蜕化一样。其中的道理深微无穷，怎能用言语表达清楚！灾祸中傍倚着福运，福运中也埋藏着灾祸；忧和喜聚在一起，吉和凶同在一个领域。当年吴国是何等的强大，但吴王夫差却以失败收场；越国败处会稽，句践却以此称霸于世。李斯游秦成功，最终却遭受五刑；傅说原本只是一个刑徒，最后却成为武丁相。灾祸对于福运来说，与绳索互相缠绕有什么不同？天命无法被详细解说，谁能预知它的极限？水成激流则来势凶猛，箭遇强力才能射得远。万物循环往复，在运动中相互转化。云雾升腾形成降雨，万事互相纠缠错杂。天地运转造出万物，世界漫无边际。天道高深不可预测，凡人思虑难以谋算。生死早有定数，谁能预知它什么时候到来？

【原文】

且夫天地为炉兮，造化为工；阴阳为炭兮，万物为铜。合散消息兮，安有常则；千变万化兮，未始有极。忽然为人兮，何足控抟；化为异物兮，又何足患！小知自私兮，贱彼贵我；通人大观兮，物无不可。贪夫徇财兮，烈士徇名；夸者死权兮，品庶冯生。怵迫之徒兮，或趋西东；大人不曲兮，亿变齐同。拘士系俗兮，攌如囚拘；至人遗物兮，独与道俱。众人或或兮，好恶积意；真人淡漠兮，独与道息。释知遗形兮，超然自丧；寥廓忽荒兮，与道翱翔。乘流则逝兮，得坎则止；纵躯委命兮，不私与己。其生若浮兮，其死若休；澹乎若深渊之静，泛乎若不系之舟。不以生故自宝兮，养空而浮；德人无累兮，知命不忧。细故蒂芥兮，何足以疑！

【译文】

何况天地就是一个巨大的熔炉，自然本为司炉工；阴阳运转是炉炭，世间万物都是铜。或聚首，或离散，或消亡，或休息，哪里有一定的规则呢？千变万化，没有终结。有一天生而为人，也没什么可得意的，变成其他的东西，也没什么好哀叹的。小智之人只考虑自身，鄙薄外物重视自己；通达的人非常大度，不在乎身外之物；贪婪的人为了钱财赔上了性命，烈士为了名誉而殉身；喜好名利者因权势而死，平民百姓又常常贪生怕死。受名利诱惑、被贫贱逼迫的人，为了钻营而东奔西走。而道德修养极高的人，不屈服于物欲，对千百万化的事物平等看待。凡夫受俗事羁绊，被拘束得如同囚徒一般；有德行的人能遗世弃俗，只与大道同在。天下众人迷惑不解，爱憎之情积满胸臆。有真德的人恬淡无为，只和大道同生息。舍弃智慧忘记形骸，超然物外而忽略了自己；在那空旷恍惚的境界里，和大道一起翱翔。乘着流水任意行，碰上小洲就停止；将身躯托付给命运，不把它看作私有之体。活着就像随波逐流，死去如同休憩长眠；内心好像深渊潭水般幽然，漂浮就好像没有羁绊的小船。不受到生活的拖累，在虚无中遨游；至德之人没有俗世的拖累，乐天知命又有什么忧愁。像这样猫头鹰飞进家里的区区小事，哪里值得忧虑生疑！

【原文】

后岁余，贾生征见。孝文帝方受釐，坐宣室。上因感鬼神事，而问鬼神之本。贾生因具道所以然之状。至夜半，文帝前席。既罢，曰："吾久不见贾生，自以为过之,今不及也。"居顷之,拜贾生为梁怀王太傅。梁怀王,文帝之少子,爱,而好书,故令贾生傅之。

【译文】
　　一年之后,贾谊被召回京城拜见皇帝。当时汉文帝正坐在宣室,接受神的降福保佑。因文帝热衷于鬼神之事,就向贾谊询问鬼神的本原。贾谊便详细地讲述了关于鬼神的种种情形。到了半夜时分,在座席上听得很入神的文帝不知不觉地向贾谊身边靠近。听完之后,文帝慨叹道:"我很长时间没见到贾谊了,自认为能超过他,现在看来还是不如他。"过了不久,文帝任命贾谊为梁怀王太傅。梁怀王是文帝的小儿子,深受文帝宠爱,又喜欢读书,因此文帝才让贾谊做他的老师。

【原文】
　　文帝复封淮南厉王子四人皆为列侯。贾生谏,以为患之兴自此起矣。贾生数上疏,言诸侯或连数郡,非古之制,可稍削之。文帝不听。
　　居数年,怀王骑,堕马而死,无后。贾生自伤为傅无状,哭泣岁余,亦死。贾生之死时年三十三矣。及孝文崩,孝武皇帝立,举贾生之孙二人至郡守,而贾嘉最好学,世其家,与余通书。至孝昭时,列为九卿。

【译文】
　　汉文帝将淮南厉王的四个儿子一一封为列侯。贾谊劝谏,认为这是导致国家祸患的起源。贾谊多次上疏皇帝,说诸侯的封地多达数郡,和古代的制度不符,应该逐渐削弱他们的势力。但是汉文帝并没听从贾谊的劝谏。
　　几年之后,梁怀王不慎从马上掉下来摔死了,没有留下后代。贾谊认为这是自己作太傅没有尽到责任,非常自责,悲伤哭泣了一年多,也死去了。死的时候年仅三十三岁。后来汉文帝去世,汉武帝即位,提拔贾谊的两个孙子任郡守。其中贾嘉最好学,继承了贾谊的家业,曾和我有过书信往来。到汉昭帝时,他担任九卿之职。

【原文】
　　太史公曰:余读《离骚》《天问》《招魂》《哀郢》,悲其志。适长沙,观屈原所自沈渊,未尝不垂涕,想见其为人。及见贾生吊之,又怪屈原以彼其材,游诸侯,何国不容,而自令若是。读《服鸟赋》,同死生,轻去就,又爽然自失矣。

【译文】
　　太史公说:我读完《离骚》《天问》《招魂》《哀郢》之后,深为屈原心志感到悲痛。当我到长沙时,经过屈原沉江自杀的地方,不禁掉下眼泪,由此更加想一睹他的风采。后来读了贾谊的《吊屈原赋》,又责怪屈原,若他能以自己超人的才华游说诸侯的话,哪个国家不能容身呢,却走上自杀这条路。读过《服鸟赋》之后,把生死同等看待,把官场上的去留升降看得很轻,又不禁心有所释了。

刺客列传

【原文】

　　曹沫者，鲁人也，以勇力事鲁庄公。庄公好力。曹沫为鲁将，与齐战，三败北。鲁庄公惧，乃献遂邑之地以和。犹复以为将。

　　齐桓公许与鲁会于柯而盟。桓公与庄公既盟于坛上，曹沫执匕首劫齐桓公，桓公左右莫敢动，而问曰："子将何欲？"曹沫曰："齐强鲁弱，而大国侵鲁亦甚矣。今鲁城坏即压齐境，君其图之。"桓公乃许尽归鲁之侵地。既已言，曹沫投其匕首，下坛，北面就群臣之位，颜色不变，辞令如故。桓公怒，欲倍其约。管仲曰："不可。夫贪小利以自快，弃信于诸侯，失天下之援，不如与之。"于是桓公乃遂割鲁侵地，曹沫三战所亡地尽复予鲁。其后百六十有七年而吴有专诸之事。

【译文】

　　曹沫是鲁国人，凭勇敢和力气侍奉鲁庄公。庄公喜爱有力气的人。曹沫是鲁国的将军，他领兵跟齐国作战，多次战败。鲁庄公害怕了，就献出遂邑地区向齐国求和。但他还让曹沫继续做将军。

　　齐桓公同意在柯地与鲁庄公会盟。桓公在盟坛上与庄公订立盟约以后，曹沫手持匕首胁迫齐桓公，桓公的侍卫谁也不敢轻举妄动，桓公问："您想干什么？"曹沫回答说："齐国强大，鲁国弱小，而大国也太欺侮弱小的鲁国了。如今鲁国都城一倒塌就会压到齐国的边境了，您要考虑考虑这个问题。"于是齐桓公答应全部归还鲁国被侵占的土地。说完以后，曹沫扔下匕首，走下盟坛，回到面向北的臣子的位置上，面不改色，谈吐从容如常。桓公很生气，打算背弃盟约。管仲说："不可以。贪图小的利益用来求得一时的快意，就会在诸侯面前丧失信用，失去天下人对您的支持，还是把土地归还他们吧。"于是，齐桓公就归还原先占领的鲁国土地，曹沫之前多次战败丢失的土地全部回归鲁国。此后一百六十七年，吴国有专诸的事迹。

【原文】

　　专诸者，吴堂邑人也。伍子胥之亡楚而如吴也，知专诸之能。伍子胥既见吴王僚，说以伐楚之利。吴公子光曰："彼伍员父兄皆死于楚而员言伐楚，欲自为报私仇也，非能为吴。"吴王乃止。伍子胥知公子光之欲杀吴王僚，乃曰："彼光将有内志，未可说以外事。"乃进专诸于公子光。光之父曰吴王诸樊。诸樊弟三人：次曰余祭，次曰夷眛，次曰季子札。诸樊知季子札贤而不立太子，以次传三弟，欲卒致国于季子札。诸樊既死，传余祭。余祭死，传夷眛。夷眛死，当传季子札；季子札逃不肯立，吴人乃立夷眛之子僚为王。公子光曰："使以兄弟次邪，季子当立；必以子乎，则光真適嗣，当立。"故尝阴养谋臣以求立。

【译文】

　　专诸，是吴国堂邑人。伍子胥离开楚国逃到吴国时，知道专诸很有本事。伍子胥进见吴王僚后，游说吴王攻打楚国的好处。吴公子光说："那个伍员，父亲、哥哥都是被楚国杀死的，伍员刚才说要攻打楚国，是为了报私仇，并不是替吴国打算。"吴王就不再议伐楚的事。伍子胥知道公子光打算杀掉吴王僚，就说："那个公子光有在国内夺取王位的企图，现在还不能劝说他向国外出兵。"于是就把专诸推荐给公子光。公子光的父亲是吴王诸樊。诸樊有三个弟弟：大弟弟叫余祭，二弟弟叫夷眛，最小的弟弟叫季子札。诸樊知道季子札贤明，就不立太子，想依照兄弟的次序把王位传递下去，最后好把国君的位子传给季子札。诸樊死后王位传给了余祭。余祭死后，传给夷眛。夷眛死后本来应该传给季子札，季子札却逃避不肯做国君，吴国人就拥立夷眛的儿子僚为国君。公子光说："如果按兄弟的次序，季子当立；如果一定要传给儿子的话，那么我才是真正的嫡子，应当立我为君。"所以他常秘密地供养一些有智谋的人，以便靠他们的帮助取得王位。

【原文】

　　光既得专诸，善客待之。九年而楚平王死。春，吴王僚欲因楚丧，使其二弟公子盖余、属庸将兵围楚之灊；使延陵季子于晋，以观诸侯之变。楚发兵绝吴将盖余、属庸路，吴兵不得还。于是公子光谓专诸曰："此时不可失，不求何获！且光真王嗣，当立，季子虽来，不吾废也。"专诸曰："王僚可杀也。母老子弱，而两弟将兵伐楚，楚绝其后。方今吴外困于楚，而内空无骨鲠之臣，是无如我何。"公子光顿首曰："光之身，子之身也。"

【译文】

　　公子光得到专诸以后，以贵宾之礼相待。吴王僚九年，楚平王死了。这年春天，吴王僚趁楚国办丧事的时候，派他的两个弟弟公子盖余、属庸率领军队将楚国的灊城团团包围；派延陵季子出使晋国，以观察各诸侯国的动静。楚国出动军队，断绝了吴将盖余、属庸的后路，吴国军队不能归还。这时公子光对专诸说："这个机会不能失掉，不去争取，哪会获得！况且我是真正的继承人，应当立为国君，季子即使回来，也不会废掉我呀。"专诸说："王僚是可以杀掉的。母老子弱，两个弟弟带着军队攻打楚国，楚国军队断绝了他们的后路。当前吴军在外被楚国围困，而国内没有正直敢言的忠臣。这样王僚还能把我们怎么样呢。"公子光以头叩地说："我公子光的身体，也就是您的身体。"

【原文】

　　四月丙子，光伏甲士于窟室中，而具酒请王僚。王僚使兵陈自宫至光之家，门户阶陛左右，皆王僚之亲戚也。夹立侍，皆持长铍。酒既酣，公子光详为足疾，入窟室中，使专诸置匕首鱼炙之腹中而进之。既至王前，专诸擘鱼，因以匕首刺王僚，王僚立死。左右亦杀专诸，王人扰乱。公子光出其伏甲以攻王僚之徒，尽灭之，遂自立为王，是为阖闾，阖闾乃封专诸之子以为上卿。其后七十余年而晋有豫让之事。

【译文】

这年四月丙子日，公子光将身穿铠甲的武士埋伏在地下室，备办酒席宴请吴王僚。王僚派出卫队，从王宫一直排列接到公子光的家里，门户、台阶两旁都站着王僚的亲信随从。夹道站立的侍卫都举着长矛。喝酒喝到畅快的时候，公子光假装脚有毛病，进入地下室，让专诸把匕首放到烤鱼的肚子里，然后把鱼进献上去。到王僚跟前，专诸掰开鱼，趁势用匕首刺杀王僚，王僚当场身亡。侍卫也杀死了专诸，王僚手下的人一时混乱不堪。公子光放出埋伏的武士攻击王僚的部下，把他们全部消灭，于是自立为国君，这就是吴王阖闾。阖闾就将专诸的儿子封为上卿。此后七十多年，晋国有豫让的事迹。

【原文】

豫让者，晋人也，故尝事范氏及中行氏，而无所知名。去而事智伯，智伯甚尊宠之。及智伯伐赵襄子，赵襄子与韩、魏合谋灭智伯，灭智伯之后而三分其地。赵襄子最怨智伯，漆其头以为饮器。豫让遁逃山中，曰："嗟乎！士为知己者死，女为说己者容。今智伯知我，我必为报仇而死，以报智伯，则吾魂魄不愧矣。"乃变名姓为刑人，入宫涂厕，中挟匕首，欲以刺襄子。襄子如厕，心动，执问涂厕之刑人，则豫让，内持刀兵，曰："欲为智伯报仇！"左右欲诛之。襄子曰："彼义人也，吾谨避之耳。且智伯亡无后，而其臣欲为报仇，此天下之贤人也。"卒释去之。

【译文】

豫让是晋国人，曾经侍奉范氏和中行氏两家大臣，没几个人知道他。于是他就离开，转而去侍奉智伯，智伯特别宠幸他。等到智伯向赵襄子进攻时，赵襄子和韩、魏合谋将智伯灭掉了；消灭智伯以后，三家分割了他的国土。赵襄子最恨智伯，就把他的头盖骨漆成饮具。豫让潜逃到山中，说："哎呀！好男儿可以为赏识自己的人去死，好女子应该为爱慕自己的人梳妆打扮。现在智伯赏识我，我一定拼上性命替他报仇，用以报答智伯。那么，我就是死了，魂魄也没有什么可惭愧的了。"于是更名改姓，伪装成受过刑的人，进入赵襄子宫中修整厕所，身上藏着匕首，想要用它刺杀赵襄子。赵襄子到厕所去，心一悸动，鞠问修整厕所的刑人，才知道是豫让，衣服里面还别着利刃，豫让说："我要替智伯报仇！"侍卫要杀掉他。襄子说："他是义士，我谨慎小心地回避他就是了。况且智伯死后没有继承人，而他的家臣想替他报仇，这是天下的贤人啊。"最后还是把他放走了。

【原文】

居顷之，豫让又漆身为厉，吞炭为哑，使形状不可知，行乞于市，其妻不识也。行见其友，其友识之，曰："汝非豫让邪？"曰："我是也。"其友为泣曰：

"以子之才，委质而臣事襄子，襄子必近幸子。近幸子，乃为所欲，顾不易邪？何乃残身苦形，欲以求报襄子，不亦难乎！"豫让曰："既已委质臣事人，而求杀之，是怀二心以事其君也。且吾所为者极难耳！然所以为此者，将以愧天下后世之为人臣怀二心以事其君者也。"

【译文】

过一段时间，豫让又把漆涂在身上，使皮肤烂得像癞疮，吞下炭火使自己的声音变得嘶哑，他乔装打扮使自己的相貌不可辨认，沿街讨饭。就连他的妻子也不认识他了。路上遇见他的朋友，辨认出来，说："你不是豫让吗？"回答说："是我。"朋友流着眼泪说："凭着您的才能，委身侍奉赵襄子，襄子一定会亲近宠爱您。亲近宠爱您，您再干您所想干的事，难道不是很容易的吗？何苦自己摧残身体，丑化形貌，想要用这样的办法达到向赵襄子报仇的目的，不是更困难吗！"豫让说："托身侍奉人家以后，又要杀掉他，这是怀着异心侍奉他的君主啊。我知道选择这样的做法是非常困难的，可是我之所以选择这样的做法，就是要使天下后世的那些怀着异心侍奉国君的臣子感到惭愧！"

【原文】

既去，顷之，襄子当出，豫让伏于所当过之桥下。襄子至桥，马惊，襄子曰："此必是豫让也。"使人问之，果豫让也。于是襄子乃数豫让曰："子不尝事范、中行氏乎？智伯尽灭之，而子不为报仇，而反委质臣于智伯。智伯亦已死矣，而子独何以为之报仇之深也？"豫让曰："臣事范、中行氏，范、中行氏皆众人遇我，我故众人报之。至于智伯，国士遇我，我故国士报之。"襄子喟然叹息而泣曰："嗟乎，豫子！子之为智伯，名既成矣，而寡人赦子亦已足矣。子其自为计，寡人不复释子！"使兵围之。豫让曰："臣闻明主不掩人之美，而忠臣有死名之义。前君已宽赦臣，天下莫不称君之贤。今日之事，臣固伏诛，然愿请君之衣而击之，焉以致报仇之意，则虽死不恨。非所敢望也，敢布腹心！"于是襄子大义之，乃使使持衣与豫让。豫让拔剑三跃而击之，曰："吾可以下报智伯矣！"遂伏剑自杀。死之日，赵国志士闻之，皆为涕泣。其后四十余年而轵有聂政之事。

【译文】

豫让离开了，过了不长时间，正赶上襄子外出，豫让藏在襄子必须走的桥下。襄子来到桥上，马受惊嘶叫，襄子说："桥下那人肯定是豫让。"派人前去一问，果然是豫让。襄子就指责他说："您不是曾经侍奉过范氏、中行氏吗？智伯把他们都消灭了，而您不替他们报仇，反而托身为智伯的家臣。智伯已经死了，您为什么单单如此急切地为他报仇呢？"豫让说："我侍奉范氏、中行氏，他们都把我当作一般人看待，所以我像一般人那样报答他们。至于智伯，他把我当作国士看待，所以我就像国士那样报答他。"襄子喟然长叹，流着泪说："哎呀，豫让先生！您为智伯报仇，已算成名了；而我宽恕你，也足够了。您该自己作个打算，我不能再放过您了！"命令士兵团团围住他。豫让说："我听说贤明的君主不埋没别人的美名，而忠臣有为美名去死的道理。以前您宽恕了我，普天下没有谁不称道您的贤明。今天的事，我本应当受死罪，但我希望能得到您的衣服刺它几下，这样也就达到我报仇的意愿了，那么，即使死了也没有遗憾了。我不敢指望您答应我的要求，我还是冒昧地说出我的心意！"于是襄子非常赞赏他的侠义，就派人拿着自己的衣裳给豫让。豫让拔出宝剑多次跳起来击刺它，说："我可以在九泉之下报答智伯了！"于是用剑自杀。自杀那天，赵国有志之士听到这个消息，都为他哭泣。此后四十多年，轵邑有聂政的事迹。

【原文】

聂政者，轵深井里人也。杀人避仇，与母、姊如齐，以屠为事。

久之，濮阳严仲子事韩哀侯，与韩相侠累有郤。严仲子恐诛，亡去，游求人可以报侠累者。至齐，齐人或言聂政勇敢士也，避仇隐于屠者之间。严仲子至门请，数反，然后具酒自畅聂政母前。酒酣，严仲子奉黄金百溢，前为聂政母寿。聂政惊怪其厚，固谢严仲子。严仲子固进，而聂政谢曰："臣幸有老母，家贫，客游以为狗屠，可以旦夕得甘毳以养亲。亲供养备，不敢当仲子之赐。"严仲子辟人，因为聂政言曰："臣有仇，而行游诸侯众矣；然至齐，窃闻足下义甚高，故进百金者，将用为大人粗粝之费，得以交足下之欢，岂敢以有求望邪！"聂政曰："臣所以降志辱身居市井屠者，徒幸以养老母；老母在，政身未敢以许人也。"严仲子固让，聂政竟不肯受也。然严仲子卒备宾主之礼而去。

【译文】

聂政是轵邑深井里人。有一次他杀了人，为躲避仇家，他带着母亲、姐姐一起逃到齐国去，以屠宰牲畜为职业。

后来，濮阳严仲子侍奉韩哀侯，他跟韩国宰相侠累结下仇恨。严仲子怕遭侠累杀害，就逃走了。他四处游历，寻访能替他报仇的人。到了齐国，听说聂政是个勇敢之士，为躲避仇家而躲藏在屠夫中。严仲子登门拜访，来来回回许多次，然后备办了宴席，亲自捧杯给聂政的母亲敬酒。喝到畅快兴浓时，严仲子献上黄金一百镒，到聂政老母跟前祝寿。聂政面对厚礼感到奇怪，坚决谢绝严仲子。严仲子却执意要送，聂政辞谢说："我幸有老母健在，家里虽贫穷，客居在此，以杀猪宰狗为业，早晚之间买些甘甜松脆的东西奉养老母。老母的供养还算齐备，可不敢接受仲子的赏赐。"严仲子避开别人，趁机对聂政说："我有仇人。我周游好多诸侯国，都没找到为我报仇的人。但来到齐国，私下听说您很重义气，所以献上百金，作为你母亲大人一点粗粮的费用，也能够跟您交个朋友，哪里敢有别的索求和指望！"聂政说："我所以使心志卑下，屈辱身份，在这市场上做个屠夫，只是希望借此奉养老母；老母在世，我不敢许命于别人。"严仲子执意赠送，聂政却始终不肯接受。但是严仲子最终还是尽到了宾主相见的礼节，告辞离去。

【原文】

久之，聂政母死。既已葬，除服，聂政曰："嗟乎！政乃市井之人，鼓刀以屠；而严仲子乃诸侯之卿相也，不远千里，枉车骑而交臣。臣之所以待之，至浅鲜矣，未有大功可以称者，而严仲子奉百金为亲寿，我虽不受，然是者徒深知政也。夫贤者以感忿睚眦之意而亲信穷僻之人，而政独安得嘿然而已乎！且前日要政，政徒以老母！老母今以天年终，政将为知己者用。"乃遂西至濮阳，见严仲子曰："前日所以不许仲子者，徒以亲在；今不幸而母以天年终。仲子所欲报仇者为谁？请得从事焉！"严仲子具告曰："臣之仇韩相侠累，侠累又韩君之季父也，宗族盛多，居处兵卫甚设，臣欲使人刺之，终莫能就。今足下幸而不弃，请益其车骑壮士可为足下辅翼者。"聂政曰："韩之与卫，相去中间不甚远，今杀人之相，相又国君之亲，此其势不可以多人，多人不能无生得失，生得失则语泄，语泄是韩举国而与仲子为仇，岂不殆哉！"遂谢车骑人徒，聂政乃辞独行。

【译文】

过了很长一段时间，聂政的母亲去世了，安葬母亲之后，直到丧服期满，聂政说："唉！我不过是平民百姓，拿着屠刀杀猪宰狗。严仲子曾贵为卿相，却不远千里地多次来找我，委屈身份和我结交。我待人家的情谊是太浅薄了，没有什么大的功劳可以和他对我的恩情相抵，而严仲子献上百金为老母祝寿，我虽然没有接受，可是这件事说明他是特别赏识我啊。贤德的人因感愤于一点小的仇恨，把我这个处于偏僻的穷困屠夫视为亲信，我怎么能一味地默不作声，就此完事了呢！况且以前来邀请我，我只是因为老母在世，才没有答应。现在老母享尽天年，我该要为了解我的人出力了。"于是就向西到濮阳，见到严仲子说："以前所以没答应仲子的邀请，仅仅是因为老母在世；如今不幸老母已享尽天年。仲子要报复的仇人是谁？请让我办这件事吧！"严仲子原原本本地告诉他说："我的仇人是韩国宰相侠累，侠累又是韩国国君的叔父，宗族旺盛，人丁众多，居住的地方士兵防卫严密，我派人刺杀他，始终也没有得手。如今承蒙您不嫌弃我，应允下来，请增加车骑壮士作为您的助手。"聂政说："韩国与卫国，中间距离不太远，如今刺杀人家的宰相，宰相又是国君的亲属，在这种情势下不能去很多人，人多了难免发生意外，发生意外就会走漏消息，走漏消息，那就等于整个韩国的人与您为仇，这难道不是太危险了吗！"于是谢绝车骑人众，辞别严仲子只身去了。

【原文】

杖剑至韩，韩相侠累方坐府上，持兵戟而卫侍者甚众。聂政直入，上阶刺杀侠累，左右大乱。聂政大呼，所击杀者数十人，因自皮面决眼，自屠出肠，遂以死。韩取聂政尸暴于市，购问莫知谁子。于是韩县购之，有能言杀相侠累者予千金。久之，莫知也。

政姊荣闻人有刺杀韩相者，贼不得，国不知其名姓，暴其尸而县之千金，乃于邑曰："其是吾弟与？嗟乎，严仲子知吾弟！"立起，如韩，之市，而死者果政也，伏尸哭极哀，曰："是轵深井里所谓聂政者也。"市行者诸众人皆曰："此人暴虐吾国相，王县购其名姓千金，夫人不闻与？何敢来识之也？"荣应之曰："闻之。然政所以蒙污辱自弃于市贩之间者，为老母幸无恙，妾未嫁也。亲既以天年下世，妾已嫁夫，严仲子乃察举吾弟困污之中而交之，泽厚矣，可奈何！士固为知己者死，今乃以妾尚在之故，重自刑以绝从，妾其奈何畏殁身之诛，终灭贤弟之名！"大惊韩市人。乃大呼天者三，卒于邑悲哀而死政之旁。

【译文】

他带着宝剑到韩国都城，韩国宰相侠累正好坐在堂上，他旁边有很多持刀荷戟的护卫。聂政径直进去，跑上台阶刺杀侠累，侍从乱哄哄地围住聂政。聂政高喊着杀了几十个人，又顺势挖出眼睛毁容，剖腹后肠子流出来，他就这样死了。韩国把聂政的尸体摆在街市上，出赏金查问凶手是谁家的人，没有谁知道。于是韩国悬赏征求，有人能说出杀死宰相侠累的人是谁，赏给千金。过了很久，仍没有人知道。

聂政的姐姐聂荣听说有人把韩国的宰相刺死，却不知道凶手到底是谁，所有人都不知道他的姓名，街上摆着他的尸体，悬赏千金，叫人们辨认，就哭着说："大概是我弟弟吧？唉，严仲子赏识我弟弟！"于是马上去了韩国的都城，来到街市，死者果然是聂政，就趴在尸体上悲哀地痛哭，说："这个人就是轵深井里的聂政啊。"街上的行人们都说："这个人残酷地杀害我国宰相，君王悬赏千金询查他的姓名，夫人没听说吗？怎么敢来认尸啊？"聂荣回答他们说："我听说了。可是聂政之所以承受羞辱不惜混在屠猪贩肉的人中间，是因为老母健在，我还没有出嫁。老母享尽天年去世后，我已嫁人，严仲子从穷困低贱的处境中把我弟弟挑选出来结交他，恩情深厚，我弟弟还能怎么办呢！勇士本来应该替赏识自己的人牺牲性命，就是因为我还活在世上，重重地自行毁坏面容躯体，使人不能辨认，以免牵连别人，我怎么能害怕杀身之祸，永远埋没弟弟的名声呢！"整个街市上的人都大为震惊。聂荣高喊三声"天哪"，终因过度哀伤而死在聂政身旁。

【原文】

晋、楚、齐、卫闻之，皆曰："非独政能也，乃其姊亦烈女也。乡使政诚知其姊无濡忍之志，不重暴骸之难，必绝险千里以列其名，姊弟俱僇于韩市者，亦未必敢以身许严仲子也。严仲子亦可谓知人能得士矣！"其后二百二十余年秦有荆轲之事。

【译文】

晋、楚、齐、卫等国的人听说后，都说："不仅聂政勇猛能干，他姐姐也同样是烈性女子。假使聂政果真知道他姐姐没有含忍的性格，不顾惜露尸于外的苦难，一定要经过千难万险来公开他的姓名，最后姐弟二人一起死在韩国的街市，那他也未必敢对严仲子以身相许。严仲子也可以说是识人，才能够赢得贤士啊！"从此以后二百二十多年，秦国有荆轲的事迹。

白话史记

列传 刺客列传

【原文】

　　荆轲者，卫人也，其先乃齐人，徙于卫，卫人谓之庆卿。而之燕，燕人谓之荆卿。荆卿好读书击剑，以术说卫元君，卫元君不用。其后秦伐魏，置东郡，徙卫元君之支属于野王。荆轲尝游过榆次，与盖聂论剑，盖聂怒而目之。荆轲出，人或言复召荆卿。盖聂曰："曩者吾与论剑有不称者，吾目之；试往，是宜去，不敢留。"使使往之主人，荆卿则已驾而去榆次矣。使者还报，盖聂曰："固去也，吾曩者目摄之。"

【译文】

　　荆轲是卫国人，他的祖先是齐国人，后来迁居卫国，卫国人称呼荆轲为庆卿。荆轲到燕国后，燕国人又称呼他为荆卿。荆卿喜爱读书、击剑，曾凭着本领游说卫元君，但卫元君没有任用他。此后秦国向魏国进攻，设置了东郡，把卫元君的旁系亲属迁移到野王。荆轲漫游曾经路过榆次，与盖聂谈论剑术，盖聂生气地瞪了荆轲。荆轲走后，有人劝盖聂再把荆轲叫回来。盖聂说："刚才我和他谈论剑术，他谈的有不太好的地方，我就瞪了他；去找找吧，我用眼瞪他，他应该不会再留在这里了。"于是派人到荆轲住处询问房东，荆轲已乘车离开榆次了。派去的人回来报告，盖聂说："肯定会走，刚才我瞪他，他已经感到害怕了。"

【原文】

　　荆轲游于邯郸，鲁句践与荆轲博，争道。鲁句践怒而叱之，荆轲嘿而逃去，遂不复会。荆轲既至燕，爱燕之狗屠及善击筑者高渐离。荆轲嗜酒，日与狗屠及高渐离饮于燕市，酒酣以往，高渐离击筑，荆轲和而歌于市中，相乐也，已而相泣，旁若无人者。荆轲虽游于酒人乎，然其为人沈深好书；其所游诸侯，尽与其贤豪长者相结。其之燕，燕之处士田光先生亦善待之，知其非庸人也。

【译文】

　　荆轲漫游邯郸，荆轲跟鲁句践博戏，争执博局的路数。鲁句践生气地骂他，荆轲就默无声息地离开了，二人不再见面。荆轲到燕国以后，跟宰狗的人和擅长击筑的高渐离关系都不错。荆轲特别好饮酒，天天跟那个屠夫还有高渐离在燕市上喝酒，喝得尽兴时，高渐离击筑，荆轲就和着拍节在街市上唱歌，相互娱乐，一会儿又相对哭泣，旁若无人。荆轲虽说混在酒徒中，可实际上他的为人却深沉稳重，喜欢读书；他游历过的诸侯各国，都是与当地贤士豪杰德高望重的人相结交。他到燕国后，燕国隐士田光先生也友好地对待他，知道他不是平庸的人。

【原文】

　　居顷之，会燕太子丹质秦亡归燕。燕太子丹者，故尝质于赵，而秦王政生于赵，其少时与丹欢。及政立为秦王，而丹质于秦。秦王之遇燕太子丹不善，故丹怨而亡归。归而求为报秦王者，国小，力不能。其后秦日出兵山东以伐齐、楚、三晋，稍蚕食诸侯，且至于燕，燕君臣皆恐祸之至。太子丹患之，问其傅鞫武。武对曰：

"秦地遍天下，威胁韩、魏、赵氏，北有甘泉、谷口之固，南有泾、渭之沃，擅巴、汉之饶，右陇、蜀之山，左关、殽之险，民众而士厉，兵革有余。意有所出，则长城之南，易水以北，未有所定也。奈何以见陵之怨，欲批其逆鳞哉！"丹曰："然则何由？"对曰："请入图之。"

【译文】

过了不久，正赶上在秦国做人质的燕太子丹逃回燕国。燕太子丹，过去曾在赵国作人质，而秦王嬴政也是在赵国出生的，他少年时和太子丹关系很好。等到嬴政被立为秦王，太子丹又到秦国做人质。可秦王对待燕太子并不友好，所以太子丹因怨恨而逃走。回国就伺机报复秦王，燕国弱小，力不能及。此后，秦国经常出兵到崤山以东攻打齐、楚和三晋，像蚕吃桑叶一样地侵吞各国。战火将波及燕国，燕国君臣唯恐大祸临头。太子丹为此忧虑，请教他的老师鞠武。鞠武回答说："秦国的土地遍天下，威胁到韩国、魏国、赵国。它北面有甘泉、谷口坚固险要的地势，南面有泾河、渭水流域肥沃的土地，据有富饶的巴郡、汉中地区，右边有陇、蜀崇山峻岭为屏障，左边有崤山、函谷关做要塞，人口众多而士兵训练有素，武器装备绰绰有余。有意图向外扩张，那么长城以南，易水以北就没有安稳的地方了。为什么您还因为被欺侮的怨恨，要去触动秦王的逆鳞呢！"太子丹说："既然如此，那我们怎么办？"鞠武说："让我进一步考虑考虑。"

【原文】

居有间，秦将樊于期得罪于秦王，亡之燕，太子受而舍之。鞠武谏曰："不可。夫以秦王之暴而积怒于燕，足为寒心，又况闻樊将军之所在乎？是谓'委肉当饿虎之蹊'也，祸必不振矣！虽有管、晏，不能为之谋也。愿太子疾遣樊将军入匈奴以灭口。请西约三晋，南连齐、楚，北购于单于，其后乃可图也。"太子曰："太傅之计，旷日弥久，心惛然，恐不能须臾。且非独于此也，夫樊将军穷困于天下，归身于丹，丹终不以迫于强秦而弃所哀怜之交，置之匈奴，是固丹命卒之时也。愿太傅更虑之。"鞠武曰："夫行危欲求安，造祸而求福，计浅而怨深，连结一人之后交，不顾国家之大害，此所谓'资怨而助祸'矣。夫以鸿毛燎于炉炭之上，必无事矣。且以雕鸷之秦，行怨暴之怒，岂足道哉！燕有田光先生，其为人智深而勇沉，可与谋。"太子曰："愿因太傅而得交于田先生，可乎？"鞠武曰："敬诺。"出见田先生，道"太子愿图国事于先生也"。田光曰："敬奉教。"乃造焉。

【译文】

过了一段时间，秦将樊于期把秦王得罪了，就逃到燕国，太子接纳了他，留他住下。鞠武规劝说："不行。本来秦王就很凶暴，再积怒于燕国，已经足以使人害怕了，又何况他听到樊将军住在这里呢？这叫作'把肉放置在饿虎经过的小路上'啊，这样的祸患一定不可挽救！即使有管仲、晏婴，也不能为您出谋划策了。希望您赶快送樊将军到匈奴去，以消除秦国攻打我们的借口。请您向西与三晋结盟，向南联络齐、楚，向北与单于和好，然后就可以想办法对付秦国了。"太子丹说："老师的计划，需要的时间太长了，我的心里忧闷烦乱，恐怕连片刻也等不及了。况且并非单单因为这个缘故，樊将军在天下已是穷途末路，投奔于我，我总不能因为迫于强暴的秦国而抛弃我所同情的朋友，把他送到匈奴去，除非是我生命完结的时刻。希望老师另考虑别的办法。"鞠武说："选择危险的行动想求得安全，制造祸患而祈请幸福，计谋浅薄而怨恨深重，为了结交一个朋友，而不顾国家的大祸患，这就是所说的'积蓄仇怨而助祸患'了。拿大雁的羽毛放在炉炭上，一下子就烧光了。何况是雕鸷一样凶猛的秦国，对燕国发泄仇恨残暴的怒气，结果难道还用说吗！燕国有位田光先生，他这个人智谋深邃而勇敢沉着，可以和他商量。"太子说："希望通过老师而得以结交田先生，可以吗？"鞠武说："遵命。"鞠武便出去拜会田先生，说："太子希望跟田先生一同谋划国事。"田光说："遵命。"就前去拜访太子。

【原文】

太子逢迎，却行为导，跪而蔽席。田光坐定，左右无人，太子避席而请曰："燕秦不两立，愿先生留意也。"田光曰："臣闻骐骥盛壮之时，一日而驰千里；至其衰老，驽马先之。今太子闻光盛壮之时，不知臣精已消亡矣。虽然，光不敢以图国事，所善荆卿可使也。"太子曰："愿因先生得结交于荆卿，可乎？"田光曰："敬诺。"即起，趋出。太子送至门，戒曰："丹所报，先生所言者，国之大事也，愿先生勿泄也！"田光俯而笑曰："诺。"偻行见荆卿，曰："光与子相善，燕国莫不知。今太子闻光壮盛之时，不知吾形已不逮也，幸而教之曰'燕秦不两立，愿先生留意也'。光窃不自外，言足下于太子也，愿足下过太子于宫。"荆轲曰："谨奉教。"田光曰："吾闻之，长者为行，不使人疑之。今太子告光曰'所言者，国之大事也，愿先生勿泄'，是太子疑光也。夫为行而使人疑之，非节侠也。"欲自杀以激荆卿，曰："愿足下急过太子，言光已死，明不言也。"因遂自刎而死。

【译文】

太子上前迎接田光，倒退着为其引路，跪下来拂拭座位才让他坐。田光坐稳后，看左右没有别人，太子离开自己的座位向田光请教说："燕国与秦国势不两立，希望先生注意一下。"田光说："我听说骐骥强壮的时候，一日可奔跑千里之远；等它衰老了，就是劣等马也能跑到它的前边。如今太子光听说我盛壮之年的情景，却不知道我精力已经衰竭了。虽然如此，我不能冒昧地谋划国事，我的好朋友荆卿是可以承担这个使命的。"太子说："希望能通过先生和荆卿结交，可以吗？"田光说："遵命。"于是即刻起身，急忙出去了。太子送到门口，告诫说："我所讲的，先生所说的，是国家的大事，希望先生不要泄露！"田光俯下身去笑着说："是。"田光弯腰驼背地走着去见荆卿，说："我和您彼此要好，燕国没有谁不知道。如今太子听说我盛壮之年时的情景，却不知道我的身体已力不从心了，我荣幸地听他教诲说：'燕国、秦国势不两立，希望先生留意。'我私下和您不见外，已经把您推荐给太子，希望您前往宫中拜访太子。"荆轲说："谨领教。"田光说："我听说，年长老成的人行事，不能让别人怀疑他。如今太子告诫我说'所说的，是国家大事，希望先生不要泄露'，这是太子怀疑我。一个人行事却让别人怀疑他，他就不算是有节操、讲义气的人。"他要用自杀来激励荆卿，说："希望您立即去见太子，就说我已经死了，表明我不会泄露机密。"因此刎颈自杀。

【原文】

　　荆轲遂见太子，言田光已死，致光之言。太子再拜而跪，膝行流涕，有顷而后言曰："丹所以诫田先生毋言者，欲以成大事之谋也。今田先生以死明不言，岂丹之心哉！"荆轲坐定，太子避席顿首曰："田先生不知丹之不肖，使得至前，敢有所道，此天之所以哀燕而不弃其孤也。今秦有贪利之心，而欲不可足也。非尽天下之地，臣海内之王者，其意不厌。今秦已虏韩王，尽纳其地。又举兵南伐楚，北临赵；王翦将数十万之众距漳、邺，而李信出太原、云中。赵不能支秦，必入臣，入臣则祸至燕。燕小弱，数困于兵，今计举国不足以当秦。诸侯服秦，莫敢合从。丹之私计愚，以为诚得天下之勇士使于秦，窥以重利；秦王贪，其势必得所愿矣。诚得劫秦王，使悉反诸侯侵地，若曹沫之与齐桓公，则大善矣；则不可，因而刺杀之。彼秦大将擅兵于外而内有乱，则君臣相疑，以其间诸侯得合从，其破秦必矣。此丹之上愿，而不知所委命，唯荆卿留意焉。"久之，荆轲曰："此国之大事也，臣驽下，恐不足任使。"太子前顿首，固请毋让，然后许诺。于是尊荆卿为上卿，舍上舍。太子日造门下，供太牢具，异物间进，车骑美女恣荆轲所欲，以顺适其意。

【译文】

　　于是荆轲去见太子，把田光已死的事告诉太子，也把田光的话转达。太子拜了两拜跪倒在地，跪着前进，痛哭流涕，过了一会才说："我之所以告诫田先生不要讲，是想使大事的谋划得以成功。如今田先生用死来表明他不会说出去，难道是我的初衷吗！"荆轲坐定，太子离开座位以头叩地说："田先生不知道我不上进，使我能够到您跟前，冒昧地陈述，这是上天哀怜燕国，不抛弃我啊。如今秦王有贪利的野心，而他的欲望是不会满足的。不占尽天下的土地，使各国的君王向他臣服，他是不会满足的。如今秦国已俘虏了韩王，占领了他的全部领土。他又出动军队向南攻打楚国，向北逼近赵国；王翦率领几十万大军抵达漳水、邺县一带，而李信出兵太原、云中。赵国抵挡不住秦军，一定会向秦国臣服；赵国臣服，那么灾祸就降临到燕国。燕国弱小，多次被战争所困扰，如今估计，调动全国的力量也不能够抵挡秦军。诸侯畏服秦国，没有谁敢提倡合纵政策。我私下有个不成熟的计策，认为如果能得到天下的勇士，派往秦国，用重利诱惑秦王；秦王贪婪，其情势一定能达到我们的愿望。果真能够劫持秦王，让他全部归还侵占各国的土地，像曹沫劫持齐桓公，那就太好了；如不行，就杀死他。秦国的大将在国外独揽兵权，而国内出了乱子，那么君臣彼此猜疑，趁此机会，东方各国联合起来，就一定能够打败秦国。这是我最大的愿望，却不知道把这使命委托给谁，希望荆卿仔细地考虑这件事。"过了好一会儿，荆轲说："这是国家大事，我才能低劣，恐怕不能胜任。"太子上前以头叩地，坚决请求不要推托，荆轲答应了。当时太子就将荆卿尊为上卿，让其住进上等的宾馆。太子天天到荆轲的住所拜望，供给贵重的饮食，还经常献上奇珍异物，车马美女任荆轲随便享受，以使其满意。

【原文】

久之，荆轲未有行意。秦将王翦破赵，虏赵王，尽收入其地，进兵北略地至燕南界。太子丹恐惧，乃请荆轲曰："秦兵旦暮渡易水，则虽欲长侍足下，岂可得哉！"荆轲曰："微太子言，臣愿谒之。今行而毋信，则秦未可亲也。夫樊将军，秦王购之金千斤，邑万家。诚得樊将军首与燕督亢之地图，奉献秦王，秦王必说见臣，臣乃得有以报。"太子曰："樊将军穷困来归丹，丹不忍以己之私而伤长者之意，愿足下更虑之！"

【译文】

过了很长一段时间，荆轲仍没有行动的意思。这时，秦将王翦已经将赵国的都城攻破，将赵王俘虏，并把赵国的领土全部占领。秦军向北挺进，攻城略地，一直打到燕国南部边界。太子丹害怕了，就去请求荆轲："秦国军队马上就要横渡易水，那时即使我想要长久地侍奉您，怎么能办得到呢！"荆轲说："太子就是不说，我也要请求行动了。现在到秦国去，没有让秦王相信我的东西，那么就无法接近秦王。那樊将军，秦王悬赏黄金千斤、封邑万户来购买他的脑袋。如果得到樊将军的脑袋和燕国督亢的地图，献给秦王，秦王一定会高兴地接见我，这样我才能够有机会报效您。"太子说："樊将军到了穷途末路才来投奔我，我不忍心为自己私利而伤害这位长者的心，希望您考虑别的办法吧！"

【原文】

荆轲知太子不忍，乃遂私见樊于期曰："秦之遇将军可谓深矣，父母宗族皆为戮没。今闻购将军首金千斤，邑万家，将奈何？"于期仰天太息流涕曰："于期每念之，常痛于骨髓，顾计不知所出耳！"荆轲曰："今有一言可以解燕国之患，报将军之仇者，何如？"于期乃前曰："为之奈何？"荆轲曰："愿得将军之首以献秦王，秦王必喜而见臣，臣左手把其袖，右手揕其匈，然则将军之仇报而燕见陵之愧除矣。将军岂有意乎？"樊于期偏袒搤捥而进曰："此臣之日夜切齿腐心也，乃今得闻教！"遂自刭。太子闻之，驰往，伏尸而哭，极哀。既已不可奈何，乃遂盛樊于期首函封之。

【译文】

荆轲明白太子不忍心，就私下去会见樊于期说："秦国对待将军算是太残酷了，您的父母宗族都被秦王杀光了。如今听说秦王正用黄金千斤、封邑万户，购买将军的首级，您想怎么办呢？"于期仰望苍天，叹息流泪说："我一想到这些，就痛入骨髓，却毫无办法！"荆轲说："现在有一句话可以解除燕国的祸患，洗雪将军的仇恨，怎么样？"于期凑向前说："怎么办？"荆轲说："希望得到将军的首级献给秦王，秦王一定会高兴地召见我，我左手抓住他的衣袖，右手用匕首直刺他的胸膛，那么将军的仇恨可以洗雪，而燕国被欺凌的耻辱可以涤除了。将军是否有这个心意呢？"樊于期脱掉一边衣袖，露出臂膀，一只手紧紧握住另一只手腕，走近荆轲说："这是我日日夜夜切齿碎心的大事，今天才听到您的教诲！"于是就自刎了。太子听到这个消息，驾车奔驰前往，趴在尸体上痛哭，极其悲哀。但已经没法挽回。于是就把樊于期的首级装到匣子里密封起来。

【原文】

　　于是太子豫求天下之利匕首，得赵人徐夫人匕首，取之百金，使工以药焠之，以试人，血濡缕，人无不立死者。乃装为遣荆卿。燕国有勇士秦舞阳，年十三，杀人，人不敢忤视。乃令秦舞阳为副。荆轲有所待，欲与俱，其人居远未来，而为治行。顷之，未发，太子迟之，疑其改悔，乃复请曰："日已尽矣！荆卿岂有意哉？丹请得先遣秦舞阳。"荆轲怒，叱太子曰："何太子之遣？往而不返者，竖子也！且提一匕首入不测之强秦，仆所以留者，待吾客与俱。今太子迟之，请辞决矣！"遂发。

【译文】

　　当时太子已预先开始在天下寻找锋利的匕首，最后找到赵国人徐夫人的匕首，花费百金将其买到手，又让工匠用毒水浸淬匕首，先用人来做试验，只要刺出一丝血，没有不马上死的。于是太子准备行装，送荆轲出发。燕国有位勇士叫秦舞阳，十三岁就杀人，别人都不敢正面看他。于是就派秦舞阳做助手。荆轲等待一个人，打算一道出发；那个人住得很远，还没赶到，而荆轲已替那个人准备好了行装。又过了些日子，荆轲还没有出发，太子认为他拖延时间，怀疑他反悔，就再次催请说："日子不多了！荆卿有动身的打算吗？请允许我派遣秦舞阳先行。"荆轲发怒，斥责太子说："太子这样派遣是什么意思？只顾去而不顾完成使命回来，那是没出息的小子！况且是拿一把匕首进入难以测度的强暴的秦国。我所以暂留的原因，是等待另一位朋友同去。眼下太子认为我拖延了时间，那就告辞诀别吧！"于是就出发了。

【原文】

　　太子及宾客知其事者，皆白衣冠以送之。至易水之上，既祖，取道，高渐离击筑，荆轲和而歌，为变徵之声，士皆垂泪涕泣。又前而为歌曰："风萧萧兮易水寒，壮士一去兮不复还！"复为羽声慷慨，士皆瞋目，发尽上指冠。于是荆轲就车而去，终已不顾。

【译文】

　　太子及宾客中知道这件事的，都穿着白衣戴着白帽为荆轲送行。送到易水岸边，吃过饭，荆轲上路，高渐离击筑，荆轲和着拍节唱歌，声调苍凉凄婉，送行的人都哭了。他们边走边唱："风萧萧兮易水寒，壮士一去兮不复还！"再次慷慨激昂的吟唱，送行的人们怒目圆睁，直竖的头发把帽子都了顶起来。于是荆轲就上车走了，始终连头也不回。

【原文】

　　遂至秦，持千金之资币物，厚遗秦王宠臣中庶子蒙嘉。嘉为先言于秦王曰："燕王诚振怖大王之威，不敢举兵以逆军吏，愿举国为内臣，比诸侯之列，给贡职如郡县，而得奉守先王之宗庙。恐惧不敢自陈，谨斩樊于期之头，及献燕督亢之地图，函封，燕王拜送于庭，使使以闻大王，唯大王命之。"秦王闻之，大喜，乃朝服，设九宾，见燕使者咸阳宫。荆轲奉樊于期头函，而秦舞阳奉地图柙，以次进。至陛，秦舞阳色变振恐，群臣怪之。荆轲顾笑舞阳，前谢曰："北蕃蛮夷之鄙人，未尝见天子，故振慑。愿大王少假借之，使得毕使于前。"秦王谓轲曰："取舞阳所持地图。"轲既取图奏之。秦王发图，图穷而匕首见。因左手把秦王之袖，而右手持匕首揕之。未至身，秦王惊，自引而起，袖绝。拔剑，剑长。操其室。时惶急，剑坚，故不可立拔。荆轲逐秦王，秦王环柱而走。群臣皆愕，卒起不意，尽失其度。而秦法，群臣侍殿上者不得持尺寸之兵；诸郎中执兵皆陈殿下，非有诏召不得上。方急时，不及召下兵，以故荆轲乃逐秦王。而卒惶急，无以击轲，而以手共搏之。是时侍医夏无且以其所奉药囊提荆轲也，秦王方环柱走，卒惶急，不知所为，左右乃曰："王负剑！"负剑，遂拔以击荆轲，断其左股。荆轲废，乃引其匕首以擿秦王，不中，中桐柱。秦王复击轲，轲被八创。轲自知事不就，倚柱而笑，箕踞以骂曰："事所以不成者，以欲生劫之，必得约契以报太子也。"于是左右既前杀轲，秦王不怡者良久。已而论功，赏群臣及当坐者各有差，而赐夏无且黄金二百溢，曰："无且爱我，乃以药囊提荆轲也。"

【译文】

　　一到秦国，荆轲带着价值千金的礼物，厚赠秦王宠臣中庶子蒙嘉。蒙嘉先替荆轲跟秦王说："燕王确实害怕大王的威严，不敢出动军队抗拒大王的将士，情愿全国上下做秦国的臣子，跟其他诸侯国并列，像直属郡县一样纳税，只求保住他们先王的宗庙。因为惶恐、畏惧不敢亲自前来陈述，谨此砍下樊于期的首级并献上燕国督亢地区的地图，装匣密封。燕王还在朝廷上举行了拜送仪式，派出使臣把这种情况禀明大王，敬请大王指示。"秦王听到这个消息，非常高兴，就穿上了朝服，安排了极为隆重的九宾仪式，在咸阳宫召见燕国的使者。荆轲捧着樊于期的首级，秦舞阳捧着地图匣子，按照正、副使的次序前进。走到殿前台阶下，秦舞阳脸色突变，害怕得发抖，大臣们都感到奇怪。荆轲回头朝秦舞阳笑笑，上前谢罪说："北方藩属蛮夷之地的粗野人，没有见过天子，所以心惊胆战。希望大王稍微宽容他，让他能够在大王面前完成使命。"秦王对荆轲说："递上舞阳拿的地图。"荆轲取过地图献上，秦王展开地图，图卷展到尽头，匕首露出来。荆轲趁机左手抓住秦王的衣袖，右手拿匕首直刺。

未近身，秦王大惊，自己抽身跳起，衣袖挣断。慌忙抽剑，剑长，只是抓住剑鞘。一时惊慌急迫，剑又套得很紧，所以不能立刻拔出。荆轲追赶秦王，秦王绕柱奔跑。大臣们吓得发朵，突然发生意外事变，大家都失去常态。而秦国的法律规定，殿上侍从大臣不允许携带任何兵器；各位侍卫武官也只能拿着武器都依序守卫在殿外，没有皇帝的命令，不准进殿。此时正是危急时刻，来不及传唤下边的侍卫官兵，因此荆轲能够追赶秦王。仓促之间，惊慌急迫，没有用来攻击荆轲的武器，只能赤手空拳和荆轲搏击。这时，侍从医官夏无且用他所捧的药袋投击荆轲。正当秦王围着柱子跑，仓猝慌急，不知如何是好的时候，侍从们喊道："大王，把剑推到背后！"秦王把剑推到背后，才拔出宝剑攻击荆轲，砍断他的左腿。荆轲残废，就举起他的匕首直接投刺秦王，没有击中，却击中了铜柱。秦王接连攻击荆轲，荆轲被刺伤八处。荆轲自知大事不能成功了，就倚在柱子上大笑，张开两腿像簸箕一样坐在地上骂道："大事之所以没能成功，是因为我想活捉你，迫使你订立归还诸侯们土地的契约回报太子。"这时侍卫们冲上前来杀死荆轲，而秦王也为此不高兴了很久。过后评论功过，赏赐群臣及处置当办罪的官员都各有差别。赐给夏无且黄金二百镒，说："无且爱我，才用药袋投击荆轲啊。"

【原文】

于是秦王大怒，益发兵诣赵，诏王翦军以伐燕。十月而拔蓟城。燕王喜、太子丹等尽率其精兵东保于辽东。秦将李信追击燕王急，代王嘉乃遗燕王喜书曰："秦所以尤追燕急者，以太子丹故也。今王诚杀丹献之秦王，秦王必解，而社稷幸得血食。"其后李信追丹，丹匿衍水中，燕王乃使使斩太子丹，欲献之秦。秦复进兵攻之。后五年，秦卒灭燕，虏燕王喜。

【译文】

于是秦王大发雷霆，增派军队向赵国进攻，命令王翦的军队向燕国进攻。十月将蓟城攻克。燕王喜、太子丹等率领着全部精锐部队向东退守辽东。秦将李信对燕王喜紧追不舍，代王嘉就给燕王喜写信说："秦军之所以紧追不舍，就是因为太子丹。现在您如果杀掉太子丹，把他的头献给秦王，一定会得到秦王宽恕，而社稷或许也侥幸得到祭祀。"此后李信率军追赶太子丹，太子丹隐藏在衍水河中，燕王就派使者杀了太子丹，准备把他的头献给秦王。秦王又进军攻打燕国。此后五年，秦国最终灭掉了燕国，俘虏了燕王喜。

【原文】

其明年，秦并天下，立号为皇帝。于是秦逐太子丹、荆轲之客，皆亡。高渐离变名姓为人庸保，匿作于宋子。久之，作苦，闻其家堂上客击筑，傍徨不能去。每出言曰："彼有善有不善。"从者以告其主，曰："彼庸乃知音，窃言是非。"家丈人召使前击筑，一坐称善，赐酒。而高渐离念久隐畏约无穷时，乃退，出其装匣中筑与其善衣，更容貌而前。举坐客皆惊，下与抗礼，以为上客。使击筑而歌，客无不流涕而去者。宋子传客之，闻于秦始皇。秦始皇召见，人有识者，乃曰："高渐离也。"秦皇帝惜其善击筑，重赦之，乃矐其目。使击筑，未尝不称善。稍益近之，高渐离乃以铅置筑中，复进得近，举筑朴秦皇帝，不中。于是遂诛高渐离，终身不复近诸侯之人。

鲁句践已闻荆轲之刺秦王，私曰："嗟乎，惜哉其不讲于刺剑之术也！甚矣吾不知人也！曩者吾叱之，彼乃以我为非人也！"

【译文】

到了第二年，秦国统一了天下，秦始皇立号为皇帝。于是秦始皇下令通缉太子丹和荆轲的门客，门客们都潜逃了。高渐离更名改姓给人家当酒保，隐藏在宋子（古县名）工作、生活。时间长了，高渐离觉得干活很累，听到有客人在主人家堂上击筑，转来转去舍不得离开。常常张口就说："那筑的声调有好的地方，也有不好的地方。"侍候的人把高渐离的话告诉主人，说："那个庸工懂得音乐，私下说是道非的。"主人家叫高渐离到堂前击筑，满座宾客都说他击得好，赏给他酒喝。高渐离考虑到长久他隐姓埋名，担惊受怕地躲藏下去没有尽头，便退下堂来，把自己的筑和衣裳从行装匣子里拿出来，改装整容来到堂前，满座宾客大吃一惊，离开座位用平等的礼节接待他，尊为上宾。请他击筑唱歌，宾客们听了，没有不被感动得流着泪而离去的。宋子城里的人轮流请他去做客，这消息被秦始皇听到。秦始皇召见他，有认识他的人，就说："这是高渐离。"秦始皇怜惜他的擅长击筑，特别赦免了他的死罪。于是熏瞎了他的眼睛，让他击筑，没有一次不说好。渐渐地更加接近秦始皇。高渐离便把铅放进筑中，再进宫击筑靠近时，举筑撞击秦始皇，没有击中。于是秦始皇就杀了高渐离，终身不敢再接近从前东方六国的人了。

鲁句践听到荆轲行刺秦王的事，私下说："唉！太可惜啦，他不讲究刺剑的技术啊，我太不了解这个人了！以前我骂过他，他就以为我跟他不是一路人了。"

【原文】

太史公曰：世言荆轲，其称太子丹之命，"天雨粟，马生角"也，太过。又言荆轲伤秦王，皆非也。始公孙季功，董生与夏无且游，具知其事，为余道之如是。自曹沫至荆轲五人，此其义或成或不成，然其立意较然，不欺其志，名垂后世，岂妄也哉！

【译文】

太史公说：世间人谈论荆轲，当说到太子丹的命运时，说什么"天上像下雨一样落下粮食，马头长出角"，言过其实了。又说荆轲刺伤了秦王，这都不是事实。当初公孙季功、董生和夏无且交游，都知道这件事，他们跟我说的和我记载的一样。从曹沫到荆轲五个人，他们的侠义之举有的成功，有的不成功，但他们的志向意图都很清楚明朗，都没有违背自己的良心，名声流传到后代，这难道是虚妄的吗！

淮阴侯列传

【原文】

　　淮阴侯韩信者，淮阴人也。始为布衣时，贫无行，不得推择为吏，又不能治生商贾，常从人寄食饮，人多厌之者。常数从其下乡南昌亭长寄食，数月，亭长妻患之，乃晨炊蓐食。食时信往，不为具食。信亦知其意，怒，竟绝去。信钓于城下，诸母漂，有一母见信饥，饭信，竟漂数十日。信喜，谓漂母曰："吾必有以重报母。"母怒曰："大丈夫不能自食，吾哀王孙而进食，岂望报乎！"

【译文】

　　淮阴侯韩信，是淮阴人。当初他还是平民百姓时，家里很穷，没有好品行，不能够被推选去做官，又不会做买卖维持生活，经常在别人家寄居吃闲饭，多数人都很烦他。曾经到下乡南昌亭亭长处吃过很多次闲饭，接连数月，亭长的妻子嫌恶他，就提前做好早饭，端到内室床上去吃。开饭的时候，韩信去了，却不给他准备饭食。韩信也明白他们的用意，一怒之下，居然离去不再回来。韩信在城下钓鱼，有几位老大娘在旁边漂洗涤丝，有一位大娘见韩信饿得不行了，就让韩信吃自己的食物。几十天都如此，直到她们把丝漂洗完了。韩信很高兴，对那位大娘说："将来我一定重重地报答老人家。"大娘生气地说："大丈夫不能养活自己，我是可怜你这位公子才给你饭吃，难道是希望你报答吗？"

【原文】

　　淮阴屠中少年有侮信者，曰："若虽长大，好带刀剑，中情怯耳。"众辱之曰："信能死，刺我；不能死，出我袴下。"于是信孰视之，俯出袴下，蒲伏。一市人皆笑信，以为怯。及项梁渡淮，信杖剑从之，居戏下，无所知名。项梁败，又属项羽，羽以为郎中。数以策干项羽，羽不用。汉王之入蜀，信亡楚归汉，未得知名，为连敖。坐法当斩，其辈十三人皆已斩，次至信，信乃仰视，适见滕公，曰："上不欲就天下乎？何为斩壮士？"滕公奇其言，壮其貌，释而不斩。与语，大说之。言于上，上拜以为治粟都尉，上未之奇也。

【译文】

　　淮阴屠户中有个年轻人羞辱韩信，说："你虽然长得高大，喜欢带刀佩剑，只不过是个胆小鬼罢了。"又当众侮辱他说："你要不怕死，就拿剑刺我；如果怕死，就从我胯下爬过去。"韩信就仔细地打量了那个人一番，俯身趴在地上，从那个人的胯下爬了过去。满街的人都因为这件事笑话韩信，认为他胆小。等到项梁率军渡过了淮河，韩信持剑追随他，虽然身在项梁部下，却没有什么名望。项梁战败，又归属项羽，项羽让他做了郎中。他屡次献策给项羽，以求重用，但项羽没有采纳。等汉王刘邦进入蜀地，韩信背离楚军归顺汉王。因为没有什么名声，只做了接待宾客的小官。后来犯法判处斩刑，同伙十三人都被杀了，轮到韩信，他抬头仰视，正好看见滕公，说："汉王不想成就统一天下的功业吗？为什么要斩壮士！"滕公感到他的话不同凡响，见他相貌堂堂，就放了他。和韩信交谈，很欣赏他，把这事报告汉王，汉王任命韩信为治粟都尉。汉王并没看出他有什么出奇超众的才能。

【原文】

信数与萧何语，何奇之。至南郑，诸将行道亡者数十人，信度何等已数言上，上不我用，即亡。何闻信亡，不及以闻，自追之。人有言上曰："丞相何亡。"上大怒，如失左右手。居一二日，何来谒上，上且怒且喜，骂何曰："若亡，何也？"何曰："臣不敢亡也，臣追亡者。"上曰："若所追者谁何？"曰："韩信也。"上复骂曰："诸将亡者以十数，公无所追；追信，诈也。"何曰："诸将易得耳。至如信者，国士无双。王必欲长王汉中，无所事信；必欲争天下，非信无所与计事者。顾王策安所决耳。"王曰："吾亦欲东耳，安能郁郁久居此乎？"何曰："王计必欲东，能用信，信即留；不能用，信终亡耳。"王曰："吾为公以为将。"何曰："虽为将，信必不留。"王曰："以为大将。"何曰："幸甚。"于是王欲召信拜之。何曰："王素慢无礼，今拜大将如呼小儿耳，此乃信所以去也。王必欲拜之，择良日，斋戒，设坛场，具礼，乃可耳。"王许之。诸将皆喜，人人各自以为得大将。至拜大将，乃韩信也，一军皆惊。

【译文】

韩信跟萧何谈话多次以后，萧何觉得他是位奇才。到达南郑，半路上有几十个将领逃跑。韩信揣测萧何等人已多次把自己推荐给汉王，可直到现在汉王还不任用自己，就逃走了。萧何听说韩信跑了，来不及报告汉王，就亲自追赶他。有人报告汉王："丞相萧何逃跑了。"汉王非常生气，跟失去左右手一样。过了一两天，萧何来拜见汉王，汉王又恼怒又高兴，骂萧何道："你逃跑，为什么？"萧何说："我不敢逃跑，我去追逃跑的人。"汉王说："你追的人是谁？"回答说："韩信。"汉王又骂道："各路将领逃跑了几十人，您没去追一个；却去追韩信，是骗人。"萧何说："那些将领容易得到。至于像韩信这样的杰出人物，普天之下找不出第二个人。大王如果真要长期在汉中称王，自然用不着韩信；如果一定要争夺天下，除了韩信就再没有可以和您计议大事的人了。但看大王怎么决策了。"汉王说："我是要向东发展啊，怎么能够内心苦闷地长期待在这里呢？"萧何说："大王决意向东发展，能够重用韩信，韩信就会留下来；不能重用，韩信终究要逃跑的。"汉王说："我为了您的缘由，让他做个将军。"萧何说："即使是做将军，韩信一定不肯留下。"汉王说："任命他做大将军。"萧何说："太好了。"于是汉王就要把韩信召来任命他。萧何说："大王向来对人轻慢，不讲礼节，如今任命大将军就像呼喊小孩儿一样。这就是韩信要离去的原因啊。大王决心要任命他，要选择良辰吉日，亲自斋戒，设置高坛和广场，礼仪要完备才可以呀。"汉王答应了萧何的要求。众将听到要拜大将都很高兴，人人都以为自己要做大将军了。等到任命大将时，被任命的竟然是韩信，全军都感到惊讶。

【原文】

信拜礼毕，上坐。王曰："丞相数言将军，将军何以教寡人计策？"信谢，因问王曰："今东乡争权天下，岂非项王邪？"汉王曰："然。"曰："大王自料勇悍仁强孰与项王？"汉王默然良久，曰："不如也。"信再拜贺曰："惟信亦为大王不如也。然臣尝事之，请言项王之为人也。项王喑噁叱咤，千人皆废，然不能任属贤将，此特匹夫之勇耳。项王见人恭敬慈爱，言语呕呕，人有疾病，涕泣分食饮，至使人有功当封爵者，印刓敝，忍不能予，此所谓妇人之仁也。项王虽霸天下而臣诸侯，不居关中而都彭城。有背义帝之约，而以亲爱王，诸侯不平。诸侯之见项王迁逐义帝置江南，亦皆归逐其主而自王善地。项王所过无不残灭者，天下多怨，百姓不亲附，特劫于威强耳。名虽为霸，实失天下心。故曰其强易弱。今大王诚能反其道：任天下武勇，何所不诛！以天下城邑封功臣，何所不服！以义兵从思东归之士，何所不散！且三秦王为秦将，将秦子弟数岁矣，所杀亡不可胜计，又欺其众降诸侯，至新安，项王诈坑秦降卒二十余万，唯独邯、欣、翳得脱，秦父兄怨此三人，痛入骨髓。今楚强以威王此三人，秦民莫爱也。大王之入武关，秋毫无所害，除秦苛法，与秦民约，法三章耳，秦民无不欲得大王王秦者。于诸侯之约，大王当王关中，关中民咸知之。大王失职入汉中，秦民无不恨者。今大王举而东，三秦可传檄而定也。"于是汉王大喜，自以为得信晚。遂听信计，部署诸将所击。

【译文】

任命韩信的仪式结束后，汉王在堂上就座。汉王说："丞相多次向我推荐将军，将军用什么计策指教我呢？"韩信谦让了一番，趁势问汉王："如今向东争夺天下，您的敌人难道不是项王吗？"汉王说："是。"韩信说："大王估计自己在勇敢、强悍、仁厚、兵力方面与项王相比，谁强？"汉王沉默了好长时间，说："不如项王。"韩信拜了两拜，赞成地说："我也认为大王比不上他呀。然而，我曾经侍奉过他，请让我说说项王的为人吧。项王震怒咆哮时，吓得千百人不敢稍动，但不能放手任用有才能的将领，这只不过是匹夫之勇罢了。项王待人恭敬慈爱，言语温和，有生病的人，心疼得流泪，将自己的饮食分给他，等到有的人立下战功，该加封晋爵时，把刻好的大印放在手里玩磨得失去了棱角，舍不得给人，这就是所说的妇人的仁慈啊。项王虽然称霸天下，使诸侯臣服，但他放弃了关中的有利地形，而建都彭城。又违背了义帝的约定，将自己的亲信分封为王，诸侯们愤愤不平。诸侯们看到项王把义帝迁移到江南僻远的地方，也都回去驱逐自己的国君，占据了好的地方自立为王。项王军队所经过的地方，没有不横遭摧残毁灭的，天下的人大都怨恨，百姓不愿归附，只不过迫于威势，勉强服从罢了。虽然名义上是霸主，实际上却失去了天下的民心。所以说他的优势很容易转化为劣势。如今大王如果能够与他反其道而行：任用天下英勇善战的人才，有什么不可以被诛灭的呢？用天下的城邑分封给有功之臣，有什么人不心服口服呢？以正义之师，顺从将士东归的心愿，有什么样的敌人不能击溃呢？况且项羽分封的三个王，原来都是秦朝的将领，率领秦地的子弟打了好几年仗，被杀死和逃跑的多到没法计算，又欺骗他们的部下向诸侯投降。到达新安，项王狡诈地活埋了已投降的秦军二十多万人，唯独章邯、司马欣和董黳得以留存，秦地的父老兄弟把这三个人恨入骨髓。而今项羽凭恃着威势，强行封立这三个人为王，秦地的百姓没有谁爱戴他们。而大王进入武关，秋毫无犯，废除了秦朝的苛酷法令，与秦地百姓约法三章，秦地百姓没有不想要大王在秦地做王的。根据诸侯的成约，大王理当在关中做王，关中的百姓都知道这件事，大王失掉了应得的爵位进入汉中，秦地百姓没有不遗憾的。如今大王发动军队向东挺进，只要一道文书三秦封地就可以平定了。"于是汉王特别高兴，自认为得到韩信太晚了。于是汉王听从韩信的谋划，部署各路将领攻击的目标。

【原文】

　　八月，汉王举兵东出陈仓，定三秦。汉二年，出关，收魏、河南，韩、殷王皆降。合齐、赵共击楚。四月，至彭城，汉兵败散而还。信复收兵与汉王会荥阳，复击破楚京、索之间，以故楚兵卒不能西。汉之败却彭城，塞王欣、翟王翳亡汉降楚，齐、赵亦反汉与楚和。六月，魏王豹谒归视亲疾，至国，即绝河关反汉，与楚约和。汉王使郦生说豹，不下。其八月，以信为左丞相，击魏。魏王盛兵蒲坂，塞临晋，信乃益为疑兵，陈船欲渡临晋，而伏兵从夏阳以木罂缶渡军，袭安邑。魏王豹惊，引兵迎信，信遂虏豹，定魏为河东郡。汉王遣张耳与信俱，引兵东，北击赵、代。后九月，破代兵、禽夏说阏与。信之下魏破代，汉辄使人收其精兵，诣荥阳以距楚。

【译文】

　　八月，汉王出兵经过陈仓向东挺进，平定了三秦。汉二年（前205），兵出函谷关，将魏王、河南王收服，韩王、殷王也相继投降。汉王又与齐王、赵王联合向楚国进攻。四月，到彭城，汉军兵败，溃散而回。韩信又收集溃散的人马与汉王在荥阳会合，在京县、索亭之间又摧垮楚军，因此楚军始终不能西进。汉军在彭城败退后，塞王司马欣、翟王董翳降楚叛汉，齐国和赵国也跟楚国和解而背叛汉王。六月，魏王豹请假回乡探望老母疾病，一到封国，立即将黄河渡口临晋关的交通要道切断，反叛汉王，与楚军订约讲和。汉王派郦生游说魏王豹，没有成功。这年八月，汉王任命韩信为左丞相，攻打魏王豹。魏王豹把主力部队驻扎在蒲坂，堵塞了黄河渡口临晋关。韩信就增设疑兵，故意排列开战船，假装要在临晋渡河，而隐蔽的部队却从夏阳用木制的盆瓮浮水渡河，偷袭安邑。魏王豹惊慌失措，带领军队迎击，韩信俘虏了魏王豹，平定了魏地，改制为河东郡。汉王派张耳和韩信一起，领兵向东进发，向北攻击赵国和代国。这年闰九月打垮了代国军队。在阏与生擒了夏说。韩信攻克魏国，摧毁代国后，汉王就立刻派人调走韩信的精锐部队，开往荥阳去抵御楚军。

【原文】

　　信与张耳以兵数万，欲东下井陉击赵。赵王、成安君陈馀闻汉且袭之也，聚兵井陉口，号称二十万。广武君李左车说成安君曰："闻汉将韩信涉西河，虏魏王，禽夏说，新喋血阏与，今乃辅以张耳，议欲下赵，此乘胜而去国远斗，其锋不可当。臣闻千里馈粮，士有饥色，樵苏后爨，师不宿饱。今井陉之道，车不得方轨，骑不得成列，行数百里，其势粮食必在其后。愿足下假臣奇兵三万人，从间道绝其辎重；足下深沟高垒，坚营勿与战。彼前不得斗，退不得还，吾奇兵绝其后，使野无所掠，不至十日，而两将之头可致于戏下。愿君留意臣之计。否，必为二子所禽矣。"成安君，儒者也，常称义兵不用诈谋奇计，曰："吾闻兵法十则围之，倍则战。今韩信兵号数万，其实不过数千。能千里而袭我，亦已罢极。今如此避而不击，后有大者，何以加之！则诸侯谓吾怯，而轻来伐我。"不听广武君，广武君策不用。

【译文】

韩信和张耳率领几十万人马，打算从井陉突破，向赵国进攻。赵王、成安君陈馀听说汉军要来袭击赵国，在井陉口聚集兵力，号称二十万大军。广武君李左车向成安君献计说："听说汉将韩信渡过西河，将魏王豹俘虏，将夏说生擒，新近血洗阏与，如今又以张耳辅助，计议要夺取赵国。这是乘胜利的锐气离开本国远征，其锋芒不可阻挡。可是，我听说千里运送粮饷，士兵们就会面带饥色，临时砍柴割草烧火做饭，军队就不能经常吃饱。眼下井陉这条道路，两辆战车不能并行，骑兵不能排成行列，行进的军队迤逦数百里，运粮食的队伍势必远远地落到后边。希望您临时拨给我奇兵三万人，从隐蔽小路拦截他们的粮草；您就深挖战壕，高筑营垒，坚守军营，不与交战。他们向前不得战斗，向后无法退却，我出奇兵截断他们的后路，使他们在荒野什么东西也抢掠不到，用不了十天，两将的人头就可送到将军帐下。希望您仔细考虑我的计策。否则，一定会被他二人俘虏。"成安君是信奉儒家学说的刻板书生，经常宣称正义的军队不用欺骗诡计，说："我听说兵书上讲，兵力十倍于敌人，就可以包围它，超过敌人一倍就可以交战。现在韩信的军队号称数万，实际上不过数千。竟然跋涉千里来袭击我们，已经极其疲惫。如今像这样回避不出击，强大的后续部队到来，又怎么对付呢？诸侯们会认为我胆小，就会轻易地来攻打我们。"他不听从，也不采纳广武君的计谋。

【原文】

韩信使人间视，知其不用，还报，则大喜，乃敢引兵遂下。未至井陉口三十里，止舍。夜半传发，选轻骑二千人，人持一赤帜，从间道萆山而望赵军，诫曰："赵见我走，必空壁逐我，若疾入赵壁，拔赵帜，立汉赤帜。"令其裨将传飧，曰："今日破赵会食！"诸将皆莫信，详应曰："诺。"谓军吏曰："赵已先据便地为壁，且彼未见吾大将旗鼓，未肯击前行，恐吾至阻险而还。"信乃使万人先行，出，背水陈。赵军望见而大笑。平旦，信建大将之旗鼓，鼓行出井陉口。赵开壁击之，大战良久。于是信、张耳详弃鼓旗，走水上军。水上军开入之，复疾战。赵果空壁争汉鼓旗，逐韩信、张耳。韩信、张耳已入水上军，军皆殊死战，不可败。信所出奇兵二千骑，共候赵空壁逐利，则驰入赵壁，皆拔赵帜，立汉赤帜二千。赵军已不胜，不能得信等，欲还归壁，壁皆汉赤帜，而大惊，以为汉皆已得赵王将矣，兵遂乱，遁走，赵将虽斩之，不能禁也。于是汉兵夹击，大破虏赵军，斩成安君泜水上，禽赵王歇。

【译文】

　　韩信派人暗中打探，探子回来报告，了解到广武君的计谋没有被采纳，韩信非常高兴，这才敢领兵进入井陉狭道。离井陉口还有三十里，停下来宿营。半夜传令出发，挑选了两千名轻装骑兵，每人拿一面红旗，从隐蔽小道上山，在山上藏起来观察赵国的军队。韩信告诫说："交战时，赵军见我军败逃，一定会倾巢出动追赶我军，你们火速冲进赵军的营垒，拔掉赵军的旗帜，竖起汉军的红旗。"又让副将传达开饭的命令，说："今天打垮赵军后我们举行会餐！"将领们都不相信，假意回答道："好。"韩信对手下军官说："赵军已先占据了有利地形筑造了营垒，他们看不到我们大将旗帜、仪仗，就不肯攻击我军的先头部队，怕我们到了险要的地方退回去。"韩信就派出万人为先头部队，出了井陉口，背靠河水摆开战斗队列。赵军远远望见，大笑不止。天刚蒙蒙亮，韩信设置起大将的旗帜和仪仗，大吹大擂地开出井陉口。赵军打开营垒攻击汉军，激战了很长时间。这时，韩信、张耳假装抛旗弃鼓，逃回河边的阵地。河边阵地的部队打开营门放他们进去，然后再和赵军激战。赵军果然倾巢出动，争夺汉军的旗鼓，追逐韩信、张耳。韩信、张耳已进入河边阵地，全军殊死奋战，赵军无法把他们打败。韩信预先派出去的两千轻骑兵，等到赵军倾巢出动去追逐战利品的时候，就火速冲进赵军空虚的营垒，把赵军的旗帜全部拔掉，竖立起汉军的两千面红旗。这时，赵军已不能取胜，又不能俘获韩信等人，想要退回营垒，营垒插满了汉军的红旗，大为震惊，以为汉军已经全部俘获了赵王的将领，于是军队大乱，纷纷落荒潜逃，赵将即使诛杀逃兵，也不能禁止。于是汉兵前后夹击，彻底摧垮了赵军。在泜水岸边杀死了成安君，活捉了赵王歇。

【原文】

　　信乃令军中毋杀广武君，有能生得者购千金。于是有缚广武君而致戏下者，信乃解其缚，东乡坐，西乡对，师事之。诸将效首虏，毕贺，因问信曰："兵法右倍山陵，前左水泽。今者将军令臣等反背水陈，曰破赵会食，臣等不服。然竟以胜，此何术也？"信曰："此在兵法，顾诸君不察耳。兵法不曰'陷之死地而后生，置之亡地而后存'？且信非得素拊循士大夫也，此所谓'驱市人而战之'，其势非置之死地，使人人自为战；今予之生地，皆走，宁尚可得而用之乎！"诸将皆服曰："善。非臣所及也。"

【译文】

　　韩信传令全军，不要将广武君杀掉，能活捉广武君的就千金重赏。于是有人把广武君捆送到军营，韩信亲自给他解开绳索，请他面向东坐，自己面向西对坐着，像学生礼遇老师那样对待他。众将献上首级和俘虏，互相庆贺，趁机问韩信："兵法上说：'行军布阵应该右边和背后靠山，前边和左边临水。'这次将军反而令我们背水列阵，说'打垮了赵军举行会餐'，我等原本并不信服。然而竟真取得了胜利，这是什么战术啊？"韩信回答说："这也在兵法上，只是诸位没留心罢了。兵法上不是说'陷之死地而后生，置之亡地而后存'吗？况且我平素没有得到机会训练诸位将士,这就是所说的'赶着街市上的百姓去打仗',在这种形势下非得把将士们置之死地,使人人为保全自己而战不可;如果给他们留有生路,就都跑了,怎么还能用他们取胜呢?"将领们都佩服地说:"好。将军的谋略不是我们这等人能比得上的呀。"

【原文】

于是信问广武君曰:"仆欲北攻燕,东伐齐,何若而有功?"广武君辞谢曰:"臣闻'败军之将不可以言勇,亡国之大夫不可以图存'。今臣败亡之虏,何足以权大事乎!"信曰:"仆闻之,百里奚居虞而虞亡,在秦而秦霸,非愚于虞而智于秦也,用与不用,听与不听也。诚令成安君听足下计,若信者亦已为禽矣。以不用足下,故信得侍耳。"因固问曰:"仆委心归计,愿足下勿辞。"广武君曰:"臣闻'智者千虑,必有一失;愚者千虑,必有一得'。故曰'狂夫之言,圣人择焉'。顾恐臣计未必足用,愿效愚忠。夫成安君有百战百胜之计,一旦而失之,军败鄗下,身死泜上。今将军涉西河,虏魏王,禽夏说阏与,一举而下井陉,不终朝破赵二十万众,诛成安君。名闻海内,威震天下。农夫莫不辍耕释耒,褕衣甘食,倾耳以待命者。若此,将军之所长也。然而众劳卒罢,其实难用。今将军欲举倦弊之兵,顿之燕坚城之下,欲战恐久力不能拔。情见势屈,旷日粮竭,而弱燕不服,齐必距境以自强也。燕齐相持而不下,则刘项之权未有所分也。若此者,将军所短也。臣愚,窃以为亦过矣。故善用兵者不以短击长,而以长击短。"韩信曰:"然则何由?"广武君对曰:"方今为将军计,莫如案甲休兵,镇赵抚其孤。百里之内,牛酒日至,以飨士大夫醳兵。北首燕路,而后遣辩士奉咫尺之书,暴其所长于燕,燕必不敢不听从。燕已从,使谊言者东告齐,齐必从风而服,虽有智者,亦不知为齐计矣。如是,则天下事皆可图也。兵固有先声而后实者,此之谓也。"韩信曰:"善。"从其策,发使使燕,燕从风而靡。乃遣使报汉,因请立张耳为赵王,以镇抚其国。汉王许之,乃立张耳为赵王。

【译文】

于是韩信向广武君请教:"我要往北向燕国进攻,往东向齐国进攻,怎样做才能成功呢?"广武君推辞道:"我听说'打了败仗的将领就没资格谈论勇敢,亡了国的大夫没有资格谋划国家的生存'。而今我是兵败国亡的俘虏,有什么资格计议大事呢!"韩信说:"我听说,百里奚在虞国而虞国灭亡了,在秦国而秦国却能称霸,这并不是因为他在虞国愚蠢,而到了秦国就聪明了,而在于国君任用不任用他,采纳不采纳他的意见。果真让成安君采纳了你的计谋,像我韩信也早被生擒了。因为没采纳您的计谋,所以我才能够侍奉您啊。"韩信坚决请教说:"我倾心听从你的计谋,希望您不要推辞。"广武君说:"我听说'智者千虑,必有一失;愚者千虑,必有一得'。所以俗话说'狂人的话,圣人也可以选择'。只恐怕我的计谋不足以采用,但我愿献愚诚,忠心效力。成安君本来有百战百胜的计谋,然而一旦失掉它,军队在鄗城之下战败,自己在泜水之上亡身。而今将军横渡西河,俘虏魏王的,在阏与生擒夏说，一举攻克井陉，不到一早晨的时间就打垮了赵军二十万，诛杀了成安君。名声传扬四海，声威震动天下。农民们预感到兵灾临头，没有不放下农具，停止耕作，穿好的，吃好的，打发日子，专心倾听战争的消息，等待死亡的来临。像这些，都是将军在策略上的长处。然而，眼下百姓劳苦，士卒疲惫，很难用以作战。如果将军发动疲惫的军队，停留在燕国坚固的城池之下，要战恐怕时间过长，力量不足，不能攻克。实情暴露，威势就会减弱，旷日持久，粮食耗尽，而弱小的燕国不肯降服，齐国一定会拒守边境，以图自强。燕、齐两国坚持不肯降服，那么，刘、项双方的胜负就不能断定。像这样，就是将军战略上的短处。我的见识浅薄，但我私下认为攻燕伐齐是失策啊。所以，善于带兵打仗的人不拿自己的短处攻击敌人的长处，而是拿自己的长处去攻击敌人的短处。"韩信说："既然如此，那么应该怎么办呢？"广武君回答说："如今为将军打算，不如按兵不动，安定赵国的社会秩序，抚恤阵亡将士的遗孤。方圆百里之内，每天送来的牛肉美酒，用以犒劳将士。摆出向北进攻燕国的姿态，而后派出说客，拿着书信，在燕国显示自己战略上的长处，燕国必不敢不听从。燕国顺从之后，再派说客往东劝降齐国，齐国就会闻风而降服。即使有聪明睿智的人，也不知该怎样替齐国谋划了。如果这样，那么，夺取天下的大事都可以谋求了。用兵本来就有先虚张声势，而后采取实际行动的，我说的就是这种情况。"韩信说："好。"听从了他的计策，派遣使者出使燕国，燕国听到消息果然立刻降服。于是派人报告汉王，并请求立张耳为赵王，用以镇抚赵国。汉王答应了他的请求，就封张耳为赵王。

【原文】

楚数使奇兵渡河击赵，赵王耳、韩信往来救赵，因行定赵城邑，发兵诣汉。楚方急围汉王于荥阳，汉王南出，之宛、叶间，得黥布，走入成皋，楚又复急围之。六月，汉王出成皋，东渡河，独与滕公俱，从张耳军修武。至，宿传舍。晨自称汉使，驰入赵壁。张耳、韩信未起，即其卧内上夺其印符，以麾召诸将，易置之。信、耳起，乃知汉王来，大惊。汉王夺两人军，即令张耳备守赵地，拜韩信为相国，收赵兵未发者击齐。

【译文】

楚国多次派出奇兵渡过黄河向赵进攻。张耳和韩信前来救援赵军，在行军中安定赵的城邑，调兵支援汉王。楚军在荥阳紧紧地围困汉王，汉王从南面突围，到宛县、叶县一带，接纳了黥布，奔入成皋，楚军又急忙包围了成皋。六月间，汉王逃出成皋，向东渡过黄河，只有滕公相随，去张耳军队在修武的驻地。一到，就住进客馆里。第二天早晨，他自称是汉王的使臣，骑马奔入赵军的营垒。韩信、张耳还没有起床，汉王就在他们的卧室里夺取了他们的印信和兵符，用军旗召集众将，更换了他们的职务。韩信、张耳起床后，才知道汉王来了，大为震惊。汉王夺取了他二人统率的军队，命令张耳防守赵地，任命韩信为国相，让他收集赵国还没有发往荥阳的部队，然后向齐国进攻。

【原文】

信引兵东，未渡平原，闻汉王使郦食其已说下齐，韩信欲止。范阳辩士蒯通说信曰："将军受诏击齐，而汉独发间使下齐，宁有诏止将军乎？何以得毋行也！且郦生一士，伏轼掉三寸之舌，下齐七十余城。将军将数万众，岁余乃下赵五十余城。为将数岁，反不如一竖儒之功乎？"于是信然之，从其计，遂渡河。齐已听郦生，即留纵酒，罢备汉守御。信因袭齐历下军，遂至临菑。齐王田广以郦生卖己，乃亨之，而走高密，使使之楚请救。韩信已定临菑，遂东追广至高密西。楚亦使龙且将，号称二十万，救齐。

【译文】

韩信领兵向东进发，还没渡过平原津，听说汉王已经派郦食其说服齐王归顺了，韩信想停止打仗。范阳说客蒯通规劝韩信说："将军奉诏向齐国进攻，汉王只不过暗中派遣一个密使游说齐国投降，难道有诏令让将军停止进攻吗？为什么不打呢？况且郦生不过是个读书人，坐着车子，鼓动三寸之舌，就收服齐国七十多座城邑。将军率领数万大军，一年多的时间才攻克赵国五十多座城邑。为将多年，反不如一个读书小子的功劳吗？"于是韩信认为他说得对，听从他的计策，就率军渡过黄河。齐王听从郦生的规劝以后，挽留郦生开怀畅饮，撤除了防备汉军的设施。韩信乘机突袭齐国属下的军队，很快就打到国都临淄。齐王田广认为被郦生出卖了，就把他煮死，而后逃往高密，派出使者前往楚国求救。韩信平定临淄以后，就向东追赶田广，一直追到高密城西。楚国也派龙且率领兵马，号称二十万，前来救援齐国。

【原文】

齐王广、龙且并军与信战，未合，人或说龙且曰："汉兵远斗穷战，其锋不可当。齐、楚自居其地战，兵易败散。不如深壁，令齐王使其信臣招所亡城，亡城闻其王在，楚来救，必反汉。汉兵二千里客居，齐城皆反之，其势无所得食，可无战而降也。"龙且曰："吾平生知韩信为人，易与耳。且夫救齐不战而降之，吾何功？今战而胜之，齐之半可得，何为止！"遂战，与信夹潍水陈。韩信乃夜令人为万余囊，满盛沙，壅水上流，引军半渡，击龙且。详不胜，还走。龙且果喜曰："固知信怯也。"遂追信渡水。信使人决壅囊，水大至。龙且军大半不得渡，即急击，杀龙且。龙且水东军散走，齐王广亡去。信遂追北至城阳，皆虏楚卒。

【译文】

齐王田广和司马龙且两支部队联合起来与韩信作战，还没交锋，有人规劝龙且："汉军远离国土来拼死作战，其锋芒锐不可当。齐、楚两军在本土作战，士兵容易逃散回家。不如挖深沟筑高垒，坚守不出，让齐王派亲信大臣去安抚已经沦陷的城邑，这些城邑的官吏和百姓知道国王还在，楚军又来援救，一定会反叛汉军。汉军客居两千里之外，齐国城邑的人都起来反叛他们，那势必得不到粮食，这就可以迫使他们不战而降。"龙且说："我一向了解韩信为人，容易对付他。而且援救齐国，不战而使韩信投降，我还有什么功劳？如今战胜他，齐国一半土地可以分封给我，为什么不打?"于是决定开战,与韩信隔着潍水摆开阵势。韩信下令连夜赶做一万多口袋,装满沙土,堵住潍水上游,带领一半军队渡过河去,攻击龙且,假装战败,往回跑。龙且果然高兴地说:"本来我就知道韩信胆小害怕。"于是就渡过潍水追赶韩信。韩信下令挖开堵塞潍水的沙袋,河水汹涌而来。龙且的军队一多半还没渡过河去,韩信立即回师猛烈反击,杀死了龙且。龙且在潍水东岸尚未渡河的部队,见势四散逃跑,齐王田广也逃跑了。韩信追赶败兵直到城阳,俘虏了楚军全部士兵。

【原文】

汉四年,遂皆降平齐。使人言汉王曰:"齐伪诈多变,反覆之国也。南边楚,不为假王以镇之,其势不定,愿为假王便。"当是时,楚方急围汉王于荥阳,韩信使者至,发书,汉王大怒,骂曰:"吾困于此,旦暮望若来佐我,乃欲自立为王!"张良、陈平蹑汉王足,因附耳语曰:"汉方不利,宁能禁信之王乎?不如因而立,善遇之,使自为守;不然,变生。"汉王亦悟,因复骂曰:"大丈夫定诸侯,即为真王耳,何以假为!"乃遣张良往立信为齐王,征其兵击楚。

【译文】

汉四年(前203),韩信将整个齐国降服平定了。韩信派人上书汉王,说:"齐国狡诈多变,反复无常。南面的边境与楚国交界,不设立一个代理王来镇抚,局势一定不能稳定,因此希望让我暂时代理齐王。"正当这时,楚军在荥阳紧紧地围困着汉王,韩信的使者到了,汉王打开书信一看,勃然大怒,骂道:"我在这儿被围困,日夜盼着你来帮助我,你却想自立为王!"张良、陈平暗中踩汉王的脚,凑近汉王的耳朵说:"目前汉军处境不利,怎么能禁止韩信称王呢?不如趁机册立他为王,很好地待他,让他自己镇守齐国;不然,可能发生变乱。"汉王醒悟,又故意骂道:"大丈夫平定了诸侯,就做真王罢了,何必做个暂时代理的王呢?"就派遣张良去将韩信册立为齐王,征调他的军队攻打楚军。

【原文】

楚已亡龙且,项王恐,使盱眙人武涉往说齐王信曰:"天下共苦秦久矣,相与戮力击秦。秦已破,计功割地,分土而王之,以休士卒。今汉王复兴兵而东,侵人之分,夺人之地,已破三秦,引兵出关,收诸侯之兵以东击楚,其意非尽吞天下者不休,其不知厌足如是甚也!且汉王不可必,身居项王掌握中数矣,项王怜而活之,然得脱,辄倍约,复击项王,其不可亲信如此。今足下虽自以与汉王为厚交,为之尽力用兵,终为之所禽矣。足下所以得须臾至今者,以项王尚存也。当今二王之事,权在足下。足下右投则汉王胜,左投则项王胜。项王今日亡,则次取足下。足下与项王有故,何不反汉与楚连和,参分天下王之?今释此时,而自必于汉以击楚,且为智者固若此乎!"韩信谢曰:"臣事项王,官不过郎中,位不过执戟,言不听,画不用,故倍楚而归汉。汉王授我上将军印,予我数万众,解衣衣我,推食食我,言听计用,故吾得以至于此。夫人深亲信我,我倍之不祥,虽死不易。幸为信谢项王!"

【译文】

楚军失去龙且后，项王害怕了，派盱眙人武涉去劝齐王韩信："天下人忍受秦朝的暴政已经很久了，大家合力攻打它。灭掉秦朝后，按照功劳裂土分封，各自为王，以便停战休养生息。如今汉王又向东进军，侵犯他人的境界，掠夺他人的封地，已经攻破三秦，率领军队开出函谷关，收集各路诸侯的军队向东进击楚国，他的意图是不吞并整个天下，不肯罢休，他的贪心到了这步田地，太过分了！况且汉王不可信任，自身落到项王的掌握之中多次了，是项王的怜悯使他活下来，然而一经脱身，就背弃盟约，再次进攻项王。他是这样的不可亲近，不可信任。如今您即使自认为和汉王交情深厚，替他竭尽全力作战，最终还得被他所擒。您所以能够延续到今天，是因为项王还存在啊。当前刘、项争夺天下的胜败，举足轻重的是您。您向右边站，那么汉王胜；您向左边站，那么项王胜。假若项王今天被消灭，下一个就该消灭您了。您和项王有旧交情，为什么不反汉与楚联合，三分天下自立为王呢？如今，放过这个时机，必然要站到汉王一边攻打项王，一个聪明睿智的人，难道应该这样做吗？"韩信辞谢说："我侍奉项王，官不过郎中，职位不过是个持戟的卫士，言不听，计不用，所以我背楚归汉。汉王授予我上将军的印信，给我几万人马，脱下他身上的衣服给我穿，把好食物让给我吃，言听计用，所以我才能够到今天这个样子。人家对我亲近、信赖，我背叛他不好，即使到死也不变心。希望您替我辞谢项王的盛情！"

【原文】

武涉已去，齐人蒯通知天下权在韩信，欲为奇策而感动之，以相人说韩信曰："仆尝受相人之术。"韩信曰："先生相人何如？"对曰："贵贱在于骨法，忧喜在于容色，成败在于决断，以此参之，万不失一。"韩信曰："善。先生相寡人何如？"对曰："愿少间。"信曰："左右去矣。"通曰："相君之面，不过封侯，又危不安。相君之背，贵乃不可言。"韩信曰："何谓也？"蒯通曰："天下初发难也，俊雄豪杰建号壹呼，天下之士云合雾集，鱼鳞杂遝，熛至风起。当此之时，忧在亡秦而已。今楚、汉分争，使天下无罪之人肝胆涂地，父子暴骸骨于中野，不可胜数。楚人起彭城，转斗逐北，至于荥阳，乘利席卷，威震天下。然兵困于京、索之间，迫西山而不能进者，三年于此矣。汉王将数十万之众，距巩、雒，阻山河之险，一日数战，无尺寸之功，折北不救。败荥阳，伤成皋，遂走宛、叶之间，此所谓智勇俱困者也。夫锐气挫于险塞，而粮食竭于内府，百姓罢极怨望，容容无所倚。以臣料之，其势非天下之贤圣固不能息天下之祸。当今两主之命县于足下。足下为汉则汉胜，与楚则楚胜。臣愿披腹心，输肝胆，效愚计，恐足下不能用也。诚能听臣之计，莫若两利而俱存之，参分天下，鼎足而居，其势莫敢先动。夫以足下之贤圣，有甲兵之众，据强齐，从燕、赵，出空虚之地而制其后，因民之欲，西乡为百姓请命，则天下风走而响应矣，孰敢不听！割大弱强，以立诸侯。诸侯已立，天下服听而归德于齐。案齐之故，有胶、泗之地，怀诸侯以德，深拱揖让，则天下之君王相率而朝于齐矣。盖闻'天与弗取，反受其咎；时至不行，反受其殃'。愿足下孰虑之。"

【译文】

武涉走后，齐国人蒯通知道韩信是天下胜负的关键，想出奇计把他打动，就用看相人的身份去找韩信，说："我曾经学过看相技艺。"韩信说："先生用什么方法给人看相？"蒯通回答说："人的高贵、卑贱在于骨骼，忧愁、喜悦在于面色，成功、失败在于决断，用这三项验证人相万无一失。"韩信说："好，先生看看我的相怎么样？"蒯通回答说："希望随从人员暂时回避一下。"韩信说："周围的人离开吧。"蒯通说："看您的面相，只不过封侯，而且还有危险不安全。看您的背相，显贵而不可言。"韩信说："这话是什么意思呢？"蒯通说："当初，天下举兵起事的时候，英雄豪杰纷纷建立名号，一声呼喊，天下有志之士像云雾那样聚集，像鱼鳞那样杂沓，如同火焰迸飞，狂风骤起。当时，关心的只是灭亡秦朝罢了。而今，楚汉纷争，使天下无辜的百姓肝胆涂地，父子的尸骨暴露在荒郊野外，数不胜数。楚国人从彭城起事，转战四方，追逐败兵，直到荥阳，乘着胜利，像卷席子一样向前挺进，声势震动天下。然后军队被困在京、索之间，被阻于成皋以西的山岳地带不能再前进，已经三年了。汉王统领几十万人马在巩县、洛阳一带抗拒楚军，凭借着山河的险要，虽然一日数战，却无尺寸之功，以至遭受挫折失败，几乎不能自救。在荥阳战败，在成皋受伤，于是逃到宛、叶两县之间，这就是所说的智尽勇乏了。将士的锐气因长期困顿于险要关塞而被挫伤，仓库的粮食也消耗殆尽，百姓疲劳困苦，怨声载道，人心动荡，无依无靠。以我估计，这样的局面不是天下的圣贤就不能平息这场天下的祸乱。当今刘、项二王的命运都悬挂在您的手里。您协助汉王，汉王就胜利；协助楚王，楚王就胜利。我愿意披肝沥胆，敬献愚计，只恐怕您不采纳啊。如果能听从我的计策，不如让楚、汉双方都不受损害，同时存在下去，你和他们三分天下，鼎足而立，形成那种局面，就没有谁敢轻举妄动。凭借您的贤能圣德，拥有众多的人马装备，占据强大的齐国，迫使燕、赵屈从，出兵到刘、项两军的空虚地带，牵制他们的后方，顺应百姓的心愿，向西去制止刘、项纷争，为军民百姓请求保全生命。那么，天下就会迅速地群起而响应，有谁敢不听从！而后，割取大国的疆土，削弱强国的威势，用以分封诸侯。诸侯恢复之后，天下就会感恩戴德，归服听命于齐。稳守齐国故有的疆土，据有胶河、泗水流域，用恩德感召诸侯，恭谨谦让，那么天下的君王就会相继前来朝拜齐国。听说'苍天赐予的好处不接受反而会受到惩罚；时机到了不采取行动，反而要遭祸殃'。希望您仔细地考虑这件事。"

【原文】

韩信曰："汉王遇我甚厚，载我以其车，衣我以其衣，食我以其食。吾闻之，乘人之车者载人之患，衣人之衣者怀人之忧，食人之食者死人之事，吾岂可以乡利倍义乎！"蒯生曰："足下自以为善汉王，欲建万世之业，臣窃以为误矣。始常山王、成安君为布衣时，相与为刎颈之交，后争张黡、陈泽之事，二人相怨。常山王背项王，奉项婴头而窜，逃归于汉王。汉王借兵而东下，杀成安君泜水之南，头足异处，卒为天下笑。此二人相与，天下至欢也。然而卒相禽者，何也？患生于多欲而人心难测也。今足下欲行忠信以交于汉王，必不能固于二君之相与也，而事多大于张黡、陈泽。故臣以为足下必汉王之不危己，亦误矣。大夫种、范蠡存亡越，霸句践，立功成名而身死亡。野兽已尽而猎狗亨。夫以交友言之，则不如张耳之与成安君者也；以忠信言之，则不过大夫种、范蠡之于句践也。此二人者，足以观矣。愿足下深虑之。且臣闻勇略震主者身危，而功盖天下者不赏。臣请言大王功略：足下涉西河，虏魏王，禽夏说，引兵下井陉，诛成安君，徇赵，胁燕，定齐，南摧楚人之兵二十万，东杀龙且，西乡以报，此所谓功无二于天下，而略不世出者也。今足下戴震主之威，挟不赏之功，归楚，楚人不信；归汉，汉人震恐：足下欲持是安归乎？夫势在人臣之位而有震主之威，名高天下，窃为足下危之。"韩信谢曰："先生且休矣，吾将念之。"

【译文】

韩信说："汉王给我很优厚的待遇，给我坐他的车子，给我穿他的衣裳，给我吃他的食物。我听说，坐人家车子的人，要替人家分担祸患；穿人家衣裳的人，心里要想着人家的忧患；吃人家食物的人，要拼死效命于人家的事业，我怎么能够图谋私利而背信弃义呢！"蒯通说："你自认为和汉王友好，想建立流传万世的功业，我私下认为这种想法错了。当初常山王、成安君还是平民百姓时，结成割掉脑袋也不反悔的交情，后来因为张黡、陈泽的事发生争执，使得二人彼此仇恨。常山王背叛项王，捧着项婴的人头逃跑，归降汉王。汉王借给他军队向东进击，在泜水以南杀死了成安君，身首异处，被天下人耻笑。这两个人的交情，可以说是天下最要好的。然而到头来，都想把对方置于死地，这是为什么呢？祸患产生于贪得无厌而人心又难以猜测。如今您打算用忠诚、信义与汉王结交，一定比不上张耳、陈馀的交情更巩固，而你们之间关联的事情又比张黡、陈泽的事件重要得多。所以，我认为您断定汉王不会危害自己，也错了。大夫文种、范蠡使濒临灭亡的越国保存下来，辅佐句践称霸诸侯，功成名就之后，文种被迫自杀，范蠡被迫逃亡。野兽已经打完了，猎犬被烹杀。以交情友谊而论，您和汉王就比不上张耳与成安君了，以忠诚信义而论也就赶不上大夫文种、范蠡与越王句践。从这两件事看，足够您断定是非了。希望您深思熟虑。况且我听说，勇敢、谋略使君主感到威胁的人有危险；而功勋卓著冠盖天下的人得不到赏赐。请让我说一说大王的功绩和谋略吧：您横渡西河，俘虏赵王，生擒夏说，带领军队夺取井陉，杀死成安君，攻占了赵国，以声威镇服燕国，平定安抚齐国，向南摧毁楚国军队二十万，向东杀死楚将龙且，西面向汉王捷报，这可以说是功劳天下无二。而计谋出众，世上少有。如今您据有威胁君主的威势，持有不能封赏的功绩，归附楚国，楚国人不信任；归附汉国，汉国人震惊恐惧：您带着这样大的功绩和声威，哪里是您可去的地方呢？身处臣子地位而有着使国君感到震动的威胁，名望高于天下所有的人，我私下为您感到危险。"韩信说："先生暂且说到这儿吧！让我考虑考虑。"

【原文】

后数日，蒯通复说曰："夫听者事之候也，计者事之机也，听过计失而能久安者，鲜矣。听不失一二者，不可乱以言；计不失本末者，不可纷以辞。夫随厮养之役者，失万乘之权；守儋石之禄者，阙卿相之位。故知者决之断也，疑者事之害也。审毫牦之小计，遗天下之大数，智诚知之，决弗敢行者，百事之祸也。故曰'猛虎之犹豫，不若蜂虿之致螫；骐骥之跼躅，不如驽马之安步；孟贲之狐疑，不如庸夫之必至也；虽有舜禹之智，吟而不言，不如瘖聋之指麾也'。此言贵能行之。夫功者难成而易败，时者难得而易失也。时乎时，不再来。愿足下详察之。"韩信犹豫不忍倍汉，又自以为功多，汉终不夺我齐，遂谢蒯通。蒯通说不听，已详狂为巫。

【译文】

过了几天，蒯通又劝韩信："能够听取别人的意见就能把握事情发展的机会，能反复思考就能把握成功的关键。听取意见不能作出正确判断和决策失误而能够长治久安，这样的人实在少有。听取意见很少判断失误的人，就不能用花言巧语去惑乱他；计谋筹划周到不本末倒置的人，就不能用花言巧语去扰乱他。甘愿做劈柴喂马差事的人，就会失掉争取万乘之国权柄的机会；安心微薄俸禄的人，就得不到公卿宰相的高位。所以办事坚决是聪明人果断的表现，犹豫不决是办事情的祸害。专在细小的事情上用心思，就会丢掉天下的大事，有判断是非的智慧，决定后又不敢贸然行动，这是所有事情的祸根。所以俗话说'猛虎犹豫不能决断，不如黄蜂、蝎子用毒刺去螫；骏马徘徊不前，不如劣马安然慢步；勇士孟贲狐疑不定，不如凡夫俗子决心实干，以求达到目的；即使有虞舜、夏禹的智慧，闭上嘴巴不讲话，不如聋哑人借助打手势起作用'。这些俗语都说明付诸行动是最可贵的。所有的事业都难以成功而容易失败，时机难以抓住而容易失掉。时机啊时机，丢掉了就不会再来。希望您仔细地考虑斟酌。"韩信犹豫不决，不忍心背叛汉王，又自认为功勋卓著，汉王终究不会夺去自己的齐国，于是谢绝了蒯通。蒯通的规劝没有被采纳，就假装疯癫做了巫师。

【原文】

汉王之困固陵，用张良计，召齐王信，遂将兵会垓下。项羽已破，高祖袭夺齐王军。汉五年正月，徙齐王信为楚王，都下邳。

信至国，召所从食漂母，赐千金。及下乡南昌亭长，赐百钱，曰："公，小人也，为德不卒。"召辱己之少年令出胯下者以为楚中尉。告诸将相曰："此壮士也。方辱我时，我宁不能杀之邪？杀之无名，故忍而就于此。"

【译文】

汉王在固陵受困时，采用了张良的计策，征召齐王韩信前来救援，于是韩信率领军队在垓下与汉王会师。项羽被打败后，高祖用突然袭击的办法将齐王的军权夺下。汉五年正月，改封齐王韩信为楚王，建都下邳。

韩信到了下邳，召见曾经分给他饭吃的那位漂母，赐给她黄金千斤。轮到下乡南昌亭亭长，赐给百钱，说："您是小人，做好事有始无终。"召见曾经侮辱过自己、让自己从他胯下爬过去的年轻人,任用他做了中尉,并告诉将相们说:"这是位壮士。当侮辱我的时候,我难道不能杀死他吗?杀掉他没有意义,所以我忍受了一时的侮辱而成就了今天的功业。"

【原文】

项王亡将钟离眛家在伊庐,素与信善。项王死后,亡归信。汉王怨眛,闻其在楚,诏楚捕眛。信初之国,行县邑,陈兵出入。汉六年,人有上书告楚王信反。高帝以陈平计,天子巡狩会诸侯,南方有云梦,发使告诸侯会陈:"吾将游云梦。"实欲袭信,信弗知。高祖且至楚,信欲发兵反,自度无罪;欲谒上,恐见禽。人或说信曰:"斩眛谒上,上必喜,无患。"信见眛计事。眛曰:"汉所以不击取楚,以眛在公所。若欲捕我以自媚于汉,吾今日死,公亦随手亡矣。"乃骂信曰:"公非长者!"卒自刭。信持其首,谒高祖于陈。上令武士缚信,载后车。信曰:"果若人言,'狡兔死,良狗烹;高鸟尽,良弓藏;敌国破,谋臣亡。'天下已定,我固当烹!"上曰:"人告公反。"遂械系信。至雒阳,赦信罪,以为淮阴侯。

【译文】

项王部下逃亡的将领有个叫钟离眛的人,家住伊庐,跟韩信一向交情不错。项王死后,他逃出来归附韩信。汉王正在怨恨钟离眛,听说他去了楚国,就诏令楚国将钟离眛逮捕。韩信刚到楚国,到所属县邑巡行时,进进出出都带着武装卫队。汉六年,有人上书告发韩信谋反。高帝采纳陈平的计谋,假托天子外出巡视会见诸侯,南方有个云梦泽,派使臣通告各诸侯到陈县聚会,说:"我要巡视云梦泽。"其实是要袭击韩信,韩信却不知道。高祖将要到楚国时,韩信曾想发兵反叛,又认为自己没有罪;想朝见高祖,又怕被擒。有人对韩信说:"杀了钟离眛去朝见皇上,皇上一定高兴,就没有祸患了。"韩信去见钟离眛商量。钟离眛说:"汉王之所以不攻打楚国,是因为我在您这里,你想逮捕我取悦汉王,我今天死,你也会紧跟着死的。"于是骂韩信说:"你不是个忠厚的人!"终于刎颈身死。韩信拿着他的人头,到陈县朝拜高祖。皇上命令武士捆绑了韩信,押在随行的车上。韩信说:"果真像人们说的'狡兔死了,出色的猎狗就遭到烹杀;高翔的飞禽光了,优良的弓箭收藏起来;敌国破灭,谋臣死亡'。现在天下已经平安,我本来应当遭烹杀!"皇上说:"有人告发你谋反。"就给韩信带上了刑具。到了洛阳,赦免了韩信的罪过,将其改封为淮阴侯。

【原文】

信知汉王畏恶其能,常称病不朝从。信由此日夜怨望,居常鞅鞅,羞与绛、灌等列。信尝过樊将军哙,哙跪拜送迎,言称臣,曰:"大王乃肯临臣!"信出门,笑曰:"生乃与哙等为伍!"上常从容与信言诸将能不,各有差。上问曰:"如我能将几何?"信曰:"陛下不过能将十万。"上曰:"于君何如?"曰:"臣多多而益善耳。"上笑曰:"多多益善,何为为我禽?"信曰:"陛下不能将兵,而善将将,此乃信之所以为陛下禽也。且陛下所谓天授,非人力也。"

【译文】

韩信知道汉王畏惧厌恶自己的才能太强,就常常托病不去参加朝见和侍行。从此,韩信每日怨恨不绝,在家闷闷不乐,并因为和绛侯、灌婴等人地位相同而感到羞耻。韩信曾经到樊哙将军那里去拜访,樊哙跪拜送迎,自称臣子,说:"大王怎么竟肯光临。"韩信出门笑着说:"我这辈子竟然和樊哙这般人为伍了。"皇上经常从容地和韩信议论将军们的高下,认为各有长短。皇上问韩信:"像我的才能能统率多少兵马?"韩信说:"陛下不过能统率十万。"皇上说:"你怎么样?"回答说:"我是越多越好。"皇上笑着说:"越多越好,为什么还被我俘虏了?"韩信说:"陛下不能带兵,却善于驾驭将领,这就是我被陛下俘虏的原因。况且陛下是上天赐予的,不是人力能做到的。"

【原文】

陈豨拜为巨鹿守,辞于淮阴侯,淮阴侯挈其手,辟左右与之步于庭,仰天叹曰:"子可与言乎?欲与子有言也。"豨曰:"唯将军令之。"淮阴侯曰:"公之所居,天下精兵处也;而公,陛下之信幸臣也。人言公之畔,陛下必不信;再至,陛下乃疑矣;三至,必怒而自将。吾为公从中起,天下可图也。"陈豨素知其能也,信之,曰:"谨奉教!"汉十年,陈豨果反。上自将而往,信病不从。阴使人至豨所,曰:"弟举兵,吾从此助公。"信乃谋与家臣夜诈诏赦诸官徒奴,欲发以袭吕后、太子。部署已定,待豨报。其舍人得罪于信,信囚,欲杀之。舍人弟上变,告信欲反状于吕后。吕后欲召,恐其党不就,乃与萧相国谋,诈令人从上所来,言豨已得死,列侯群臣皆贺。相国绐信曰:"虽疾,强入贺。"信入,吕后使武士缚信,斩之长乐钟室。信方斩,曰:"吾悔不用蒯通之计,乃为儿女子所诈,岂非天哉!"遂夷信三族。

【译文】

陈豨做了巨鹿郡守,来跟淮阴侯辞行。淮阴侯避开左右侍从拉着他的手在庭院里漫步,仰望苍天叹息道:"您能听我一言吗?我想跟您谈谈心里话。"陈豨说:"一切听任将军吩咐!"淮阴侯说:"您管辖的地区,是天下精兵聚集的地方;而您,是陛下信任宠幸的臣子。如果有人告发说您反叛,陛下一定不会相信;再次告发,陛下就怀疑了;三次告发,陛下必然大怒而亲自率兵前来围剿。我为您在京城做内应,天下就可以取得了。"陈豨一向知道韩信的雄才大略,深信不疑,说:"我一定听从您的指教!"汉十年,陈豨果然反叛。皇上亲自率领兵马前往,韩信托病没有随从。暗中派人到陈豨处,说:"只管起兵,我在这里协助您。"韩信就和家臣商量,夜里假传诏书赦免各官府服役的罪犯和奴隶,打算发动他们去袭击吕后和太子。部署完毕,等待着陈豨的消息。他的一位家臣得罪了韩信,韩信把他囚禁起来,打算杀掉他。他的弟弟上书告发,向吕后告发了韩信准备反叛的情况。吕后打算把韩信召来,又怕他不肯就范,就和萧相国谋划,令人假说从皇上那儿来,说陈豨已被俘获处死,列侯群臣都来祝贺。萧相国欺骗韩信说:"即使有病,也要强打精神进宫祝贺吧。"韩信进宫,吕后命令武士把韩信捆起来，在长乐宫的钟室杀掉了。韩信临斩时说："我后悔没有采纳蒯通的计谋，以至被妇女小子所欺骗，难道不是天意吗？"于是诛杀了韩信三族。

【原文】

高祖已从豨军来，至，见信死，且喜且怜之，问："信死亦何言？"吕后曰："信言恨不用蒯通计。"高祖曰："是齐辩士也。"乃诏齐捕蒯通。蒯通至，上曰："若教淮阴侯反乎？"对曰："然，臣固教之。竖子不用臣之策，故令自夷于此。如彼竖子用臣之计，陛下安得而夷之乎！"上怒曰："亨之。"通曰："嗟乎，冤哉亨也！"上曰："若教韩信反，何冤？"对曰："秦之纲绝而维弛，山东大扰，异姓并起，英俊乌集。秦失其鹿，天下共逐之，于是高材疾足者先得焉。蹠之狗吠尧，尧非不仁，狗因吠非其主。当是时，臣唯独知韩信，非知陛下也。且天下锐精持锋欲为陛下所为者甚众，顾力不能耳。又可尽亨之邪？"高帝曰："置之。"乃释通之罪。

【译文】

高祖平定陈豨之后回到京城，见韩信已被处死，又高兴又同情他，问："韩信临死前可曾说过什么话？"吕后说："韩信说后悔没听蒯通的话。"高祖说："那人是齐国的说客。"于是诏令齐国抓捕蒯通。蒯通被带到，皇上说："你唆使淮阴侯反叛吗？"回答说："是。我的确教过他。那小子不采纳我的计策，所以有自取灭亡的下场。假如那小子采纳我的计策，陛下怎能够灭掉他呢？"皇上生气地说："煮了他。"蒯通说："哎呀，煮死我，冤枉啊！"皇上说："你唆使韩信造反，有什么冤枉？"蒯通说："秦朝法度败坏，政权瓦解的时候，山东六国大乱，各路诸侯纷纷起事，一时天下英雄豪杰像乌鸦一样聚集。秦朝失去了他的帝位，天下英杰都来抢夺它，于是才智高超，行动敏捷的人率先得到它。蹠的狗对着尧狂叫，尧并不是不仁德，只因为他不是狗的主人。当时，我只知道有个韩信，并不知道有陛下。况且天下磨快武器、手执利刃想甲陛下所干的事业的人太多了，只是力不从心罢了。您怎么能够把他们都煮死呢？"高祖说："放掉他。"就赦免了蒯通的罪过。

【原文】

太史公曰：吾如淮阴，淮阴人为余言，韩信虽为布衣时，其志与众异。其母死，贫无以葬，然乃行营高敞地，令其旁可置万家。余视其母冢，良然。假令韩信学道谦让，不伐己功，不矜其能，则庶几哉。于汉家勋可以比周、召、太公之徒，后世血食矣。不务出此，而天下已集，乃谋畔逆，夷灭宗族，不亦宜乎！

【译文】

太史公说：我到淮阴，淮阴人对我说，韩信还是平民百姓时，他的心志就与众不同。他母亲去世了，家里穷得没钱埋葬，可他还是到处寻找又高又宽敞的坟地，使坟墓旁能安置万户人家。我看了他母亲的坟墓，还完好如故。假使韩信能够谦恭退让，不居功自傲，不自恃有才能，可能就好了。他在汉朝的功勋可以和周朝的周公、召公、太公这些人相比，后世子孙也可以享祭不绝。可是，他没能这样做，而在天下已经安定，却图谋叛乱，诛灭宗族，不也是应该的嘛！

扁鹊列传

【原文】

　　扁鹊者，勃海郡郑人也，姓秦氏，名越人。少时为人舍长。舍客长桑君过，扁鹊独奇之，常谨遇之。长桑君亦知扁鹊非常人也。出入十余年，乃呼扁鹊私坐，闲与语曰："我有禁方，年老，欲传与公，公毋泄。"扁鹊曰："敬诺。"乃出其怀中药予扁鹊："饮是以上池之水，三十日当知物矣。"乃悉取其禁方书尽与扁鹊。忽然不见，殆非人也。扁鹊以其言饮药三十日，视见垣一方人。以此视病，尽见五藏症结，特以诊脉为名耳。为医或在齐，或在赵。在赵者名扁鹊。

　　当晋昭公时，诸大夫强而公族弱，赵简子为大夫，专国事。简子疾，五日不知人，大夫皆惧，于是召扁鹊。扁鹊入视病，出，董安于问扁鹊，扁鹊曰："血脉治也，而何怪！昔秦穆公尝如此，七日而寤。寤之日，告公孙支与子舆曰：'我之帝所甚乐。吾所以久者，适有所学也。帝告我："晋国且大乱，五世不安。其后将霸，未老而死。霸者之子且令而国男女无别"。'公孙支书而藏之，秦策于是出。夫献公之乱，文公之霸，而襄公败秦师于殽而归纵淫，此子之所闻。今主君之病与之同，不出三日必间，间必有言也。"居二日半，简子寤，语诸大夫曰："我之帝所甚乐，与百神游于钧天，广乐九奏万舞，不类三代之乐，其声动心。有一熊欲援我，帝命我射之，中熊，熊死。有罴来，我又射之，中罴，罴死。帝甚喜，赐我二笥，皆有副。吾见儿在帝侧，帝属我一翟犬，曰：'及而子之壮也以赐之。'帝告我：'晋国且世衰，七世而亡。嬴姓将大败周人于范魁之西，而亦不能有也。'"董安于受言，书而藏之。以扁鹊言告简子，简子赐扁鹊田四万亩。

【译文】

　　扁鹊是渤海郡郑人，姓秦，叫越人。扁鹊年轻时做一家客馆的主管。有个叫长桑君的人常来客馆住宿，只有扁鹊认为他是奇人，总是恭敬地招待他。长桑君也知道扁鹊不是普通人。他来来去去有十多年了，一天叫扁鹊和自己坐在一起，悄悄和扁鹊说："我有秘藏的医方，我年老了，想传留给你，你不要泄漏出去。"扁鹊说："遵命。"他从怀中拿出一种药给扁鹊，并说："用没有落地的露水把药吃了，三十天后就能洞察事物了。"于是拿出他的全部秘方交与了扁鹊。忽然间人就不见了，大概他不是凡人吧。扁鹊按照他说的服药三十天，就能看见墙另一边的人。凭着这种本领诊视别人的疾病，完全能看见五脏病根的部位，表面上只是用切脉为名罢了。有时在齐国行医，有时在赵国行医。在赵国时名叫扁鹊。

　　晋昭公时，众多大夫的势力强盛而国君的力量衰弱，赵简子是大夫，却独揽国政。有一次赵简子病了，昏迷了五天，大夫们都很担心，于是就把扁鹊召来诊病。扁鹊入室诊视病后走出，大夫董安于向扁鹊询问病情，扁鹊说："他的血脉正常，你们何必惊怪！从前秦穆公曾出现这种情形，昏迷了七天才苏醒。醒来的当天，告诉公孙支和子舆说：'我到天帝那里后非常快乐。我所以去那么长时间，正好碰上天帝要指教我。天帝告诉我"晋国将要大乱，会五代不安定。之后将有人成为霸主，称霸不久他就会死去。霸主的儿子将使你的国家男女淫乱"。'公孙支把这些话记下收藏起来，后来秦国的史书才记载了此事。晋献公的混乱，晋文公的称霸，及晋襄公在殽山打败秦军后放纵淫乱，这些都是你所闻知的。现在你们主君的病和他相同，不出三天病就会见轻，病好转后一定有话说。"过了两天半，赵简子醒了过来，跟众大夫说："我到天帝那儿非常快乐，与百神游玩在天的中央，那里各种乐器奏着许多乐曲，神仙们跳着各种各样的舞蹈，不像上古三代时的乐舞，乐声动人心魄。有一只熊要抓我，天帝命令我射杀它，射中了熊，熊死了。有一只罴走过来，我又射它，射中了，罴也死了。天帝非常高兴，赏赐我两个竹筒，里边都装有首饰。我看见我的儿子在天帝的身边，天帝把一只翟犬托付给我，并说：'等到你的儿子长大成人时赐给他。'天帝告诉我说：'晋国将会逐渐地衰微下去，过了七代就会灭亡。秦国人将在范魁的西边打败周人，但他们也不能拥有他的政权。'"董安于听了这些话后，记录并收藏起来。人们把扁鹊说过的话告诉赵简子，赵简子赐给扁鹊田地四万亩。

【原文】

其后扁鹊过虢。虢太子死，扁鹊至虢宫门下，问中庶子喜方者曰："太子何病，国中治穰过于众事？"中庶子曰："太子病血气不时，交错而不得泄，暴发于外，则为中害。精神不能止邪气，邪气畜积而不得泄，是以阳缓而阴急，故暴蹶而死。"扁鹊曰："其死何如时？"曰："鸡鸣至今。"曰："收乎？"曰："未也，其死未能半日也。""言臣齐勃海秦越人也，家在于郑，未尝得望精光侍谒于前也。闻太子不幸而死，臣能生之。"中庶子曰："先生得无诞之乎？何以言太子可生也！臣闻上古之时，医有俞跗，治病不以汤液醴洒，镵石挢引，案扤毒熨，一拨见病之应，因五藏之输，乃割皮解肌，诀脉结筋，搦髓脑，揲荒爪幕，湔浣肠胃，漱涤五藏，练精易形。先生之方能若是，则太子可生也，不能若是而欲生之，曾不可以告咳婴之儿。"终日，扁鹊仰天叹曰："夫子之为方也，若以管窥天，以郄视文。越人之为方也，不待切脉望色听声写形，言病之所在。闻病之阳，论得其阴；闻病之阴，论得其阳。病应见于大表，不出千里，决者至众，不可曲止也。子以吾言为不诚，试入诊太子，当闻其耳鸣而鼻张，循其两股以至于阴，当尚温也。"

中庶子闻扁鹊言，目眩然而不瞚，舌挢然而不下，乃以扁鹊言入报虢君。虢君闻之大惊，出见扁鹊于中阙，曰："窃闻高义之日久矣，然未尝得拜谒于前也。先生过小国，幸而举之，偏国寡臣幸甚。有先生则活，无先生则弃捐填沟壑，长终而不得反。"言未卒，因嘘唏服臆，魂精泄横，流涕长潸，忽忽承睫，悲不能自止，容貌变更。扁鹊曰："若太子病，所谓'尸蹶'者也。夫以阳入阴中，动胃缠缘，中经维络，别下于三焦、膀胱，是以阳脉下遂，阴脉上争，会气闭而不通，阴上而阳内行，下内鼓而不起，上外绝而不为使，上有绝阳之络，下有破阴之纽，破阴绝阳，色废脉乱，故形静如死状。太子未死也。夫以阳入阴支兰藏者生，以阴入阳支兰藏者死。凡此数事，皆五藏蹶中之时暴作也。良工取之，拙者疑殆。"

扁鹊乃使弟子子阳厉针砥石，以取外三阳五会。有间，太子苏。乃使子豹为五分之熨，以八减之齐和煮之，以更熨两胁下。太子起坐。更适阴阳，但服汤二旬而复故。故天下尽以扁鹊为能生死人。扁鹊曰："越人非能生死人也，此自当生者，越人能使之起耳。"

【译文】

后来扁鹊路过虢国。正碰上虢太子死了。扁鹊来到王宫门前，问一位喜好医术的中庶子："太子得的是什么病，为什么全国都把其他事情放下去举行祛邪的祭祀？"中庶子说："太子的病血气运行没有规律，阴阳交错而不能疏泄，猛烈地爆发在体表，就造成内脏受伤害。人体的正气不能制止邪气，邪气蓄积而不能疏泄，因此阳脉弛缓阴脉急迫，所以突然昏倒而死。"扁鹊问："他什么时候死的？"中庶子回答："从鸡鸣到现在。"又问："收殓了吗？"回答说："还没有，他死还不到半天。""请禀告虢君说，我是渤海郡的秦越人，家在郑地，未能仰望君王的神采而亲自侍奉他。听说太子死了，我能使他复活。"中庶子说："先生该不是胡说吧？怎么可能复活呢！我听说上古时，有个叫俞跗的医生，治病不用汤剂、药酒、镵针、砭石、导引、按摩、药熨等办法，一解开衣服诊视就知道疾病的所在，顺着五脏的腧穴，割开皮肤剖开肌肉，疏通经脉，结扎筋腱，按治脑髓，触动膏肓，疏理横膈膜，清洗肠胃，洗涤五脏，修炼精气，改变神情气色，先生的医术能如此，太子就能再生了；不能做到如此，却想要使他再生，这样的话连刚会笑的孩子都骗不了。"过了好久，扁鹊才仰望天空叹息说："您说的那些治疗方法，就像从竹管中看天，从缝隙中看花纹一样。我用的治疗方法，不需切脉、察看脸色、听声音、观察体态神情，就能说出病因在什么地方。知道疾病外在的表现就能推知内有的原因；知道疾病内在的原因就能推知外在的表现。人体内有病会从体表反映出来，据此就可诊断千里之外的病人，我诊断的方法很多，不能只停留在一个角度看问题。你如果认为我说的不真实可靠，你试着进去诊视太子，应会听到他耳有鸣响并且看到鼻翼搧动，顺着两腿摸到阴部，那里应该还是温热的。"

中庶子听完扁鹊的话，眼睛瞪着不会眨，舌头翘着说不出话，然后进去向虢君禀告扁鹊的话。虢君听后十分惊讶，走出内廷在宫廷的中门接见扁鹊，说："我早就听说您的高尚品德了，然而却一直没有机会亲自见到您。这次先生您路经我们小国，希望您能救助我们，我这个偏远国家的君王真是太幸运了。有先生在就能救活我的儿子，没有先生在他就会抛尸野外而填塞沟壑，永远死去而不能复活。"话没说完，他就悲伤抽噎气郁胸中，精神散乱恍惚，久久地流泪，泪珠落在睫毛上，悲哀不能自我克制，容貌神情发生了变化。扁鹊说："您的太子得的病，就是人们所说的'尸蹶'。那是因为阳气陷入阴脉，脉气缠绕冲动了胃，经脉受损伤脉络被阻塞，分别下注入下焦、膀胱，因此阳脉下坠，阴气上升，阴阳两气会聚，互相闭塞，不能通畅。阴气又逆而上行，阳气只好向内运行，阳气徒然在下在内鼓动却不能上升，在上在外被阻绝不能被阴气遣使，在上又隔绝了阳气的脉络，在下又破坏了阴气的筋纽，这样阴气破坏、阳气隔绝，使人的面色衰败血脉混乱，所以人会身体安静得像死去的样子。太子实际没有死。因为阳入袭阴而阻绝脏气的能治愈，阴入袭阳而阻绝脏气的必死。这些情况，都会在五脏厥逆时突然发作。好医生能治好这种病，坏医生则送了病人的命。"

扁鹊就叫他的学生子阳把针石磨砺好，取太子的百会穴下针。过了一会儿，太子醒了过来。又让学生子豹准备能入体五分的药熨，再加上八减方的药剂混合煎煮，在两胁下交替熨敷。然后，太子就能够坐起来了。进一步调和阴阳，仅仅吃了汤剂二十天，身体就恢复得和从前一样了。因此天下的人都认为扁鹊能使死人复活。扁鹊却说："我不是能使死人复活啊，这是他应该活下去，我能做的只是帮助他恢复健康罢了。"

【原文】

扁鹊过齐，齐桓侯客之。入朝见，曰："君有疾在腠理，不治将深。"桓侯曰："寡人无疾。"扁鹊出，桓侯谓左右曰："医之好利也，欲以不疾者为功。"后五日，扁鹊复见，曰："君有疾在血脉，不治恐深。"桓侯曰："寡人无疾。"扁鹊出，桓侯不悦。后五日，扁鹊复见，曰："君有疾在肠胃间，不治将深。"桓侯不应。扁鹊出，桓侯不悦。后五日，扁鹊复见，望见桓侯而退走。桓侯使人问其故。扁鹊曰："疾之居腠理也，汤熨之所及也；在血脉，针石之所及也；其在肠胃，酒醪之所及也；其在骨髓，虽司命无奈之何。今在骨髓，臣是以无请也。"后五日，桓侯体病，使人召扁鹊，扁鹊已逃去。桓侯遂死。使圣人预知微，能使良医得蚤从事，则疾可已，身可活也。人之所病，病疾多；而医之所病，病道少。故病有六不治：骄恣不论于理，一不治也；轻身重财，二不治也；衣食不能适，三不治也；阴阳并，藏气不定，四不治也；形羸不能服药，五不治也，信巫不信医，六不治也。有此一者，则重难治也。

扁鹊名闻天下。过邯郸，闻贵妇人，即为带下医；过雒阳，闻周人爱老人，即为耳目痹医；来入咸阳，闻秦人爱

扁鹊对齐桓侯说："您的皮肤和肌肉之间有小病，不治将会深入体内。"

小儿，即为小儿医，随俗为变。秦太医令李醯自知伎不如扁鹊也，使人刺杀之。至今天下言脉者，由扁鹊也。

【译文】

扁鹊到了齐国，齐桓侯礼貌地招待了他。他到朝廷拜见桓侯，说："您的皮肤和肌肉之间有小病，不治小病将会深入体内。"桓侯说："我没有病。"扁鹊走后，桓侯跟群臣说："医生喜爱功利，想把没病的人说成是自己治疗的功绩。"过了五天，扁鹊再去见桓侯，说："您的病已在血脉里，不治恐怕会深入体内。"桓侯说："我没有病。"扁鹊出去后，桓侯不高兴。过了五天，扁鹊又去见桓侯，说："您的病已在肠胃间，不治将更深侵入体内。"桓侯不肯答话。扁鹊出去后，桓侯不高兴。过了五天，扁鹊又去，看见桓侯就向后退跑了。桓侯派人问他跑的缘故。扁鹊说："疾病在皮肉之间，汤剂、药熨的效力就能达到治病的目的；疾病在血脉中，靠针刺和砭石的效力就能达到治病的目的；疾病在肠胃中，药酒的效力能达到治病的目的；疾病进入骨髓，就是掌管生命的神也无可奈何。现在疾病已进入骨髓，我因此不再请求为他治病了。"过了五天后，桓侯身上患了重病，派人召请扁鹊，扁鹊已逃离齐国。于是桓侯就病死了。如果桓侯预先知道没有显露的小病，能够请好的医生早点治疗，那么他的病就能治好，就能保住性命。人们担忧的是疾病太多，医生忧虑的是治病的方法太少。所以有六种患病的情形不能医治：为人傲慢不讲道理，是一不治；轻视身体看重钱财，是二不治；衣着饮食不能调节适当，是三不治；阴阳错乱，五脏功能不正常，是四不治；形体羸弱而不能服药的，是五不治；迷信巫术不相信医术的，是六不治。只要其中一种情形，那就很难医治了。

扁鹊名闻四海。他到邯郸时，听说当地人尊重妇女，就做治妇女病的医生；到洛阳时，听说周人敬爱老人，就做专治耳聋眼花四肢痹痛的医生；到了咸阳，听说秦人喜爱孩子，就做治儿科疾病的医生；他随着各地的习俗来变化医治范围。秦国的太医令李醯自知医术不如扁鹊，派人把扁鹊杀了。如今天下谈论诊脉法的人，都遵从扁鹊的理论。

【原文】

太史公曰：女无美恶，居宫见妒；士无贤不肖，入朝见疑。故扁鹊以其伎见殃，仓公乃匿迹自隐而当刑。缇萦通尺牍，父得以后宁。故老子曰"美好者不祥之器"，岂谓扁鹊等邪？若仓公者，可谓近之矣。

【译文】

太史公说：女人不管是美还是丑，住进皇宫中就会被人嫉妒；士人无论贤与不贤，进入朝廷就会遭人疑忌。所以扁鹊因为他的医术遭殃，于是太仓公自隐形迹还被判处刑罚。缇萦上书皇帝，她的父亲才得到后来的平安。所以老子说"美好的东西都是不吉祥之物"，难道说的只是扁鹊这样的人？像太仓公这样的人，也和这句话所说的意思接近啊。

魏其武安侯列传

【原文】

魏其侯窦婴者，孝文后从兄子也。父世观津人。喜宾客。孝文时，婴为吴相，病免。孝景初即位，为詹事。

梁孝王者，孝景弟也，其母窦太后爱之。梁孝王朝，因昆弟燕饮。是时上未立太子，酒酣，从容言曰："千秋之后传梁王。"太后欢。窦婴引卮酒进上，曰："天下者，高祖天下，父子相传，此汉之约也，上何以得擅传梁王！"太后由此憎窦婴。窦婴亦薄其官，因病免。太后除窦婴门籍，不得入朝请。

孝景三年，吴楚反，上察宗室诸窦毋如窦婴贤，乃召婴。婴入见，固辞谢病不足任。太后亦惭。于是上曰："天下方有急，王孙宁可以让邪？"乃拜婴为大将军，赐金千斤。婴乃言袁盎、栾布诸名将贤士在家者进之。所赐金，陈之廊庑下，军吏过，辄令财取为用，金无入家者。窦婴守荥阳，监齐赵兵，七国兵已尽破，封婴为魏其侯。诸游士宾客争归魏其侯。孝景时每朝议大事，条侯、魏其侯，诸列侯莫敢与亢礼。

【译文】

魏其侯窦婴，是汉文帝窦皇后堂兄的儿子。他的父辈祖先是观津人。他喜欢宾客。汉文帝时，窦婴做了吴国国相，后因病免职。汉景帝即位时，窦婴任詹事一职。

梁孝王是汉景帝的弟弟，他的母亲窦太后很疼爱他。汉景帝还没有立太子时，有一次梁孝王入朝，汉景帝以兄弟的身份跟他一起吃饭。酒兴正浓时，汉景帝随便地说："我死之后把帝位传给梁王。"窦太后听了非常高兴。这时窦婴端起一杯酒献给皇上，说道："天下是高祖打下的天下，帝位应当父子相传，这是汉朝立下的制度，皇上凭什么要擅自传给梁王！"窦太后因此憎恨窦婴。窦婴也嫌詹事的官职太小，就借口生病辞职。窦太后于是开除了窦婴进出宫门的名籍，每逢节日也不准许他进宫朝见。

汉景帝三年（前154），吴、楚等七国起兵叛汉，皇上考察到皇族和其他姓窦的人没有谁像窦婴那样贤能的了，于是就召见窦婴，想让他领兵出战。窦婴入宫拜见，借口有病，坚决推辞，声称不能胜任将兵之职。窦太后至此也感到惭愧。于是皇上就说："天下正有急难，你作为王孙怎么可以推辞呢？"于是便任命窦婴为大将军，赏赐给他黄金千斤。这时袁盎、栾布诸名将贤士都退职闲居在家，窦婴就向皇上推荐起用他们。皇上所赏赐给他的黄金，都摆在走廊穿堂里，属下的小军官经过时，就让他们酌量取用，皇帝赏赐的黄金一点儿也没有拿回家。窦婴驻守荥阳时，监督齐国和赵国两路兵马，等到七国的叛乱全部被平定之后，皇上就赐封窦婴为魏其侯。这时那些游士宾客都争相归附魏其侯。汉景帝时每次朝廷讨论军政大事，所有列侯都不敢与条侯周亚夫、魏其侯窦婴平起平坐。

【原文】

孝景四年，立栗太子，使魏其侯为太子傅。孝景七年，栗太子废，魏其数争不能得。魏其谢病，屏居蓝田南山之下数月，诸宾客辩士说之，莫能来，梁人高遂乃说魏其曰："能富贵将军者，上也；能亲将军者，太后也。今将军傅太子，太子废而不能争；争不能得，又弗能死。自引谢病，拥赵女，屏闲处而不朝。相提而论，是自明扬主上之过。有如两宫螫将军，则妻子毋类矣。"魏其侯然之，乃遂起，朝请如故。

桃侯免相，窦太后数言魏其侯。孝景帝曰："太后岂以为臣有爱，不相魏其？魏其者，沾沾自喜耳，多易。难以为相，持重。"遂不用，用建陵侯卫绾为丞相。

武安侯田蚡者，孝景后同母弟也，生长陵。魏其已为大将军后，方盛，蚡为诸郎，未贵，往来侍酒魏其，跪起如子姓。及孝景晚节，蚡益贵幸，为太中大夫。蚡辩有口，学《槃盂》诸书，王太后贤之。孝景崩，即日太子立，称制，所镇抚多有田蚡宾客计策。蚡弟田胜，皆以太后弟，孝景后三年，封蚡为武安侯，胜为周阳侯。

【译文】

汉景帝四年（前153），立栗太子，派魏其侯做太子的太傅。汉景帝七年（前150），栗太子被废黜，魏其侯曾多次为栗太子争辩都没有作用。魏其侯就推说有病，在蓝田县南山下隐居了好几个月，许多宾客、辩士都来劝说他，但没有人能说服他回到京城来。梁地人高遂于是来劝解魏其侯说："能使您富贵的是皇上，能使您成为朝廷亲信的是太后。现在您担任太子的师傅，太子被废黜而不能力争；力争又不能成功，又不能去殉职。自己托病引退，拥抱着歌姬美女，退隐闲居而不参加朝会。把这些情况互相比照起来看，这是您自己表明要张扬皇帝的过失。假如皇上和太后都要加害于您，那您的妻子、儿女都会一个不剩地被杀害。"魏其侯认为他说得很对，于是就出山回朝，朝见皇帝，像过去一样。

在桃侯刘舍被免去丞相职务时，窦太后多次推荐魏其侯当丞相。汉景帝说："太后难道认为我有所吝啬而不让魏其侯当丞相吗？魏其侯这个人骄傲自满，容易自我欣赏，做事草率轻浮，难以出任丞相，担当重任。"终于没有任用他，任用了建陵侯卫绾作丞相。

武安侯田蚡，是汉景帝皇后的同母弟弟，在长陵出生。当魏其侯已经做了大将军，正当显赫的时候，田蚡还只是个郎官，没有显贵，在魏其侯家来来去去的，陪侍宴饮，跪拜起立像魏其侯的子孙辈一样。等到汉景帝的晚年，田蚡也显贵起来，受到宠信，做了太中大夫。田蚡能言善辩，口才很好，学习过《槃盂》之类的书籍，王太后认为他有才能。汉景帝去世，当天太子登位继立，王太后摄政，她在全国的镇压、安抚行动，大都采用田蚡门下宾客的策略。田蚡和他的弟弟田胜，都因为是王太后的弟弟，在汉景帝去世的同一年（前141），被分别封为武安侯和周阳侯。

【原文】

武安侯新欲用事为相，卑下宾客，进名士家居者贵之，欲以倾魏其诸将相。建元元年，丞相绾病免，上议置丞相、太尉。籍福说武安侯曰："魏其贵久矣，天下士素归之。今将军初兴，未如魏其，即上以将军为丞相，必让魏其。魏其为丞相，将军必为太尉。太尉、丞相尊等耳，又有让贤名。"武安侯乃微言太后风上，于是乃以魏其侯为丞相，武安侯为太尉。籍福贺魏其侯，因吊曰："君侯资性喜善疾恶，方今善人誉君侯，故至丞相；然君侯且疾恶，恶人众，亦且毁君侯。君侯能兼容，则幸久；不能，今以毁去矣。"魏其不听。

【译文】

武安侯刚刚有了点权力就想当丞相，所以他非常谦卑地礼待宾客，推荐闲居在家的名士出来做官，让他们显贵，想以此来压倒窦婴等将相的势力。建元元年（前140），丞相卫绾因病免职，皇上计划着再设丞相和太尉。籍福劝说武安侯道："魏其侯显贵已经很久了，天下有才能的人一向归附他。现在您刚刚发迹，不能和魏其侯相比，就是皇上任命您做丞相，也一定要让给魏其侯。魏其侯当丞相，您一定会当太尉。太尉和丞相的尊贵地位是相等的，您还有让相位给贤者的好名声。"武安侯于是就委婉地告诉太后暗示皇上，于是皇上便任命魏其侯当丞相，武安侯当太尉。籍福去向魏其侯道贺，顺便提醒他说："您的天性是喜欢好人憎恨坏人，当今好人称赞您，所以您当了丞相；然而您也憎恨坏人，坏人相当多，他们也会毁谤您的。如果您能包容好人和坏人，那么您丞相的职位就可以保持长久；如果不能够这样的话，马上就会受到毁谤而离职。"魏其侯听不进去他的话。

【原文】

魏其、武安俱好儒术，推毂赵绾为御史大夫，王臧为郎中令。迎鲁申公，欲设明堂，令列侯就国，除关，以礼为服制，以兴太平。举适诸窦宗室毋节行者，除其属籍。时诸外家为列侯，列侯多尚公主，皆不欲就国，以故毁日至窦太后。太后好黄老之言，而魏其、武安、赵绾、王臧等务隆推儒术，贬道家言，是以窦太后滋不说魏其等。及建元二年，御史大夫赵绾请无奏事东宫。窦太后大怒，乃罢逐赵绾、王臧等，而免丞相、太尉，以柏至侯许昌为丞相，武强侯庄青翟为御史大夫。魏其、武安由此以侯家居。

武安侯虽不任职，以王太后故，亲幸，数言事多效，天下吏士趋势利者，皆去魏其归武安。武安日益横。建元六年，窦太后崩，丞相昌、御史大夫青翟坐丧事不办，免。以武安侯蚡为丞相，以大司农韩安国为御史大夫。天下士郡诸侯愈益附武安。

【译文】

魏其侯窦婴和武安侯田蚡都爱好儒家学说，推荐赵绾当了御史大夫，王臧担任郎中令。迎鲁国人申培到京师来，准备设立明堂，命令列侯们回到自己的封地上，废除关禁，按照礼法来规定服饰和制度，以此来表明太平的气象。同时检举谴责窦氏家族和皇族成员中品德不好的人，开除他们的族籍。这时诸外戚中的列侯，大多娶公主为妻，都不想回到各自的封地中去，因为这个缘故，每天都有毁谤魏其侯等人的言语传到窦太后耳中。窦太后喜欢黄老学说，而魏其侯、武安侯、赵绾、王臧等人则努力推崇儒家学说，贬低道家的学说，因此窦太后更加不喜欢魏其侯等人。到了建元二年（前139），御史大夫赵绾请皇上不要把政事禀奏给太后。窦太后大怒，便将赵绾、王臧等人罢官驱逐，还解除了丞相和太尉的职务，任命柏至侯许昌做丞相，武强侯庄青翟做御史大夫。魏其侯、武安侯从此以列侯的身份闲居家中。

武安侯虽然已经不再当官，但因为王太后的缘故，却仍然受到皇上的宠信，多次议论政事且建议大多被采纳，那些趋炎附势的官吏和士人，都离开了魏其侯而归附了武安侯。武安侯越来越骄横。建元六年（前135），窦太后逝世，丞相许昌和御史大夫庄青翟因为丧事办得不周到，都被免官。于是任用武安侯田蚡担任丞相，任用大司农韩安国担任御史大夫。天下的士人、郡守和诸侯王，就更加依附武安侯了。

【原文】

武安者，貌侵，生贵甚。又以为诸侯王多长，上初即位，富于春秋，蚡以肺腑为京师相，非痛折节以礼诎之，天下不肃。当是时，丞相入奏事，坐语移日，所言皆听，荐人或起家至二千石，权移主上。上乃曰："君除吏已尽未？吾亦欲除吏。"尝请考工地益宅，上怒曰："君何不遂取武库！"是后乃退。尝召客饮，坐其兄盖侯南乡，自坐东乡，以为汉相尊，不可以兄故私桡。武安由此滋骄，治宅甲诸第。田园极膏腴，而市买郡县器物相属于道。前堂罗钟鼓，立曲旃；后房妇女以百数。诸侯奉金玉狗马玩好，不可胜数。

魏其失窦太后，益疏不用，无势，诸客稍稍自引而怠傲，唯灌将军独不失故。魏其日默默不得志，而独厚遇灌将军。

【译文】

武安侯其貌不扬，但从小就很尊贵。他觉得当时的诸侯王都老了，皇上刚刚即位，年纪很轻，自己作为皇帝的至亲心腹担任朝廷的丞相，如果不下狠力整顿一番，用礼法来使民众屈服，人们就不把他当回事。那时候，丞相入朝廷奏事，往往一坐就是大半天，他所说的话皇帝都听，他所推荐的人有的从闲居一下子提拔到二千石的官位，把皇帝的权力转移到自己手上。皇上于是说："你要任命的官吏任命完了没有？我也想任命几个

武安侯的庄园规模宏大，田地都极其肥沃。他派到各郡县去购买器物的人在大道上络绎不绝。

官呢。"他曾经要求把考工官署的地盘划给自己扩建住宅，皇上生气地说："你何不把武器库也取走！"从此才收敛一些。有一次，他请客人宴饮，让他的兄长盖侯南向坐，自己却东向坐，认为汉朝的丞相尊贵，不可以因为是兄长就私下委屈自己。武安侯越来越骄纵，他修建住宅，其规模、豪华超过了所有贵族的府第，田地极其肥沃，他派到各郡县去购买器物的人，在大道上络绎不绝。前堂摆设着钟鼓，竖立着曲柄长幡；后屋美女数以百计。诸侯奉送给他的金银珠宝、狗马玩物，数也数不清。

魏其侯自从窦太后去世后，就越来越被皇上疏远不受重用，没有了权势，宾客们陆续离去，甚至对他懈怠傲慢。只有灌将军一人没有改变原来的态度，魏其侯整天闷闷不乐，也只格外厚待灌将军。

【原文】

灌将军夫者，颍阴人也。夫父张孟，尝为颍阴侯婴舍人，得幸，因进之至二千石，故蒙灌氏姓为灌孟。吴楚反时，颍阴侯灌何为将军，属太尉，请灌孟为校尉。夫以千人与父俱。灌孟年老，颍阴侯强请之，郁郁不得意，故战常陷坚，遂死吴军中。军法，父子俱从军，有死事，得与丧归。灌夫不肯随丧归，奋曰："愿取吴王若将军头，以报父之仇。"于是灌夫被甲持戟，募军中壮士所善愿从者数十人。及出壁门，莫敢前。独二人及从奴十数骑驰入吴军，至吴将麾下，所杀伤数十人。不得前，复驰还，走入汉壁，皆亡其奴，独与一骑归。夫身中大创十余，适有万金良药，故得无死。夫创少瘳，又复请将军曰："吾益知吴壁中曲折，请复往。"将军壮义之，恐亡夫，乃言太尉，太尉乃固止之。吴已破，灌夫以此名闻天下。

颍阴侯言之上，上以夫为中郎将。数月，坐法去。后家居长安，长安中诸公莫弗称之。孝景时，至代相。孝景崩，今上初即位，以为淮阳天下交，劲兵处，故徙夫为淮阳太守。建元元年，入为太仆。二年，夫与长乐卫尉窦甫饮，轻重不得，夫醉，搏甫。甫，窦太后昆弟也。上恐太后诛夫，徙为燕相。数岁，坐法去官，家居长安。

【译文】

灌夫将军是颍阴人。灌夫的父亲叫张孟，曾经是颍阴侯灌婴的家臣，受到灌婴的宠信，并因此官位升至二千石级，所以用灌氏家的姓叫灌孟。吴楚叛乱时，颍阴侯灌何担任将军，是太尉周亚夫的部下，他向太尉推荐灌孟担任校尉。灌夫带领一千人与父亲一起从军。灌孟年纪已经老了，颍阴侯勉强推荐他，所以灌孟郁郁不得志，每逢作战时，常常攻击敌人的坚强阵地，因而战死在吴军中。按照当时军法的规定，父子一起从军参战，有一个为国战死，未死者可以护送灵柩回来。但灌夫不肯随同父亲的灵柩回去，他慷慨激昂地表示："希望斩取吴王或者吴国将军的头，替父亲报仇。"于是灌夫披上铠甲，手拿戈戟，召集了军中与他素来有交情又愿意跟他同去的勇士几十个人。等到走出军门，没有人敢再前进。只有两人和灌夫属下的奴隶共十多个骑兵飞奔冲入吴军中，一直到达吴军的将旗之下，杀死杀伤敌军几十人。不能再继续前进了，又飞马返回汉军营地，所带去的奴隶全都战死了，只有他一人回来。灌夫身上受重创十多处，恰好有名贵的良药，所以才得不死。灌夫的创伤稍稍好转，又向将军请求说："我现在更加了解吴军营垒中路径曲折，请您让我再回去。"将军认为他勇敢而有义气，恐怕灌夫战死，便向太尉周亚夫报告，太尉便坚决地阻止了他。等到攻破吴军，灌夫也因此名闻天下。

颖阴侯向皇上汇报了灌夫的事，于是皇上任命灌夫担任中郎将。过了几个月，灌夫因为犯法而丢了官位。后来到长安居住，长安城中的许多显贵公子没有不称赞他的。汉景帝时，灌夫官至代国国相。景帝去世后，当今皇上武帝刚即位，认为淮阳是天下的交通枢纽，必须驻扎强大的兵力加以防守，因此调任灌夫担任淮阳太守。建元元年（前140），又把灌夫内调为太仆。二年，灌夫与长乐卫尉窦甫喝酒，灌夫喝醉了，打了窦甫。窦甫，是窦太后的兄弟。皇上恐怕窦太后杀灌夫，调派他担任了燕国国相。几年以后，灌夫又因犯法丢了官位，闲居在长安家中。

【原文】

灌夫为人刚直使酒，不好面谀。贵戚诸有势在己之右，不欲加礼，必陵之；诸士在己之左，愈贫贱，尤益敬，与钧。稠人广众，荐宠下辈。士亦以此多之。

夫不喜文学，好任侠，已然诺。诸所与交通，无非豪杰大猾。家累数千万，食客日数十百人。陂池田园，宗族宾客为权利，横于颖川。颖川儿乃歌之曰："颖水清，灌氏宁；颖水浊，灌氏族。"

灌夫家居虽富，然失势，卿相侍中宾客益衰。及魏其侯失势，亦欲倚灌夫引绳批根生平慕之后弃之者。灌夫亦倚魏其而通列侯宗室为名高。两人相为引重，其游如父子然。相得欢甚，无厌，恨相知晚也。

灌夫有服，过丞相。丞相从容曰："吾欲与仲孺过魏其侯，会仲孺有服。"灌夫曰："将军乃肯幸临况魏其侯，夫安敢以服为解！请语魏其侯帐具，将军旦日蚤临。"武安许诺。灌夫具语魏其侯如所谓武安侯。魏其与其夫人益市牛酒，夜洒埽，早帐具至旦。平明，令门下候伺。至日中，丞相不来。魏其谓灌夫曰："丞相岂忘之哉？"灌夫不怿，曰："夫以服请，宜往。"乃驾，自往迎丞相。丞相特前戏许灌夫，殊无意往。及夫至门，丞相尚卧。于是夫入见，曰："将军昨日幸许过魏其，魏其夫妻治具，自旦至今，未敢尝食。"武安鄂谢曰："吾昨日醉，忽忘与仲孺言。"乃驾往，又徐行，灌夫愈益怒。及饮酒酣，夫起舞属丞相，丞相不起，夫从坐上语侵之。魏其乃扶灌夫去，谢丞相。丞相卒饮至夜，极欢而去。

【译文】

灌夫为人刚强直爽，好发酒疯，不喜欢当面奉承人。对皇亲国戚及其他有权有势力的人，凡是地位在自己以上的，他不但不想对他们行礼以表示尊敬，反而要想办法去凌辱他们；对地位在自己之下的许多士人，越是贫贱的，灌夫却对他们更加恭敬，跟他们平等相待。在大庭广众之中，推荐夸奖那些比自己地位低的人。士人们也因此而推崇他。

　　灌夫不喜欢文章经学，爱打抱不平，已经承诺的事，一定办到。凡和他交往的那些人，无不是杰出人士或老奸巨猾。他家中积累的资产有几千万，每天的食客少则几十，多则近百。他在田园中修筑堤塘，灌溉农田，他的宗族和宾客扩张权势，垄断利益，在颍川一带横行霸道。颍川的儿童于是作歌唱道："颍水清清，灌氏安宁；颍水浑浊，灌氏灭族。"

　　灌夫在家闲居，虽然富有，但已经失去了权势，达官贵人及一般宾客越来越少。等到魏其侯失去权势，想依靠灌夫去报复那些平日仰慕自己，自己失势后又离开了的人。灌夫也想依靠魏其侯去结交列侯和皇族以抬高自己的名声。两人互相援引借重，他们的交往就如同父子之间那样密切。彼此情投意合，没有嫌忌，只恨相知太晚了。

　　灌夫还在服丧期内就去拜访丞相，丞相随随便便地说："我想和你一起去拜访魏其侯，可你现在正服丧不便前往。"灌夫说："您都能屈驾光临拜访魏其侯，我灌夫怎敢因为服丧而推辞呢！请允许我告诉魏其侯设置帷帐，备办酒席，明天您早点光临。"武安侯答应了。灌夫详细地将他对武安侯所说的告诉了魏其侯。魏其侯和他的夫人特地多买了肉和酒，连夜打扫房子，布置帷帐，准备酒宴，一直忙到天亮。天刚亮，就让府中管事的人在宅前侍候。等到中午，不见丞相到来。魏其侯对灌夫说："丞相难道忘记了这件事？"灌夫很不高兴，说："我灌夫不嫌丧服在身而应他之约，他应该来。"于是便驾车，亲自前往迎接丞相。丞相前一天只不过开玩笑似的答应了灌夫，实在没有来赴宴的意思。等到灌夫来到门前，丞相还在睡觉。于是灌夫进门去见他，说："将军昨天幸蒙答应拜访魏其侯，魏其侯夫妇备办了酒食，从早晨到现在，没敢吃一点东西。"武安侯装作惊讶地道歉说："我昨天喝醉了，忘记了跟您说这话。"便驾车前往，但又走得很慢，灌夫更加生气。等到喝酒喝醉了，灌夫舞蹈了一番，舞毕邀请丞相，丞相竟不起身，灌夫在酒宴上用话讽刺他。魏其侯便扶灌夫离去，向丞相表示了歉意。丞相一直喝到天黑，玩得尽兴了才离去。

【原文】

　　丞相尝使籍福请魏其城南田。魏其大望曰："老仆虽弃，将军虽贵，宁可以势夺乎！"不许。灌夫闻，怒，骂籍福。籍福恶两人有郤，乃谩自好谢丞相曰："魏其老且死，易忍，且待之。"已而武安闻魏其、灌夫实怒不予田，亦怒曰："魏其子尝杀人，蚡活之。蚡事魏其无所不可，何爱数顷田？且灌夫何与也？吾不敢复求田。"武安由此大怨灌夫、魏其。

　　元光四年春，丞相言灌夫家在颍川，横甚，民苦之。请案。上曰："此丞相事，何请。"灌夫亦持丞相阴事，为奸利，受淮南王金与语言。宾客居间，遂止，俱解。

　　夏，丞相取燕王女为夫人，有太后诏，召列侯宗室皆往贺。魏其侯过灌夫，欲与俱。夫谢曰："夫数以酒失得过丞相，丞相今者又与夫有郤。"魏其曰："事已解。"强与俱。饮酒酣，武安起为寿，坐皆避席伏。已魏其侯为寿，独故人避席耳，余半膝席。灌夫不悦。起行酒，至武安，武安膝席曰："不能满觞。"夫怒，因嘻笑曰："将军贵人也，属之！"时武安不肯。行酒次至临汝侯，临汝侯方与程不识耳语，又不避席。夫无所发怒，乃骂临汝侯曰："生平毁程不识不直一钱，今日长者为寿，乃效女儿呫嗫耳语！"武安谓灌夫曰："程、李俱东西宫卫尉，今众辱程将军，仲孺独不为李将军地乎？"灌夫曰："今日斩头陷匈，何知程李乎！"坐乃起更衣，稍稍去。魏其侯去，麾灌夫出。武安遂怒曰："此吾骄灌夫罪。"乃令骑留灌夫。灌夫欲出不得。籍福起为谢，案灌夫项令谢。夫愈怒，不肯谢。武安乃麾骑缚夫置传舍，召长史曰："今日召宗室，有诏。"劾灌夫骂坐不敬，系居室。遂按其前事，遣吏分曹逐捕诸灌氏支属，皆得弃市罪。魏其侯大媿，为资使宾客请，莫能解。武安吏皆为耳目，诸灌氏皆亡匿，夫系，遂不得告言武安阴事。

【译文】

　　丞相曾经派籍福去索取魏其侯在城南的田地。魏其侯非常生气地说："我得不到重用，将军虽然显贵，怎么能仗势硬夺我的田地呢！"就不给籍福田地。灌夫听说这件事，也很生气，大骂籍福。籍福不愿跟灌夫有隔阂，就自己编造了好话向丞相道歉说："魏其侯年事已高，就快死了，还不能忍耐吗，姑且等待着吧！"不久，武安侯听说魏其侯和灌夫实际是愤怒而不肯让给田地，也很生气地说："魏其侯的儿子曾经杀人，我救了他的命。我服侍魏其侯没有不听从他的，为什么他竟舍不得这几顷田地？再说灌夫为什么干预呢？我不敢再要这块田地了！"从此武安侯十分怨恨灌夫、魏其侯。

　　元光四年（前131）的春天，丞相跟皇上说灌夫家住颍川，终年横行乡里，百姓深受其苦。请求皇上查办。皇上说："这是丞相的职责，何必请示。"灌夫也抓住了丞相的秘事，用非法手段谋取利益，接受了淮南王的金钱并说了些不该说的话。宾客们从中调解，双方才停止互相攻击，彼此和解。

　　那年夏天，丞相将燕王的女儿娶做夫人，太后下了诏令，叫列侯和皇族都去祝贺。魏其侯去拜访灌夫，打算跟他一起去贺喜。灌夫推辞说："我多次因为酒醉失礼而得罪了丞相，近来丞相又和我有嫌隙。"魏其侯说："事情早就过去了。"硬拉他一道去。酒喝到差不多时，武安侯起身敬酒祝寿，在座的宾客都离开席位，伏在地上，表示不敢当。过了一会儿，魏其侯起身为大家敬酒祝寿，只有那些魏其侯的老朋友离开了席位，其余半数的人照常坐在那里，只是稍微欠了欠上身。灌夫不高兴。他起身依次敬酒，敬到武安侯时，武安侯照常坐在那里，只稍欠了一下上身说："不能喝满杯。"灌夫生气了，便苦笑着说："您是个贵人，这杯就托付给你了！"当时武安侯不肯答应。敬酒敬到临汝侯，临汝侯正在跟程不识附耳说悄悄话，又不离开席位。灌夫没有地方发泄怒气，便骂临汝侯说："平时诋毁程不识不值一钱，今天长辈给你敬酒祝寿，你却学女孩子一样在那儿同程不识咬耳说话！"武安侯对灌夫说："程将军和李将军都是东西两宫的卫尉，现在当众侮辱程将军，你难道不给你所尊敬的李将军留有余地吗？"灌夫说："今天杀我的头，穿我的胸，我都不在乎，还顾什么程将军、李将军！"座客们便起身上厕所，渐渐离去。魏其侯也离去，挥手示意让灌夫出去。武安侯于是发火道："这是我宠惯灌夫的过错。"便命令骑士扣留灌夫。灌夫想出去又出不去。籍福起身替灌夫道了歉，并按着灌夫的脖子让他道歉。灌夫越发火了，不肯道歉。武安侯便指挥骑士们捆绑灌夫放在客房中，叫来长史说："今天请宗室宾客来参加宴会，是有太后诏令的。"于是弹劾灌夫，说他在宴席上辱骂宾客，侮辱诏令，犯了"不敬"罪，把他囚禁在特别监狱里。于是追查他以前的事情，派遣差吏分头追捕所有灌氏的分支亲属，都判决为杀头示众的罪名。魏其侯感到非常惭愧，出钱让宾客向田蚡求情，也不能使灌夫获释。武安侯的属吏都是他的耳目，所有灌氏的人都逃跑、躲藏起来了，灌夫被拘禁，于是无法告发武安侯的秘事。

【原文】

魏其锐身为救灌夫。夫人谏魏其曰："灌将军得罪丞相，与太后家忤，宁可救邪？"魏其侯曰："侯自我得之，自我捐之，无所恨。且终不令灌仲孺独死，婴独生。"乃匿其家，窃出上书。立召入，具言灌夫醉饱事，不足诛。上然之，赐魏其食，曰："东朝廷辩之。"

魏其之东朝，盛推灌夫之善，言其醉饱得过，乃丞相以他事诬罪之。武安又盛毁灌夫所为横恣，罪逆不道。魏其度不可奈何，因言丞相短。武安曰："天下幸而安乐无事，蚡得为肺腑，所好音乐狗马田宅。蚡所爱倡优巧匠之属，不如魏其、灌夫日夜招聚天下豪桀壮士与论议，腹诽而心谤，不仰视天而俯画地，辟倪两宫间，幸天下有变，而欲有大功。臣乃不知魏其等所为。"于是上问朝臣："两人孰是？"御史大夫韩安国曰："魏其言灌夫父死事，身荷戟驰入不测之吴军，身被数十创，名冠三军，此天下壮士，非有大恶，争杯酒，不足引他过以诛也。魏其言是也。丞相亦言灌夫通奸猾，侵细民，家累巨万，横恣颍川，凌轹宗室，侵犯骨肉，此所谓'枝大于本，胫大于股，不折必披'，丞相言亦是。唯明主裁之。"主爵都尉汲黯是魏其。内史郑当时是魏其，后不敢坚对。余皆莫敢对。上怒内史曰："公平生数言魏其、武安长短，今日廷论，局趣效辕下驹，吾并斩若属矣。"即罢起入，上食太后。太后亦已使人候伺，具以告太后。太后怒，不食，曰："今我在也，而人皆藉吾弟，令我百岁后，皆鱼肉之矣。且帝宁能为石人邪！此特帝在，即录录，设百岁后，是属宁有可信者乎？"上谢曰："俱宗室外家，故廷辩之。不然，此一狱吏所决耳。"是时郎中令石建为上分别言两人事。

【译文】

魏其侯挺身而出去营救灌夫。夫人劝他："灌将军把丞相得罪了，和太后家的人作对，怎么能营救得了呢？"魏其侯说："侯爵是我挣来的，现在我又把它丢掉，没有什么可遗憾的。再说我总不能让灌仲孺去死，而我独自活着。"于是就瞒着家人，私自出来上书给皇帝。皇帝马上把他召进宫去，魏其侯就把灌夫因为喝醉了而失言的情况详细地说了一遍,认为不足以判处死刑。皇上认为他说得对,赏赐魏其侯一同进餐,说道:"到东宫去公开辩论这件事。"

魏其侯到了东宫之后,极力夸赞灌夫的优点,说他酗酒获罪,而丞相却拿别的罪名来诬陷灌夫。接着,武安侯又竭力诋毁灌夫骄横放纵,犯了大逆不道的罪。魏其侯思忖没有别的办法对付武安侯,便暗中攻击丞相的短处。武安侯说:"天下幸而太平无事,我才得以做皇上的心腹,爱好音乐、狗马和田宅。我所喜欢的不过是歌伎艺人、巧匠这一些人。不像魏其侯和灌夫那样,招集天下的豪杰壮士,不分白天黑夜地商量讨论,腹诽心谤,深怀对朝廷的不满,不是抬头观天象,就是低头在地上画,窥测于东、西两宫之间,希望天下发生变故,好让他们立功成事。我倒不明白魏其侯他们到底要做些什么?"于是皇上向在朝的大臣问道:"他们两人的话谁的对呢?"御史大夫韩安国说:"魏其侯说灌夫的父亲为国而死,灌夫手持戈戟冲入到强大的吴军中,身受创伤几十处,名声在全军数第一,这是天下的勇士,如果没有特别大的罪恶,只是因为喝了酒而引起口舌之争,是不值得援引其他的罪状来判处死刑的。魏其侯的话是对的。丞相又说灌夫同大奸巨猾结交,欺压平民百姓,积累家产数万万,横行颍川,凌辱侵犯皇族,这是所谓'树枝比树干大,小腿比大腿粗',其后果不是折断,就是分裂。丞相的话也不错。希望英明的主上自己裁决这件事吧。"主爵都尉汲黯认为魏其侯对。内史郑先认为魏其侯对,但后来又不敢坚持自己的意见去回答皇上。其余的人都不敢回答。皇上怒斥内史道:"你平日多次说到魏其侯、武安侯的长处和短处,今天当庭辩论,畏首畏尾地像驾在车辕下的马驹,我将一并杀掉你们这些人。"马上起身罢朝,进入宫内侍奉太后进餐。太后也已经派人在朝廷上探听消息,他们把廷辩的情况详细地报告了太后。太后发火了,不吃饭,说:"现在我还活着,别人都敢作践我的弟弟,假若我死了以后,都会像宰割鱼肉那样宰割他了。再说皇帝怎么能像石头人一样自己不做主张呢!现在幸亏皇帝还在,这班大臣就随声附和,假设皇帝死了以后,这些人还可以信赖吗?"皇上道歉说:"都是皇室的外家,所以在朝廷上辩论他们的事。不然的话,只要一个狱吏就可以解决了。"这时郎中令石建向皇上分别陈述了魏其侯、武安侯两个人的事情。

【原文】

武安已罢朝,出止车门,召韩御史大夫载,怒曰:"与长孺共一老秃翁,何为首鼠两端?"韩御史良久谓丞相曰:"君何不自喜?夫魏其毁君,君当免冠解印绶归,曰'臣以肺腑幸得待

皇上向在朝的大臣问道:"他们两人的话谁的对呢?"

罪，固非其任，魏其言皆是'。如此，上必多君有让，不废君。魏其必内愧，杜门龁舌自杀。今人毁君，君亦毁人，譬如贾竖女子争言，何其无大体也！"武安谢罪曰："争时急，不知出此。"

【译文】

武安侯退朝后，出了停车门，招呼韩御史大夫跟自己同乘一辆车，生气地说："我和你共同对付一个老秃翁，你为什么还模棱两可，犹豫不定？"韩御史大夫过了好一会儿才对丞相说："您怎么这么不自重？他魏其侯毁谤您，您应当摘下官帽，解下印绶，归还给皇上，说'我以皇帝的心腹，侥幸得此相位，本来是不称职的，魏其侯的话都是对的'。像这样，皇上必定会称赞您有谦让的美德，不会罢免您。魏其侯一定内心惭愧，闭门咬舌自杀。现在别人诋毁您，您也诋毁人家，这样彼此互骂，好像商人、女人吵嘴一般，多么不识大体啊！"武安侯认错说："争辩时太性急了，没有想到应该这样做。"

【原文】

于是上使御史簿责魏其所言灌夫，颇不雠，欺谩。劾系都司空。孝景时，魏其常受遗诏，曰"事有不便，以便宜论上"。及系，灌夫罪至族，事日急，诸公莫敢复明言于上。魏其乃使昆弟子上书言之，幸得复召见。书奏上，而案尚书大行无遗诏。诏书独藏魏其家，家丞封。乃劾魏其矫先帝诏，罪当弃市。五年十月，悉论灌夫及家属。魏其良久乃闻，闻即恚，病痱，不食欲死。或闻上无意杀魏其，魏其复食，治病，议定不死矣。乃有蜚语为恶言闻上，故以十二月晦论弃市渭城。

【译文】

于是皇上派御史按照文簿的记载去追查灌夫的罪行，但这些罪行与魏其侯所说的有很多不相符的地方，他犯了欺骗皇上的罪行。魏其侯被弹劾，拘禁在名叫都司空的特别监狱里。汉景帝时，魏其侯曾接收过他临死时的诏书，那上面写道："假如遇到对你有什么不方便的事情，你可以随机应变，把你的意见呈报给皇帝。"等到自己被拘禁，灌夫定罪要灭族，情况一天比一天紧急，大臣们谁也不敢再向皇帝说明这件事。魏其侯便让侄子上书向皇帝报告接受遗诏的事，希望再次得到皇上的召见。奏书呈送皇上，可是查对尚书保管的档案，却没有景帝临终的这份遗诏。这道诏书只封藏在魏其侯家中，是由魏其侯的家臣盖印加封的。于是便弹劾魏其侯伪造先帝的诏书，应该判处斩首示众的罪。元光五年（前130）十月间，灌夫及其家属全部被处决了。过了许久魏其侯才听到这个消息，然后愤慨万分，患了中风病，饭也不吃了，想求死。有人听说皇上没有杀魏其侯的意思，魏其侯又吃饭了，开始治病，朝廷讨论决定不处死他。后来又有一些人制造了许多诽谤魏其侯的话让讲给皇上，因此就在当年十二月的最后一天，在渭城大街上将魏其侯斩首示众。

【原文】

其春，武安侯病，专呼服谢罪。使巫视鬼者视之，见魏其、灌夫共守，欲杀之。竟死。子恬嗣。元朔三年，武安侯坐衣襜褕入宫，不敬。

淮南王安谋反觉，治。王前朝，武安侯为太尉，时迎王至霸上，谓王曰："上未有太子，大王最贤，高祖孙，即宫车晏驾，非大王立当谁哉！"淮南王大喜，厚遗金财物。上自魏其时不直武安，特为太后故耳。及闻淮南王金事，上曰："使武安侯在者，族矣。"

【译文】

这年的春天，武安侯病了，嘴里老是喊着服罪谢过的话。家里人找来能看见鬼的巫师来诊视他的病，巫师看见魏其侯和灌夫两个人的鬼魂一起监守着武安侯，要杀死他。最终武安侯死了。儿子田恬继承了爵位。元朔三年（前126），武安侯田恬因穿短衣进入宫中，犯了"不敬"之罪，封爵被废除。

淮南王刘安谋反的事被发觉了，皇上派人追查此事。淮南王以前有一次来朝时，武安侯正担任太尉，到霸上来迎接淮南王说："皇上没有太子，大王最贤明，又是高祖的孙子，皇上一旦去世，不是大王继承皇位，还会是谁呢！"淮南王十分欢喜，送给武安侯许多金银财物。皇上自从魏其侯的事件发生时就不认为武安侯是对的，只是碍着王太后的缘故罢了。等听到淮南王向武安侯送金银财物时，皇上说："假使武安侯还活着的话，该灭族了。"

【原文】

太史公曰：魏其、武安皆以外戚重，灌夫用一时决策而名显。魏其之举以吴楚，武安之贵在日月之际。然魏其诚不知时变，灌夫无术而不逊，两人相翼，乃成祸乱。武安负贵而好权，杯酒责望，陷彼两贤。呜呼哀哉！迁怒及人，命亦不延。众庶不载，竟被恶言。呜呼哀哉！祸所从来矣！

【译文】

太史公说：魏其侯和武安侯都凭外戚的关系而身居显要职位，灌夫则因为冒险立功而显名于当时。魏其侯的被重用，是由于将吴、楚七国叛乱平定；武安侯的显贵，则是由于利用了皇帝刚刚即位、王太后掌权的机会。然而魏其侯实在是太不懂时势的变化，灌夫不学无术又不谦逊，两人互相庇护，酿成了这场祸乱。武安侯依仗显贵的地位而且喜欢玩弄权术；由于一杯酒的怨愤，陷害了两位贤人。可悲啊！灌夫迁怒于别人，以致自己的性命也不长久。灌夫受不到百姓的拥戴，终究落了坏名声。可悲啊！由此可知灌夫灾祸的根源啦！

李将军列传

【原文】

李将军广者，陇西成纪人也。其先曰李信，秦时为将，逐得燕太子丹者也。故槐里，徙成纪。广家世世受射。孝文帝十四年，匈奴大入萧关，而广以良家子从军击胡，用善骑射，杀首虏多，为汉中郎。广从弟李蔡亦为郎，皆为武骑常侍，秩八百石。尝从行，有所冲陷折关及格猛兽，而文帝曰："惜乎，子不遇时！如令子当高帝时，万户侯岂足道哉！"

及孝景初立，广为陇西都尉，徙为骑郎将。吴楚军时，广为骁骑都尉，从太尉亚夫击吴楚军，取旗，显功名昌邑下。以梁王授广将军印，还，赏不行。徙为上谷太守，匈奴日以合战。典属国公孙昆邪为上泣曰："李广才气，天下无双，自负其能，数与虏敌战，恐亡之。"于是乃徙为上郡太守。后广转为边郡太守，徙上郡。尝为陇西、北地、雁门、代郡、云中太守，皆以力战为名。

【译文】

将军李广是陇西郡成纪县人。他的祖先是李信，是秦朝时追获了燕太子丹的那位将军。他的家原来在槐里县，后来搬迁到成纪。李广家世代传习射箭之术。文帝十四年（前166），匈奴人大举向萧关进攻，李广以良家子弟的身份参军抗击匈奴，因为他善于骑射，斩杀敌人首级很多，所以被任为汉廷的中郎。李广的堂弟李蔡，也被任为中郎。二人又都任武骑常侍，年俸八百石。李广曾随从皇帝出行，常有冲锋陷阵、抵御敌人，以及格杀猛兽的事，文帝说："可惜啊！你没遇到时机，如果让你赶上高祖的时代，封个万户侯那还在话下吗！"

到景帝即位后，李广任陇西都尉，后来又改做骑郎将。吴、楚七国叛乱时，李广任骁骑都尉，随从太尉周亚夫反击吴、楚叛军，在昌邑城下将敌人的军旗夺下，从而立功扬名。可是由于梁孝王私自授将军印给李广，回朝后，朝廷没有对他进行封赏，调他任上谷太守。匈奴每天都来交战，典属国公孙昆邪对皇上哭着说："李广的才气，天下无双，他自己仗恃有本领，屡次和敌人正面作战，恐怕会失去这员良将。"于是又调他任上郡太守。以后李广转任边境各郡太守，又调任上郡太守。他曾任陇西、北地、雁门、代郡、云中等太守，都因奋力作战而出名。

【原文】

匈奴大入上郡，天子使中贵人从广勒习兵击匈奴。中贵人将骑数十纵，见匈奴三人，与战。三人还射，伤中贵人，杀其骑且尽，中贵人走广，广曰："是必射雕者也。"广乃遂从百骑往驰三人。三人亡马步行，行数十里。广令其骑张左右翼，而广身自射彼三人者，杀其二人，生得一人，果匈奴射雕者也。已缚之上马，望匈奴有数千骑，见广，以为诱骑，皆惊，上山陈。广之百骑皆大恐，欲驰还走。广曰："吾去大军数十里，今如此以百骑走，匈奴追射我立尽。今我留，匈奴必以我为大军之诱,必不敢击我。"广令诸骑曰:"前!"前未到匈奴陈二里所,止,令曰:"皆下马解鞍!"其骑曰:"虏多且近,即有急,奈何?"广曰:"彼虏以我为走,今皆解鞍以示不走,用坚其意。"于是胡骑遂不敢击。有白马将出护其兵,李广上马与十余骑奔射杀胡白马将,而复还至其骑中,解鞍,令士皆纵马卧。是时会暮,胡兵终怪之,不敢击。夜半时,胡兵亦以为汉有伏军于旁欲夜取之,胡皆引兵而去。平旦,李广乃归其大军。大军不知广所之,故弗从。

居久之,孝景崩,武帝立,左右以为广名将也,于是广以上郡太守为未央卫尉,而程不识亦为长乐卫尉,程不识故与李广俱以边太守将军屯。及出击胡,而广行无部伍行陈,就善水草屯,舍止,人人自便,不击刁斗以自卫,莫府省约文书籍事,然亦远斥候,未尝遇害。程不识正部曲行伍营陈,击刁斗,士吏治军簿至明,军不得休息,然亦未尝遇害。不识曰:"李广军极简易,然虏卒犯之,无以禁也;而其士卒亦佚乐,咸乐为之死。我军虽烦扰,然虏亦不得犯我。"是时汉边郡李广、程不识皆为名将,然匈奴畏李广之略,士卒亦多乐从李广而苦程不识。程不识孝景时以数直谏为太中大夫,为人廉,谨于文法。

【译文】

匈奴大举向上郡进攻,天子派一名宦官跟随李广学习军事以抗击匈奴。这位宦官带着几十名骑兵飞驰,半路上碰到几个匈奴人,就与他们交战。几个匈奴人回身放箭,把宦官射伤,还几乎把骑兵射光。宦官逃回到李广那里,李广说:"这一定是匈奴的射雕能手。"李广带上一百名骑兵前去追赶那三个匈奴人。那三个人没有马,徒步前行。走了几十里,李广命令骑兵左右散开,两路包抄。他亲自去射那三个人,射死了两个,活捉了一个,果然是匈奴的射雕手。把他捆绑上马后,远远望见几千名匈奴骑兵。他们看到李广,以为是诱敌之骑兵,都很吃惊,跑上山去摆好了阵势。李广的百名骑兵也都大为惊恐,想回马飞奔逃跑。李广说:"我们离开大军几十里,照现在这样的情况,我们这一百名骑兵只要一跑,匈奴就要来追击射杀,我们会立刻被杀光。现在我们停留不走,匈奴一定以为我们是大军来诱敌的,必定不敢攻击我们。"李广向骑兵下令:"前进!"骑兵向前进发,到了离匈奴阵地还有大约二里的地方,停下来,下令说:"全体下马解下马鞍!"骑兵们说:"敌人那么多,并且又离得近,如果有了紧急情况,怎么办?"李广说:"那些敌人原以为我们会逃跑,现在我们都解下马鞍表示不逃,这样就能使他们更坚定地相信我们是诱敌之兵。"于是匈奴骑兵终于不敢来攻击。有一名骑白马的匈奴将领出阵来监护他的士兵,李广立即上马和十几名骑兵一起奔驰,射死了那骑白马的匈奴将领,之后又回到自己的骑兵队里,解下马鞍,让士兵们都放开马,随便躺卧。这时正值日暮黄昏,匈奴军队始终觉得奇怪,不敢进攻。到了半夜,匈奴兵又以为汉朝有伏兵在附近,想趁夜偷袭他们,因此就领兵撤离了。第二天早晨,李广才回到他的大军营中。大军不知道李广的去向,所以无法随后接应。

过了几年,景帝去世,武帝即位。群臣都认为李广是骁勇的名将,于是李广由上郡太守调任未央宫的禁卫军长官,程不识也做长乐宫的禁卫军长官。原先程不识和李广都任边郡太守兼管军队驻防。出兵攻打匈奴时，李广虽然行军没有严格的队列和阵势，靠近水丰草茂的地方驻扎军队，停宿的地方人人都感到便利，晚上也不打更自卫，幕府简化各种文书簿册，但他远远地布置了哨兵，所以不曾遭到过危险。程不识对队伍的编制、行军队列、驻营阵势等要求很严格，夜里打更，文书军吏处理考绩等公文簿册要到天亮时，军队得不到休息，但也不曾遇到危险。程不识说："李广治兵简便易行，然而敌人若突然进犯，他就无法阻挡了。而他的士卒倒也安逸快乐，都甘愿拼死命。我的军队虽然军务纷繁忙乱，但是敌人也不敢侵犯我。"那时汉朝边郡的李广、程不识都是名将，但是匈奴人害怕李广的谋略，士兵也大多愿意跟随李广而以跟随程不识为苦。程不识在景帝时由于屡次直言进谏被封为太中大夫，为人清廉，谨守朝廷文书法令。

【原文】

后汉以马邑城诱单于，使大军伏马邑旁谷，而广为骁骑将军，领属护军将军。是时，单于觉之，去，汉军皆无功。其后四岁，广以卫尉为将军，出雁门击匈奴。匈奴兵多，破败广军，生得广。单于素闻广贤，令曰："得李广必生致之。"胡骑得广，广时伤病，置广两马间，络而盛卧广。行十余里，广详死，睨其旁有一胡儿骑善马，广暂腾而上胡儿马，因推堕儿，取其弓，鞭马南驰数十里，复得其余军，因引而入塞。匈奴捕者骑数百追之，广行取胡儿弓，射杀追骑，以故得脱。于是至汉，汉下广吏。吏当广所失亡多，为虏所生得，当斩，赎为庶人。顷之，家居数岁。广家与故颍阴侯孙屏野居蓝田南山中射猎。尝夜从一骑出，从人田间饮。还至霸陵亭，霸陵尉醉，呵止广。广骑曰："故李将军。"尉曰："今将军尚不得夜行，何乃故也！"止广宿亭下。居无何，匈奴入杀辽西太守，败韩将军，后韩将军徙右北平。于是天子乃召拜广为右北平太守。广即请霸陵尉与俱，至军而斩之。

广居右北平，匈奴闻之，号曰"汉之飞将军"，避之数岁，不敢入右北平。

广出猎，见草中石，以为虎而射之，中石没镞，视之石也。因复更射之，终不能复入石矣。广所居郡闻有虎，尝自射之。及居右北平射虎，虎腾伤广，广亦竟射杀之。

【译文】

后来，汉朝用马邑城引诱单于，派大军埋伏在马邑两旁的山谷中，李广任骁骑将军，受护军将军韩安国统领。当时，单于察觉了汉军的计谋，就逃跑了，于是汉军都没有战功。四年以后，李广由卫尉被任为将军，出雁门关向匈奴进攻。匈奴兵多，打败了李广的军队，并生擒了李广。单于平时就听说李广很有才能，下令说："俘获李广一定要活着送来。"匈奴骑兵俘虏了李广，当时李广受伤生病，就把李广放在两匹马中间，装在绳编的网兜里躺着。走了十多里，李广假装死去，斜眼看到他旁边的一个匈奴少年骑着一匹好马，李广突然一纵身跳上匈奴少年的马，趁势把少年推下去，夺了他的弓，打马向南飞驰数十里，重又遇到他的残部，于是带领他们进入关塞。匈奴出动追捕的骑兵几百名来追赶他，李广一边逃一边拿起匈奴少年的弓射杀追来的骑兵，因此才能逃脱。于是回到京城，朝廷把李广交给执法官吏。执法官吏因李广损失伤亡太多，他自己又被敌人活捉，判决应该斩首，李广用钱物赎了死罪，削职为民。转眼间，李广已在家闲居好几年。李广和原颍阴侯灌婴的孙子灌强一起在蓝田隐居，常到南山中打猎。有一天夜里，李广带着一名骑兵外出，和别人一起在田野间饮酒。回来时走到霸陵亭，霸陵尉喝醉了，大声呵斥，禁止李广通行。李广的随从说："这是前任李将军。"亭尉说："现任将军尚且不许通行，何况是前任呢！"便扣留了李广，让他停宿在霸陵亭下。没过多久，匈奴入侵杀死辽西太守，打败了韩将军（韩安国），韩将军迁调右北平。于是天子就召见李广，任他为右北平太守。李广随即请求派霸陵尉一起赴任，到了军中就把他杀了。

李广驻守右北平，匈奴听说后，称他为"汉朝的飞将军"，躲避他好几年，不敢向右北平进攻。

有一次李广出去打猎，恍惚间看见草里有一块石头，以为是老虎，就向它射去。射中了石头，结果箭头都扎到石头里面去了，过去一看，原来是石头。接着重新再射，始终不能再射进石头了。李广驻守过各郡，听说有老虎，常常亲自去射杀。到驻守右北平时，一次射虎，老虎跳起来伤了李广，但李广也最终将老虎射死了。

【原文】

广廉，得赏赐辄分其麾下，饮食与士共之。终广之身，为二千石四十余年，家无余财，终不言家产事。广为人长，猿臂，其善射亦天性也，虽其子孙他人学者，莫能及广。广讷口少言，与人居则画地为军陈，射阔狭以饮。专以射为戏，竟死。广之将兵，乏绝之处，见水，士卒不尽饮，广不近水，士卒不尽食，广不尝食。宽缓不苛，士以此爱乐为用。其射，见敌急，非在数十步之内，度不中不发，发即应弦而倒。用此，其将兵数困辱，其射猛兽亦为所伤云。

居顷之，石建卒，于是上召广代建为郎中令。元朔六年，广复为后将军，从大将军军出定襄，击匈奴。诸将多中首虏率，以功为侯者，而广军无功。后二岁，广以郎中令将四千骑出右北平，博望侯张骞将万骑与广俱，异道。行可数百里，匈奴左贤王将四万骑围广，广军士皆恐，广乃使其子敢往驰之。敢独与数十骑驰，直贯胡骑，出其左右而还，告广曰："胡虏易与耳。"军士乃安。广为圜陈外向，胡急击之，矢下如雨。汉兵死者过半，汉矢且尽。广乃令士持满毋发，而广身自以大黄射其裨将，杀数人，胡虏益解。会日暮，吏士皆无人色，而广意气自如，益治军。军中自是服其勇也。明日，复力战，而博望侯军亦至，匈奴军乃解去。汉军罢，弗能追。是时广军几没，罢归。汉法，博望侯留迟后期，当死，赎为庶人。广军功自如，无赏。

【译文】

李广为官清正廉明，每次得到赏赐都分给他的部下，也常与士兵一起吃饭。李广一生共做了四十多年二千石俸禄的官，家中却没有任何多余的财物，也从来不谈及家产方面的事。李广身材高大，两臂如猿，他善于射箭也是天赋，即便是他的子孙或外人向他学习，也没人能赶上他。李广语言迟钝，说话不多，与别人在一起就在地上画军阵，然后比射箭，按射中较密集的行列还是较宽疏的行列来定罚谁喝酒。他专门以射箭为消遣，一直到死。李广带兵，遇到缺粮断水的地方，见到水，士兵还没有都喝到水，李广不去靠近水；士兵还没有都吃上饭，李广一口饭也不尝。李广对士兵宽厚和缓、不苛刻，士兵因此爱戴他，乐于为他所用。李广射箭的方法是，看见敌人逼近，如果不在数十步之内，估计射不中，就不发射。只要一发射，敌人立即随弓弦之声倒地。因此他领兵有几次被困受辱，射猛兽也曾被猛兽所伤。

　　没过多久，石建去世，皇上就召李广接替石建任郎中令。元朔六年（前123年），李广又被任为后将军，跟随大将军卫青的军队从定襄出塞，去征讨匈奴。许多将领因斩杀敌人首级够数，以战功被封侯，而李广的军队却没有什么战功。过了两年，李广以郎中令官职率领四千骑兵从右北平出塞，博望侯张骞率领一万骑兵与李广一同出征，分行两条路。行军约几百里，匈奴左贤王率领四万骑兵包围了李广，李广的士兵都很害怕，李广就派他的儿子李敢骑马往匈奴军中奔驰。李敢独自和几十名骑兵飞奔，直穿匈奴骑兵阵，又从其左右两翼突出，回来向李广报告说："匈奴敌兵很容易对付！"士兵们这才安心。李广布成圆形兵阵，面向外，匈奴猛攻，箭如雨下。汉兵死了一半多，箭也快用光了。李广就命令士兵拉满弓，不要放箭，而李广亲自用大黄弩弓射匈奴的副将，杀死了好几个，匈奴军才渐渐散开。这时天色已晚，军吏士兵都面无人色，李广却神态自然，更注意整顿军队。从此军中都很佩服他的勇敢。第二天，又去奋力作战，博望侯大军也赶到了，匈奴军才撤走。汉军非常疲惫，所以无法追击。当时李广军几乎全军覆没，只好收兵回朝。按汉朝法律，博望侯行军迟缓，延误限期，应处死刑，用钱赎罪，降为平民。李广功过相抵，没有封赏。

【原文】

　　初，广之从弟李蔡与广俱事孝文帝。景帝时，蔡积功劳至二千石。孝武帝时，至代相。以元朔五年为轻车将军，从大将军击右贤王，有功中率，封为乐安侯。元狩二年中，代公孙弘为丞相。蔡为人在下中，名声出广下甚远，然广不得爵邑，官不过九卿，而蔡为列侯，位至三公。诸广之军吏及士卒或取封侯。广尝与望气王朔燕语，曰："自汉击匈奴而广未尝不在其中，而诸部校尉以下，才能不及中人，然以击胡军功取侯者数十人，而广不为后人，然无尺寸之功以得封邑者，何也？岂吾相不当侯邪？且固命也？"朔曰："将军自念，岂尝有所恨乎？"广曰："吾尝为陇西守，羌尝反，吾诱而降，降者八百余人，吾诈而同日杀之。至今大恨独此耳。"朔曰："祸莫大于杀已降，此乃将军所以不得侯者也。"

　　后二岁，大将军、骠骑将军大出击匈奴，广数自请行，天子以为老，弗许；良久乃许之，以为前将军。是岁，元狩四年也。广既从大将军青击匈奴，既出塞，青捕虏知单于所居，乃自以精兵走之，而令广并于右将军军，出东道。东道少回远，而大军行水草少，其势不屯行。广自请曰："臣部为前将军，今大将军乃徙令臣出东道，且臣结发而与匈奴战，今乃一得当单于，臣愿居前，先死单于。"大将军青亦阴受上诫，以为李广老，数奇，毋令当单于，恐不得所欲。而是时公孙敖新失侯，为中将军从大将军，大将军亦欲使敖与俱当单于，故徙前将军广。广时知之，固自辞于大将军。大将军不听，令长史封书与广之莫府，曰："急诣部，如书。"广不谢大将军而起行，意甚愠怒而就部，引兵与右将军食其合军出东道。军亡导，或失道，后大将军。大将军与单于接战，单于遁走，弗能得而还。南绝幕，遇前将军、右将军。广已见大将军，还入军。大将军使长史持糒醪遗广，因问广、食其失道状，青欲上书报天子军曲折。广未对，大将军使长史急责广之幕府对簿。广曰："诸校尉无罪，乃我自失道。吾今自上簿。"

【译文】

当初，李广的堂弟李蔡跟李广共同侍奉文帝。到景帝时，李蔡累积功劳已得到年俸二千石的官位。武帝时，李蔡做到代国国相。元朔五年（前124），李蔡被任为轻车将军，跟随大将军卫青攻打匈奴右贤王时立了功，斩杀敌人首级够数，被封为乐安侯。元狩二年（前121）间，代公孙弘任丞相。李蔡的才干在下等之中，声名比李广差得远，而李广未得封爵和封地，官位没超过九卿，可是李蔡却被封为列侯，官位达到三公。李广属下的官兵，也有人得到了侯爵之封。李广曾和星象家王朔私下闲谈："自从汉朝攻打匈奴以来，我没有一次不参加。可是各部队校尉以下的军官，才能不如中等人，却由于攻打匈奴有军功被封侯的有几十人。我李广不比别人差，但并未得到封地，这是为什么？难道是我的骨相不该封侯吗？还是本来就命该如此？"王朔说："将军回想一下，难道曾经有过值得悔恨的事吗？"李广说："我曾当过陇西太守，羌人有一次反叛，我诱骗他们投降，投降的有八百多人，我用欺诈手段在同一天把他们都杀了。直到今天我最大的悔恨只有此事。"王朔说："能使人受祸的事，没有比杀死已投降的人更大的了，这也就是将军不能封侯的原因。"

又过了两年，大将军卫青、骠骑将军霍去病率军大举向匈奴进攻，李广几次亲自请求随军前往，天子觉得他已经上了年纪，没有答应；过了很长时间才准许他也去征讨匈奴，让他任前将军。这一年是元狩四年（前119）。李广跟随大将军卫青出征匈奴，出了边塞以后，卫青因捉到敌兵而知道了单于的驻地，就自己带领精兵去追逐单于，而命令李广和右将军的队伍合并，从东路出击。从东路走有些绕远，而且大军在水草缺少的地方走，势必不能并队行进。于是李广亲自请求说："我的职务是前将军，如今大将军却命令我改从东路出兵，况且我从少年时就与匈奴作战，到今天才得到一次与单于对敌的机会，我愿做前锋，先和单于决一死战。"大将军卫青曾暗中受到皇上的警告，认为李广年老，命运不好，不要让他与单于对敌，恐怕不能实现俘获单于的愿望。那时公孙敖刚刚丢掉了侯爵，任中将军，随从大将军出征，大将军也想让公孙敖跟自己一起与单于对敌，故意把前将军李广调开。李广当时也知道内情，所以坚决要求大将军收回调令。大将军不答应他的请求，命令长史写文书发到李广的幕府，并对他说："赶快到右将军部队中去，照文书上写的办。"李广不向大将军告辞就起程了，心中非常恼怒地前往军部，领兵与右将军赵食其合兵后从东路出发。军队没有向导，有时迷失道路，结果落在大将军之后。大将军与单于交战，单于逃跑了，卫青没有战果只好回兵。大将军向南行渡过沙漠，遇到了前将军和右将军。李广谒见大将军之后，回到自己军中。大将军派长史带着干粮和酒送给李广，顺便向李广和赵食其询问迷失道路的情况，卫青要给天子上书报告详细的军情。李广没有回答。大将军派长史急切责令李广幕府的人员前去受审对质。李广说："校尉们没有罪，是我自己迷失道路，我现在亲自到大将军幕府去受审对质。"

【原文】

至莫府，广谓其麾下曰："广结发与匈奴大小七十余战，今幸从大将军出接单于兵，而大将军又徙广部行回远，而又迷失道，岂非天哉！且广年六十余矣，终不能复对刀笔之吏。"遂引刀自刭。广军士大夫一军皆哭。百姓闻之，知与不知，无老壮皆为垂涕。而右将军独下吏，当死，赎为庶人。

广子三人，曰当户、椒、敢，为郎。天子与韩嫣戏，嫣少不逊，当户击嫣，嫣走。于是天子以为勇。当户早死，拜椒为代郡太守，皆先广死。当户有遗腹子名陵。广死军时，敢从骠骑将军。广死明年，李蔡以丞相坐侵孝景园墙地，当下吏治，蔡亦自杀，不对狱，国除。李敢以校尉从骠骑将军击胡左贤王，力战，夺左贤王鼓旗，斩首多，赐爵关内侯，食邑二百户，代广为郎中令。顷之，怨大将军青之恨其父，乃击伤大将军，大将军匿讳之。居无何，敢从上雍，至甘泉宫猎。骠骑将军去病与青有亲，射杀敢。去病时方贵幸，上讳云鹿触杀之。居岁余，去病死。而敢有女为太子中人，爱幸，敢男禹有宠于太子，然好利，李氏陵迟衰微矣。

李陵既壮，选为建章监，监诸骑。善射，爱士卒。天子以为李氏世将，而使将八百骑。尝深入匈奴二千余里，过居延视地形，无所见虏而还。拜为骑都尉，将丹阳楚人五千人，教射酒泉、张掖以屯卫胡。数岁，天汉二年秋，贰师将军李广利将三万骑击匈奴右贤王于祁连天山，而使陵将其射士步兵五千人出居延北可千余里，欲以分匈奴兵，毋令专走贰师也。陵既至期还，而单于以兵八万围击陵军。陵军五千人，兵矢既尽，士死者过半，而所杀伤匈奴亦万余人。且引且战，连斗八日，还未到居延百余里，匈奴遮狭绝道，陵食乏而救兵不到，虏急击招降陵。陵曰："无面目报陛下。"遂降匈奴。其兵尽没，余亡散得归汉者四百余人。单于既得陵，素闻其家声，及战又壮，乃以其女妻陵而贵之。汉闻，族陵母妻子。自是之后，李氏名败，而陇西之士居门下者皆用为耻焉。

【译文】

到了大将军幕府，李广跟自己的部下说："从少年起我就与匈奴打过大小七十多仗，如今有幸跟随大将军出征同单于军队交战，可是大将军调我的部队去走绕远的路，偏偏我又迷了路，难道不是天意吗！况且我都六十多岁了，毕竟不能再受那些刀笔吏的侮辱。"于是就拔刀自刎了。李广军中的所有将士都为之痛哭。百姓听到这个消息，不论认识的不认识，也不论老的少的都为李广落泪。右将军赵食其单独被交给执法官吏，应判为死罪，用财物赎罪，降为平民。

李广有三个儿子，分别叫李当户、李椒、李敢，都任郎官。一次天子和弄臣韩嫣游戏玩耍，韩嫣有点放肆不恭敬的举动，李当户就去打韩嫣，韩嫣逃跑了，于是天子认为李当户很勇敢。李当户死得早，李椒被封为代郡太守，但二人都死在了李广前面。李当户有遗腹子名李陵。李广死在军中的时候，李敢正跟随骠骑将军霍去病。李广死后第二年，李蔡以丞相之位侵占景帝陵园前大道两旁的空地，因而获罪，应送交法吏查办，李蔡不愿受审对质，也自杀了，他的封国被废除。李敢以校尉官职随从骠骑将军出击匈奴左贤王，奋力作战，夺得左贤王的战鼓和军旗，斩杀很多敌人首级，因而赐封了关内侯的爵位，封给食邑二百户，接替李广任郎中令。不久，李敢怨恨大将军卫青使他父亲饮恨而死，就打伤了大将军，大将军把事隐瞒下来，没有张扬。又过了不久，李敢随从皇上去雍县，到甘泉宫打猎。骠骑将军霍去病和卫青有点亲戚关系，就把李敢射死了。当时霍去病正显贵受宠，皇上就隐瞒真相，说李敢是被鹿撞死的。又过了一年多，霍去病死了。李敢有个女儿是太子的侍妾，很受宠爱，李敢的儿子李禹也受太子宠爱，但他贪财好利，李氏家族日渐败落衰微了。

　　李陵到了壮年时，被选任为建章营的监督官，负责监管所有骑兵。他善于射箭，爱护士兵，天子认为李家世代为将，就让李陵率领八百骑兵。李陵曾深入匈奴境内两千多里，穿过居延海，观察地形，一直没有碰到匈奴军队就回来了。后被封为骑都尉，统率丹阳的楚兵五千人，在酒泉、张掖训练射箭，屯驻在那里防备匈奴。几年后，天汉二年（前99）秋天，贰师将军李广利率领三万骑兵在祁连山向匈奴右贤王进攻，武帝派李陵率领他的步兵射手五千人，出兵到居延海以北大约一千里的地方，想以此分散敌人的兵力，不让他们专门去对付贰师将军。李陵已到预定期限就要回兵，而单于用八万大军包围截击李陵的军队。李陵军队只有五千人，箭射光了，士兵死了大半，但他们杀伤匈奴也有一万多人。李陵军边退边战，接连战斗了八天，往回走到离居延海还有一百多里的地方，匈奴兵拦堵住狭窄的山谷，截断了他们的归路。李陵军队缺乏粮食，救兵也不到，敌人加紧进攻，并劝诱李陵投降。李陵说："我没脸面去回报皇帝了！"于是就投降了匈奴。他的军队全军覆没，余下逃散能回到汉朝的只有四百多人。单于得到李陵之后，因为早就听说过李陵家的名声，打仗时又很勇敢，于是就把女儿嫁给李陵，使他显贵。汉朝知道后，就杀了李陵的母亲妻儿全家。从此以后，李家名声败落，陇西一带的人士曾为李氏门下宾客的，都以此为耻辱。

【原文】
　　太史公曰：《传》曰："其身正，不令而行；其身不正，虽令不从。"其李将军之谓也？余睹李将军悛悛如鄙人，口不能道辞。及死之日，天下知与不知，皆为尽哀。彼其忠实心诚信于士大夫也！谚曰："桃李不言，下自成蹊。"此言虽小，可以谕大也。

【译文】
　　太史公说：《传》里说："位居高官而自身修为端正，不发令事情也能实行；自身行为不正，发令也没人听从。"说的就是李将军吧！我所看到的李将军，老实得像个乡下人，不善讲话，可在他死时，天下人不论认识他的还是不认识他的，都为他尽情哀痛。他那忠实的品格确实得到了将士们的信赖呀！谚语说："桃树李树不会讲话，树下却自然地被人踩出一条小路。"这话虽然说的是小事，但可以用来比喻大道理呀。

游侠列传

【原文】

韩子曰："儒以文乱法,而侠以武犯禁。"二者皆讥,而学士多称于世云。至如以术取宰相卿大夫,辅翼其世主,功名俱著于春秋,固无可言者。及若季次、原宪,闾巷人也,读书怀独行君子之德,义不苟合当世,当世亦笑之。故季次、原宪终身空室蓬户,褐衣疏食不厌。死而已四百余年,而弟子志之不倦。今游侠,其行虽不轨于正义,然其言必信,其行必果,已诺必诚,不爱其躯,赴士之厄困。既已存亡死生矣,而不矜其能,羞伐其德,盖亦有足多者焉。

【译文】

韩非子说："儒生以儒家经典来破坏法度,而侠士以勇武的行为违犯法令。"这两种人都受到韩非的讥笑,但世人却称赞多数的儒生。用权术取得宰相卿大夫之职,辅佐当朝天子的人,功名都被记载在史书之中,本来就没有什么可说的。至于像季次、原宪,是平民百姓,用功读书,怀抱着君子的德操,坚守道义,不与当代世俗苟合,当代世俗之人也嘲笑他们。所以季次、原宪一生住在空荡荡的草屋之中,穿着粗布衣服,连粗饭都吃不饱。他们死了四百余年了,而他们世代相传的弟子们,却不知倦息地怀念着他们。现在的游侠,他们的行为虽然不符合道德法律的准则,但是他们说话一定守信用,做事一定果敢决断,已经答应的必定实现,以示诚实,肯于牺牲生命,去救助别人的危难。已经经历了生死存亡的考验,却不自我夸耀本领,也不好意思夸耀自己的功德,大概这也是很值得赞美的地方吧!

【原文】

且缓急,人之所时有也。太史公曰:"昔者虞舜窘于井廪,伊尹负于鼎俎,傅说匿于傅险,吕尚困于棘津,夷吾桎梏,百里饭牛,仲尼畏匡,菜色陈、蔡。此皆学士所谓有道仁人也,犹然遭此菑,况以中材而涉乱世之末流乎?其遇害何可胜道哉!"

鄙人有言曰:"何知仁义,已飨其利者为有德。"故伯夷丑周,饿死首阳山,而文、武不以其故贬王;跖、蹻暴戾,其徒诵义无穷。由此观之,"窃钩者诛,窃国者侯,侯之门仁义存",非虚言也。

【译文】

况且人们时常能碰到危急的事情。太史公说:"当初虞舜在淘井和修廪时遇到了危难,伊尹曾背负鼎俎当厨师,傅说曾藏身傅岩服苦役,吕尚曾在棘津遭困厄,管仲曾经戴过枷锁,百里奚曾当奴隶喂过牛,孔子曾经在匡遭拘囚,在陈、蔡遭饥饿。这些人都是儒生所称扬的有道德的仁人,尚且遭遇这样的灾难,何况是中等才能而又遇到乱世的人呢?他们遇到的灾难怎么可以说得完呢?"

世俗人有这样的说法:"何必去区别是否仁义,已经受利得惠的就是有德行的人。"所以伯夷以吃周粟为耻辱，竟饿死在首阳山；而文王和武王却没有因此而损害王者的声誉；盗跖和庄蹻凶暴残忍，而他们的党徒却歌颂他们道义无穷。由此可见，"偷盗衣带钩的要杀头，窃取国家政权的却被封侯，受封为侯的人家就有仁义了"，这话并非虚妄之言啊。

【原文】

今拘学或抱咫尺之义，久孤于世，岂若卑论侪俗，与世沈浮而取荣名哉！而布衣之徒，设取予然诺，千里诵义，为死不顾世，此亦有所长，非苟而已也。故士穷窘而得委命，此岂非人之所谓贤豪间者邪？诚使乡曲之侠，予季次、原宪比权量力，效功于当世，不同日而论矣。要以功见言信，侠客之义又曷可少哉！

【译文】

现在那些拘泥于片面见闻的学者，有的死守着狭隘的思想而长时间地孤立于世人之外，哪能比得上以卑微的观点迁就世俗，随世俗的沉浮而猎取荣耀和名声的人呢？而平民百姓之人，看重取予皆符合道义、应允能实现的美德，千里之外去追随道义，为道义而死却不顾世俗的责难，这也是他们的长处，并非随便就可做到的。所以人们处在穷困窘迫的情况下，愿意托身于他，这难道不就是人们所说的贤能豪侠中间的人吗？如果真能让民间游侠者与季次、原宪比较权势和力量，比对当今社会的贡献，是不能同日而语的。总之，从做事情的效果和言必有信的角度来看，侠客的正义行为又怎么可以缺少呢！

【原文】

古布衣之侠，靡得而闻已。近世延陵、孟尝、春申、平原、信陵之徒，皆因王者亲属，藉于有土卿相之富厚，招天下贤者，显名诸侯，不可谓不贤者矣。比如顺风而呼，声非加疾，其势激也。至如闾巷之侠，修行砥名，声施于天下，莫不称贤，是为难耳。然儒、墨皆排摈不载。自秦以前，匹夫之侠，湮灭不见，余甚恨之。以余所闻，汉兴有朱家、田仲、王公、剧孟、郭解之徒，虽时扞当世之文罔，然其私义廉絜退让，有足称者。名不虚立，士不虚附。至如朋党宗强比周，设财役贫，豪暴侵凌孤弱，恣欲自快，游侠亦丑之。余悲世俗不察其意，而猥以朱家、郭解等令与暴豪之徒同类而共笑之也。

【译文】

古代的平民侠客，很少有人听说过。近代延陵季子、孟尝君、春申君、平原君、信陵君这些人，都因为自身是君王的亲属，依仗封国及卿相的雄厚财富，广泛招揽普天之下的贤才，扬名于各诸侯国，不能说他们不是贤才。这就比如顺风呼喊，声音并非更加洪亮，而听的人却感到清楚，这是风势激荡的结果。至于闾巷的布衣侠客，修行品行，磨砺名节，天下闻名，无人不称赞他们的贤德，这是难以做到的。然而儒家和墨家都排斥他们，不在他们的文献中加以记载。从秦朝以前，平民侠客的事迹，已经被埋没而不能见到，我很感遗憾。据我听到的情况来看，汉朝建国以来，有朱家、田仲、王公、剧孟、郭解这些人。他们虽然时常违犯汉朝的法律禁令，但是他们个人的行为符合道义，廉洁而有退让的精神，有值得称赞的地方。他们的名声并非虚假地树立起来的，人们也不是没有根据地附和他们的。至于那些结成帮派的豪强，互相勾结，依仗财势奴役穷人，凭借豪强暴力欺凌孤独势弱的人，放纵欲望，自己满足取乐，这也是游侠之士认为可耻的。我哀伤世人不能明察真意，却错误地把朱家和郭解等人与暴虐之流等同相视，一样地加以嘲笑。

【原文】

鲁朱家者，与高祖同时。鲁人皆以儒教，而朱家用侠闻。所藏活豪士以百数，其余庸人不可胜言。然终不伐其能，歆其德，诸所尝施，唯恐见之。振人不赡，先从贫贱始。家无余财，衣不完采，食不重味，乘不过軥牛。专趋人之急，甚己之私。既阴脱季布将军之厄，及布尊贵，终身不见也。自关以东，莫不延颈愿交焉。

【译文】

鲁国的朱家跟高祖是同一时期的人。鲁国人都学习儒学，而朱家却因侠义而闻名。他藏匿和救活了几百个豪杰，救的其余普通人多不胜言。但他从来不夸耀自己的才能，也从不自负自己的德义之举，对于那些他曾经给予过施舍的人，唯恐再见到他们。他救济别人的困难，首先从贫贱的开始。他家中没有剩余的钱财，衣服破得连完整的彩色都没有，每顿饭只吃一样菜，乘坐的不过是个牛拉的车子。他一心救援别人的危难，超过为自己办私事。他曾经暗中使季布将军摆脱了被杀的厄运，待到季布将军地位尊贵之后，他却终身不肯与季布相见。从函谷关往东，人们莫不伸长脖子盼望同他交朋友。

【原文】

楚田仲以侠闻，喜剑，父事朱家，自以为行弗及。田仲已死，而雒阳有剧孟。周人以商贾为资，而剧孟以任侠显诸侯。吴楚反时，条侯为太尉，乘传车将至河南，得剧孟，喜曰："吴楚举大事而不求孟，吾知其无能为已矣。"天下骚动，宰相得之若得一敌国云。剧孟行大类朱家，而好博，多少年之戏。然剧孟母死，自远方送丧盖千乘。及剧孟死，家无余十金之财。而符离人王孟亦以侠称江淮之间。

是时济南瞷氏、陈周庸亦以豪闻。景帝闻之，使使尽诛此属。其后代诸白、梁韩无辟、阳翟薛兄、陕韩孺纷纷复出焉。

【译文】

楚地的田仲因侠义而闻名，他喜欢剑术，对待朱家就像儿子服侍父亲那样，他觉得自己的德行操守比不上朱家。田仲死后，洛阳又出了剧孟这个人物。洛阳人靠经商为生，而剧孟却因为行侠仗义而显名于诸侯。吴、楚七国叛乱时，条侯周亚夫当太尉，乘坐着驿站的车子，将到洛阳时得到剧孟，高兴地说："吴、楚七国发动叛乱而不求剧孟相助，我知道他们是无所作为的。"天下动乱，宰相得到他就像得到了一个相等的国家一样。剧孟的行为大致类似朱家，却喜欢博棋，他所做的多半是少年人的游戏。但是剧孟的母亲死了，从远方来送丧的，大概有上千辆车子。等到剧孟死时，家中连十金的钱财也没有。这时符离人王孟也因为行侠闻名于长江和淮河之间。

这时济南姓瞯的人家、陈地的周庸也因为豪侠而闻名。汉景帝听说后，暗中找人杀掉了这类人。这以后，代郡姓白的、梁地的韩无辟、阳翟的薛况、陕地的韩孺又陆续出现了。

【原文】

郭解，轵人也，字翁伯，善相人者许负外孙也。解父以任侠，孝文时诛死。解为人短小精悍，不饮酒。少时阴贼，慨不快意，身所杀甚众。以躯借交报仇，藏命作奸剽攻，休乃铸钱掘冢，固不可胜数。适有天幸，窘急常得脱，若遇赦。及解年长，更折节为俭，以德报怨，厚施而薄望。然其自喜为侠益甚。既已振人之命，不矜其功，其阴贼著于心，卒发于睚眦如故云。而少年慕其行，亦辄为报仇，不使知也。解姊子负解之势，与人饮，使之嚼。非其任，强必灌之。人怒，拔刀刺杀解姊子，亡去。解姊怒曰："以翁伯之义，人杀吾子，贼不得。"弃其尸于道，弗葬，欲以辱解。解使人微知贼处。贼窘自归，具以实告解。解曰："公杀之固当，吾儿不直。"遂去其贼，罪其姊子，乃收而葬之。诸公闻之，皆多解之义，益附焉。

【译文】

郭解是轵县人，字翁伯，他是那个善于相面的许负的外孙子。因为行侠，郭解的父亲在汉文帝时被杀。郭解虽然个子矮小，但为人精明强悍，不喝酒。他小时候就残忍狠毒，心里不痛快时，亲手杀了很多人。他不惜牺牲生命去替朋友报仇，藏匿亡命徒去犯法抢劫，停下来就私铸钱币，盗挖坟墓，他的不法活动数也数不清。但却能遇到上天保佑，在窘迫危急时常常脱身，或者遇到大赦。等到郭解年龄大了，就改变行为，检点自己，用恩惠报答怨恨自己的人，多多地施舍别人，而且对别人怨恨很少。但他自己喜欢行侠的思想越来越强烈。已经救了别人的生命，却不自夸功劳，但其内心仍然残忍狠毒，为小事突然怨怒行凶的事依然如故。当时的少年仰慕他的行为，也常常为他报仇，却不让他知道。郭解姐姐的儿子依仗郭解的势力，同别人喝酒，让人家干杯。人家的酒量小，不能再喝了，他却强行灌酒。那人发怒，拔刀刺死了郭解姐姐的儿子，就逃跑了。郭解姐姐发怒说道："以弟弟翁伯的义气，人家杀了我的儿子，凶手却捉不到。"于是她把儿子的尸体丢弃在道上，不埋葬，想以此羞辱郭解。郭解派人暗中探知凶手的去处。凶手窘迫，自动回来把真实情况告诉了郭解。郭解说："你杀了他本来应该，我们的孩子无理。"于是放走了那个凶手，把罪责归于姐姐的儿子，并收尸埋葬了他。人们听到这消息，都称赞郭解的道义行为，更加依附于他。

【原文】

解出入，人皆避之。有一人独箕倨视之，解遣人问其名姓。客欲杀之，解曰："居邑屋至不见敬，是吾德不修也，彼何罪！"乃阴属尉史曰："是人，吾所急也，至践更时脱之。"每至践更，数过，吏弗求。怪之，问其故，乃解使脱之。箕踞者乃肉袒谢罪。少年闻之，愈益慕解之行。

【译文】

郭解每次出去或归来，人们都躲着他走，有一次他回来时，一个人傲慢地盘腿坐在地上看着他，郭解派人去问他的姓名。门客中有人要把那个人杀掉，郭解说："居住在乡里之中，却得不到别人的尊敬，这是我自己道德修养得还不够，他有什么罪过！"于是他就暗中嘱托尉史说："这个人是我最关心的，轮到他服役时，请加以免除。"以后每到服役时，有好多次，县中官吏都没找这位对郭解不礼貌的人。他感到奇怪，问其中的原因，原来是郭解使人免除了他的差役。于是，他就袒露身体，去找郭解谢罪。少年们听到这消息，越发仰慕郭解的行为。

【原文】

雒阳人有相仇者，邑中贤豪居间者以十数，终不听。客乃见郭解。解夜见仇家，仇家曲听解。解乃谓仇家曰："吾闻雒阳诸公在此间，多不听者。今子幸而听解，解奈何乃从他县夺人邑中贤大夫权乎！"乃夜去，不使人知，曰："且无用，待我去，令雒阳豪居其间，乃听之。"

【译文】

洛阳人有两家结下了仇，城中有十多个贤人豪杰从中调解，可是两方始终不听劝解。门客们就来拜见郭解，把情况说明。晚上郭解去会见结仇的人家，出于对郭解的尊重，仇家委屈心意地听从了劝告，准备和好。郭解就对仇家说："我听说洛阳诸公为你们调解，你们多半不肯接受。如今你们幸而听从了我的劝告，郭解怎能从别的县跑来侵夺人家城中贤豪大夫们的调解权呢？"于是郭解当夜离去，不让人知道，说："暂时不要听我的调解，待我离开后，让洛阳豪杰从中调解，你们就听他们的。"

【原文】

解执恭敬，不敢乘车入其县廷。之旁郡国，为人请求事，事可出，出之；不可者，各厌其意，然后乃敢尝酒食。诸公以故严重之，争为用。邑中少年及旁近县贤豪，夜半过门常十余车，请得解客舍养之。

及徙豪富茂陵也，解家贫，不中訾，吏恐，不敢不徙。卫将军为言"郭解家贫不中徙"。上曰："布衣权至使将军为言，此其家不贫。"解家遂徙。

郭解对仇家说："我听说洛阳诸公为你们调解，你们多半不肯接受。"

诸公送者出千余万。轵人杨季主子为县掾，举徙解。解兄子断杨掾头。由此杨氏与郭氏为仇。

【译文】

郭解一直恭敬待人，从不敢乘车走进县衙门。他替人到其他郡国去办事，事能办成的，一定把它办成；即使事情没有办成，也要使各方都满意，然后才敢去吃人家酒饭。因此大家都特别尊重他，争着抢着为他效力。城中少年及附近县城的贤人豪杰，半夜上门拜访郭解的常常有十多辆车子，请求把郭解家的门客接回自家供养。

待到汉武帝元朔二年（前127），朝廷要迁各郡国的豪富人家去茂陵居住，郭解家里穷，不符合三百万资财的迁转标准，但迁移名单中有郭解的名字，因而官吏害怕，不敢不让郭解迁移。当时卫青将军替郭解向皇上说："郭解家贫，不符合迁移的标准。"但是皇上说："一个百姓的权势竟能使将军替他说话，这就可见他家不穷。"郭解于是被迁徙到茂陵。人们为郭解送行共出钱一千余万。轵人杨季主的儿子当县掾，是他提名迁徙郭解的。郭解哥哥的儿子砍掉杨县掾的头。从此杨家与郭家结下仇怨。

【原文】

解入关，关中贤豪知与不知，闻其声，争交欢解。解为人短小，不饮酒，出未尝有骑。已又杀杨季主。杨季主家上书，人又杀之阙下。上闻，乃下吏捕解。解亡，置其母家室夏阳，身至临晋。临晋籍少公素不知解，解冒，因求出关。籍少公已出解，解转入太原，所过辄告主人家。吏逐之，迹至籍少公。少公自杀，口绝。久之，乃得解。穷治所犯，为解所杀，皆在赦前。轵有儒生侍使者坐，客誉郭解，生曰："郭解专以奸犯公法，何谓贤！"解客闻，杀此生，断其舌。吏以此责解，解实不知杀者。杀者亦竟绝，莫知为谁。吏奏解无罪。御史大夫公孙弘议曰："解布衣为任侠行权，以睚眦杀人，解虽弗知，此罪甚于解杀之。当大逆无道。"遂族郭解翁伯。

【译文】

郭解家搬到了关中，关中的贤人豪杰不管以前是否知道郭解，现在听说其名声，都争着与郭解交朋友。郭解个子矮，不喝酒，出门也不骑马。后来又杀死杨季主。杨季主的家人上书告状，又有人在官门下把告状的给杀了。皇上听到这消息，就向官吏下令捕捉郭解。郭解逃跑，把他母亲安置在夏阳，自己逃到临晋。临晋籍少公不认识郭解，郭解冒昧会见他，请求他帮助出关。籍少公把郭解送出关后，郭解转移到太原，他所到之处，常常把自己的情况告诉留他食宿的人家。官吏追逐郭解，追踪到籍少公家里。籍少公无奈自杀，口供断绝了。过了很久，官府才捕到郭解，并彻底深究他的犯法罪行，发现一些人被郭解所杀的事，都发生在赦令公布之前。一次，轵县有个儒生陪同前来查办郭解案件的使者闲坐，郭解门客称赞郭解，他说："郭解专爱做奸邪犯法的事，怎能说他是贤人呢！"郭解门客听到这话，就杀了这个儒生，割下他的舌头。官吏以此责问郭解，令他交出凶手，而郭解确实不知道杀人的是谁。

杀人的人始终没查出来，不知道是谁。官吏向皇上报告，说郭解无罪。御史大夫公孙弘议论道："郭解以平民身份为侠，玩弄权诈之术，因为小事而杀人，郭解自己虽然不知道，这个罪过比他自己杀人还严重。判处郭解大逆不道的罪。"于是将郭解一家灭门。

【原文】

　　自是之后，为侠者极众，敖而无足数者。然关中长安樊仲子，槐里赵王孙，长陵高公子，西河郭公仲，太原卤公孺，临淮兒长卿，东阳田君孺，虽为侠而逡逡有退让君子之风。至若北道姚氏，西道诸杜，南道仇景，东道赵他、羽公子，南阳赵调之徒，此盗跖居民间者耳，曷足道哉！此乃乡者朱家之羞也。

郭解一家被灭门，仰慕他的人无不扼腕叹息。

【译文】

　　从此，仗义行侠的人特别多，但大多傲慢无礼没有几个受到称赞的。但是关中长安的樊仲子，槐里的赵王孙，长陵的高公子，西河的郭公仲，太原的卤公孺，临淮的兒长卿，东阳的田君孺，虽然行侠却能有谦虚退让的君子风度。至于像北道的姚氏，西道的一些姓杜的，南道的仇景，东道的赵他、羽公子，南阳的赵调之流，这些都是身处民间的盗跖罢了，哪里值得一提呢！这都是从前朱家那样的人引以为耻的。

【原文】

　　太史公曰：吾视郭解，状貌不及中人，言语不足采者。然天下无贤与不肖，知与不知，皆慕其声，言侠者皆引以为名。谚曰："人貌荣名，岂有既乎！"於戏，惜哉！

【译文】

　　太史公说：我看郭解，长得还不如一般人，言辞也没什么可取的地方。但是天下的人们，无论是贤人还是不肖之人，无论是认识他还是不认识他的，都仰慕他的名声，谈论游侠的都标榜郭解以提高自己的名声。谚语说："人可用光荣的名声作容貌，难道会有穷尽的时候吗？"唉，可惜呀！